World Book 183
Oscar Wilde
THE PICTURE OF DORIAN GRAY/SALOME
도리언 그레이 초상/살로메
오스카 와일드/한명남 옮김

동서문화사

디자인 : 동서랑 미술팀

도리언 그레이 초상/살로메/백조의 노래/즐거운 인생론
차례

도리언 그레이 초상
머리글
제1장…13
제2장…27
제3장…44
제4장…59
제5장…76
제6장…90
제7장…99
제8장…113
제9장…128
제10장…140
제11장…149
제12장…170
제13장…178
제14장…186
제15장…200
제16장…209
제17장…220
제18장…228
제19장…239
제20장…250

살로메
등장인물
살로메…259

백조의 노래
제1장 거짓의 진실…309
제2장 한밤의 복음서…331
제3장 꿈의 거처…358

즐거운 인생론
제1장 자기 자신…395
제2장 인간관계…403
제3장 남과 여…412
제4장 인생…420
제5장 도덕…429

오스카 와일드 생애와 문학
오스카 와일드 생애와 문학……437
Oscar Wilde : 그의 심미(審美) 사상의 본질…447
오스카 와일드의 연보…464

The Picture of Dorian Gray
도리언 그레이 초상

머리글

예술가란 아름다운 것을 창조해 내는 사람이다.
　예술을 드러내고 그 창조자를 감추는 것이 예술의 목적이다.
비평가는 아름다운 것에서 받은 인상을 다른 방식 또는 새로운 소재로 옮겨 표현할 수 있는 사람이다.
　　　비평의 가장 저급한 형식이자, 동시에 최고의 형식은 자서전적 형식이다.
아름다운 것에서 추한 의미를 찾아내는 사람은 매력이라고는 찾아볼 수 없는 타락한 사람이다. 그 행위는 잘못된 것이다.
　　　아름다운 것에서 아름다운 의미를 찾아내는 사람은 교화된 인물이다. 그렇기에 희망이 있다.
그들은 아름다운 것들을 아름답게만 볼 수 있는 선택받은 사람들이다.
　도덕적인 책 또는 비도덕적인 책 그런 건 없다. 책이란 잘 쓰여졌느냐 혹은 잘못 쓰여졌느냐가 전부이다.
19세기에 들어서 리얼리즘을 혐오하는 것은 캘리밴*이 거울에 비친 자기 얼굴을 보고 화를 내는 것과 같다.
　　　19세기가 낭만주의를 혐오하는 것은 캘리밴이 거울에 자기 얼굴이 비치지 않고 화를 내는 것과 같다.
　도덕적인 삶은 예술가가 선택하는 하나의 주제일 뿐이며, 한편 예술의 도덕성은 불완전한 매개체를 완전하게 사용하는 데 있다.
어떠한 예술가도 무언가를 증명하길 원하지 않는다. 진실한 것은 스스로 증명될 수 있는 법이다.
　어떠한 예술가도 윤리에 공감하지 않는다. 예술가가 윤리에 공감하는 것

＊ 셰익스피어의 《폭풍우》에서 프로스페로를 섬기는 무지하고 잔인한 노예.

은 용납할 수 없는 스타일상의 매너리즘이다.

　　　병든 예술가란 일찍이 없다. 예술가는 모든 것을 표현할 수 있다.
예술가에게 사상과 언어는 예술의 도구이다.

　　　예술가에게 악덕과 미덕은 예술을 위한 소재이다.

형식의 관점에서 볼 때 모든 형태의 예술은 음악가의 기교이다. 감상의 관점에서 볼 때는 연기자의 연기가 그 전형이다.

　　　모든 예술은 곧 외양이자 상징이다.

위험을 무릅쓰지 않으면 외양 아래로 내려갈 수 없다.

　　　위험을 무릅쓰지 않으면 상징을 읽어낼 수 없다.

예술이 실로 비춰 보이는 것은 인생이 아니라 관객이다.

　어느 예술 작품에 대하여 다양한 견해가 생겨나는 것은, 그것이 새롭고 복잡하며 살아 있는 작품임을 의미한다.

　　　비평가들의 의견이 일치하지 않을 때, 예술가는 자기 자신과 조화를 이룬다.

우리는 유용한 것을 만들어 놓고 자화자찬하지 않는 한 받아들일 수 있다. 쓸모없는 것을 만드는 일은 그것에 사람들이 감동할 때 용서된다.

　　　모든 예술은 쓸모없는 것이다.

오스카 와일드

제1장

아틀리에에는 짙은 장미꽃 향기로 가득했다. 여름의 산들바람이 정원 나무 사이를 지날 때마다, 열린 문틈으로 라일락의 짙은 향기와 분홍색 꽃을 피운 산사나무 섬세한 향기가 스며들었다.

헨리 워튼 경은 안장 자루용 페르시아산 융단으로 겉감을 댄 소파침대에 누워 늘 그렇듯 줄담배를 피워 대면서 눈앞에 아른거리는, 꿀처럼 노랗고 달콤한 금사슬나무 꽃을 보고 있다. 그 가지는 마치 불꽃같은 아름다움의 무게를 감당하지 못하겠다는 듯이 보인다. 이따금 날아오르는 새들이 커다란 창 앞에 드리운 터서실크[1] 커튼에 환상적인 그림자를 떨어뜨리면서 한 순간 일본풍 분위기를 자아냈다. 그럴 때면 워튼 경 뇌리에는 그러한 정적인 형식의 예술을 통해 민첩한 움직임을 표현하려는 파리하게 지친 얼굴의 도쿄 화가들이 떠오른다. 제멋대로 자란 풀숲과 금박을 뿌린 듯 빛나는 뒤엉킨 인동덩굴 주위를 단조롭게 맴도는 꿀벌들의 음울한 날갯짓소리가 정적을 더욱 압도하는 것처럼 보였다. 희미하게 들려오는 런던의 소음이 머언 곳 오르간에서 울려 퍼지는 묵직한 저음을 떠올렸다.

방 한가운데 똑바로 서 있는 이젤에는 빼어나게 아름다운 청년의 전신 초상화가 세워져 있고, 그 앞쪽으로 조금 떨어진 곳에 그 초상화를 그린 화가 베질 홀워드가 앉아 있었다. 그는 몇 년 전에 갑자기 종적을 감추는 바람에 많은 사람들의 호기심을 불러일으키며 온갖 기묘한 억측을 낳았던 인물이다.

거울로 비춘 듯 솜씨 있게 그려낸 우아하고 아름다운 젊은이의 모습을 바라보는 화가 얼굴에 환희의 미소가 어려 있었다. 그러다가 갑자기 무언가에 놀란 듯이 벌떡 일어서서 눈을 감고는 눈꺼풀을 손가락으로 지그시 눌렀다.

---

[1] 인도와 중국에서 생산되는 다갈색의 투박한 실크.

마치 깨어나고 싶지 않은 기묘한 꿈을 뇌리 속에 꼭 붙잡아두려는 듯이.

"자네의 최고 걸작이군, 베질. 자네가 그린 작품들 가운데 단연 최고야." 헨리 경이 나른한 목소리로 말했다. "내년엔 반드시 그로브너에 출품해야 해. 왕립 미술원은 규모가 너무 크고 세속적이야. 거기 갈 때마다 사람들이 어찌나 많은지 도대체 그림을 제대로 볼 수가 있어야지. 정말 끔찍한 곳이야. 하긴 어떤 땐 그림이 너무 많아서 사람을 볼 수 없을 때도 있어. 어쩌면 그게 더 끔찍한 일인지 모르지만. 그로브너가 딱 안성맞춤이야, 거기밖에 없어."

"난 아무 데도 출품할 생각이 없어." 그는 옥스퍼드 시절에 자주 친구들의 비웃음을 자아냈던 기묘한 방식으로 고개를 뒤로 젖히면서 대답했다. "안 보낼 거야, 어디에도."

헨리 경은 눈썹을 치켜세우며 놀란 눈으로 그를 쳐다보았다. 그들 사이로 진한 아편 담배에서 파르스름한 연기가 소용돌이를 그리며 피어올랐다.

"아무데도 안 보내겠다고? 이봐, 친구. 이유가 뭐야? 무슨 특별한 이유라도 있는 거야? 정말 화가라는 족속들은 알다가도 모르겠단 말이야! 명성을 얻으려 별의별 짓을 다하다가도 막상 이름을 얻고 나면 그걸 내던지지 못해 안달 난 것처럼 보이니 말이야. 그건 바보 같은 짓이야. 사람들 입에 오르내리는 것보다 더 나쁜 것이 이 세상에 딱 하나 있는데 말이야 그건, 누구의 입에도 오르내리지 못한다는 걸세. 이 초상화 정도면 자넨 영국의 어느 젊은이들 위에 올려놓을 것이고, 늙은이들을 질투로 몰아넣을 거야. 그 늙은 양반들이 아직 감정이라는 걸 가지고 있다면 말이지만."

"자네가 비웃을 거라는 건 알고 있어. 하지만 이 그림은 절대로 발표할 수 없어. 난 이 그림 속에 나 자신에 대한 너무 많은 것들을 표현해 냈거든."

헨리 경은 소파에서 몸을 쭉 펴면서 웃었다.

"거봐, 역시 비웃는군. 하지만 이건 진심이야."

"자네 자신을 너무 많이 표현해 넣었다고! 이거야 원, 베질, 자네가 그렇게 엉뚱한 사람인 줄은 미처 몰랐네. 게다가 어디가 닮았다는 건지 하나도 모르겠군. 자네는 거칠고 험한 얼굴에 새까만 머리, 하지만 이 젊은 아도니스는 마치 상아와 장미 꽃잎으로 빚은 것 같잖아? 아! 베질, 그는 나르키소스야. 그런데 자네는, 아, 물론 자네한테는 지적인 표정이 있지. 하지만 아름다움은, 진정한 아름다움이란 지적인 표정을 짓는 순간 사라지고 말아. 지성은 그 자체가 과장된 수단이기 때문에 어떤 얼굴에서도 조화를 깨뜨리는 법이거든. 사람이 앉아서 생각하기 시작하는 순간, 그 사람은 온 얼굴이 코뿐이거나 이마뿐인 혹은 섬뜩한 그 무엇으로 바뀐단 말이야. 지적인 직업에서 성공한 자들의 얼굴을 봐. 얼마나 추악하게 생겼는지! 물론 교회에서는 예외이지. 하지만 교회 사람들은 아예 생각을 안 해. 어느 주교는 열여덟 살 때 들었던 얘기를 여든이 되어서도 계속 되풀이하고 있지. 자연스러운 결과지만 그 주교는 늘 너그럽고 유쾌한 표정을 짓고 있어. 자네 친구라는 신비로운 젊은이, 그 친구 이름은 한 번도 말해 주질 않았지만, 나를 이토록 매료시키는 그 초상화의 주인공은 아무것도 생각하지 않아. 난 그걸 확신할 수 있어. 그 친구는 머리가 텅 빈 아름다운 생물이야. 겨울에 바라볼 꽃이 없을 때나 여름에 뭔가 머리를 식힐 것이 필요할 때 언제나 여기에 있어 주었으면 하는 타입이지. 괜히 우쭐해하지 말게나, 베질. 자넨 저 젊은이와 추호도 닮지 않았으니까."

"해리, 자넨 내 말을 이해 못하는군." 화가가 대답했다. "물론 이 친구와 난 닮지 않았어. 그건 나도 잘 알아. 사실, 이 친구를 닮는 건 나도 사양하고 싶어. 왜, 어이가 없나? 난 진실을 말하고 있는 걸세. 모든 육체적이나 지적인 특성에는 반드시 피할 수 없는 운명이 따라다니는 법이지. 역사 속에서 왕들의 비틀거리는 발걸음에 붙어 다니던 숙명 같은 것 말이야. 주변 사람과 다르지 않은 편이 훨씬 나아. 추한 사람과 우둔한 사람이 이 세상에선 가장 행복한 사람들이지. 그들은 마냥 편하게 앉아서 입을 헤벌리고 연극을 관람할 수 있거든. 비록 승리의 맛은 모르지만, 패배가 어떤 건지도 모르고 살 수 있으니까. 그들은 우리 모두가 원하듯이 평온하고 무사안일하게 살아가지. 타인에게 파멸을 가져다주는 일도 없고, 모르는 사람에게 파멸당하는 일도 없어. 해리, 자네의 신분과 재산, 내 두뇌, 그리고 무슨 가치가 있을지 모르지만 내 예술, 그리고 도리언 그레이의 아름다운 외모. 우리는 신이 우리에게 부여한 그런 것들로 인해 고통을 당하고 있어, 아주 혹독한 고통을."

"도리언 그레이? 그게 그 젊은이의 이름인가?" 헨리 경이 그렇게 물으면서 화실을 가로질러 베질 홀워드에게 다가갔다.

"그래, 그게 이 친구의 이름이야. 자네한테 말하지 않으려고 했는데."

"왜 말하고 싶지 않은 건데?"

"아, 설명하기 어려워. 난 무척 좋은 사람이 생기면 그 사람의 이름을 절대 다른 사람에게 알려주지 않지. 그 사람의 한 부분을 내주는 것 같거든. 난 살아오면서 점점 비밀을 좋아하게 되었어. 비밀을 가지는 것만이 현대의 삶을 신비스럽고 경이로운 것으로 만들어 주는 것 같아. 가장 평범한 것이라도 그것을 감추기만 하면 커다란 기쁨이 되지. 마을을 떠날 때는 어느 누구에게도 내 행선지를 말하지 않아. 그걸 말하면 여행의 즐거움이 사라지기 때문이야. 참 어이없는 습관이라고 생각할지 모르지만, 그게 내 삶에 많은 로맨스를 가져다주거든. 자넨 이런 나를 지겹도록 어리석다고 생각하겠지?"

"천만에." 헨리 경이 대답했다. "전혀 그렇게 생각하지 않아, 베질. 자넨 내가 결혼했다는 사실을 잊은 것 같군. 결혼의 한 가지 매력은 말이야, 양쪽 다 기만적인 생활을 피할 수 없다는 거야. 내 마누라가 어디에 있는지 난 몰라. 마누라도 내가 뭘 하고 돌아다니는지 모르지. 우리가 만날 때—같이 식사를 할 때나 공작의 집을 방문할 때, 뭐 이럴 때 이따금 만나거든—우리는 서로 지극히 진지한 얼굴을 하고는 가장 요상스런 말을 나눈다네. 마누라가 그러는 데는 도사야. 사실 나보다 한 수 위지. 데이트를 혼동하는 경우는 절대 없어. 난 늘 까먹고 틀리는데 말이야. 그런데 내 거짓말이 들통 나도 그저 무덤덤하단 말이야. 가끔은 난리도 치고 덤벼들었으면 좋겠는데, 그냥 비웃기만 하니, 원!"

"결혼 생활에 대해 그런 식으로 말하는 거, 난 싫어, 해리." 홀워드는 정원으로 통하는 문을 향해 천천히 걸음을 옮기면서 말했다. "자넨 정말 훌륭한 남편인데, 그런 자신의 미덕을 그렇게 부끄러워하다니. 자넨 유별난 친구야. 자넨 도덕적인 것과는 거리가 먼 얘기만 하지만, 그렇다고 나쁜 짓을 하는 건 결코 아니잖아. 자네의 그 냉소주의는 단순한 겉모습에 지나지 않아."

"자연스럽다는 것은 하나의 겉치레일 뿐이며, 내가 알기로는 가장 비위에 거슬리는 겉치레일세." 헨리 경은 웃으면서 큰 소리로 떠들어 댔다. 두 청년은 함께 정원으로 나가 키 큰 월계수 그늘에 놓여 있는 기다란 대나무 벤치에 편안한 자세로 앉았다. 반들반들한 잎사귀 사이로 밝은 햇살이 비쳐들고 풀밭에서는 하얀 국화꽃이 바람에 살랑거렸다.

잠시 뒤 헨리 경이 시계를 꺼냈다. "이젠 가봐야겠네, 베질." 그가 중얼거렸다. "근데 가기 전에 앞서 물은 질문에 대한 답은 꼭 들어야겠어."

"무슨 질문?" 화가는 땅바닥을 응시한 채 되물었다.

"잘 알면서."

"모르겠는데, 해리."

"그래? 그렇다면 말해 주지. 왜 도리언 그레이의 초상을 전시하지 않으려는 건지 설명해줘, 진짜 이유를 알고 싶어."

"그건 벌써 말했잖아."

"아냐, 말하지 않았어. 그 그림에 자네 자신을 너무 많이 표현했다고 했지만, 그건 좀 유치한 대답 아닌가?"

"해리." 베질 홀워드는 헨리 경의 얼굴을 똑바로 쳐다보면서 말했다. "감정을 담아 그린 초상화는 모두 모델이 아니라 화가 자신의 초상화야. 모델이 된 그 사람은 단순히 우연한 계기에 지나지 않지. 화가의 붓에 의해 드러나는 건 모델이 아니라네. 캔버스 위에 채색되어 나타나는 것은 바로 화가 자신이라고. 내가 그 그림을 발표하지 않으려는 이유는 행여나 내 영혼의 비밀을 그 그림 속에 그려 넣고 만 것이 아닌가 하는 두려움 때문이야."

이 말을 들은 헨리 경이 웃음을 터뜨리면서 물었다. "그래, 그 영혼의 비밀이라는 게 뭔데?"

"얘기해 주지." 베질 홀워드는 말은 그렇게 했지만 얼굴에는 당혹한 표정이 역력했다.

"기대가 되는데, 베질." 헨리 경이 베질을 바라보면서 말을 받았다.

"아냐, 사실 별다른 얘기는 없어, 해리." 화가가 대답했다. "그런데다 자네가 이해나 할 수 있을지 걱정도 되고. 아마 자넨 믿지 못할 거야."

헨리 경은 미소를 지으며 몸을 굽히더니 풀밭에 피어난 분홍색 국화꽃을 꺾어서 응시했다. "난 충분히 이해할 수 있어." 그는 하얀 솜털로 뒤덮인 황금색의 표면을 유심히 들여다보면서 말했다. "무언가를 믿는 문제라면, 난 어떤 것이든 믿을 수 있어. 그것이 아무리 믿기 어려운 일이라도 말이야."

바람이 불자 나무에 매달린 꽃송이들이 몇 개 떨어지고, 한 덩어리를 이룬 라일락꽃도 나른한 공기 속에서 무게를 못 이기듯 이리저리 흔들렸다. 담장 주변에서는 여치 한 마리가 날개를 비벼대고, 푸른 실오라기처럼 가늘고 긴 잠자리 한 마리는 엷은 갈색 날개를 펴고 주위를 날고 있었다. 헨리 경은 베질 홀워드의 심장 고동 소리가 들리는 듯했다. 베질의 입에서 무슨 얘기가 나올까 궁금했다.

"뭐, 단순한 이야기야." 잠시 후 화가가 입을 열었다. "두 달 전에 브랜든 부인 집에서 열린 파티에 간 적이 있었어. 자네도 알다시피 우리같이 가난한 예술가들은 이따금씩 사교 모임에 얼굴을 내밀어야 해. 우리가 그렇게 미개한 존재가 아니라는 사실을 대중에게 상기시키기 위해서 말이지. 언젠가 자네가 말했듯이, 이브닝코트에 하얀 넥타이만 매면 누구라도, 심지어 증권 중개인이라도 세련된 사람이라는 평판을 얻을 수 있잖아. 방에 들어가 거판하게 차려 입은 귀족 미망인들과 따분한 학술위원들과 얘기를 나누며 한 10분을 보냈을까, 문득 누군가가 나를 보고 있다는 느낌을 받았어. 몸을 살짝 돌려 처음으로 도리언 그레이를 보게 되었지. 서로 눈이 마주친 순간, 내 얼굴이 창백해지는구나 하는 듯한 느낌이 들더군. 기묘한 공포심이 엄습해 왔다네. 그 순간 깨달은 거야. 그 인물이 너무나 매혹적이어서, 그냥 받아들인다면 그 매력이 나의 본성과 영혼, 나의 예술 자체까지 모조리 삼켜버릴 거라는 사실을 말일세. 난 평생 외부에서 오는 어떤 영향력도 원치 않아. 자네도 알잖아, 해리. 내가 태생적으로 얼마나 독립적인 사람인지. 나의 주인은 언제나 나 자신이었어. 적어도 그때까지는 그랬지. 도리언 그레이를 만나기 까지는 말이야. 그런데 그때, 뭐라고 설명해야 좋을지 모르겠군. 아무튼 그때 무엇인가가 나한테 넌 지금 네 삶에서 아주 중대한 위기의 순간에 직면해 있다고 알려주는 것 같았어. 운명의 신께서 나에게 더할 수 없이 강렬한 쾌감과 더할 수 없이 깊은 슬픔을 예비해 놓은 듯한 기묘한 예감이 엄습하더군. 난 두려워졌어. 그래서 방에서 빠져 나오려고 돌아섰지. 양심 때문만은 아니었어. 그래, 비겁함에서 나온 행동이었다고 할까. 달아나려고 한 것을 정당화할 생각은 추호도 없어."

"양심과 비겁함은 실제로는 같은 것이야, 베질. 양심이 간판 역할을 할 뿐, 그게 전부야."

"난 그렇게 믿지 않아, 해리. 자네도 그렇게 생각하지 않을 거라고 믿어. 그렇지만 내 동기가 무엇이었든—자존심 때문일 수도 있지. 난 늘 자만했으니—난 기를 쓰고 문 쪽으로 향했지 뭐야. 그런데 거기서 브랜든 부인과 마주치고 말았지 뭔가. '벌써 도망치려고 그러시는 건 아니겠죠, 홀워드 씨?' 부인이 비명에 가까운 소리를 지르더군. 그 묘하게 날카로운 목소리, 자네도 알지?"

"그래, 알아. 그 여자는 어딜 봐도 겉치레뿐이야, 아름답다는 것만 제외하고 말이야." 헨리 경은 가늘고 긴 손가락을 조심스럽게 놀려 국화 꽃잎을 하나씩 뜯어내면서 말했다.

"난 그녀를 무시해 버릴 수가 없었지. 부인이 나를 끌고 왕실 사람들과 기사 휘장을 주렁주렁 달고 있는 양반들, 그리고 키다란 보관을 쓰고 코가 앵무새 부리 같이 생긴 노부인들에게 데려가더군. 나를 자기가 가장 아끼는 친구라고 소개하면서 말이야. 전에 딱 한 번밖에 본 적이 없는데, 아마 나를 추어올리려고 그랬나봐. 그때는 내가 그린 그림 중 일부가 큰 성공을 거둔 때였고, 삼류이긴 하지만 몇몇 신문에 기사가 나기도 했던 때였지. 삼류신문에 기사가 났느냐 안 났느냐가 불후의 명작인가 아닌가를 판단하는 19세기식 기준이니 말이야. 갑자기 난 아까 그 젊은 친구, 매력적인 모습이 이상하게 나를 자극했던 그 젊은 친구와 서로 얼굴을 마주보고 있다는 걸 깨달았어. 둘 사이의 거리가 너무 가까워서 거의 몸이 닿을 뻔했지. 눈이 다시 마주쳤어. 난 무모하게도 브랜든 부인에게 그 젊은이를 소개해 달라고 부탁했다네. 뭐 따지고 보면 그렇게 무모한 행동은 아니었던 것 같아. 필연적인 일이었으니까. 우린 누가 소개해 주지 않았어도 서로 얘기를 나누었을 거야, 틀림없이. 나중에 도리언도 그러더군. 그도 역시 우리가 서로 만나게 될 운명이었다고 느꼈다는 거야."

"그래, 브랜든 부인이 그 훌륭한 청년을 뭐라고 소개하던가?" 헨리 경이 물었다. "그 부인은 모든 손님의 신분을 죄다 까발렸겠지? 한번은 그 부인이 얼굴이 붉고 아주 사나워 보이는 노신사에게 나를 데려간 적이 있는데, 온몸에 훈장을 주렁주렁 달고 다니던 양반이었지. 그런데 부인이 내 귀에 대고 그 사람 신상을 놀랄 만큼 자세하게 얘기하는 거야. 자기 딴에는 쉬쉬하면서 작게 얘기한다고 했지만 아마 그 방에 있던 모든 사람이 다 들었을 걸. 난 그냥 도망치고 말았어. 난 내가 알아서 나에게 맞는 사람들을 사귀고 싶거든. 그런데 브랜든 부인은 경매인이 상품 다루듯이 손님을 다룬다니까. 손님들 한 명 한 명에 대해 시시콜콜한 것까지 죄다 까발리거나, 아니면 우리가 알고 싶어하는 건 쏙 빼고 나머지만 얘기해 주거나 둘 중에 하나야."

"가엾은 브랜든 부인! 자네 너무 심하게 말하는 것 아닌가, 해리!" 홀워드가 내키지 않는다는 듯이 말했다.

"이봐, 친구. 그 부인은 살롱을 차리려고 했던 여자야. 그런데 겨우 식당을 연 셈이 되었다고. 그런 부인을 존경할 수 있겠나? 그건 됐고. 그래, 그 부인이 도리언 그레이에 대해 뭐라고 말했어?"

"아, 뭐가 매력적인 청년이라고—'가엾은 재 어머니하고 난 서로 떨어질 수 없을 정도로 가까운 사이였어요. 그런데 무슨 일을 하는지 까먹었네—아마 이 청년은—아무 일도 안 했지—아, 맞아, 피아노를 쳤지—아니야, 바이올린이었나요, 그레이 씨?' 나도 도리언도 웃지 않을 수가 없었어. 그러다 우린 금방 친구가 되었지."

"웃음으로 우정이 시작되는 건 나쁘지 않지. 그리고 웃음으로 우정이 끝나는 건 더 좋고." 젊은 헨리 경은 국화 한 송이를 또 꺾으면서 말했다.

홀워드는 고개를 가로저었다. "자넨 우정이 뭔지 몰라, 해리." 그는 나지막한 목소리로 말했다. "그러니 증오가 뭔지도 모르지. 자넨 모든 사람을 좋아하잖아. 그 말은 모든 사람에게 무관심하다는 뜻이기도 해."

"얼토당토 않는 소리!" 헨리 경은 그렇게 소리치고는 모자를 뒤로 젖혀 하늘의 작은 구름들을 올려다보았다. 반들반들한 하얀 비단에서 풀려나온 실타래처럼 텅 빈 청록색 여름 하늘 위를 구름이 너울대고 있었다. "그래, 가당찮은 말이야. 내가 사람을 얼마나 가리는데. 친구로는 잘생긴 사람을, 그냥 지인으로는 성격 좋은 사람을 선택하고, 똑똑한 친구들은 적으로 간주하지. 누굴 적으로 삼을 때는 아무리 조심해도 지나치다고 할 수 없는 법이야. 어리석은 사람은 내 적수가 못 돼. 내가 아는 사람들은 모두 어느 정도 지성을 갖춘 사람들이어서 결과적으로 나를 인정해 주지. 내가 너무 허황된 건가? 그래 허황되고말고."

"그럴지도 몰라, 해리. 하지만 자네 기준에 따르면 난 단순한 지인에 속하겠군."

"친애하는 베질, 자넨 지인 이상일세."

"그리고 친구보다는 훨씬 아래고. 형제 같은 것인가?"

"아, 형제! 난 형제엔 관심 없어. 형은 좀처럼 죽어주지 않고, 동생들은 아무것도 해줄 것 같지 않고 말이야."

"해리!" 홀워드는 이맛살을 찌푸리면서 소리쳤다.

"이 친구야, 농담이었어. 하지만 난 가족을 혐오할 수밖에 없으이. 자기와 똑같은 결점을 가진 다른 사람을 참아낼 수 있는 사람은 아무도 없다는 사실 때문에 그런 거야. 난 사람들이 말하는 상류층의 악덕에 대해 영국의 일반대중이 느끼는 분노에 절대적으로 공감해. 대중은 말이야, 순수정, 어리석음, 부도덕을 특별한 자신이어야만 한다고 생각하지. 그래서 우리 같은 사람이 바보짓을 해서 웃음거리가 되면 그게 자신들의 영역을 침범하는 거라고 생각하거든. 가난한 서더크 사람이 이혼 법정에 들어섰을 때 대중의 분개는 정말 대단했지. 그래도 난 노동자 계급 가운데 올바르게 사는 사람은 10퍼센트도 안 될 거라고 봐."

"자네가 하는 말에는 한마디도 찬성할 수 없어. 게다가 해리 자네도 진심으로 그렇게 생각하고 있는 건 아니잖아."

헨리 경은 뾰족한 갈색 콧수염을 매만지더니 장식 술이 달린 까만 지팡이로 검은 에나멜 구두코를 톡톡 두드렸다. "자넨 정말 영국적인 사람이군, 베질. 자네가 그런 말을 한 게 이번이 두 번째거든. 순수한 영국인에게 새로운 생각을 얘기해 줘도—뭐, 그것 자체가 경솔한 행동이기는 하지만—영국인은 그 생각이 옳은지 그른지에 대해선 전혀 생각할 꿈도 꾸지 않거든. 영국인에게 유일하게 중요시 되는 것은 그걸 스스로 믿느냐 그렇지 않느냐 하는 것뿐일세. 그 생각 자체의 가치는 그 생각을 얘기한 사람의 성실성과는 아무 상관도 없는데 말이야. 실제로 그 사람이 성실하지 않으면 않을수록 그의 생각은 순수하고 지적일 가능성이 높을 수 있어. 그 사람의 바람이나 욕망, 편견의 영향을 받지 않은 경우에서처럼 말일세. 그렇다고 지금 자네와 정치나 사회학, 형이상학에 대해 논의하자는 건 아니야. 난 이념 같은 건 전혀 없는 사람이 이 세상에서 그 누구보다 좋아. 도리언 그레이에 대해 좀 더 얘기해 주게. 자주 만나나?"

"매일 만나고 있어. 하루라도 못 보면 불행해지거든. 나에게 그는 절대적으로 필요한 존재야."

"이거 뜻밖인데! 난 자네가 좋아하는 예술 외에는 어떤 것에도 관심이 없는 줄 알았는데 말이야."

"지금은 그 친구가 내 예술의 전부야." 화가는 진지하게 말했다. "해리, 난 가끔 이런 생각을 해. 인류 역사에 있어서 뭔가 가치가 있었던 시대는 딱 두 번밖에 없었다고. 첫 번째는 예술을 위한 새로운 수단이 나타났을 때, 두 번째는 예술을 위한 새로운 인물이 등장했을 때야. 유화의 발명이 베네치아의 화가들에게 갖는 의미, 안티노우스*2의 얼굴이 후기 그리스 조각가들에게 갖는 의미가 그러했듯 도리언 그레이의 얼굴도 언젠가는 그렇게 될 걸세. 단순히 그를 모델로 하여 물감을 칠하고 그려대고 스케치하는 것만이 전부는 아니야. 물론 그 전부를 하긴 하지만 그는 나에게 모델이나 초상화의 소재보다 훨씬 큰 존재라는 거지. 그렇다고 지금까지 그린 그 친구의 그림에 불만이 있다는 건 아니야. 또는 그의 아름다움을 예술로는 다 표현할 수 없다는 얘기도 아니고. 예술로 표현할 수 없는 건 아무것도 없어. 그리고 난 도리언 그레이를 만난 뒤로 그린 내 작품들이 모두 걸작이라는 걸 알아. 내 생애에 가장 뛰어난 작품이지. 그런데 어딘가 기묘한 방식으로—자네가 내 말을 이해해 줄지 모르겠네만—그 사람의 매력은 지금까지와는 전혀 새로운 예술의 방법, 즉 완전히 새로운 스타일의 양식을 나에게 시사해 주거든. 난 사물을 다르게 보고 다르게 생각할 걸세. 전에는 몰랐던 새로운 방식으로 삶을 재창조할 수 있게 된 거야. '사색의 나날에 깃든 형상의 꿈',—누가 그 말을 했더라? 잊어버렸어. 아무튼 도리언 그레이가 나에게는 바로 그런 존재야. 내 눈앞에 있는 저 소년의 존재가—아, 나에게는 아직 소년으로밖에 보이지 않아, 실제로는 스무 살이 넘었지만, 그가 내 눈에 보이는 곳에 있다는 사실만으로도, 아! 그 의미를 자네가 알 수 있을까! 그 친구는 자신도 모르는 사이에 나에게 참신한 유파의 윤곽을 정립해 주었어. 낭만주의 혼의 모든 정열과 그리스적인 영혼의 극치를 모두 갖춘 새로운 유파를 말이야. 영혼과 육체의 조화—지! 얼마나 멋진가! 우리는 정신이 돌아 그 둘을 갈라놓고 속된 리얼리즘과 공허한 관념주의를 만들어냈어. 해리! 도리언 그레이가 나에게 어떤 존재인지 자네가 이해할 수 있다면 얼마나 좋을까! 애그뉴가 어마어마한 가격을 제시했지만 내가 내놓지 않았던 그 풍경화, 기억나나? 그 그림은 내 걸작 중의 하나였네. 그런데 그 이유가 뭔지 아나? 그건 말이야, 그 그림을 그리는 동안 도리언 그레이가 내 옆에 앉아 있었기 때문이라네. 뭔가 알 수 없는 신비한 힘이 그에게서 나에게 전해져서 단조로운 숲의 풍경에서,

---

*2 로마 황제였던 하드리아누스의 총애를 한 몸에 받았던 시종으로, 강에 빠져 죽은 뒤 황제에 의해 신격화되었다.

나는 난생 처음으로 그동안 끊임없이 찾았지만 찾지 못했던 경이를 발견할 수 있었다네."

"베질, 그건 정말 유별난 얘기로군! 아무래도 도리언 그레이를 꼭 만나봐야겠어."

홀워드는 벤치에서 일어나 정원을 거닐었다. 잠시 뒤 돌아온 그가 입을 열었다. "해리, 도리언 그레이는 '내 예술의 단순한 모티프야. 자네가 만나 봤자 아무것도 느끼지 못할지도 몰라. 난 그에게서 모든 것을 본다네. 그에 대한 이미지가 존재할 때 내 작품 속에 그가 더욱더 잘 표현이 되거든. 아까 말했듯이 그는 새로운 수법을 암시하고 있어. 난 모든 곡선에서 그를 느끼고, 모든 색채의 아름다움과 미묘함에서 그를 발견하지. 그게 전부야."

"그런데 그의 초상화를 전시하지 않으려는 이유는 뭔가?" 헨리 경이 물었다.

"왜냐하면, 의도한 건 아니지만, 이 모든 기이한 예술적 맹신을 그림 속에 담았기 때문이야. 물론 이런 마음은 그에게 얘기하진 않았어. 그는 아무것도 몰라. 앞으로도 알릴 생각도 없고. 하지만 세상은 눈치 챌지도 몰라. 난 뭘 캐내려고 유심히 살피는 세상 사람들의 천박한 눈길에 내 영혼을 드러내고 싶지 않아. 내 심장을 그들의 현미경 아래 내놓고 싶지 않다고. 거기에는 나 자신이 너무나 많이 들어 있어, 헨리. 나 자신이!"

"시인들은 자네처럼 그렇게 양심적이지 않아. 그들은 열정이라는 것이 출판에 얼마나 유용한지 알고 있지. 최근에는 실연의 고통은 눈 깜짝할 사이에 베스트셀러가 된다네."

"그래서 난 시인들이 싫어." 홀워드가 소리쳤다. "예술가는 아름다운 것을 창조해야지 작품 속에 자신의 삶을 조금이라도 개입시켜서는 안 돼. 우리는 예술을 마치 자서전의 한 형식으로만 생각하는 세상에서 살고 있다네. 우리는 미(美)라는 추상적인 감각을 잃어버린 거야. 난 언젠가 그것이 어떤 것인지를 세상에 보여 줄 거야. 어쨌든 바로 그런 이유로 세상은 도리언 그레이의 초상화를 보지 못할 거야."

"자네의 생각은 틀렸다고 생각해, 베질. 허나 자네와 말싸움하기는 싫어. 말싸움은 지성을 갖추지 못한 자만이 하는 짓이거든. 가르쳐 주게, 도리언 그레이는 자네를 무척이나 좋아하나?"

화가는 잠시 생각했다. "좋아하지. 나를 좋아한다는 건 알고 있어. 물론 내가 심하다 싶을 정도로 그 친구에게 찬사를 늘어놓기는 하지. 나중에 반드시 후회할 걸 알면서도 그럴 때마다 야릇한 기쁨을 느낀단 말이야. 아무튼 대체로 그는 나에게 다정한 편이고 둘이서 화실에 앉아 많은 얘기를 주고받지. 하지만 이따금 그가 아무런 배려도 없이 나에게 고통을 주는 것을 진심으로 즐기는 것 같을 때도 있어. 해리, 그럴 때면 어떤 느낌인 줄 알아? 그가, 송두리째 내준 내 영혼을 어느 여름날 웃옷 깃에 장식할 꽃 한 송이, 하루만 쓰고 버려질, 허영심을 만족시켜줄 장식처럼 취급하고 있다는 느낌이 든다네."

"여름날은 길어지기가 쉬워, 베질." 헨리 경이 중얼거렸다. "아마 자네가 그 친구보다 먼저 지칠걸. 이런 생각을 하는 건 슬픈 일이긴 하지만, 재능이 아름다움보다 더 오래 가는 건 틀림없는 사실이야. 그렇기 때문에 우리가 애써 공부하는 것 아니겠어? 치열한 생존경쟁 속에서 우리는 오래 견딜 수 있는 무언가를 원한다네. 그러기에 우리 자리를 지키겠다는 어리석은 희망을 가지고 우리 마음속에 부질없는 온갖 생각과 사실들을 채워 넣는 거야. 모든 것에 대한 완전한 지식을 갖춘 사람, 그것이 현대의 이상이지. 하지만 완전한 지식을 갖춘 사람의 머릿속만큼 끔찍한 것도 없어. 마치 골동품 가게처럼 먼지를 뒤집어쓴 잡동사니만 있고, 모든 것에 실제의 가치 이상으로 가격이 매겨져 있어. 어쨌든 먼저 싫증을 내는 건 자네 쪽이겠지. 어느 날 자넨 그 친구를 보고, 그의 모습이 아무래도 화폭에 담기에는 약간 거리가 멀거나, 낯빛이 마음에 안 들지도 몰라. 그러면 자넨 마음속으로 그를 호되게 비난하고, 그가 자네한테 매우 불쾌하게 굴었다고 진지하게 생각하겠지. 다음에 그가 찾아왔을 땐 자네는 그를 완전히 냉담하게 대할 것이고, 그렇게 되면 정말 잔인한 얘기지만 자넨 완전히 변해버리는 거야. 자네가 한 얘기는 하나의 로맨스야. 굳이 이름 붙이자면 예술의 로맨스. 그리고 가장 나쁜 건 어떤 로맨스에서도 당사자는 마지막에는 전혀 로맨틱하지 않게 된다는 거야."

"해리, 그런 식으로 얘기하지 마. 내가 살아 있는 한, 도리언 그레이의 매력은 나를 계속 지배할 거야. 자넨 내 감정을 느낄 수가 없어. 자네의 기분은 너무 자주 바뀌잖아."

"이런! 베질, 바로 그렇기 때문에 내가 느낄 수 있는 거야. 사랑에 충실한 사람은 사랑의 사소한 면밖에 알지 못해. 사랑에 충실하지 않은 사람이라야 사랑의 비극이 무엇인지 아는 법이지."

헨리 경은 우아한 은색 케이스에 성냥을 그어 불을 붙이고 담배를 피우기 시작했다. 마치 단 한마디로 온 우주의 신비를 요약해서 표현했다는 듯이 의식적이고도 만족스러운 표정이었다. 칠을 한 듯 반질반질한 담쟁이덩굴의 초록색 잎사귀 사이에서 참새들이 지저귀며 바스락거리는 소리가 들렸고, 구름은 날랜 제비처럼 풀밭 위에서 푸른 그림자가 되어 서로 추격전을 벌이는 듯했다. 이 정원에 있는 것은 얼마나 기분 좋은 일인가! 그리고 타인의 감정은 또 얼마나 재미있는 것인가! 감정에 비하자면 생각이란 훨씬 덜 매력적인 것이다. 자신의 영혼과 친구의 정열, 인생에서 매력적인 것은 그 두 가지뿐이다. 그는 혼자 말없이 미소를 지으면서 베질 홀워드와 함께 있는 시간이 길어지는 바람에 참석하지 못한, 따분했을 점심 식사 광경을 머릿속에 떠올리며 속으로 즐거워했다. 숙모 집에 갔더라면 분명히 굿바디 경을 만났을 것이고, 그러면 둘이 나눴을 대화는 온통 가난한 사람들을 먹여 살리는 문제와 모범적인 하숙집의 필요성에 관한 이야기뿐이었을 것이 분명했다. 어떤 계층의 사람이든 자기 자신의 생활에서는, 전혀 발휘할 필요가 없는 미덕의 중요성을 주장하는 것이 보통이다. 부자들은 검소함의 가치를 떠들어대고, 게으른 자들은 노동의 고귀함에 대해 열변을 토한다. 그런 자리를 피했으니 얼마나 다행한 일인가! 자기 숙모님의 생각을 하다가 문득 떠오르는 것이 있었다. 그는 홀워드를 향해 몸을 돌리며 말했다. "이봐 친구, 방금 생각났어."

"뭔가, 해리?"

"도리언 그레이라는 이름을 어디서 들었는지 기억이 났다고."

"어디서 들었는데?" 홀워드는 미간을 약간 찌푸리면서 물었다.

"그렇게 골난 표정 짓지 마, 베질. 숙모님 댁에서야, 애거서 숙모님 댁 말이야. 숙모님이 이스트엔드[*3]에서의 자선사업을 도와줄 훌륭한 청년을 찾았다고 했는데, 그 청년의 이름이 도리였단 말이야. 그런데 분명히 말하지만, 숙모님은 그 친구가 잘생겼다는 말은 하지 않았거든. 여자들은 미모를 볼 줄

[*3] 런던 동부의 옛 빈민가.

모르니까. 적어도 선량한 여성들은 말이야. 숙모님 말씀에 따르면, 그 친구는 아주 성실하고 아름다운 성품을 지녔다고 하더군. 그래서 난 순간적으로 안경을 끼고 윤기 없는 머리카락에 커다란 발로 성큼성큼 걷는 주근깨투성이의 청년을 상상했지. 그게 자네 친구라는 걸 알았더라면 좋았을 텐데."

"몰랐으니 다행이군, 해리."

"무슨 소리야?"

"난 자네가 그 친구를 안 만났으면 해."

"내가 만나지 않기를 원한다고?"

"그래."

"도리언 그레이 씨가 화실에 와 계십니다." 집사가 정원으로 나와 아뢰었다.

"이젠 소개시켜 주지 않을 도리가 없겠군." 헨리 경이 웃으면서 말했다.

화가는 햇빛 아래 눈을 깜빡이며 서 있는 집사에게 말했다. "파커, 그레이 씨에게 잠시 기다리시라고 하게, 곧 간다고 말이야." 집사는 목례를 하고서 오솔길로 사라졌다.

홀워드는 헨리 경을 쳐다보았다. "도리언 그레이는 내게 가장 소중한 친구야. 그의 마음은 아주 단순하고 아름다워. 자네 숙모님이 하신 말씀 다 맞는 말이지. 그 친구, 괜히 우쭐거리게 만들지 마. 뭘 주입시키려고도 하지 말고. 자네는 다른 사람에게 나쁜 영향을 끼치는 사람이니까. 세상은 넓고, 이 넓은 세상에 훌륭한 사람은 아주 많아. 나의 예술에 자기가 가진 모든 매력을 다 내주는 사람을 나에게서 빼앗아가지 말게. 예술가로서의 내 삶은 그에게 달려 있어. 잊지 말게, 해리. 자네를 믿는다는 걸." 그는 매우 천천히 말했다. 단어 하나하나를 그의 의지와는 달리 억지로 쥐어짜내는 것 같았다.

"무슨 뚱딴지 같은 소릴 하는 거야!" 헨리 경은 미소로 대꾸했다. 그러면서 그는 자기가 주인인 양 홀워드의 팔을 잡고 집 안으로 들어갔다.

제2장

 두 사람이 들어가자 도리언 그레이의 모습이 보였다. 그는 등을 돌린 채 피아노 앞에 앉아 슈만의 〈숲의 정경〉 악보를 뒤적이고 있었다. "베질, 이거 좀 빌려줘요." 그가 큰 소리로 말했다. "이 곡을 좀 배워야겠어요. 아주 아름다운 곡이네요."
 "그건 오늘 자네가 모델 역할을 어떻게 잘하느냐에 달려 있어, 도리언."
 "아, 이젠 모델 노릇하는 것도 지긋지긋해요. 실물 크기의 내 초상화, 난 원치 않는데." 청년은 그렇게 대답하고는 피아노용 의자를 빙글 돌려 짐짓 뾰로통한 표정으로 돌아앉았다. 그러다 헨리 경이 있는 것을 보더니 얼굴이 살짝 붉어지면서 얼른 자리에서 일어났다. "미안해요, 베질. 손님이 계신 줄 몰랐어요."
 "도리언, 이분은 헨리 워튼 경이야. 옥스퍼드 대학 동창이지. 자네가 얼마나 멋진 모델인지 얘기하던 참이었는데 자네가 다 망쳐 놨어."
 "아니, 당신을 만나게 된 기쁨은 망치지 않았소, 그레이 군." 헨리 경이 앞으로 나서면서 손을 내밀었다. "우리 숙모가 당신 얘기를 자주 했지. 숙모님이 총애하는 청년이더군. 게다가 숙모님의 피해자이기도 하지."
 "지금은 애거서 부인이 절 무척 미워하실 겁니다." 도리언은 뭔가 후회하는 것처럼 과장된 표정을 지어보였다. "지난 화요일에 화이트채플에 함께 가기로 약속해놓고 제가 그만 까맣게 잊어버리고 말았지요. 부인과 듀엣을 하기로 되어 있었거든요. 아마 세 곡이었을 거예요. 저에게 뭐라고 하실지 겁이 나서 댁에 찾아가 뵙지도 못 하겠어요."
 "아, 내가 화해를 시켜주지요. 숙모님은 당신에게 푹 빠져 있거든. 게다가 당신이 없었어도 크게 난처하지는 않았을걸. 청중들은 듀엣 연주라고 생각했을 테니까. 애거서 숙모님의 피아노 연주는 두 사람이 연주하는 것 이상으로 우렁차거든."

"그건 부인한테는 너무 가혹한 말씀이군요. 저한테도 썩 좋은 말씀은 아닌 것 같은데요." 도리언은 웃으면서 말했다.

헨리 경은 도리언을 바라보았다. 정말 그래 도리언은 감탄을 금치 못할 만큼 잘생긴 청년이었다. 고운 곡선을 그린 듯한 주홍빛 입술, 솔직해 보이는 푸른 눈, 금발의 곱슬머리. 그의 얼굴에는 누구라도 단번에 신뢰하게 만드는 무언가가 있었다. 젊은이다운 솔직함과 열정적인 순수함이 넘치고 있었다. 누구라도 그는 때가 묻지 않은 사람이라고 느낄 만했다. 베질 홀워드가 그를 숭배하고 있는 것도 놀라운 일이 아니었다.

"그레이 씨는 자선사업에 종사하기에는 너무 매력적인 청년이군요. 정말 너무 잘생겼어." 헨리 경은 소파에 털썩 앉아 담배 케이스를 열었다.

화가는 그 사이에 물감을 섞고 붓을 준비하느라 바빴다. 계속 걱정스러운 표정을 하고 있던 그는 헨리 경의 마지막 말을 듣자 그를 응시하면서 잠시 머뭇거리다가 입을 열었다. "해리, 이 그림 오늘 끝내야 해. 이제 그만 가달라고 하면 실례가 될까?"

헨리 경은 빙긋이 웃으면서 도리언 그레이를 쳐다보았다. "난 가야겠지, 그레이 군?"

"아, 제발 가지 마세요, 헨리 경. 베질께서 기분이 언짢은가 봐요. 저럴 땐 저도 견디기가 힘들어요. 그리고 왜 제가 자선사업에 종사하면 안 되는지 그 얘길 듣고 싶은데요."

"그걸 얘기해도 될지 모르겠군, 그레이군. 진지하게 말하지 않으면 안될 정도로 주제치고는 너무나 지루한 것이거든. 아무튼 당신이 가지 말라고 하니까 도망치지는 않을 거야. 베질, 사실은 자네도 괜찮지? 자네도 자주 말했잖아, 자네 모델이 같이 얘기할 상대라도 있었으면 좋겠다고."

홀워드는 입술을 지그시 깨물었다. "도리언이 원한다면 물론 있어도 상관없어. 도리언의 변덕은 본인 이외의 모든 사람에게는 법이거든."

헨리 경은 모자와 장갑을 집어 들었다. "자네가 모처럼 간청하는데, 미안하지만 난 아무래도 이만 가봐야겠어. 올리언스에서 누굴 좀 만나기로 했거든. 잘 있어요, 그레이 군. 언제 오후에 커즌 가의 내 집에 한번 들러요. 오후 5시에는 대개 집에 있으니까, 올 때는 미리 편지를 보내요. 못 보면 섭섭할 것 같군."

"베질." 도리언 그레이가 소리쳤다. "헨리 워튼 경이 가시면 저도 돌아가 겠어요. 그림을 그리는 동안에는 입 한 번 벙긋하지 않는 당신 앞에서 애써 즐거운 표정으로 저 위에 서 있는 게 얼마나 끔찍한 일인지 아세요? 헨리 경더러 더 계시라고 하세요, 제발."

"있어 줘, 해리. 도리언의 소원 좀 들어주게. 내 입장도 좀 봐주고." 홀워 드는 그림을 뚫어지게 바라보면서 말했다. "사실 그래, 난 작업하는 동안엔 말을 하지 않거든. 누가 무슨 말을 해도 듣지 않아. 그러니 저 불행한 나의 모델이 지겨워 죽을 맛일 거야. 부탁하네."

"하지만 올리언스에서 만나기로 한 사람은 어떡하고?"

화가는 웃음을 터뜨렸다. "어려운 일 아니잖아. 자, 앉게, 해리. 그리고 도리언은 저 단 위에 서봐. 너무 많이 움직이지는 말고. 헨리 경이 무슨 말을 해도 들은 척해선 안 돼. 저 친구 주변의 모든 친구한테 아주 나쁜 영향을 끼치는 친구야. 단 나만 제외하고 말이야."

도리언 그레이는 젊은 그리스의 순교자 같은 모습으로 단 위에 올라가서 헨리 경을 향해 약간 불만인 듯 새침한 표정을 지어 보였다. 도리언은 벌써 부터 헨리 경이 마음에 들었던 터였다. 베질과는 딴판이라고 생각했다. 두 사람은 재미있을 정도로 대조적이다. 게다가 헨리 경은 목소리도 무척 좋았 다. 잠시 뒤 그레이가 헨리 경에게 물었다. "헨리 경은 주변 사람들에게 정 말 그렇게 나쁜 영향을 끼칩니까? 베질이 말한 것처럼?"

"좋은 영향 따위는 존재하지 않아, 그레이 군. 모든 영향은 언제나 부도덕 한 거라오. 과학적인 관점에서 보면 다 부도덕한 것이지."

"어째서요?"

"어떤 사람에게 영향을 준다는 건 그 사람에게 자기의 영혼을 빼 주는 것 이니까. 그렇게 해서 한 번 영혼을 받은 사람은 자기 자신의 생각을 하지 못 하고 자기 자신의 정열로 불태우지 못하는 법이야. 그의 미덕은 그에게 진실 한 것이 되지 못하고, 죄악도, 만약 죄악이라는 것이 있다면 말이지만, 그것 마저도 빌려 온 것이 되는 거지. 그는 타인이 부르는 노래의 메아리에 지나 지 않게 되고, 자기를 위해 씌어진 것이 아닌 다른 역할을 연기하는 배우가 될 뿐이라네. 인생의 목적은 자기 개발에 있지. 자신의 본질을 완전히 이해 하는 것, 그것을 위해 우리는 이곳에 있다네. 요즘 사람들은 자기 자신을 두려워하지. 모든 의무 가운데 가장 중요한 의무인 자기 자신에 대한 의무를 망각하고 있어. 물론 그들은 자비심이 있기는 하지. 굶주린 사람들에게 먹을 것을 주고 거지들에게 옷을 입혀 주니까. 하지만 그들 자신의 영혼은 굶주리고 헐벗은 채 내버려두고 있어. 우리 인간이라는 종족에게는 용기가 사라진 지 이미 오래되었네. 어쩌면 처음부터 그런 건 없었는지도 모르지. 사회에 대한 공포, 그것이 도덕의 기본이고 하느님에 대한 두려움은, 종교의 비밀인데―그 두 가지가 우리를 지배하고 있다네. 하지만 그래도―"

"머리를 약간 오른쪽으로 돌려요, 도리언. 착한 소년의 표정으로." 자신의 작업에 열중해 있는 화가가 말했다. 그의 머릿속에는 도리언의 얼굴에 전에는 보지 못했던 표정이 나타나 있다는 사실밖에 없었다.

"그래도" 헨리 경은 이튼 학교 시절부터 이미 그의 특징이었던 우아한 동작으로 손을 움직이면서 음악처럼 낮게 울리는 목소리로 말을 이었다, "인간이 자신의 삶을 충만하고 완벽하게 산다면, 자기가 가진 모든 감정에 형태를 부여하고, 모든 생각을 표현하며, 모든 꿈을 실현시킨다면―세계는 더없이 신선한 기쁨의 자극을 받아, 우리는 중세 취향의 질병은 깨끗하게 잊고 그리스적인 이상으로 돌아갈 수 있을 거라고 나는 믿네. 아니 어쩌면 고대 그리스의 이상보다 더욱 훌륭하고 풍요로운 이상으로 돌아갈 수 있을 거야. 그런데 우리 가운데 가장 용맹하다는 사람들조차 자기를 두려워하고 있다네. 미개민족은 자신의 신체를 훼손했는데, 그 풍습은 자기부정이라는 비극적인 방식으로 아직도 살아남아 우리의 생명을 훼손하고 있네. 우리는 자기를 거부하여 벌을 받고 있는 거라네. 우리가 충동을 억제하려고 하면, 그것은 모두 우리 마음속에 숨어들어 우리를 해치는 거지. 육체가 일단 죄를 짓고 나서야 비로소 그 죄를 끊을 수가 있다네. 행동에 의해 사람은 정화되기 때문이야. 뒤에 남는 것은 쾌락의 기억과 회한이라는 사치뿐이지. 유혹을 물리치려면 그것에 몸을 내맡기는 수밖에 없네. 유혹에 저항해 보게, 그러면 영혼은 자신이 금지시킨 것에 대한 갈망, 영혼의 추악한 법칙이 추악하고 배덕적이라는 딱지를 붙인 것에 대한 갈망에 병적으로 사로잡히지. 이 세상의 온갖 죄는 뇌 속에만 있고 다른 곳에는 결코 없다네. 그레이 자네도, 장밋빛 젊음과 백장미 같은 소년다움을 가진 자네도, 스스로 두려움을 느끼는 정열도 있을 것이고, 공포에 사로잡히는 생각도 가지고 있겠지. 그리고 백일몽이든 밤에 꾸는 꿈이든, 생각만 해도 수치심으로 뺨을 물들이는 꿈도 꿀 것이고—"

"그만 하세요." 도리언 그레이는 주저하며 말했다. "그만하세요! 당황스러워요. 대체 무슨 소리를 하는지 모르겠군요. 대답할 말이 있긴 한데, 종잡을 수가 없네요. 이제 그만 말씀하시죠. 생각 좀 해봐야겠어요. 아니, 아무 생각도 하지 않게 해주세요."

도리언 그레이는 거의 10분 동안 입을 약간 벌린 채, 눈을 기묘하게 반짝이면서 꼼짝 않고 단 위에 서 있었다. 전에는 한 번도 느껴보지 못한 어떤 새로운 힘이 자신의 내면에서 꿈틀거리는 것을 어렴풋이 의식하고 있었다. 게다가 그것은 실은 자기 자신에게서 비롯된 것처럼 느껴졌다. 베질의 친구가 한 몇 마디 말—틀림없이 우연히 튀어나온, 충동적인 모순을 품은 말이 지금까지 한 번도 건드린 적 없는 은밀한 마음의 현(絃)을 건드린 것이었다. 그리고 지금, 그는 그것이 기묘한 리듬으로 진동하고 있음을 느꼈다.

전에는 음악이 지금과 같은 식으로 그를 혼란시킨 적이 있었다. 음악은 그의 마음을 자주 어지럽혔다. 그러나 음악이란 분명하지 못했다. 음악이 사람들의 마음속에 만들어내는 것은 새로운 세계가 아니라 새로운 혼란이다. 말! 그냥 말일 뿐이지 않은가! 하지만 얼마나 끔찍한 것인가! 얼마나 명확하고, 선명하고, 잔인한 것이란 말인가! 누구도 말을 피해 도망갈 수는 없다. 거기에는 얼마나 교활한 마술이 숨어 있는 것인가! 말은 형태가 없는 것에 확고한 형태를 부여하여, 비올이나 류트처럼 독자적인 달콤한 가락을 연주할 수 있게 하는 듯하다. 단순한 말! 말만큼 사실적인 것이 또 있을까!

그렇다, 소년 시절 그에게는 이해할 수 없는 일들이 많이 있었다. 지금은 그런 것들을 이해하고 있다. 갑자기 인생이 그에게 한 순간의 불꽃색을 띠게 되었다. 지금까지도 나는 불길 속을 걸어오지 않았던가? 어째서 전에는 그걸 몰랐을까?

헨리 경은 미묘한 미소를 지으면서 도리언을 바라보았다. 그는 입을 다물어야 할 정확한 심리적 순간을 알고 있었다. 그는 강렬한 흥미를 느끼고 있었다. 자신의 말이 갑작스럽게 도리언에게 준 인상에 놀라, 자신이 열여섯 살 때 읽었던 책을 떠올렸다. 그가 예전에는 모르고 있었던 많은 것들을 일깨워준 책 말이다. 도리언 그레이는 지금 그와 비슷한 경험을 하고 있는 게 아닐까. 그냥 공중에 화살 한 개를 날렸을 뿐이다. 그 화살이 과녁에 명중했단 말인가? 하지만 얼마나 매력적인 친구인가!

홀워드는 특유의 대담한 필치로 그림을 그리고 있었다. 참으로 세련되고 완벽한 섬세함을 지닌 그 필치는, 어쨌든 예술적인 힘에서 나오는 것이었다. 그는 정적도 의식하지 못하고 있었다.

"베질, 서 있기에 지쳤어요." 별안간 도리언 그레이가 소리쳤다. "정원에 나가서 좀 앉아야겠어요. 질식할 것만 같아요."

"오, 미안하네. 그림을 그리고 있는 동안에는 다른 건 아무것도 생각이 나지 않아서 말이야. 하여간 오늘 자넨 최고의 모델이었어. 정말 미동도 하지 않더군. 덕분에 내가 원하는 효과를 잡아냈다네. 살짝 벌린 입술, 반짝반짝 빛나는 눈의 광채. 해리가 자네한테 무슨 얘기를 했는지 모르겠지만 그렇게 멋진 표정을 짓게 하는 데 일조를 한 건 분명한 것 같군. 보나마나 자네에게 한참 찬사를 늘어놓았겠지. 하지만 그가 하는 말은 한마디도 믿어선 안 돼."

"이분은 저를 칭찬하는 말 따위는 전혀 하지 않았어요. 그래서 전 이분 말을 전혀 믿지 않은걸요."

"모두 믿고 있다는 건 스스로도 알고 있을 텐데." 헨리 경은 꿈을 꾸는 듯한 나른한 눈길로 도리언 그레이를 바라보면서 말했다. "같이 정원으로 나가세. 화실은 푹푹 찌는군. 베질, 뭐든 시원한 음료수 좀 주게. 딸기를 넣어서 말이야."

"알았어, 해리. 그 벨 좀 눌러 줘. 파커가 오면 갖다 주라고 할 테니. 난 이 배경을 마저 끝내야 하니까 좀 있다가 나가겠네. 도리언을 너무 오래 붙잡고 있지 마. 오늘처럼 그림이 잘 그려진 건 처음이야. 아마 나의 걸작이 될 것 같아. 지금 이대로도 이미 걸작이야."

정원으로 나간 헨리 경은 시원한 라일락 꽃잎 속에 얼굴을 파묻고 있는 도리언 그레이를 보았다. 마치 포도주라도 마시는 듯 꽃향기를 열심히 들이마시고 있었다. 헨리 경은 뒤에서 가까이 다가가 그의 어깨에 손을 얹었다.

"그래, 아주 잘하고 있군." 헨리 경이 속삭이듯 말했다. "영혼을 치유할 수 있는 건 감각뿐이지. 감각을 치유할 수 있는 것은 영혼뿐이듯."

청년은 화들짝 놀라 뒤로 물러섰다. 그는 모자를 쓰지 않고 있어서 심하게 구불거리는 머리카락이 나무 잎사귀로 더욱 헝클어져서 금발이 완전히 뒤엉켜 있었다. 갑자기 자다가 깨어난 사람처럼 그의 눈에 불안한 빛이 떠올랐다. 섬세한 선을 그리는 콧구멍이 떨리고 있고, 보이지 않는 신경 때문에 붉은 입술이 언제까지나 파르르 떨리고 있었다.

"그래," 헨리 경이 말을 이었다. "그것도 인생의 커다란 비밀의 하나라네. 감각으로 영혼을 치유하고, 영혼으로 감각을 치유하는 것. 자네는 정말 놀라운 창조물이야. 자네는 자신이 생각하는 것보다 훨씬 더 많은 것을 알고 있어. 마치 알고 싶어 하는 것보다는 덜 알고 있듯이 말일세."

도리언 그레이는 미간을 찡그리면서 고개를 돌렸다. 그는 자기 옆에 서 있는 키 크고 고상한 이 젊은이를 좋아하지 않을 수가 없었다. 올리브색의 로맨틱한 얼굴과 지친 듯한 표정이 그의 마음을 끌었다. 그의 낮고 느릿한 목소리도 어딘가 상대방의 마음을 사로잡는 데가 있었다. 하얀 꽃 같은 차가운 손조차 신비로운 매력을 띠고 있었다. 그가 말을 할 때면 손도 음악을 연주하듯 움직였고, 그럴 때마다 그의 손 자체가 언어를 가지고 있는 것 같았다. 그러나 도리언은 그가 두려웠다. 그리고 자신이 두려워하는 것이 창피했다. 어째서 자신도 모르고 있던 자신의 모습을 처음 보는 다른 사람에게 들켜버리고 만 것일까? 베질 홀워드를 알게 된 지는 여러 달이 지났다. 그러나 베질과의 교제는 자신에게 아무런 변화도 가져다주지 않았다. 그런데 그에게 인생의 신비를 벗겨 줄 것처럼 보이는 사람이 갑자기 나타났다. 그렇다고 두려워할 것이 무엇이란 말인가. 아직 학교에 다니는 학생도 아니고 계집아이도 아닌데 겁을 낸다는 건 바보 같은 짓이다.

"우리 그늘에 가서 좀 앉을까." 헨리 경이 말했다. "파커가 시원한 음료수를 가져왔다네. 이 뙤약볕에 오래 서 있다가 자네의 아름다움이 망가져 버리면 베질이 다시는 자네를 그리려고 하지 않을걸. 절대로 햇볕에 태워서는 안 되지. 자네한테 어울리지 않을 테니까."

"그게 무슨 문제가 될 수 있나요?" 도리언 그레이는 웃으면서 그렇게 말한 뒤 정원 구석에 있는 의자에 앉았다.

"자네한테는 큰 문제지, 그레이 군."

"왜죠?"

"자네에게는 지금 가장 멋진 젊음이 있네. 그리고 젊음이야말로 지니고 있을 만한 가치가 있는 것이니까."

"나는 그렇게 생각하지 않는데요, 헨리 경."

"물론 지금이야 그렇겠지. 하지만 언젠가 나이를 먹고 쭈글쭈글 추해지면, 또 생각이 이마에 주름살을 새기고, 격정의 섬뜩한 불길로 입술에 낙인이 찍힐 때가 되면, 자네도 그것을 느끼게 될 걸세. 소름이 끼치도록 느끼게 될 거야. 지금이야 어딜 가더라도 자네의 매력으로 온 세상을 매료시키겠지, 언제까지나 그렇게 될 수 있을까? ……자네는 정말 아름다운 얼굴을 지녔어, 그레이 군. 그렇게 얼굴을 찡그리지 말게, 그건 사실이니까. 그리고 미(美)는 천성의 한 형태라네. 사실은 천성보다 더 고귀한 것이지. 미는 설명을 필요로 하지 않듯이. 미는 햇빛이나 봄날, 또는 우리가 달이라 부르는 저 은빛 조개껍데기가 검은 물 위에 드리운 그림자처럼, 이 세상의 위대한 요소라네. 미는 이러쿵저러쿵 따질 수가 없어. 미는 신성한 주권력을 지니고 있지. 그것은 사람을 지배자로 만든다네. 지금 웃고 있나? 아! 아름다움을 잃으면 그 미소도 사라지는 것을……. 사람들은 때로 아름다움이 피상적인 것에 불과하다고 말하지. 그럴지도 모르네. 하지만 적어도 사상보다는 덜 피상적인 것이지. 나는 미가 세상의 모든 경이 가운데 최고라고 생각하네. 외모로 판단하지 않는 것은 천박한 인간일 따름이야. 이 세상의 진정한 신비는 눈에 보이지 않는 것이 아니라 눈에 보이는 것이란 말일세……그래, 그레이 군. 신들이 자네한테 은총을 내린 거야. 다만 신들은 한 번 준 것을 너무 빨리 빼앗아간다네. 자네가 진정으로 온전하고 충만한 삶을 살 수 있는 기간은 앞으로 몇 년밖에 남지 않았어. 젊음이 사라지면 아름다움도 더불어 사라질 것이고, 그러면 자네는 어느 순간 문득 깨닫게 될 거네, 이젠 어떤 승리도 남아 있지 않다는 것을, 또는 과거에 대한 이 기억, 패배보다 더 쓰라린 승리로 만족해야 한다는 것을. 한 달 두 달, 세월이 흐름에 따라 자네는 점점 더 무서운 어떤 것에 다가가게 될 거네. 시간은 자네를 질투하여 자네의 백합과 장미 같은 미모에 싸움을 걸어 올 거야. 그러면 얼굴은 흙빛으로 변하고 뺨은 움푹 패고 눈은 침침해지겠지. 그리고 끔찍한 고통에 시달리게 될 거야……아! 젊음이 있을 때 그 젊음을 깨달아야 하네. 쓸데없는 것에 귀 기울이거나 희망이 없는 참상을 개선하려고 발버둥치거나, 아니면 무지하고 범상하며 속된 사람들에게 자네의 삶을 내주면서 자네의 황금 시절을 헛되이 낭비하지 말게. 그런 것은 우리 시대의 병적인 목표이자 헛된 이상이라네. 살아야지! 자네 속에 있는 멋진 인생을 살란 말이야! 주어진 것은 그 무엇이든 놓치지 말고 끊임없이 새로운 감각을 찾는 거야. 아무것도 두려워할 것 없어—새로운 쾌락주의, 바로 그것이 우리의 세기가 원하는 거라네. 그리고 자네는 그 상징이 될 수 있는 사람이야. 자네 같은 사람이 할 수 없는 일이란 아무것도 없어. 한동안 세상은 자네 것이네……. 자네를 만난 순간, 나는 자네가 자신이 진정 어떤 존재인지, 어떤 인간이 될 수 있는지 진혀 모르고 있다는 걸 알았네. 자네가 나를 사로잡는 매력이 너무 커서 나는 자네에게 자네 자신에 대해 알려줘야겠다고 생각했지. 자네가 인생을 그냥 헛되이 보내 버린다면 그것이야말로 비극이라고 생각하네. 왜냐하면 자네의 젊음이 지속될 시간은 얼마 남지 않았기 때문이지. 정말 얼마 안 남았어. 흔히 볼 수 있는 언덕 위의 들꽃은 때가 되면 시들지만 다시 꽃을 피운다네. 금련화는 내년 6월이면 지금처럼 똑같이 금빛으로 빛나고 있을 걸세. 다시 한 달이 지나면 클레머티스도 별 같은 자주색 꽃을 피우고, 해마다 밤처럼 짙은 녹색 잎사귀에 똑같은 자주색 별들이 반짝이게 되겠지. 그러나 인간은 결코 젊음을 되찾을 수 없다네. 스무 살 때 우리 안에서 요동치던 환희의 박동은 시간이 지날수록 느려지지. 수족은 가늘어지고 감각은 무뎌진다네. 우리는 추한 꼭두각시 같은 모습으로 퇴락하여 그토록 두려워서 다가가지 못했던 열정과 몸을 내맡길 용기가 없었던 멋진 유혹만을 기억하면서 안타까움에 몸부림치게 될 걸세. 젊음! 젊음! 젊음을 제외하면 과연 이 세상에 무엇이 남을까!"

도리언 그레이는 감탄하면서 눈을 크게 뜨고 귀를 기울였다. 그가 들고 있던 라일락 잔가지가 자갈길 위로 떨어졌다. 잔털로 뒤덮인 꿀벌 한 마리가 날아와 한동안 주위를 날아다녔다. 이윽고 벌은 타원형을 이루고 있는 작은 꽃 위를 여기저기 헤집기 시작했다. 그는 그 벌을 지켜보았다. 도리언은 매우 중요하고 두려운 일이나, 어떻게 표현하면 좋을지 알 수 없는 낯선 감정에 휩싸일 때, 아니면 어떤 무서운 생각이 갑자기 뇌리에 떠올라 항복을 요구할 때, 흔히 사람들이 하듯이 사소한 것에 짐짓 집중하려는 기묘한 관심으로 벌을 지켜보았다. 잠시 뒤 벌은 날아갔다. 도리언은 그것이 반점이 있는 나팔 모양의 진홍색 메꽃 속에 숨어드는 것을 보았다. 꽃이 한 순간 가늘게 몸을 떨더니 곧 이리저리 크게 흔들렸다.

갑자기 화가가 화실 문에 나타나 두 사람에게 안으로 들어오라는 똑똑 신호를 보냈다. 뜰에 있던 두 사람은 서로 마주보며 미소 지었다.

"기다리고 있는 중이야." 홀워드가 소리쳤다. "어서 들어오게. 빛이 그만이야. 음료수를 가지고 들어오라고."

그들은 자리에서 일어나 함께 천천히 샛길을 따라 걸었다. 초록과 흰색의 나비 두 마리가 팔랑거리며 그들 옆을 스쳐 지나갔다. 정원 한구석의 배나무에서는 개똥지빠귀가 목청을 돋우기 시작했다.

"나를 만난 게 기쁜 모양이군, 그레이 군?" 헨리 경이 그를 바라보면서 말했다.

"예, 지금은 그렇습니다. 그런데 언제까지나 기뻐할 수 있을까요?"

"언제까지나! 무서운 말이군. 그 말을 들으면 겁이 난다네. 여자들이 그 말을 아주 즐겨 사용하지. 연애를 할 때마다 그 연애가 영원히 지속되도록 애쓰는 바람에 일을 망쳐버리고 말지. 무의미한 말이야. 변덕과 평생을 가는 열정 사이의 유일한 차이는 변덕이 좀 더 오래간다는 거지."

도리언 그레이는 화실에 들어서면서 헨리 경의 팔에 손을 얹었다. "그렇다면 우리의 우정은 일시적인 변덕으로 해둬야겠군요." 그렇게 나직하게 말하던 도리언 그레이는 자신의 대담함에 얼굴을 붉혔다. 그리고 단 위로 올라가 아까처럼 포즈를 취했다.

헨리 경은 커다란 고리버들 안락의자에 몸을 던지고는 도리언을 지켜보았다. 이따금 홀워드가 멀찍이 떨어져 자신의 작품을 보려고 뒷걸음질하는 발소리를 제외하면, 화실의 정적을 깨뜨리는 소리라고는 캔버스 위를 빠르게 스치고 지나가는 붓소리뿐이었다. 열린 문을 통해 비스듬히 비쳐드는 햇살 속에서 춤추는 먼지들이 황금빛으로 빛나고 있었다. 짙은 장미꽃 향기가 사방의 모든 사물에 배어있는 듯했다.

한 15분쯤 지났을까, 홀워드는 붓을 멈추고 도리언 그레이를 한참 바라보더니, 그 다음엔 커다란 붓 끝을 입에 물고서 얼굴을 찡그린 채 자신이 그린 그림을 한참 들여다보았다. "드디어 완성이야." 홀워드는 마침내 그렇게 소리치고는 허리를 구부려 캔버스 왼쪽 구석에 기다란 주홍색 서명을 했다.

헨리 경이 다가가 세심하게 그림을 살펴보았다. 분명히 훌륭한 예술품이요, 놀랄 만큼 꼭 닮은 초상화였다.

"오, 진심으로 축하하네. 현대의 가장 훌륭한 초상화야. 그레이 군, 와서 자네 모습을 보게나."

젊은이는 마치 꿈에서 깨어난 듯 깜짝 놀라는 표정을 지었다. "정말 끝난 건가요?" 그는 단에서 내려오며 작은 소리로 물었다.

"완전히 끝났어." 화가가 대답했다. "자네, 오늘 모델 역할을 훌륭하게 해냈어. 정말 고맙네."

"그건 전적으로 내 덕분이야." 헨리 경이 끼어들었다. "안 그런가, 그레이 군?"

도리언은 대답은 않은 채 초상화 앞을 지나 돌아섰다. 그림을 본 순간 멈칫 물러섰으며, 그의 뺨은 발갛게 물들었다. 눈은 기쁨으로 빛나고 있었다, 마치 난생처음 자신의 모습을 본 사람처럼. 그는 미동도 하지 않고 경이에 사로잡혀 서 있었다. 홀워드가 무슨 말을 하고 있다는 것은 어렴풋이 알았지만, 그 말의 의미는 귀에 들어오지 않았다. 자신의 아름다움에 대한 자각이 어떤 계시처럼 엄습해 왔다. 이런 기분은 처음 느껴보는 것이었다. 베질 홀워드가 찬사를 아끼지 않았지만, 그저 친구로서 듣기 좋으라고 과장하는 말이려니 생각했었다. 그래서 그런 찬사를 들어도 그냥 웃어넘기고 이내 잊어버렸었고, 그의 본성에 영향을 끼치는 일은 없었다. 그런데 헨리 워튼 경이라는 사람이 나타나 젊음을 찬양하는 이상한 말을 늘어놓더니, 젊음이 얼마나 덧없는 것인지 무서운 경고를 하는 게 아닌가. 그 말이 당시에는 그를 어리둥절케 했지만, 지금 자신의 아름다움이 그대로 드러난 초상을 바라보고 있으니 그 말의 의미가 갑자기 실감나게 다가오는 것이었다. 그래, 언젠가는 이 얼굴도 쪼그라들어 주름으로 뒤덮이고 눈은 생기를 잃고 침침해질 것이며, 우아한 육체도 망가져 흉측하게 변해 버릴 것이다. 입술에선 주홍빛 윤기가 사라지고, 금빛 머리카락도 빛을 잃을 것이다. 인생은 영혼을 키우지만, 한편으로는 육체를 망가뜨린다. 그는 소름끼칠 정도로 흉측하고 추악한 생물이 되고 말 것이다.

그런 생각을 하자 예리한 칼에 찔린 것처럼 심한 통증이 온몸을 훑고 지나갔으며, 섬세한 신경이 하나하나 전율했다. 눈동자가 짙은 자수정 색으로 변하더니 눈물이 안개처럼 앞을 가렸다. 마치 얼음장같은 손이 자신의 심장을 움켜잡는 것 같았다.

"왜, 마음에 안 드나?" 마침내 도리언의 침묵에 다소 황당해 홀워드가 물었다. 그가 왜 침묵하고 있는지 이해할 수가 없었다.

"당연히 마음에 들겠지." 헨리 경이 말했다. "누가 마음에 들어 하지 않겠나? 현대 예술에서 가장 위대한 작품 가운데 하난데. 자네가 원하는 대로 다 줄 테니 그 작품은 나한테 넘기게, 내가 소장해야겠어."

"이건 내 것이 아니야, 해리."

"그럼 누구 것인데?"

"당연히 도리언 것이지." 화가가 대답했다.

"정말 행운아로군."

"아, 얼마나 슬픈 일인가!" 도리언 그레이는 자기 초상화에서 시선을 떼지 못한 채 중얼거렸다. "얼마나 슬픈 일이란 말인가! 나는 늙어서 무섭고 흉측한 모습으로 변하겠지. 하지만 이 그림은 언제까지나 젊음을 잃지 않고 남아 있을 것이 아닌가! 6월의 이 유별난 오늘 이상으로 결코 더 늙지 않을 테지…… 그 반대라면 얼마나 좋을까! 난 영원히 젊은 상태로 있고 그림이 늙어 간다면! 그걸 위해서라면—그럴 수만 있다면—난 뭐든지 다 내줄 거야! 그래, 이 세상의 그 무엇이든! 내 영혼마저 내줄 거야!"

"베질, 그런 결정은 자네에게 좋지 않을 것 같아." 헨리 경이 큰 소리로 웃으면서 말했다. "그러면 그 그림이 가엾어질 테니 말이야."

"난 단연코 반대야, 해리." 홀워드가 말했다.

그러자 도리언 그레이는 고개를 돌려 홀워드를 쳐다보면서 말했다. "당신은 반대하실 줄 알았어요, 베질. 당신은 친구들보다 당신의 작품을 더 좋아하니까요. 당신한테 나는 그저 청동상에 불과하거든요. 아니, 그보다 더 못할지도 모르죠."

화가는 놀라서 그를 빤히 쳐다보았다. 그런 말을 하다니, 도리언이 마치 딴사람이 된 것 같았다. 대체 무슨 일이 있었던 것일까? 도리언은 무척 화가 나 있는 것 같았다. 얼굴은 상기해 있고 뺨은 붉게 이글거리고 있었다.

"맞아요." 도리언이 말을 이었다. "난 상아로 새긴 헤르메스상이나 은제 파우누스상보다 못한 존재니까요. 앞으로도 그 조각상들을 계속 좋아하시겠죠? 하지만 나를 언제까지 좋아해 주실까요? 아마 첫 번째 주름살이 생기기 전까지는 좋아하겠죠. 이젠 나도 안다고요. 사람은 그 아름다움을 잃으면 그게 무엇이든 모두를 다 잃어버린다는 걸. 당신의 그림이 그것을 가르쳐 줬지요. 헨리 워튼 경의 말이 옳아요. 젊음이야말로 우리가 지닐 가치가 있는 유일한 것이죠. 난 내가 늙기 시작했다는 걸 알면 스스로 목숨을 끊을 겁니다."

홀워드는 얼굴이 새파랗게 질려서 도리언의 손을 붙잡았다. "도리언! 도리언! 그런 말 하지 말게. 난 지금까지 자네만한 친구를 둔 적이 없어. 그리고 앞으로도 없을 거야. 자네가 물질적인 것에 시샘하다니, 정말 그런 건가? 그런 것들보다 훨씬 훌륭한 자네가!"

"난 영생의 미(美)를 지닌 것이면 무엇이든 질투를 느껴요. 당신이 그려낸 내 초상화에도 질투를 느끼고요. 내가 잃을 수밖에 없는 것을 저 초상화는 왜 계속 가질 수 있는 거죠? 흘러가는 순간순간이 나에게서 중요한 것을 빼앗아 저것한테 주겠지요. 아, 정말 그 반대가 될 수 있다면! 그림이 변하고 나는 지금 이 모습대로 영원할 수 있다면! 왜 이런 그림을 그린 거죠? 이 그림은 언젠가 나를 비웃을 겁니다. 무섭도록 나를 조롱할 테지요!" 그의 눈에는 뜨거운 눈물이 고였다. 홀워드의 손을 뿌리친 그는 소파에 몸을 던지더니 기도라도 하는 듯 쿠션에 얼굴을 묻었다.

"이렇게 된 건 자네 탓이지, 해리?" 화가가 비탄에 잠긴 목소리로 말했다. 헨리 경이 어깨를 으쓱 했다. "이것이야말로 진짜 도리언 그레이의 모습이야. ─그것뿐이라고."

"그렇지 않아."

"아니라면 내가 어떻게 해야 했는데?"

"아까 가달라고 했을 때 갔어야지." 베질이 말했다.

"있으라고 해서 남아 있었던 거잖아." 헨리 경의 대답이었다.

"해리, 난 내가 제일 좋아하는 두 친구와 동시에 말싸움할 수가 없네. 그런데 자네들 둘이 합심해서 내가 그린 최고의 걸작을 나로 하여금 증오하도록 만들고 있으니. 내가 저걸 박살내 버릴 거야. 그래 봤자 저건 캔버스하고 물감일 뿐이잖아? 저게 우리 세 사람 사이에 끼어들어 우리 관계를 망쳐 놓게 할 순 없어."

홀워드가 커튼이 드리운 높은 창문 아래 있는 전나무 페인팅 테이블로 걸어가자 도리언 그레이는 쿠션에서 금발의 머리를 쳐들었다. 그리고 파리한 얼굴에 눈물범벅이 된 눈으로 홀워드를 쳐다보았다. 뭘 하려는 것일까? 홀워드는 어지럽게 놓인 주석 물감 튜브와 마른 붓을 뒤적거리며 뭔가를 찾고 있었다. 그렇다, 그가 찾는 것은 얇고 나긋나긋한 강철 날이 달린 긴 팔레트 나이프였다. 마침내 그가 나이프를 찾아냈다. 캔버스를 찢어 버릴 작정이다.

도리언은 치밀어 오르는 오열을 참으면서 소파에서 벌떡 일어나 홀워드에게 달려갔다. 그리고 그의 손에서 나이프를 빼앗아 화실 맨 끝쪽으로 던져버렸다. "그러지 마세요, 베질, 그러지 말아요! 이건 살인이에요!" 도리언이 소리쳤다.

"도리언, 자네가 드디어 내 작품을 인정해 주다니 기쁘군." 홀워드가 깜짝 놀라면서 정신이 돌아왔는지 냉정한 목소리로 말했다. "자네가 인정해 주지 않을 줄 알았는데 말이야."

"인정이라고요? 베질, 난 이 작품을 사랑해요. 이건 나의 일부니까요. 그렇게 느끼고 있어요."

"그래, 자네 화상에 마르는 대로 니스를 칠하고 액자에 넣어 당장 집으로 보내 주겠네. 그때 자네가 하고 싶은 대로 알아서 해." 이렇게 말하고는 화가는 화실을 가로질러 반대쪽으로 가더니 벨을 울렸다. 차를 시키기 위해서였다. "자네도 차 마실 거지, 도리언? 그리고 해리, 자네도? 아니면 이런 단순한 쾌락에는 반대인가?"

"단순한 쾌락이라면 대환영이지." 헨리 경이 말했다. "콤플렉스에서 벗어날 수 있는 마지막 피난처니까. 하지만 난 무대에서 벌어지는 거라면 모를까 이런 호들갑은 싫어. 자네 두 사람은 어쩌면 그렇게도 어리석은가! 누가 인간을 이성적인 동물이라 했는지. 그렇게 섣부른 정의가 어디 있어. 인간에겐 여러 성질이 있지만 이성적이진 않단 말이야. 사실은 그래서 다행이라고 생각하네만. 물론 난 자네 둘이 그림을 놓고 쓸데없는 언쟁을 벌이지 않기를 바라네. 베질, 차라리 나한테 그 그림을 넘기는 게 어떻겠나. 이 어리석은 소년은 이 그림을 실제로 원하지 않지만 그러나 난 진심으로 원하니까 말이야."

"베질, 만약 이 그림을 다른 사람에게 줘버린다면, 난 절대로 당신을 용서하지 않을 겁니다!" 도리언 그레이가 외쳤다. "그리고 나를 어리석은 소년이라고 부르면 그게 누구든 그냥 듣고 있지 않을 거예요."

"도리언, 이 그림은 자네 것이라는 걸 알고 있잖아. 이 그림이 탄생하기 전에 자네한테 준 것이야."

"그리고 자네가 어리석은 소년이었다는 것도 이미 알고 있잖은가, 그레이 군? 그래서 무척 젊다는 얘기를 듣고도 반대하지 않은 거고."

"헨리 경, 오늘 아침에 당신에게 아주 분명하게 항의했어야 하는 걸 잘못한 것 같군요."

"아! 오늘 아침이라! 자네가 다시 진정한 삶을 살기 시작했을 때 말이군."

그때 노크 소리가 들리더니 집사가 여러 가지를 담은 쟁반을 들고 들어와서 조그마한 일본식 테이블에 내려놓았다. 찻잔과 받침접시가 달그락거리는 소리, 세로줄 무늬가 있는 조지 왕조풍의 찻주전자에서 수증기가 새는 소리가 들려왔다. 급사가 둥근 뚜껑을 덮은 접시를 두 개 가져왔다. 도리언 그레이가 테이블로 가서 차를 따랐다. 홀워드와 헨리 경도 천천히 테이블에 다가가서 뚜껑을 열고 들여다보았다.

"오늘 밤 극장에 같이 가지 않겠나." 헨리 경이 말했다. "분명히 괜찮은 공연이 있을 거야. 사실은 화이트클럽*에서 저녁 약속이 있지만, 모두 옛날 친구들뿐이어서 말이야, 화이트에는 몸이 아프다고 전보를 치면 돼. 아니면 그 뒤에 다른 약속이 생겨서 못 간다고 할까? 썩 괜찮은 핑계 같지 않나? 너무 솔직해서 깜짝 놀라겠지."

"야회복을 입는 건 딱 질색이야." 홀워드가 구시렁거리면서 말했다. "누구든 그걸 입으면 꼴이 말이 아니거든."

"맞아." 헨리 경이 꿈꾸듯이 말했다. "19세기의 의상은 정말 혐오스러워. 너무 칙칙해서 사람을 우울하게 만들지. 죄악이야말로 현대인의 삶에 남아 있는 유일한 색깔이야."

"도리언 앞에선 제발 그런 말 말아주게, 해리."

"어느 쪽 도리언 앞에서? 우리에게 차를 따라주고 있는 저 도리언? 아니면 그림 속의 도리언?"

"둘 다."

---

* 세인트 제임스 스트리트에 있는 신사 전용 클럽.

"헨리 경, 나도 당신과 극장에 가고 싶어요." 도리언이 말했다.
"그러지 뭐. 베질, 자네도 갈 거지, 그렇지?"
"정말 갈 수 없어. 별로 가고 싶지도 않고 할 일이 많아서 말이야."
"그래, 그럼 그레이 군, 우리 둘이 가면 되겠군."
"정말 좋아요."
화가는 입술을 깨물더니 잔을 들고 그림 앞으로 다가갔다. "그럼 난 진짜 도리언과 여기 남겠어." 그는 애수에 찬 목소리로 말했다.
"그게 진짜 도리언이라고요?" 자화상의 모델이 그렇게 물으면서 화가 쪽으로 걸어갔다. "내가 정말 이 그림하고 닮았나요?"
"그래, 꼭 닮았어."
"정말 멋져요, 베질!"
"적어도 겉으로 보기에는 똑같아. 하지만 그림은 무슨 일이 있어도 변하지 않아." 홀워드가 한숨을 내쉬었다. "그게 문제야."
"충실함에 대해 어째서 사람들은 이렇게 야단들인지!" 헨리 경이 큰 소리로 끼어들었다. "아, 연애에서도 충실함은 순수하게 생리적인 문제에 불과해. 그거, 개인의 의지와 상관없는 문제라고. 젊은 친구들은 충실하고자 하지만 충실하지 않고, 나이 먹은 사람은 충실하고 싶지 않지만 또 그러질 못하고. 말할 수 있는 건 그뿐이야."
"도리언, 오늘 밤엔 극장에 가지 말게." 홀워드가 말했다. "그냥 나랑 같이 저녁이나 먹지."
"그럴 순 없어요, 베질."
"이유는?"
"헨리 워튼 경에게 같이 가겠다고 이미 약속해 버렸는걸요."
"약속을 지킨다고 자넬 더 좋아할 그런 친구가 아니야. 저 친구는 틈만 나면 약속을 깨는 친구라고. 부탁이네, 가지 말게."
도리언 그레이는 웃으면서 고개를 가로저었다.
"간청하는 바이네."
젊은이는 잠시 주저하면서 헨리 경을 쳐다보았다. 헨리 경은 테이블에서 재밌다는 듯이 웃으면서 두 사람을 보고 있었다.
"가야 해요, 베질." 도리언이 대답했다.

"됐네." 홀워드는 테이블로 가서 찻잔을 쟁반 위에 내려놓았다. "좀 늦었군. 옷도 갈아입어야 할 테니 늦지 않게 서두르게. 잘 가게, 해리. 잘 가, 도리언. 곧 다시 만나러 와 주겠나? 내일 오게."

"그럴게요."

"잊지 않겠지?"

"그럼요. 꼭 올게요." 도리언이 큰소리로 대답했다.

"그리고— 해리!"

"왜 그러나, 베질?"

"오늘 아침에 정원에서 내가 부탁한 말 잊지 말게."

"벌써 잊어버린 걸."

"자넬 믿네."

"나도 나 자신을 믿을 수 있었으면 좋겠어." 헨리 경이 웃으면서 말했다. "자, 가지, 그레이 군. 내 마차가 밖에 있어. 자네 집까지 바래다주겠네. 잘 있게, 베질. 최고로 즐거운 오후였어."

두 사람이 나가고 문이 닫히자 화가는 소파에 몸을 던졌다. 얼굴에는 괴로운 표정이 서려 있었다.

제3장

다음 날 12시 30분, 헨리 워튼 경은 커즌 가에서 출발해서 천천히 엘버니로 향했다. 숙부인 퍼머 경을 만나러 가는 길이었다. 퍼머 경은 약간 무뚝뚝한 독신남이지만 성품은 온후한 노인이다. 세상 사람들은 그에게서 특별히 득볼 것이 없어서인지 그를 이기적인 사람이라고 부르지만, 그래도 사교계에서는 자신을 즐겁게 해주는 이에게 즐겨 호의를 베푸는 그를 관대한 사람으로 여기고 있었다. 퍼머 경의 부친은 에스파냐의 이사벨라 여왕이 아직 어리고, 혁명가 프림*1이 아직 반란을 생각하기 전이었던 시절에 마드리드 주재 영국대사를 역임했는데, 어느 해 파리 주재 대사에 임명되지 않자 제 분을 못 이기고 외교계에서 은퇴하고 말았다. 출신으로 보나 게으른 천성으로 보나, 긴급문서에 쓰는 훌륭한 글솜씨로 보나, 물불 안 가리고 도락을 즐기는 열정에서 보나, 자기가 딱 적임이라고 생각했기 때문이다. 아버지 밑에서 비서로 있었던 퍼머 경도 당시로서는 너무 경솔하고 어리석은 생각이었지만 같이 비서직에서 물러났다. 그로부터 몇 달 지난 뒤 그는 작위를 물려받았고, 그러면서 정말 아무것도 하지 않고 무위도식하는 위대한 귀족의 기술을 터득하는 데 진지하게 몰두하게 되었다. 그는 커다란 저택을 두 채 가지고 있었지만 불편함을 덜겠다고 엘버니에 있는 독신자용 셋방에 살면서 식사는 대부분 클럽에서 해결했다. 그는 중부 지역에 있는 탄광 운영에 다소 관심을 가지고 있었는데, 무위도식 주의의 유일한 오점인 이번 근면함에 대해서는, 석탄만 있으면 자기 집 난로에 땔 연료가 충분해 신사의 체면을 유지할 수 있기 때문이라고 변명했다. 정치적으로 그는 토리당*2 지지자였지만, 토리당이 정권을 잡고 있던 기간에는 그들을 과격파 패거리라고 통렬하게 매도했다. 자기를 괴롭히는 하인에게 그는 영웅적인 존재였으며, 그 분풀이로 친척

─────────────────
*1 Juan Prim(1814~1870). 에스파냐 여왕 이사벨라 2세를 폐위시킨 1868년의 반란을 주도한 장군.

들을 괴롭혀 친척들에겐 그가 두려움의 대상이었다. 이런 인물을 배출할 수 있는 나라는 오로지 영국밖에 없었다. 그는 늘 나라가 개판이 되어 가고 있다고 떠들어댔다. 그가 내세우는 원칙이 시대에 뒤떨어지긴 했지만 그래도 그의 편견에 대해 말도 많았다.

헨리 경이 방에 들어섰을 때, 숙부는 투박한 사냥복을 입고 의자에 걸터앉은 채 필터가 없는 여송연을 피우며 투덜투덜 중얼거리면서 〈더 타임스〉를 읽고 있었다. "오, 해리로구나." 노신사가 말했다. "이렇게 일찍 웬일이냐? 너희 같은 멋쟁이들은 2시 전엔 일어난 적이 없고, 5시까지는 눈에 띄지 않는 걸로 알고 있었는데."

"순수한 가족애 때문에 온 겁니다, 정말이에요, 조지 숙부님. 그리고 숙부님한테 뭘 좀 얻어 낼 게 있어서요."

"돈이 필요한 게로구나." 퍼머 경은 얼굴을 찌푸렸다. "자, 앉아라. 사정 얘길 들어 보자꾸나. 요즘 젊은이들이란 돈이면 뭐든지 다 된다고 생각하니, 이거야 원."

"그러게요." 헨리 경은 코트 버튼홀에 장식한 꽃을 매만지면서 말했다. "그리고 나이를 먹으면 실제로도 그렇다는 걸 알게 되지요. 하지만 제가 원하는 건 돈이 아닙니다. 계산을 치러야 하는 사람들은 돈이 필요하겠지만 저는 계산을 하지 않거든요. 젊은이에게는 신용이 자산이에요. 신용만 있으면 제법 매력적인 생활을 할 수 있으니까요. 게다가 전 늘 다트무어의 상인들과 거래하기 때문에 번거로울 일이 전혀 없어요. 제가 부탁하고 싶은 건 정보예요. 물론 쓸모 있는 건 아니고 쓸데없는 것이지요."

"그래, 영국 의회보고서에 실려 있는 것이라면 뭐든 알려 주마. 요즘엔 말도 안 되는 것을 어찌나 많이 집어넣는지 영 맘에 안 들어. 내가 외교계에 있었을 땐 지금보다 훨씬 잘했는데. 듣자 하니 요즘은 시험을 쳐서 직원을 뽑는다던데 그런다고 무얼 기대할 수 있겠나? 시험이란 거, 그거 어차피 시종 일관 바보 같은 짓이야. 신사라면 충분히 알고 있을 것이고, 신사가 아니라면 뭘 알든 그에게 좋을 게 없지."

"도리언 그레이는 의회보고서와는 아무 관계도 없어요, 조지 숙부님." 헨

---

*2 영국의 지주계급을 배경으로 왕권과 영국국교회를 지지하는 보수정당. 진보적인 휘그당과 대립했다.

리 경이 시큰둥하게 대꾸했다.

"도리언 그레이? 그게 누군데?" 퍼머 경이 숱 많은 하얀 눈썹을 찡그리면서 물었다.

"제가 알고 싶은 게 바로 그거예요. 아니, 도리언 그 사람에 대해서는 알고 있어요. 켈소 경의 마지막 손자지요. 어머니는 데버루, 마거릿 데버루 부인이죠. 알고 싶은 건 이 어머니에 대해서예요. 어떤 여성이었고, 누구와 결혼했는지. 숙부는 숙부 시대 사람들을 거의 다 아시니까 알고 계시지 않을까 싶어서요. 제가 그레이라는 친구에 대해 굉장히 관심이 많거든요. 만난 지는 얼마 되지 않았지만요."

"켈소의 손자라?" 늙은 신사가 되풀이해서 말했다. ─"켈소의 손자! 물론이지……그 사람 어머니는 내가 잘 알아. 아마 그 여자 세례식 때 나도 참석한 것 같은데. 눈부시게 아름다운 여자였어, 마거릿 데버루. 그 여자가 무일푼의 젊은 놈과 눈이 맞아 도피 행각을 벌이는 바람에 모든 남정네들이 광분했었지. 그런데 그 젊은 놈이라는 게 별 볼일 없는 작자였거든. 어느 보병연대의 소위가 중위가 하는 젊은이였다는데, 물론 모든 걸 마치 어제 일처럼 생생하게 떠올릴 수 있어. 그런데 그 가난한 친구가 결혼하고 몇 달 뒤 휴양지 스파에서 결투를 하다 덜컥 죽고 말았어. 그 일과 관련해서 추악한 얘기가 나돌았지. 사람들 말로는 켈소가 벨기에 출신의 불한당을 고용해서 대중 앞에서 자기 사위에게 모욕을 주도록 했다지. 돈을 주고 말이야. 돈으로 산 그자를 시켜서 사위를 무슨 비둘기도 아니고, 꼬챙이에 끼우듯이 찔러 죽이게 했다는 거야. 그 사건은 모두들 쉬쉬하는 가운데 처리되었지. 그 뒤로 한동안 켈소는 클럽에서 혼자 밥을 먹지 않을 수 없었어. 들은 얘기로는 자기 딸을 도로 데려 왔는데, 그 딸이 자기 아버지에게 한마디도 말을 붙이지 않았다더구나. 그래, 참 좋지 않은 일이야. 그런데 그 딸도 죽었어. 남편이 죽고 1년도 되지 않아서 죽었지. 그런데 아들이 있었던 모양이지? 그건 잊고 있었다. 그래, 어떤 아이더냐? 어머니를 닮았으면 분명 미남일 텐데."

"아주 미남이에요." 헨리 경도 인정했다.

"누가 잘 보살펴 줬으면 좋으련만." 노인이 말을 이었다. "켈소가 그 아이에게 제대로 해 준다면 그 친구 돈 좀 갖게 될 텐데. 그 어머니도 돈이 좀 있었지. 아마 그 여자 조부가 손녀에게 셸비[*3]에 있는 영지를 물려주었을 걸. 그 조부도 켈소를 미워했어. 비열하고 야비한 놈으로 생각했거든. 사실이 그랬지. 내가 마드리드에 있었을 때 켈소가 한 번 찾아온 적이 있었는데, 제기랄, 얼마나 창피했는지 아니? 늘 마차삯 때문에 마부와 시비가 붙어 여왕이 그 영국 귀족이 누구냐고 몇 번이나 물어대는지 않았겠니. 참 말들이 많았지. 부끄러워서 내가 거의 한 달 동안 궁정에 얼굴을 내밀지 못했단다. 설마 마부에게 하던 짓을 자기 손자에게는 하지 않겠지. 그러길 바랄 뿐이다."

"그건 모르겠어요." 헨리 경이 대답했다. "앞으로는 잘 되겠지요. 아직 미성년자예요. 셀비의 영지는 이미 그의 것인 줄 알고 있어요. 본인이 그렇게 말했으니까요. 그런데…… 그의 어머니가 대단한 미인이었나요?"

"마거릿 데버루는 내가 본 가장 아름다운 여자 가운데 하나지. 그런데 그런 여자가 대체 무엇에 홀려서 그런 행동을 했는지 도무지 이해가 되지 않는구나. 원하기만 하면 누구하고라도 결혼할 수 있었는데 말이야. 칼링턴이란 남자는 죽고 못 산다면서 그 여자를 쫓아다녔어. 한데 낭만적인 데가 있었지, 그 여잔. 그 집안 여자들이 전부 그래. 남자들은 별 볼일 없는데 여자들은 아주 훌륭했지. 칼링턴이 그 여자에게 무릎까지 꿇으면서 구혼한 모양이야. 그자한테서 직접 들은 얘기란다. 근데 그 여자는 콧방귀도 뀌지 않았다는구나. 그 당시 런던 아가씨치고 칼링턴에게 반하지 않은 아가씨가 없었는데도 말이야. 그런데 해리야. 어리석은 결혼 얘기를 하다 보니 생각나서 하는 말인데, 네 아버지 말이 다트무어가 미국 여자하고 결혼하겠다고 했다는 그 엉터리 같은 소리가 다 뭐냐? 영국 여자는 맘에 안 든대?"

"조지 숙부님, 요즘은 미국 여자하고 결혼하는 게 유행이잖아요."

"해리, 난 세상 사람들이 뭐라 하든 영국 여자를 지지할 거다." 퍼머 경은 주먹으로 테이블을 치면서 말했다.

"미국 여자가 유리해요."

"미국 여자들, 오래 못 간다고 들었다."

"약혼 기간이 길어지면 그럴지도 모르죠. 하지만 장애물 경주에는 선수래요. 나는 것도 붙잡는다죠. 어쨌든 다트무어에게 기회가 있을 것 같진 않아

---

*3 영국 노스요크셔에 있는 도시.

요."

"그 여자 가족은 어떤 사람들이라더냐?" 노신사가 불퉁한 목소리로 물었다. "가족이 있기는 해?"

헨리 경은 고개를 가로저었다. "미국 여자들은 아주 영리해서 자기 부모가 누군지 밝히지 않잖아요. 영국 여자들이 자기네 과거를 감추는 것처럼 말예요." 이렇게 말하고 그는 자리에서 일어섰다.

"틀림없이 돼지고기 가공업자겠지."

"다트무어를 위해서는 차라리 그랬으면 좋겠어요, 조지 숙부님. 미국에서는 정치 다음으로 가장 돈 많이 버는 직업이라 들었거든요."

"예쁘기는 하다니?"

"마치 예쁜 것처럼 행동하나 봐요. 미국 여자들 다 그렇잖아요. 그게 바로 그 여자들 매력의 비결이랍니다."

"왜 미국 여자들은 자기네 나라에 그냥 있질 못하는 게냐? 미국이 여자들의 낙원이라고 떠벌리면서 말이다."

"그건 그래요. 그러니까 여자들은 이브처럼 그곳에서 벗어나고픈 욕망이 강한 모양이지요." 헨리 경이 대답했다. "안녕히 계세요, 숙부님. 더 있다가는 점심에 늦겠어요. 원하는 정보를 주셔서 감사해요. 새 친구를 사귀면 그 친구에 대해 모든 걸 알고 싶거든요. 옛 친구들에 대해선 아무것도 알고 싶지 않지만."

"점심은 어디서 할 거냐, 해리?"

"애거서 숙모님 댁에서요. 저와 그레이를 부탁드렸어요. 그 친군 최근에 한창 숙모님의 총애를 받고 있는 중이거든요."

"흥! 가서 네 숙모한테 전해라. 더는 자선사업에 기부하는 일로 나를 괴롭히지 말라고 말이다. 이젠 지겹다, 지겨워. 그 선량한 여인네는 내가 자기의 그 우습지도 않은 취미활동을 위해 수표에 서명해주는 것 말고는 아무것도 할 일이 없는 사람이라고 생각하는 모양이야."

"알았어요, 조지 숙부님. 말씀드릴게요. 하지만 아무 소용없을 것 같군요. 박애주의자들이란 인간적인 감각을 다 상실해 버린 사람들이니까요. 그게 다른 사람과는 다른 가장 큰 특징이잖아요."

노신사는 맞는 말이라며 투덜거리더니 벨을 눌러 하인을 불렀다. 헨리 경은 나지막한 아케이드를 지나 벌링턴 가로 나간 뒤 버클리 광장을 향해 걸음을 옮겼다.

그래, 도리언 그레이의 태생이 그러하단 말이지. 대충 들은 이야기지만, 그래도 헨리 경은 기묘하고도 현대적인 연애 사건이 있었음을 알고 마음이 동요했다. 미친 듯한 정열에 모든 것을 버린 아름다운 여인. 흉악하고 비열한 범죄에 의해 한 순간에 막을 내리고 만 몇 주 동안의 기칠 것 없었던 행복. 숨죽이며 고뇌에 떨었던 수개월. 그리고 고통 속에 태어난 아이. 어머니는 죽음의 손이 낚아채 가고, 사랑이라고는 담을 쌓은 노인의 횡포에 홀로 맡겨진 사내아이. 그래, 이거야말로 흥미로운 도리언의 배경이다. 그런 것이 도리언을 더욱 완벽한 존재로 만들고 있다. 더할 나위 없이 아름다운 모든 존재의 이면에는 반드시 뭔가 비극적인 요소가 숨어 있다. 보잘것없는 꽃 한 송이를 피우는 데도 세상은 그토록 아픈 진통을 겪어야 하는 것이다…… 그러나 전날 밤 저녁 식사 때 그는 얼마나 매력적이었던가. 클럽에서 그는 놀란 눈을 하고 놀란 기쁨으로 입술을 벌리고서 헨리 경 맞은편에 앉아 있었지. 붉은 촛불 그림자가 그의 얼굴에서 깨어나는 경이의 표정을 더욱 짙은 장밋빛으로 물들였다. 도리언과 애기를 하는 것은 절묘한 바이올린을 켜는 것과 같았다. 그는 모든 접촉이나 수인사에 응답했다……. 누군가에게 영향을 주는 행위는 무섭도록 사람의 마음을 사로잡는다. 이보다 황홀한 것은 다시없을 것이다. 자신의 영혼을 우아하고 아름다운 모습 속에 투영시켜 그곳에 잠시 머무르게 한다. 자신의 지적인 견해가 정열과 청춘이라는 음악이 되어 메아리로 되돌아오는 소리를 듣기 위해. 자신의 기질로 마치 신비로운 액체나 진기한 향수처럼 타인의 기질을 물들여 버리기 위해. 거기에는 진정한 기쁨이 있다. 이것이야말로 현대에 남겨진 최상의 기쁨일지도 모른다. 이토록 제한되고 천박한 시대, 비열하고 육욕적인 쾌락과 구역질나도록 상투적인 목적밖에 없는 이 시대에…… 매우 기이한 우연으로 베질의 화실에서 만난 이 청년은 경탄할 만한 이상적인 타입이다. 적어도 그런 경탄할 만한 존재로 형성될 수 있는 인물이다. 그에게는 우아함이 있다. 게다가 소년다운 순백의 정결함, 그리고 고대 그리스의 대리석상에서 볼 수 있는 아름다움도 있다. 그와 함께라면 못할 게 하나도 없다. 거인으로 만들 수도 있고, 하찮은 장난감으로도 만들 수 있지 않겠는가. 저토록 뛰어난 아름다움이 언젠가 사라질 운명이라니 얼마나 애처로운 일인가! ……그리고 베질은? 심리학적인 관점에서 보면 그도 얼마나 흥미로운 사람인가! 제 모습이 어떤지 알지도 못하는 젊은이를 만나 그 모습에서 신비한 영감을 받아 예술의 새로운 양식을 찾고, 인생에 대한 새로운 견해를 지니게 되었으니! 어두운 숲 속에 살며 사람들 눈에 띄지 않게 평원을 돌아다니던 말없는 정령이, 숲의 요정 드라이어드처럼 아무 두려움 없이 갑자기 모습을 드러냈던 것이 아니던가. 베질은 영혼의 깊은 곳에서 그런 정령을 찾고 있었기 때문에, 아름다운 사물을 볼 줄 아는 힘에 눈뜬 것이다. 단순한 형태와 무늬였던 것이 정령을 거쳐 이전과는 다른, 보다 완벽한 형태와 무늬가 되어 일종의 상징적인 가치를 얻는다. 이 모든 것이 얼마나 기묘한 것인가! 역사 속에서도 이와 비슷한 사례가 있었던 것 같은 느낌이 든다. 그 사상의 예술가 플라톤이야말로 그것을 최초로 분석해 보여준 사람이 아니었던가? 또한 소네트 연작처럼 채색 대리석에 새겨 넣어 보여 준 것은 미켈란젤로가 아니었던가? 그러나 우리가 살고 있는 이 세기에는 아직 미지의 것이다…… 그래, 자기도 모르는 사이에 그 젊은이가 아름다운 초상화를 그린 화가에게 어떤 존재로 와 닿았는지 모르지만, 그도 도리언 그레이를 그런 존재가 되도록 만들고 싶었다. 그는 그 도리언을 지배하고 싶었다. —사실은 이미 반쯤은 그렇게 한 셈이었다. 그런 그의 훌륭한 정신을 내 것으로 만드는 것이다. '사랑과 죽음'의 아들인 도리언에게는 매료시키는 무언가가 내재해 있었다.

그는 갑자기 걸음을 멈추고 주변의 집들을 올려다 보았다. 그리고 숙모의 집을 지나쳐 왔다는 사실을 깨닫고 멋쩍은 웃음을 지으면서 왔던 길을 되돌아갔다. 어딘지 음산한 홀로 들어서자 집사가 모두 점심을 먹으러 안으로 들어갔다고 알려 주었다. 그는 하인에게 모자와 지팡이를 건네주고 식당으로 향했다.

"또 어김없이 늦었구나, 해리." 숙모가 그를 향해 고개를 설레설레 저으면서 큰 소리로 말했다.

그는 적당한 구실을 대고는 숙모 옆 빈자리에 앉아 참석자를 확인코자 주위를 두리번거렸다. 도리언이 식탁 끝에서 기쁨으로 얼굴을 살짝 붉히면서 수줍은 듯 고개를 숙여 가벼운 인사를 했다. 맞은편에는 할리 공작부인이 앉아 있었다. 부인은 그녀를 아는 사람이면 누구나 좋아할 만큼 선량하고 온화

한 인품이었다. 그 당당한 건축물 같은 체격은, 공작부인이 아닌 여성이었다면 틀림없이 현대의 역사가들에게 비만이라는 말을 들었을 것이다. 공작부인 오른쪽에는 의회의 급진파인 토머스 버든 경이 앉아 있었다. 그는 이중적이고 기반적인 게임의 규칙에 따라 그때그때 기회를 살피며 공적인 삶에서는 자기 당의 지도자를 추종하고, 사적인 삶에서는 최고의 요리사를 찾아다니면서 토리당원들과 식사를 하고, 자유당원과 같은 생각을 하는 사람이었다. 공작부인 왼쪽에는 트레들리의 어스킨 씨가 앉아 있다. 그는 매우 교양 있고 매력적인 노신사이지만, 자기가 해야 할 말은 서른 살 이전에 모두 해 버렸노라고 애거서 부인에게 말한 바 있듯이 좀처럼 입을 열지 않는 습관이 있었다. 헨리 경 옆자리에는 숙모의 오랜 친구인 밴들러 부인이 앉아 있었다. 부인들 중에 흠 잡을 데 없는 성녀이기는 하지만, 옷차림이 어찌나 촌스러운지 제본이 엉망인 찬송가집을 연상시키는 여자였다. 다행히도 그녀는 포델 경과 마주 앉아 있었다. 포델 경은 지적인 평범한 중년 남자로 하원에서 내각이 성명서를 발표할 때처럼 지극히 무미건조한 언어를 구사하는 사람인데, 이분과 벤들로 부인은 무한히 진지한 태도로 얘기하고 있었다. 그런데 그러한 진지함이라는 것은, 포델 경 자신의 말을 빌리면, 진정한 선인(善人)들 모두가 몰락해 그 누구도 헤어나지 못하게 한 용서 받지 못할 과실이라는 것이다.

"헨리 경, 우리는 불쌍한 다트무어에 대해 얘기하는 중이었네." 공작부인은 맞은편에 앉아 있는 그에게 반갑다는 듯이 고개를 끄덕이며 큰 소리로 말했다. "어때? 다트무어가 그 매력적이라는 젊은 여자랑 결혼할 것 같은가?"

"여자 쪽에서 그에게 청혼을 하기로 마음을 굳혔나 봐요, 공작부인."

"어휴. 끔찍해라!" 애거서 부인이 소리쳤다. "정말 누가 나서서 말려야 하는 것 아니에요?"

"내가 듣기로는, 이거 아주 권위 있는 소식통인데, 그 여자의 아버지가 미국에서 잡화점을 운영한다고 합디다." 토머스 버든 경이 무시하는 듯한 표정으로 말했다.

"토머스 경, 제 숙부님은 돼지고기 가공업자일 거라고 하던데요."

"잡화점이라! 미국산 물건이 뭐가 있지?" 공작부인은 놀란 듯이 큰 손을 들어 올리며 과장된 어조로 물었다.

"미국 소설이요." 헨리 경이 메추라기 요리를 먹으면서 대답했다.

공작부인이 곤혹스러운 표정을 지었다.

"쟤는 신경 쓰지 마세요." 애거서 부인이 속삭였다. "입만 벙긋하면 맘에도 없는 말만 하니까요."

"미대륙이 발견되었을 때—" 급진당 당원이 입을 열어 지루한 사실들을 늘어놓기 시작했다. 어떤 화제를 시시콜콜 자세히 늘어놓으려는 사람들이 늘 그렇듯이 그는 듣는 사람이 지쳐나가 떨어지게 만들곤 한다. 한숨을 내쉬던 공작부인이 자신의 특권을 행사하며 끼어들었다. "제발 발견되지 말았어야 해!" 그녀가 큰 소리로 외쳤다. "요즘엔 정말 우리 영국 아가씨들에게 기회가 전혀 돌아오지 않는다니까. 이건 아주 불공평한 처사야."

"따지고 보면 말이죠, 미국은 아직 발견되지 않았습니다." 어스킨 씨가 말했다. "아직은 그런 존재가 있다는 걸 알게 된 정도에 불과하다는 얘기지요."

"저런! 하지만 난 그 나라 사람들을 실제로 만났단 말예요." 공작부인이 애매하게 대답했다. "솔직히 말하면 그 사람들은 다들 굉장히 예쁘더군요. 게다가 옷도 잘 입어요. 모든 의상을 파리에서 구입한다고 해요. 나도 그럴 수 있었으면 좋겠어요."

"선량한 미국인은 죽으면 파리로 간다더군요!" 토머스 경이 낄낄대며 말했다. 그는 누가 내다 버린 옷가지를 옷장 가득 넣어두었다가 꺼내 입듯이, 누가 이미 써먹은 유머를 주워 담아 우려먹는 사람이었다.

"설마! 그렇다면 나쁜 미국인들이 죽으면 어디로 가나?" 공작부인이 물었다.

"미국으로 가죠." 헨리 경이 중얼거렸다.

토머스 경은 얼굴을 찌푸리며 애거서 부인에게 말했다. "제가 보기엔 부인의 조카가 그 커다란 나라에 대해 좋지 않은 편견을 지닌 것 같습니다. 저는 미국 전역을 둘러보았거든요. 그런 일에 관해서는 굉장히 친절한 그곳 중역들이 제공해 준 차를 타고 말입니다. 한번 가 보면 좋은 공부가 될 겁니다."

"하지만 뭘 배우고자 정말로 시카고에 갈 필요가 있을까요?" 어스킨 씨가 우울한 듯이 말했다. "그런 여행이라면 전 가고 싶지 않습니다."

토머스 경이 손을 내저었다. "어스킨 씨의 트레들리 서가에는 온 세상이 담겨 있습니다. 우리 같은 현실주의자들은 책으로 읽기보다는 세상을 직접 보고 싶어 합니다. 미국인들은 정말 흥미로운 사람들입니다. 어디까지나 합리적이죠. 그게 그들의 가장 큰 특징이라고 봅니다. 맞아요, 어스킨 씨, 그들은 정말 합리적인 사람들이에요. 허튼짓을 하는 법이 없지요."

"정말 끔찍하군요!" 헨리 경이 소리쳤다. "저는 난폭한 폭력은 참을 수 있어도 맹목적인 합리주의는 도저히 참을 수가 없어요. 합리주의의 사용법은 아무래도 공정하지 않은 것 같아서요. 지성을 내세우며 뒤통수 때리는 격이라니까요."

"무슨 말인지 난 이해하지 못하겠네." 토머스 경이 얼굴이 시뻘겋게 달아올라 말했다.

"난 이해하네, 헨리 경." 어스킨 씨가 싱긋 웃으면서 말했다.

"역설도 나름대로 장점이 있지……." 토머스 경이 응수했다.

"그게 역설이었나요?" 어스킨 씨가 물었다. "난 그렇게 생각하지 않았는데. 어쩌면 그럴지도 모르겠군요. 그래요, 역설이 진리 추구의 한 방식이지요. 사물의 실체를 검증하기 위해선 그것을 팽팽한 줄 위에 놓고 봐야 하죠. 진실이 곡예를 할 때 우리는 비로소 그것을 판단할 수 있는 겁니다."

"이런, 이런!" 애거서 부인이 소리쳤다. "남정네들이 어찌 이리 말들이 많은지! 당신들이 무슨 말을 하는지 난 도통 알아듣지 못하겠네요. 아참! 해리, 너 때문에 내가 몹시 화가 났거든. 넌 왜 착한 도리언 그레이를 부추겨 이스트엔드를 포기하게 만든 거니? 분명 소중한 인물이 될 게야. 모두들 그의 연주를 얼마나 흠모하는데."

"전 저 친구가 저한테만 연주해 줬으면 하거든요." 헨리 경은 미소를 지으며 큰 소리로 응수했다. 식탁을 둘러보던 그는 환하게 화답하는 눈길을 보았다.

"그러면 화이트채플에 있는 사람들은 얼마나 불행하겠니?" 애거서 부인이 말을 이었다.

"전 고통을 제외하곤 어떠한 것에도 공감할 수 있어요." 헨리 경은 어깨를 으쓱하며 말했다. "하지만 고통만은 공감할 수 없어요. 너무 추하고, 너무 무섭고, 너무 기분을 우울하게 해요. 현대인이 품는 고통에 대한 공감에는 어딘가 병적인 데가 있어요. 공감을 하려면 인생의 색채에, 삶의 아름다움에 공감해야지요. 생의 아픔에 대해서는 되도록 얘기하지 않는 게 좋은 거고요."

"그렇더라도 이스트엔드는 굉장히 심각한 문제지요." 토머스 경이 진지하게 고개를 저으면서 말했다.

"문제긴 문제죠." 젊은 헨리 경이 대답했다. "그건 바로 노예제도의 문제인데, 우리는 노예를 즐겁게 해주는 것으로 그 문제를 해결하려고 하죠."

정치인인 토머스 경이 날카로운 눈초리로 그를 쏘아보며 말했다. "그럼 자네는 어떤 변화가 있어야 한다고 보나?"

헨리 경이 소리높여 웃음을 터뜨렸다. "저는 영국에서 그 어떤 것도 변화시키고자 하는 마음이 없습니다. 날씨만 빼고요. 전 철학적으로 고찰하는 것으로 만족하고 있어요. 하지만 19세기가 동정심에 과다지출하는 바람에 파산했으니 이제는 궤도를 수정하기 위해 과학에 의지해야 한다고 생각합니다. 감정의 이점은 우리를 잘못된 길로 이끄는 것이고, 과학의 이점은 감성적이지 않다는 데 있으니까요."

"그렇지만 우리에게는 엄중한 책임이 있어요." 밴들로 부인이 다소 쭈뼛거리며 입을 열었다.

"아주 중대한 책임이지." 애거서 부인도 말했다.

헨리 경은 어스킨 씨를 쳐다보았다. "인류는 스스로를 너무 심각하게 받아들이고 있어요. 그건 이 세상의 원죄지요. 석기시대 동굴에 살던 사람들이 웃을 줄을 알았더라면 역사가 달라졌을 겁니다."

"자네 얘기를 듣고 있으니 정말로 마음이 아주 편해지는군." 공작부인이 경쾌한 목소리로 말했다. "내가 이스트엔드에 전혀 관심을 보이지 않은지라, 자네 숙모를 만나러 올 때마다 늘 죄책감 같은 게 있었거든. 앞으로는 자네 숙모님을 얼굴 붉히지 않고 똑바로 쳐다볼 수 있을 것 같아."

"얼굴이 좀 빨개지는 게 더 잘 어울리실 텐데요, 공작부인." 헨리 경이 말했다.

"그것도 젊었을 때 얘기지." 공작부인이 대답했다. "나처럼 나이 들어 얼굴이 빨개지면 그건 나쁜 신호야. 아! 헨리 경, 어떻게 하면 다시 젊어지는지 좀 가르쳐 주게나?"

그는 잠시 생각했다. "공작부인, 혹시 옛날에 저지른 잘못 가운데 큰 잘못, 뭐 기억나시는 것 없어요?" 그는 건너편의 공작부인을 바라보면서 물었다.

"너무 많아서 탈이지." 그녀가 큰 소리로 말했다.

"그럼 그 잘못들을 다시 한 번 되풀이하세요." 그는 진지하게 대답했다. "다시 젊어지려면 옛날의 잘못을 반복하는 수밖에 없어요."

"매우 기분 좋은 말이로군!" 그녀가 소리쳤다. "실행에 옮겨야겠어."

"위험한 이론이오!" 토머스 경의 굳게 다문 입술에서 나온 말이었다. 애거서 부인은 고개를 내젓고 있었지만 내심 즐거워하지 않을 수 없었다. 어스킨 씨는 그냥 듣고만 있었다.

"맞아요." 헨리 경이 말을 이었다. "그게 바로 인생의 가장 위대한 비결 중의 하나랍니다. 요즘 사람들은 대부분 은근히 찾아드는 상식병에 걸려 죽음을 당해요. 결코 후회하지 않는 건 자신의 실수라는 걸 비로소 깨달았을 때는 이미 너무 늦고 말죠."

와 하고 웃음이 식탁 주위로 번져갔다.

헨리 경은 이 이념을 펼쳐나갔고, 점차 완고해져 갔다. 그 이념을 공중으로 날려보내 변형시키고, 손에서 그것이 달아나도록 내버려 두었다가 다시 그것을 붙잡는다. 환상으로 무지갯빛 광채를 만들어주고 역설의 날개를 달아 준다. 얘기를 계속하는 동안, 어리석은 행동의 예찬은 '철학'으로 승화하고 그 철학 자신도 다시 젊어진다. '쾌락'이 연주하는 광상곡에 들떠서 포도주에 얼룩진 옷과 담쟁이덩굴로 만든 화관을 쓰고, 생명의 언덕에서 바쿠스의 무녀처럼 춤을 추면서 늙고 아둔한 실레노스가 술에 취하지 않은 맑은 정신으로 있음을 비웃는다. 그 철학 앞에서 사실(事實)은 겁먹은 숲 속의 짐승처럼 달아난다. 철학의 하얀 발로 현자(賢者) 오마르가 앉아 있는 거대한 포도 압축기를 밟고, 곧 자주색 거품이 끓어오르는 포도즙이 '철학'의 맨다리 주위에 물결치고, 때로는 진홍색 거품이 되어 술통의 검게 젖은 옆구리를 타고 내려간다. 비할 데 없는 즉흥연주였다. 헨리 경은 도리언 그레이의 눈이 자신에게 고정되어 있는 것을 느낄 수 있었다. 그는 자기 말을 듣는 사람들 가운데 오로지 한 사람만 매료시키면 된다는 의식 때문인지 위트는 점점 더 예리해지고 상상력은 더욱 다채로워지는 것 같았다. 그의 말은 화려하고 기발하며 또 한없이 무책임해졌다. 그는 그 자리의 청자들을 매료시켜 혼을 빼놓고, 그의 피리 소리에 따라 그들을 울고 웃게 만드는 재주가 있었다. 도리언 그레이는 한 순간도 그에게서 시선을 떼지 않고 마치 마법에 걸린 것처럼 꼼짝 않고 앉아 있었지만, 그 입술에는 꼬리에 꼬리를 물듯 미소가 떠오르고, 점점 깊어지는 눈동자에는 강한 경탄의 빛이 깃들기 시작했다.

마침내 현대의 옷을 입은 '현실'이 하인의 모습으로 방 안에 나타나 공작 부인에게 마차가 기다리고 있음을 전했다. 공작부인은 짐짓 절망한 듯한 몸짓으로 두 손을 쥐어짰다. "아유 귀찮아!" 그녀가 큰 소리로 말했다. "전 이만 가봐야겠어요. 클럽에 있는 남편을 불러서 윌리스 회관에서 열리는 요상스런 모임에 가야 하거든요. 남편이 그 모임 의장직을 맡을 건가 봐요. 제가 늦으면 남편은 길길이 뛰면서 난리도 아닐 거예요. 이 보닛 모자를 쓴 채 볼거리가 될 수는 없잖아요. 워낙 너무 약한 것이 돼 놔서 찌그러지고 말 거예요. 아니에요, 정말 가봐야 해요, 애거서. 잘 있어요, 헨리 경. 자넨 참 재미있는 사람이군요. 그러면서도 상당히 퇴폐적이기도 하고. 자네의 견해에 대해 어떻게 말을 해야 할지 잘 모르겠어. 언제 저녁에 와서 같이 식사나 해요. 목요일? 그날 괜찮아?"

"부인을 위해서라면 모든 것을 뿌리치고 가겠습니다." 헨리 경이 고개를 숙이면서 말했다.

"오! 정말 기쁜 일이군 그래. 그런데 아주 못됐어." 공작부인이 소리쳤다. "아무튼 오는 거, 잊지 말아요." 그렇게 말하고 그녀는 돌아서서 방을 나갔고, 애거서 부인과 다른 부인들이 그 뒤를 따라 나섰다.

헨리 경이 다시 자리에 앉자 어스킨 씨가 식탁을 돌아서 다가오더니 곁에 앉으며 그의 팔에 손을 얹었다.

"자네 말을 들어 보니 책을 써도 몇 권은 쓰겠더군." 그가 말했다. "한번 써보지 그러나?"

"읽는 것을 너무나 좋아한 나머지 책을 쓰고 싶은 마음은 들지 않는군요, 어스킨 씨. 하지만 소설이라면 쓰고 싶은 생각도 있어요. 페르시아 융단처럼 아름답고 비현실적인 소설 말입니다. 그런데 영국엔 신문이나 무슨 입문서, 아니면 백과사전류를 제외하면 책을 읽는 층이 없지 않습니까. 세상 사람들 가운데서도 영국 사람처럼 문학의 아름다움에 대한 감각이 뒤떨어지는 사람들은 아마 없을 겁니다."

"안타깝지만 자네 말이 맞는 것 같군." 어스킨 씨가 맞장구를 쳤다. "나도 한때는 문학적인 야심이 있던 사람인데 오래전에 다 접었지. 그런데 친애하는 젊은 친구—자넬 이렇게 불러도 될까—자네가 오늘 점심을 먹으면서 한 얘기가 전부 진심인지 물어봐도 괜찮겠나?"

"무슨 말을 했는지 다 잊었는데요." 헨리 경이 미소 지었다. "그렇게 듣기 거북하셨나요?"

"사실 지나치게 거북했다네. 실제로 난 자네를 지극히 위험천만한 젊은이로 생각하네. 우리 선량한 공작부인에게 무슨 일이 일어난다면 여기 있는 사람 모두가 자네에게 일차적인 책임이 있다고 생각할 거야. 하나, 그래도 자네하고 인생에 대해 얘기하고 싶은 마음은 있다네. 우리 세대는 너무 따분해. 언제든 런던이 지겨워지면 트레들리로 오시게. 와서 자네가 말한 그 쾌락의 철학에 대해 자세히 설명해 주게. 내가 운 좋게 구해놓은 감복할 만한 버건디 포도주를 마시면서."

"벌써부터 마음이 끌리는데요. 트레들리로 초대해 주시다니 저로선 커다란 영광입니다. 훌륭한 분께서 맞이해 주시는 데다 멋진 서재도 있을 테니까요."

"자네가 오면 그곳은 완벽해질 거야." 늙은 신사는 정중하게 고개를 숙였다. "이젠 내가 자네의 훌륭하신 숙모님과 작별을 고해야 할 것 같군. 문예 클럽에 가기로 되어 있거든. 이제 그곳에 가서 졸고 있어야 할 시간이 되어서 말이야."

"회원 모두가 말인가요, 어스킨 씨?"

"마흔 명 모두, 마흔 개의 안락의자에서 말이네. 우리는 거기서 영국 학술원을 예행연습하고 있다네."

헨리 경은 웃으면서 일어섰다. 그리고 큰 소리로 말했다. "저는 공원에나 가겠습니다."

그가 문을 나서자 도리언 그레이가 그의 팔을 붙잡았다. "저도 같이 가고 싶어요." 그가 중얼거렸다.

"자네는 베질 홀워드를 찾아뵙기로 약속했잖아." 헨리 경이 물었다.

"그보다 당신을 따라가는 게 더 나을 것 같아요. 그래요, 꼭 같이 가고 싶어요. 부탁이니 저도 데려가주세요. 그리고 계속 얘기해 준다고 약속할 수 있지요? 당신처럼 멋지게 말하는 사람은 없을 거예요."

"이런! 오늘은 이미 너무 많은 말을 해버렸는데." 헨리 경은 미소 지었다. "지금은 그냥 인생을 바라보고 싶을 뿐이네. 자네가 원한다면 같이 가서 구경하기로 하지."

제4장

  한 달 뒤 어느 날 오후, 도리언 그레이는 메이페어*¹에 있는 헨리 경의 집 아담한 서재에서 호화로운 안락의자에 비스듬히 기대 앉아 있었다. 이 방은 독특한 매력이 있었다. 올리브색으로 칠한 참나무로 고급 징두리널을 댄 것이나 크림색 띠벽을 두르고, 천장을 돋을새김하여 회반죽으로 처리한 것, 또 붉은 벽돌색 펠트 깔개 위에 군데군데 긴 장식술이 달린 페르시아산 비단 융단을 몇 개 덮어둔 것이 인상적이었다. 작은 마호가니 탁자 위에는 클로디옹*²이 조각한 작은 조각상 하나가 세워져 있고, 그 옆에는 《100편의 단편 모음집》이 한 권 놓여 있는데, 클로비 에브가 발루아 왕조의 마르그리트 왕비를 위해 장정한 것으로, 왕비의 문장인 금색의 국화 무늬가 가득 뿌려져 있다. 또한 벽난로 선반에 늘어서 있는 커다란 청자 항아리에는 패롯 튤립이 꽂혀 있다. 창문의 작은 납 널빤지 사이로 런던 여름날의 살굿빛 햇살이 비쳐들었다.
  헨리 경은 아직 귀가하기 전이었다. 시간을 정확히 지키는 것은 시간을 훔치는 것이라는 원칙을 고수하고 있는 그는 늘 시간을 지키지 않았다. 그를 기다리던 도리언 그레이는 약간 뾰로통한 얼굴로 책장에서 찾아낸 정교한 삽화가 들어 있는 《마농 레스코》를 무료한 듯이 뒤적이고 있었다. 루이 14세 시대의 시계가 째깍거리는 정확한 소리가 귀에 거슬렸다. 그는 아예 그냥 돌아가 버릴까, 생각도 했다.
  마침내 밖에서 발소리가 들리더니 문이 열렸다. "해리, 정말 늦군요!" 도리언이 말했다.
  "어쩌죠, 해리가 아니라서, 그레이 씨." 날카로운 목소리였다.

---

*1 런던의 최고급 주택가.
*2 Claude Nickel Clodion(1738~1814). 프랑스의 조각가, 고대신화와 풍속을 소재로 한 작품으로 유명하다.

도리언은 얼른 주위를 살피며 자리에서 일어섰다. "죄송합니다, 저는 헨리 경인 줄—"

"남편이 오는 걸로 생각하셨나 보군요. 제가 그이 안사람이에요. 괜찮으시죠? 댁이 누구인지는 사진을 많이 봐서 잘 알아요. 남편이 당신 사진을 열일곱 장은 가지고 있는 것 같던데요."

"열일곱 장은 아닐 텐데요, 헨리 부인."

"오, 그럼 열여덟 장인가 보군요. 그리고 며칠 전 밤에는 오페라에서 남편하고 같이 있는 걸 봤어요." 이렇게 말하면서 그녀는 신경질적으로 웃더니, 물망초처럼 아련한 눈빛으로 도리언을 유심히 관찰하고 있었다. 그녀는 기묘한 여자였다. 언제나 분노 속에서 디자인하고, 폭풍 속에서 걸쳐 입은 것 같은 복장을 하고 있었다. 그녀는 또 항상 누군가를 사랑하고 있지만, 그 정열이 보답받는 일은 결코 없어서, 줄곧 환상 속에 사는 것 같았다. 한 폭의 그림처럼 보이려고 애쓰고 있지만 단정치 않게 보일 뿐이었다. 이름은 빅토리아, 교회에 다니는 일에 완전히 광적이었다.

"〈로엔그린〉*3을 보러 갔을 때였죠, 헨리 부인?"

"맞아요, 〈로엔그린〉이었어요. 저는 어떤 음악보다도 바그너의 음악을 좋아해요. 소리가 너무 시끄러워서 아무리 떠들어도 다른 사람은 듣지 못하잖아요. 그게 큰 장점이지요. 안 그래요, 그레이 씨?"

그녀는 예나 다름없이 신경질적으로 간헐적인 웃음소리를 내면서 긴 거북 딱지로 만든 페이퍼 나이프를 든 손가락을 이리저리 움직였다.

도리언은 미소를 지으면서 고개를 저었다. "저는 그렇게 생각하지 않습니다, 헨리 부인. 음악을 듣는 동안에는 말을 하지 않거든요.—적어도 좋은 음악을 들을 때는. 물론 음악이 별로라면 대화로 그 음악을 지우는 게 당연한 일이겠지만요."

"아! 그거 혹시 해리 생각 아니에요, 그렇죠, 그레이 씨? 저는 그이 친구들한테서 그이 생각을 전해 듣는답니다. 그렇지 않고서는 그이 생각을 들을 수가 없으니까요. 그렇다고 제가 훌륭한 음악을 좋아하지 않는다고는 생각하지 마세요. 찬미하죠. 하지만 겁이 나기도 해요. 좋은 음악을 들으면 너무

---

*3 독일 작곡가 리하르트 바그너가 작곡한 오페라.

낭만적인 기분이 들거든요. 전 단지 피아니스트를 존경할 뿐이에요. —해리 말로는 가끔은 제가 동시에 두 사람을요. 뭣 때문에 그런지는 모르겠어요. 어쩌면 그 피아니스트들이 외국인이라서 그런 건지도 몰라요. 전부가 다 외국인 아닌가요? 심지어 영국에서 태어난 피아니스트도 나중에는 다 외국인이 되잖아요. 안 그래요? 아주 현명한 사람들이죠. 그렇게 해서 예술의 지위를 올리는 거니까요. 굉장히 세계적인 깃으로 만드는 거죠. 참, 제 파티에는 한 번도 참석한 적이 없으시죠, 그레이 씨? 한 번 오세요. 난초를 장식할 수는 없어도 외국인을 위해서라면 아까운 게 없거든요. 외국인이 있으면 파티 장소가 무척 화려해지잖아요? 아, 해리가 왔어요! 해리, 당신한테 뭐 좀 물어볼 게 있어서—뭘 물으려고 했지—아무튼 그래서 이 방에 왔는데 그레이 씨가 와 계시더군요. 우리, 음악에 대해서 즐거운 얘기를 나눴어요. 우린 생각이 완전히 같더군요, 아니지, 우린 서로 생각이 아주 달랐던 것 같아요. 하지만 무척 재미있는 분이었어요. 만나서 정말 반가웠어요."

"잘했어, 여보. 나도 기쁘군." 헨리 경은 초승달 모양의 검은 눈썹을 치켜올리고 웃으면서 재미있다는 듯이 두 사람을 바라보았다. "늦어서 미안하네, 도리언. 오래된 브로케이드*4을 구하러 워더 가에 갔는데, 흥정하는 데 몇 시간이 걸리는 바람에 그렇게 됐어. 요즘 사람들은 온갖 물건의 가격은 잘 알면서도 그 가치에 대해선 제대로 알지 못한단 말이야."

"전 이만 가볼게요." 헨리 부인이 갑자기 날카로운 웃음소리로 어색한 침묵을 깨뜨리면서 말했다. "공작부인과 마차를 타고 드라이브하기로 약속해서요. 놀다 가세요, 그레이 씨. 갔다 올게요, 해리. 식사는 밖에서 하실 거죠? 나도 그런데, 어쩌면 손버리 부인 댁에서 만나게 될지도 모르겠네요."

"그렇군, 여보." 헨리 경이 말했다. 그녀가 마치 밤새 비를 맞고 돌아다닌 극락조 같은 모습으로 방에서 복도로 나가자, 그 자리에는 은은한 재스민 향만 남았다. 헨리 경은 문을 닫고 담배에 불을 붙이더니 소파에 몸을 던졌다.

"밀짚색 머리 여자와는 결혼은 금물이야, 도리언." 헨리 경이 담배를 몇 모금 빨고 난 뒤 말했다.

"왜요, 해리?"

---

*4 자카드직 피륙.

"너무 감상적이야."

"전 감상적인 사람이 좋은데요."

"아예 결혼 자체를 하지 말게, 도리언. 남자는 지쳐서 결혼하는 거고, 여자는 호기심 때문에 결혼하지. 결국은 둘 다 실망하게 돼."

"결혼 같은 건 하지 않을 것 같아요, 해리. 너무 깊은 사랑에 빠졌거든요. 그게 당신의 경구 가운데 하나지요? 전 그걸 실행하고 있어요. 당신이 말하는 건 모두 다 해보려고요."

"누굴 사랑하는데?" 잠시 뜸을 들인 뒤 헨리 경이 물었다.

"여배우예요." 도리언 그레이가 얼굴을 붉히면서 대답했다.

헨리 경은 어깨를 으쓱했다. "이거 시작치곤 너무 진부한데."

"그 여자를 보면 그런 말 못할 겁니다, 해리."

"어떤 여잔데?"

"이름은 시빌 베인이에요."

"처음 듣는 이름이군."

"아무도 들어 보지 못했을 거예요. 하지만 언젠가는 사람들이 알게 될 테죠. 그 여잔 천재니까."

"오, 이런! 여자에게 천재가 어딨어? 여자들은 그냥 장식에 지나지 않아. 여자들은 내용은 없는데 매력적으로 말한단 말이야. 그러니까 남자가 도덕을 능가하는 지성의 승리를 대표한다면, 여자는 지성을 넘어서는 물질에 대한 승리를 대표하는 존재지."

"해리, 어떻게 그렇게 단언할 수 있어요?"

"이런, 이런, 도리언. 이건 진실이라네. 내가 요즘 여자들을 분석 중이라 알게 되었지. 생각보다 어려운 주제는 아니었어. 난 결국 이 세상에는 딱 두 종류의 여자밖에 없다는 걸 발견했지. 수수한 여자들, 아니면 얼굴에 덕지덕지 화장하는 여자들이야. 수수한 여자들은 그런대로 쓸모가 있어. 자네가 존경할 만한 남자라는 평판을 얻고 싶다면 그런 여자들에게 저녁 한 끼 사주면 돼. 반면에 화려하게 치장하는 여자들은 매력적이긴 하지만 한 가지 실수를 범하고 있어. 그저 젊어 보이려고 기를 쓰고 화장을 한다는 것이네. 우리 할머니 세대들은 말을 멋지게 하려고 화장을 했거든. '입술루즈'와 '재치'가 공존하고 있었던 거지. 근데 이젠 그런 것이 다 사라지고 없어. 여자들은 자기

딸보다 열 살쯤 더 젊어 보일 수 있다면, 그것으로 대만족이야. 그 이상은 없어. 그래서 같이 대화할 수 있는 여자라고 해봐야 런던을 통틀어서 다섯 명 정도? 손가락으로 꼽을 수 있을 정도지. 그 가운데 두 명은 사교계에 들어가지도 못해. 그건 그렇고, 자네가 천재라고 생각하는 그 여자에 대해 얘기 좀 해보게. 얼마 동안 사귄 건가?"

"아! 당신의 견해는 두렵네요."

"그건 됐고, 언제부터 알게 된 거야?"

"3주쯤 됐어요."

"어디서 만난 건데?"

"말해드리죠, 해리. 하지만 너무 매정하게 대해서는 안 됩니다. 따지고 보면, 당신을 만나지 않았더라면 그런 여자를 만날 일도 없었을 테니까요. 당신은 인생의 모든 것을 알고 싶은 비정한 욕망으로 저를 가득 채워 줬어요. 당신을 만나고 난 뒤로 여러 날 동안 혈관 속에서 무언가가 계속 요동치고 있는 듯한 느낌이었어요. 공원을 산책해도 피커딜리를 어슬렁거릴 때도 지나가는 사람들을 바라보면, 그들이 어떤 삶을 살고 있는지 미칠 듯이 궁금했죠. 어떤 이들은 정말 제 마음을 사로잡기도 했고, 또 어떤 이들은 저를 공포로 가득 메웠어요. 공기 속에 절묘한 독기가 맴돌았죠. 감동을 위한 열정을 갖게 됐어요…… 그러다가 어느 날 저녁 7시쯤인가, 별난 경험이라도 할 수 없을까 찾아 나섰답니다. 이 잿빛 괴물 같은 우리의 런던, 잡다한 사람들로 가득한 도시. 천박한 죄인들이 멋진 죄악을 품고 있다고 당신이 말한 런던 어딘가에서, 뭔가가 저를 기다리고 있을 것 같았죠. 저는 수많은 것들을 그려보았죠. 위험이 기다리고 있다고 생각만 해도 가슴이 두근거렸어요. 우리 두 사람이 처음 저녁 식사를 했던 그 멋진 날 저녁에 당신께서 아름다움의 추구야말로 우리 인생의 진정한 비결이라고 한 그 말을 생생하게 떠올렸죠. 그때 제가 뭘 기대하고 있었는지 잘 모르겠지만, 어쨌든 밖으로 나가 동쪽을 향해 정처없이 걷기 시작했어요. 그러다가 지저분한 거리와 깜깜하고 잔디조차 없는 광장의 미로 속에서 길을 잃고 말았습니다. 그러다가 8시 반쯤 조그만 삼류 극장 앞을 지나갔지요. 커다란 가스등 불빛이 일렁거리고 야한 포스터가 덕지덕지 붙어 있었어요. 제가 본 것 중에 가장 우스꽝스러운 조끼를 입은, 추하게 생긴 유대인이 입구에 서서 싸구려 시가를 피우고 있었지요. 기름을 쳐 발라 반질반질한 고수머리에, 땟국이 절절 흐르는 셔츠 앞가슴에는 터무니없이 커다란 다이아몬드가 번쩍거리고 있더군요. 그 작자가 저를 보고는 '칸막이 좌석을 원하십니까, 신사 양반?' 하더니 과장스러울 정도로 호들갑을 떨며 굽실대는 몸짓으로 인사를 하더군요. 그런데 해리, 제 마음을 끄는 뭔가가 그 사람한테 있더군요. 정말 기괴한 사람이었어요. 당신은 당연히 웃으시겠지만, 아무튼 저는 1기니를 주고 정말로 안에 들어가 무대 옆의 칸막이 좌석을 잡았어요. 왜 그런 짓을 했는지, 지금도 이해가 잘 안 가요. 하지만 그렇게 하지 않았다면—아, 해리, 정말 그렇게 하지 않았더라면 전 인생 최고의 로맨스를 놓쳤을 거예요. 역시 웃으시는군요. 너무 하시잖아요!"

"아니야, 도리언. 웃는 게 아니야. 적어도 자네를 비웃고 있는 건 아니네. 하지만 자네 인생 최고의 로맨스라는 말은 하지 말게. 인생 최초의 로맨스라고 말해야지. 자네는 앞으로 언제나 사랑 받을 것이고, 자네 자신도 언제나 사랑과 연애를 할 테니 말이야. 위대한 정열이야말로 무위도식하는 사람들의 특권이라네. 그 나라의 유한계급의 유일한 역할이니까 말이야. 두려워하지 말게. 기가 막히게 멋진 일들이 자네를 기다리고 있어. 이건 그 시작일 뿐이야."

"당신은 제 천성이 그토록 천박하다고 생각하시는 모양이죠?" 도리언 그레이가 화난 듯이 물었다.

"무슨 소리, 자넨 매우 심오한 사람이야."

"무슨 뜻으로 그런 말을 하시는 거죠?"

"일생동안 단 한 번밖에 사랑하지 않는 사람들이 진짜 천박한 거야. 그들이 말하는 충성심이니 정절이니 하는 것을 나는 인습에 대한 혼돈이거나 상상력의 결여라고 칭하고 있지. 감정생활에서 충실하다는 것은 지적인 삶을 살면서 견실한 것과 같다고. 그건 단순히 실패했다는 고백이야. 충실함! 언젠가 그것도 분석해 봐야겠어. 그 속에는 소유에 대한 강한 애착이 숨어 있어. 사실 우리가 다른 사람들이 주워 가도 상관없다고 여긴다면 버릴 물건이 한두 가지가 아니지. 그건 그렇고, 자네의 이야기를 끊을 생각은 없으니 계속해 보게."

"아, 그래서 전 아주 작은 특별석에 앉게 되었어요. 촌스러운 무대막이 바로 눈앞을 가로막고 있었죠. 커튼 사이로 극장 안을 살짝 내다 봤어요. 온통 큐피드와 코르누코피아*5로 범벅이 되어 있는 게 꼭 싸구려 웨딩케이크 같았지요. 2층과 1층 관람석은 거의 꽉 찼지만 초라한 1층 정면석 두 줄은 텅 비었더군요. 그리고 사람들이 특등석이라 부르는 곳에는 거의 아무도 없었어요. 여자가 오렌지와 진저비어를 팔러 다녔고 손님들은 끔찍스러울 정도로 많은 밤알을 계속 먹고 있었죠."

"꼭 영국 연극의 전성시대와 같은 꼴이었던 모양이군."

"맞아요, 바로 그거예요. 하지만 아주 울적한 광경이었죠. 어떻게 할까 하는데 연극 포스터가 눈에 들어오더군요. 근데 그 연극이 뭐였을 것 같아요, 해리?"

"글쎄, 〈백치 소년, 또는 말이 없고 순진한 아이〉, 뭐 이런 정도가 아니었을까? 우리의 아버지 세대는 그런 걸 좋아했지. 하지만 도리언, 내가 살다 보니까 말이야, 아버지 세대에 좋았던 것들이 우리한테는 영 아니라는 느낌이 점점 더 강하게 들어. 예술에 있어서도 정치와 마찬가지로 'les grand-pères ont toujours tort(조상들과는 늘 다른 거야)'지."

"아니, 그날 연극은 우리 같은 젊은 세대도 좋아할 만한 것이었어요, 해리. 〈로미오와 줄리엣〉이었거든요. 그런 굴속 같은 지저분한 곳에서 셰익스피어 연극을 관람한다는 것은 괴로운 일이었어요. 솔직히 시인합니다. 하지만 어떻게 보면 재미는 있었어요. 어찌 되었든 전 1막이 오르기를 기다렸어요. 오케스트라? 끔찍했지요. 다 깨진 피아노 앞에 앉은 젊은 유대인이 지휘하는 오케스트란데, 그냥 나가버리고 싶더군요. 아무튼 막이 오르고 연극이 시작되었어요. 로미오 역은 나이가 좀 든 뚱뚱한 남자였는데 눈썹은 태운 코르크로 칠하고 굵고 나지막한 목소리가 비극적인 느낌을 주는 배우였어요. 체구가 마치 맥주통 같았어요. 머큐시오보다 더 나을 것도 없었지요. 그 역은 삼류 코미디언이 맡았는데, 그 친구가 자기 입담을 내세우면서 1층 관객들에게 금방 인기를 얻더군요. 배경도 두 사람과 마찬가지로 끔찍했는데, 시골 오두막에서나 볼 수 있는 풍경 같았어요. 그런데 줄리엣! 해리, 한 번 상상해 보세요. 열일곱이 채 안 된 소녀를. 작은 꽃송이 같은 얼굴, 짙은 갈

---

*5 유럽의 장식모티프의 하나. 풍요의 뿔.

색 머리칼을 땋아 올린 그리스 스타일의 머리, 열정이 샘솟는 자줏빛 샘 같은 눈, 장미 꽃잎 같은 입술. 난 그녀처럼 예쁜 사람은 난생 처음 봤어요. 언젠가 저한테 이런 말 하신 적이 있죠? 비애감은 당신에게 아무런 감흥도 불러일으키지 않지만 아름다운 것, 단순히 아름답기만 한 것을 보면 눈물이 난다고. 해리, 제가 그랬어요. 눈물이 앞을 가려 그 여자를 제대로 바라볼 수가 없었어요. 그리고 그녀의 목소리는—그런 목소리는 들어 본 적이 없어요. 처음에는 아주 낮은 소리로 시작되더군요. 그윽하고 감미로운 가락이 하나씩 하나씩 귀에 내려앉는 느낌이었죠. 그러다가 조금씩 소리가 높아지면서 플루트나 멀리서 들려오는 오보에 소리처럼 울리기 시작했어요. 정원 장면에서는 동트기 전에 나이팅게일이 노래하는 소리를 연상시키는 환희에 겨워 떨리는 목소리가 되더군요. 나중에는 정열적으로 바이올린을 켜는 것 같은 열정이 뿜어져 나오는 순간들도 있었어요. 어떤 목소리가 얼마나 사람을 뒤흔들 수 있는지 잘 아시잖아요. 당신의 목소리와 시빌 베인의 목소리, 이 두 목소리는 제가 결코 잊을 수 없는 목소리예요. 눈을 감으면 두 사람의 목소리가 들려와요. 각각의 목소리는 서로 다른 이야기를 하고 있어요. 그래서 전 어느 목소리를 따라야 할지 모르겠어요. 왜 그녀를 사랑해서는 안 되는 거죠? 해리, 전 그녀를 사랑해요. 그녀는 제 인생의 전부예요. 밤이면 밤마다 그녀의 연극을 보러 갑니다. 어느 날 저녁엔 로잘린드[*6]가 되고, 그 다음 날에는 이모젠[*7]이 됩니다. 난 그녀가 이탈리아의 어느 어두운 무덤에서 사랑하는 이의 입술에 묻은 독을 핥아 먹으며 죽어 가는 모습을 보았어요. 또 한 번은 그녀가 긴 양말에 몸에 딱 붙는 바지와 상의를 입고 귀여운 모자를 쓴 아름다운 소년의 모습으로 변장해서 아덴의 숲속을 배회하는 모습도 보았지요. 미쳐버린 그녀가 죄를 지은 왕 앞에 나타나 회향풀을 걸치게 하고 쓰디쓴 약초를 맛보게 했지요. 질투의 검은 손들이 아무 죄도 없는 그녀의 갈대처럼 약한 목을 졸랐어요. 모든 시대의 모든 의상을 입은 그녀를 보았어요. 보통 여자들은 상상력에 아무런 자극을 주지 않잖아요. 그들은 자기가 사는 시대에서 벗어날 수 없으니까요. 어떤 마력도 그녀들을 변모시키지 못해요. 우리는 그들이 쓰고 다니는 보닛 모자를 잘 알듯이 그들의 마음도 쉽

[*6] 셰익스피어의 희곡 《뜻대로 하세요》에 나오는 재치 있고 똑똑한 아가씨.
[*7] 셰익스피어의 《심벨린》의 여주인공으로 정조(貞操)의 귀감.

게 알 수 있어요. 한눈에 알 수 있죠. 그들에게는 그 어떤 신비도 없거든요. 오전에는 공원에서 말을 타고, 오후엔 티파티에서 잡담이나 하죠. 판에 박은 것처럼 똑같은 미소와 유행에 맞춘 몸짓. 너무나도 빤히 들여다보이는 사람들. 하지만 여배우는! 여배우는 어쩌면 그렇게 다를까요! 해리! 여배우야말로 사랑할 만한 가치가 있는 유일한 존재라는 걸 왜 진작 얘기해주지 않았어요?"

"내가 너무 많은 여배우들과 사랑해봤기 때문이야, 도리언."

"그랬겠지요. 머리를 물들이고 덕지덕지 화장한 끔찍한 여자들 말이죠?"

"물들인 머리와 진하게 화장한 얼굴을 깎아 내리지는 말게. 때론 그런 사람들에게도 특별한 매력이 돋보일 때가 있다네." 헨리 경이 말했다.

"당신에게 시빌 베인 이야기를 하지 말 걸 그랬어요."

"자넨 말하지 않을 수 없었을 걸, 도리언. 평생을 두고 자넨 나에게 모든 걸 얘기하게 될 거야."

"그래요, 해리. 저도 그렇게 될 거라고 생각해요. 당신에게 죄다 말하지 않을 수 없겠죠. 당신에게는 신비한 영향력이 있어요. 만약 제가 범죄를 저지른다 해도 당신한테 달려가 고백할 겁니다. 당신은 저를 이해해 줄 테니까요."

"자네 같은 사람—생의 광채를 좌지우지 할 수 있는 사람—은 범죄를 저지르지 않는다네, 도리언, 어찌되었든 그렇게 생각해 주다니 고맙군. 자, 이제 얘기해 보게. 미안하지만 거기 성냥 좀 집어 주겠나? 고맙네. 그래, 시빌 베인과 자네는 지금 실제로 어떤 관계지?"

도리언 그레이는 이 말을 듣고 얼굴이 빨개지더니 눈을 빛내면서 펄쩍 뛰었다. "해리! 시빌 베인은 신성해요."

"도리언, 신성한 것만이 손댈 가치가 있다네." 헨리 경이 말했다. 기묘한 정열이 담긴 목소리였다. "하지만 자네가 왜 괴로워 해야 하는 거지? 그녀는 언젠가 자네 것이 될 걸세. 사랑에 빠진 사람은 반드시 자신을 속이는 것에서 시작하네. 그리고 늘 상대를 속이는 것으로 끝나지. 그게 바로 세상에서 말하는 로맨스라는 걸세. 아무튼 자네가 그 여자를 알고 있다는 거지?"

"물론 알지요. 제가 처음 극장에 갔던 날 밤에 공연이 끝난 뒤 그 끔찍하게 생긴 유대인이 제 자리에 오더니 무대 뒤로 데리고 가서 그 여자를 소개시켜 주겠다고 하더군요. 저는 화가 나서 그 사람한테 말했어요. 줄리엣은 벌써 몇백 년 전에 죽었고, 베로나의 대리석 무덤 속에 잠들어 있다고 말해 줬지요. 그 사람이 어안이 벙벙한 표정으로 저를 바라보는 모습을 보아 제가 샴페인 같은 걸 마시고 취해 있는 거라고 생각했을 거예요."

"놀랄 일도 아니구먼."

"그러자 그 사람이 저더러 혹시 신문에 글을 쓰는 사람이 아니냐고 묻더군요. 전 신문 나부랭이는 읽지도 않는다고 대답했지요. 그 말에 아주 실망한 표정을 짓더니 온갖 연극 비평가들이 공모해서 자기를 골탕 먹이고 있다는 거예요. 사실 그들은 모두 돈으로 매수할 수 있는 작자들이라고도 하더군요."

"설령 그게 사실이라 해도 놀라운 일이 아니야. 하지만 비평가들의 겉모습으로 판단하자면 그렇게 비싸 보이지는 않는데?"

"그런데 그 사람은 돈이 많이 들어 자기 능력 밖이라고 생각하는 것 같던데요." 도리언이 웃었다. "그땐 이미 극장의 불이 다 꺼진 뒤여서 전 그만 나가야 했어요. 그는 자기가 강력하게 추천하는 시가라며 한 번 피워 보라고 했어요. 전 사양했지요. 물론 그 다음날 다시 그 극장에 갔지요. 저를 보자 그 사람이 굽실거리며 인사를 하고는 저를 손이 큰 예술 후원자라고 치켜세우더군요. 그 사람, 역겨운 작자지만 셰익스피어에 대해선 남다른 열정을 갖고 있었어요. 한번은 자기가 5번이나 파산을 했는데 전적으로 '바드'(셰익스피어의 속칭) 때문이었노라고 하더군요. 그자는 셰익스피어를 고집스럽게 그렇게 불렀어요. 그게 명예로운 일이라고 생각하는 것 같았어요."

"그건 명예로운 일이야, 도리언, 아무렴 큰 명예지. 사람들은 대부분 인생이라는 산문에 너무 과도하게 투자하는 바람에 파산하지. 그러나 시로 인해 파멸했다는 건 존경할 만한 일이야. 그렇다 치고, 그래 시빌 베인 양에게는 언제 처음 말을 붙여 봤나?"

"세 번째 밤입니다. 그녀가 로잘린드 역을 하고 있을 때였죠. 가만히 있을 수가 없었어요. 꽃을 던져 주었더니 저를 쳐다보더군요. 적어도 그런 느낌이 들었어요. 늙은 유대인이 집요하게 물고 늘어지더군요. 저를 무대 뒤로 데리고 가겠다고 단단히 벼르고 있는 것 같아서 그럼 그러자고 했어요. 제가 그녀를 만나지 않으려고 했던 게 참 이상하지 않아요?"

"아니아, 난 그렇게 생각하지 않네."

"그래요? 왜죠?"

"그 이유는 나중에 얘기하겠네. 지금은 그 여자에 대해 알고 싶을 뿐이네."

"시빌 말인가요? 오, 그 여자는 무척 수줍음도 많고 마음씨가 고운 아가씨예요. 어딘가 모르게 어린아이 같은 구석이 있어요. 제가 그녀의 연기에 대한 감상을 말하자 놀랐는지 눈을 동그랗게 뜨고 바라보더군요. 자신의 재능을 아직 모르는 것 같았어요. 아마 우리 둘 다 좀 긴장했었나 봐요. 늙은 유대인은 먼지 나는 분장실 문가에서 우리 둘에 대해서 이것저것 열심히 설명하면서 씩 웃는 얼굴로 서 있었어요. 우린 그 동안 어린애처럼 서로 마주 보고 서 있었죠. 그 사람은 절 계속 '나리'라고 부르기에 전 전혀 그런 사람이 아니라고 시빌에게 말해야 했어요. 그러자 그녀는 '당신은 왕자님 이상으로 보여요. 매력 왕자님이라고 부르겠어요' 하더군요."

"야, 대단한데, 도리언, 시빌은 사람을 치켜세우는 방법을 잘 아는 여자야."

"해리, 당신은 그녀를 이해 못 하고 있어요. 그녀는 저를 그냥 연극 속의 인물로밖에 보지 않던데요. 그녀는 인생에 대해선 전혀 모르는 여자였어요. 어머니와 같이 살고 있는데, 그게 누군가 하면 첫날 밤에 실내복 같은 붉은 자줏빛 옷을 입고 캐풀렛 부인을 연기한 인물이라는 거예요. 피곤하고 지쳐 보였는데 전에는 좀 더 나은 시절이 있었던 사람처럼 보였어요."

"그런 표정이라면 알겠네. 나를 우울하게 만들지." 헨리 경은 자기 손에 낀 반지를 살펴보면서 말했다.

"그 유대인이 그 부인의 신상이야기를 들려주고 싶었던 것 같은데, 관심 없다면서 뿌리쳤어요."

"잘했네. 다른 사람의 비극만큼 따분한 것도 없지."

"전 온 신경이 시빌에게만 가 있으니까요. 그 여자의 출신이 어떤지, 그게 저에게 무슨 상관인가요? 그 귀여운 머리부터 앙증맞은 발에 이르기까지 어디를 봐도 흠잡을 데가 없고 모든 것이 신성해요. 전 매일 밤 그녀의 연극을 보러 갈 것이고, 그녀는 날마다 더 멋져질 겁니다."

"자네가 나하고 식사를 같이하지 않는 이유가 그것 때문이었군. 뭔가 재미있는 로맨스에 빠져 있을지 모른다고 생각은 하고 있었는데, 정말 그랬군. 하지만 내가 기대했던 것과는 많이 다르군 그래."

"해리, 우리는 매일 점심이든 저녁이든 함께 먹잖아요. 그리고 함께 오페라도 여러 번 보러 갔고요." 도리언 그레이는 놀라서 푸른 눈을 크게 떴다.

"늘 지겹도록 지각하지 않나?"

"아, 그건 시빌이 출연하는 연극을 보러 가지 않을 수 없어서 그래요." 도리언이 목소리를 높였다. "1막만이라도 좋으니까 그녀를 보고 싶어 견딜 수가 없는 걸요. 그 상아 같은 작은 몸뚱이에 숨겨져 있는 경이로운 영혼을 생각하면 외경심으로 가득해지고 말거든요."

"도리언, 오늘 저녁엔 같이 식사할 수 있겠지, 그렇지?"

도리언은 고개를 가로저었다. "오늘 밤, 그녀는 이모젠이 됩니다. 그리고 내일은 줄리엣이 될 거고요."

"그럼 그녀가 시빌 베인이 되는 것은 언젠가?"

"그럴 때는 없을 겁니다."

"그것 참 경사로군!"

"너무 심하시네요. 어떻게 그런 소릴 하세요! 그녀 한 사람 안에 세상의 위대한 여주인공들이 모두 다 들어 있어요. 그녀는 한 사람의 개인을 넘어섰어요. 웃고 계시네요. 하지만 그녀가 천부적인 재능을 지녔다는 건 분명히 말씀드릴 수 있어요. 전 그녀를 사랑합니다. 그리고 그녀도 저를 사랑하게 만들어야 해요. 당신은 인생의 모든 비결을 다 안다고 했잖아요. 어떻게 하면 시빌 베인의 마음을 사로잡아 저를 사랑하게 만들 수 있는지 가르쳐 주세요! 로미오가 질투하게 만들고 싶어요. 온 세상의 죽은 연인들이 우리의 웃음소리를 듣고 슬퍼하게 만들고 싶어요. 두 사람의 열정의 숨결로 그들을 눈 뜨게 하고 그 주검에게 고통을 안겨주고 싶어요. 아, 해리! 제가 그녀를 얼마나 숭배하는지 아세요?"

도리언은 방 안을 왔다 갔다 하면서 열변을 토하듯 감정을 쏟아 냈다. 흥분으로 피어난 홍조가 그의 뺨을 불태우고 있었다. 그는 몹시 흥분해 있었다.

헨리 경은 미묘한 쾌감을 느끼면서 도리언을 지켜보았다. 지금의 도리언은 베질 홀워드의 화실에서 만났던 그 수줍고 겁에 질린 소년이 아니었다!

그의 본성은 한 송이 꽃처럼 자라나더니 불타는 듯한 진홍색 만발한 꽃들을 탄생시켰다. 그의 영혼이 비밀의 은신처에서 살금살금 기어 나와 욕망과 마주치게 되었다.

"그래, 자네는 어떻게 할 생각인가?" 드디어 헨리 경이 입을 열었다.

"당신하고 베질이 언제 한 번 저랑 같이 극장에 가서 그녀의 연기를 관람했으면 싶어요. 결과는 조금도 걱정되지 않아요. 분명히 당신도 베질도 그녀의 재능을 인정하게 될 테니까요. 그런 다음엔 함께 그 유대인 손아귀에서 그녀를 구출해야 해요. 앞으로 3년, —적어도 2년 8개월—동안은 그 사람에게 메어 있어야 하는 모양인데, 물론 대가는 지불해야겠지요. 그래서 일이 원만하게 해결되면 웨스트엔드에 극장 하나를 골라서 그녀를 정식으로 세상에 소개할 작정이에요. 그녀는 저를 포로로 만들었듯이 온 세상을 열광시킬 겁니다."

"여보게, 그건 불가능할 거야!"

"아닙니다. 꼭 그렇게 할 거예요. 그녀는 단순히 연기력이나 완성된 예술 감각만 있는 게 아니라 매력적인 개성이 있어요. 당신은 언제나 시대를 움직이는 것은 주의주장이 아니라 매력적인 인물이라고 말했잖아요."

"그럼, 언제 갈까?"

"글쎄요…… 오늘이 화요일이니까, 내일 가죠. 내일 그녀가 줄리엣 역을 맡거든요."

"좋아. 그럼 8시에 브리스틀에서 보세. 베질은 내가 데려갈 테니."

"해리, 8시는 안 돼요. 6시 반으로 하죠. 막이 오르기 전에는 가 있어야 죠. 서막에 로미오를 만나는 장면이 나오거든요."

"6시 반? 시간치고는 참! 고기 요리 먹으면서 차를 마시거나 영국 소설이나 읽을 시간이잖아? 7시 전에는 안 돼. 신사는 7시 전에는 식사하지 않으니까. 그 사이에 베질을 만날 건가? 아니면 내가 편지를 쓸까?"

"아, 베질! 벌써 일주일이나 전혀 보질 못했어요. 제가 몹쓸 놈이지요. 제 초상화를 자기가 직접 디자인한 최고로 멋진 액자에 넣어 보내 주기까지 했는데. 지금의 저보다는 꼭 한 달 정도 젊어 보이는 그림 속의 제 모습을 보니 질투는 났지만 그래도 기분은 좋았어요. 당신이 편지를 보내는 게 좋을지 몰라요. 베질과 단둘이 만나고 싶진 않아요. 그 사람이 하는 말을 들으면 화가 나서요. 물론 충고의 말이긴 하지만."

헨리 경은 미소 지었다. "사람은 자기에게 꼭 필요한 것을 남에게 주길 좋아해. 난 그걸 관대함의 극치라고 부르지."

"아, 베질은 정말 좋은 사람이긴 하지만, 약간은 속물적인 데가 있다고 생각해요. 해리, 당신을 만나고부터 그걸 알게 되었죠."

"이봐, 베질은 자기 안에 있는 모든 매력을 자기 작품에 쏟아 붓는 사람이야. 그 결과로 그의 현실생활에는 오로지 편견과 주의와 상식밖에 남아 있지 않아. 내가 지금까지 알고 있는 예술가 가운데 인간적으로 재미있는 인물은 오히려 예술가로서는 별 볼일 없었어. 훌륭한 예술가는 그저 자신이 만든 작품 속에만 존재하고 있기 때문에, 실생활에서는 아주 재미없는 인간이 되어버리지. 위대한 시인만큼, 진정으로 위대한 시인만큼 시적이지 않은 존재도 없다네. 반면에 재능이 없는 시인은 굉장히 매력적이야. 시가 서툴면 서툴수록 인간으로서는 반짝반짝 빛이 난다니까. 2류 소네트를 한 권 출간했다는 사실만으로도 그 사람은 참을 수 없이 매력적인 존재가 되는 거네. 말하자면 그 사람은 자신이 쓸 수 없는 시를 삶으로 살고 있는 셈이지. 다른 시인들은 현실에서 실행할 용기가 없는 것을 시로 쓰는 사람이고."

"정말 그럴까요, 해리?" 도리언 그레이는 그렇게 말하면서 테이블에 있던 병의 금색 뚜껑을 열어 그 향수를 손수건에 뿌렸다. "당신이 그렇다면 그런 거겠죠. 그럼 전 이만 가봐야겠어요. 이모젠이 저를 기다리고 있어요. 내일 약속 잊으시면 안 돼요. 그럼, 안녕."

도리언 그레이가 방에서 나가자 헨리 경은 무거운 눈꺼풀을 떨어뜨리고 이런저런 생각에 빠져들었다. 분명한 것은 도리언 그레이만큼 자신의 관심을 끄는 사람이 없다는 사실이었다. 그런데 그 젊은이가 다른 누군가를 미치도록 흠모하고 있다는 사실이 전혀 불쾌하다든지 질투가 난다든지 하는 요인이 되지 못했다. 아니 오히려 기뻤다. 이제 도리언은 더욱 흥미로운 관찰 대상이 되었다. 그는 늘 자연과학의 방법론에 매우 흥미를 느끼고 있었다. 그러나 보통 자연 과학의 연구 주제는 그가 보기에 별것 아니었고, 별 의미도 없는 것 같았다. 그래서 그는 자신을 해부하기 시작했고, 그러다가 결국 다른 사람까지 해부하게 되었다. 인간의 삶.—그로서는 이것이 탐구 가치가 있는 유일한 영역이었다. 그것과 비교하면 다른 것들은 아무런 가치도 없었다. 우리가 고뇌와 쾌락의 시련 속에서 인생을 관망할 때처럼 우리는 유리 마스크를 쓸 수도 없고, 유황 같은 연기가 머리를 고통스럽게 하는 것도, 상상력이 괴상망측한 망상과 불행한 꿈으로 뒤엉키는 것도 막을 수 없다는 것은 사실이다. 그것에 중독되지 않고는 그 성질을 이해할 수 없는 은밀한 질병도 있다. 하지만 그렇게 했을 때 얼마나 큰 보상을 얻을 수 있는가! 온 세상이 얼마나 경이롭게 다가오던가! 정열의 기묘하고 엄격한 논리와, 풍요로운 감정으로 채색된 이성을 아는 것은—그것이 어디서 만나고, 어디서 헤어지며, 어떤 점에서 일치하고 어떤 점에서는 일치하지 않는지를 관찰하는 것은 얼마나 즐거운 일인지! 그 대가가 무엇이든 그게 무슨 상관이겠는가? 그것을 위한 희생 따위는 아무것도 아니다. 하나의 감각을 얻기 위해서라면 그 어떤 대가도 결코 비싸지 않다.

그는 자기 입에서 나온 음악적인 말이—그것을 생각하면 마노같은 그의 갈색 눈에서 기쁨의 광채가 뿜어져 나왔는데—도리언 그레이의 영혼을 순백의 소녀를 향하게 하여 그녀를 숭배하고 그녀 앞에 무릎 꿇게 했음을 의식하고 있었다. 넓게 보아 그 청년은 자신이 창조물이었다. 그로 인해 그 젊은이가 급격하게 성숙했다고 할 수 있었다. 그건 상당한 변화였다. 보통 사람들은 인생이 스스로 비밀을 드러낼 때까지 기다리지만, 극소수의 선택받은 사람들에게는 인생의 신비가 그 베일이 열리기 전에 스스로 제 모습을 드러낸다. 그것은 예술, 주로 문학에 의해 열리는 경우가 많다. 문학은 정열과 지성을 직접적으로 다루는 예술이다. 그러나 가끔은 복잡한 개성을 지닌 인간이 그 문학의 역할을 대신하기도 한다. 어떤 의미에서는 실제로 그것이 진정한 예술 작품이라고 할 수 있다. 시와 조각, 회화와 마찬가지로 '인생'에도 정교하게 다듬은 걸작이 있다.

그렇다. 그 젊은이는 조숙했다. 아직도 봄 기운이 서려 있는데 수확을 거둬들이고 있는 셈이다. 그 청년에게는 청춘의 힘과 정열이 있다. 그러나 그는 자의식이 강한 사람이 되어가고 있었다. 헨리 경은 그런 그를 지켜보는 일이 즐거웠다. 아름다운 얼굴과 아름다운 영혼. 그것은 경이의 대상이 되어야 할 존재이다. 그 일이 어떻게 끝나든, 또 어떻게 끝날 운명이든 그건 문제가 되지 않는다. 그는 화려한 행렬이나 연극 속의 우아한 등장인물 같은 존재였다. 그 기쁨은 어딘가 아득한 것처럼 느껴지지만 그 슬픔은 아름다움에 대한 감각을 흔들어 깨우고, 그 상처는 붉은 장미꽃과 다를 바 없었다.

영혼과 육체, 육체와 영혼—이 얼마나 신비스러운 것인가! 영혼에는 어딘가 동물적인 데가 있고, 육체에는 때때로 영성(靈性)을 느끼게 하는 순간이 있다. 감각은 세련될 수 있고 지성은 타락할 수 있다. 어디까지가 육체적 충동이고 어디부터가 정신적 충동이라고 누가 말할 수 있단 말인가? 범용한 심리학자들의 자의적인 해석은 또 얼마나 천박한가! 그러나 수많은 학파의 주장 가운데 어느 것을 선택할 것인지는 또 얼마나 어려운 일이던가! 영혼은 죄악의 집에 깃드는 그림자인가? 아니면 조르다노 브루노[*8]가 생각했듯이, 육체란 진정 영혼 속에 있는 것인가? 물질과 영혼의 분리는 신비로운 것이며, 물질과 정신의 융합 또한 마찬가지이다.

헨리 경은 심리학이 각기 조그마한 생의 근원을 밝힐 수 있을 정도로 완벽한 학문이 될 수 있을지 생각했다. 늘 그렇듯이 우리는 자신을 잘못 이해하고 있으며, 타인을 이해하는 일은 거의 없지 않은가. 경험에는 도덕적 가치가 없다. 그것은 그저 사람들이 자신들이 저지른 실수에 붙인 이름에 불과하다. 대체로 도덕론자들은 경험을 교훈의 수단으로 생각하고 있고, 인격 형성에 어느 정도 도덕적 효과가 있다고 주장하면서, 우리에게 무엇을 따라야 하고 무엇을 피해야 하는지 가르쳐 주는 것으로 칭송해 왔다. 그러나 경험에는 행동을 유발하는 힘이 없다. 양심과 마찬가지로 행동의 동기가 되는 힘이 없다. 경험이 진정으로 보여주는 것은 우리의 미래가 과거와 똑같은 것이 되리라는 사실이고, 우리는 죄를 지을 때 한번은 혐오하면서 거듭될 때는 기쁨으로 짓는다는 것이다.

실험방법이야말로 우리가 열정에 대한 어떤 과학적 분석에 도달할 수 있는 유일한 방법임이 그에게 분명해졌다. 아울러 도리언 그레이가 확실한 분석 대상이었으며, 그로부터 풍부하고 유익한 결과를 확실하게 얻을 수 있을 것 같았다. 그가 시빌 베인이라는 여자에게 갑자기 반해 지독한 사랑에 빠진 것은 심리학적으로 매우 흥미로운 현상이다. 틀림없이 호기심이 크게 작용했을 터이다. 새로운 경험을 추구하는 호기심과 욕망이다. 그러나 그것은 결코 단순한 것이 아니라 상당히 복잡한 정열이다. 그 정열 속에 있는 순수하

[*8] Giordano Bruno(1548~1600). 이탈리아의 사상가이자 철학자.

고 감각적인 본능이 상상력의 작용에 의해, 본인에게는 감각과는 동떨어진 그 무엇으로 느껴지게 되어, 그렇기 때문에 더욱 위험한 것으로 변한 것이다. 우리를 가장 강렬하게 지배하는 것은 그 근원에 대해 스스로를 속이고 있는 정열이다. 우리의 가장 약한 동기는 우리가 의식하고 있는 본성을 지니고 있는 것들이다. 그러기에 종종 자신이 누군가를 재료로 실험하고 있다고 생각하지만, 실제로는 자기 자신을 재료로 실험하고 있는 경우도 있다.

헨리 경이 그런 생각들에 잠겨 꿈을 꾸듯 앉아 있을 때 문을 노크하는 소리가 들리더니 하인이 들어왔다. 그제야 그는 저녁 식사 약속을 위해 옷을 갈아입어야 할 시간이라는 것을 깨달았다. 그는 자리에서 일어나 거리를 내다보았다. 석양이 맞은편 집 위층 창문을 금빛을 띤 붉은 색으로 물들이고 있었다. 유리창이 새빨갛게 달궈진 금속판처럼 빛나고 있고, 그 위에 펼쳐진 하늘은 색이 바랜 장밋빛이었다. 헨리 경은 젊은 친구의 불꽃처럼 타오르는 청춘에 대해 생각했다. 과연 어떤 결말을 맞이하게 될 것인지.

밤 12시 반쯤 집에 돌아온 헨리 경은 현관 테이블 위에 놓인 전보 한 통을 보았다. 펼쳐보니 도리언 그레이가 보낸 것이었다. 시빌 베인과 결혼 약속을 했노라는 내용이었다.

제5장

"엄마, 엄마, 나 너무너무 행복해!" 소녀는 그렇게 속삭이더니, 기력이 쇠해 많이 지쳐 보이는 여인의 무릎에 얼굴을 묻었다. 여인은 집요하게 심히 거추장스런 햇살을 피해 등을 돌린 채 누추한 거실에 있는 안락의자에 앉아 있었다. "정말 행복해!" 소녀가 되풀이했다. "엄마도 틀림없이 행복할 거야!"

베인 부인은 얼굴을 찡그리고는 비스무트 분을 발라 하얗게 된 가냘픈 손을 딸의 머리에 얹었다. "행복이라!" 부인의 말이 메아리쳤다. "내가 행복한 건, 시빌, 네 연기를 구경할 때뿐이란다. 넌 연기 외에 다른 것은 생각해선 안 돼. 아이작스 씨가 우리한테 얼마나 잘해 줬니? 그분한테 갚아야 할 빚도 있는데."

소녀는 고개를 들더니 입을 삐죽거렸다. "돈 말이야, 엄마?" 그녀가 큰 소리로 말했다. "돈이 무슨 상관이야? 사랑이 돈보다 더 중요하잖아."

"아이작스 씨는 우리한테 빚도 갚고 제임스 여행 채비도 갖추도록 50파운드를 선불해 줬어. 시빌, 그 사실을 잊어선 안 돼. 50파운드는 엄청난 돈이야. 아이작스 씨만큼 인정 많은 분이 어디 있겠니."

"엄마, 그 사람은 신사가 아니야. 게다가 그 사람이 나한테 말하는 투 좀 봐. 난 싫어." 소녀는 일어나서 창가로 갔다.

"그분이 없었으면 우리가 어떻게 생활할 수 있었겠니?" 부인은 애원이 담긴 목소리로 응수했다.

시빌 베인은 고개를 쳐들며 웃음을 터뜨렸다. "엄마, 이젠 그런 사람 필요 없어. 앞으론 '멋진 왕자님'이 우리를 돌봐줄 테니까." 그러고서 그녀는 입을 다물었다. 그녀의 핏속에서 장미꽃 한 송이가 흔들리더니 이윽고 두 뺨을 붉게 물들였다. 가쁜 숨결에 꽃잎 같은 그녀의 입술이 살며시 벌어졌다. 입술이 떨리고 있었다. 남풍이 그녀의 온몸을 휘감고 지나가자 우아한 드레스 자락이 너울거렸다. "나 그를 사랑해." 그녀는 다만 그렇게 중얼거릴 뿐이었다.

"어리석은 애! 어리석은 애!" 같은 말이 기계적으로 터져 나왔다. 가짜 보석으로 치상한 갈고리 같은 손가락들이 흔들리자 그 말은 더욱 기괴한 어감으로 다가왔다.

소녀는 다시 웃음을 터뜨렸다. 그녀의 웃음소리에는 새장 속의 새 소리 같은 기쁨이 배어 있었다. 그녀의 눈이 그 선율에 취하여 메아리치듯이 반짝거렸다. 그런 다음 마치 무슨 비밀을 감추기라도 하듯 한 순간 눈을 감았다. 그러다가 다시 눈을 뜨자 몽롱함이 두 눈을 스쳐 지나갔다.

낡은 의자에서 얄팍한 지혜가 그녀에게 타일러 주었다. 넌지시 분별을 가르치며, 상식이라는 이름 아래 남의 말을 이것저것 늘어놓기만 한 겁쟁이에 관한 책을 인용한다. 그러나 그녀는 듣지 않았다. 열정의 감옥에 갇힌 그녀는 오히려 그 안에서 자유로웠다. 그녀의 왕자, '멋진 왕자님'이 함께 있기 때문이다. 그녀는 그 왕자를 떠올리기 위해 기억을 더듬는다. 자신의 영혼을 보내 왕자를 찾아내게 했고, 그녀의 영혼은 왕자를 데려왔다. 그녀의 입에서 또다시 왕자의 키스가 불타올랐다. 왕자의 따뜻한 숨결이 눈꺼풀에 느껴졌다.

그러자 '지혜'는 방법을 바꿔 그에 대한 것을 알아낼 것을 부추겼다. 그 젊은이는 부자가 틀림없다. 그렇다면 결혼을 생각해 볼 수 있다. 조개껍질처럼 단단한 그녀의 귓등에 세속적인 교활한 파도가 세차게 부딪혔다. 솜씨 있는 화살이 그녀 곁을 스치고 지나갔다. 시빌은 얇은 입술이 움직이는 것을 보고 미소지었다.

갑자기 그녀는 무슨 말이든 해야 한다는 생각이 들었다. 무언의 말만 무성히 오가는 침묵이 그녀를 괴롭혔다. "엄마. 엄마." 그녀가 소리쳤다. "그 사람은 왜 그토록 나를 사랑하는 걸까? 내가 그 사람을 사랑하는 이유는 있어. 그 사람은 이상적인 '사랑' 그 자체의 모습을 하고 있기 때문이야. 그런데 그 사람은 나한테서 무엇을 본 걸까? 그 사람한테는 내가 어울리는 여자도 아닐 텐데. 하지만, 아, 뭐라고 말해야 하지? 내가 그 사람보다 훨씬 못하다고 생각하지만 비굴한 느낌은 들지 않아. 오히려 자랑스러운 느낌이 들어, 무척 자랑스러운 느낌. 엄마도 내가 '멋진 왕자님'을 사랑하듯이 아빠를 그렇게 사랑했어?"

싸구려 분을 덕지덕지 바른 나이 든 여인의 뺨이 창백해졌다. 메마른 입술은 고통의 발작으로 경련하듯 일그러졌다. 시빌은 엄마에게 달려가 그녀의 목을 껴안고 키스를 했다. "용서해 줘, 엄마. 아빠 얘기 하면 괴로워하시는 걸 알면서 왜 그랬는지 몰라. 엄마가 아빠를 그만큼 사랑했기 때문에 그런 거잖아. 그렇게 슬픈 표정 짓지 마세요. 20년 전에 엄마가 그랬던 것처럼 나도 지금 참 행복해. 아! 이 행복이 영원히 계속되었으면!"

"애야, 넌 누군가를 사랑하기에는 아직 너무 어려. 그리고 네가 그 젊은이에 대해 뭘 알고 있니? 그 사람의 이름도 모르잖니. 아직은 모든 형편이 어려운데. 게다가 제임스가 정말로 호주로 떠나버리면, 이 어미는 생각할 게 너무 많단다. 네가 좀 더 신중하게 생각하고 행동해 줬으면 좋겠어. 그래도 아까도 말했지만 혹시 그 청년이 부자라면……."

"아! 엄마, 엄마, 나 그냥 행복한 대로 놔두면 안 돼?"

베인 부인은 딸을 바라보더니 무대에 서는 배우에게 너무나 빈번히 제2의 기질을 갖도록 그 양식이 되어준 가면적이고 연극적인 제스처로 딸을 껴안았다. 바로 그 순간 문이 열리면서 갈색 머리가 더부룩한 소년이 방에 들어왔다. 다부진 체격에 손발이 큼직하니 동작이 어딘가 어색해 보였다. 소년은 자기 누나에게서 찾아볼 수 있는 고운 구석이라고는 하나도 없었다. 아마 어느 누구도 둘이 오누이라는 사실을 짐작조차 하지 못할 것이다. 베인 부인은 아들에게 시선을 돌리더니 얼굴에 더욱 크게 미소를 지어 보였다. 그녀는 자기 아들을 정신적으로 위엄 있는 관객의 수준으로 올려 놓았다. 그리고 그건 아주 멋진 장면이 될 거라는 자신감을 느꼈다.

"나한테도 키스 좀 해 줄 수 있잖아, 시빌." 소년은 천부적인 고운 목소리로 투덜거렸다.

"어머! 짐, 키스는 싫어하면서." 시빌이 말했다. "이 끔찍한 늙은 곰 새끼 같으니."

제임스 베인은 부드러운 눈길로 누나의 얼굴을 들여다보았다. "누나, 나랑 산책하러 나가자. 이 끔찍한 런던을 다시는 못 볼 것 같은 생각이 들어서 말이야. 다시는 보고 싶지도 않고."

"애야, 말을 그렇게 험하게 하면 못써." 베인 부인이 나지막한 목소리로 나무랐다. 그녀는 한숨을 내쉬며 싸구려 연극 의상을 집어 들고 헝겊을 대어 깁기 시작했다. 아들이 조금 전의 연극 무대에 끼어들지 않은 것이 조금은 실망스러웠다. 아들이 참여했으면 더 생생하고 멋진 무대가 될 수 있었는데.

"왜 안 되죠, 어머니? 난 진심에서 하는 말인데."

"그렇게 말하니까 엄마는 가슴이 아파. 난 네가 호주에서 부자가 되어 돌아올 거라고 믿는다. 그런 식민지에는 사교계라는 것이 없을 것 아니냐. 내가 사교계라고 부르는 것 말이다. 그러니 돈을 벌면 반드시 돌아와서 여기 런던에서 자리를 잡아야 해."

"사교계라고요!" 소년이 투덜거렸다. "난 그런 거 알고 싶지도 않아요. 그냥 돈을 벌어서 어머니랑 시빌 누나를 무대에서 내려오게 하고 싶을 뿐이에요. 두 사람이 무대에 서는 것, 정말 싫어요."

"오, 짐!" 시빌이 웃으면서 말했다. "너 못됐구나! 하지만 정말 나랑 산책 갈 거야? 멋지구나 너! 이제부터 친구들한테 작별 인사하러 나갈 줄 알았는데. 왜 있잖아, 너한테 그 구역질나는 파이프를 준 톰 하디, 그리고 그 파이프를 피운다고 너를 놀려 대던 네드 랭튼. 그런데 마지막 오후를 나하고 같이 보내주겠다니 넌 착한 동생이야. 우리 어디로 갈까? 공원에 가자."

"내 차림이 너무 초라해." 그가 얼굴을 찡그리면서 말했다. "거긴 멋쟁이들만 가는 데잖아."

"바보 같은 소리 하지 마, 짐." 그녀는 그렇게 속삭이더니 코트를 입은 동생의 팔을 쓰다듬었다.

제임스는 잠시 생각한 뒤 말했다. "좋아. 하지만 옷 갈아입는 데 시간 많이 걸리면 안 돼." 시빌은 춤추듯이 방에서 나갔다. 위층으로 올라가면서 그녀는 신나게 노래를 불렀다. 머리 위에서 작은 발로 콩콩거리면서 돌아다니는 소리가 들려왔다.

두세 차례 방 안을 서성거리던 제임스가 의자에 꼼짝 않고 앉아 있던 어머니를 향해 고개를 돌렸다. "어머니, 내 짐은 다 준비됐죠?" 그가 물었다.

"그래, 다 꾸려놨다, 제임스." 그녀는 하던 일에서 눈을 떼지 않고 대답했다. 지난 몇 달 동안 그녀는 이 거칠고 그늘진 얼굴을 한 아들과 단둘이 있을 때면 영 마음이 편치 않았다. 눈이 마주치기라도 하면 뭔가를 숨기고 있는 그녀의 얄팍한 마음 때문에 어쩔 줄 몰라 쩔쩔매곤 했다. 그녀는 아들이 뭔가 의심하고 있다는 생각이 들 때도 있었다. 아들이 아무런 말도 하지 않아 둘 사이에 침묵이 흐르면 더욱 참기 어려웠다. 여자란 자신을 지키고 싶을 때는 상대를 공격하는 법이다. 갑자기 기묘한 방식으로 항복함으로써 공격하는 것과 마찬가지로. "제임스, 네가 선원 생활에 만족했으면 좋겠구나. 이게 다 네 자신이 선택한 일이라는 걸 명심해. 넌 변호사 사무실에 취직할 수도 있었어. 변호사라는 사람들은 그래도 굉장히 존경받는 계급이 아니냐. 시골에선 명문가 사람들과 자주 식사도 한다고 그러더라."

"난 사무실에서 일하는 게 싫어요. 서기 노릇 하는 것도 싫고." 그가 대답했다. "하지만 어머니 말이 옳아요. 내 인생, 내가 선택한 거예요. 내가 하고 싶은 말은 단 한 가지, 시빌 누나를 잘 지켜보시라는 거예요. 누나한테 나쁜 일이 생기면 안 돼요. 어머니, 꼭 누나를 잘 지켜 주세요."

"제임스, 정말 이상한 말을 다 하는구나. 당연히 이 어미가 보살펴 줘야지?"

"들리는 소문으로는 어떤 신사가 매일 밤 극장에 와서 분장실에서 누나랑 얘기한다는데, 그게 사실이에요? 어떻게 된 거죠?"

"제임스, 넌 이해하고 있지도 못한 것들에 관한 이야기를 하고 있구나. 이런 직업은 말이다, 세상 사람들의 주목을 많이 받는단다. 아주 기분 좋은 일이지. 나만 해도 옛날에는 한 번에 몇 개씩 꽃다발을 받곤 했단다. 관객들에게 연기를 인정받았을 때지. 시빌에 대해선 그 아이의 마음이 진심인지 어떤지 지금은 알 수 없어. 하지만 그 젊은이가 흠잡을 데 없는 신사인 건 분명해. 나한테도 항상 예의 바르거든. 그런데다 용모를 보니 꽤 부자인 것 같더구나. 보내주는 꽃도 아름답고 말이다."

"그렇지만 아직 이름도 모른다면서요." 아들이 거친 목소리로 말했다.

"그래, 모른다." 어머니는 침착한 얼굴로 대답했다. "아직은 진짜 이름을 밝히지 않았지. 굉장히 낭만적이지 않니? 아마 귀족 집안 자제가 아닌가 싶다."

제임스 베인은 입술을 깨물었다. "어머니, 어쨌든 시빌 누나를 잘 지켜 줘요." 아들이 큰 소리로 말했다. "잘 돌봐 주시라고요."

"아주 나를 못살게 구는구나. 어련히 내가 알아서 잘할까. 네 누이는 언제나 이 어미의 빈틈없는 보살핌을 받고 있어. 물론 그 신사가 돈이 많다고 네 누이가 그 남자랑 결혼 못 할 것도 없지 뭐. 그 사람은 귀족 출신이 분명해. 아무리 요모조모 뜯어봐도 그래. 시빌에게는 더 바랄 수 없는 결혼이 될 거다. 두 사람은 멋진 부부가 될 거야. 정말 멋지고 아름다운 사람이니까. 모든 사람들이 다 주목하고 있을 정도로."

어린 아들은 혼자 뭐라고 중얼거리더니, 이윽고 그 거친 손가락으로 유리창을 톡톡 두드렸다. 그러다 무슨 말을 하려는 듯 고개를 돌렸을 때, 문이 열리면서 시빌이 뛰어 들어왔다.

"둘이서 뭐가 그리 심각한 거야?" 그녀가 소리쳤다. "무슨 문제인데?"

"문제는 무슨." 제임스가 대답했다. "아무 일도 아니야. 사람이 때로는 심각할 때도 있지 뭘. 어머니, 갔다 올게요. 5시에 저녁 먹을 테니 그리 아세요. 그리고 셔츠 빼놓고 짐은 다 꾸렸으니 신경 쓰지 마세요."

"그래, 어서 다녀오기나 해." 어머니는 부자연스럽게 경직된 자세로 고개를 숙이며 대답했다.

그녀는 아들이 자기에게 향하는 말투가 마음에 걸렸고, 그 표정에 담긴 뭔가에 겁을 먹고 있었다.

"엄마, 키스해 줘요." 소녀가 말했다. 딸아이의 꽃잎 같은 입술이 다 시든 어머니의 뺨에 닿자 얼어붙어 있던 표정이 녹아내렸다.

"오, 내 새끼! 내 새끼!" 베인 부인은 천장을 올려다보면서 상상 속의 관객을 찾는 것처럼 소리쳤다.

"빨리 와, 누나." 제임스가 조급하게 말했다. 그는 자기 어머니가 짐짓 연극처럼 꾸며 대는 몸짓이 혐오스러웠다.

오누이는 바람 부는 눈부신 햇살 속으로 나갔다. 그들은 음산한 유스턴 가를 따라 천천히 걸음을 옮겼다. 지나가는 사람들은 몸에 어울리지 않는 옷을 입고 음울한 표정을 한 소년이 이렇게 우아하고 세련된 소녀와 같이 길을 걸어가는 것을 신기한 듯이 바라보았다. 마치 초라한 정원사가 장미꽃을 들고 걸어가는 듯한 모습이었다.

짐은 이따금 호기심 어린 눈길로 바라보는 낯선 행인들과 눈이 마주칠 때면 인상을 찌푸렸다. 천재에겐 만년(晩年)이 되어서야 눈길을 주고, 평범한 사람에겐 평생을 따라다니는, 힐끔힐끔 쳐다보는 남들의 시선이 싫었기 때문이다. 하지만 시빌은 달랐다. 그녀는 자신이 다른 이에게 어떤 영향을 미치고 있는지 전혀 의식하지 않았다. 그녀의 사랑은 입술가에 떠도는 미소 속에서 파르르 떨리고 있었다. 그녀는 '멋진 왕자님'을 생각하고 있으면서도, 사실은 무엇보다 그를 생각하고 있으면서도, 그에 대해선 아무 얘기도 하지 않고, 짐이 타고 갈 배에 대해, 그가 틀림없이 찾아낼 황금에 대해, 그리고 그가 붉은 셔츠를 입은 극악무도한 산적의 손에서 구출해 낼 어느 부잣집의 예쁜 상속녀에 대해 재잘거렸다. 선원이든 화물 감독이든, 또는 어떤 신분이든, 너의 미래는 그런 것이 되어서는 안 돼, 아! 뱃사람의 삶은 너무 끔찍해! 그 더러운 배에 갇혀 있어야 하다니. 거친 파도가 집어삼킬 듯 덮쳐오고, 흉측한 바람이 돛대를 쓰러뜨리고 돛을 갈기갈기 찢어버릴 거야. 넌 멜버른에서 배를 내려, 선장에게 정중하게 작별을 고하고, 곧장 금을 캘 수 있는 장소로 가는 거야. 일주일이 채 지나기도 전에 넌 커다란 금괴를 발견하게 돼. 지금까지 발견된 금괴 가운데서 가장 큰 것을 말이야. 그렇게 되면 금 덩어리를 경찰 여섯 명의 호위를 받으면서 마차를 타고 해안으로 운반하는 거야. 그 사이에 세 차례나 산적들이 습격해 와서 서로 죽고 죽이는 싸움이 벌어지지만 결국 물리치게 돼. 아, 그게 아니지. 금광을 찾아 나서서는 절대로 안 돼. 그곳은 무시무시한 곳이야. 사람들이 술에 취해 바에서 서로 총질을 해대고 욕설이 난무하는 곳이니까. 대신 넌 멋진 양치기가 되어야 해. 그래서 어느 날 저녁에 집에 돌아오는 길에 부잣집 상속녀가 검은 말을 탄 강도에게 잡혀 끌려가는 광경을 보고, 그 뒤를 추격하여 마침내 그녀를 구해 주는 거야. 물론 목숨을 건진 상속녀는 널 사랑하게 되고 너 역시 그녀를 사랑하게 돼. 그리고 두 사람은 결혼해서 런던으로 돌아와 대저택에서 행복하게 사는 거야. 그래, 이제 네 앞에는 이런 신나는 일만 기다리고 있을 거야. 하지만 넌 무엇보다 정말 착한 사람이 되어야 해. 성질부리지 말고, 돈도 되도록 아껴 써야지. 그녀는 비록 그보다 한 살밖에 많지 않지만 그래도 인생에 대해서는 훨씬 더 많은 것을 알고 있었다. 또 한 가지 분명히 해 둘 것은, 내가 편지하면 반드시 답장을 쓰고, 잠자기 전에 기도하는 것도 빠뜨리지 마. 하느님은 선한 분이시니 언제나 너를 지켜주실 거야. 나도 널 위해, 그리고 몇 년 안에 네가 부자가 되어 행복한 모습으로 돌아오기를 기도하고 있을게.

짐은 시큰둥한 표정으로 누나의 말을 듣고 있었지만 아무 대답도 하지 않앉다. 집을 떠난다고 생각하니 마음이 아팠다.

그러나 그를 시무룩하고 우울하게 만든 것은 그것 때문만은 아니었다. 비록 인생경험은 없지만 그래도 시빌에게 시련이 찾아올 것이라는 직감이 강하게 들었다. 누나에게 구애하고 있는 그 젊고 멋진 친구 때문에 그녀는 더욱 불행해질지도 모른다. 그가 신사라고 하지만, 바로 그 점 때문에 제임스는 더욱 그가 싫었다. 자기 사신은 깨닫지 못하고 있지만 본능적으로 기묘한 경쟁심을 품고, 자기보다 압도적으로 우위에 있는 존재를 미워한 것이다. 또한 그는 자기 어머니의 천박하고 허영기 있는 성격을 잘 알고 있었다. 바로 그 어머니 때문에 시빌에게, 또 시빌의 행복에 계속 위험이 찾아오리라는 것을 충분히 예감할 수 있었다. 어린아이들은 누구나 자기 부모를 사랑한다. 그리고 점점 성장해가면서 부모를 판단하게 된다. 때로는 부모를 용서도 한다.

어머니! 그는 어머니에게 물어볼 것이 있었다. 침묵으로 지낸 몇 달 동안 늘 마음속에 품고 있었던 생각이다. 극장에서 우연히 들은 말들, 어느 날 밤엔가 무대 출입구에서 기다리던 그의 귀에 들려온 속삭이는 조롱의 말들로 인해 무서운 생각들이 잇따라 떠올랐다. 마치 채찍으로 얼굴을 맞는 것 같았다고 그는 회상한다. 그는 눈썹을 험악하게 찡그리고 고통에 경련하는 아랫입술을 깨물었다.

시빌이 소리쳤다. "내 얘기는 하나도 안 듣고 있구나, 짐. 네 미래를 위해 신나고 멋진 계획을 세우고 있었는데. 뭐라고 말 좀 해봐."

"내가 무슨 말 하기를 원하는데?"

"왜 있잖아, 누나 말 잘들을 거고, 엄마와 누나를 잊지 않겠다는, 뭐 그런 말." 시빌은 미소를 지어 보이면서 대답했다.

짐은 어깨를 으쓱했다. "나보다 먼저 누나가 나를 잊을 것 같은데."

시빌의 얼굴이 빨개졌다. "그게 무슨 뜻이니, 짐?"

"다 들었어. 새로운 친구가 생겼다며. 누구야? 왜 나한테는 말하지 않았어? 누나한테 하나 좋을 게 없는 사람이야."

"그만해, 짐!" 시빌이 소리쳤다. "그 사람에 대해 나쁘게 얘기하지 마. 나, 그를 사랑해."

"아직 그 남자 이름도 모른다면서." 소년이 말했다. "대체 누구야? 나도 알 권리가 있어."

"멋진 왕자님이라고 부르고 있어. 그 이름 싫어? 어휴, 바보 같은 아이야, 넌. 잊지 말고 기억해둬. 너도 그이를 보면 분명히 이 세상에서 가장 멋진 사람이라고 생각할걸. 언젠가 보게 될 날이 오겠지. 네가 호주에서 돌아오면, 아마 푹 빠져들 걸. 모든 사람이 다 좋아해. 그리고 난…… 그이를 사랑하고 있어. 오늘 밤에 너도 극장에 오면 좋을 텐데. 그 사람이 올 거거든. 내가 줄리엣을 연기하게 될 거야. 아! 나 어떻게 연기를 하지! 생각해 봐, 짐. 사랑에 빠져 있으면서 동시에 줄리엣 역을 맡는다니! 더욱이 그이 앞에서! 연기를 잘해서 그이를 기쁘게 해줘야 하는데! 객석에 앉아 있는 사람들을 놀라게 해버리지나 않을까 몰라. 깜짝 놀라게 하거나, 아니면 완전히 매료시키거나 하겠지. 누굴 사랑한다는 건 자기 자신의 한계를 넘어서야 하는 일이야. 그 무서운 아이작스 영감도 아마 술집에서 술에 취해 있는 친구들에게 '천재'가 났다고 소리치게 될 걸. 그 사람은 언제나 내 연기가 '교리'인 것처럼 선전하고 다녔지만, 아마 오늘 밤엔 '신의 계시'라고 떠들겠지. 그런 느낌이 들어. 그리고 그 모든 것은 그이의 것, 그 사람, '멋진 왕자님'만의 것이야. 나의 멋진 연인, 사랑과 우아함과 기쁨의 신이야. 물론 그 사람에 비하면 나는 가난하지. 그렇지만 가난? 그게 뭐가 중요해? 가난이 문틈으로 기어 들어올 때 사랑은 창문으로 날아 들어오는 거야.*¹ 옛날 속담은 다시 써야 해. 모두가 다 겨울에 쓴 속담들인데 지금은 여름이잖아. 나한테는 봄날 같아. 푸른 하늘에 꽃들이 춤추는 봄날."

"그 사람, 신사라면서." 짐이 뿌루퉁한 목소리로 말했다.

"왕자님이라니까!" 그녀가 노래하듯 말했다. "더 이상 무얼 더 바라는데?"

"그 사람은 누나를 노예로 만들어버릴걸."

"자유롭다는 생각에 몸이 오싹하는데."

"그 사람을 조심했으면 좋겠어."

"그이를 보면 그이를 숭배하게 되고, 그이를 알면 신뢰할 수밖에 없어."

"시빌 누나, 누나는 그 사람한테 완전히 미쳤구나."

---

*1 원래는 '가난이 문틈으로 들어오면 사랑은 창문으로 달아난다'는 속담.

그녀는 웃으면서 동생의 팔을 잡았다. "아이구, 너도 참! 마치 백 살이나 먹은 노인처럼 말하는구나. 너도 언젠가 사랑에 빠질 날이 올 거야. 그때가 되면 너도 다 알게 된단다. 그렇게 뿌루퉁한 표정 짓지 마. 네가 비록 집을 떠나더라도 예전보다 더 행복해하는 누나를 두고 떠난다고 생각하면 아마 너도 기쁠 거야. 우리 둘 다 정말 힘들게 살아왔잖니. 끔찍스러울 정도로 힘들고 어려웠어. 하지만 이제부턴 달라질 거야. 너도 새로운 세계를 찾아 떠나고, 나는 이미 새로운 세계를 찾았으니. 저기 의자가 두 개 있네. 우리 앉아서 지나가는 사람들 구경이나 하자."

그들은 많은 구경꾼들 한복판에 있는 의자에 가서 앉았다. 건너편의 튤립 꽃밭이 둥그런 원을 그리며 요동치는 불길처럼 타오르고 있었다. 숨 막히는 대기에는 흰 붓꽃 뿌리의 가루가 춤추며 피어오른 듯 하얀 먼지가 떠돌고 있었다. 선명한 색깔의 파라솔들이 거대한 나비처럼 아래위로 흔들리고 있었다.

그녀는 동생에게 자기 얘기를, 즉 어떤 희망과 계획을 가지고 있는지 얘기해 보라고 했다. 짐은 어렵사리 입을 열기 시작했다. 그들은 카드게임에서 패를 서로 주고받듯이 얘기를 주고받았다. 시빌은 자신의 기쁨을 전달할 수 없어서 마음이 안타까웠다. 짐의 침울한 입가에 흐르는 엷은 미소가 그녀가 얻어 낼 수 있는 반응의 전부였다. 시간이 좀 흐른 뒤 그녀는 입을 다물었다. 그때 갑자기 금발머리와 웃음기 어린 입술이 언뜻 그녀의 눈에 들어왔다. 그리고 도리언 그레이가 두 숙녀와 함께 무개 마차를 타고 지나가는 모습이 보였다.

그녀는 자리에서 벌떡 일어섰다. "그이야!" 그녀가 외쳤다.

"누구?" 짐 베인이 물었다.

"'멋진 왕자님'." 시빌은 사륜마차를 눈으로 따라가면서 대답했다.

짐도 벌떡 일어나 누나의 팔을 거칠게 붙들었다. "누군지 알려 줘. 어느 쪽이야? 가르쳐줘. 꼭 봐야겠어!" 그가 소리쳤다. 그런데 바로 그 순간 베릭 공작이 탄 사두마차가 그 사이를 지나갔고, 그 사이에 도리언의 마차는 이미 공원을 빠져나가고 있었다.

"가버렸어." 시빌이 슬픈 목소리로 중얼거렸다. "네가 봤으면 좋았을 텐데."

"나도 그래. 만약 그 사람이 누나에게 못된 짓을 한다면, 천국에 하느님이 계시는 것이 확실하듯, 꼭 죽여버리고 말 거야."

시빌은 공포에 질린 얼굴로 동생의 얼굴을 바라보았다. 짐은 자신이 내뱉은 말을 되뇌었다. 그의 말이 단검처럼 주변 공기를 매섭게 갈랐다. 주위에 있던 사람들도 놀라서 두 사람을 쳐다보았다. 시빌 가까이에 서 있던 한 여자는 킥킥 웃기도 했다.

"가자, 짐. 어서 가." 시빌이 작은 소리로 말했다. 그녀가 앞장서서 사람들을 헤치고 앞으로 나아갔고, 짐은 마지못해 쭈뼛쭈뼛 따라 나섰다. 어찌 되었든 그는 자신이 그 말을 한 것을 기쁘게 생각했다.

그들이 아킬 동상에 다다랐을 때 시빌이 뒤로 돌아섰다. 그녀의 눈에는 연민의 빛이 서려 있었지만, 이윽고 그것은 웃음으로 바뀌었다. 그녀는 동생을 바라보면서 고개를 흔들었다.

"참 바보 같구나, 짐. 넌 정말 바보야. 넌 정말 심통맞은 애야, 그뿐이야. 어떻게 그렇게 끔찍한 소리를 할 수 있니? 넌 자기가 무슨 말을 하고 있는지도 모르고 있어. 단순히 질투가 나서 심통을 부리고 있잖아. 아! 너도 사랑에 빠져 봐야 하는데. 사랑을 하면 사람이 선해지거든. 아까 네가 한 말은 사악한 말이었어."

"나 벌써 열여섯 살이야." 그가 대답했다. "난 내가 무슨 말을 하는지 다 안다고. 엄마는 누나한테 도움이 안 돼. 누나를 어떻게 돌봐야 하는지 엄마는 모른단 말이야. 지금 심정 같으면 나 호주에 가고 싶지 않아. 모든 걸 다 그만두고 싶은 마음뿐이야. 계약서에 사인만 하지 않았어도 그렇게 했을 거야."

"오, 너무 그렇게 심각하게 생각하지 마, 짐. 네가 그러고 있으니까 엄마가 옛날에 정말 좋아라 연기했던 멜로드라마의 그 우스꽝스러운 주인공 같잖니. 너랑 말싸움하고 싶지 않아. 난 그이를 봤어. 그리고 아! 난 그 사람을 보는 게 너무 행복해. 괜한 말다툼은 그만두자. 넌 내가 사랑하는 사람을 해치는 짓은 절대로 하지 않을 거야, 그렇지?"

"아마도 누나가 그 사람을 사랑하는 동안에는." 마지못한 대답이었다.

"난 그이를 영원히 사랑할 거야!" 그녀가 소리쳤다.

"그럼, 그 사람은?"

"그이 또한 영원히!"
"아무렴, 그래야지."

그녀는 무의식중에 짐에게서 움찔 물러섰다. 그러고는 곧 웃음을 터뜨리며 동생의 팔에 손을 얹었다. 동생은 아직 소년티를 벗어 버리지 못한 아이였다.

마블 아치에서 두 사람은 손을 흔들어 승합마차를 세워 다고 유스턴 가에 있는 그들의 누추한 집 근처에서 내렸다. 이미 5시가 넘은 시간이었다. 시빌은 무대에 서기 전에 두세 시간 누워서 쉬어야 했다. 짐이 그래야 한다고 고집을 부렸다. 그리고 그는 차라리 엄마가 없는 상태에서 누나와 작별하는 게 좋겠다고 말했다. 엄마는 틀림없이 소란을 떨 것이고, 그는 어떤 소란도 싫었다.

시빌의 방에서 두 사람은 헤어졌다. 소년의 가슴속에는 질투심이 불타고 있었다. 두 사람 사이에 끼어들었다고밖에 생각할 수 없는 한 낯선 인간에 대해 격렬하고 살기가 도는 증오심이 끓어오르고 있었다. 그러나 시빌이 두 팔로 그의 목을 껴안고 손가락으로 머리를 쓰다듬어 주자 마음이 누그러졌는지 짐은 깊은 애정을 담아 누나에게 키스를 했다. 아래층으로 발걸음을 옮기는 짐의 눈에는 눈물이 고였다.

어머니는 아래층에서 아들을 기다리고 있었다. 아들이 들어오자 그녀는 시간을 제대로 지키지 않는다고 불평을 늘어놓았다. 제임스는 아무 대꾸도 하지 않고 초라한 식탁에 앉았다. 식탁 주위로 파리들이 윙윙거리는가 하면 지저분한 식탁보 위를 기어 다니기도 했다. 승합마차가 덜컹거리는 소리와 소형 마차의 작은 소음 속에서 그에게 남겨진 얼마 안 되는 시간을 집어삼키는 단조로운 얘기소리가 들려오고 있었다.

얼마 뒤 짐은 접시를 밀어내고는 두 손으로 머리를 감쌌다. 그는 자신에게는 알 권리가 있다고 생각했다. 그가 의심하고 있는 대로라면, 좀 더 일찍 그에게 말해 줬어야 했다. 어머니는 두려움 속에서 움직이지 않고 아들을 지켜보았으며 그 입술에서는 아무 감정도 실리지 않은 말들이 기계적으로 흘러나왔다. 어머니가 손에 쥐고 있는 너덜너덜한 레이스 손수건도 떨리고 있었다. 시계가 6시를 울리자 짐은 자리에서 일어나 문으로 갔다. 그러더니 홱 돌아서서 어머니를 바라보았다. 그들의 눈이 마주쳤다. 짐은 어머니의 눈에서 용서를 바라는 호소의 눈빛을 보았다. 그것이 그의 분노에 불을 붙였다.
"어머니, 어머니한테 물어볼 게 있어요." 그가 말했다. 어머니의 눈은 초점없이 방 안을 헤매고 있었다. 그녀는 아무 대답도 하지 않았다. "사실대로 얘기해 주세요. 나한테도 알 권리가 있으니까요. 정말 우리 아버지하고 결혼한 거 맞아요?"

그녀는 땅이 꺼지도록 깊은 한숨을 내쉬었다. 그것은 안도의 한숨이었다. 무서운 순간이, 그녀가 밤낮없이 여러 주, 여러 달 동안 두려워했던 순간이 마침내 찾아왔건만, 뜻밖에 공포는 전혀 없었다. 사실 어떤 면에서 보면 그녀는 실망마저 느끼고 있었다. 이렇게 무지막지하게 노골적으로 물어보면 대답도 노골적으로 할 수밖에 없지 않은가. 서서히 클라이맥스로 고조되어 가는 게 아니라 느닷없이 거친 장면으로 전환된 것이다. 마치 서툴기 짝이 없는 리허설을 연상시켰다.

"아니야." 그녀는 그렇게 대답하면서, 인생은 어쩌면 이렇게 가혹할 정도로 단순한 것인가 하고 생각했다.

"그렇다면 우리 아버지는 불한당이었겠군요!" 짐이 주먹을 불끈 쥐면서 소리쳤다.

어머니는 고개를 가로저었다. "네 아버지가 자유롭지 못하다는 건 잘 알고 있었단다. 우린 서로 많이 사랑했어. 네 아버지가 살아 있었다면 우릴 잘 돌봐주셨을 텐데. 얘야, 어쨌든 그분은 네 아버지시잖아. 그리고 신사였단다. 네 아버진 실제로 신분이 높은 분이었어."

짐의 입에서 악담이 쏟아져 나왔다. "난 아무래도 상관없어요." 그가 소리쳤다. "하지만 시빌 누나만은…… 누나가 사랑하는 그 사람도 신사라고 했지? 아닌가? 그냥 그 사람이 한 말일 뿐인가? 물론 지체 높은 가문 출신이겠지."

한 순간 무서운 굴욕감이 그녀의 온몸을 휘감았다. 그녀는 고개를 숙였다. 그리고 떨리는 손으로 눈물을 닦았다. "시빌에게는 엄마가 있어." 그녀가 가느다란 목소리로 말했다. "하지만 나에게는 엄마가 없었거든."

짐은 가슴이 뭉클했다. 그는 어머니에게 다가가 몸을 굽혀 키스를 했다. "아버지 얘기를 꺼내서 엄마의 마음을 아프게 했다면 죄송해요. 하지만 말하지 않고는 견딜 수가 없었어요. 이제 난 가야 해요. 안녕히 계세요. 엄마,

이젠 엄마가 돌봐야 할 자식은 하나뿐이라는 사실을 잊지 마세요. 만일 그 사람이 누나에게 못된 짓을 하면 그자가 누군지 정체를 밝혀내고 끝까지 찾아내어 개처럼 죽여버리고 말 거야. 맹세코 그렇게 해주고 말 거예요."

그 과장되고 어리석은 위협과, 그것을 말할 때의 격정적인 몸짓, 멜로드라마 같은 감상적인 어조 때문에, 그녀에게는 인생이 더욱 생생한 것으로 다가오는 듯했다. 그녀는 이런 분위기에 익숙한 여자였다. 그녀는 편안하게 숨을 내쉬었다. 그리고 여러 달 만에 처음으로 아들이 자랑스럽게 생각되었다. 그녀는 이 격정 그대로 이 장면이 계속되기를 바랐지만, 아들이 불쑥 그것을 끊어 버렸다. 트렁크를 내리고 머플러도 찾아야 했다. 하숙집 일꾼이 부산하게 드나들었다. 마부와 흥정하는 소리도 들렸다. 소중한 순간은 세속적인 잡사에 묻혀 지나갔다. 아들이 마차를 타고 떠날 때 창가에서 다 헤진 레이스 손수건을 흔들던 어머니는 다시금 실망을 느끼고 있었다. 좋은 기회를 헛되이 보내 버렸다는 생각이 들었다. 그녀는 시빌에게, 보살필 자식이 하나밖에 남지 않은 자신의 인생이 이제부터 얼마나 쓸쓸할지 얘기하면서 자신을 위로했다. 그녀는 아들의 그 말을 떠올렸다. 그리고 만족했다. 위협에 대해서는 아무 말도 하지 않았다. 아들의 그 말은 아주 생생하고 드라마틱했다. 그녀는 언젠가 그 말을 떠올리며 모두가 웃을 날이 올 거라고 생각했다.

제6장

"아마 그 소식 들었겠지, 베질?" 헨리 경은 그날 저녁, 홀워드가 3인분의 저녁식사가 준비되어 있는 브리스틀 호텔의 조그만 사실(私實)에 나타나자 물었다.

"뭔데, 해리?" 화가는 모자와 코트를 고개 숙여 인사하는 웨이터에게 건네면서 대답했다. "무슨 소식인데? 설마 정치에 대한 것은 아니겠지? 정치엔 흥미가 없어서 말이야. 하원 의원 가운데는 초상화를 그려 줄 만한 사람이 한 사람도 없어. 수성석회라도 발라서 좀 하얗게 하면 나아질 사람들은 많지만."

"도리언 그레이가 약혼했다더군." 헨리 경은 홀워드의 기색을 살피면서 말했다.

홀워드는 살짝 놀라더니 이어서 미간을 찌푸렸다. "도리언이 약혼을 해!" 그가 소리쳤다. "말도 안 돼!"

"틀림없는 사실이야."

"누구하고?"

"무슨 여배우라나 뭐라나."

"믿을 수가 없어. 도리언, 그 친구 상당히 지각 있는 친군데 그럴 리가."

"너무 똑똑해서 가끔 바보 같은 짓을 저지를 수 있어, 베질."

"해리, 결혼이라는 건 가끔 하는 일이 아니잖나."

"미국이 아닌 다른 곳에서는 그렇지." 헨리 경은 별 관심 없다는 투로 대답했다. "하지만 도리언이 결혼한다고 말하진 않았어. 약혼했다고 했지. 결혼과 약혼은 달라. 큰 차이가 있지. 나는 말이야, 결혼에 대한 기억은 아주 생생한데 약혼에 대한 기억은 전혀 없어. 약혼 같은 건 아예 한 적이 없는 것 같다는 생각이 들 정도라고."

"하지만 도리언의 집안과 지위와 재산을 생각해 봐. 그 친구가 자기보다 신분이 훨씬 낮은 여자와 결혼하는 건 말도 안 돼."

"베질, 도리언을 그 여자와 결혼시키고 싶거든 그렇게 말해 주게나, 베질. 도리언은 분명 그렇게 할 테니. 사람이란 전적으로 바보짓을 할 때마다 언제나 지극히 숭고한 동기에서 비롯되는 법이거든."

"그 아가씨가 착한 여자이길 바랄 뿐이네, 해리. 도리언이 자신의 본성을 타락시키고 지성을 망가뜨리는 비천한 여자와 엮이는 건 보고 싶지 않아."

"아냐, 그 여자는 착한 것 이상이야. 아름다운 여자인걸." 헨리 경이 오렌지 비터를 탄 베르무트를 홀짝거리면서 말했다. "도리언의 말로는 아름다운 여자래. 그 친구가 그런 부분에서는 거의 정확하잖아. 자네가 그린 그 친구의 초상화가 그 친구의 다른 사람의 외모를 감식하는 심미안을 촉진시켜 주었거든. 그 그림이 낳은 탁월한 효과이지, 다른 것들 가운데 말이야. 그 젊은 친구가 약속을 저버리지 않는다면, 우리는 오늘밤에 그 여자를 볼 수 있을 거야."

"진심에서 하는 말인가?"

"물론이네. 지금 이 순간보다 더 진지한 적이 있다면 말도 안 되지."

"그렇다면 해리, 자네는 인정한다는 뜻이야?" 화가는 초조한 듯 방 안을 오가며 입술을 깨물었다. "물론 인정할 수 없어. 도리언은 지금 어리석고 맹목적인 정열에 사로잡혀 있을 뿐이야."

"난 지금은 아무것도 인정하지 않지만 반대도 하지 않아. 그 어느 쪽도 인생에 대해 취해야 할 올바른 태도가 아니거든. 인간은 도덕적 편견을 퍼뜨리기 위해 이 세상에 태어난 건 아니잖나. 난 평범한 사람들이 무슨 말을 하든 결코 마음에 두지 않아. 그리고 매력적인 사람들이 무슨 행동을 하든 간섭하지도 않지. 내가 어떤 인물에 매료된다면 그 인물이 어떤 표현 양식을 선택하든 난 당연히 그것에서 온전한 기쁨을 느끼고 싶어. 도리언 그레이는 줄리엣을 연기하는 아름다운 소녀와 사랑에 빠졌어. 그리고 그 줄리엣에게 청혼한 거야, 왜, 안 되나? 그 친구가 고대 로마의 메살리나처럼 음란한 여자와 결혼한다면 아무래도 재미없겠지. 자네도 알겠지만 난 결혼의 으뜸 선수는 아니야. 결혼의 진짜 결점이 뭔고 하니 그게 사람을 더 이상 이기적이지 않게 만든다는 거야. 이기적이지 않은 사람은 색깔이 없단 말이야. 그래도 결혼함으로써 더욱 복잡해지는 요소도 있기는 해. 그런 사람들은 자기중심주의를 버리는 대신 더 많은 다른 자아를 더하게 되지. 그들은 하나의 인생보다는 더 많은 인생을 갖도록 강요받거든. 점점 더 고도로 유기화한다는 것이 내 생각에는 인간 존재의 목적이 아닌가 싶어. 더 덧붙이자면, 모든 경험은 다 나름의 가치를 지니고 있다는 거야. 결혼에 대해 누가 무슨 말을 하든 그것 자체가 하나의 경험이지. 난 도리언 그레이가 그 여자와 결혼해서 6개월 정도 그녀를 열정적으로 사랑하다가 갑자기 또 다른 사람에게 매료되었으면 해. 그러면 그 친구는 훌륭한 연구대상이 될 거야."

"해리, 자네가 한 말, 단 한마디도 진심에서 나온 말이 아닐 거야. 자네도 잘 알고 있잖아. 만일 도리언 그레이의 삶이 망가진다면 자네가 누구보다도 가장 슬퍼할걸. 자넨 겉으로 척하는 것일 뿐 그보다는 훨씬 선량한 사람이니까."

헨리 경은 소리내어 웃었다. "우리가 다른 사람을 좋게 생각하고 싶어 하는 이유는 우리 자신이 두렵기 때문이야. 낙관주의의 바탕에는 바로 완전한 공포가 있네. 우리는 자신에게 이익을 가져다 줄 것 같은 미덕을 지닌 이웃을 신뢰하면서 자기가 관대하다고 생각하고 있어. 자기가 초과 인출이 될지도 모르기 때문에 은행가를 칭찬하고, 자기 호주머니를 털리고 싶지 않아서 노상강도한테서 좋은 점을 찾아내는 거라네. 내가 한 말, 하나도 빼놓지 않고 전부 다 진심에서 나온 말이야. 나는 낙관주의를 아주 경멸해. 망가진 삶? 어느 삶이든 성장이 멈출 수는 있지만 망가지지는 않지. 자연을 훼손하고 싶으면 자연을 교정하려고 손을 대면 되는 거야. 결혼은 물론 바보 같은 짓이지만, 남자와 여자 사이에는 그것 말고도 더욱 흥미진진한 관계가 많지. 그런 결합이라면 난 기꺼이 응원하겠네. 그건 요즘 사람들의 인기를 끌 만한 매력적인 결합이니까. 이제야 도리언이 오는군. 저 친구가 더 자세한 얘기를 들려주겠지."

"오, 해리, 배질, 두 분 다 저를 축하해 주세요!" 도리언이 안으로 들어와 공단으로 안감을 댄 망토를 벗어던지고 두 사람에게 차례로 악수를 나누며 말했다. "이렇게 행복한 건 태어나서 처음이에요. 물론 갑작스럽긴 하지만, 진정한 기쁨이란 다 그런 것 아니겠어요? 하지만 이게 지금까지 제가 찾던 바로 그것이 아닌가 싶어요." 그는 흥분과 기쁨으로 얼굴이 상기되어 있었고, 그래선지 유별나게 멋져 보였다.

"늘 그렇게 행복하길 바라네, 도리언." 홀워드가 말했다. "하지만 약혼 소식을 알려주지 않은 건 용서할 수가 없어, 해리에게만 알리고 말이야."

"그리고 난 자네가 저녁 식사에 늦은 것을 용서할 수 없고." 헨리 경이 미소 띤 얼굴로 도리언의 어깨에 손을 얹으면서 말했다. "자, 어서 앉지. 새로 온 주방장 솜씨가 어떤지 보자고. 그리고 자넨 어찌된 영문인지 자초지종을 얘기해 주게나."

"사실 말씀드릴 게 별로 없어요." 조그만 둥근 테이블에 각자 자리 잡고 앉자 도리언이 말했다. "얘기는 간단해요. 해리, 어제 저녁에 우리가 헤어지고 나서 저는 옷을 갈아입고 당신이 소개해 준 루퍼트 가의 조그만 이탈리아식 식당에서 저녁을 먹었어요. 그런 다음 8시가 되어 극장으로 갔죠. 시빌은 로잘린드를 연기하고 있었어요. 물론 무대 장치는 형편없었고 올랜도 역도 우스꽝스러웠죠. 하지만 시빌은! 정말 보셨어야 하는 건데! 그녀가 소년의 옷을 입고 나왔을 땐 정말 흠잡을 데 없이 훌륭했어요. 차분한 황갈색 소매가 달린 녹색 벨벳 상의, 무릎에 열십자 모양으로 대님을 맨 긴 양말, 매의 깃털과 보석을 장식한 작은 녹색 모자, 그리고 붉은색 안감을 댄 모자 달린 외투를 입고 있었는데, 지금까지 본 것 중에서 가장 멋진 모습이었어요. 베질, 당신 화실에 있는 그 타나그라 조각상처럼 섬세한 기품을 느끼게 하더군요. 가냘픈 장미꽃을 감싸고 있는 검은 잎사귀처럼 그녀의 머리카락이 얼굴을 곱게 감싸고 있었는데, 연기로 말씀드리자면—오늘밤에 직접 보시면 알게 될 겁니다. 그녀는 정말 타고난 예술가예요. 전 그녀에게 완전히 매료되어 어두컴컴한 박스석에 앉아 있었지요. 제가 19세기 런던에 있다는 사실조차 잊을 정도였어요. 이를테면 아무도 본 적이 없는 숲 속으로 사랑하는 사람과 함께 들어간 느낌, 바로 그런 것이었어요. 공연이 끝난 뒤 무대 뒤로 가서 그녀와 얘기를 나눴지요. 그렇게 함께 앉아 있는데 글쎄, 그녀 눈에 전에는 보지 못했던 표정이 떠오르는 거예요. 제 입술이 그녀의 입술을 향해 다가갔어요. 우리는 키스를 했어요. 그 순간의 느낌을 뭐라고 표현할 수가 없네요. 마치 제 생의 모든 것이 장밋빛 환희라는 단 하나의 완벽한 정점으로 좁혀진 듯했어요. 그녀는 온몸을 떨고 있더군요. 하얀 수선화처럼 떨고 있었어요. 그리고 그녀가 갑자기 무릎을 꿇고 제 손에 입을 맞추는 거예요. 이런 것까지 말씀드리려 했던 건 아닌데 어쩔 수가 없군요. 물론 우리들의 약혼은 절대 비밀입니다. 그녀는 아직 자기 어머니한테도 애기하지 못했거든요. 제 후견인들은 뭐라고 말할지, 잘 모르겠어요. 래들리 경은 분명 펄펄 뛰겠지요. 상관없어요. 저도 이제 1년 정도 되면 성인이 되는데요, 뭘. 그러면 제가 하고 싶은 대로 할 수 있잖아요. 베질, 내 말이 틀린 건 아니죠? 저는 시에서 사랑을 발견하고, 셰익스피어 연극에서 아내를 찾았어요. 셰익스피어한테서 말하는 법을 배운 입술이 내 귀에 그 비밀을 속삭였어요. 난 로잘린드의 품에 안겨, 줄리엣의 입술에 키스를 했답니다."

"그래, 도리언, 자네 말이 맞는 것 같군." 홀워드가 천천히 말했다.

"그래, 오늘도 그 아가씨를 봤나?" 헨리 경이 물었다.

도리언 그레이는 고개를 흔들었다. "간밤에 그녀를 아덴 숲에 남겨 두고 왔어요. 하지만 베로나의 과수원에서 다시 만날 겁니다."

헨리 경은 생각에 잠긴 듯한 모습으로 샴페인을 마셨다. "도리언, 자넨 정확하게 언제 결혼이라는 말을 꺼낸 거지? 그리고 그녀는 뭐라 대답했지? 다 기억이 안 날지도 모르지만 말해 보게."

"오, 해리, 전 이 일을 상인이 거래하듯 그렇게 생각하고 싶지 않아요. 물론 정식으로 청혼을 하지는 않았어요. 그냥 그녀를 사랑한다고 말했어요. 그랬더니 그녀는 제 아내로서 어울리지 않는다고 하더군요. 어울리지 않다니! 그녀와 비교하면 온 세상도 저에게는 아무것도 아닌데요."

"여자들은 본디 놀라우리만치 현실적이지." 헨리 경이 중얼거리듯 말했다. "남자보다 훨씬 현실적인 데가 있어. 그런 상황에서는 남자들은 결혼에 대해선 잊어버리기 쉽지만 여자들이 어김없이 그걸 상기시켜 주거든."

홀워드가 헨리 경의 팔에 손을 얹었다. "그러지 말게나, 해리. 그러다 도리언이 화를 내겠어. 이 친구는 다른 사람과 달라. 누구에게도 상처를 줄 사람이 아니잖아. 그런 짓을 하기엔 심성이 너무 고와."

헨리 경은 테이블 너머로 도리언을 바라보면서 대답했다. "도리언은 결코 나에게 화낼 사람은 아니지. 내가 물어본 건, 그것을 물어볼 만한 충분한 이유, 어쩌면 유일하다고 할 수 있는 이유—단순히 호기심 때문이었네. 난 프러포즈는 언제나 여자가 남자에게 하는 것이지 남자가 여자에게 하는 게 아니라는 이론을 지닌 사람이야. 물론 중류계급의 경우는 예외이지. 뭐 중류계급이라고 해서 현대적인 사고를 지니고 있는 것은 아니지만."

도리언 그레이는 웃으면서 머리를 저어댔다. "해리, 당신은 정말 어쩔 수 없는 분이군요. 하지만 상관없어요. 당신한테 화를 낼 순 없으니까요. 어쨌는 시빌 베인을 보면 당신도 그녀에게 나쁜 짓을 할 수 있는 남자는 짐승과도 같다는 것을 알게 되실 거예요. 마음이 없는 짐승 말예요. 어떻게 자신이 사랑하는 것을 모욕할 수 있는지 전 이해가 안 돼요. 전 시빌 베인을 사랑합니다. 그녀를 황금으로 된 단 위에 올려놓고 싶어요. 그래서 온 세상이 내 여자인 그녀를 숭배하는 것을 보고 싶어요. 결혼이 뭔가요? 돌이킬 수 없는 서약이죠. 바로 그 점 때문에 당신은 결혼을 조롱하고 있어요. 아! 비웃지 마세요. 전 그 돌이킬 수 없는 서약을 하고 싶으니까요. 그녀의 신뢰가 저를 더욱 충실한 사람으로 만들고, 그녀의 믿음이 저를 더욱 선한 사람으로 만들고 있어요. 그녀와 함께 있으면 전 당신한테서 배운 모든 것이 후회스러워요. 전 당신이 생각하는 예전의 제가 아닙니다. 변했어요. 시빌 베인의 손길이 닿는 것만으로도 저로 하여금 당신을 잊어버리게 해 주며 당신의 글러먹고, 홀리기나 하는, 그리고 독이 되고 쾌락적인 모든 이론들을 잊게 해 준단 말이에요."

"그 이론들이란……?" 헨리 경이 샐러드를 집어 먹으면서 물었다.

"아, 그거요? 당신이 말한 인생에 관한 논리죠. 사랑에 관한 논리, 쾌락에 관한 논리. 사실 당신의 모든 지론이에요, 해리."

"쾌락이야말로 이론을 들이댈 수 있는 유일한 것이지." 헨리 경은 노래하듯 느릿느릿한 목소리로 대답했다. "하지만 내 이론을 내 것이라 주장할 수 없어서 유감이군. 자연에 속하는 이론이지 내 것이 아닐세. 쾌락은 대자연의 시험이자 찬성한다는 신호지. 우리가 행복할 때는 늘 선한 일을 하지만, 선하다고 늘 행복한 건 아니야."

"그래? 하지만 자네가 선한 일이라고 하는 것은 어떤 걸 말하나?" 베질 홀워드가 물었다.

"맞아요." 도리언은 의자 등받이에 몸을 기대더니 테이블 중앙에 놓인 자주색 꽃잎을 피운 붓꽃 다발 너머로 헨리 경을 보면서 반향했다. "그 선한 일이라는 게 뭔가요, 해리?"

"선한 일을 한다는 건 자기 자신과 조화를 이룬다는 것이네." 헨리 경은 하얗고 긴 손가락으로 술잔의 가느다란 굽을 만지면서 말했다. "부조화란 억지로 다른 사람과 조화를 이루려는 것이고. 자기 자신의 삶, 중요한 건 그것 아니겠나? 도덕가나 청교도가 되고자 한다면 이웃의 삶에 대해 자신의 도덕적 견해를 과시하고 내세울 수 있겠지만, 그건 내 알바 아니야. 게다가 개인주의에게는 실제로 더욱 숭고한 목표가 있으니까. 현대의 도덕은 그 시대의 기준을 받아들이는 것으로 되어 있어. 하지만 문화적인 인간에겐, 그 시대의 기준을 받아들이는 것이야말로 가장 역겹고 부도덕한 행태라고 할 수 있네."

"자기 자신만을 위해서 산다면, 해리, 그 사람은 그것으로 인해 커다란 대가를 치르게 되지 않을까?" 화가가 말했다.

"그래, 요즘 사람들은 온갖 것에 대해 너무나 많은 부담을 짊어지고 있지. 난 가난한 사람들의 진짜 비극은 그들이 자기 부정을 하는 일 말고는 그 어떤 것도 감당할 능력이 없다는 사실에 있다고 생각하네. 아름다운 죄는 아름다운 물건들과 마찬가지로 부유한 사람들의 특권인 셈이지."

"돈이 아닌 다른 식으로 대가를 치를 걸세."

"어떤 식으로 말인가, 베질?"

"아! 회한이나 고통 속에서…… 그래, 타락에 대한 의식 속에서 말일세?"

헨리 경은 어깨를 으쓱했다. "이보게 친구, 중세의 미술은 훌륭하지만, 중세적인 가치관은 이제 시대에 뒤떨어졌어. 물론 소설을 쓸 때는 그런 감정을 써먹을 수 있겠지. 하지만 소설에 써먹을 수 있는 건 현실에서는 더 이상 사용되지 않는 것뿐이라네. 잘 듣게. 교양 있는 사람들은 쾌락을 결코 후회하지 않아. 그런데 교양이 없는 사람은 쾌락이 무엇인지 전혀 모르거든."

"전 쾌락이 무엇인지 압니다." 도리언 그레이가 소리쳤다. "그건 누군가를 숭배하는 겁니다."

"그게 숭배 받는 것보단 분명히 더 낫지." 그는 과일을 만지작거리면서 말했다. "숭배 받는 것, 그건 성가신 일이야. 그런데 여자들은 인간이 신을 대하듯 우리 남자들을 대하지. 여자는 남자를 숭배하고, 그러면서 자기를 위해 뭔가 해달라고 늘 우리를 귀찮게 만들잖아."

"그럼 전 이렇게 말했어야 하는 거군요. 여자들이 무엇을 요구하든 사실은 그것을 남자에게 먼저 줬기 때문에 요구하는 거라고." 도리언이 엄숙하게 중얼거렸다. "여자들은 우리 본성에 사랑을 창조해 주었죠. 그러니 그걸 돌려달라고 요구할 권리가 있는 거겠죠."

"지당하신 말씀이야, 도리언." 홀워드가 소리쳤다.

"지당할 것 하나도 없어." 헨리 경이 말했다.

도리언이 끼어들었다. "해리, 당신도 그건 인정해야 해요. 여자는 남자에게 그의 인생에서 가장 소중한 것을 준다는 사실을 말씀예요."

"그럴지도 모르지." 헨리 경은 탄식하듯 말을 내뱉었다. "문제는 여자들이 언제나 매우 적은 대가로 그걸 되돌려 받고 싶어 한다는 거야. 그게 성가신 거지. 어느 재치 있는 프랑스 사람이 말했듯이 여자들은 우리에게 걸작을 만들도록 의욕을 불어넣고는, 그걸 이행하려고 들면 늘 못하게 방해한다고."

"해리, 정말 심하시군요! 제가 왜 그렇게 당신을 좋아했는지 도무지 이해할 수가 없어요."

"도리언, 자넨 앞으로도 늘 나를 좋아하게 되어 있어." 헨리 경이 대답했다. "어때 자네들 커피 마시겠나? 웨이터, 커피 좀 가져오게. 그리고 고급 샴페인하고 담배도 좀 갖다 주고. 아냐, 담배는 됐네. 나한테 몇 개비 있구먼. 베질, 자넨 시가 같은 건 피우지 말게. 피우려면 궐련을 피우라고. 궐련은 완벽한 쾌락의 완벽한 전형이야. 그건 절묘하지, 사람에게 욕구불만을 남기거든. 그 이상 뭐가 더 필요하겠나? 그리고 도리언, 다시 말하지만 자네는 앞으로도 항상 나를 좋아하게 될 거야. 난 자네가 용기가 없어 저지르지 못한 모든 죄악을 다 체현해보도록 하겠어."

"해리, 무슨 말도 안 되는 소릴 하는 거예요!" 도리언은 웨이터가 테이블 위에 두고 간, 불을 내뿜는 용 모양의 은 케이스에서 성냥을 꺼냈다. "자, 이제 서둘러 극장으로 가시죠. 시빌이 무대에 등장했을 때, 당신은 삶의 새로운 이상을 얻을 수 있을 겁니다. 당신이 알지 못했던 새로운 것을 그녀가 당신에게 보여 줄 겁니다."

"난 모르는 게 없어." 헨리 경이 눈가에 피로한 기색을 내보이면서 말했다. "하지만 언제나 새로운 감정을 받아들일 준비는 되어 있지. 그런데 안타까운 것은 그런 게 어디 있냐는 거야. 없거든. 자네가 말한 그 멋진 아가씨가 나를 매료시키기는 하겠지. 나도 연기를 좋아하니까 말이야. 어떤 때는 연기가 실제보다 훨씬 더 진짜처럼 보이거든. 아무튼 자, 가지! 도리언, 자네는 나하고 같이 가세. 미안하네, 베질. 사륜마차에 자리가 둘밖에 없어서. 자넨 이륜마차로 따라오게나."

그들은 자리에서 일어나 코트를 입고, 그대로 서서 커피를 마셨다. 화가는 아무 말 없이 뭔가 골똘히 생각하는 것 같았다. 그는 무척 우울해 보였다. 그는 이 결혼을 받아들일 수가 없었다. 하지만 어쩌면 다른 일이 발생하는 것보다는 이게 더 나을지도 모른다는 생각도 들었다. 잠시 뒤 그들은 아래층으로 내려갔다. 헨리 경이 말한 대로 그는 혼자 마차를 타고 가면서 앞서 떠나는 조그만 사륜마차의 불빛을 지켜보았다. 야릇한 상실감이 엄습해왔다. 도리언 그레이는 다시는 예전의 도리언 그레이로 자신을 대해주지 않으리라는 느낌이 들었다. 그들 간에는 인생이 있었다…… 베질의 눈이 어두워지더니, 흐릿해졌다. 사람들로 북적거리는 화려한 거리가 그의 눈에 흐릿하게 다가왔다. 마차가 극장 앞에서 멈출 때쯤 베질은 단번에 몇 년은 늙어버린 것 같다고 느꼈다.

제7장

이런저런 이유로 그날 밤 극장은 대만원을 이루었다. 문에서 그들을 맞이하는 뚱뚱한 유대인 지배인의 얼굴은 예사롭지 않은 웃음이 양쪽 귀까지 걸려 환하게 빛나고 있었다. 그는 과장스럽다 싶을 정도로 겸손을 떨면서, 보석을 주렁주렁 끼운 통통한 손을 흔들면서 목청을 높여 그들을 박스석으로 안내했다. 그날따라 도리언 그레이는 더더욱 그 남자가 싫었다. 미란다를 찾으러 왔다가 캘리번을 만난 격이었다.*1 반면에 헨리 경은 그 유대인이 상당히 마음에 들었다. 적어도 그가 하는 말로는 그랬다. 게다가 그와 기어이 악수를 하겠다고 고집을 부렸다. 그리고 그에게서 진정한 천재를 발견했으며 시(詩)로 인해 파산한 사람을 만나게 되어 영광이라고 말했다. 홀워드는 흐뭇한 마음으로 1층 객석에 앉은 사람들의 얼굴을 쭉 훑어보았다. 실내는 숨이 턱턱 막힐 정도로 무더웠고, 태양과 같은 거대한 등이 노란 불꽃 꽃잎을 달고 있는 달리아 꽃처럼 이글거렸다. 맨 위층에 앉은 젊은이들은 코트와 조끼를 벗어 옆에 걸쳐 놓았다. 그들은 극장을 가로질러 친구들과 얘기를 주고받았고, 옆에 앉은 요란하게 치장한 아가씨들과 오렌지를 나눠 먹기도 했다. 아래층 객석 어딘가에서 여자들이 웃음을 터뜨렸다. 소름이 끼칠 정도로 날카롭고 귀에 거슬리는 웃음소리였다. 바에서는 펑 하고 코르크 마개 따는 소리가 들려오기도 했다.

"자신의 여신(女神)을 찾아내기에는 상당히 좋은 곳이로군!" 헨리 경이 말했다.

"맞습니다." 도리언 그레이가 대답했다. "여기서 그녀를 발견했으니까요. 그녀는 살아 있는 그 어떤 존재보다 더 신성하죠. 그녀가 연기하는 것을 보면 모든 것을 잊어버리게 됩니다. 그녀가 무대에 나타나면, 여기 이, 얼굴도

---

*1 셰익스피어의 《폭풍우》에 나오는 인물들. 미란다는 마법사 프로스페로의 아름다운 딸, 캘리번은 흉측하게 생긴 노예.

험상궂고 몸짓도 우악스러운, 거칠고 무지한 사람들이 완전히 딴 사람으로 바뀌지요. 얌전히 앉아서 그녀의 연기에 따라 울고 웃게 되거든요. 말하자면 그녀는 이 사람들을 바이올린처럼 공명하게 만드는 겁니다. 그녀는 그들을 영적으로 정화시켜요. 그러면 그들도 우리도 똑같은 피와 살로 창조되었다는 일체감을 느끼게 되는 거지요."

"우리도 그들과 똑같은 피와 살로 창조되었다고! 아니야, 난 그렇게 생각하고 싶지 않네!" 오페라 안경으로 맨 위층 객석을 쭉 훑어보던 헨리 경이 소리쳤다.

"저 친구의 말에 신경 쓰지 말게, 도리언." 화가가 말했다. "자네가 한 말을 난 이해하네. 그리고 그 아가씨도 믿어. 자네가 사랑하는 사람이라면 분명히 뛰어난 인물이겠지. 그리고 자네 말대로 그런 영향을 줄 수 있는 여자라면 아름답고 고귀한 사람일 걸세. 자기 시대를 영적으로 정화시키는 건 가치 있는 일이지. 이 아가씨가 영혼 없이 사는 사람들에게 영혼을 불어넣는다면, 지저분하고 누추한 삶을 사는 사람들에게 미감(美感)을 심어 준다면, 사람들이 지닌 이기심을 버리게 하고 자신의 슬픔이 아닌 다른 이의 슬픔에 눈물짓게 할 수 있다면, 그녀는 자네의 숭배를 받을 자격이 있지. 아니 온 세상의 숭배를 받을 자격이 있지. 자네가 말한 결혼, 옳은 결정이야. 처음에는 반대했지만 지금은 인정하네. 신은 자네를 위해 시빌 베인을 창조한 거야. 그녀가 없으면 자네는 완벽해질 수 없을 걸세."

"고마워요, 베질." 도리언은 화가의 손을 꼭 잡으면서 말했다. "당신은 나를 이해해 줄 줄 알았어요. 해리는 너무 냉소적인 말만 해서 나를 겁에 질리게 만들어요. 오케스트라가 연주를 시작하는군요. 아주 형편없는 연주이긴 하지만 한 5분만 참으면 끝나요. 그 다음에 막이 오르면 내가 온 삶을 바치려 하는 소녀, 저에게 있는 좋은 것이면 모두 다 주고자 하는 여자를 보게 될 겁니다."

약 15분이 지나자 우레와 같은 박수를 받으면서 시빌 베인이 무대에 등장했다. 그녀는 정말 더할 나위 없이 아름다운 모습이었다. 헨리 경은 이렇게 아름다운 미인은 처음이라고 생각했다. 수줍어하는 듯한 우아함과 놀란 듯한 눈은 어딘가 새끼사슴을 연상시키는 데가 있다. 사람들이 꽉 들어찬 열광적인 분위기의 객석을 둘러보던 그녀의 뺨에 은빛 거울에 비친 장미꽃 영상처럼 여린 홍조가 피어올랐다. 몇 발 뒤로 물러서는 그녀의 입술이 파르르 떨리는 것 같다. 베질 홀워드가 자리에서 벌떡 일어나 박수를 치기 시작했다. 도리언 그레이는 꿈에 빠진 사람처럼 미동도 하지 않고 앉아 그녀를 응시했다. 헨리 경은 안경을 통해 그녀를 바라보면서 중얼거렸다. "매력적이다! 정말 매력적이야!"

부대 배경은 캐풀렛 집안의 홀이있고, 순례자 복장을 한 로미오가 머큐시오와 다른 친구들과 함께 홀로 들어서고 있었다. 변변치는 않지만 밴드가 몇 소절 음악을 연주하고 춤이 시작되었다. 볼썽사나운 의상을 입은 배우들 속에 섞이어 있는 시빌 베인의 움직임은 마치 딴세상에서 출현한 생물인 듯했다. 춤을 추는 동안 그녀의 몸은 물 속의 수초가 물살에 흔들리듯 너울거렸다. 목덜미의 곡선은 하얀 백합 같고, 팔은 차가운 상아로 빚어진 듯했다.

하지만 그녀는 기묘하게도 활기가 없었다. 그녀의 눈이 로미오를 쳐다볼 때에도 기쁨의 표정이 전혀 나타나 있지 않았다.

> 선량한 순례자님, 그건 자기 손에 너무 가혹하신 것 아닐까요.
> 그 손을 보니 그토록 확고한 신심을 보여주고 있는 것을.
> 성인의 손은 순례자들의 손이 잡아야 하는 것
> 손바닥과 손바닥이 서로 닿는 것은 성스러운 입맞춤이 아니겠어요. *2

이 대사와 그 뒤에 이어지는 짧막한 대화는 철저하게 인위적으로 읊어졌다. 목소리는 아름다웠지만 억양의 관점에서 보면 완전히 틀려먹었다. 어투도 틀렸다. 그것이 대사의 생명을 모두 빼앗아갔던 것이다. 그것이 열정을 비현실적으로 만들어 버렸다.

그녀의 연기를 지켜보고 있던 도리언 그레이의 얼굴이 창백하게 굳어지고 있었다. 그는 불안한 마음에 어쩔 줄 몰랐다. 그의 친구 두 사람은 아무 말도 하지 않았다. 아무리 봐도 그녀에게는 연기력이 없어 보였다. 두 사람은 너무너무 실망하고 말았다.

그래도 그들은 줄리엣의 연기를 실지로 판단할 수 있는 것은 2막에 나오

---

*2 셰익스피어의 《로미오와 줄리엣》 1막 5장

는 발코니 장면이라고 생각했다. 그들은 기다렸다. 그 장면에서도 그녀가 실패를 한다면 더 두고 볼 게 없었다.

달빛을 받으며 무대에 등장한 그녀의 모습은 매력적이었다. 그건 부정할 수 없는 사실이었다. 그러나 무대 위에서의 연기는 더 이상 참을 수가 없었으며, 시간이 흐를수록 더욱 형편없었다. 동작도 우스꽝스러울 정도로 인위적이었다. 읊어야 할 대사마다 과장이 너무 심했다.

> 당신은 아시나요, 지금 밤의 장막이 제 얼굴을 가리고 있다는 걸
> 그렇지 않았으면 처녀의 수줍음이 이 뺨을 붉게 물들였을 텐데
> 오늘 밤 내가 한 말을 당신이 들어버렸다는 것 때문에*3

이 아름다운 대사마저 2류 웅변술 교사에게 낭독을 배운 여학생처럼 쥐어짜듯 정확하게 암송하고 있었다. 그녀가 발코니에 기대어 다음과 같은 멋진 대사에 이르렀을 때도—.

> 당신과 함께 있으면 기쁘긴 해도
> 오늘밤의 이런 약속은 기쁘지 않아요.
> 너무 성급하고, 너무 경솔하고, 너무 갑작스럽답니다.
> 마치 '번개가 치네'라는 말이 입에서 채 떨어지기도 전에 사라지고 마는 번개 같아요. 내 사랑, 안녕!
> 여름날 훈훈한 미풍 속에 톡 솟아난 사랑의 꽃봉오리가
> 이 다음 다시 만날 때까지 아름다운 꽃으로 피어나기를—*4

그녀는 이런 대사가 자신에게는 아무런 의미도 없는 것처럼 낭독했다. 긴장하고 있는 것은 아니었다. 실제로 그녀는 긴장하기는커녕 완전히 만족하고 있었다. 단순히 연기가 서투른 것뿐이었다. 전적으로 연기 능력이 없을 뿐이었다.

심지어 1층이나 맨 위층 객석에 앉은 교양 없는 일반 관객들조차 이젠 연

---

*3 셰익스피어의 《로미오와 줄리엣》 2막 2장
*4 셰익스피어의 《로미오와 줄리엣》 2막 2장

극에 대한 흥미를 잃고 말았다. 그들은 몸을 뒤척이면서 큰 소리로 떠들어대고 휘파람을 불어댔다. 2층 특등석 뒤쪽에 서 있던 유대인 지배인은 발을 동동 구르면서 화가 치밀어 욕설을 퍼부었다. 동요하지 않는 사람은 그녀뿐이었다.

2막이 끝나자 비난의 야유 소리가 몹시 격렬하게 일었다. 헨리 경은 자리에서 일어서더니 코트를 집어 들었다. "정말 아름다운 아가씨야, 도리언." 그가 말했다. "하지만 연기는 안 돼. 그만 가세."

"전 끝까지 다 보겠습니다." 도리언은 딱딱하게 굳은 목소리로 비통하게 대답했다. "하루 저녁을 헛되이 보내시게 해서 정말 죄송합니다, 해리, 두 분께 사과드립니다."

"도리언, 베인 양이 오늘은 어디가 아픈 게 아닐까." 홀워드가 끼어들었다. "다른 날 봐서 다시 오자고."

"차라리 아픈 거라면 저도 좋겠어요." 도리언이 대답했다. "하지만 제가 보기엔 단순히 무감각하게 굳은 것처럼 보였어요. 완전히 딴 사람이 된 것 같아요. 어젠 정말 뛰어난 예술가로 보였거든요. 그런데 오늘 저녁엔 그저 진부한 이류 배우에 지나지 않군요."

"도리언, 자네가 사랑하는 사람한테 그렇게 얘기하는 게 아닐세. 사랑은 예술보다 훨씬 훌륭하니까."

"사랑도 예술도 모방의 형태에 불과할 뿐이야." 헨리 경이 말했다. "아무튼 제발 그만 가세, 도리언. 자네도 여기 더 있어서는 안 돼. 서툰 연기를 보는 건 도덕에 어긋나는 걸세. 더군다나 난 자네가 아내 될 사람의 연기를 보길 원하지 않아. 설사 그녀가 목각 인형처럼 뻣뻣하게 줄리엣 연기를 한다 한들 무슨 상관인가? 그녀는 굉장히 아름다운 아가씨야. 그녀가 인생에 대해서도 연기만큼 잘 모르는 여자라면 아마 자네한테는 매우 즐거운 경험이 될 걸. 진짜 매혹적인 사람은 딱 두 종류가 있어—모든 것을 철저하게 다 알고 있는 사람과 철저하게 아무것도 모르는 사람이야. 저런, 저런! 그렇게 비극적인 표정 짓지 말게! 젊음을 유지하는 비결은 괜히 어울리지 않는 감정을 품지 않는 데 있다네, 자, 베질과 나랑 같이 클럽에 가세. 가서 담배도 피우고 시빌 베인의 아름다움을 위해 건배도 하자고. 아름다운 여자잖아. 그 이상 뭘 원하나?"

"그만 가세요, 해리!" 도리언이 소리쳤다. "혼자 있고 싶어요. 베질, 당신도 가세요. 아! 내 가슴이 찢어지는 거 모르세요?" 그의 눈에서는 뜨거운 눈물이 솟았다. 입술이 떨리는가 싶더니 객석 뒤로 달려간 그는 얼굴을 두 손에 파묻고 벽에 기대섰다.

"가세, 베질." 헨리 경이 말했다. 기묘하게 부드러운 목소리였다. 두 청년은 함께 극장을 나섰다.

잠시 후, 각광(脚光)이 환하게 켜지고 막이 오르면서 3막이 시작되었다. 도리언 그레이는 다시 자리로 돌아갔다. 얼굴은 창백했지만 당당하고 냉정한 표정이었다. 연극은 질질 끌면서 도무지 끝이 날 것 같지 않았다. 관객의 반은 무거운 구두를 쿵쿵거리며 웃고 떠들면서 나가 버렸다. 모든 것이 대실패였다. 마지막 막에서는 객석이 거의 텅 비어 있었다. 누군가 킥킥거리고 어떤 사람은 탄식에 가까운 소리를 내는 가운데 막이 내렸다.

연극이 끝나자마자 도리언 그레이는 무대 뒤를 돌아 분장실로 달려갔다. 그녀가 의기양양한 표정으로 혼자 서 있었다. 그 눈은 아름답게 불타고 있고, 살짝 벌어진 입술에는 뭔가 자신만의 비밀을 감추려는 듯 미소가 떠올라 있었다.

그가 분장실에 들어섰을 때 그녀가 그를 쳐다보았다. 그 얼굴에 한없는 기쁨이 퍼져갔다.

"저, 오늘 정말 연기 못 했죠, 도리언!" 그녀가 소리쳤다.

"최악이었어!" 도리언은 놀라서 그녀를 바라보며 대답했다. "너무 끔찍했어! 어디 아팠어? 당신이 무슨 짓을 했는지 알아? 내가 얼마나 괴로웠는지 당신은 모를 거야."

소녀는 미소 지었다. "도리언." 그녀는 음악처럼 그의 이름을 길게 늘여서 불렀다. 마치 그 이름은 장미 꽃잎이고, 그녀의 붉은 입술에는 꿀보다도 달콤한 것인 듯이.

"도리언, 당신은 이해해 주셔야 해요. 이젠 이해하시죠, 그렇죠?"

"이해하다니 뭘?" 그가 화난 목소리로 물었다.

"오늘 밤 제가 왜 그토록 연기를 못 했는지, 그리고 앞으로도 왜 늘 못할 수밖에 없는지, 왜 다시는 연기를 잘할 수 없는지."

그는 어깨를 으쓱했다. "당신 아픈 모양이군. 아플 땐 무대에 서지 말아야지. 나만 괜히 웃음거리가 되고 말았잖아. 내 친구들이 얼마나 지루해했는지 알아? 나도 지루했고."

시빌은 그의 말을 듣고 있는 것 같지 않았다. 그녀는 너무 기뻐서 딴 사람이 되어 있었다. 행복한 황홀경이 그녀를 압도하고 있었다.

"도리언, 도리언." 그녀가 외쳤다. "당신을 알기 전에는 연기만이 제 삶 속의 현실이었어요. 전 극장 안에서만 살았죠. 그게 전부고 진실인 줄 알았어요. 어느 날은 로잘린드가 되고 다른 날엔 포셔가 돼요. 베아트리체의 기쁨은 저의 기쁨이었고, 코딜리어의 슬픔은 저의 슬픔이었답니다.*5 전 모든 걸 의심없이 그대로 믿었어요. 저와 함께 연기했던 다른 연기자들은 저에겐 신과 같이 생각되었어요. 물감으로 그린 무대 배경은 제가 아는 세상의 전부였고요. 전 그림자밖에 몰랐어요. 그게 진짜인 줄만 알았어요. 그런데 당신이 나타난 거예요—아, 아름다운 내 사랑!—당신이 제 영혼을 감옥에서 구해준 거예요. 당신은 저에게 실제로 현실이 무엇인지 가르쳐 주었어요. 오늘 밤 전 난생처음, 내가 그동안 연기했던, 이름뿐인 모든 아름다운 광경과 화려함이 얼마나 공허하고 얼마나 거짓인지, 또 얼마나 우스꽝스러운 것인지 알게 되었어요, 정말 처음으로 오늘 밤 전 로미오는 가증스러운 늙은이가 잔뜩 화장한 사람이라는 것을, 과수원의 달빛이 거짓이라는 것을 알았어요. 배경은 얼마나 조잡하고, 내가 읊어야 하는 대사는 꾸며댄 것이고 내가 하고 싶은 말이 아니라는 사실을 오늘 밤에야 알았다구요. 당신이 숭고한 예술도 모두 단순한 그림자라는 것을 가르쳐 주었어요. 당신으로 인해 전 진정한 사랑이 무엇인지 알게 되었어요. 나의 사랑! 오, 내 사랑! 멋진 왕자님! 진정한 왕자님! 전 이제 그림자는 지긋지긋해요. 당신은 저에게 모든 예술보다 더 소중한 존재랍니다. 연극을 하는 꼭두각시 인형과 제가 무슨 상관인가요? 오늘 밤 무대에 오를 때만 해도 전 어째서 그 모든 것이 사라져 버린 건지 이해하지 못했어요. 틀림없이 멋진 무대가 될 거라고만 생각했죠. 하지만 알고 보니 전 아무것도 할 수가 없었어요. 문득 그 의미를 알게 된 거예요. 그걸 알게 된 건 무척 아름다운 일이라고 생각했어요. 사람들은 화가 나서 떠들어댔지만 전 미소짓고 있었어요. 그들이 어찌 우리와 같은 사랑을 알

---

*5 포셔는 《베니스의 상인》, 베아트리체는 《헛소동》, 코딜리어는 《리어왕》의 여주인공.

겠어요? 도리언, 절 데려가 주세요—우리 둘만 있을 수 있는 호젓한 곳으로 절 데려가 주세요. 이젠 무대가 싫어요. 제가 느끼지 못하는 정열은 흉내낼 수 있을지 모르지만, 지금 제 안에서 불길처럼 타오르고 있는 이 정열은 흉내낼 수가 없어요. 아, 도리언, 도리언, 당신은 제 말이 무슨 뜻인지 이해하시죠? 설혹 제가 연기를 할 수 있다 해도 사랑을 하고 있을 때 사랑하는 연기를 한다는 건 모독이라고 생각해요. 당신 덕분에 그것을 알게 된 것이죠."

도리언은 소파에 몸을 던지더니 얼굴을 외면하며 중얼거렸다. "당신은 내 사랑을 죽이고 말았어."

그녀는 의아한 듯이 그를 바라보다가 웃음을 터뜨렸다. 그는 아무런 반응도 보이지 않았다. 그에게 다가간 그녀는 가녀린 손가락으로 그의 머리를 쓰다듬었다. 그런 다음 무릎을 꿇고 그의 손을 잡아 자기 입술에 갖다 대었다. 그러나 그는 손을 뿌리치고 진저리를 치며 몸을 떨었다.

그는 벌떡 일어나 문 쪽으로 걸어갔다. "그래." 그가 소리쳤다. "당신은 내 사랑을 죽이고 말았어. 전에는 당신이 내 상상력을 자극했지. 하지만 이젠 호기심조차 자극하지 못해. 이젠 아무것도 느낄 수가 없어. 내가 당신을 사랑한 건 당신이 뛰어났기 때문이야. 위대한 시인의 꿈을 이해하고 예술의 그림자에 형태와 실체를 부여하는 당신은 천재였고, 총명했기 때문이라고. 그런데 당신은 그 모든 것을 내팽개쳐 버리고 말았어. 정말 천박하고 어리석은 사람! 하지만 아! 그런 당신을 사랑했다니 내가 미쳤지! 얼마나 바보였던가! 이제 당신은 나한테 아무런 가치도 없어. 다시는 당신을 보지 않겠어. 당신 생각도 절대 하지 않을 거야. 당신의 이름조차 입에 올리지 않겠어. 당신은 몰라, 한때 당신이 나에게 어떤 존재였는지. 그래, 한때는……아, 생각조차 하기 싫군! 당신에게 눈길을 주는 게 아니었는데! 당신은 내 생애 최고의 로맨스를 짓밟고 말았어. 사랑이 당신의 예술을 망친다고 말한다면, 그건 당신이 사랑을 모르고 하는 소리지! 당신의 예술이 없으면 당신은 아무것도 아니야. 난 당신을 유명하게 만들고 훌륭하게 빛나도록 만들 수 있었어. 세상이 당신을 숭배하고, 당신은 나를 지닐 수도 있었어. 그런데 지금 당신은 누구지? 그냥 예쁘기만 한 삼류 배우일 뿐이잖아."

소녀의 얼굴은 하얗게 질려 떨리고 있었다. 두 손을 꼭 맞잡고 목소리가 목구멍에 걸린 듯했다. "진심이 아니죠, 도리언?" 그녀가 중얼거리듯 말했다. "연기하고 있는 거죠?"

"연기라고! 그건 당신이 할 일이야. 당신이나 잘하라고." 그는 쓰라린 목소리로 대답했다.

그녀는 무릎을 꿇고 있던 몸을 일으켰다. 그리고 고통에 찬 애처로운 표정으로 방을 가로질러 그에게 다가가 그의 팔을 붙잡고 그의 눈을 응시했다. 그는 그녀를 밀어내며 소리쳤다. "손대지 마!"

나지막한 신음 소리가 그녀의 입에서 새어나왔다. 그녀는 그의 발아래 몸을 던지더니 짓밟힌 꽃잎처럼 그대로 웅크리고 있었다. "도리언, 도리언, 절 버리지 마세요!" 그녀는 나지막이 속삭였다. "연기를 제대로 못한 건 죄송해요. 전 내내 당신만 생각했어요. 하지만 노력할게요. 정말 노력하겠어요. 당신을 향한 저의 사랑이 너무 느닷없이 찾아왔어요. 만약 당신이 저에게 입을 맞추지 않았다면, 우리가 서로 키스를 하지 않았다면, 전 그 사랑을 몰랐을 거예요. 다시 키스해 줘요, 도리언. 나를 두고 가지 마세요. 난 견딜 수 없을 거예요. 아! 제발 제 곁을 떠나지 말아주세요. 제 동생이…… 아니, 아무것도 아니에요. 그 애가 진심으로 그런 말을 한 건 아닐 테니까요. 그냥 농담일 거예요…… 하지만 아! 오늘 일을 용서해 주실 수는 없나요? 열심히 할게요. 더 잘하도록 노력할게요. 이 세상의 그 무엇보다 당신을 더 사랑한다고 해서 저에게 가혹하게 하진 마세요. 게다가 제가 당신을 실망시켜 드린 건 오늘 한 번뿐이잖아요. 물론 당신이 옳아요, 도리언. 좀 더 예술가로서의 제 모습을 보여 주었어야 했어요. 제가 어리석었어요. 하지만 어쩔 수 없었단 말예요. 제발 절 버리지 마세요. 제발 버리진 말아 주세요, 네?" 시빌은 격정적인 흐느낌으로 목이 메었다. 상처 입은 짐승처럼 바닥에 웅크리고 있는 그녀를 도리언 그레이가 그 아름다운 눈으로 내려다보고 있었다. 윤곽이 또렷한 그의 입술이 절묘한 멸시로 일그러졌다. 사랑을 끝낸 상대방의 감정에는 늘 엉뚱한 무언가가 있기 마련이다. 시빌 베인의 행동은 도리언에게 우스울 정도로 신파조로 보였다. 그녀의 눈물과 흐느낌은 오히려 그를 더욱 짜증나게 만들었다.

"그만 갈 거야." 마침내 그가 차분하고 분명한 목소리로 말했다. "당신에게 매정하게 대하고 싶지 않지만 앞으로 다시는 만나지 않을 거야. 당신은 나를 실망시켰어."

그녀는 소리 없이 울면서 아무 대답도 하지 않고 그저 기어서 그에게 가까이 다가갔다. 그녀는 무턱대고 그를 찾듯이 작은 두 손을 내밀었다. 그러나 그는 뒤돌아서 방에서 나가 버렸다. 잠시 뒤 그는 극장을 나왔다.

그는 자기가 어디로 가고 있는지 거의 의식하지 못했다. 검은 그림자가 드리운 황량한 아치 길과 흉측하게 보이는 주택들을 지나 어두침침한 거리를 방황한 것만 기억에 떠올랐다. 쉰 목소리에 역겨운 웃음을 짓던 여자들이 뒤에서 그를 불렀고, 술에 취한 사람들은 흉측하게 생긴 원숭이처럼 혼자 욕을 퍼붓고 중얼거리면서 갈지자로 거리를 지나갔다. 그는 곳곳의 주택 현관 층계에 음산한 모습으로 모여 있는 아이들의 모습을 보았고, 어둠이 깔린 안뜰에서 들려오는 비명 소리와 악다구니를 들었다.

동이 틀 무렵 정신을 차리고 보니 코벤트 가든 근처에 있었다. 어둠이 점점 걷히면서 희미하게 홍조를 띠기 시작한 하늘은 점차 밝아져 아름다운 진주빛으로 물들었다. 까딱까딱 흔들리는 백합꽃이 잔뜩 실린 커다란 짐마차가 바퀴를 굴리며 매끄럽게 포장된 텅 빈 거리를 지나갔다. 주변의 공기 속에서 꽃향기가 진동했다. 그 꽃들의 아름다움이 도리언의 고통을 조금은 덜어 주었다. 그는 짐수레를 따라 시장에 들어가서 두 남자가 짐을 내리는 광경을 지켜보았다. 하얀 작업복을 입은 짐 마차꾼 한 사람이 그에게 체리를 몇 개 건네주었다. 그는 고맙다고 인사하고, 왜 돈을 받으려고 하지 않는지 궁금해하면서 불안한 기분으로 그것을 먹기 시작했다. 한밤중에 딴 체리라 달의 서늘함이 담겨 있는 듯했다. 줄무늬 튤립과 노랗고 빨간 장미가 담긴 상자를 운반하는 소년들이 기다란 행렬을 이루어 그의 앞에 있는 거대한 비취색 채소더미 사이로 지나갔다. 햇볕에 바랜 회색 주랑이 서 있는 어느 건물 현관 밑에는, 모자도 쓰지 않고 남루한 옷을 바닥에 질질 끄는 소녀들이 경매가 끝나기를 기다리며 서성거리고 있었다. 또 다른 소녀들은 피아자 아케이드 커피하우스의 회전문 주변에 모여 있었다. 육중한 짐마차를 끄는 말들은 종과 마구를 흔들며 바닥의 울퉁불퉁한 돌멩이를 짓밟고 있고, 몇몇 마부는 자루 더미 위에서 늘어지게 잠을 자고 있었다. 목덜미는 무지개색, 발은 분홍색인 비둘기들이 흩어진 씨앗을 쪼아 먹으면서 주위를 맴돌고 있었다.

잠시 뒤 그는 손을 흔들어 이륜마차를 세워 타고 집으로 향했다. 집에 도착하자 현관 층계에 잠시 서서 고요한 광장을 둘러보았다. 덧문이 닫힌 어두운 창문이 있는가 하면, 현란한 색깔의 블라인드가 내려져 있는 창문도 있었다. 하늘은 이제 완전히 오팔색으로 변했고, 주택가 지붕이 하늘색을 반사하여 은빛으로 빛났다. 맞은편 굴뚝에서는 희미한 연기가 소용돌이 치고 있었다. 그 자줏빛 리본 같은 소용돌이는 진주색 공기 속으로 휘말려 올랐다.

커다란 떡갈나무 판자를 댄 현관 천장에는, 총독의 곤돌라에서 약탈해온 커다란 베네치아 램프 세 개가 매달려 있는데, 금세공된 그 입에서 아직도 불꽃이 타오르고 있었다. 창백한 꽃잎 같은 불꽃은 하얀 불로 테두리를 두른 것처럼 보였다. 그는 등불을 끄고 모자와 망토를 테이블 위에 벗어 던지고 나서 서재를 지나 침실로 향했다. 1층에 있는 커다란 팔각형 침실은 최근에 새롭게 생긴 그의 호사스러운 취미로 자신이 직접 개조한 지 얼마 안 된 방이었다. 방 안에는 셀비 로열 저택의 사용하지 않는 다락방에서 발견된 진기한 르네상스풍 태피스트리가 걸려 있었다. 침실 문 손잡이를 돌리던 도리언의 눈길이 베질 홀워드가 그려준 자신의 초상화에 가서 멎었다. 그는 흠칫 놀라서 뒤로 물러섰다. 그러다가 자기도 모르게 곤혹스러운 표정을 지으면서 방 안에 들어섰다. 코트 버튼홀에 꽂힌 꽃을 떼어낸 뒤 그는 잠시 머뭇거리는 것 같았다. 마침내 그는 다시 그림이 있는 곳으로 다가가서 자세히 들여다보았다. 크림색 비단 블라인드를 겨우 뚫고 들어온 희미한 빛 속에 드러난 초상화의 얼굴은 어딘가 달라져 있었다. 표정이 예전과 달랐다. 다른 사람이 보았다면, 입가에 은근한 잔인함이 배어 있다고 말했을 것이다. 아무리 봐도 이상했다.

그는 다시 돌아서서 창가로 가 블라인드를 올렸다. 밝은 새벽빛이 홍수처럼 방 안으로 쏟아지면서 방 안에 머물러 있던 환상적 어둠이 먼지 날리는 구석으로 쫓겨나 그곳에서 전율하듯 파르르 떨었다. 그런데 그가 아까 보았던 초상화의 얼굴 표정이 아직 사라지지 않은 채, 더욱 선명해진 느낌조차 드는 것이었다. 화살 같은 눈부신 햇살이 입 주위의 잔인한 선을 또렷하게 비춰내고 있었다. 마치 그가 어떤 끔찍한 일을 저지르고 난 뒤 거울을 들여다보는 것 같았다.

도리언은 얼굴을 찡그리며, 테이블에서 상아 큐피드 상에 끼워넣은 타원형 거울을 집어들었다. 헨리경이 준 선물 가운데 하나였다. 얼른 그 반들반들한 표면 속을 들여다본다. 그의 붉은 입술을 뒤틀어 놓은 그런 선은 없었다. 그렇다면 이게 무슨 일인가?

　그는 눈을 비비고 초상화에 더 가까이 다가가 다시 한 번 잘 살펴보았다. 뭔가 손질이 가해진 흔적은 전혀 없었지만 전체적인 표정은 틀림없이 변해 있었다. 그것은 단순한 그의 환상이 아니었다. 섬뜩할 정도로 또렷했다.

　도리언은 의자에 몸을 던지고 생각하기 시작했다. 불현듯 그의 머릿속에, 초상화가 완성되던 날 베질 홀위드의 화실에서 자신이 했던 말이 떠올랐다. 그는 그 말을 한 마디 한 마디 정확하게 기억해 낼 수 있었다. 그 자신은 이대로 나이를 먹지 않고, 대신 초상화가 늙어 주었으면 좋겠다든지, 자신의 아름다움은 하나도 훼손되지 않은 채 그대로 남고 그림 속의 얼굴이 그의 정열과 죄의 무게를 감당했으면 좋겠다든지, 그림 속의 그가 고통과 많은 생각으로 시들어가고, 자신은 다감한 소년시절 그대로 섬세한 청순함과 아름다움을 고이 간직했으면 좋겠다고 중얼거렸었다. 물론 그것은 실현될 수 없는 소망이었다. 이루어질 리가 없는 일이다. 그런 것을 생각하는 것 그 자체가 기괴한 일이다. 그런데 지금 그의 눈앞에 있는 이 그림의 입가에는 잔인한 기운이 감돌고 있지 않은가.

　잔인함! 그는 잔인하게 굴었던가? 그것은 여자의 잘못이지 자신의 잘못이 아니다. 그는 그녀가 위대한 예술가이기를 꿈꿨고, 그녀가 위대하다는 생각 때문에 그녀에게 사랑을 바친 것이었다. 그런 그녀가 그를 배신했다. 그녀는 천박하고 아무 가치도 없는 여자였다. 하지만 그의 발 앞에 쓰러져 어린아이처럼 흐느껴 울던 그녀의 모습을 떠올리자 한없는 후회가 밀려왔다. 자신이 얼마나 냉담한 표정으로 그녀를 지켜보았는지 떠올려 보았다. 왜 그런 행동을 했던 것일까? 왜 그런 영혼이 그에게 주어진 것일까? 그러나 그도 괴로운 것은 마찬가지였다. 연극이 끝날 때까지 세 시간 동안, 그는 고통 속에서 한 세기를 산 것 같았다. 그의 인생도 그녀의 인생만큼 소중한 가치가 있다. 그가 그녀에게 평생의 상처를 입혔다 해도, 그녀도 그에게 상처를 주지 않았는가. 더욱이 여자는 남자보다 슬픔을 더 잘 견딜 수 있다. 여자는 감정에 따라 사는 존재다. 그들은 오로지 자신들의 감정만 생각한다. 그들이 연인을 갖는 것은 오로지 온갖 감정을 폭발할 상대가 필요하기 때문이다. 헨리 경이 그에게 들려준 말이었다. 헨리 경은 여자가 어떤 존재인지 잘 알고 있었다. 그렇다면 왜 시빌 베인 때문에 괴로워해야 한단 말인가? 이제 그에게 그녀는 더 이상 아무런 가치도 없는 존재인데.

하지만 저 그림은? 그림에 대해선 뭐라고 말할 수 있을까? 저 그림은 그의 삶의 비밀을 간직하고 있고 자신의 역사를 얘기해 준다. 자신의 아름다움을 사랑하라고 가르쳐 준 것은 저 그림이다. 그런 그림이 자신의 영혼을 혐오하는 것도 가르쳐 주려는 것일까? 그런 그림을 그가 다시 보아야 한단 말인가?

아니다, 단순히 혼란스러운 감각이 짜맞춘 환상에 불과하다. 그 무서운 밤을 보낸 탓에 망상을 본 것이다. 갑자기 사람을 발광하게 만드는 작은 주홍색 점이 그의 뇌에 달라붙은 것인지도 모른다.*6 초상화는 변하지 않았다. 그런 생각을 하는 건 어리석기 그지없는 일이었다.

그러나 초상화는 여전히 아름다운 손상된 얼굴에 잔인한 미소를 지으면서 그를 응시하고 있었다. 금빛 머리카락이 이른 아침 햇살을 받아 눈부시게 빛났다. 그 파란 눈이 그의 눈과 마주쳤다. 자기 자신이 아니라 그림 속 자신의 이미지에 대한 무한한 연민의 정이 엄습해왔다. 초상화는 이미 변해 버렸다. 그리고 앞으로도 더욱 변해버릴지도 모른다. 금빛 머리카락은 잿빛으로 시들어 갈 것이다. 붉고 하얀 얼굴빛도 사라지고 말 것이다. 그가 죄를 지을 때마다 더러운 얼룩이 생겨나 아름다움을 망칠 것이다. 그러나 이제는 더 이상 죄는 짓지 않을 것이다. 변하든 변하지 않든 이 그림은 그에게는 양심의 상징이다. 그는 유혹에 저항해야 한다. 이제는 헨리 경을 만나지 않을 것이다―적어도 베질 홀워드의 집 정원에서 나에게 처음으로 불가능한 것에 대한 열망을 품도록 자극했던 헨리 경의 어딘가 유해한 논리에 더 이상 귀를 기울이지 않을 것이다. 시빌 베인에게 돌아가서 화해하고 그녀와 결혼해서 다시 사랑하려고 노력하리라. 그렇다, 그렇게 하는 것이 그의 의무다. 틀림없이 그녀는 그보다 더 괴로워하고 있을 것이다. 가엾은 사람! 그는 그녀에게 제멋대로 굴면서 말도 안 되는 잔인한 짓을 하고 말았다. 그를 끌리게 했던 그녀의 매력이 되살아날지도 모른다. 둘이서 함께 행복하게 살 것이다. 그녀와 함께하는 삶은 아름답고 순수한 삶이 될 것이다.

그는 의자에서 일어나 초상화를 쳐다보고 부르르 떨면서 그 정면에 커다

---

*6 셰익스피어의 《오셀로》에 나오는, 달이 평소보다 지구 가까이 다가오면 사람들이 발광하는 이유. 주홍색 점은 한순간의 변덕이나 망상, 비뚤어진 욕망, 광기 같은 것을 의미한다.

란 스크린을 쳤다. "정말 끔찍하군!" 혼자 중얼거리면서 그는 창가로 가서 창문을 열었다. 잔디밭으로 나간 그는 깊게 숨을 들이마셨다. 상쾌한 아침 햇살이 그의 우울한 감정을 모두 씻어 내는 것 같았다. 그는 시빌만을 생각했다. 지난 사랑의 자취가 되살아나는 것 같았다. 그녀의 이름을 불러 보았다. 부르고 또 불렀다. 아침이슬을 흠뻑 머금고 있는 정원에서 지저귀던 새들도 꽃들에게 그녀에 대한 이야기를 들려주는 것 같았다.

제8장

그가 잠에서 깨었을 때는 정오가 한참 지난 뒤였다. 발끝으로 살금살금 나가가서 주인의 거동을 여러 차례 확인했던 그의 하인은 젊은 주인이 왜 이리 늦잠을 자는지 궁금했다. 마침내 종이 울리자, 빅터는 찻잔과 여러 통의 편지가 놓여 있는 오래된 세브르 산 자기 쟁반을 받쳐 들고 조심스러운 걸음으로 침실에 들어갔다. 그리고 세 개의 커다란 창에 드리워진 푸른색 안감의 올리브색 공단 커튼을 열어젖혔다.

"마님께서 오늘 아침엔 푹 주무셨습니다." 하인이 웃으면서 말했다.

"지금 몇 시지, 빅터?" 잠이 덜 깬 목소리로 도리언 그레이가 물었다.

"1시 15분입니다."

이렇게 늦잠을 자다니! 그는 침대에서 일어나 앉아 홍차를 마시면서 편지를 들춰 보았다. 하나는 헨리 경이 보낸 편지였다. 아침에 인편으로 전달된 것이었다. 그는 잠시 주저하다가 편지를 한쪽으로 밀어냈다. 나머지 편지들을 무심히 뜯어보았다. 으레 그렇듯 엽서, 저녁 식사 초대장, 미술품 초대전 티켓, 자선 콘서트 프로그램 같은 것들뿐이었다. 시즌이 되면 상류층 젊은이들에게 매일 아침마다 쏟아지는 편지들이었다. 약간 고액의 청구서도 있었다. 무늬를 양각한 루이 15세 양식의 화장도구 세트의 청구서인데, 그건 아직 후견인들에게 보낼 용기가 나질 않았다. 그들은 무척 고리타분해서, 우리가 불필요한 것들이 필수품이 되어버린 세대에 살고 있다는 것을 깨닫지 못한 사람들이었다. 저민 가의 대부업자들로부터 언제든 연락만 주면 액수에 상관없이 가장 싼 이자로 돈을 빌려주겠다는 제안이 담긴 정중한 내용들도 있다.

10분쯤 지난 뒤 그는 일어나서 비단실로 수놓아 공들여 지은 캐시미어 실내복을 아무렇게나 걸치고 바닥에 얼룩 마노를 깐 욕실로 들어갔다. 푹 자고 일어나 시원한 물로 몸을 씻으니 기분이 상쾌했다. 그는 간밤의 일은 다 잊어버린 듯한 모습이었다. 한두 차례, 뭔가 기묘한 비극에 자신이 관련된 것 같은 어렴풋한 느낌이 들기는 했지만, 마치 꿈을 꾸고 난 것처럼 현실감이 없었다.

그는 옷을 갈아입고 서재로 들어가 열려 있는 창문 옆에 놓인 작은 원탁에 차려져 있는 가벼운 프랑스식 아침 식사를 했다. 참으로 멋진 날씨였다. 따뜻한 공기 속에 향기로운 향료가 가득 차 있는 것 같았다. 벌 한 마리가 들어오더니, 그의 앞에 놓인 청용이 그려진 항아리의 노란 장미꽃 주위를 윙윙거리며 날아다녔다. 도리언은 더할 나위 없이 행복했다.

문득 그의 눈길이 초상화 앞에 쳐놓은 스크린에 가 닿자 그는 소스라치게 놀랐다.

"공기가 너무 찬가요?" 빅터가 테이블 위에 오믈렛 접시를 내려놓으면서 물었다. "창문을 닫을까요?"

도리언은 고개를 저었다. "춥지 않아." 그가 중얼거렸다.

모든 게 사실일까? 초상화가 정말 변한 것일까? 아니면 단순히 망상 때문에 기쁨의 표정을 사악한 표정으로 잘못 본 것인가? 물론 캔버스에 그려진 그림이 저절로 변할 리가 없잖은가? 그건 말도 안 되는 일이다. 언젠가 베질에게 해줄 좋은 얘깃거리가 하나 생긴 것이다. 베질은 아마 웃어넘길 테지.

그러나 어쩌면 모든 것이 이토록 생생하게 떠오른단 말인가! 처음에는 어스름이 가시지 않은 여명 속에서, 그 다음엔 밝은 새벽에 그는 분명히 비뚤어진 입술 주변에 묻어나는 잔인한 표정을 보았다. 그는 하인이 방에서 나가는 것조차 무서울 지경이었다. 혼자 남으면 틀림없이 자기가 초상화를 확인하러 갈 것임을 알고 있었기 때문이다. 그것을 확인하는 것이 두려웠다. 커피와 담배를 가져온 시종이 돌아서서 나가려고 했을 때 그는 그에게 남아 있도록 말하고 싶은 강렬한 욕구를 느꼈다. 그래서 방에서 나가 문을 닫고 있는 빅터를 불러세웠다. 빅터는 서서 그의 지시를 기다렸다. 도리언은 잠시 그를 바라보고는 한숨을 내쉬면서 말했다. "빅터, 누가 찾아와도 나 집에 없다고 해." 하인은 몸을 숙여 인사하고 물러났다.

곧 테이블에서 일어선 그는 담배에 불을 붙이고 가리개 정면에 있는, 호사스러운 쿠션이 놓인 소파에 몸을 던졌다. 가리개는 고풍스러운 것으로, 스페인제 가죽에 금박을 입히고 루이14세 시대의 상당히 화려한 무늬를 새겨서 세공한 것이었다. 그는 호기심에 가득차 그 가리개를 바라보며, 이 가리개는 한 남자의 비밀을 감춰 준 적이 전에도 있었을까 하고 생각에 잠겼다.

결국 가리개를 치워야 하는 것일까? 어째서 이 자리에 그냥 두면 안 되는 것인가? 그걸 알아서 뭐하려고? 초상화가 변한 게 사실이라면 그건 정말 무서운 일이다. 변하지 않았다면 굳이 신경 쓸 필요가 없다. 그러나 어떤 운명이나, 아니면 어떤 치명적인 우연 때문에 그가 아닌 다른 사람의 눈이 저 속을 들여다보다가 그 무서운 변화를 보게 된다면? 베질 홀워드가 찾아와 자신의 작품을 보겠다고 하면 어떻게 해야 하지? 베질이라면 분명히 그렇게 할 것이다. 아니야, 저 그림을 당장 확인해봐야 해. 그 어떤 것도, 이렇게 의혹에 사로잡힌 무서운 상태로 있는 것보다는 나아.

그는 일어서서 양쪽 문을 다 잠갔다. 적어도 자신의 치욕스러운 얼굴을 볼 때 다른 사람이 있으면 안 되었다. 그는 스크린을 옆으로 거두어 자신의 그림과 마주했다. 모든 건 사실이었다. 초상화는 변해 있었다.

뒷날, 그 자신도 종종 당시를 떠올릴 때마다 기이한 감정을 느끼곤 했던 것이지만, 이때의 그는 거의 과학적인 관심을 가지고 초상화를 바라보고 있었다. 그러한 변화가 일어난다는 것 자체가 그로서는 도저히 믿을 수 없는 일이었기 때문이다. 그러나 사실이었다. 캔버스 위에서 색과 형태를 이루고 있는 화학물질의 원자와 자기 속에 있는 영혼 사이에 뭔가 신비로운 친화력이 있는 것일까? 영혼이 생각한 것이 현실이 되는 것은 가능한 일인가? 영혼이 꿈꾸는 것이 현실이 되는 건? 아니면 또 다른, 더욱더 무서운 이유가 있는 건 아닐까? 그는 오싹 몸을 떨었다. 겁이 나서 다시 소파로 돌아가 누운 그는 공포 속에서 구토를 느끼며 초상화를 응시했다.

그러나 한 가지, 그림이 자신에게 도움을 준 것도 있다고 생각했다. 그 초상화의 변화를 통해 그는 자신이 시빌 베인에게 얼마나 부당하고 잔인하게 굴었는지를 깨달았던 것이다. 그 점에 대해 사과하고 보상하는 일은 아직 늦지 않았다. 아직은 그녀가 그의 아내가 될 수 있는 여지가 남아 있었다. 비현실적이고 이기적인 그의 사랑은 더욱 숭고한 영향력에 지배되어 더욱 고귀한 정열로 변모할 것이다. 그리고 베질 홀워드가 그려 준 초상화가 자신에게는 인생의 안내자가 되어 줄 것이고, 어떤 사람들에게는 성스러움이, 또 어떤 사람들에게는 양심을, 그리고 우리 모두에게는 하느님에 대한 외경심이 되어 줄 것이다. 양심의 가책이라면 그것을 마비시켜 줄 아편이 있다. 그것은 도덕적 양심을 잠재우는 마취약이다. 하지만 여기에는 죄의 타락에 대한 뚜렷한 상징이 있다. 인간이 자신의 영혼에 불러드린 지울 수 없는 파멸의 표시가 여기에 있지 않은가.

시계가 3시를 알리고, 이윽고 4시를 지나, 또다시 30분이 지났음을 알리는 종이 다시 한 번 울렸다. 하지만 도리언 그레이는 미동도 하지 않았다. 그는 인생의 주홍색 실타래를 한데 모아 하나의 무늬로 짜 내려 애쓰고 있었다. 자신이 배회하고 있는 살벌한 격정의 미로에서 빠져나가기 위해서. 그러나 어떻게 해야 할지, 어떤 생각을 해야 할지 알지 못했다. 마침내 그는 테이블로 가서 자신이 사랑했던 여자에게 열정을 다해 편지를 쓰기 시작했다. 자신을 용서해 달라고 애원하고 제정신이 아니었던 자신을 자책하는 편지였다. 슬픔과 고통으로 주체할 수 없는 마음을 담아 한 장 한 장 정신없이 써 내려갔다. 자신을 비난하는 데는 사치스러운 쾌감이 있었다. 우리가 자신을 책망할 때는, 자신을 책망할 권리가 우리 자신 외에는 어느 누구에게도 없다고 느끼는 법이다. 우리의 죄를 면제해 주는 것은 사제가 아니라 고해하는 행위 그 자체인 것이다. 편지를 마무리한 도리언은 이제 용서를 받았다는 느낌이 들었다.

갑자기 노크 소리가 들리더니 헨리 경의 목소리가 들려왔다. "이봐, 친구. 자넬 좀 만나야겠어. 당장 문을 열게. 그렇게 문을 꼭 닫아놓고 뭐 하는 짓인가."

그는 아무 대답도 하지 않고 그대로 가만히 있었다. 노크 소리가 점점 커져 갔다. 그래, 헨리 경을 들어오도록 해서 그에게 앞으로 자기가 살아갈 새로운 삶에 대해 설명을 하는 게 낫겠다. 그래서 필요하다면 언쟁도 하고, 또 결별이 불가피하다면 그럴 수밖에 없지 않겠는가. 그는 자리에서 벌떡 일어나 서둘러 초상화를 스크린으로 가리고서 문을 열어 주었다.

"이번 일은 유감이네, 도리언." 헨리 경이 안으로 들어서며 말했다. "하지만 그 일에 대해 너무 많은 생각을 하는 건 좋지 않아."

"시빌 베인 말씀인가요?" 도리언이 물었다.

"물론이지." 헨리 경은 그렇게 대답하고는 의자에 앉아 노란 장갑을 천천히 벗었다. "어떤 면에서는 정말 끔찍한 일이었어. 물론 자네 잘못은 아니지만. 말해 보게. 연극이 끝나고 무대 뒤로 가서 그녀를 만났나?"

"예."

"나도 그랬을 거라고 짐작했네. 그래, 그녀하고 한바탕했나?"

"제가 잔인했어요, 해리. 정말 잔인했죠. 하지만 이젠 다 괜찮아졌어요. 지나간 일에 대해 별 유감은 없어요. 오히려 그 일로 인해 제 자신을 더 잘 알게 되었으니까요."

"아, 도리언, 자네가 그렇게 생각했다니 다행이군! 난 자네가 회한에 빠져 그 아름다운 고수머리를 쥐어뜯고 있는 것은 아닌지 얼마나 걱정했다고."

"이젠 모든 것을 극복했습니다." 도리언은 미소 띤 얼굴로 고개를 저으며 말했다. "이젠 더할 수 없이 행복합니다. 우선 저는 양심이 무엇인지 알고 있어요. 당신이 저한테 들려준 그런 양심은 아니에요. 양심은 우리 안에 있는 가장 신성한 것이죠. 해리, 저를 비웃지 마세요. 더 이상—적어도 제 앞에서는 그러지 마세요. 저는 착해지고 싶어요. 제 영혼이 추악해지는 꼴은 참을 수가 없어요."

"도덕에 대한 아주 매력 있는 예술적인 논거야, 도리언! 그런 생각을 하다니 축하하네. 그래, 어떻게 시작할 작정인가?"

"시빌 베인과 결혼하겠습니다."

"시빌 베인과 결혼한다고!" 헨리 경이 벌떡 일어서면서 소리쳤다. 그는 당혹감과 놀람이 뒤섞인 혼란스러운 눈길로 도리언을 바라보았다. "하지만 도리언—"

"그래요, 해리. 당신이 무슨 말을 하실지 알아요. 결혼에 대한 무슨 끔찍한 말이겠죠. 말하지 마세요. 그런 말은 제 앞에서는 두 번 다시 하지 마세요. 이틀 전에 시빌에게 결혼하자고 했어요. 그녀에게 했던 약속을 깨고 싶지 않아요. 아무튼 그녀는 제 아내가 될 겁니다."

"아내라니! 도리언……! 자네 내 편지 못 받았나? 오늘 아침에 써서 보낸 것 말이야. 하인을 시켜 직접 전달하라고 했는데."

"당신 편지요? 아, 예, 기억납니다. 사실 아직 읽지 못했어요, 해리. 그 안에 혹시 내가 싫어하는 내용이 들어 있을까 싶어서요. 당신은 짤막한 경구로 인생을 산산조각 내는 데 선수잖아요."

"그렇다면 자넨 아무것도 모른다는 얘긴가?"

"무슨 말씀이세요?"

헨리 경은 방을 가로질러 가서 도리언 옆에 앉더니 그의 두 손을 꼭 잡았다. "도리언." 그가 말했다. "그 편지는—놀라지 말게—자네한테 시빌 베인이 죽었다는 소식을 전하는 편지였어."

도리언의 입에서 외마디 비명이 터져 나왔다. 그는 헨리 경의 손을 뿌리치며 자리에서 벌떡 일어섰다. "죽었다고! 시빌이 죽었다고! 말도 안 돼! 새빨간 거짓말! 감히 어떻게 그런 거짓말을?"

"정말 사실이야, 도리언." 헨리 경이 엄숙한 목소리로 말했다. "모든 조간신문에 기사화된 거야. 그래서 내가 갈 때까지 누구도 만나지 말라고 편지를 쓴 거야. 틀림없이 조사가 있을 거야. 물론 자네는 거기에 휘말려 들어가서는 안 돼. 파리에서는 그런 일이 벌어지면 금방 유명인사가 되지만 여기 런던에서는 편견이 심해. 여기서는 그런 스캔들로 데뷔를 장식해서는 안 된다는 말일세. 그런 일은 나이 들었을 때의 덤으로 남겨 둬야 해. 극장 사람들은 자네 이름을 모를 것 같은데, 아닌가? 모른다면 잘된 일이고. 그녀 방으로 가는 자네를 본 사람이 있었나? 이건 중요한 문제야."

한동안 도리언은 아무 대답도 하지 않았다. 두려움으로 넋이 나가 버렸다. 마침내 그가 숨죽인 목소리로 더듬거리며 말했다. "해리, 조사라고 했어요? 그게 무슨 뜻이죠? 시빌은—? 오, 해리, 견딜 수가 없어요. 하지만 어서 말해주세요. 어서 죄다 말해주세요."

"이번 일이 사고가 아닌 건 분명하다고 생각하네, 도리언. 그러나 공식적으로는 사고로 처리되겠지. 간밤에 12시 반쯤, 그녀는 자기 어머니와 함께 극장을 나서다가 위층에 뭔가를 두고 나왔다고 하더래. 그래서 사람들이 그녀를 기다렸는데 한참이 지나도 내려오질 않더라는 거야. 나중에 분장실 바닥에 쓰러져 죽어 있는 걸 발견했던 거야. 실수로 뭔가를 삼킨 모양인데, 그게 극장에서 사용하는 위험한 거라고 하더군. 그게 뭔지는 알 수 없지만, 그 속에 청산가리인가 백연인가가 들어 있었던 모양이야. 내 생각에 청산가리가 아닌가 싶어. 그 자리에서 즉사한 것 같다고 하니까 말이야."

"해리, 해리, 어떻게 그렇게 끔찍한 일이!" 도리언이 울부짖었다.

"그래, 물론 엄청난 비극이야. 하지만 자네가 이 일에 연루되어서는 안 돼. 〈스탠더드〉지에서 봤는데 그 아가씨 열일곱 살이라더군. 더 어릴 거라고 생각했는데 말이야. 어린아이처럼 보였거든. 그러니 연기에 대해서도 아무것도 모르는 것 같았고. 도리언, 이 일로 인해 정신적으로 충격을 받아선 안 되네. 나하고 같이 저녁 먹고 오페라나 구경 가자고. 오늘 밤엔 패티[*1]가 출연하는 날인데 아마 모두들 그곳에 올 거야. 내 누이 박스석으로 갈 수 있어. 누이가 멋진 여자들을 데려 올 거야."

"그래 제가 시빌 베인을 죽였군요!" 도리언이 거의 혼잣말을 하듯 말했다. ─"제가 그녀를 죽였어요. 제가 그 가녀린 목을 칼로 베어버린 것이나 다름없어요. 그런데도 장미는 여전히 아름답고, 정원의 새들도 전과 다름없이 즐겁게 노래하는군요. 그리고 오늘 밤 저는 당신과 저녁을 먹고 오페라 극장에 가고, 그 다음엔 어느 술집에서 한잔 들이켜고 있겠지요. 인생이란 이렇게도 기묘하고 극적이라니! 해리, 이 내용을 책에서 읽었다면 눈물을 흘렸을 겁니다. 그런데 이것이 실제로 일어난 일이라니 너무 놀라워서 눈물도 나오지 않는군요. 보세요, 이게 제가 난생 처음 쓴 열정이 담긴 사랑의 편지랍니다. 저의 열정이 담긴 이 사랑의 편지가 죽은 여자에게 보내려고 쓴 것이라니! 그들에게도, 우리가 죽은 자들이라 부르는 그 순전히 침묵하고 있는 사람들에게도 감정이 있을까요? 그녀는 지금도 뭔가를 느끼고, 알고, 들을 수 있을까요? 아, 해리, 한때 나는 그녀를 얼마나 사랑했는지! 이젠 그마저도 오래전 일로 느껴지는군요. 그녀는 저의 모든 것이었습니다. 그런데 그 무서운 밤이 찾아온 거죠. 그게 정말 겨우 어젯밤이었나요? 시빌이 연기를 그렇게 못해서 제 가슴이 찢어질 것만 같았던 밤이? 그녀가 모든 것을 저에게 설명해 주었어요. 참으로 감정적인 이유였죠. 하지만 전 조금도 마음이 움직이지 않더군요. 전 그녀를 천박한 여자라고 생각했지요. 그런데 갑자기 무서운 일이 일어났어요. 그게 뭔지는 말씀드릴 수 없지만, 어쨌든 오싹한 일이었어요. 아까 시빌에게 다시 돌아갈 거라고 말씀드렸죠? 제가 끔찍한 짓을 했다고 생각했거든요. 그런데 그녀가 죽다니, 오, 하느님! 오 하느님! 해리, 이제 전 어떻게 해야 합니까? 제가 어떤 위험에 직면해 있는지 당신은 모르실 겁니다. 저를 똑바로 붙잡아 줄 것은 아무것도 없어요. 시

[*1] 서정적인 목소리와 벨칸토 창법으로 유명한 여가수로, 19세기에 오페라 프리마 돈나로 명성을 날리던 아델리나 패티를 말한다.

빌이 차라리 나를 죽였어야 하는 건데. 그녀는 자살할 권리가 없어요. 그녀는 너무 이기적인 여자가 아닌가요?"

"아, 도리언." 헨리 경이 담뱃갑에서 담배 한 개비를 빼들고 도금한 성냥갑을 꺼냈다. "여자가 남자를 바꿔 놓을 수 있는 유일한 방법은 남자를 아주 따분하게 만들어 삶에 대한 모든 흥미를 잃게 만드는 거야. 자네가 이 아가씨와 결혼했다면 자네의 삶은 엉망진창이 되었을 걸세. 물론 자네라면 그녀에게 아주 다정하게 잘해 주었겠지. 사람은 아무 관심도 없는 상대에게는 언제나 친절하게 대할 수 있거든. 아마 그녀도 자네가 자기한테 아무 관심이 없다는 걸 금방 알아냈을 걸세. 자기 남편한테서 그것을 발견한 여자는 역겨울 정도로 형편없는 여자가 되거나, 아니면 남의 남편이 사주는 최신 유행의 보닛 모자를 쓰거나, 둘 중의 하나야. 난 사회적 잘못에 관해 하는 말이 전혀 아니야. 그것은 비참했을 것이고, 물론 나도 인정하지 않았을 거야. 하지만 그거야 어쨌든 모든 것은 완전한 실패로 끝났을 거라고 장담할 수 있네."

"저도 그렇게 생각해요." 젊은이는 섬뜩할 만큼 창백한 얼굴로 방 안을 서성거리면서 중얼거렸다. "하지만 그게 제 의무라고 생각했어요. 전 옳은 일을 하려고 결심했는데, 이 엄청난 비극 때문에 못하게 된 건 제 잘못이 아니겠죠. 당신이 했던 말이 생각나요, 훌륭한 결심에는 불행한 운명이 뒤따른다고 했죠, 그것을 결심했을 때는 반드시 이미 늦은 뒤라고요. 바로 이런 경우를 두고 하는 말이었군요."

"훌륭한 결의라는 건 과학의 법칙으로 간섭하려는 쓸모없는 시도야. 그 동기는 순전히 허영심에서 비롯된 것이지. 그리고 그 결과는 완전한 무(無). 그런 결심은 이따금, 약자에게 일종의 매력이 있는 사치스럽고 무익한 감정을 불어넣기도 해. 그것 말고는 더 할 말이 없네. 그건 자기 계좌가 없는 은행에서 인출한 수표와 같은 거지."

"해리." 도리언이 헨리 경에게 돌아와 그 옆에 앉으면서 말했다. "그런데 나는 왜 이 비극에 대해 생각만큼 그렇게 슬픈 생각이 안 드는 걸까요? 당신이 생각해도 제가 그렇게 무정한 놈인가요?"

"자네는 스스로 그런 말을 들어 마땅할 정도로 지난 보름 동안 온갖 바보 같은 짓을 너무 많이 저질렀어, 도리언." 헨리 경은 특유의 달콤하면서도 우울한 미소를 지으면서 대답했다.

도리언은 미간을 찌푸렸다. "그런 설명은 싫어요, 해리. 그렇지만 당신이 저를 무정한 사람으로 생각하지 않는 건 다행이군요. 전 그런 사람은 아니니까요. 하지만 이번 사건이 저에게 생각보다는 심하게 영향을 끼치지 않은 건 인정해야겠군요. 저는 이번 일이 어느 멋진 연극의 멋진 결말이라는 정도로밖에 생각되지 않아요. 정말이지 그리스 비극 같은 잔인한 아름다움이 있어요. 제가 그 속에서 아주 중요한 역할을 맡았으면서도 전혀 상처를 입지 않은 그런 비극 말이에요."

"그건 흥미로운 문제로군." 헨리 경이 말했다. 그는 이 젊은이의 무의식적인 자기중심주의를 유희하는데 더없는 쾌감을 느끼고 있었다—"정말 재미있는 문제야. 제대로 설명하자면 이런 게 아닌가 싶네. 인생에서 진짜 비극은 비예술적인 방식으로 일어난다네. 이를테면 거친 폭력과 지리멸렬한 말, 완전한 사고의 결여, 완전한 스타일의 결여 같은 거지. 그러한 비극이 미치는 영향은 거칠고 난폭한 행동이 주는 영향과 같지. 우리는 노골적인 야만을 느끼고, 그것에 불쾌감을 품게 되지. 하지만 때로는 우리의 인생에 아름다움이라는 예술적 요소를 지닌 비극이 일어날 때도 있어. 그 아름다움이라는 요소가 현실적인 것이면 그 비극 전체가 우리에게 연극처럼 생각되는 거지. 그러다가 어느 순간 우리가 더 이상 배우가 아니라는 걸 깨닫고 관객이 되는 거야. 아니면 둘 다 된다고 하는 게 나을지도 몰라. 우리는 우리 자신을 보고 그 놀라운 연극에 매료된다네. 이번 일의 경우, 실제로 일어난 일이 뭔가? 자네를 사랑한 나머지 한 여자가 스스로 목숨을 끊었네. 나한테도 그런 일이 일어났으면 얼마나 좋을까. 나라면 아마도 남은 생애 동안 그 사랑에 푹 빠져 지냈을 걸세. 나를 무척 사랑해준 사람들—많은 수는 아니었지만 그래도 좀 있었지—은 내가 그들에게 더 이상 관심을 보이지 않거나, 아니면 그들 자신이 나에 대한 관심을 끊어 버린 뒤에도 고집스럽게 잘만 살더군. 모두 뒤룩뒤룩 살이 찌고 따분한 인간이 되어, 만나기만 하면 추억담부터 늘어놓지. 여자의 위대한 기억력이란! 얼마나 소름이 끼치는지! 그런데 지성은 한 치도 진전하지 못하다니! 우리는 인생의 색깔들을 빨아들여야 해. 하지만 세세한 부분까지 기억해서는 안 된다는 거지. 세세한 것들은 늘 천박하거든."

"전 정원에 양귀비 씨라도 뿌려야겠어요." 도리언이 한숨을 내쉬었다.

"그럴 필요 없어." 헨리 경이 말했다. "인생은 언제나 양귀비를 손 안에 쥐고 있거든. 물론 때로는 이런 것 저런 것들이 우리 주변을 서성거리기는 해. 어느 해 사교시즌 내내 보라색 옷만 입은 적이 있었어. 영원한 로맨스에 대한 예술적인 애도의 표현으로 그랬던 거야. 그런데 결국은 그 로맨스도 사라지더군. 무엇 때문이었는지는 기억이 나지 않지만 지금 생각해 보면 나를 위해 그 여자가 모든 걸 희생하겠다고 해서 그랬던 것 같아. 여자가 그런 말을 하면 그 순간부터 섬뜩하고 무서운 생각이 들거든. 그리고 영원한 공포심에 사로잡히게 되지. 그런데 말이야, 자네 내 얘기 믿을 수 있겠나? 일주일 전에 햄프셔 부인 집에서 저녁을 먹었는데 어쩌다 문제의 여인과 나란히 앉게 되었다네. 한데 그 여자가 옆에 앉아 계속해서 지난 일들을 들추는 거야. 과거를 파헤치면서 미래를 탐색하려 들더군. 나는 나의 낭만적 사랑을 수선화 화단에 묻어 버렸는데, 그 여자는 그것을 다시 뽑아내면서 내가 자기 인생을 망쳤다고 주장하는 거야. 별수 없이 나는 이렇게 말해줬지, 그 여자가 저녁을 잔뜩 먹었으니 난 아무 걱정이 없다고 말이야. 하지만 그 여자는 정말 품위고 뭐고 아무 멋도 없는 여자였어! 과거의 유일한 매력은 그게 이미 지나간 일이라는 데 있는 거야. 그런데 여자들은 언제 막이 내렸는지를 몰라. 그 여자들은 항상 여섯 번째 막이 오르기를 원하고, 연극의 재미가 다 지나갔는데도 연극이 계속되기를 원하는 존재들이야. 마음대로 해보라고 놔두면 모든 희극은 비극으로 끝나고, 모든 비극은 익살극 속에서 절정을 맞이하게 되지. 여자들은 모든 것을 아름답게 잘 꾸미긴 하지만 예술 감각은 없거든. 자네는 나보다 운이 좋아. 도리언, 분명히 말해 두지만 내가 알던 여자 가운데는 시빌 베인이 자네한테 한 것처럼 나한테 해준 여자는 아무도 없었네. 보통 여자들은 늘 스스로를 위로하지. 어떤 여자들은 감상적인 색(色)을 찾아다니며 스스로를 위로하거든. 연한 자주색 옷을 입고 다니는 여자들은 나이와는 상관없이 믿지 말게. 그리고 서른다섯이 넘었는데도 분홍색 리본을 좋아하는 여자들도 마찬가지야. 그런 여자들에게는 반드시 과거가 있거든. 어느 순간 자기 남편에게서 좋은 점을 발견하고, 거기서 위안을 얻는 여자들도 있어. 그런 여자들은 남편 얼굴을 통해 부부간의 행복을 자랑하고 싶어하는 여자들이네. 그런 여자는 자신의 결혼생활의 덧없는 행복을 마치 매혹적인 죄악인 양 과시한다네. 종교에서 위안을 찾는 사람들도 있지.

전에 어떤 여자가 나한테 들려준 얘긴데 종교의 신비는 사랑 놀음의 매력을 모두 갖추고 있다는 거야. 물론 충분히 이해는 하지. 한편 죄인이라는 말을 들을 만큼 우리를 허영되게 만드는 것은 하나도 없거든. 양심은 우리 모두를 이기적인 사람으로 만들어 버려. 아무튼 여자들이 현대의 삶에서 찾아내는 위안은 정말 끝이 없다네. 사실 여자들이 찾는 위안 가운데 가장 중요한 게 있는데······."

"그게 뭔가요, 해리?" 도리언이 맥없는 목소리로 물었다.

"오, 명확한 위안이야. 바로, 자신의 연인을 잃었을 때 다른 사람의 연인을 가로채는 거지. 고상한 사회에서는 여자는 언제나 그렇게 해서 체면을 세운다네. 하지만 도리언, 시빌 베인은 그런 여자들하고 얼마나 다른 여자인가! 내가 보기에 그녀의 죽음에는 아름다운 그 무엇이 있다네. 내가 그런 경이로운 일이 일어나는 시대에 살고 있다는 것이 정말 자랑스럽군. 그런 일들은 우리가 로맨스니 열정이니 사랑이니 하면서 유희하는 것들에 실체가 있다고 믿게 해주니까."

"전 그녀한테 너무 잔인한 짓을 했어요. 그 사실을 잊으신 것 같군요."

"유감이지만 여자라는 것은 잔인함을, 노골적인 잔인함을 다른 무엇보다 좋아하는 게 아닌가 싶네. 여자들은 놀라울 정도로 원시적인 직감을 지니고 있어. 우리가 여자들을 해방시켜 주었는데도 여자들은 변함없이 주인을 찾는 노예로 남아 있거든. 지배당하길 좋아해서 그래. 자네는 틀림없이 멋지고 근사했을 거라고 믿네. 자네가 진짜 화내는 모습을 본 적은 없지만 얼마나 매력적일지는 상상할 수 있어. 게다가 결국 그저께 자네는 나한테, 그때는 단순한 충동이라고밖에 생각할 수 없는 말을 했는데, 이제 보니 그게 다 사실이었어. 그 말이 모든 것의 열쇠인 셈이야."

"제가 무슨 말을 했는데요, 해리?"

"자네에게는 시빌 베인이 모든 로맨스의 여주인공이라고 자네가 말했어. 어느 날 밤엔 데스데모나이고, 또 어느 날 밤엔 오필리어라고. 그녀가 줄리엣으로 죽더라도 이모젠으로 다시 살아난다고 말이야."

"그러나 이제 그녀는 다시는 살아날 수 없어요." 도리언은 두 손에 얼굴을 묻으면서 말했다.

"그래, 이제는 다시 살아날 수 없지. 그녀는 마지막으로 맡은 역을 해냈으니까. 하지만 자네는 초라한 분장실에서의 외로운 죽음을 제임스 1세 시대의 비극이 아닌 무시무시한 비극의 한 장면이라고, 웹스터나 포드나 시릴 터너*2의 비극에 나오는 멋진 장면의 일부라고 생각해야 하네. 그 여자는 진정한 삶을 살았던 게 아니야. 그래서 진짜 죽은 것도 아니지. 자네에게 있어서 그 여자는 한 편의 꿈이었어. 셰익스피어극을 오가면서 그 연극을 더욱 아름답게 만들었던 환영, 셰익스피어의 음악을 더욱 풍요롭고 환희로 가득 차게 만들었던 갈대 피리였다고. 그녀가 현실의 삶에 손을 대는 순간 그녀는 그 삶을 훼손시켰고, 그러자 그 삶이 그녀에게 상처를 입혀 결국 그녀는 죽은 것이라네. 원한다면 오필리어를 위해 슬퍼하게나. 교살된 코딜리어를 위해 머리에 애도의 재를 뿌리게나. 브라반쇼의 딸*3이 죽었으니 하늘을 향해 항의하게나. 그러나 시빌 베인 때문에 헛되이 눈물 흘리지는 말게. 그녀는 그들보다 더 현실적인 인물이 아니었으니까."

침묵이 흘렀다. 저녁 어스름이 방 안을 뒤덮기 시작했다. 어둠이 은빛 발로 정원에서 소리 없이 기어 들어왔다. 모든 색깔이 지친 듯 사물에서 사라져 갔다.

한참 뒤 도리언 그레이가 고개를 들었다. "해리, 당신이 제게 제 자신을 설명해 주셨군요." 그가 안도의 한숨 소리를 내며 중얼거렸다. "당신이 말한 것을 저도 모두 느끼고 있었지만 그것이 왠지 두려웠어요. 어떻게 표현해야 할지 몰랐어요. 그런데 당신이 저를 이렇게나 잘 알고 계시다니! 이제 지나간 일은 더 이상 얘기하지 않기로 해요. 정말 놀라운 경험이었어요. 그뿐이에요. 인생이 저를 위해 그런 놀라운 경험을 또다시 예비해 두었을까요."

"도리언, 인생은 자네를 위해 모든 것을 마련해 두고 있다네. 자네의 그 출중한 용모로 못할 일은 아무것도 없어."

"하지만 상상해 보세요, 해리, 제가 나이를 먹어 쇠약해지고 주름투성이가 되면요? 그땐 어떻게 되는 거죠?"

"아, 그때는" 헨리 경이 가려고 자리에서 일어서면서 말했다—"그때는 말이야, 도리언, 자네는 승리를 쟁취하기 위해 싸워야 할 걸세. 지금은 그냥 있어도 승리가 자네한테 찾아오겠지만 말이야. 아니, 자넨 그 아름다움을 지

---

*2 모두 제임스 1세 시대의 극작가.
*3 《오셀로》의 데스데모나.

켜 내야 해. 우리는 책을 너무 많이 읽어서 오히려 바보가 되고, 생각을 너무 많이 해서 아름다움을 잃어버리는 시대에 살고 있네. 우린 자네를 포기할 수 없네. 자, 옷을 갈아입고 마차를 타고 클럽에 같이 가세. 평상시보다 꽤 늦었어."

"전 오페라 극장에서 합류하는 게 나을 것 같아요, 해리. 너무 지쳐서 아무것도 먹을 수가 없어서요. 동생의 좌석 번호가 몇 번이죠?"

"아마도 27번. 맞을 거네. 1층. 문에 누이 이름이 있을 거야. 어쨌든 같이 저녁 식사를 못 한다니 유감이군."

"전 먹고 싶은 생각이 없어서요." 도리언이 정말 생각이 없다는 투로 말했다. "그래도 저에게 해주신 말, 무척 고마워요. 당신은 역시 제 친구예요. 당신처럼 저를 이해해주는 사람은 아무도 없어요."

"우리의 우정은 이제 막 시작한 단계에 불과하네, 도리언." 헨리 경이 그의 손을 잡아 흔들며 말했다. "그럼 난 가네. 이따 8시 30분까지는 만났으면 해. 잊지 말게, 패티가 노래하는 날이야."

헨리 경이 문을 닫고 나가자 도리언은 초인종을 울렸다. 잠시 뒤 빅터가 등불을 들고 나타나서 덧문을 내렸다. 도리언은 빅터가 나갈 때까지 참을성 있게 기다렸다. 빅터는 무슨 일을 하든 시간을 질질 끄는 것 같았다.

도리언은 빅터가 나가자마자 스크린 쪽으로 달려가 스크린을 거두었다. 그림에 더 이상의 변화는 없었다. 시빌 베인이 죽었다는 소식을 그가 전해 듣기도 전에 초상화가 먼저 소식을 접한 것인지도 모른다. 그렇다면 초상화는 삶에 벌어지는 사건을 감지한다는 뜻이 아닌가. 입가의 아름다운 선을 훼손시킨 그 악의에 찬 잔인한 표정은 틀림없이 그녀가 독약인지 뭔지를 마신 순간에 나타난 것이리라. 아니면 그런 결과와는 아무 상관이 없는 것은 아닐까? 그냥 단순히 사람의 영혼 속에 스쳐 지나간 것을 인식한 것은 아닐까? 그는 궁금했다. 언젠가 자기 눈앞에서 변화가 일어나는 것을 확인하고 싶다고 생각했다. 그리고 그렇게 생각한 자신에게 전율을 느꼈다.

불쌍한 시빌! 얼마나 로맨틱한 사랑이었던가! 그녀는 늘 무대 위에서 죽음을 흉내내고 있었다. 그런데 죽음의 신이 실제로 그녀에게 다가와 그녀를 데려 간 것이다. 그녀는 그 무서운 마지막 장면을 어떻게 연기했을까? 혹시 죽어 가면서 그를 저주한 것은 아닐까? 아니다, 그녀는 그에 대한 사랑 때문에 죽음을 택했다. 그러니 이제는 사랑이 그에게는 평생 신성한 것이 될 것이다. 그녀는 스스로 생명을 희생함으로써 모든 것을 속죄한 것이다. 이젠 그 끔찍했던 날 밤, 극장에서 있었던 비참한 일에 대해서는 더 이상 생각하지 말자. 이제부터는 그녀를, 사랑의 지고한 실재를 보여 주기 위해 이 세상의 무대에 보내진 뛰어난 비극의 등장인물로 생각하는 것이다. 뛰어난 비극의 등장인물? 시빌의 어린아이 같은 얼굴과 애교 있는 투정, 그리고 그 수줍어하고 겁이 많던 아름다운 모습이 떠오르자 도리언은 눈물이 솟아났다. 황급히 눈물을 닦은 그는 다시 초상화로 눈길을 돌렸다.

그는 실제로 선택을 해야 할 시간이 다가왔음을 느꼈다. 아니 이미 선택은 끝난 것이 아닐까? 그렇다, 인생이 그를 대신하여 이미 결정해 놓았다—인생과, 그것에 대한 그의 끝없는 호기심. 영원한 젊음, 지칠 줄 모르는 정열, 교활하고 비밀스러운 쾌락, 기쁨과 더욱 미친 듯한 죄악—그는 그 모든 것을 가지도록 되어 있었다. 그의 불명예스러운 모든 짐은 초상화가 대신 짊어지도록 되어 있었다. 그것뿐이다.

캔버스 위의 아름다운 얼굴에 마련된 모독을 생각하던 도리언에게 고통이 엄습해왔다. 딱 한 번 그는, 나르키소스를 흉내 내는 소년 같은 기분에서 지금 그에게 잔인한 미소를 보내고 있는 그 그림속의 입술에 키스를, 아니 키스하는 시늉을 해본 적이 있었다. 그는 매일 아침 초상화 앞에 앉아 그 아름다움에 감탄하면서 거의 그 그림과 사랑에 빠진 기분을 느낀 적도 있었다. 과연 이 초상화가 앞으로 자신이 느끼는 모든 기분에 따라 같이 변해갈 것인가? 추악하고 혐오스러운 모습으로 변한 이 그림을 자물쇠를 채운 방에 숨겨두고, 그 물결치는 금빛 머리칼을 더욱 빛나게 물들이는 햇빛으로부터 차단해 버려야 한단 말인가? 가련한지고! 가련한지고!

한 순간 그는 자신과 이 초상화 사이에 존재하는 무서운 공명 관계가 사라지게 해달라고 기도할까 생각했다. 그의 기도에 대한 응답으로 이 그림이 변했다면, 다시 기도하면 그 응답으로 더 이상 변하지 않고 그대로 있을지도 모를 일이었다. 그러나 인생에 대해 조금이라도 아는 사람이라면, 누가 영원한 젊음으로 남아 있을 수 있는 기회를 포기하겠는가? 아무리 현실성 없는 기회라 한들, 그로 인해 아무리 무서운 결과가 찾아온다고 한들. 그런데 그건 정말로 자기 마음대로 할 수 있는 일일까? 그림과 본인이 뒤바뀌게 된 것은 정말로 그 기도 때문일까? 거기에는 뭔가 신기한 과학적 이유가 있는 것은 아닐까? 사람의 생각이 살아 있는 유기체에 어떤 영향을 미칠 수 있다면, 생명이 없는 무기물에도 영향을 미칠 수 있는 것은 아닐까? 저, 생각이나 혹은 자각할 수 있는 욕망이 없이 자기 밖의 존재가 자기의 마음이나 감정에 공명하여, 원자가 원자에게 어떤 은밀한 사랑이나 기묘한 친화력으로 호소하는 것일까? 그러나 그 이유는 중요하지 않다. 그는 다시는 기도를 해서 그 무서운 힘을 시험하지는 않을 것이다. 만일 초상화가 변해야 한다면 변하는 것이지 어쩌겠는가. 그뿐이다. 무엇하러 그걸 깊이 물어봐야 한단 말인가?

왜냐하면 그것을 바라보는 것은 진정한 즐거움이기 때문이다. 그는 마음을 따라 은밀한 곳들 속으로 들어갈 수 있을 것이다. 이 초상화는 그에게 가장 마법적인 거울이 될 것이다. 그 거울이 그의 육체를 비춰주었듯이 앞으로는 그의 영혼을 보여줄 것이다. 그래서 이 그림에 겨울이 찾아와도 그 자신은 여름의 입구에서 몸을 파르르 떠는 봄으로 남아 있을 수 있다. 그림 속 얼굴에서 핏기가 사라지고 납처럼 무거운 눈과 생기 없는 창백한 얼굴로 변해도, 살아 있는 그는 소년시절 그대로의 아름다움과 빛나는 매력을 간직할 것이다. 자랑스럽게 핀 그의 아름다운 꽃은 한 송이도 시들지 않을 것이다. 그의 생명의 맥박은 한 박자도 약해지지 않을 것이다. 그는 그리스 신처럼 언제까지나 강하고 날쌔고 기쁨에 넘치는 존재가 될 것이다. 그러니 캔버스 위에 물감으로 그려 놓은 그림에서 무슨 일이 벌어지든 그게 무슨 상관이란 말인가. 그는 영원히 안전할 것이니, 그러면 된 것이다.

도리언은 미소 지으면서 스크린을 다시 그림 앞에 쳐 놓고 하인이 기다리고 있는 침실로 들어갔다. 한 시간 뒤 그는 오페라 극장에 가 있었고, 헨리 경은 의자에 깊숙이 몸을 파묻고 있었다.

제9장

다음 날 아침, 도리언이 앉아 아침을 들고 있을 때 베질 홀워드가 방 안에 들어섰다.

"도리언, 이제야 자네를 보게 되는군." 홀워드는 심각한 얼굴로 말했다. "간밤에도 찾아왔었는데 오페라에 갔다고 하더군. 물론 그럴 리 없을 거라고 생각했지만. 어딜 가면 간다고 말이라도 하고 갔으면 좋았을 텐데. 난 끔찍 밤을 보냈지. 한 비극이 다른 비극을 부르지 않을까 하고 말이야. 자네가 그 소식을 처음 들었을 때 바로 나한테 전보라도 쳐주었으면 좋았을 걸. 아무튼 클럽에서 〈글로브〉지 최종판을 집어 들었다가 우연히 그 기사를 읽게 되었네. 그래서 바로 자네 집으로 달려왔지만 자네가 없어서 참으로 난감하더군. 그 일로 내가 얼마나 가슴이 찢어졌는지 자네는 모를 거야. 자네도 얼마나 괴로웠을지 잘 알고 있네. 그런데 대체 어디 갔었나? 혹시 그 아가씨 어머니를 만나러 갔었나? 나도 자네를 쫓아서 그리로 갈까 생각했다네. 신문에 주소가 나와 있더군. 유스턴 가 어디라고 하던데 맞나? 하지만 내가 위로할 수 있는 일도 아닌데 오히려 슬픔에 끼어들어 더 가중시키지나 않을까 염려한 거야. 가엾은 여자! 지금 심정이 오죽할까! 더군다나 하나밖에 없는 딸인데! 그래 그 어머니는 뭐라고 하던가?"

"아, 베질, 그걸 제가 어떻게 압니까?" 도리언 그레이는 그렇게 중얼거리면서 황금색 기포가 들어 있는 섬세한 베네치아산 유리잔에 든 엷은 노란색 와인을 마셨다. 그리고 몹시 따분한 눈길로 홀워드를 바라보았다. "오페라 극장에 있었어요. 당신도 갔으면 좋았을 텐데. 거기서 해리의 누이동생 그웬돌렌 부인을 처음 만났죠. 모두 그녀의 박스석에 있었어요. 정말 멋진 분이더군요. 그리고 패티의 노래도 좋았고요. 우리 서로 끔찍한 얘기는 거론하지 말기로 해요. 어떤 일에 대해서 아무도 말하지 않으면 그 일은 일어나지 않은 것이 되지요. 해리 표현을 빌린다면, 어떤 일에 사실을 부여한다는 것은 단순히 표현에 불과하대요. 시빌이 무남독녀 외동딸은 아닙니다. 그 어머니에게는 아들도 있어요. 매력적인 젊은이인 것 같아요. 연극배우는 아니고 선원인가 뭔가 그렇대요. 자, 당신 얘기 좀 들려줘요. 요즘은 어떤 그림을 그리고 있죠?"

"오페라 극장에 갔었다고?" 홀워드는 아주 천천히 말했다. 고통스러운 듯 경직된 목소리였다. "시빌 베인은 어느 더러운 방구석에 죽어 누워 있는데, 자네는 오페라 극장에 갔었단 말이지? 자네가 사랑하던 여자가 무덤 속에서 고이 잠들기도 전에, 나한테 어떤 여자가 정말 멋지더라, 패티가 정말 노래를 잘 부르더라 하고 얘기할 수 있는 건가? 이봐, 친구, 그녀의 가녀린 하얀 시신에 끔찍한 공포가 서려 있는데!"

"그만 해요, 베질! 그런 얘긴 듣고 싶지 않아요!" 도리언이 벌떡 일어서면서 소리쳤다. "그만 하세요. 벌어진 일은 벌어진 일이고, 과거는 과거일 뿐이라고요."

"어제를 과거라고 하나?"

"실제로 시간이 얼마나 지났는가는 상관없잖아요? 하나의 감정을 지우는 데 1년이나 걸리는 건 오로지 어리석고 천박한 인간일 따름이에요. 자기 자신을 잘 알고 있는 사람은 쉽게 기쁨을 창조하는 것처럼 슬픔도 쉽게 끝낼 수가 있지요. 난 내 감정에 좌우되고 싶지 않아요. 오히려 그 감정을 이용하고 즐기고 지배하고 싶다고요."

"도리언, 어떻게 그런 끔찍한 말을! 뭔가가 자네를 완전히 딴 사람으로 만들어버렸군. 겉으로 보기에는 초상화를 위해 매일 내 화실에 와서 얌전히 앉아 있던 때와 똑같이 멋진 청년인데. 그 무렵의 자네는 순수하고 자연스럽고 애정이 넘치는 젊은이였어. 이 세상에서 가장 때 묻지 않은 순수한 청년이었어. 그런데 지금은. 자네한테 무슨 일이 있었는지는 모르겠지만, 지금의 자넨 마치 심장도 없고 연민도 없는 냉혈한처럼 말하고 있어. 이게 다 해리의 영향 때문이라는 거, 난 알고 있네."

도리언은 상기된 얼굴이 되어 창쪽으로 다가가더니 잠시 밖을 내다보았다. 쏟아지는 햇살에 푸른 정원이 눈부시게 반짝이고 있었다. "베질, 난 해리에게 무척 감사하고 있어요." 마침내 도리언이 입을 열었다—"당신한테 감사하는 것 이상으로요. 당신은 나에게 헛된 것밖에 가르쳐주지 않았어요."

"오, 그에 대한 벌은 받고 있어, 도리언—아니면 언젠가는 받게 되겠지."

"무슨 말을 하는 건지 모르겠군요, 베질." 도리언이 홀워드를 향해 돌아서며 소리쳤다. "뭘 원하는지 모르겠단 말예요. 대체 원하는 게 뭐죠?"

"내가 초상화를 그려 줬던 그 도리언 그레이를 원하네." 홀워드가 비통한 목소리로 말했다.

"베질." 도리언은 화가에게 다가가 그의 어깨에 손을 얹었다. "너무 늦게 오셨어요. 어제 내가 시빌 베인이 자살했다는 소식을 들었을 때—"

"자살이라고! 오 맙소사! 틀림없는 사실인가?" 홀워드는 공포에 찬 표정으로 도리언을 올려다보면서 소리쳤다.

"베질! 물론 이번 일을 그렇고 그런 사고라고 생각하고 있는 건 아니겠죠? 그녀는 자살했어요."

연상의 남자는 두 손으로 얼굴을 감싸쥐었다. "무서운 일이야." 그가 중얼거렸다. 그의 온몸을 전율이 휩쓸고 지나갔다.

"아닙니다." 도리언 그레이가 말했다. "조금도 무서운 일이 아니에요. 이건 현대의 가장 로맨틱한 비극의 하나죠. 연기를 하는 사람들은 대체로 가장 진부한 삶을 누린다는 것이 하나의 철칙으로 되어 있어요. 그들은 좋은 남편, 충실한 아내 혹은 싫증나는 것들입니다. 제 뜻을 아시겠죠—중류계급의 미덕이니 하는, 뭐 그런 종류의 것들인 거죠. 하지만 시빌은 달라요! 그녀는 최고의 비극 안에서 산 겁니다. 그 비극 속에서 그녀는 항상 여주인공이었어요. 그녀가 연기했던 마지막 날 밤—당신이 그녀를 본 바로 그날 밤—그녀의 연기는 정말 엉망이었어요. 이유는 그녀가 사랑의 실체를 깨달았기 때문이에요. 그리고 사랑의 비현실성을 깨닫고 죽은 겁니다. 줄리엣이 그랬던 것처럼. 그녀는 다시 예술의 영역 속으로 들어간 거죠. 그녀에게는 순교자와 같은 뭔가가 있어요. 그녀의 죽음에는 순교자의 정열적인 무의미함, 헛된 아름다움이 모두 들어 있어요. 하지만 아까도 말했듯이, 내가 괴로워하고 있다고는 생각하지 말아주세요. 만약 당신이 어제 바로 그 순간에 찾아왔더라면—아마 5시 반이나 45분쯤—아마도 눈물을 흘리는 제 모습을 목격했을 겁니다. 어제 그 소식을 전하러 여기에 온 해리도 실제로 내가 얼마나 고통을 겪을지 상상도 못했을 거예요. 난 정말 괴로웠습니다. 하지만 그건 이미 지나가 버렸어요. 똑같은 감정을 되풀이할 수는 없어요. 감상주의자라면 모를까 어느 누구도 그 감정을 똑같이 되풀이할 순 없죠. 그리고 당신은 정말 정당하지 못하군요, 베질. 당신은 여기에 나를 위로하러 온 것 아닌가요? 그건 고마운 마음씨죠. 그런데 이미 위안을 받은 저를 보고 화를 내고 있군요. 그런 배려가 어디 있습니까! 당신을 보니 해리가 저에게 한 이야기가 한 가지 생각나요. 어느 박애주의자에 대한 이야긴데, 그 사람은 20년이나 되는 세월을 어떤 고충을 해소하거나 뭔가 불공평한 법률을 고치려고 했다더군요. 정확한 건 기억나지 않지만, 아무튼 그는 성공했어요. 그러나 그 사람은 곧 완전히 낙담하고 말았어요. 뜻을 이루고 나니까 할 일이 아무것도 없어서 권태 때문에 죽을 지경이 되었던 거죠. 그러다가 결국은 인간을 혐오하는 고질적인 염세주의자가 되고 말았다는 이야기입니다. 그러니 친애하는 베질, 진정으로 나를 위로하고 싶다면 지난 일을 잊도록, 아니면 예술 본연의 관점에서 보도록 가르쳐야 하지 않겠어요? 예술의 위안에 대한 글을 쓴 사람은 고티에[*1]가 아닌가요? 언젠가 당신 화실에서 가죽으로 장정된 어떤 책을 보았지요. 거기에 멋진 표현이 몇 가지 있던 게 기억나는군요. 아무튼 함께 말로의 연극을 보러 갔을 때 당신이 말한 그 젊은 친구와는 달라요. 왜 노란색 공단은 인생의 모든 고통을 위로해 준다고 말했다는 그 청년 말이에요. 나도 손으로 직접 만질 수 있고 다룰 수 있는 아름다운 것들을 좋아해요. 무늬를 짜 넣은 오래된 비단, 청동 조각상, 옻칠을 한 그릇들, 상아조각품, 그런 아름다운 것들에 에워싸여 있으면, 그 호화로운 화려함 속에서 많은 것을 얻을 수 있지요. 하지만 그런 것들이 만들어내는, 아니 적어도 그런 것들이 보여주는 예술적 기질이 더욱 소중해요. 해리가 말한 대로 자신의 삶을 지켜보는 관객이 되는 것은 삶의 고통을 피하는 방법이거든요. 당신은 이런 식으로 말하는 나를 보고 아마 놀라시겠죠. 내가 얼마나 성장했는지 당신은 모를 겁니다. 당신이 나를 알았을 때 나는 어린아이였어요. 하지만 지금 나는 성인이 되었어요. 그리고 그때와는 달리 새로운 정열과 새로운 생각과 새로운 심상을 지니게 되었지요. 난 달라졌어요. 그래도 당신이 나를 전보다 싫어하지 않았으면 좋겠어요. 나는 달라졌지만 당신은 여전히 내 친구가 되어 주셔야 해요. 물론 난 해리를 무척 좋아해요. 하지만 당신이 그 사람보다

[*1] 오스카 와일드에게 많은 영향을 주었던 프랑스의 소설가이자 시인. 그도 낭만주의의 영향을 받아 예술지상주의를 내세웠던 작가다.

더 좋은 사람이라는 걸 알아요. 당신이 해리보다 더 강하지는 않지만—인생을 너무 두려워하니까요—그래도 당신이 더 좋아요. 우리가 함께 있을 때 얼마나 행복했는지! 제 곁을 떠나지 마세요, 베질. 그리고 우리 서로 입씨름은 그만해요. 지금의 내가 진짜 나예요. 그 밖에는 더 할 말이 없어요."

화가는 이상한 감동을 느끼고 있었다. 그는 도리언을 한없이 사랑했고, 어떻게 보면 이 젊은이는 자신의 예술에 커다란 전환점이 되었었다. 더 이상 이 젊은 친구를 비난하는 건 그로서도 견딜 수 없는 일이었다. 어차피 도리언의 냉담함은 곧 사라지게 될 일시적인 기분에 지나지 않을 것이다. 그에게는 장점도 많고, 고귀한 점도 퍽이나 많았다.

"알았네, 도리언." 한참 뒤 화가는 슬픈 듯이 미소 지으면서 입을 열었다. "오늘 이후로 이 끔찍한 사건에 대해서 더 이상 아무 말도 하지 않겠네. 이번 일과 관련해서 자네 이름이 거론되지 않기만을 바랄 뿐이야. 오늘 오후에 검시가 있다고 하던데 경찰이 자네를 소환하지는 않나?"

'검시'라는 말이 나온 순간 도리언의 얼굴에 불쾌한 듯한 표정이 스치고 지나갔지만 그는 고개를 가로저었다. 그런 종류의 말에는 어딘가 노골적이고 거친 느낌이 있었다. "그들은 내 이름을 모릅니다." 그가 대답했다.

"하지만 그 여자는 알고 있었을 것 아닌가?"

"세례명만 알려 줬어요. 그리고 그녀는 그 세례명조차 어느 누구에게도 말하지 않았을 게 확실해요. 한번은 그녀가 이런 말을 하더군요. 주변 사람들이 내가 누군지 몹시 알고 싶어 하는데 그녀는 그냥 '멋진 왕자님'이라고만 알려 줬다고요. 참 고운 마음씨죠. 베질, 시빌의 모습을 좀 그려주지 않겠어요? 입맞춤 몇 번이나 정열적인 몇 마디 말보다는 뭔가 확실한 그녀의 것을 간직하고 싶어요."

"자네가 원한다면 노력해 보겠네, 도리언. 하지만 그러려면 자네가 다시 모델이 되어줘야 해. 자네가 없으면 난 그림을 그릴 수가 없거든."

"이제 모델은 할 수 없어요, 베질. 절대로 못 해요." 도리언이 뒤로 물러서면서 소리쳤다.

화가는 그를 빤히 응시하면서 큰 소리로 말했다. "이봐, 그게 무슨 소리야! 자네, 내 그림이 마음에 안 든다는 건가? 그 그림은 어디 있어? 왜 그 앞에 스크린을 쳐놓은 건가? 좀 봐야겠어. 내가 그린 최고의 걸작인데 말이야, 도리언, 어서 저 스크린을 치워주게. 내 작품을 저렇게 가려 놓다니, 자네 하인은 참으로 무례한 자로군. 어쩐지 방에 들어설 때 느낌이 좀 다르다 했더니."

"베질, 내 하인하고는 아무 상관없는 일이에요. 내가 방을 정리하는 데 하인을 시킨다고 생각하신 모양이죠? 그 친구는 가끔 꽃이나 정리해 주는 정도예요. 내가 직접 한 일입니다. 초상화에 햇빛이 너무 강하게 쬐어서요."

"빛이 너무 강하다니! 그럴 리가 없지 않나? 그림을 설치하기엔 딱 좋은 장소거든. 어쨌든 내가 봐야겠어." 홀워드는 그림을 세워 둔 방 한쪽 구석으로 걸음을 옮겼다.

도리언 그레이의 입에서 두려운 외마디 소리가 터져 나왔다. 그리고 달려들어 화가와 스크린 사이에 가로막고 섰다. "베질." 도리언이 하얗게 질린 얼굴로 말했다. "봐서는 안 됩니다. 제발 부탁이에요."

"내가 그린 그림도 보지 말라니! 진심이 아니겠지. 내가 봐서는 안 될 이유라도 있나?" 홀워드는 어이없다는 듯이 웃으면서 큰 소리로 말했다.

"베질, 기어코 당신이 이 그림을 보겠다고 기를 쓴다면, 내 명예를 걸고 내가 살아 있는 동안 당신하고는 절대로 말을 하지 않을 겁니다. 진심이에요. 그 이유는 설명할 수 없어요. 그러니 제발 묻지 말아 주세요. 하지만 기억하셔야 해요, 당신이 저 스크린에 손을 댄다면 우리 두 사람 관계는 그것으로 끝장입니다."

홀워드는 전기에 감전이라도 된 것처럼 쇼크를 받았다. 그는 도리언 그레이를 황당한 눈으로 바라볼 뿐이었다. 지금까지 도리언의 이런 모습은 본 적이 없었다. 그는 분노로 새하얗게 질려 있었다. 두 주먹을 불끈 쥐고, 눈동자에서는 푸른 불꽃이 활활 타오르는 것 같았다. 그리고 온몸을 부들부들 떨고 있었다.

"도리언!"

"아무 말도 하지 마세요!"

"하지만 뭐가 문제야? 물론 자네가 원치 않으면 나도 보지 않겠네." 그는 비교적 냉정하게 그렇게 말하더니 몸을 돌려 창가로 걸음을 옮겼다. "하지만 말이야, 내 작품을 내가 봐서는 안 된다는 게 얼마나 우스운 얘기인가? 더욱이 그 작품을 가을에 파리에서 전시하려고 계획 중인데 말이야. 전시회

전에 다시 한 번 니스를 칠해줘야 하거든. 그렇기 때문에 언젠가는 그림을 좀 봐야 하네. 그런데 오늘은 왜 안 된다는 건가?"

"전시회에 출품한다고요! 정말이에요?" 도리언 그레이가 소리쳤다. 이번에는 전과는 다른, 기묘한 공포가 밀려왔다. 그렇다면 온 세상에 그의 비밀이 드러나는 게 아닌가? 사람들이 그의 생에 대한 미스터리를 입을 쩍 벌리고 보게 될 것 아닌가? 절대로 그런 일이 일어나서는 안 된다. 무언가를—어떻게 할 것인가는 모르지만—아무튼 무슨 수를 써야 한다.

"그래, 자네가 반대할 거라고는 생각하지 않았네. 조르주 프티가 파리의 세즈 가*2에서 특별 전시회를 열려고 내 작품 중에서 최고의 작품들을 수집 중이거든. 10월 첫째 주에 전시회가 열린다는데, 자네 초상화도 한 달 정도 그곳에 전시될 거야. 그 정도 기간이면 자네도 저 초상화 없이 지낼 수 있을 거라고 생각하네만. 사실 자네도 그때쯤 어디 가 있지 않나? 게다가 저렇게 스크린으로 가려 놓고 있는 걸 보면 뭐 별로 관심 밖인가 봐?"

도리언 그레이는 이마를 손으로 닦았다. 어느새 땀방울이 송골송골 맺혀 있었다. 자기가 매우 위험한 벼랑 끝에 서 있다는 것을 느꼈다. 도리언이 소리쳤다. "한 달 전 당신은 저 그림을 절대로 공개하지 않을 거라고 했어요. 마음이 바뀐 이유가 뭐죠? 당신처럼 일관성 있게 행동하는 사람도 남들처럼 변덕을 부리기도 하는 모양이군요. 차이가 있다면, 당신의 변덕은 다른 사람들보다 의미가 없다는 거죠. 무슨 일이 있어도 절대로 전시하지 않겠다고 엄숙하게 약속한 것을 잊은 건 아니겠죠. 해리한테도 똑같이 그 말을 했을 텐데요." 여기서 갑자기 도리언이 말을 멈췄다. 한 줄기 광채가 그의 눈가를 스치고 지나갔다. 예전에 헨리 경이 농담 반 진담 반으로 했던 말이 떠올랐다. '한 15분 정도 재미있는 분위기를 즐기고 싶으면 베질더러 왜 자네 초상화를 전시하지 않으려고 하는지 그 이유를 물어보게나. 나한테는 그 이유를 들려줬는데, 정말 뜻밖의 얘기였다네.' 그렇다, 베질에게도 자신만의 비밀이 있는 게 틀림없다. 이번 기회에 그 비밀이 무엇인지 애써 물어볼 것이다.

"베질." 도리언은 홀워드 곁으로 바짝 다가가서 그의 얼굴을 똑바로 보면서 말했다. "우리 두 사람은 각자 자기만의 비밀을 간직하고 있는 것 같군

---

*2 조르주 프티가 운영하는 화랑이 있는 파리의 거리. 프티의 화랑은 인상파 화가들의 그림을 전시한 것으로 유명하다.

요. 당신의 비밀이 뭔지 알려 주면 나도 내 비밀을 말하지요. 왜 제 초상화를 전시하지 않겠다고 한 건지, 그 이유가 뭐죠?"

화가는 자신도 모르게 몸서리를 쳤다. "도리언, 그 얘기를 하면 자네는 분명 나를 멀리하게 될 테고 또 나를 비웃을 거야. 자네가 날 멀리하거나 비웃는 것을 내가 어떻게 견딜 수 있겠나? 내가 자네의 초상화 보는 것을 원치 않는다면, 그래 안 보겠네. 대신 자네를 직접 보면 되니까. 내가 창조한 최고의 작품을 자네가 세상 사람들의 눈에서 감추고 싶다면 그것도 만족하겠네. 나에게는 어떤 명성이나 평판보다는 자네와의 우정이 더 소중하니까."

"아닙니다, 베질. 꼭 말해 주세요." 도리언 그레이는 물러서지 않았다. "나에게도 알 권리가 있다고 생각합니다." 조금 전까지 그를 엄습했던 공포심이 사라지면서 대신 호기심이 솟아났다. 그는 베질 홀워드의 수수께끼를 반드시 알아내고야 말겠다고 마음먹었다.

"자, 우선 자리에 좀 앉지, 도리언." 화가는 괴로운 표정을 지으면서 말했다. "자, 앉자고. 그리고 한 가지만 질문에 대답해주게. 자네, 초상화에서 이상한 점을 보지 못했나? ―아마 처음에는 그리 눈에 띄지 않았을 테지만 어느 순간 갑자기 눈에 확 띄는 게 말이야?"

"베질!" 도리언은 떨리는 손으로 의자의 팔걸이 부분을 꼭 붙든 채 소리를 질렀다. 그리고 깜짝 놀라서 흥분된 눈길로 홀워드를 뚫어지게 쳐다보았다.

"그랬군. 말하지 말게. 내 얘기부터 다 듣고 나서 말하게나. 도리언, 자네를 처음 만났을 때부터 자네의 그 독특한 매력은 나에게 특별한 영향을 미쳤다네. 난 자네에게 압도당하고 말았어, 영혼이고 두뇌고 힘도. 나에게 자네는 어떤 절묘한 꿈처럼 우리 예술가들의 기억 속에서 떠나지 않는 무형의 이상을 볼 수 있도록 만들어 준 화신이 되었다네. 그래서 난 자네를 숭배하게 되었지. 자네가 다른 사람과 말을 할 때면 질투를 느끼기도 했어. 자네를 독차지하고 싶은 마음 때문이었지. 내가 행복을 느끼는 순간은 오로지 자네와 함께 있을 때뿐이었어. 자네가 내 곁을 떠나 있을 때도 자네는 늘 내 예술 속에 자리하고 있었어.…… 물론 이런 사실을 자네한테는 감췄네. 자네가 알아서는 안 된다고 생각했거든. 알았더라도 자네는 이해하지 못했을 거야. 나 자신도 이해가 안 되는걸. 내가 알고 있는 것이라곤 내가 완벽한 모습을 직접 보고 있다는 사실, 그리고 내 눈에 세상이 점점 경이롭게 보인다는 사실뿐이었네. 틀림없이 그건 너무 아름다웠던 거야. 그러한 광기어린 숭배에는 위험이 내재해 있다네. 그것을 유지해 나가는 것과 마찬가지로 그것을 잃어버릴까 하는 위험말일세…… 몇 주일이 지나는 동안 나는 갈수록 더 자네한테 빠져들었다네. 그러면서 새로운 진전이 있었지. 처음에 나는 자네를 미려한 갑옷을 입은 트로이의 파리스 왕자의 모습으로, 그리고 사냥꾼 옷을 입고 멧돼지 사냥용 창을 든 아도니스의 모습으로 그렸지. 묵직한 관을 머리에 쓴 자네는 하드리아누스 황제의 배에 앉아 나일강의 탁한 물살을 바라보기도 하고, 그리스 어느 숲 속 잔잔한 연못 위에 엎드려 은빛의 고요한 수면 위에 비친 자신의 아름다운 얼굴에 도취해 있기도 했지. 그리고 그 모든 것은 바로 예술의 모습이었고 무의식 속의 닿을 수 없는 이상과 같은 것이었어. 그러던 어느 날, 가끔 운명적 날이라고 생각하네만, 난 자네를 실제의 모습 그대로 멋진 초상화를 그려야겠다고 결심했어. 죽은 시대의 의상을 입은 자네 모습이 아니라, 자네 몸에 맞는 이 시대의 옷을 입고 있는 실제 자네 모습 말일세. 그런 결심의 동기가 사실주의 수법에 대한 생각 때문인지, 안개나 장막에 가려지지 않고 나에게 직접 전달된 자네의 개성이 지닌 경이로움 때문인지는 잘 모르겠어. 하지만 그 그림을 그리는 동안, 거듭되는 붓놀림과 물감 덩어리가 나의 비밀을 드러낸다는 느낌이 들더군. 나는 이 우상숭배의 기분을 다른 사람이 알게 되지 않을까 두려웠네. 나는 말이네, 도리언, 내가 너무 많은 말을 했다고 생각했어. 그림 속에 나 자신을 너무 많이 쏟아 넣었다는 생각이 들었다네. 그래서 이 그림을 결코 전시하지 않겠다고 결심한 거라네. 자넨 좀 화를 내고 있군 그래. 하지만 그 무렵의 자네는 이 그림이 나에게 어떤 의미를 지니고 있는지 모르고 있었지. 해리에게는 얘기했는데, 콧방귀를 뀌더군. 그러나 상관없네. 그러건 말건, 그림이 완성되었을 때 난 그림과 함께 혼자서 화실에 앉아 내가 옳았노라고 느꼈지……. 자, 며칠 뒤에 그림은 내 화실을 떠났어. 존재하는 것만으로도 견딜 수 없는 매력을 뿜는 그 그림이 사라지고 나자, 나는 곧 그 그림에서 자네가 참으로 아름답다는 것과 나에게 그림의 재능이 있다는 것 이상으로 무언가를 보았다고 상상했던 것이 어리석게 생각되더군. 지금까지도 나는 창작하는 가운데 느끼는 열정이 그 작품 속에 실제로 드러난다고 생각하는 것은 잘못이라고 생각하지 않을 수 없어. 예술은 우리가 생각하는 것 이상으로 추상적이거든. 색과 형태가 전하는 건 색과 형태—그게 전부일세. 난 예술은 예술가를 드러내기보다는 철저히 감추는 것이라는 생각을 종종 하게 되네. 그래서 파리에서 제안이 들어왔을 때 자네 초상화를 내 작품 전시회의 대표작으로 내세우기로 결심했지. 자네가 거부하리라고는 생각지도 못했어. 그런데 지금 보니까 자네가 옳은 것 같네. 그 그림을 보여 줘서는 안 될 것 같아. 도리언, 내가 한 말 때문에 화를 내지는 말아주게. 해리한테도 말했지만 자네는 마땅히 숭배받기 위해 태어난 사람이야."

도리언 그레이는 길게 숨을 토해 냈다. 그의 뺨에는 다시 혈색이 돌아오고 입가엔 미소가 어려 있었다. 위기는 지나갔다. 당분간 안전하다는 뜻이다. 그러나 그는 자신에게 이런 생소한 고백을 한 화가에게 한없는 연민의 정을 느끼지 않을 수 없었다. 동시에 이 화가처럼 자기 자신도 어느 친구의 매력에 이토록 지배당하는 일이 있을지 궁금했다. 헨리 경의 경우, 그는 매우 위험한 매력을 지닌 사람이었다. 그러나 그뿐이었다. 그는 너무 똑똑하고 너무 냉소적이어서 진정으로 좋아할 수 있는 사람은 아니었다. 과연 자신에게도 이처럼 묘한 우상 숭배의 감정을 불어넣어 줄 사람이 있을까? 혹 인생이 그를 위해 그런 사람을 예비해 놓은 것은 아닐까?

"참 나로서는 뜻밖이네, 도리언." 홀워드가 말했다. "자네가 초상화에서 그걸 봤다는 게. 정말로 알아봤는가?"

"뭔가 있다는 걸 알았습니다." 도리언이 대답했다. "굉장히 흥미롭다고 생각했어요."

"그럼 지금 나에게 다시 한 번 보여주겠나?"

도리언은 고개를 저었다. "베질, 그건 요구하지 마세요. 당신을 저 그림 앞에 서게 할 수는 없어요."

"그럼 나중에 보여 주겠나?"

"절대로 안 됩니다."

"그래, 자네 생각이 옳을지도 모르지. 그럼 난 가네, 도리언, 자네는 내 예술에 커다란 영향을 준, 내 인생에 단 하나뿐인 사람일세. 내가 그림을 잘 그릴 수 있었던 건 다 자네 덕이야. 아! 자넨 모를 거야, 자네에게 그 모든 얘기를 하는 것이 나에게 얼마나 고통스러운 일이었는지."

"베질." 도리언이 말했다. "대체 나한테 무슨 말을 한 거죠? 단지 나를 지나치게 숭배했던 것 같다고 말했을 뿐이잖아요? 그건 칭찬도 아니에요."

"빈말을 하려고 그런 건 아니었네. 고백이었어. 아무튼 다 털어놓고 나니까 내 속에서 뭔가가 빠져나간 듯 후련하군. 어쩌면 자기가 누굴 숭배하는 마음은 입 밖에 내지 않는 것이 좋을 것 같다는 생각도 드네."

"매우 실망스러운 고백이었어요."

"왜, 뭐 달리 기대한 게 있었나, 도리언? 설마 그림에서 다른 어떤 것을 본 건 아닌가? 다른 건 아무것도 없었을 텐데?"

"네, 없었어요. 왜 그렇게 묻는 거죠? 어찌 되었든 숭배에 대해서는 말하지 않는 게 좋을 뻔했어요. 바보 같은 생각이니까. 베질, 당신과 난 친구이고, 앞으로도 영원히 그런 사이로 남을 거예요."

"자네한테는 해리가 있지 않나." 화가가 씁쓸한 듯이 말했다.

"오, 해리 말인가요!" 젊은이는 잔물결처럼 웃음을 터뜨리면서 말했다. "해리는 낮에는 믿을 수 없는 말만 하고, 저녁에는 상상도 할 수 없는 일만 하는 사람이죠. 나도 바로 그런 삶을 살고 싶어요. 하지만 난 뭔가 곤란한 일이 있을 때, 해리에게 달려가지는 않을 것 같아요. 먼저 당신에게 달려가면 갔지."

"다시 모델이 되어 주지 않겠나?"

"그건 안 돼요!"

"도리언. 자네의 그 거절로 화가로서의 내 인생을 망쳐버렸네. 어느 누구도 두 개의 이상을 만날 수는 없네. 하나도 만나지 못하는 사람이 수두룩하거든."

"그 이유는 설명할 수 없어요, 베질. 하지만 다시는 당신의 모델이 될 순 없어요. 초상화에는 뭔가 숙명적인 데가 있어요. 초상화 자체가 생명을 가지고 있죠. 당신을 찾아가서 함께 차를 마시기는 할 거예요. 그것만으로도 즐거운 일이잖아요."

"자네한테야 그게 더 즐거운 일일 테지." 홀워드는 유감스러운 듯이 중얼거렸다. "자, 이제 난 가겠네. 저 그림을 다시 한 번 보고 싶었는데 유감이야. 하지만 어쩔 수 없지. 자네 마음은 충분히 이해하네."

홀워드가 방에서 나갈 때 도리언 그레이는 미소짓고 있었다. 가엾은 베질! 진짜 이유는 전혀 모르고 있다! 게다가 이 얼마나 기묘한 일인가! 자신의 비밀을 들키는 대신 오히려 우연찮게 친구의 비밀을 억지로 끄집어내고 말았으니! 그 기묘한 고백으로 얼마나 사태를 잘 알게 되었는가! 그 화가의 터무니없는 질투와 맹목적인 애정, 도에 넘친 찬사, 그리고 이해할 수 없는 침묵—그는 모든 걸 이해하게 되었고, 죄송스럽기도 했다. 이렇게 로맨스로 채색된 우정은 어딘가 비극적이라는 생각이 들었디.

그는 한숨을 내쉬고 초인종을 울렸다. 어떻게 해서든지 초상화를 감춰야 했다. 지금처럼 또다시 발견되는 위험은 없어야 한다. 어느 친구라도 출입이 가능한 이 방에 단 한 시간이라도 그림을 그대로 두는 것은 미친 짓이었다.

제10장

빅터가 들어오자 도리언은 그를 뚫어지게 쳐다보면서 이자가 혹시 스크린 뒤를 몰래 들여다본 적이 있을까 하고 생각했다. 빅터는 지극히 무표정하게 그의 지시를 기다리고 있었다. 도리언은 담배에 불을 붙인 다음 거울 앞으로 걸어가 그 속을 들여다보았다. 거울 속에는 빅터의 얼굴이 비쳤다. 남을 섬기는 자의 조용한 얼굴이었다. 이자에 대해선 걱정 안 해도 될 것 같았다. 그래도 조심하는 것이 최선이라고 그는 생각했다.

도리언은 매우 느린 목소리로, 가정부를 자기에게 보내 주고, 액자집에 가서 일꾼을 한두 사람 보내도록 부탁하고 오도록 지시했다. 방을 나서는 빅터의 눈이 스크린이 있는 쪽을 향한 것 같은 느낌이 들었다. 그의 단순한 환상일까?

잠시 뒤, 검은색 비단 원피스를 입고 주름투성이 손에 아마실로 짠 고풍스러운 긴 장갑을 낀 리프 부인이 들어왔다. 도리언은 그녀에게 공부방 열쇠를 달라고 했다.

"그 옛날 공부방 말씀인가요?" 그녀가 물었다. "아이구, 거긴 지금 먼지투성이에요. 제가 정리 좀 하고 치운 다음에 들어가세요. 너무 엉망이라 도저히 들어가실 수 없으세요. 정말이에요."

"정리하지 않아도 돼요, 리프. 그냥 열쇠만 주면 돼."

"하지만 주인님, 그 안에 들어가시면 온통 거미줄을 뒤집어쓸 겁니다. 거의 5년 동안 아무도 쓰지 않은 방이잖아요. 주인 어르신이 돌아가신 뒤로 한 번도 열어 본 적이 없어서 말예요."

도리언은 그녀가 할아버지를 언급하자 얼굴을 찌푸렸다. 할아버지에 대해 불쾌한 기억이 있기 때문이었다. "그냥 방을 보고 싶어서 그래—그것뿐이야. 열쇠나 줘요."

"예, 여기 있어요." 그녀는 서투르게 떨리는 손으로 열쇠 다발을 더듬었다. "여기 있네요. 곧 빼서 드릴게요. 그런데 거기에서 오래 계실 생각은 마 세요, 마님. 이곳이 훨씬 편안하시죠?"

"아니야, 아냐." 그는 짜증난 목소리로 외쳤다. "고마워, 리프. 이젠 됐 어."

그녀는 잠시 더 머무르면서 세세한 집안일을 놓고 주절주절 얘기를 늘어 놓았다. 그는 한숨을 쉬며 그녀가 최선이라고 생각하는 대로 일을 처리하라 고 일렀다. 그녀는 환하게 웃는 얼굴로 방을 나섰다.

문이 닫히자 도리언은 열쇠를 주머니에 넣고 방 안을 둘러보았다. 그의 눈 길이 커다란 자주색 공단 침대커버에 가서 멎었다. 그것은 금실로 수를 잔뜩 놓은, 17세기 말의 훌륭한 베네치아산 제품으로, 그의 할아버지가 볼로냐 근처에 있는 수녀원에서 발견한 것이다. 그래, 저것이면 그 끔찍한 그림을 싸는 데 충분하겠지. 그것은 아마도 종종 시신을 덮는 장막으로 활용했을 법 하다. 이제는 자신의 부패를 감추는 데 쓰일 것이다. 자기 자신의 죽음보다 더 끔찍한 부패—공포만 가중시킬 뿐 결코 죽는 법이 없는 그 어떤 것을. 그의 죄는 주검에 달려드는 벌레처럼 캔버스 위의 그림을 갉아먹어 치우고 있었다. 아름다움은 손상되고 기품은 가루가 되어 떨어질 것이다. 죄악은 이 그림을 더럽히고 치욕스러운 존재로 바꿔놓을 것이다. 하지만 그런데도 이 그림은 계속 살아 있다. 영원히 살아 있을 것이다.

도리언은 몸서리를 치고는, 한 순간 이 그림을 숨기고 싶은 진짜 이유를 베질에게 고백하지 않은 것을 후회했다. 베질이라면 헨리 경의 영향력과 그 자신의 기질에서 비롯된 더욱 파괴적인 영향을 과감히 뿌리치도록 도와줄 수 있을지도 모른다. 베질이 그에 대해 품고 있는 사랑은—그것이 진정한 사랑이기 때문에—어디까지나 그 지적 속에는 고귀하지 않고 지적이지 않는 것은 전무할 것이다. 그의 사랑은 관능에 의해 태어나서 감각이 시들해지면 사라져버리는 그런 단순한, 겉모습의 아름다움에 대한 사랑이 아니었다. 그 의 사랑은 미켈란젤로나 몽테뉴, 빙켈만, 그리고 셰익스피어, 그런 사람들이 알았던 사랑이었다. 그렇다. 베질이라면 그를 구해줄 수 있었을지 모른다. 그러나 이젠 너무 늦었다. 과거는 언제든지 부정할 수 있다. 후회나 부인, 또는 망각을 통해서. 그러나 미래를 피할 수는 없다. 그의 내부엔 무서운 형 태로 모습을 드러내려고 하는 정열이 있었다. 악의 그림자를 현실화하려는 꿈이 있었다.

그는 소파에 덮여 있던 자주색과 금색이 어우러진 커다란 천을 벗겨 두 손에 들고 스크린 뒤로 돌아갔다. 초상화의 얼굴은 전보다 더욱 혐오스러운 모습으로 변했을까? 그가 보기엔 변한 게 하나도 없었다. 그러나 그 얼굴에 대한 혐오감은 전보다 더 강렬했다. 금발 머리, 푸른 눈, 장미처럼 붉은 입술—모두가 그대로였다. 변한 것은 표정뿐이었다. 무섭도록 잔인한 표정이었다. 내가 그 그림 속에서 보았던 질책과 비난에 비하면, 시빌 베인 사건에 대한 베질의 비난은 얼마나 가벼운 것인가! 얼마나 가볍고 하찮은 것인가! 도리언 자신의 영혼이 캔버스 속에서 그를 응시하면서 그에게 판단을 요구하고 있었다. 도리언의 얼굴에 고통스러운 표정이 떠오르더니, 그 화려한 장막으로 그림을 덮었다. 바로 그때 노크 소리가 들렸다. 그가 그림에서 물러나고 하인이 들어왔다.

"그분들이 도착했습니다, 마님."

도리언은 저 하인을 당장 나가도록 해야 한다고 생각했다. 그가 이 그림을 어디로 옮겨가는지 알아서는 안 된다. 어딘가 교활한 구석이 있는 그 하인은 무슨 생각에 잠긴 듯한 방심할 수 없는 눈을 하고 있었다. 책상 앞에 앉은 도리언은 헨리 경 앞으로, 뭔가 읽을 만한 책이 있으면 보내 달라는 것과 오늘 저녁 8시 30분에 만나기로 약속한 것을 확인하는 편지를 썼다.

"기다렸다 답신을 받아 오게." 도리언은 하인에게 편지를 건넸다. "그리고 사람들을 안으로 들어오라고 하고."

2, 3분 뒤에 다시 노크 소리가 들리더니 오들리 가의 유명한 액자공인 허버드 씨가 다소 인상이 거칠어 보이는 젊은 조수를 직접 데리고 들어왔다. 허버드 씨는 불그레한 혈색에 붉은 구레나룻을 기른 조그마한 사람으로, 원래는 예술을 높이 평가했지만 거래하는 대부분의 예술가들이 고질적인 가난에 시달리고 있는 것을 알고 예술에 대한 태도가 많이 달라진 사람이다. 대체로 그는 자기 가게를 떠나는 일 없이 사람들이 가게로 찾아오기를 기다렸다. 하지만 도리언 그레이에게만은 언제나 특별대우를 해주었다. 도리언에게는 사람의 마음을 끌어당기는 그 무엇이 있었기에 그를 보는 것만으로도 즐거운 일이었다. 허버드 씨는 반점투성이의 두툼한 손을 비비면서 말했다. "뭘 도와 드릴까요, 그레이 씨? 제가 직접 왔습니다. 마침 좋은 액자가 하

나 손에 들어와서요. 경매에서 찾아낸 겁니다. 오래된 피렌체 스타일 액자인데 제 생각엔 폰트힐 저택에서 나온 것 같습니다. 종교화에 아주 잘 어울리는 액자랍니다, 그레이 씨."

"여기까지 오시게 해서 미안하군요. 허버드 씨, 언제 한 번 들러서 그 액자를 보기로 하지요. 요즘엔 종교화에 별 흥미가 없긴 하지만. 오늘은 그림 한 점을 위층으로 옮기려고요. 꽤 무거워서 당신네 두세 사람 정도의 일손을 부탁드려야겠기에."

"당연히 해드려야죠, 그레이 씨. 그레이 씨를 위해서라면 어떤 일이든 기꺼이 해드릴 수 있습니다. 어떤 작품인가요?"

"이겁니다." 도리언이 스크린을 치우면서 대답했다.

"덮개는 이대로 두고 옮길 수 있겠죠? 위층으로 옮기다가 긁히거나 해서는 곤란하니까."

"문제없습니다." 상냥한 액자공은 그렇게 대답하고는 조수의 도움을 받아 그림이 매달려 있는 긴 놋쇠 사슬에서 그림을 떼어 내기 시작했다. "그럼 이 그림을 어디로 옮길까요, 그레이 씨?"

"내가 안내하겠어요, 허버드 씨. 따라 오세요. 아니면 앞서 가시는 게 더 좋을 것 같기도 하군요. 맨 꼭대기층의 오른쪽 방이에요. 정면의 계단에서 올라갑시다. 그쪽이 더 넓으니까."

도리언은 문을 열고 잡아 주었다. 그들은 홀로 나가서 계단을 오르기 시작했다. 액자 때문에 부피가 상당히 컸다. 그래서 신사가 뭔가 실용적인 일을 하는 것을 보기 싫어하는 뿌리 깊은 장인 기질이 있는 허버드 씨가 그러면 안 된다고 극구 말렸지만 도리언도 이따금 한몫 거들고 나섰다.

"상당히 무겁군요." 계단 맨 꼭대기의 층계참에 다다르자 키가 작은 허버드 씨가 숨을 헐떡거리면서 땀으로 번뜩이는 이마를 손으로 훔쳤다.

"꽤나 무겁죠?" 도리언은 그렇게 말하면서 자기 인생의 비밀을 묻어두고 세상 사람들의 눈을 피해 자신의 영혼을 숨겨둘 방문을 열었다.

그가 이 방에 마지막으로 들어간 지 벌써 4년이 넘었다. 어렸을 땐 놀이방으로 사용했고, 좀 더 자라서는 공부방으로 사용한 이후로는 한 번도 들어가 본 적이 없는 방이었다. 넓고 잘 짜여진 방으로, 돌아가신 켈소 경이 어린 손자를 위해 특별히 마련해 준 것이었다. 켈소 경은 손자가 하필이면 자기 엄마를 닮았다는 이유로 또는 기타 다른 여러 이유로 늘 손자를 미워하면서 거리를 두려고 했다. 방 안은 별로 변한 것 같지 않았다. 커다란 이탈리아산 정리함. 이색적인 그림이 그려진 패널과 퇴색한 몰딩이 있는 함으로, 어렸을 때는 자주 그 속에 들어가 숨어 있곤 했다. 마호가니 목재로 만든 책장도 있는데 학교 다닐 때 사용하던 교재가 모서리가 여기저기 접힌 채 아직도 그 자리에 꽂혀 있었다. 그 뒷벽에 걸려 있는 다 해진 플랑드르산 태피스트리 속에는 희미하긴 하지만 왕과 왕비가 정원에서 체스 게임을 하고 있고, 그 옆을 한 무리의 매사냥꾼들이 토시를 낀 손목 위에 눈가리개를 한 새를 올려놓은 채 말을 타고 지나가는 모습이 그려져 있었다. 새록새록 되살아나는 모든 기억들! 방 안을 둘러보던 그에게 외로웠던 어린 시절의 한순간 한순간이 다시 찾아오는 것 같았다. 티끌 하나 없이 순결했던 어린 시절을 떠올리자 이 혐오스러운 초상화를 숨길 장소가 이곳이라는 사실이 몹시 섬뜩하게 느껴졌다. 아무것도 몰랐던 그 시절, 자신에게 이런 일이 기다리고 있을 줄은 꿈에도 생각지 못했으니!

그러나 그의 집에서 엿보기 좋아하는 사람들의 눈을 피할 수 있는 안전한 곳은 이곳 말고는 없었다. 열쇠가 그에게 있으니 다른 사람은 들어갈 수가 없다. 캔버스에 그려진 그의 얼굴은 이 자주색 덮개 밑에서 야만스럽고, 눅눅해지고, 추잡해질 수 있다. 하지만 뭐가 문젠가? 아무도 볼 수 없을 텐데. 그것을 볼 수 있는 이는 그 자신뿐이다. 하지만 자신의 영혼이 무너져내리는 무서운 모습을 굳이 지켜볼 이유가 있을까? 그는 젊음을 유지할 것이고, 그러면 그것으로 충분하지 않은가. 게다가 그의 영혼이 더욱 정화되고 훌륭해질 수도 있지 않은가. 미래가 치욕으로 가득하리라고 생각할 이유는 없었다. 그의 삶에 어떤 사랑이 나타나 그를 정화시키고, 이미 영혼과 육체 속에서 휘젓고 있는 듯 보이는 그 죄악들로부터 그를 보호해 줄 것이다—아직 드러나지 않았고, 그래서 그 신비함 때문에 더욱 교묘하고 매력적으로 보일 수 있는 기묘한 죄악들 말이다. 그리하여 어쩌면 언젠가 그 잔인한 표정이 다감한 주홍색 입가에서 사라지게 되고, 그러면 베질 홀워드의 걸작을 세상에 내보일 수도 있지 않겠는가.

아니, 그건 불가능한 일이다. 시간마다 주일마다 이 캔버스에 그려진 것은 점점 늙어 갈 것이다. 추악한 죄악은 피할 수 있을지 모르지만 추악한 세월이 그 앞에 도사리고 있을 것이다. 두 뺨은 움푹 꺼지거나 늘어질 것이고, 흐린 눈가에는 까마귀 발자국 같은 잔주름이 나타나겠지. 아름다웠던 머리칼은 윤기를 잃고 입은 늙은이들의 입이 그러듯이 헤 벌어지거나 축 처질 것이다. 목에도 주름이 굵게 생기고, 손은 싸늘해지면서 혈관이 불뚝불뚝 튀어나오고, 몸뚱이는 어린 시절 그에게 그토록 엄했던 할아버지처럼 이리저리 뒤틀리고 구부러질 테지. 이 그림은 숨기지 않으면 안 된다. 그건 어쩔 수 없는 일이다.

"안으로 들이지요, 허버드 씨." 도리언이 돌아서며 피곤한 목소리로 말했다. "기다리게 해서 미안하군요. 뭐 좀 생각하느라고."

"좀 쉬는 건 늘 반가운 일이죠, 뭐." 액자공은 여전히 가쁜 숨을 몰아쉬면서 대답했다. "어디다 놓을까요?"

"아무데나 상관없어요. 아, 여기, 여기가 좋겠군. 걸어 둘 건 아니니 그냥 벽에다 세워주세요. 고맙습니다."

그는 액자를 벽에다 기대어 세우면서 말했다.

"그럼 그림을 좀 봐도 되겠습니까?"

도리언은 깜짝 놀랐다. "보잘것없는 그림이에요, 허버드 씨." 그는 액자공에게서 눈을 떼지 않으면서 말했다. 그가 자기 삶의 비밀을 감추고 있는 저 화려한 덮개를 들추려 한다면 당장이라도 바닥에다 내동댕이쳐 버릴 기세였다. "이제 됐어요. 여기까지 와줘서 정말 감사합니다."

"아닙니다, 무슨 말씀을요, 그레이 씨. 일이 있으면 언제든지 불러 주십시오." 허버드 씨는 쿵쿵거리며 계단을 내려갔고 그의 조수가 그 뒤를 따랐다. 조수는 계단을 내려가면서 눈부시다는 듯한 표정으로 도리언을 돌아보았다. 이토록 잘생긴 사람은 본 적이 없다는 표정이었다.

그들의 발소리가 점점 멀어지자 도리언은 문을 잠그고 열쇠를 주머니에 넣었다. 이제야 안전한 느낌이 들었다. 그 무섭고 끔찍한 것을 이제는 아무도 볼 수 없으리라. 그의 치욕을 볼 수 있는 건 그 자신의 눈뿐이었다.

서재로 내려오니, 마침 5시가 지나 있었다. 차는 진작 갖다 놓은 모양이었다. 진주조개를 붙인 작은 향나무 테이블에는 헨리경이 보낸 편지가 놓여 있었다. 그 테이블은 도리언의 후견인의 아내로, 걸핏하면 아프다는 엄살을 입에 달고 사는, 그래서 지난겨울을 카이로에서 보낸 미인 래들리 부인이 선물한 것이었다. 편지 옆에 노란 종이로 싼 책이 한 권 있었다. 표지가 약간 찢어지고 모서리에는 손때가 묻어 있었다. 차 쟁반에는 세인트 제임스 가제트지 3판이 한 부 놓여 있었다. 빅터가 돌아온 것이 분명했다. 도리언은 혹시 빅터가 일꾼들이 집을 나설 때 홀에서 마주친 것은 아닌지, 그래서 빅터가 그들에게 무슨 일을 했는지 캐물어본 것은 아닌지 걱정이 되었다. 빅터가 차를 준비하는 동안 그림이 없어진 것을 눈치챘을 것이 틀림없었다. 스크린을 제자리에 돌려놓지 않았으니 벽에 텅 빈 공간이 그대로 드러나 있었을 것이다. 그러니 어쩌면 밤에 몰래 2층에 올라가 억지로 그 방 문을 열려고 할지도 모른다. 집 안에 스파이를 두는 것은 끔찍한 일이다. 도리언은 하인들 때문에 평생 위협에 시달렸다는 부자 이야기를 들은 적이 있었다. 하인들이 주인에게 온 편지를 읽거나, 대화를 엿듣거나, 주소가 적힌 카드를 주워 보거나, 베개 밑에서 시든 꽃이나 구겨진 레이스 조각을 발견하고는 그것을 이용해 주인을 등쳐먹는다는 얘기들이었다.

도리언은 한숨을 내쉬며 차를 따른 뒤 헨리 경의 쪽지를 뜯었다. 석간신문 한 부하고 읽으면 재미있을 거라는 책 한 권을 보내며, 8시 15분까지 클럽에 가겠다는 간단한 내용이었다. 그는 천천히 신문을 펼치고 쭉 훑어보았다. 5면에 빨간 색연필로 표시해 놓은 곳이 눈에 띄었다. 그 주목을 끌게 하는 내용은 다음과 같았다: ─

어느 여배우의 검시─ 오늘 오전 혹스턴 가의 벨터번에서 지역 검시관인 댄비 씨 주도로 최근 홀번의 로열 극장에 출연하고 있었던 젊은 여배우 시빌 베인의 시신에 대한 검시 심리가 열렸다. 사건은 우발적인 사고에 의한 사망이라는 평결이 내려졌다. 사망한 여배우 어머니의 충격과 비탄으로 가득한 증언에 많은 위로와 동정이 전해졌다. 그녀는 검시를 담당한 비렐 박사의 증언이 진행되는 동안 매우 흥분한 모습이었다.

도리언은 미간을 찌푸리며 신문을 두 쪽으로 찢어서는 방 한쪽 구석에 내던져 버렸다. 얼마나 추악한 일인가! 어쩌면 모든 것이 실제로 무섭도록 추악하단 말인가! 그는 그런 신문을 자기에게 보낸 헨리 경에게 화를 내고 있었다. 더욱이 빨간 연필로 표시까지 해두다니 정말 어리석은 짓이 아닌가.

빅터가 그 기사를 읽었을 수도 있었다. 그의 영어 실력이면 그 정도는 충분히 읽을 수 있었다.

틀림없이 그것을 읽고 뭔가 의심하기 시작했을지도 모른다. 하지만 그런들 무슨 상관이랴. 도리언 그레이가 시빌 베인의 죽음과 무슨 관계가 있다고? 겁낼 것 없다. 도리언 그레이가 그녀를 죽인 건 아니니까.

그는 헨리 경이 보내 준 노란 책으로 눈길을 돌렸다. 무슨 책인지 궁금했다. 진주색의 조그만 팔각형 스탠드로 향했다. 이 은으로 만들어진 스탠드를 볼 때마다 기묘한 이집트 벌들이 지은 벌집 같다는 생각이 들었다. 그는 책을 집어 들고 안락의자에 앉아 책장을 넘기기 시작했다. 얼마 지나지 않아 그는 책 속에 빠져들었다. 그가 읽은 책 가운데 가장 기묘한 책이었다. 마치 온 세상의 죄악이 우아한 옷을 입고 플루트의 섬세한 소리를 들으면서 차례차례 그의 앞에서 무언극을 펼치고 지나가는 것 같았다. 그가 어련하게 몽상했던 것들이 별안간 자기 앞에서 지극히 현실적인 것이 되었다. 그리고 꿈도 꿔보지 못했던 것들도 서서히 드러나기 시작했다.

그 책은 줄거리가 없는 소설로서 등장인물도 한 사람밖에 없었다. 파리에 사는 어느 청년에 대한 심리적 연구였는데, 그는 19세기 이전 시기의 모든 열정과 사고방식을 현대에 실현하고, 세계의 정신이 지금까지 경험한 모든 감정을 자기 속에서 요약해보려는 시도로 나날을 보내고 있었으며, 사람들이 어리석게도 미덕이라고 부르는 자제심과 마찬가지로, 현자가 지금도 죄라고 부르는 본능적인 반항심을 그 부자연스러움 때문에 사랑하는 청년이었다. 문체는 기이하게 장식적이고, 생생하면서도 모호하며, 은어와 고어, 나아가서는 전문용어와 정교한 부연이 더해져 있었다. 이는 프랑스 최고의 상징주의 작가들 작품에서 발견되는 특징이기도 했다. 그 속에는 연보라색 난꽃처럼 미묘한 색채를 띤 은유가 담겨 있었다. 주인공의 관능적인 생활이 신비적인 철학용어로 묘사되어 있어서 읽다 보면 때로는 중세 성자의 영적인 법열에 대한 묘사인지 아니면 현대를 사는 어느 죄인의 음울한 자기 고백인지 분간이 안 될 때도 있었다. 위험천만한 책이었다. 책장마다 배어 있는 진한 향냄새가 머리를 아프게 하는 것 이상으로, 새로운 장을 읽을 때마다 복잡한 반복과 정교한 흐름의 문장이 이어지고, 그 리듬과 미묘하고 단조로운 선율이 도리언의 마음을 백일몽으로 이끌었으며, 어느새 해가 지고, 땅거미가 다가오고 있었다는 사실조차도 느끼지 못하게 했다.

 구름 한 점 없이 단 하나의 별이 반짝이고 있는 청동빛 하늘이 창문 저쪽에서 희미하게 빛나고 있었다. 도리언은 그 별빛 아래서 어두워져 더 이상 책을 읽을 수 없을 때까지 책에서 눈을 떼지 않았다. 마침내 하인이 몇 번이나 들어와서 약속 시간에 늦겠다고 일러 주고 나서야 그는 자리에서 일어났다. 옆방으로 간 그는 늘 침대 옆에 놓여 있는 피렌체 풍의 작은 탁자 위에 책을 두고 저녁 식사를 하기 위해 옷을 갈아입기 시작했다.

 그가 클럽에 도착했을 때는 거의 9시가 다 되어서였다. 클럽 거실에 혼자 앉아 있던 헨리 경은 몹시 지루한 표정이었다.

 "미안해요. 해리." 도리언이 큰 소리로 말했다. "하지만 제가 늦은 건 전적으로 당신 때문이에요. 당신이 보내 준 책에 정신이 팔리는 바람에 시간 가는 줄도 몰랐거든요."

 "그래, 마음에 들어 할 줄 알았어." 헨리 경이 의자에서 일어서면서 대꾸했다.

 "마음에 들었다고는 하지 않았어요, 해리. 그냥 그 책에 푹 빠진 거죠. 거기에는 커다란 차이가 있어요."

 "아, 그걸 알고 있었군?" 헨리 경은 중얼거리듯이 말했다. 두 사람은 곧 식당으로 들어섰다.

제11장

그로부터 몇 년 동안 도리언 그레이는 그 책의 영향에서 벗어날 수 없었다. 아니, 굳이 벗어나려고 노력하지도 않았다고 하는 것이 더 정확할지도 모른다. 그는 파리에서 그 책 초판을 아홉 권 이상 구입해서 각기 다른 색의 표지를 붙여서 장정했다. 이따금 스스로 통제할 수 없는 온갖 기분이나 변덕에 따라 마음에 드는 것을 고르기 위해서였다. 주인공은 파리에 사는 멋진 청년이지만, 낭만적인 기질과 과학적 성향이 묘하게 뒤섞여 있어 도리언이 보기에는 마치 자기를 예시(豫示)하고 있는 듯했다. 그야말로 그가 태어나기 전에 쓰여진 도리언의 인생 이야기가 아닌가 싶을 정도였다.

한 가지 점에서만은 그가 소설 속의 환상적인 주인공보다 운이 좋은 편이었다. 파리의 청년이 일찍부터 맞닥뜨리게 된 사실, 즉 한때는 분명 사람들의 주목을 받았던 아름다움이 갑자기 시들면서 거울이나 반질반질한 금속의 표면, 잔잔한 수면을 대하는 것이 얼마나 무서운 일인가 하는 것을 도리언은 전혀 알지 못했다—굳이 알아야 될 이유도 없었다. 그래서 그는 그 작품의 후반부에서 주인공이 다른 사람들을 평가할 때나 세상을 바라볼 때 자신이 가장 소중하게 여기고 높이 평가했던 것을 정작 자신은 상실하면서 겪게 되는 슬픔과 절망을 다소 과장하긴 했지만 비극적으로 묘사한 부분을 읽을 때면 거의 잔인하다 싶을 정도의 쾌감—즐거움이 그런 것처럼, 기쁨에도 얼마간 잔인함이 배어 있기 마련일 것이다—을 느꼈다.

베질 홀워드와 그 밖의 다른 사람들을 매료시켰던 경탄할 만한 아름다움이 도리언에게서 사라지는 일은 없을 것 같았다. 그를 겨냥한 지독한 악담이나 때로 런던 시내에 슬며시 퍼지다가 급기야 클럽의 잡담거리가 되고 마는 그의 생활 방식에 대한 이상한 소문들을 들은 사람들도 일단 그를 만나고 나면 더 이상 그를 불명예스럽게 만드는 말이나 비방을 믿지 않았다. 그는 영원히 세상의 더러움에 물들지 않을 것처럼 보였다. 상스러운 이야기를 하던 사람들도 도리언 그레이가 방에 들어오면 입을 다물었다. 그의 얼굴에 담긴 순수함에는 그런 천한 이야기를 하는 사람들을 꾸짖는 그 무언가가 있었다. 그가 그 자리에 있는 것만으로도 사람들은 자신들에게서는 이미 퇴색해 버린 순결했던 시절의 기억이 되살아나는 것만 같았다. 그들은 이 더럽고 관능이 넘쳐나는 시대에, 도리언처럼 매력적이고 아름다운 사람이 어떻게 때 묻지 않고 살아가는지 궁금해서 견딜 수가 없었다.

종종 그가 행방이 묘연한 채 오랫동안 집을 비울 때가 있는데, 그럴 때면 그의 친구들과 친구라고 자처하는 사람들 사이에서는 온갖 이상한 억측들이 떠돌아다니곤 했다. 도리언은 그렇게 집을 비우다 돌아오면, 종종 자물쇠를 채운 방으로 가기 위해 발소리를 죽이고 계단을 올라가서, 늘 몸에 지니고 다니는 열쇠로 문을 열고 들어간 다음, 거울을 들고 베질 홀워드가 그린 초상화 앞에 서서 캔버스 위에서 사악하게 늙어 가고 있는 얼굴과 반짝이는 거울에 비친 자신의 미소 띤 젊고 아름다운 얼굴을 비교하곤 했다. 극단에 가까운 이러한 상반된 대조는 그에게 쾌감을 불러일으켰다. 그렇기에 그는 자신의 아름다움에 더욱 빠져들었고 자기 영혼의 타락에도 점점 더 흥미를 느끼고 있었다. 그는 이따금 괴상망측한 희열을 느끼며, 늘어지고 주름 잡힌 이마와 매우 육감적인 입 주위에 나타난 추악한 선들을 세심한 주의를 기울여 살펴보았다. 그럴 때마다 그는 죄악의 흔적과 세월의 흔적 가운데 과연 어느 것이 더 흉측한지 궁금했다. 그리고 자신의 하얀 손을 그림 속에 나타난 퉁퉁 부은 거친 손 옆에 대보면서 미소 짓기도 했다. 보기 흉하게 변해 가는 몸뚱이와 점점 볼품없어지는 사지를 보면서 그는 마음껏 조롱했다.

뭐라고 형언할 수 없는 은은한 향기가 감도는 자기 방이나, 수시로 변장하고 가명을 사용하여 자주 출입하고 있는 선창가 근처의 악명 높은 선술집의 초라한 방에서 잠들지 못하고 누워 있을 때, 자신의 영혼에 불러들인 파멸에 대해 생각하는 일도 있었다. 그때 느끼는 자기연민은 순수하게 이기적인 것이기에 더욱 통렬했다. 그러나 그런 느낌을 갖는 순간은 드물었다. 홀워드의 정원에 앉아 있었을 때, 헨리 경에게 자극을 받아 느끼기 시작한 인생에 대한 호기심은 만족스러우면 만족스러울수록 더욱 더 커져 가는 것 같았다. 채우면 채울수록 더욱 탐욕스러워지는 주체할 수 없는 허기를 그는 느꼈다.

그러나 그는 적어도 사교계와의 관계에 있어서만은 결코 무모한 사람이 아니었다. 겨울이 되면 매달 한두 번 정도, 그리고 사교 시즌이 한창일 때는 매주 수요일 저녁에, 그는 그 아름다운 자신의 저택을 세상을 향해 활짝 열어 두고, 당대에 가장 추앙받을 만한 음악가들을 불러 그들의 경이로운 예술로 손님들을 대접했다. 헨리 경이 준비를 도와주긴 했지만 아무튼 그가 주관하는 조촐한 만찬은 손님을 세심하게 선별하여 초대하고 자리 배열도 꼼꼼하게 신경 쓰는 것과, 이국적인 꽃과 수를 놓은 식탁보, 고풍스러운 금은 집시가 미묘한 조화를 이룬 테이블 상식으로 높은 평판을 얻고 있었다. 실제로 대부분의 사람들이, 특히 젊은 신사는 도리언 그레이를 보면서 자기들이 이튼이나 옥스퍼드에 다닐 때 꿈꾸었던 이상형, 즉 학자가 지녀야 하는 진정한 교양과 사회인이 지녀야 하는 우아함과 고상함, 그리고 완벽한 매너를 갖춘 이상형의 전형을 보았거나 보았다고 생각했다. 도리언 그레이는 단테가 '아름다움을 숭배함으로써 자신을 완성하는 것'을 추구하는 인간이라고 묘사했던 바로 그런 인물로 다가왔다. 고티에와 마찬가지로 '이 세상은 바로 그를 위해서 존재하는 것'이었다.

그리고 확실히, 도리언에게 있어서는 인생 그 자체가 예술 중에 첫 번째이자 가장 위대한 예술이고, 다른 예술은 인생을 위한 단순한 준비 단계에 불과하다는 것이었다. 진정으로 훌륭한 것을 한때 보편적인 것으로 만들어버리는 유행과 독자적인 방법으로 절대적인 현대의 미를 나름대로 주장하려고 시도하는 '댄디즘'이 언제까지나 그를 사로잡았다. 그의 패션이나 그때 그때 그가 도입한 다양한 스타일은 메이페어의 무도회나 펠멜[*1]의 클럽을 드나드는 유행에 민감한 젊은이들에게 절대적인 영향을 미친 것은 사실이었다. 그 멋쟁이들은 도리언이 하는 것은 뭐든지 다 따라하면서, 정작 도리언 자신은 별로 꾸미려고 꾸민 것이 아닌데도 그의 우아한 맵시가 어쩌다 내보이는 매력을 그대로 재현하려고 애썼다.

물론 도리언은 성년이 되자마자 자신에게 주어진 지위를 기꺼이 받아들였고, 또 실제로 자신이 제정 로마 네로 시대에 《사티리콘》을 썼던 페트로니우스의 현대판이 될지도 모른다는 생각에 묘한 쾌감 같은 것을 느끼기도 했다. 그러나 마음속 깊은 곳에 숨겨진 부분에서는 어떤 보석으로 치장하고, 넥타

---

*1 클럽이 많기로 유명한 런던의 거리.

이의 매듭은 어떻게 해야 하며, 또 지팡이는 어떻게 다루어야 하는지를 자문해주는 단순한 '취향의 심판자' 이상의 존재가 되기를 바라고 있었다.*2 그는 논리적인 철학과 체계화된 원칙을 지닌 새롭고 확고한 인생관을 세우고, 관능의 정화 속에서 가장 고귀한 실현을 찾아냈다.

관능에 대한 숭배는 상당히 타당한 근거에 의해 종종 그 가치가 격하되었다. 그것은 또한 사람들이 자기 자신보다 강한 정열과 감각을 본능적으로 두려워하고, 또 사람보다 조직화되지 못한 생물에게도 그러한 정열과 감각이 있다는 것을 알고 있기 때문이다. 그러나 도리언 그레이는 이렇게 생각하고 있었다. 관능의 참된 본질은 아직 이해받지 못한 채 미개하고 동물적인 것으로 남아 있다. 그리고 이는 세상 사람들이 관능을, 아름다움을 추구하는 섬세한 본능을 주축으로 하는 새로운 정신주의의 일부로 보려고 하지 않고, 오히려 관능의 자체를 굶주리게 해서 복종시키거나 고통에 의해 죽음으로 내몰고 있기 때문이라는 것이다. 그래서 역사 속 인간의 발자취를 돌아보면 상실감에 사로잡히지 않을 수 없었다. 그들은 얼마나 많은 관능을 포기해 온 것인가! 그것도 별다른 목적도 없이! 공포에 사로잡혀 광기어린 완고한 자기 거절과 혐오스러운 자기학대, 자기부정을 자행했고, 그 결과 무지에 싸여 달아나려고 발버둥치는 상상 속 퇴화보다 훨씬 무서운 퇴화를 불러오 말았다. '자연'은 그 놀라운 아이러니 속에서 은둔자에게 사막의 야생동물과 함께 먹이를 다투게 하고, 속세를 버린 사람들에게 들판의 짐승들을 친구 삼도록 했다.

그렇다. 헨리 경이 예언한 것처럼 새로운 인생을 창조하는 새로운 쾌락주의가 있어야 한다. 현대에 신비로운 부활을 이룩하고 있는 가혹하고 무자비한 청교도주의로부터 우리의 인생을 구하기 위해서. 물론 이 새로운 쾌락주의는 지성의 도움을 받아야 한다. 그리고 열정적인 경험을 배제하는 사상이나 체계는 어떤 형태로든 받아들여서는 안 된다. 이 쾌락주의의 목적은 그 경험 자체를 말하는 것이지, 그 경험에서 어떤 성과를 얻는 것이 아니다. 설령 그 성과가 달콤한 것이든, 쓰디쓴 것이든 간에. 관능을 죽여버리는 금욕

---

*2 네로 시대의 로마 생활을 묘사한 《사티리콘》은 로마의 정치가이자 소설가인 가이우스 페트로니우스가 쓴 장편소설. 역사가 타키투스는 페트로니우스를 네로 황제 궁정의 '우아한 취향을 가리는 심판자'라고 했다.

은 관능을 둔하게 만드는 방탕함과 마찬가지로, 이 사상과는 아무런 관계가 없다. 그러나 그것 자체는 한 순간에 불과한 인생의 매순간을 자기 자신에게 의식을 집중하여 살도록 인간에게 가르쳐야 한다.

자기도 모르게 죽음에 사로잡혀 꿈도 꾸지 않는 밤이나, 공포와 일그러진 희열에 찬 밤을 보내고, 동이 트기 전에 잠에서 깨어나는 경험을 하지 않은 사람은 드물 것이다. 그럴 때면 현실보다 훨씬 무서운 환상이 뇌 속을 오가고, 모든 괴상한 양식 속에 숨어 있으면서 고딕 예술에 활력과 영속성을 부여하는 본능이 생생하게 깨어난다. 이 고딕예술이야말로 망상이라는 질병에 시달리는 인간의 예술이라 할 것이다. 커튼 사이로 천천히 숨어들어온 하얀 손가락이 떨고 있다. 환상 같은 검은 모습, 말없는 그림자가 방 구석구석으로 기어 들어와 그곳에 웅크리고 앉는다. 밖에서는 나뭇잎 사이에서 새들이 바스락거리고, 한편에서는 일터로 나가는 사람들의 소리, 또는 산허리를 돌아서 내려오는 바람의 한숨과 흐느낌 소리가, 마치 잠든 사람을 깨우는 것을 두려워하면서도 자줏빛 동굴에서 잠을 불러내야 한다는 듯, 고요한 집 주위를 정처 없이 배회하고 있다. 거무스름한 거즈 같은 얇은 안개의 베일이 하나둘 걷히고, 태고의 방식대로 새벽이 세계를 다시 만드는 것을 볼 수 있다. 힘을 잃은 거울이 모방이라는 본디의 역할로 돌아간다. 다 타버린 양초는 처음 그 자리에 있던 그대로 서 있고, 그 옆에 읽다만 책과 무도회에서 꽂았던 철사로 묶은 꽃, 뜯어보기가 겁이 나서 그대로 뒀거나 읽고 또 읽고 싶어 놔둔 편지도 그대로다. 그 어떤 것도 변한 게 없는 것처럼 보인다. 우리가 알고 있는 현실의 삶은 밤이 뿌려 놓은 환상적인 어둠 속에서 빠져 나온다. 그러면 우리는 우리가 떠났던 지점에서 다시 삶을 시작해야 한다. 그럴 때면 우리 머릿속에 스멀스멀 기어 들어오는 생각이 있다. 그것은 판에 박은 듯이 진부한 일상의 습관을 고수하려는 노력이 필요다는 생각일 수도 있고, 아니면 어느 날 아침 눈을 떴더니 밤새 어둠 속에서 우리의 기쁨을 위해 완전히 새롭게 태어난 세상, 사물이 새로운 모양과 색을 지니게 되거나 변해 있고, 예전과는 다른 비밀을 간직하고 있는 새로운 세상, 과거가 더 이상 흔적을 남기지 못하거나 그림자조차 남아 있지 않은 세상, 적어도 의무나 후회가 눈에 보이게 남아 있지 않은 세상, 기쁨의 기억에서조차 쓴 맛이 나고, 쾌락의 기억에도 고통이 뒤따르므로, 그런 새로운 세상이 되어 있으면 좋겠다는 강렬한 열망일 수도 있다.

　도리언 그레이는 그러한 새로운 세계를 만드는 것이 바로, 인생의 유일하고 진정한 목적, 또는 유일하지는 않더라도 진정한 목적의 하나라고 생각했다. 신선하면서도 즐거우며, 로맨스에 필수적인 요소인 새로움을 감각을 통해 유지하는 가운데, 자신의 본성이 전혀 모르고 있었던 사고방식을 터득하는 일이 종종 있었다. 자기 자신을 그 은밀한 영향에 맡기고 그 묘미를 만끽하면서 지적 호기심을 충족시키고 나면, 기묘한 냉담함으로 그것을 버리는 것이었다. 그 냉담함은 본래의 정열적인 기질과는 모순되지 않는 것으로, 실제로 현대의 어느 심리학자에 따르면 그것은 종종 정열적인 기질의 필요조건이 되기도 한다.

　한때는 그가 로마가톨릭으로 개종하려 한다는 소문이 돌기도 했다. 사실 그는 늘 로마가톨릭의 의식에 몹시 끌리고 있었다. 이 종교의 희생의식은 고대 세계의 어떤 희생의식보다 실제로 더 무서웠다. 도리언은 그 무서움과 함께 그 요소가 지닌 원시적인 단순함과 그것이 상징하고자 하는 인간 비극의 불변하는 비애, 그리고 감각의 존재를 완전히 부정하려고 하는 점에 매료되어 있었다. 도리언은 뻣뻣한 꽃무늬 법복을 입은 사제가 차가운 대리석 포석에 꿇어앉아, 하얀 손으로 성궤 뚜껑을 천천히 열거나, 이따금 보석이 박힌 등잔 모양의 성체, 현시대에 그야말로 천사의 빵을 연상시키는 허연 것을 얹거나 높이 쳐들고, 또는 그리스도의 수난을 상징하는 옷을 입고 성체를 뜯어서 성배에 넣고 자신의 죄를 탓하며 자기 가슴을 치는 모습에 온 시선을 빼앗기곤 했다. 또 레이스가 달린 주홍색 옷을 입은 엄숙한 표정의 소년들이 연기가 피어오르는 향로를 마치 커다란 황금빛 꽃을 던지듯 공중으로 내미는 모습도 어딘지 모르게 그의 마음을 사로잡았다. 교회에서 나갈 때는, 어두운 고해실을 경탄의 눈길로 바라보면서, 그 고백실의 어두컴컴한 그늘에 앉아 사람들이 낡은 창살을 통해 스스로 인생의 진실을 얘기하는 것을 듣고 싶은 욕망에 사로잡히기도 했다.

　그러나 그는 어떤 이념이나 주의를 정적으로 받아들여 지적인 성장을 멈추게 하는 잘못은 범하지 않았다. 또는 하룻밤만 머물거나, 달도 별도 아직 뜨기 전에 몇 시간만 밤을 보내는 여인숙을 자기가 살 집으로 잘못 판단하지도 않았다. 모든 것을 미지의 것으로 보이게 하는 신비한 힘을 가진 신비주의와 거기에 반드시 따라다니는 교묘한 도덕 폐기론[*3]에 기울어진 적도 있었다. 또 어떤 때는 독일에서 유행한 다윈주의 운동의 유물론적 학설에 마음이 끌려 사고와 감정의 기원을 인간의 신주 모양의 뇌세포나 신체조직의 하얀 신경에서 찾으려 하는 데서 신비한 기쁨을 느꼈고, 정신이 병들었건 긴장하건, 전적으로 육체의 상태에 달려 있다는 생각에서 즐거움을 느끼기도 했다. 그러나 앞에서도 말했듯이, 그에게는 어떤 삶의 이론도 삶 자체만큼 중요할 수는 없었다. 아무리 대단한 지적 이론이라도 그것이 행동이나 실험과 다른 것이라면 아무 쓸모가 없는 것이라고 생각했다. 영혼 못지않게 우리의 감각도 나름대로 영적인 신비를 간직하고 있음을 그는 알고 있었다.

그리고 지금 그는 향수와 그 제조법의 비밀을 연구하고 있었다. 진한 향이 나는 기름을 증제하고 동방에서 들어온 향기 나는 수지를 태워 보면서 향수 제조의 비밀을 캐보려 했다. 그는 모든 정신상태는 현실의 감각에 호응하는 것임을 알았다. 그 진정한 관계를 찾기 위해, 사람을 신비로운 분위기에 젖게 하는 유향(乳香)과 정열을 자극하는 용연향, 과거의 로맨스에 대한 기억을 불러 취하게 하는 제비꽃, 뇌를 혼란시키는 사향, 상상력을 둔화시키는 챔팩나무 등의 구성 성분이 무엇인지에 대해 연구했다. 또한 그는 진정한 향수 심리학을 정립해 보려고, 아름다운 향기를 내는 뿌리와 향기로운 꽃가루를 날리는 꽃, 방향을 발산하는 수지, 검은 향나무, 후텁지근한 냄새가 나는 감송, 사람을 광기에 빠뜨리는 헛개나무, 우울한 기분을 쫓아낸다는 알로에가 구체적으로 어떤 작용을 하는지 알아보기도 했다.

또 어떤 때는 음악에 완전히 빠져서, 주홍색과 황금색이 어우러진 천장 아래의 올리브색 옻칠을 한 벽면에 격자를 댄 좁고 긴 방에서 별난 콘서트를 열기도 했다. 집시들이 열광적인 표정으로 조그만 현악기 치터를 뜯으면서 광란의 음악을 선보이거나 노란 숄을 걸친 튀니지 사람들이 진지한 표정으로 기이하게 생긴 류트의 팽팽한 현을 통기는 동안, 흑인들은 히죽거리며 구릿빛 북을 단조롭게 두드리고, 터번을 쓴 여윈 인도 사람은 주홍색 매트에 웅크리고 앉아 긴 갈대 피리나 금관 악기를 불어 큰뱀이나 살모사를 춤추게 했다. 슈베르트의 우아함, 쇼팽의 아름다운 슬픔, 그리고 베토벤의 힘차고

[*3] 자신들은 신의 예정에 의해 그 어떤 도덕적 구속에서도 자유롭기에 도덕률을 지키지 않아도 된다고 주장하는 일부 기독교인들의 광적인 믿음을 말한다.

웅장한 하모니에도 귀가 반응하지 않을 때, 그는 야만적인 음악이 들려 주는 거친 음정과 귀가 찢어질 듯 날카롭게 울리는 불협화음에서 자극을 받았다. 그는 세계 곳곳의 온갖 기묘한 악기들을 수집했다. 이미 멸망하여 사라진 나라의 옛 무덤에서, 또는 서구 문명과 접촉한 뒤로도 여전히 남아 있는 몇 안 되는 원시 부족에게서 얻은 이런저런 진귀한 악기들을 쓰다듬거나 직접 연주해 보는 걸 좋아했다. 그가 수집한 악기 중에는 리오네그로 인디언들이 사용하던 신비스러운 악기로서, 여자들은 절대로 봐서는 안 되고 청소년들도 단식과 채찍질을 동반하는 일련의 성년식을 거친 다음에야 볼 수 있다는 '주르파리스'라는 악기, 페루사람들이 사용한다는 날카로운 새소리 같은 음을 내는 질항아리, 알폰소 드 오바예*4가 칠레에서 들은 적이 있다는, 인간의 뼈로 만든 플루트, 쿠스코 근처에서 발견된 것으로 특유의 감미롭고 풍부한 음색을 내는 벽옥 등이 있었다. 그 밖에도 조약돌을 넣어 흔들면 달그락거리는 소리를 내는 채색된 호리병박, 멕시코 사람들이 사용하는 것으로 날숨이 아니라 들숨으로 소리를 내는 길쭉한 '클라린'이라는 악기, 아마존 부족에서 높은 나무에 올라가 하루 종일 앉아 망을 보는 보초들이 불면 소리가 5킬로미터까지 들린다는 '투레'라는 악기, 식물의 수액에서 채취한 부드러운 수지를 바른 막대기로 두드려 소리를 내는, 혀 모양의 나무 진동판이 두 개 달린 '테포나스틀리', 포도송이처럼 작은 종들이 덩어리로 매달려 있는 아즈텍 사람들의 '요틀벨', 그리고 베르날 디아스*5가 코르테스*6와 함께 멕시코의 사원에 들어서다가 보고 그것이 내는 구슬픈 가락을 실감나게 묘사한 바 있는, 뱀 가죽을 씌워 만든 거대한 원통형 북 등이 있었다. 도리언은 그러한 악기들이 지닌 기괴한 특징에 매료되어, '예술'에는 자연과 마찬가지로 무서운 소리와 짐승 같은 모습을 한 괴물이 있다고 생각하면서 기묘한 쾌감을 느끼곤 했다. 그러나 어느 정도 시간이 흘러 그런 악기들에 대한 흥미가 시들해지자, 그는 혼자든 헨리 경과 함께든 오페라 극장을 찾아 황홀경에 빠진 듯 넋이 나간 모습으로 〈탄호이저〉*7에 귀를 기울이며, 그 위대한 작품의 서곡

---

*4 칠레 예수회 수사로 칠레 역사의 연대기 기록자.
*5 멕시코를 정복한 에스파냐의 장군, 역사가.
*6 에스파냐 군인.
*7 바그너의 오페라.

에는 자기 영혼의 비극이 나타나 있다고 느꼈다.

그는 또 어떤 계기로 보석도 연구하기 시작했다. 그래서 프랑스의 제독 안드 주아예즈로 분장하여 무도회에 나타났을 때, 그의 의상은 560개의 진주로 뒤덮여 있었다. 이 취미는 여러 해 동안 그의 마음을 사로잡았다. 실제로 그는 일생동안 결코 이 취미를 잊은 적이 없었다고 할 수 있을 정도다. 그는 자기가 수집한 온갖 보석들을 각각의 상자에서 꺼냈다가 넣었다가 하면서 하루 온종일을 보내는 일도 적지 않았다. 등잔 불빛을 받으면 붉은 색으로 보이는 올리브색 금록옥, 철사 같은 가는 은빛 줄이 나 있는 묘안석, 담황록색 감람석, 붉은색과 주홍색 토파즈, 불 같은 주홍색으로 섬세한 네 줄기 빛을 발하는 별이 있는 석류석, 불꽃처럼 붉은 육계석, 오렌지색과 보라색이 어우러진 스피넬, 루비와 사파이어가 교대로 층을 이룬 자수정. 그는 선스톤의 붉은 황금빛과 월장석의 진주 같은 하얀빛, 그리고 유백색의 오팔에 어른거리는 무지개를 사랑했다. 암스테르담에서 어마어마하게 크고 색채가 풍부한 에메랄드를 세 개나 구입했고, 고대 암석에서 채취했다는 터키옥도 수집해서 감정인들의 부러움을 사기도 했다.

그뿐 아니라 그는 보석에 대한 신기한 이야기들도 찾아 읽었다. 알폰소가 쓴 《성직자 규율론》[8]에는 진짜 풍신자석의 눈을 지닌 뱀에 대한 이야기가 나오고, 고대 마케도니아의 정복자인 알렉산드로스 대왕의 낭만적 역사에서는 알렉산드로스 대왕이 요르단의 계곡에서 '진짜 에메랄드가 등에서 자라고 있는' 뱀을 발견했다는 기록이 있었다. 한편, 필로스트라투스[9]는 용의 뇌 속에는 보석이 들어 있는데, '황금색 문자와 주홍색 예복을 보여주면' 그 괴물이 마법에 걸려 깊은 잠에 빠져서 죽일 수 있다고 했다. 위대한 연금술사인 피에르 드 보니파스세에 따르면, 인도산 마노는 인간을 투명하게 하며 말을 유창하게 잘 하도록 만들어 준다. 또한 홍옥수는 분노를 진정시켜 주고, 풍신자석은 잠이 오게 만들며, 자수정은 술의 독기를 없애 준다. 이밖에도 석류석은 악귀를 쫓아내고, 하이드로피쿠스는 달의 색깔을 빼앗으며, 투명석고는 달이 차고 이우는 것에 맞춰 커지고 작아지며, 멜로세우스는 도둑이 들어온 것을 알려 주는 데 새끼염소의 피가 닿아야만 그 효능이 있다고 한

---

*8 12세기 초 유대계 에스파냐인 연대기 작가이자 천문학자인 페트루스 알폰소의 작품.
*9 고대 그리스의 소피스트였던 플라비우스 필로스트라투스.

다. 레오나르두스 카밀루스*10는 갓 잡은 두꺼비의 뇌에서 하얀 돌을 꺼내는 것을 본 적이 있는데, 그 돌은 어떤 독의 해독제가 된다고 한다. 아라비아산 사슴의 심장에서 발견된 우황(牛黃)에는 페스트를 치료할 수 있는 효험이 있어 약으로 사용되었다. 아라비아 지방 새들의 둥지에는 아스필라테스라는 돌이 있는데, 데모크리투스*11는 그 돌을 지니고 다니는 사람은 불로 인한 모든 화를 면할 수 있다고 했다.

실론의 왕은 대관식 행사 때 손에 큰 루비를 든 채 말을 타고 행진했다. 성자 요한*12의 왕궁 문은 '왕궁 안으로 독약을 들여가지 못하도록' 뿔 달린 뱀의 뿔을 상감한 홍옥수로 만들어져 있었다. 지붕의 박공 위에는 '석류석이 하나씩 박힌 두 알의 황금 사과'가 있어 낮에는 황금이 빛을 발하고 밤에는 석류석이 빛을 냈다고 한다. 로지가 쓴 《아메리카의 진주운모(眞珠雲母)》*13라는 기담집에는 여왕이 거처하는 방에 들어가면 '전 세계의 정숙한 부인들이 감람석, 석류석, 사파이어, 에메랄드로 만든 아름다운 거울을 들여다보고 있는 모습이 은으로 새겨져 있다'고 묘사되어 있다. 마르코 폴로는 일본 사람들이 망자의 입에 장밋빛 진주를 집어넣는 것을 보았다고 했다. 어느 바다 괴물은 자신이 몹시 소중하게 아끼던 진주를 잠수부가 빼앗아 페르시아의 페로즈 왕에게 갖다 바치자, 그 잠수부를 죽이고 진주를 잃은 것을 일곱 달 동안 슬퍼했다고 한다. 그런데 훈족이 페로즈 왕을 유인하여 함정에 빠뜨리자 왕이 그 진주를 던져 버렸고, 비잔틴 제국의 아나스타시우스 황제가 그 진주를 찾아오면 순금 5파운드를 상으로 주겠다고 했지만 끝내 발견되지 않았다고 한다. 이것은 역사가 프로코피우스가 전하는 이야기에 기록되어 있다. 인도 말라바르의 왕은 어느 베네치아 사람에게 304알의 진주를 꿰어 만든 묵주를 보여 주었다고 하는데, 그 진주알 하나하나는 그가 숭배하는 신을 나타냈다고 한다.

프랑스의 회상록 작가 브랑톰에 따르면, 교황 알렉산데르 6세의 아들 발

---

*10 14, 15세기 말 이탈리아의 천문학자이자 광물학자.
*11 소크라테스와 거의 같은 시기에 활동했던 고대 그리스의 철학자.
*12 중세 아시아에 군림한 전설상의 그리스도교 성자이자 왕.
*13 영국 엘리자베스 여왕 시대와 자코뱅 시대의 극작가 토머스 로지가 1596년에 발표한 화려한 문체의 작품.

렌티누아 공이 프랑스의 루이 12세를 방문할 때 타고 간 말에는 황금으로 만든 나뭇잎이 잔뜩 실려 있었으며, 그가 쓴 모자에는 루비가 두 줄로 박혀 눈부시게 빛났다고 한다. 영국의 찰스 왕은 다이아몬드 421개가 달린 등자를 딛고 말에 올랐고, 리저드 2세는 값이 3만 마르크나 나가는 붉은 장밋빛 루비로 장식된 코트를 입었다. 조셉 홀*14의 기록에 따르면, 헨리 8세는 대관식 전에 린던탑으로 갈 때, '금으로 돋을새김한 재킷을 입고, 다이아몬드와 그 밖의 여러 보석으로 수를 놓은 휘장과 목둘레에 큼직한 붉은 장밋빛 루비가 달린 장식띠를 두르고 있었다'. 제임스 1세가 아끼는 총신들은 금으로 섬세하게 장식한 에메랄드 귀걸이를 하고 다녔다. 에드워드 2세는 피어스 가베스통에게 풍신자석이 촘촘히 박힌 황금 갑옷과 터키옥이 박힌 장미 모양의 순금 칼라, 그리고 진주를 잔잔하게 박아 넣은 챙 없는 모자를 하사했다. 헨리 2세는 팔꿈치까지 올라오는 보석 박힌 장갑을 끼고 다녔고, 루비 12개와 동양산 진주 52개가 박힌 매사냥용 장갑도 있었다고 한다. 그리고 부르고뉴 공국의 마지막 공작인 샤를 공작이 쓴 공작모에는 배 모양의 진주가 달려 있고 또한 사파이어가 촘촘히 박혀 있었다고 전해진다.

옛날 사람들은 얼마나 우아한 삶을 살았던가! 그 화려한 행렬과 장식들! 망자들의 호화로운 삶에 관한 글을 읽는 것만으로도 그저 경이로울 뿐이었다.

보석 다음에 그는 자수에 흥미를 느끼기 시작했으며, 유럽 북부 국가에서 싸늘한 방을 장식하던 태피스트리에도 관심을 두었다. 그는 뭔가를 하고 있는 동안에는 반드시 그것에 완전히 몰입하는 비범한 능력을 지니고 있었는데, 조사를 하는 동안 세월이 파괴한 아름답고 경이로운 것들의 잔해에 대해 명상하면서 슬픈 기분에 빠지곤 했다. 적어도 그는 그런 파괴와 몰락을 당할 일은 없었다. 여름이 여러 번 지나고, 노란 수선화가 피었다 지기를 여러 차례 거듭하는 동안, 공포에 사로잡힌 밤은 똑같은 악행을 되풀이했지만 도리언 그레이는 변하지 않았다. 어느 겨울도 그의 얼굴에 손상을 입히거나, 꽃처럼 활짝 피어난 그의 아름다움을 더럽힐 수 없었다. 그의 모습은 물질적인 것과 비교하면 얼마나 다른가! 대체 그 모든 것들은 어디로 사라져버린 것

---

*14 16세기 영국의 역사가.

일까? 아테나 여신을 위해 햇볕에 그을린 소녀들이 지어 준, 그래서 신과 거인들이 그것을 두고 싸웠던 그 훌륭한 주황색 예복은 어디로 간 것일까? 네로 황제가 로마의 콜로세움 위에 펼쳤던 거대한 천막은 지금 어디에 있는 가? 금박 고삐가 달린 백마를 타고 전차를 몰고 달리던 아폴론신과 별이 총총한 하늘을 상징하던 타이탄의 자주색 돛은 지금 어디에 있는가? 그는 아폴론 신이 연회를 베풀 때 그 위에 온갖 진수성찬을 올려놓으라고 만들었다는 그 진기한 냅킨을 구경하고 싶었다. 황금 벌 3백 마리가 수놓인 칠페릭 왕의 수의와, '사자, 표범, 곰, 개, 숲, 암석, 사냥꾼 등 자연에서 모방할 수 있는 모든 것'이 그려져 있어 폰투스 주교의 분노를 샀다는 이색적인 예복을, 오를레앙의 샤를이 입고 있었다는 코트의 소매에는 '부인 난 진정으로 행복하다오'라고 시작되는 가사가 수놓여 있는, 그리고 그 반주의 악보가 금실로 새겨져 있다는 그 옷을—당시의 음표는 네모난 모양을 하고 있었기 때문에 그 하나하나가 네 개의 진주로 표현되어 있었다—자기 눈으로 간절히 보고 싶었다. 또한 그는 랭스에 있는 궁전에 부르고뉴의 잔 여왕을 위해 마련된 방에 대한 글도 읽었다. 그 방의 장식은 '왕의 문장으로 꾸며진 앵무새 1321마리와 날개가 왕비의 문장으로 꾸며진 나비 561마리를 모두 금실로 수놓은' 것이었다. 카트린 드 메디시스 왕비에게는 초승달과 태양을 점점이 수놓은 검은 벨벳으로 된 상중(喪中) 침대가 있었다. 그 침대를 가리고 있는 능직 커튼은 금색과 은색이 어우러진 바탕에 나뭇잎 관과 화환을 그려 넣고, 가장자리는 진주로 수를 놓은 것이었다. 그 방에는 은색 천에 검은색 벨벳을 덧붙여서 만든 왕비의 문장이 여러 줄 걸려 있었다. 루이 14세는 자기 방에 금으로 수를 놓아 장식한 5미터 높이의 여인상을 두고 있었다. 폴란드와 리투아니아 연방의 국왕이었던 얀 3세 소비에스키의 침대는 터키석으로 코란의 글귀를 수놓은 스미르나*15산 황금 브로케이드로 만든 것이었다. 아름다운 조각을 새겨넣은 은으로 도금한 침대 다리는 에나멜과 보석을 박은 원형 무늬로 호화롭게 장식되어 있었다. 그 침대는 얀 3세가 빈으로 진격하기 전에 터키군 진영에서 탈취한 것으로, 그 금빛의 섬세한 침대 덮개 지붕이 흔들리는 아래에 한때는 마호메트의 군기가 서 있었다고 한다.

＊15 터키 지역의 에게 해 연안에 있던 고대 도시.

도리언은 만 1년 동안 찾을 수 있는 대로 온갖 아름다운 직물과 자수 작품을 수집했다. 금실로 손바닥 모양을 세밀하게 수놓고 그 위에 무지개 빛깔 풍뎅이 날개를 한 땀 한 땀 꿰맨 우아한 모슬린, 훤히 비칠 정도로 투명하여 동양에서는 '공기를 짜서 엮은 것', '흐르는 물', 또는 '저녁 이슬'로 불리고 있는 다카산의 얇은 사(紗), 자바에서 구입한 기이한 무늬가 그려진 천, 중국에서 만든 정교한 노란색 벽걸이, 황갈색 공단이나 아름다운 푸른 비단에 붓꽃과 인물상을 수놓아 장정한 책, 헝가리식 뜨개질로 짠 베일, 시칠리아산 문직과 빳빳한 에스파냐산 벨벳, 그루지야인의 금화를 사용한 작품, 그리고 초록빛이 감도는 금색 바탕에 환상적인 깃털을 가진 새를 그려 넣은 일본 보자기.

또 교회 예배와 관련된 모든 것에 관심이 많았던 그는 특히 성직자의 제복에도 특별한 열정을 쏟았다. 그의 집 서쪽 방에는 히말라야산 삼나무로 만든 긴 궤짝들이 있었는데, 거기에는 '그리스도의 신부(新婦)'의 의상 그 자체인 아름답고 귀중한 옷들이 다수 보관되어 있었다. 그리스도의 신부들은 스스로 찾아 나선 고행으로 쇠약해지고, 또 스스로 가한 고통으로 앙상해진 창백한 몸뚱이를 가리기 위해 질 좋은 아마천으로 몸을 감싸고, 자주색 옷과 보석으로 장식하지 않을 수 없었다. 그는 붉은 비단과 금실로 짠 다마스크 천으로 만든 화려한 긴 외투도 한 벌 갖고 있었다. 성직자가 교회 행렬 때 입는 그 외투에는 여섯 장 꽃잎에 둘러싸인 황금색 석류 모양의 반복되는 문양이 그려져 있고, 그 양쪽 편에는 작은 진주알이 박힌 파인애플 장식이 수놓아져 있었다. 장식띠에는 성모 마리아의 일생을 묘사한 몇 장면이 그려져 있고, 채색된 비단 두건에는 성모 마리아의 대관식 장면이 그려져 있었다. 그것은 15세기 이탈리아에서 만들어진 물건이었다. 또 한 벌의 외투는 초록색 벨벳 바탕에 하트모양으로 모은 아칸서스 이파리가 수놓아져 있고, 거기서 뻗어나온 긴 줄기 끝에는 은실과 색색의 수정으로 장식된 하얀 꽃이 수놓아져 있었다. 단추에는 가는 금실로 천사의 얼굴이 돋을새김으로 새겨져 있고, 붉은 색과 금색 비단을 마름모꼴 무늬로 짠 바탕천은 수많은 성자와 순교자의 메달리온으로 장식되어 있었다. 그 중에는 성세바스찬의 모습도 있었다. 도리언의 컬렉션에는 소매 없는 제의도 있었는데, 호박색, 푸른색 비단과 금색의 문직, 그리고 노란색 다마스크 비단과 금색 천에 그리스도의 수난과 십자가형을 그려 넣고 사자와 공작의 모습을 수놓은 것이었다. 하얀 공단과 분홍색 다마스크 비단으로 만든 제복도 있었다. 그것은 튤립과 붓꽃, 돌고래 문양으로 장식되어 있었다. 새빨간 벨벳과 푸른 아마포로 만든 제단 정면의 휘장도 있고, 수많은 성찬포, 성배를 덮는 베일, 베로니카의 손수건도 있었다. 그러한 물건들이 사용되는 신비스러운 의식에는 그의 상상력을 자극하는 무언가가 있었다.

그가 이러한 보물, 자신의 아름다운 저택에 수집해 둔 그 모든 것에 열중했던 것은 때때로 걷잡을 수 없을 만큼 밀려오는 공포를 잊기 위한 수단이었다. 그가 어린 시절의 대부분을 보냈던 외롭고 쓸쓸한 방, 지금은 잠겨 있는 그 방 벽에 자기 손으로 세워둔 그 무서운 초상화가 있었다. 진홍빛 도는 금색 천으로 가려둔 그 그림 속의 점점 변해가는 얼굴은 타락해가는 그의 인생을 말없이 증언하고 있었다. 도리언은 여러 주가 지나도록 그 방에 가지 않고 그 역겨운 그림에 대해 잊어버림으로써, 밝은 기분과 한량없는 기쁨, 살아 있다는 것 자체에 대한 열정을 되찾았다. 그러다 어느 날 불현듯 집을 몰래 빠져나와 블루게이트 필즈 근처의 지저분한 곳을 돌아다니며 쫓겨날 때까지 하루고 이틀이고 그곳에 머물곤 했다. 그러고 나서 집에 돌아오면 초상화 앞에 앉아서 때로는 그림과 자기 자신을 저주할 때도 있지만, 자기가 짊어져야 할 그 추악한 모습을 보면서, 죄악이 지닌 매력이라고도 할 수 있는 이기주의적인 만족감을 느끼며 은근한 쾌감에 미소 짓는 일도 있었다.

그로부터 몇 년 뒤, 도리언은 영국을 오래 떠나 있는 것을 견딜 수 없어 헨리 경과 공유하고 있던 프랑스 북서부 트루빌의 별장과 둘이서 몇 번인가 겨울을 함께 보낸 알제의 하얀 집을 내놓았다. 자기 삶의 한 부분이 된 그 초상화와 오래 떨어져 있는 게 싫었던 것이다. 그 방문에 정교한 잠금장치를 여러 개 설치해놓았지만 그가 없는 동안 누군가가 그 방에 들어갈까 두렵기도 했다.

누가 그 그림을 본다고 해도 아무것도 알 수 없으리라는 것은 확신하고 있었다. 이렇게 추하고 역겨운 얼굴이 되어버린 지금도 초상화는 아직 어딘가 그를 매우 닮아 있었지만, 그렇다고 그 초상화를 보고 사람들이 무엇을 알아낼 수 있으랴? 나를 조롱하려는 사람이 있으면 누구든 오히려 웃음거리로 만들어주리라. 이 그림이 아무리 혐오스럽고 치욕에 더럽혀진 얼굴을 하고 있어도 그게 나하고 무슨 상관이란 말인가? 설령 내가 모든 진실을 털어놓는다 해도 누가 그걸 믿어주겠는가?

하지만 그래도 그는 두려웠다. 이따금 노팅엄셔에 있는 넓은 저택으로 가 나가, 또는 친한 친구들인 같은 상류층 젊은이들을 접대하거나, 사치스럽고 호화로운 생활로 시골사람들의 입을 떡 벌어지게 만들다가도, 갑자기 손님들을 두고 사라져서는 서둘러 시내에 있는 집으로 돌아가 그 방의 문을 누가 건드리지나 않았는지, 초상화가 그대로 잘 있는지 확인하는 것이었다. 누가 이걸 훔쳐가기라도 한다면? 그러한 생각만 해도 그는 두려움에 온몸이 싸늘하게 얼어붙었다. 그렇게 되면 분명 온 세상이 그의 비밀을 알게 될 것이 아닌가. 어쩌면 세상은 이미 자기를 의심하고 있을지도 몰랐다.

그렇게 생각한 이유는, 그가 많은 사람들을 매료시키기는 했지만 그를 불신하는 사람들도 적지 않았기 때문이다. 가령 그의 출생이나 사회적 지위로 보아 그 일원이 될 자격이 있는 웨스트엔드 클럽에서조차, 하마터면 입회를 거부당할 뻔했다. 또 한 번은 그가 친구의 손에 이끌려 처칠 호텔의 흡연실에 들어갔을 때, 베릭의 공작과 몇몇 신사들이 보란 듯이 자리를 박차고 나가 버렸다는 얘기도 있었다. 스물다섯 살이 지나자 그에 관한 기묘한 소문들이 여기저기서 떠돌았다. 그가 화이트채플의 외진 곳에 있는 싸구려 술집에서 외국인 선원들과 말다툼하면서 싸우는 광경을 누가 봤다는 소문도 있었고, 도둑이나 화폐위조범들과 어울려 다니면서 그 작자들이 은밀히 하는 짓거리를 배운다는 소문도 있었다. 그가 별안간 자취를 감추는 것도 사람들의 입소문에 오르내렸고, 그러다 그가 다시 모습을 드러내면 사람들은 한쪽 구석에 모여 수군거리거나 경멸의 눈길로 그를 바라보며 지나치거나, 아니면 그의 비밀을 찾아내고야 말겠다는 듯이 싸늘한 눈초리로 그를 바라보곤 했다.

물론 그는 그러한 무례한 언행이나 의도적인 경멸을 무시해 버렸다. 그리고 대부분의 사람들도 그를 둘러싼 악담에 대해 그가 보여주는 솔직담백하고 친절한 태도, 소년 같은 매력적인 미소, 절대 그를 떠나지 않을 것 같은 아름다운 젊음이 풍기는 한없는 우아함 그 자체가 도리언에 관한 중상—이라고 그들은 말했다—에 대한 응답이라는 의견이었다. 그러나 어느 정도 시간이 지나자 도리언과 매우 친했던 사람들마저 그를 피하기 시작했다는 말도 있었다. 또한 앞뒤 안 가리고 그를 좋아했던 많은 여자들, 그래서 그의 편에 서서 사회적 비난이나 지성의 관습에 용감히 맞서고 저항했던 여자들까지도, 도리언 그레이가 방에 들어서면 수치심이나 두려움에 얼굴이 하얗게 질리는 것이 보였다.

하지만 널리 회자되던 그런 추문도 많은 사람들의 눈에는 그의 위험천만해 보이는 신비한 매력을 더욱 돋보이게 만드는 것 같았다. 어떻게 보면 엄청난 그의 재산이 그를 버티게 해준 안정적인 요소였는지도 모른다. 사회는, 적어도 문명사회는 부유하고 매력적인 사람에게 해가 되는 것은 좀처럼 믿지 않는 법이다. 본능적으로 도덕보다 매너가 더 중요하다고 느끼며, 가장 존경할 수 있는 인격을 갖추는 것보다는 훌륭한 요리장을 고용하는 것이 훨씬 더 큰 가치가 있다고 생각한다. 그렇기 때문에 손님에게 변변찮은 저녁식사와 싸구려 술을 내놓는 사람을 두고, 그래도 그 사람의 사생활은 나무랄 데가 없다고 말하는 것은 별다른 위안이 되지 못한다. 예전에 헨리 경이 이 문제에 말할 때, 차갑게 식어버린 메인요리를 내놓는 것과 같은 실수는 어떠한 다른 미덕으로도 보상될 수 없다고 했는데, 이는 충분히 수긍이 가는 얘기다. 좋은 사회의 규범은 예술의 규범과 같아야 한다. 형식은 절대적으로 필요한 요소다. 의식의 위엄과 그 비현실성이 필요하고, 낭만적인 연극에 등장하는 불성실한 인물과 그러한 연극의 기지와 아름다움을 조합하는 것이 필요하다. 불성실이 정말 그렇게 나쁜 것일까? 그는 그렇게 생각하지 않았다. 그것은 우리의 매력을 증대시키는 하나의 수단일 뿐이다.

어쨌거나 도리언 그레이의 견해는 늘 그러했다. 그는 늘, 인간의 자아를 단순하고 영속적이며 신뢰성이 있는, 일정한 본질을 지닌 것이라고 보는 얄팍한 심리학에 의문을 품고 있었다. 그가 보기에 인간이란 매우 다면적인 삶을 살며 온갖 감각을 지니고, 사상과 정열을 기묘하게 이어가는 다양한 양상을 보이는 복잡한 존재이자 망자의 소름끼치는 독으로 더럽혀진 육신의 존재였다. 그는 시골 저택에 있는 으스스한 화랑을 거닐며 자기 혈관 속에 흐르는 피를 물려준 조상들의 초상화를 즐겨 감상했다. 보기에도 좋은 제임스 1세의 총애를 받았던 필립 허버트의 초상화가 있었다. 프랜시스 오스본이 쓴 《엘리자베스 여왕과 제임스 왕의 시대를 회고하며》에 의하면, 허버트는 '준수한 외모 때문에 궁정의 총애를 받았지만, 그 미모는 일찌감치 그의 곁을 떠났다'고 했다. 도리언이 때때로 누리고 즐기던 시간은 바로 젊은 날의 허버트가 누렸던 시간인 것일까? 뭔가 독을 품은 기묘한 세균이 이 몸 저 몸 옮겨 다니다가 급기야 그의 몸에 침투한 것은 아닐까? 베질 홀워드의 화실에서 자신의 인생을 이렇게까지 바꿔놓고만 그 광기 어린 소원을 그토록 갑작스럽게, 별다른 이유도 없이 고백하고 만 것은, 어쩌면 자신의 매력도 언젠가 파멸하고 말리라는 것을 어렴풋이 알고 있었기 때문이 아닐까? 금색 자수가 놓인 붉은색 상의에 보석이 박힌 겉옷을 걸치고, 금빛 데를 두른 주름 깃과 소맷부리가 돋보이는 옷을 입고 금색과 은색의 갑옷을 발아래 두고 서 있는 사람은 앤터니 세라드 경이다. 이 사람이 그에게 물려준 유산은 무엇인가? 나폴리 왕국 지오바나 여왕의 연인이었던 그가 도리언에게 죄악과 치욕을 유산으로 물려준 것은 아닐까? 도리언의 행동은 이 과거의 남자가 실현하지 못했던 꿈에 지나지 않는 것이 아닐까? 빛 바랜 캔버스 속에서 미소 짓고 있는 이 여성은 엘리자베스 데버루 부인이다. 속이 비치는 얇은 베일을 쓰고 진주가 달린 가슴 장식에 분홍색 소맷부리가 살짝 트인 옷을 입고 있다. 오른손엔 꽃 한 송이를 들고 왼손으로는 흰 장미와 담홍색 장미가 그려진 에나멜 목걸이를 쥐고 있는 모습이다. 그녀 옆 탁자 위에는 만돌린과 사과가 놓여 있다. 그녀가 신은 끝이 뾰족한 작은 신발에는 녹색의 커다란 장미꽃 장식이 달려 있다. 그녀가 어떤 삶을 살았는지, 또 그녀의 연인들에 대해 어떤 기묘한 이야기들이 떠돌았는지, 도리언은 잘 알고 있었다. 혹시 그 자신에게도 그녀의 기질과 비슷한 구석이 있는 것은 아닐까? 그녀는 그 무거운 듯한 눈꺼풀의 타원형 눈으로 이쪽을 신기한 듯이 내려다보는 것 같다. 머리에 분을 뿌리고 이상한 안대를 한 조지 윌로비는 어떤가? 참으로 사악한 인상이다! 까무잡잡하니 침울한 얼굴에 육감적인 입술은 모멸을 담은 듯 일그러져 보인다. 섬세한 레이스가 달린 주름 장식이 손가락마다 반지를 잔뜩 낀 노란 손을 살짝 가리고 있다. 그는 18세기의 멋쟁이로 젊었을 때는 페라스 경의 친구였다. 베켄햄 2세는 또 어떤 사람인가? 황태자[16]가 한창 방탕한 생활을 하던 때에 그 황태자의 친구였고, 황태자가 피츠허버트 부인과 비밀 결혼을 했을 때 증인이 되기도 했던 사람이 아닌가? 거만한 포즈

---

[16] 훗날의 조지 4세.

를 취한 밤색 고수머리의 그는 또 얼마나 자만심이 넘치는 단정한 용모를 하고 있는가? 그는 과연 어떤 열정을 유산으로 남겨 주었을까? 세상은 그를 파렴치한 인물로 보았다. 칼튼하우스에서 열린 광란의 파티의 주모자였다. 그런데도 그의 가슴에선 가터 훈장의 별이 빛나고 있다. 그 옆에는 그의 부인 초상화가 걸려 있다. 얼굴이 파리하고 입술이 얇은 검은 옷의 여인. 그녀의 피도 도리언의 혈관 속에 흐르고 있다. 이 모든 것이 얼마나 야릇한 일이란 말인가! 그리고 해밀턴 부인[*17]을 닮은 얼굴에 포도주에 적신 듯 촉촉한 입술을 지닌 그의 어머니의 초상화가 있다. 그는 어머니의 무엇을 물려받았는지 잘 알고 있다. 어머니에게서 아름다움을 물려받았고, 다른 사람의 아름다움에 대한 열정도 물려받았다. 그녀는 바커스의 무녀들이 입는 헐렁한 드레스를 입고 미소 짓고 있다. 머리는 포도잎으로 장식되어 있고 손에 들고 있는 잔에서는 자줏빛 액체가 넘친다. 피부색은 퇴색했지만 두 눈은 지금도 여전히 그윽하고 영롱하게 빛나고 있다. 그가 어디에 가든지 늘 뒤에서 지켜볼 것 같은 눈이다.

그러나 사람에게는 혈통에 따른 조상이 있듯이 문학도 조상들이 있다. 그 유형과 기질에서는 이쪽을 더욱 닮은 건지도 모른다. 그리고 그 영향력은 일족에게서 물려받은 것보다 훨씬 명확하게 의식된다. 가끔 도리언은 역사 전체가 자신의 삶을 기록해 놓은 것이 아닌가 하고 자주 생각할 때가 있었다. 실제로 그 상황 속에서 삶을 살았다는 것이 아니라 그의 상상력이 그를 위해 창조한 삶의 역사, 그의 머릿속에서 이루어진 정열적인 삶의 자취가 바로 역사가 아닌가 싶었다. 그는 과거 세상이라는 무대를 거쳐 간 기묘하고 끔찍스러운 인물들, 죄악을 그토록 경이롭고 미묘함이 넘치는 어떤 것으로 탈바꿈시킨 그들을 이해할 것만 같았다. 뭐라 설명할 수 없는 어떤 방식으로, 그들의 삶이 바로 그 자신의 삶이 된 것 같은 느낌이었다.

그의 인생에 많은 영향을 주었던 그 경이로운 소설의 주인공도 이런 기묘한 환상을 품고 있었다. 그 소설의 7장에는 그가 티베리우스[*18]가 되어 벼락에 맞지 않도록 월계수 관을 쓰고서 카프리 섬 정원에 앉아, 엘레판티스[*19]

[*17] 스코틀랜드 외교관이었던 윌리엄 해밀턴 경의 아내. 미인으로 유명했다.
[*18] 로마의 2대 황제. 공포정치로 유명하다.
[*19] 그리스의 여류 시인. 유명한 섹스 지침서를 쓴 것으로 알려져 있다.

가 쓴 낯 뜨거운 내용의 책을 읽고 있는 모습이 그려져 있다. 그의 주위로 난쟁이와 공작새가 돌아다니고, 플루트 연주자는 향로 흔드는 사람을 놀리고 있다. 또 그는 칼리굴라*[20]가 되어 초록색 셔츠를 입은 기수들과 마구간에서 흥청망청 술판을 벌이고, 보석이 박힌 이마 장식을 단 말과 함께 상아로 만든 구유에서 식사를 한다. 다음에는 도미티아누스*[21]가 되어, 대리석 거울이 즐비한 회랑을 돌아다니며 자신의 인생을 끝장낼 단도가 어디에 감춰져 있는지 눈을 번뜩이며 주위를 둘러보았다. 그는 부족한 게 전혀 없는 삶을 사는 사람들에게 찾아오는 권태, 그 끔찍한 '생명의 권태'에 병들어 있었던 것이다. 그리고 그는 투명한 에메랄드를 통해 투기장의 유혈이 낭자한 살육 현장을 들여다본 다음, 은 편자를 박은 노새가 끄는 진주색과 자주색 가마를 타고 석류나무 가로수길을 지나 황금의 집까지 이동한다. 그 도중에 연도에 늘어선 사람들이 네로 황제 폐하 만세! 하고 외치는 소리가 들려온다. 또 그는 엘라가발루스*[22]가 되어, 얼굴에 물감을 칠하고 여자들 속에 앉아 부지런히 물레를 돌렸고, 카르타고에서 달의 여신을 데려와 태양신과 신비로운 결혼을 하게 했다.

도리언은 이 환상적인 내용이 담긴 7장을 읽고 또 읽었다. 그 다음에 바로 이어지는 두 장의 내용도 마찬가지였다. 그 부분에서는 진기한 무늬가 그려진 벽걸이 장식인 양, 또는 절묘하게 세공한 에메랄드 작품인 양, '악덕'과 '피'와 '권태'로 인해 괴물처럼 변하거나 광기에 사로잡힌 사람들의 무섭고도 아름다운 모습이 그려져 있었다. 자기 아내를 살해하고 그녀의 입술에 아내의 연인이 시신을 애무하다 독살되도록 주홍색 독을 발라 두었던 밀라노 공작 필리포. 허영 속에서 포르모스 교황의 직위를 탐하다가 결국 끔찍한 죄악을 저지른 끝에 20만 플로린의 값어치가 나가는 로마 교황의 보관(寶冠)을 쓰게 되었다는 바오로 2세로 알려진 베네치아 사람 피에트로 바르비. 사냥개를 풀어 살아 있는 사람을 죽이고, 나중에 살해되었을 때는 그를 사랑했던 창녀가 시신을 장미로 덮어 주었다는 지안 마리아 비스콘티. 형제 살해범을

---

*20 잔인함과 낭비로 미움을 받아 결국 살해되고 만 로마황제.
*21 로마의 7대 황제. 공포정치로 원로원 의원에게 고통을 준 것으로 유명하다.
*22 태양신 바알을 섬기던 제사장 가문 출신의 로마 황제. 괴팍한 행동을 많이 한 것으로 유명하다.

옆에 거느리고 페로토의 피로 물든 망토를 입은 채 백마를 타고 가는 보르자.*23 교황 식스투스 4세의 사생아이자 총아였던 인물로 아름다운 용모에 걸맞은 방탕한 생활을 영위했던 피렌체의 젊은 추기경 피에트로 리아리오. 그는 흰색과 진홍색 비단으로 장식한 정자에 아름다운 소녀와 기괴한 모습의 소년들을 잔뜩 모아들여 아라곤의 레오노라를 맞아들였고, 한 소년은 금빛으로 치장시켜 마치 가니메데스나 힐라스*24처럼 호화로운 향연의 시중을 들게 했던 인물이다. 자신의 우울증은 멋진 죽음의 광경을 보아야 치유될 수 있다며 사람들이 붉은 포도주를 갈망하듯 붉은 피를 열렬히 추구했고 그로 인해 악마의 자식으로 알려졌으며, 자기 아버지와 영혼을 걸고 주사위 놀이 도박을 하여 아버지를 속였다는 에젤리노.*25 속임수로 '순결'이라는 뜻을 지닌 이노센트라는 이름을 얻어 내고, 어느 유대인 의사를 통해 세 어린 소년의 피를 그 쇠약한 혈관 속에 수혈받았다는 지암바티스타 치보.*26 첫 번째 부인인 폴리세나를 냅킨으로 목 졸라 죽이고 두 번째 부인인 지네브라 데스테는 에메랄드 컵으로 독살했으며, 추잡한 열정에 이끌려 이교도의 교회를 세워 그곳에서 그리스도를 숭배하게 한, 이조타의 연인이자 리미니의 군주였던 시지스몬도 말라테스타. 자기 형수를 열렬히 사랑하여 어느 나병 환자가 이를 보고 경고한 것처럼 광기에 빠져들면서, 오직 사랑과 죽음과 광기의 이미지가 그려진 사라센 카드를 통해서만 위안을 받을 수 있었다는 샤를 6세.*27 그리고 보기 좋게 모양을 낸 가죽조끼를 입고 아칸서스 잎 같은 고수머리에 보석이 달린 모자를 쓴 수려한 모습으로 아스토레와 그의 신부, 그리고 시모네토와 그의 시종을 죽인 살인마이지만 그 용모가 너무나 아름다워, 그가 페루자의 황금 광장에서 죽어갈 때 그를 증오했던 사람들조차 슬피 울지 않을 수 없었고 그를 저주했던 아탈란타조차 그에게 축복을 내렸다는 그리포네토 발리오.*28

---

*23 교황 알렉산데르 6세의 사생아인 체자레 보르자.
*24 그리스 신화에서 가나메데스는 제우스의 컵을 들어 주는 역할을 하도록 간택된 미소년이고, 힐라스는 헤라클레스가 사랑했던 미소년이다.
*25 아틸리아의 폭군이었던 에젤리노 다 로마나.
*26 교황 이노센트 8세. 혈액형에 대한 개념이 없었던 시대에 소년의 피를 수혈 받다가 사망했다.
*27 프랑스의 왕으로 흔히 광인 왕으로 알려져 있다.

이러한 인물들 모두에게는 무시무시한 매력이 있다. 도리언은 밤마다 그들의 모습을 보았고, 낮에는 낮대로 그 환상에 시달렸다. 르네상스 시대에는 온갖 기이한 독살법이 쓰였다. 투구와 타오르는 횃불, 수놓은 장갑과 보석 박힌 부채, 금박 입힌 포맨더나 호박 목걸이 같은 물건들이 독실에 이용됐다. 그러나 도리언 그레이를 중독시킨 것은 다름 아닌 책이었다. 그렇게 책에 빠져 있노라면, 악이란 자신의 아름다움에 대한 개념을 실현시키기 위한 하나의 수단에 지나지 않는다는 생각이 그의 머릿속에 떠오르곤 하는 것이었다.

---

*28 그리포네토, 아스토레, 시모네토는 모두 이탈리아 북부 도시인 페루지아를 통치했던 발리오니 가문 사람들.

제12장

 그가 자주 기억하고 있는 바로는, 그날은 11월 9일, 그의 서른여덟 번째 생일 전날 밤이었다.
 도리언은 헨리 경의 집에서 저녁을 먹고 밤 11시쯤 집으로 돌아가고 있었다. 밤공기가 차고 안개가 짙어서 두툼한 모피로 몸을 완전히 감싸고 있었다. 그로스브너 광장과 사우스오들리 도로가 만나는 모퉁이 근처에 왔을 때 한 남자가 안개 속에서 그의 곁을 지나갔다. 굉장히 빠른 걸음에 회색 얼스터산 모직 외투의 깃을 바짝 세운 모습이었다. 그의 손에는 가방이 하나 들려 있었다. 도리언은 그 남자를 알아보았다. 베질 홀워드였다. 뭐라 형용할 수 없는 묘한 두려움이 도리언을 엄습했다. 홀워드가 자기를 못 알아본 듯하자 도리언도 못 본 척하고 빠른 걸음으로 자기 집으로 향했다.
 그러나 홀워드는 도리언을 이미 알아보았다. 갑자기 홀워드의 발소리가 포장도로 위에서 멎더니 곧이어 서둘러 다가오는 소리가 들렸다. 잠시 뒤 홀워드가 도리언의 팔을 잡았다.
 "도리언! 이거 뜻밖의 행운이군! 9시부터 쭉 자네의 서재에서 기다리고 있었네. 그런데 자네 하인이 피곤해 보이는 게 안쓰러워 잠 좀 자라 하고 난 나왔어. 야간 기차를 타고 파리로 갈 예정인데 가기 전에 자네를 만나고 싶었어. 아까 지나칠 때 혹 자네가 아닌가 생각했네. 아니, 자네 모피 코트를 알아본 거지. 자넨 난 줄 몰랐나?"
 "이런 안개 속에서요, 베질? 그로스브너 광장도 알아보지 못하겠던데요. 여기 어딘가가 우리 집인 것 같은데, 그것도 확실하지 않으니. 아무튼 정말 오랜만에 만났는데 멀리 떠나신다니 섭섭하군요. 하지만 곧 돌아오실 거죠?"
 "아니야, 한 6개월 정도 영국을 떠나 있을 참이네. 파리에 화실 하나를 열어서 그곳에 푹 파묻혀 있을 작정이야. 내가 생각하고 있는 멋진 그림을 완성할 때까지. 그건 그렇고, 지금 내 얘기를 하려는 게 아닐세. 자네 집에 다 왔군. 잠시 안으로 좀 들어갈까? 자네한테 할 얘기가 있어."

"나야 괜찮지만, 기차를 놓치지 않겠어요?" 도리언 그레이는 계단을 올라가 바깥문을 열쇠로 열면서 심드렁한 목소리로 말했다.

짙은 안개 속에서 희미한 불빛을 비추고 있는 등불 아래에서 홀워드는 시계를 보았다. "시간은 많아. 기차 출발이 12시 15분이고 지금 11시거든. 사실은 자네를 찾아 클럽에 가려던 참이있어. 그러다가 자네를 만난 거지. 게다가 무거운 짐은 이미 다 보낸 상태라 짐 때문에 지체될 염려도 없네. 나머지 물건은 여기 다 들었으니, 이 가방만 챙겨 가면 20분 안에 빅토리아 역에 도착할 수 있을 걸세."

도리언은 그를 바라보면서 미소 지었다. "멋쟁이 화가의 여행 스타일, 정말 멋지군요! 여행 가방 하나에 얼스터 외투 한 벌이라! 어서 들어오세요. 안개가 집 안에 몰려들어 오겠어요. 그리고 이건 약속해 주세요. 심각한 얘기는 절대로 하지 않겠다고. 요새 심각한 일 없잖아요, 아니 심각한 일이 있어서는 안 되죠."

홀워드는 고개를 내저으며 집 안으로 들어서서 도리언을 따라 서재로 향했다. 커다란 벽난로에서는 장작불이 환하게 타오르고 있었다. 등잔불도 켜져 있고, 상감 세공한 조그만 탁자 위에는 뚜껑이 열린 네덜란드산 은색 주기(酒器) 한 세트가 소다수 병 몇 개와 큼직한 세공 유리잔 몇 개와 함께 놓여 있었다.

"도리언, 자네 하인이 얼마나 편하게 대해 주었는지 알겠지? 내가 원하는 건 모조리 다 갖다 주더군. 자네가 아끼는 왜 그 끝이 금색인 담배, 그것도 갖다 줬어. 상대를 대접할 줄 아는 친구더군. 옛날에 자네가 데리고 있던 그 프랑스인 하인보다 훨씬 마음에 들어. 그런데 말이 났으니 하는 말인데, 그 프랑스인 하인은 어떻게 됐나?"

도리언은 어깨를 으쓱해 보였다. "래들리 부인의 하녀와 결혼해서 파리에서 영국 옷 제작자로 자리 잡게 해줬을 거예요. 거기서는 요즘 영국 패션이 유행이라는군요. 프랑스 사람들, 좀 멍청한 것 같지 않아요? 아무튼 아실지 모르지만, 그 친구, 하인으로서는 그렇게 나쁜 편은 아니었어요. 좋아하지는 않았지만 불만은 없었지요. 사람들은 종종 엉뚱한 상상을 한다니까요. 그는 정말로 나한테 헌신적으로 잘해 줬죠. 이곳을 떠날 때는 많이 섭섭해 하더군요. 브랜디 소다 한잔 더 하시겠어요? 아니면 백포도주에 탄산수를 타 드릴까요? 난 늘 이걸 마시죠. 옆방에 좀 있을 겁니다."

"괜찮네. 난 됐어." 화가는 그렇게 말하면서 모자와 코트를 벗어 한쪽 구석에 놔두었던 가방 위로 던졌다.

"자, 이제 자네하고 진지하게 얘기하고 싶네. 그렇게 인상 쓰지 말고. 그러면 얘기 꺼내기가 어렵잖아."

"대체 무슨 얘긴데요?" 도리언은 소파로 몸을 던지면서 퉁명스럽게 물었다. "내 얘기가 아니면 좋겠군요. 오늘 밤엔 나 자신에게 신물이 나니까. 내가 아닌 다른 사람이 되고 싶을 정도로."

"그런데 자네 얘기야." 진지하고 깊숙한 목소리로 홀워드가 대답했다. "그리고 이 얘긴 자네가 꼭 들어줬으면 좋겠어. 30분이면 충분하니까."

도리언은 한숨을 내쉬고 담배에 불을 붙이면서 중얼거렸다. "30분씩이나!"

"도리언, 그 정도면 대단한 걸 요구하는 것도 아니잖아. 그리고 내가 이렇게 말하는 것도 다 자네를 위해서야. 런던에서 자네를 비난하는 그 끔찍한 험담들을 자네가 아는 게 당연하다고 생각해서 이러는 걸세."

"그런 건 알고 싶지도 않아요. 다른 사람에 대한 추문은 좋아하지만 내 자신과 관련된 것이라면 흥미 없어요. 뭐, 신선한 맛이 없잖아요."

"아니야, 모르긴 해도 자네가 틀림없이 흥미를 느낄 얘기야. 신사는 모두 자신의 평판에는 흥미를 가지게 마련이지. 자네도 사람들이 자네를 형편없이 타락한 인간이라고 말하는 건 원치 않을 걸세. 물론 자네는 지위도 있고 부도 있고, 뭐 그런 종류의 것은 다 갖추고 있어. 하지만 지위와 부가 전부는 아닐세. 잘 들어 보게. 나도 그 소문들을 절대로 믿지는 않네. 적어도 자네를 만나면 그런 말을 믿을 수가 없단 말이야. 죄는 사람의 얼굴에 스스로 드러나게 되지. 감출 수가 없어. 그래서 사람들은 때로 은밀한 악에 대해 얘기하지만, 그런 것은 존재하지 않아. 비열한 자가 악덕을 저지르면 그게 그 사람 입 주변의 선이나 축 늘어진 눈꺼풀, 때로는 손 모양에서 다 드러나게 마련이야. 작년에 어떤 사람이—자네도 아는 사람이지만 이름은 말 안 하겠네—날 찾아와서 자기 초상화를 그려 달라고 했지. 처음 보는 사람이었고,

당시만 해도 그 사람에 대한 얘기를 전혀 들어 본 적도 없었네. 물론 그 뒤로 많은 얘기를 듣기는 했지만 말이야. 근데 그 사람이 엄청난 가격을 제시하더군. 하지만 난 거절했네. 그 사람의 손가락 모양이 마음에 들지 않았기 때문이야. 지금 생각해 보면, 내가 그 사람에 대해 상상했던 게 맞았던 거야. 그는 망가진 삶을 사는 사람이었어. 하지만 도리언, 자네의 그 순수하고 순진하고 해맑은 얼굴과 전혀 변함이 없는 아름다운 젊음—난 자네에 대한 험담을 믿을 수 없어. 하기야 요즘은 자네를 거의 만나지도 못했고 자네도 내 화실에 오질 않으니, 내가 자네와 떨어져 있을 때 사람들이 자네에 대해 수군대는 그 불쾌한 말들을 듣게 되면 무슨 말을 해야 할지 모르겠어. 도리언, 왜 버릭 공작 같은 사람이 자네가 클럽에 들어서면 방을 나가 버리는 거지? 런던의 그렇게 많은 신사들이 자네 집에 찾아오지도 않고, 자네를 자기네 집에 초대도 하지 않는 이유가 뭔가? 자네는 한때 스태블리 경의 친구였잖아. 지난주에 그 사람을 만나 함께 저녁을 했네. 그런데 어떤 얘기를 하다가 우연히 자네 이름이 나왔지. 왜, 더들리 백작의 전시회에 자네가 보냈다는 세밀화 있잖아? 그 얘기를 하다 자네 이름이 튀어나온 거야. 그러자 스태블리가 입술을 일그러뜨리더니 이런 말을 하더군. 자네는 아주 훌륭한 예술적 취향을 갖고 있는 것 같은데, 순수한 마음을 지닌 아가씨들이 자네와 가까이해서는 안 되며 정숙한 부인들도 자네와 같은 방에 앉아 있도록 해서는 안 된다고 말이야. 난 그에게 자네가 내 친구임을 상기시켜 주고는 대체 그 말이 무슨 뜻이냐 물었지. 그가 얘기해 주더군, 모든 사람들 앞에서 말이야. 끔찍한 얘기였어! 왜 자네와 우정을 나누는 젊은이들마다 모조리 그렇게 비참하게 파멸되는 거지? 근위대에 있다는 그 불쌍한 친구, 자살했다면서? 자넨 그 젊은이와 아주 친한 친구였다고 하더군. 오명을 뒤집어쓴 채 영국을 떠나야 했던 헨리 애쉬턴 경도 있어. 그 친구와 자네는 떼려야 뗄 수 없는 관계라면서? 처참한 종말을 맞이한 애드리언 싱글턴은 또 어떤가? 켄트 경의 외아들, 그 친구는 어떻게 된 거지? 어제 세인트 제임스 가에서 그 친구 아버지를 만났네. 치욕과 슬픔에 빠져 완전히 망가져 있더군. 퍼스의 젊은 공작은 또 어떻게 된 건가? 지금 그는 어떻게 살고 있는가? 어떤 신사가 그 사람하고 같이 어울리겠나?"

"그만하세요, 베질. 당신은 알지도 못하면서 그런 말을 하시는군요." 도리언 그레이는 입술을 깨물면서 한없는 경멸을 담은 말투로 말했다. "내가 방에 들어섰을 때 비릭이 왜 그 방을 나가 버렸는지 물어보셨죠? 그거야 내가 그 사람의 생활에 대해 전부 다 알고 있기 때문이지, 그 사람이 나에 대해 뭔가 알고 있어서가 아닙니다. 몸속에 그런 피가 흐르고 있는데 어떻게 깨끗한 생활을 할 수가 있겠어요? 헨리 애쉬턴과 퍼스의 젊은 공작요? 그렇다면 내가 헨리 애쉬턴에게 악을 가르치고 퍼스의 공작에게 방종을 가르쳤다는 얘긴가요? 켄트의 어리석은 자식 놈이 거리의 여자를 아내로 택한 것이 대체 나하고 무슨 상관입니까? 애드리언 싱글턴이 계산서에 자기 친구 이름을 써넣었다는데, 내가 그 친구 감시인이라도 됩니까? 영국 사람들이 어떤 식으로 입방아를 찧는 인종인지는 잘 알고 있어요. 중류계급은 보잘것없는 저녁식탁에서 자기들도 세련된 계급에 들고 싶어서, 도덕적 편견을 늘어놓거나 상류계급의 방종이니 뭐니 하고 떠들어대면서 자기들이 비방하는 상대와 친한 척하려 하죠. 이 나라에선 말이죠, 어떤 사람이 명성이 있거나 똑똑하기만 해도 보통 사람들이 그 잘난 혀로 비난이나 하고 욕이나 해댄다니까요. 그런데 그런 사람들은 도대체 어떤 삶을 살고 있습니까? 도덕을 내세우는 그 사람들이 어떻게 살고 있냐고요. 베질, 당신은 우리가 위선자의 나라에 살고 있다는 사실을 잊으신 모양이군요."

"도리언." 홀워드가 목소리를 높였다. "문제의 핵심은 그게 아니야. 그래, 나도 알아. 영국이 아주 나쁜 나라야, 그리고 영국 사교계는 썩어 빠졌어. 바로 그렇기 때문에 자네는 훌륭한 인간이길 바라는 거야. 그런데 자네는 그러질 못했어. 사람은 자기 친구들에게 어떤 영향을 주는가를 보고 그가 어떤 인물인가를 판단할 권리가 있네. 그런데 자네 친구들은 하나 같이 명예심도 없고, 선하지도 않고, 순수하지도 않은 것 같아. 자네가 그들에게 쾌락을 향한 광기 어린 욕망만 심어 준 것일세. 그들은 완전히 나락으로 떨어졌어. 자네가 그들을 나락으로 끌고 간 거야. 그래, 자네가 끌고 간 거라고. 그런데도 자네는 그렇게 미소만 짓고 있을 수 있군 그래. 그런데 그보다 더 나쁜 일이 숨어 있어. 자네하고 해리는 친구가 아닌가? 그렇다면 절대로 그 해리 누이동생의 이름을 비웃음거리로 만들지는 말았어야지."

"경고하겠어요, 베질. 말씀이 너무 지나칩니다."

"난 이 말은 해야겠어, 그리고 자네는 들어야 하고. 꼭 들어야 해. 그웬돌

렌 부인은 자네를 처음 만났을 때, 그녀에게는 추호의 스캔들도 없었네. 그런데 지금 그녀와 함께 마차를 타고 하이드파크에 같이 갈 정숙한 여인이 이 런던에 단 한 사람이라도 있는 줄 아나? 그 부인의 아이들조차 이제는 그녀와 같이 살 수 없게 되었다네. 또 다른 얘기들도 있어. 자네가 새벽녘에 들기만 해도 구역질나는 그런 집에서 기어 나오거나 런던에서 가장 불결한 소굴에 신분을 숨기고 몰래 드나드는 모습을 봤다는 얘기들이 있네. 그게 사실인가? 어떻게 그런 일이 있을 수 있나? 처음에 그런 얘기를 들었을 때 난 어이가 없어서 그냥 웃고 말았지. 하지만 요새는 그런 얘기를 들을 때마다 몸이 떨린다네. 자네가 시골집에 내려가 어떤 생활을 하는지, 무슨 말들이 오가는지 아나? 도리언, 자네는 사람들이 자네에 대해 뭐라고 말하는지 모르고 있어. 난, 자네한테 설교하고 싶은 마음이 없다고는 하지 않겠네. 옛날에 해리가 한 말이 생각나는군. 목사 흉내를 내고 싶어 하는 사람은 반드시 처음에는 그렇게 말해 놓고는 꼭 그 말을 어긴다고 말이야. 그래, 난 자네한테 설교 좀 하고 싶네. 난 자네가 세상 사람들에게 존경을 받는 생활을 했으면 하네. 훌륭한 경력과 깨끗한 이름을 가지길 바란단 말이야. 나쁜 친구들과는 더 이상 어울리지 않았으면 좋겠어. 그런 식으로 어깨만 으쓱하지 말고 냉담한 표정도 짓지 말아주게. 자네에게는 놀라운 영향력을 행사할 수 있는 힘이 있어. 그 힘으로 나쁜 영향이 아니라 좋은 영향을 주면서 살자고. 사람들 말로는 자네가 친한 사람들을 모두 타락시키고 있고, 자네가 어느 집에 들어서기만 해도 그 집엔 치욕이 뒤따른다고 하더군. 정말 그런지 어떤지, 난 모르겠어. 내가 어찌 알겠나? 하지만 분명한 건 이런 얘기들이 다 자네에 관한 얘기라는 사실이야. 나는 명명백백해 보이는 것들만 얘기한 것일세. 글로스터 경은 옥스퍼드 시절에 나하고 가장 친했던 친구 중 한 사람이네. 그 친구는 나에게 자기 아내가 망통에 있는 별장에서 홀로 죽어 가면서 자기한테 썼다는 편지 한 통을 보여 주었어. 내가 읽은 고백의 글 가운데 가장 섬뜩한 글이더군. 그런데 그 글에 자네 이름이 언급되어 있었어. 난 그 친구한테 말도 안 되는 소리라고 했지. 내가 자네를 속속들이 잘 아는데, 그런 일을 할 친구가 아니라고 말일세. 자네를 알고 있다고? 과연 내가 자네를 제대로 알고 있기나 한 건가? 자네 영혼을 봐야 대답을 알 수 있을 것 같군."

"내 영혼을 본다고요!" 소파에서 튕기듯이 일어선 도리언 그레이의 얼굴은 두려움에 새파랗게 질려 있었다.

"그래, 봐야겠어." 홀워드는 깊은 슬픔이 담긴 목소리로 엄숙하게 말했다. "자네의 영혼을 봐야겠어. 하지만 그건 하느님에게만 가능한 일이겠지."

손아래 친구의 입술에 비웃는 듯한 쓴웃음이 떠올랐다. "당신의 그 눈으로 직접 보시죠!" 그는 그렇게 소리치면서 테이블 위의 등불을 움켜잡았다. "저를 따라오세요. 바로 당신 손으로 직접 그린 작품이니까요. 못 볼 이유가 없지 않습니까? 그리고 원하시면 나중에 그것에 대해 온 세상에 다 말해 보세요. 아무도 믿지 않을 겁니다. 사람들이 당신 말을 믿으면 아마 그로 인해 나를 더욱더 좋아하게 될 겁니다. 당신이 이 시대에 대해 지루하게 이렇다 저렇다 얘기한들 내가 훨씬 더 잘 알고 있답니다. 오세요, 다 보여드릴 테니. 타락에 대한 얘기는 당신이 충분히 다 하셨어요. 이번엔 그걸 두 눈으로 직접 보실 차례입니다."

그가 내뱉은 말 한마디 한마디에는 강렬한 자만심이 잔뜩 배어 있었다. 그는 화난 어린아이처럼 발을 굴렀다. 자신의 비밀을 다른 사람하고 같이 나눈다는 생각에, 그리고 자신의 모든 치욕의 근원이 된 그 초상화를 그린 바로 그 사람이 자신이 무슨 일을 했는지, 그 무서운 기억을 안고 남은 삶을 살아갈 것이라는 생각에 그는 짜릿한 쾌감을 느끼고 있었다.

"예." 홀워드에게 더욱 다가간 도리언은 그의 굳은 두 눈을 똑바로 응시하면서 말했다. "당신에게 내 영혼을 보여 드리지요. 오직 하느님만이 볼 수 있다고 생각한 것을 보여드리겠어요."

홀워드는 놀라서 뒤로 물러섰다. "그건 신성 모독이야, 도리언!" 그가 외쳤다. "그런 말은 함부로 입 밖에 내서는 안 되네. 그런 무서운 말을 하다니, 아무 의미도 없는 그런 말을."

"그렇게 생각합니까?" 그는 다시 웃었다.

"그렇다네. 내가 오늘 밤 자네한테 한 말은 다 자네를 위해서야. 자네도 알지 않나, 난 언제나 자네의 충실한 친구라는 걸."

"내 몸에 손대지 마세요. 할 말이 있으면 다 하시죠."

고통으로 꼬인 섬광이 화가의 얼굴을 번득 스치고 지나갔다. 그는 잠시 숨을 골랐다. 걷잡을 수 없는 연민의 감정이 그의 온 마음을 사로잡았다. 따지고 보면 무슨 권리로 자기가 도리언 그레이의 삶을 들여다본단 말인가? 도리언이 실제로 소문으로 나도는 짓 가운데 10분의 1만 했다 해도 도리언 자신의 마음은 얼마나 고통스러울 것인가! 그는 벽난로 옆으로 다가가 한가운데서는 이글거리는 화염을 피우고 아래에는 서리 같은 재를 남기며 타오르고 있는 장작더미를 물끄러미 바라보았다.

"저, 기다리고 있습니다, 베질." 도리언이 분명한 목소리로 말했다.

베질이 돌아보면서 말했다. "내가 하고 싶은 말은 이걸세. 자네는 사람들이 자네를 향해 던지는 역겨운 비난의 말에 대해 뭔가 대답해 주어야 하네. 자네가 그 말들이 모두, 하나부터 열까지 모두 사실이 아니라고 말한다면 난 자네를 믿을 테니까. 그러니까 도리언, 그 비난을 모두 부인하게! 부인하란 말이야! 자네, 내가 어떤 심정인지 아나? 오, 제발 부탁이야. 자네가 부도덕하고 타락한 몹쓸 사람이라는 말은 하지 말아 주게."

도리언 그레이는 미소 지었다. 그러자 그의 입술이 경멸의 표정을 그리며 일그러졌다. "위로 올라가시죠, 베질." 그가 조용한 목소리로 말했다. "난 매일 매일의 내 삶을 일기에 쓰고 있어요. 그 일기는 내가 그것을 쓰고 있는 방 밖으로는 절대로 내갈 수 없어요. 그러니 함께 가시면 그걸 당신에게 보여드리죠."

"도리언, 자네가 원한다면 따라가겠네. 이미 기차는 놓쳤지만 그건 중요하지 않아, 내일 떠나도 되니까. 하지만 오늘 밤 뭔가를 알아내라고 하진 말아 주게. 그저 내 질문에 솔직하게 대답만 해주면 돼."

"위층에서 대답하지요. 여기서는 말할 수가 없어요. 그리고 알아내는데 오래 걸리지도 않습니다."

제13장

도리언은 방을 나와서 계단을 오르기 시작했다. 바로 그 뒤를 베질 홀워드가 따랐다. 사람들이 밤에는 본능적으로 걸음을 살금살금 내딛듯 그들도 소리 없이 걸음을 옮겼다. 등불이 벽과 계단에 환상적인 그림자를 그려 냈다. 어디서 불어온 것인지 한 줄기 바람에 창문이 덜컹거리는 소리가 들려왔다.

계단 맨 꼭대기에 다다르자 도리언은 등불을 바닥에 내려놓고 열쇠를 꺼내 문을 열었다. "꼭 알아야겠단 말씀이죠, 베질?" 그는 나지막한 목소리로 물었다.

"그래."

"좋아요." 도리언은 미소를 지으며 대답했다. 그런 다음 그는 다소 통명한 목소리로 덧붙였다. "당신은 이 세상에서 나에 대해 모든 것을 알 자격이 있는 유일한 사람입니다. 당신은 생각하시는 것보다 훨씬 많이 내 삶과 관련되어 있거든요." 그는 다시 등불을 들고 문을 열고 안으로 들어갔다. 서늘한 공기가 그들 곁을 스쳐 지나갔고, 등불이 한 순간 어두운 오렌지색으로 타올랐다. 도리언은 부르르 몸을 떨었다. "문을 닫아 주시죠." 그는 등불을 테이블 위에 올려놓으면서 속삭이는 소리로 말했다.

홀워드는 당혹스러운 표정으로 주위를 둘러보았다. 여러 해 동안 아무도 살지 않았던 방 같아 보였다. 플랑드르풍의 빛 바랜 벽걸이 하나, 커튼에 가려진 그림 하나, 낡은 이탈리아제 궤짝 하나, 그리고 거의 텅 비어 있는 책장—의자와 테이블 하나가 방에 있는 전부인 듯했다. 벽난로 선반에 놓인 반쯤 타다 남은 초에 도리언이 불을 붙이는 동안, 홀워드는 온통 먼지를 뒤집어쓰고, 카펫에는 구멍이 뚫려 있는 방 안의 모습을 둘러보았다. 징두리널 뒤로 생쥐 한 마리가 쪼르르 달아났다. 눅눅한 곰팡이 냄새도 났다.

"그러니까 베질, 당신은 영혼을 볼 수 있는 건 오직 하느님뿐이라고 생각한다 이거죠? 그 천을 걷어 보세요. 내 영혼을 볼 수 있을 테니." 차갑고 잔혹한 목소리였다.

"자네 미쳤군, 도리언. 아니면 연기를 하는 건가?" 홀워드가 미간을 찡그리며 중얼거렸다.

"안 하시겠어요? 그렇다면 내가 해야겠군요." 도리언이 말했다. 그리고는 걸이에 걸린 커튼을 뜯어내 바닥에 내던졌다.

순간 화기의 입술에서 무서운 비명이 터져나왔다. 어두컴컴한 불빛 속에서 이쪽을 향해 씩 웃고 있는 무서운 얼굴을 본 것이다. 보기만 해도 속이 메스껍고 구역질이 나는 혐오스러운 얼굴이었다. 어떻게 이럴 수가! 그가 바라보고 있는 것은 바로 도리언 그레이의 얼굴이 아닌가! 그게 무엇이든, 그 무서운 변화는 아직 놀라운 아름다움을 완전히 망가뜨리지는 않고 있었다. 점점 빠져 가는 머리카락은 아직 금빛으로 반짝이고 있고, 육감적인 입술에는 그래도 붉은 기운이 남아 있었다. 눈이 흐릿해지긴 했어도 푸른 눈의 아름다움은 어느 정도 유지하고 있었고, 잘 깎아 다듬은 것 같은 코와 섬세한 목덜미의 곡선에서도 아직 기품이 완전히 사라진 것은 아니었다. 그렇다, 바로 도리언이었다. 그런데 누가 이렇게 해놓았지? 그림 속의 붓솜씨는 자신의 것이 분명했고 액자도 그 자신이 디자인한 것이었다. 그는 겁이 났다. 그는 촛불을 들어 그림 가까이 가져가 보았다. 왼쪽 구석에 그의 이름이 있었다. 밝은 주홍색으로 길게 쓴 이름이었다.

그것은 구역질나는 패러디이고 추악하고 비열한 풍자였다. 그는 결코 이런 식으로 그리지 않았다. 그러나 분명 자신이 그린 초상화였다. 자기가 그린 그림을 모를 리가 없었다. 그 순간 그는 활활 타오르는 자신의 피가 얼음처럼 굳어버리는 것을 느꼈다. 자신이 손수 그린 그림! 어찌된 일인가? 왜 이렇게도 변했단 말인가? 그는 고개를 돌려 환자의 눈을 하고서 도리언 그레이를 바라보았다. 그의 입술은 일그러지고 입 속은 바짝바짝 타서 말이 나오지 않았다. 그는 이마에 손을 갖다 대었다. 끈적한 땀이 흐르고 있었다.

도리언은 벽난로 선반에 기대어 기묘한 표정으로 홀워드를 바라보고 있었다. 위대한 배우의 연기에 푹 빠진 사람의 얼굴에서 볼 수 있는 그 기묘한 표정. 거기에는 진정한 슬픔도 생생한 기쁨도 없었다. 거기에 있는 것은 관객으로서의 정열뿐으로 그저 뭔가를 쟁취한 듯한 눈빛이 떠올라 있을 따름이었다. 그는 코트에서 꽃송이를 꺼내 냄새를 맡았다. 아니, 냄새를 맡는 척하는 것인지도 몰랐다.

"이게 대체 어떻게 된 일인가?" 마침내 홀워드가 소리쳤다. 그 소리는 자신의 귀에도 날카롭고 기묘하게 들렸다.

"오래 전, 내가 아직 소년이었을 때" 도리언 그레이는 꽃을 손으로 짓이기면서 말했다. "당신이 처음 만난 나를 부추기면서 나의 용모에 자만심을 가질 것을 가르쳤어요. 그리고 어느 날 당신 친구에게 나를 소개했지요. 그는 나에게 젊음의 경이로움에 대해 설명했고, 당신은 그 젊음의 경이로움을 보여 주는 제 초상화를 완성했어요. 바로 그 순간, 지금도 내가 후회해야 하는 건지 말아야 하는 건지 모르겠지만, 광기에 사로잡혔던 바로 그 순간, 나는 소원을 빌었어요. 아마 당신은 기도라고 부를지 모르겠지만……."

"기억하고 있어! 기억이 생생해! 하지만 이건 아니야! 이건 불가능한 일이야. 이 방은 습기가 많아. 그래서 곰팡이가 캔버스에 파고든 거야. 내가 사용한 물감에 빌어먹을 독성 광물질이 섞였던 거라고. 분명히 말하지만, 이건……."

"뭐가 불가능하다는 거지?" 젊은 남자는 그렇게 중얼거리면서 창가로 가더니 김이 서린 차가운 유리에 이마를 갖다 대었다.

"저 그림은 파괴해 버렸다고 자네가 말했잖아."

"내가 틀렸어요. 저 그림이 나를 파괴했지요."

"이것이 내가 그린 그 그림이라니 도저히 믿을 수가 없네."

"그림 속에 당신의 이상이 보이지 않습니까?" 도리언이 씁쓸하게 물었다.

"나의 이상이라니. 자네가 그렇게 말하는 건……."

"당신이 그렇게 말했어요."

"내가 그린 그림 속에는 사악한 것도 부끄러워 할 것도 전혀 없었네. 자네는 나에게 두 번 다시 만날 수 없는 이상적인 존재였어. 하지만 이건 사티로스*1의 얼굴이야."

"이게 바로 내 영혼의 얼굴입니다."

"오! 대체 내가 뭘 숭배하고 있었던 것인가! 이건 악마의 눈이잖아!"

"인간은 누구나 자기 속에 천국과 지옥을 가지고 있는 겁니다, 베질." 도

---

*1 그리스 신화에 나오는 반인반수의 괴물.

리언은 절망적인 거친 몸짓을 하면서 외쳤다.

홀워드는 다시 몸을 돌려 초상화를 가만히 응시했다. "이런! 이게 정말이라면, 그리고 이게 자네가 자네 삶에 대해 저지른 짓이라면, 자넨 자네를 비난하는 사람들이 상상하는 것 이상으로 타락한 것이 틀림없어!" 그는 다시 촛불을 들어 캔버스 가까이 갖다 대며 그림을 살펴보았다. 그림의 표면은 전혀 훼손되지 않은 듯이 보였다. 그의 손을 떠날 때의 상태 그대로였다. 그렇다면 이 사악하고 소름끼치는 변화는 분명 내부에서 시작된 것이 틀림없다. 내면의 어떤 생명이 기괴한 모습으로 살아나, 나병과 같은 죄악이 서서히 그림을 좀먹어가게 한 것인지도 모른다. 물이 고인 무덤에서 썩어 가는 시체도 이처럼 두렵지는 않을 것이다.

홀워드의 손이 떨리더니 초가 촛대에서 바닥으로 떨어지면서 바지직 소리를 냈다. 그는 발로 밟아 불을 껐다. 그리고 테이블 옆에 놓여 있던 낡아 빠진 의자에 털썩 주저앉으며 두 손으로 얼굴을 감쌌다.

"이보게 도리언, 이건 교훈이야! 무서운 교훈이야!" 아무 대답도 없었다. 그러나 창가에서 도리언이 흐느끼는 소리가 들려왔다. "기도하게, 도리언. 기도하는 거야." 그가 나지막한 목소리로 말했다. "어렸을 때 배웠던 것이 어떤 기도였지? '우리를 시험에 들지 말게 하소서. 우리의 죄를 용서하소서. 우리의 허물을 말끔히 씻어 주소서.' 우리 같이 기도하세. 자네의 오만한 기도에 응답해 주셨으니 회개의 기도에도 응답해 주실 걸세. 난 자네를 너무 숭배했어. 지금 그 벌을 받고 있는 거야. 자네는 자네 자신을 너무 숭배했지. 그래서 우리 둘 다 벌을 받고 있는 거네."

도리언 그레이는 천천히 돌아서서 눈물에 흐려진 눈으로 그를 바라보았다. "너무 늦었어요, 베질." 그가 낮은 목소리로 말했다.

"너무 늦은 일이란 없어, 도리언. 우리 같이 무릎 꿇고 기도문을 기억하고 있는지 시험해 보기로 하세. 어딘가에 이런 구절이 있지 않나? '너희의 죄가 주홍 같을지라도 눈과 같이 희게 만들어주리라.'"

"이젠 그런 구절들이 저한테는 아무 의미가 없어요."

"쉬잇! 그런 말 말게. 자넨 지금까지 많은 죄를 저질렀어. 오, 저런! 자네, 저 저주받은 그림이 우리를 비웃고 있는 게 보이나?"

도리언은 흘끗 그림을 쳐다보더니 갑자기 베질 홀워드를 향한 억누를 수 없는 증오심이 온몸에 차오르는 것을 느꼈다. 마치 캔버스에 그려진 그림이 충동질이라도 한 것처럼, 그림 속의 빈정대는 입술이 속삭이기라도 한 것처럼. 쫓기는 동물이 느끼는 것과 같은 미칠 듯한 분노가 그의 몸속에서 터져 나와, 일생을 통해 일찍이 증오했던 그 어떤 것보다도 지금 테이블 앞에 앉아 있는 홀워드를 더욱더 증오했다. 그는 광폭한 눈빛을 띠고 미친 듯이 사방을 둘러보았다. 정면에 있는 상자 위에 뭔가 반짝이는 것이 있었다. 그의 눈이 그 물건에 고정되었다. 그것이 무엇인지 그는 알고 있었다. 며칠 전에 줄 하나를 끊으려고 가지고 올라왔다가 깜빡 잊고 두고 간 칼이었다. 그는 홀워드의 곁을 지나 그 칼이 놓인 곳으로 다가갔다. 홀워드의 뒤로 가자마자 그는 칼을 쥐고 돌아섰다. 그때 홀워드가 일어서려는지 의자에서 몸을 움직였다. 도리언은 그에게 달려들어 귀 뒤쪽의 대동맥에 칼을 찔러 박았다. 그리고 그 머리를 테이블 위에 처박으면서 찌르고 또 찔렀다.

숨 막히는 신음 소리와 피로 숨이 막혀가고 있는 자의 소름끼치는 소리가 들려왔다. 늘어진 팔이 세 번 발작적으로 위로 튀어 오르고, 뻣뻣하게 굳은 손가락이 공중에서 기괴하게 움직였다. 도리언은 칼을 두 번 더 찔렀지만 홀워드는 이미 미동도 하지 않았다. 무언가가 바닥에 흘러내리기 시작했다. 도리언은 화가의 머리를 짓누른 채 잠시 기다렸다. 그런 다음 칼을 테이블 위에 던져 놓고 귀를 기울였다.

아무 소리도 들리지 않았다. 닳아빠진 카펫 위로 뭔가 뚝뚝 떨어지는 소리 말고는. 그는 문을 열고 층계참으로 나갔다. 집 안은 쥐죽은 듯 조용했다. 주위에는 아무도 없었다. 잠시 그는 난간에 서서 몸을 내밀고 계단 아래에서 꿈틀거리는 듯한 어둠을 한 동안 내려다보았다. 그런 다음 열쇠를 꺼내 방으로 돌아가서 전과 마찬가지로 문을 잠그고 방 안에 틀어박혔다.

시체는 아직 의자에 앉은 채였다. 머리를 숙이고 등은 꾸부정하게 구부린 채 기이할 정도로 긴 팔을 늘어뜨리고 테이블 위에 엎드려 있었다. 목에 붉은 상처가 입을 벌리고 있지 않았다면, 테이블 위에서 천천히 커져 가는 끈적끈적한 검은 웅덩이만 없었다면, 그저 잠을 자고 있는 것처럼 보였을 것이다.

얼마나 순식간에 벌어진 일인가! 그는 이상할 정도로 침착했으며, 걸어가서 창문을 열고 발코니로 나갔다. 안개는 바람에 실려 멀어져 갔고, 하늘은 수많은 황금빛 눈들이 별처럼 박혀 있는 어마어마하게 큰 공작새 꼬리 같았다. 그는 창밖을 내려다보았다. 경찰관이 길게 뻗은 불빛으로 조용한 집들의 문을 비춰 보면서 순찰을 돌고 있었다. 길을 지나가는 이륜마차가 붉은 점으로 모퉁이에서 잠시 반짝이는가 싶더니 이내 사라졌다. 한 여자가 숄을 펄럭이면서 난간을 붙잡고 더듬더듬 걸어가고 있다. 그녀는 이따금 걸음을 멈추고 뒤를 돌아보았다. 그러고는 됐나 싶었는지 갈라진 소리로 노래를 부르기 시작했다. 순찰을 돌던 경찰관이 다가가 그녀에게 뭐라고 말을 걸었다. 그녀는 웃음을 터뜨리며 비틀비틀 사라져 갔다. 매서운 강풍이 광장을 휩쓸고 지나갔다. 가스등이 깜빡이더니 푸른색으로 변하고, 잎사귀 하나 없는 나무들은 검은 철사 같은 앙상한 가지들을 이리저리 흔들어대고 있었다. 그는 몸을 떨더니 방으로 돌아가 창문을 닫았다.

문이 손에 닿자 그는 열쇠를 돌려 문을 열었다. 사살된 시체에는 눈길 한 번 주지 않았다. 그는 이 모든 것을 비밀로 하려면 그 상황을 실감하지 말아야 한다고 느꼈다. 그에게 이 모든 고통의 원인인 초상화를 그려 준 친구가 자기 인생에서 사라진 것이다. 그것으로 충분하지 않은가.

그때 그는 그 램프를 떠올렸다. 상당히 진기한 무어풍의 세공품으로, 광택을 없앤 은에 윤을 낸 철로 아라베스크 무늬를 박아 넣고, 결이 거친 터키석을 점점이 박은 램프였다. 어쩌면 하인이 그 램프가 어디에 있는지 찾는다며 그에게 물어볼지도 모를 일이었다. 잠시 머뭇거리던 그는 다시 방에 들어가 테이블에서 그 램프를 집어 들었다. 죽은 사람을 보지 않을 수가 없었다. 미동도 하지 않는 시체! 무섭도록 하얗고 긴 팔! 시체는 소름이 끼치도록 무서운 밀랍인형 같았다.

그는 밖으로 나와 문을 잠근 뒤 조용히 아래층으로 내려왔다. 나무 계단이 삐걱거리는 소리를 냈다. 고통에 겨워 비명을 지르는 것 같았다. 그는 여러 번 걸음을 멈추고 기다렸다. 모든 것이 잠들어 있었다. 그건 자신의 발소리였던 것이다.

그는 서재로 들어갔다. 한쪽 구석에 놓인 가방과 코트가 눈에 띄었다. 저것들도 어딘가에 감춰둬야 했다. 그는 징두리널 안에 있는 비밀 옷장을 열었다. 진기한 가면이나 분장 물품을 보관하는 곳이었다. 그 안에 가방과 코트를 넣었다. 나중에 쉽사리 태워 없애 버릴 수 있을 것이다. 그런 다음 그는 시계를 꺼냈다. 2시 20분 전이었다.

도리언은 앉아서 생각하기 시작했다. 해마다—아니 거의 매달—영국에서는 자기가 저지른 범죄 때문에 교수형을 당하는 사람들이 있다. 살인을 저지르게 하는 광기가 대기 안에 퍼져 있었던 것이다. 어떤 붉은 별이 지구에 너무 가까이 다가왔을 것이리라…… 하지만 그에게 어떤 불리한 증거가 있단 말인가? 베질 홀워드는 11시에 이 집을 나섰었다. 그 뒤에 그가 다시 들어온 것을 본 사람은 아무도 없다. 하인들 대부분은 셀비 로열에 가 있었다. 프랜시스는 이미 잠들어 있다…… 파리? 그래, 베질은 예정한 대로 파리를 떠난 것이다. 그의 기묘한 비밀주의 습관 때문에 여러 달이 지나야 의혹이 제기될 것이다. 여러 달이라! 그 훨씬 전에 모든 것을 완전히 지워버릴 수 있을 것이다.

문득 생각이 뇌리를 스쳤다. 그는 모피 코트를 입고 모자를 쓴 다음 홀로 나갔다. 그곳에서 잠시 멈춰 선 그는 바깥의 보도를 걷는 경찰관의 무거운 발소리를 듣고, 창문을 비추는 랜턴의 불빛도 보았다. 그는 숨을 죽이고 잠시 더 기다렸다.

얼마 뒤 그는 빗장을 열고 조용히 밖으로 나간 뒤 조심스럽게 문을 닫았다. 그런 다음 천천히 벨을 울렸다. 5분 정도 지나자 하인이 옷을 제대로 입지도 못한 채 잠이 덜 깬 졸린 눈으로 나타났다.

"깨워서 미안하군, 프랜시스." 그는 안으로 들어서면서 말했다. "열쇠를 어디 뒀는지 몰라서 말이야. 지금 몇 시지?"

"2시 10분 지났습니다." 하인이 눈을 껌벅이면서 시계를 보고 대답했다.

"2시 10분? 시간이 그렇게 됐어? 내일은 9시에 꼭 깨워줘야 해. 할 일이 있어서 말이야."

"알겠습니다, 마님."

"저녁에 누구 찾아온 사람이 없었나?"

"홀워드 씨가 오셨습니다. 11시까지 여기에 계시다가 기차를 타야 한다면서 가셨습니다."

"아, 만났어야 하는데. 무슨 메시지 남겨 둔 것 없나?"

"없습니다. 클럽에 가서 못 만나면 파리에 가서 편지를 쓰시겠다는 말씀뿐이었습니다."

"됐네, 프랜시스. 아침 9시에 깨우는 거 잊지 말게나."

"알겠습니다, 마님."

하인은 복도를 따라 슬리퍼 신은 발을 끌 듯이 걸어갔다.

도리언 그레이는 모자와 코트를 테이블 위에 던져 놓고 서재로 갔다. 약 15분 동안 그는 입술을 지그시 깨물고 방 안을 서성거리면서 생각에 잠겨 있었다. 그리고 책장에서 명사 인명록을 꺼내 책장을 넘기기 시작했다. '앨런 캠벨, 메이페어, 허트퍼드 가 152번지' 그래, 지금 그에게 필요한 것은 바로 이 사람이었다.

제14장

다음 날 아침 9시, 하인이 쟁반에 초콜릿 컵을 받쳐 들고 들어와 덧문을 열었다. 도리언은 오른쪽으로 몸을 돌리고 한 손을 뺨 아래 받친 채 평화롭게 잠들어 있었다. 마치 놀이나 공부에 지쳐 잠들어버린 소년 같은 모습이었다.

하인이 그의 어깨를 두 번 흔들고 나서야 도리언은 잠에서 깨어났다. 그가 눈을 떴을 때 엷은 미소가 그의 입가를 스치고 지나갔다. 달콤한 꿈에 빠져 있다가 깨어난 것 같은 모습이었다. 그러나 그는 전혀 꿈을 꾸지 않았다. 그 어떤 즐거운 꿈이나 고통스러운 꿈도 그의 잠을 방해하지는 않았다. 젊은 사람들은 까닭 없이도 미소를 짓는 법이다. 그게 젊음이 지닌 돈 안 들이는 매력의 하나가 아닌가.

그는 몸을 뒤척이더니 팔꿈치를 짚고 반쯤 일어나서 초콜릿을 마시기 시작했다. 부드러운 11월의 햇살이 방 안으로 흘러들어왔다. 하늘은 쾌청했고, 대기에는 온화한 기운이 서려 있었다. 마치 5월의 아침 같았다.

전날 밤에 있었던 사건들이 점차 조용한 피문은 발로 뇌리에 기어들어와서는, 무서우리만치 정확하게 모든 것이 재현되었다. 그는 자신이 겪었던 모든 일을 기억 속에 떠올리면서 잠시 움츠러들었다. 그리고 거의 동시에, 의자에 앉아 있던 베질 홀워드를 찌른 원인이 된 그 기묘한 증오심이 되살아나자 격정에 휩싸여 냉혹해졌다. 그 사람의 시체는 아직 그대로 앉아 있다. 지금쯤 햇빛을 받고 있을 것이다. 얼마나 섬뜩한 일인가! 그런 흉측한 것은 어둠 속에 있어야 한다. 환한 낮의 세계에는 어울리지 않는다.

도리언은 간밤에 있었던 일에 대해 곰곰이 생각에 잠기다가는 병에 걸리거나 미쳐 버리고 말 것 같았다. 세상에는 실제로 행하는 것보다 머릿속에서 상상하는 것이 더 매력적인 죄악이 있다. 그것은 격정보다는 기묘한 자존심을 만족시키고, 격정이 가져다 줄 수 있는 어떤 기쁨보다 더 강렬한 기쁨을 지성에 가져다주기도 한다. 그러나 그가 느끼는 기분은 그런 것이 아니었다. 그런 것은 머릿속에서 몰아내야 하고 아편으로 마비시켜야 하며, 자신이 목졸려 죽지 않도록 죽여버려야 한다.

시계가 9시 30분을 알리자 그는 손으로 이마를 한 번 쓱 문지른 다음 서둘러 자리에서 일어났다. 그리고 평소보다 더욱 신경 써서 옷을 입기 시작했다. 넥타이와 스카프 핀을 고르는 데도 세심한 주의를 기울이고, 반지도 여러 차례 꼈다 뺐다 했다. 그뿐만이 아니었다. 아침 식사를 할 때도 오랜 시간을 들여 여러 가지 음식을 하나하나 맛보았다. 프랜시스에게 셸비에 있는 하인들에게 맞춰 입히려는 새 옷에 대해 얘기한 다음 편지를 훑어보았다. 그를 미소 짓게 하는 편지가 있었다. 그러나 세 통은 따분한 내용이었다. 어떤 편지는 몇 번이나 되풀이해 읽고는 희미하게 짜증 섞인 표정으로 찢어 버렸다. "여자들의 끔찍한 기억력이란!" 하고 언젠가 헨리 경이 했던 말 그대로였다.

블랙커피를 한 잔 마시고 난 뒤 그는 냅킨으로 천천히 입을 닦았다. 그리고 하인에게 기다리라고 손짓을 하고는 테이블에 앉아 편지 두 통을 썼다. 하나는 자기 주머니에 넣고 나머지 하나는 프랜시스에게 건네면서 말했다.

"프랜시스, 이 편지를 허트퍼드 가 152번지에 전해 주게. 캠벨 씨가 시내에 안 계시면 어디에 계신지 주소 좀 알아오게나."

하인이 떠나고 혼자 남은 그는 담배에 불을 붙였다. 그리고 종이에 스케치를 하기 시작했다. 처음엔 꽃을 그리고, 그 다음엔 건축물의 구조를 그리다가 나중에는 사람의 얼굴을 그렸다. 문득 그는 그가 그린 모든 얼굴이 놀랍게도 베질 홀워드와 닮았다는 느낌이 들었다. 그는 얼굴을 찌푸렸다. 자리에서 일어난 그는 책꽂이로 다가가 되는 대로 아무 책이나 한 권 뽑아 들었다. 그리고 그는 정말 어쩔 수 없이 생각하지 않으면 안 되는 상황이 아닌 한, 다시는 지나간 일에 대해 생각하지 않기로 마음을 다졌다.

소파에 편안하게 누운 그는 책 표지를 보았다. 고티에의 시집 《나전칠보집》이었다. 샤르팡티에[*1]가 일본 종이로 만든 판으로, 자크마르[*2]의 식각법으로 되어 있었다. 애드리언 싱글턴이 선물한 것인데, 금색의 격자무늬에 석

[*1] 15세기 프랑스의 출판업자 조르주 샤르팡티에.
[*2] 14세기 프랑스의 세밀화가.

류 무늬가 점점이 새겨져 있는 황록색 가죽으로 장정한 것이었다. 책장을 넘기다가 라스네르*3의 손에 관한 시 한 편이 눈에 들어왔다. 붉은 솜털과 '목신(牧神)의 손가락'을 가진 '아직 단죄를 하지 못한 살인자'의 차갑고 노란 손. 도리언은 자신의 하얗고 가는 손가락을 흘끗 보고는 자기도 모르게 몸을 떨었다. 다시 책장을 넘기다보니 베네치아에 관한 아름다운 시가 나타났다.

> 반음계의 노랫가락을 타고
> 젖가슴에서 흘러내리는 진주방울
> 아드리아 해의 비너스 호는
> 물결 사이로 장미처럼 붉고 하얀 살결 드러내네.
>
> 푸른 파도 위 둥근 지붕은
> 순결한 윤곽을 따라
> 사랑의 탄식을 삼키며 부풀어 오르네
> 목젖의 곡선처럼
>
> 항구에 다다른 조각배, 말뚝에
> 밧줄 던지고 나는 내리네,
> 장밋빛 집 정면
> 대리석 계단 위에.

이 얼마나 아름다운 시인가! 이 시를 읽고 있노라면 분홍빛과 진줏빛이 어우러진 도시의 푸른 수로를 따라 커튼이 길게 나부끼는 은빛 뱃머리의 검은 곤돌라에 낮아 떠내려가는 느낌이 들 것이다. 그에게는 이 몇 줄의 시행 하나하나가 리도 섬*4을 향해 출범하는 배 뒤를 끝없이 쫓아가는 곧은 터키옥 같은 푸른 선으로 보였다. 시 속의 선명한 색채에서, 그는 목덜미가 오팔과 무지개색인 새를 연상했다. 벌집 같은 모양의 높은 종탑 주위에서 날개를

---

*3 프랑스의 유명한 시인이자 살인범인 피에르 프랑수아 라스네르. 그를 처형한 뒤 그의 손은 보존시켰다고 전해진다.
*4 이탈리아 북동부에 있는 산호섬. 휴양지로 유명하다.

퍼덕이며 날아다니거나 먼지 덮인 어두운 아케이드를 당당하고 우아하게 걷고 있는 그 새들의 몸뚱이의 광채를. 그는 눈을 반쯤 감고 뒤에 기대더니 몇 번이고 몇 번이고 이렇게 되뇌었다.

　　장밋빛 집 정면
　　대리석 계단 위에

　베네치아의 모든 것이 이 두 행에 다 표현되어 있었다. 그는 그곳에서 보냈던 가을을 떠올리고, 자기를 미치도록 그리고 어리석은 환희로 흔들어 놓았었던 아름다운 사랑을 생각했다. 어디엘 가든 로맨스는 존재한다. 그러나 베네치아는 옥스퍼드처럼 로맨스를 위한 배경이 이미 마련되어 있었으며, 아울러 진정 로맨틱한 인간에게는 배경이 전부인 것이다. 베질도 그와 함께 그곳에서 시간을 보낸 적이 있었다. 그때 베질은 격정에 이끌린 듯 틴토레토[*5]에게 푹 빠져 있었다. 가엾은 베질! 한 인간이 어쩌면 그렇게 끔찍한 방법으로 죽을 수가!
　그는 한숨을 내쉬고는 다시 책을 집어 들고 읽으며 모든 것을 잊으려 했다. 그는 먼저 스미르나의 카페에 드나드는 제비에 대한 시를 읽었다. 카페에서는 메카를 순례하러 온 이슬람교도가 호박 염주를 세며 앉아 있고, 터번을 쓴 상인들은 긴 술이 달린 파이프로 담배를 피우면서 이야기를 나누고 있다. 또 콩코르드 광장의 오벨리스크가 해도 비치지 않는 외로운 유배지에서 진하디 진한 눈물을 흘리며 연꽃 덮인 나일강변의 작열하는 땅, 스핑크스가 있고 장미처럼 붉은 따오기와 금빛 발톱의 하얀 대머리수리가 있고, 뜨거운 열기가 김이 되어 피어오르는 녹색 진창 속을 연한 청색의 작은 눈을 가진 악어가 슬금슬금 기어다니는 땅으로 돌아가고 싶어 한다는 시도 읽었다. 그는 키스 자국이 잔뜩 묻어 있는 대리석에서 음악적 영감을 얻는다는 시, 고티에가 콘트랄토 목소리에 비유한 기묘한 조각상, 루브르 미술관의 반암실에 누워 있는 '매혹적인 괴물'에 대한 시를 곰곰이 생각하기 시작했다. 그러나 잠시 뒤 책이 그의 손에서 떨어졌다. 그는 점점 불안해졌고, 공포의 발작

[*5] 베네치아 출신의 16세기 이탈리아 화가.

이 엄습했다. 앨런 캠벨이 영국에 없다면? 그가 돌아오려면 여러 날이 걸릴 것이다. 어쩌면 그는 돌아와 달라는 부탁을 거절할지도 모른다. 그러면 그때는 어떻게 하지? 1초 1초가 생명처럼 소중했다.

도리언과 앨런 캠벨은 5년 전에는 대단한 친구 사이였다—실제로 거의 떼려야 뗄 수 없는 관계였다. 그런데 어느 순간 갑자기 그들의 우정은 끝나고 말았다. 서로 마주치게 되어도 도리언만 미소를 지어 보일 뿐 앨런 캠벨은 절대로 웃지 않았다.

캠벨은 극히 머리가 좋은 젊은이지만, 시각 예술에 대한 실질적인 안목은 없었다. 시에 대한 미감을 다소라도 지니고 있다면 그것은 전적으로 도리언한테서 얻은 것이었다. 사실 그의 주된 지적 열정은 과학에 있었다. 케임브리지 대학교에 다닐 때 그는 많은 시간을 실험실에서 보냈다. 그리고 자기 학년의 자연 과학 우등 졸업 시험에서 좋은 성적을 받았다. 그 후로도 여전히 화학 연구에 열정을 쏟았으며, 자기만의 연구실에 온종일 틀어박혀 지냈다. 그런 아들을 보고 그의 어머니는 무척 화를 내곤 했다. 어머니는 자기 아들을 의원에 입후보시키겠다고 결심하고 있었고, 또 화학자는 기껏해야 처방전을 쓰는 인물이라는 정도로밖에 생각하지 않았기 때문이다. 한편 캠벨은 음악에도 뛰어난 재주가 있었다. 바이올린과 피아노 연주는 아마추어의 솜씨를 훨씬 넘어서는 수준이었다. 사실 그와 도리언을 맺어 준 것도 음악이었다. 음악, 그리고 도리언이 원할 때면 언제든지 내보일 수 있는, 어떤 때는 자기도 모르는 사이에 나타나는 사람을 끌어당기는 힘, 뭐라 표현할 수 없는 그 매력이 두 사람을 이어준 것이다. 그들은 버크셔 부인의 집에서 루빈스타인[*6]이 연주를 하던 날 밤, 그 집에서 처음 만났다. 그때 이후로 둘은 오페라 극장이나 좋은 음악을 연주하는 곳이면 어디든지 항상 같이 모습을 드러냈다. 그렇게 해서 그들의 우정은 18개월 동안 계속되었다. 캠벨은 항상 셀비 로열 아니면 그로스브너 광장에 모습을 나타냈다. 다른 사람에게도 마찬가지지만 그에게 도리언 그레이는 경이롭고 매력적인 인생의 하나의 전형이었다. 두 사람이 다투었는지 어떤지는 아무도 모른다. 그런데 어느 날 갑자기 그들이 서로 만나도 아무 말도 하지 않는 것이, 그리고 도리언 그레

---

*6 아르투르 루빈스타인. 러시아의 피아니스트이자 작곡가.

이가 참석하는 파티에서는 캠벨이 항상 먼저 자리를 뜨는 것이 사람들 눈에 띄기 시작했다. 또 캠벨은 완전히 이미 변해 있었는데—때때로 묘하게 우울에 빠져 있고, 음악도 완전히 싫어셨는지 연주도 절대로 하시 않고 있었다. 악기를 연주해 날라고 부탁하면 과학에 너무 열중해서 연습할 시간이 없었노라고 양해를 구했다. 그게 사실인 건 분명했다. 그는 매일 같이 생물학에 심취해 있는 생물 처럼 보였고, 그의 이름이 어떤 진기한 실험과 연관하여 몇몇 과학 전문지에 한두 번 나오기도 했다.

지금 도리언 그레이는 바로 그 남자를 기다리고 있었다. 그는 쉴새없이 시계를 쳐다보았다. 시간이 흐를수록 그는 심히 흥분되었다. 결국 자리에서 일어난 그는 방 안을 서성거렸다. 우리에 갇혀 있는 아름다운 생물처럼 보였다. 살금살금 큰 보폭을 취했다. 그의 손은 묘하게도 차가워져 있었다.

긴장감은 참을 수 없을 지경이 되었다. 자신은 엄청난 바람에 밀려 절망의 깎아지른 낭떠러지 끝에 간신히 서 있는데, 시간은 무거운 납덩이를 달고 발을 질질 끌면서 느릿느릿 기어오는 것 같았다. 그곳에서 그를 기다리고 있는 것이 무엇인지 그는 알고 있었다. 아니, 실제로 그것이 무엇인지 보았다. 온몸을 부르르 떨면서 그는 뇌에서 시각 신경을 없애 버리고, 두 개의 안구를 제 눈구멍 속으로 밀어 넣으려는 듯, 땀이 밴 손으로 화끈거리는 눈꺼풀을 눌러 뭉갰다. 그러나 그것은 무의미한 짓이다. 뇌는 자신이 가진 영양으로 살찌고, 공포의 힘으로 그로테스크하게 자란 상상력은 마치 생물처럼 고통에 일그러져서, 무대 위의 추한 꼭두각시 인형처럼 춤추며 움직이는 가면 틈으로 히죽 웃고 있었다. 그리고 불현듯 그를 향해 다가오던 시간이 멈췄다. 그렇다. 느리게 호흡하던, 눈에 보이지 않던 것은 더 이상 기어다니지 않았고, 시간은 죽었다는 무서운 생각이 앞에서 계속해서 재빠르게 돌면서, 시간의 무덤에서 무시무시한 미래를 끄집어내어 그에게 내밀었다. 그는 그 미래를 보았다. 그것이 보여주는 끔찍한 공포에 그는 돌처럼 굳어지고 말았다.

마침내 문이 열리고 하인이 들어왔다. 도리언은 고개를 돌려 멍한 눈으로 하인을 바라보았다.

"캠벨 씨가 오셨습니다." 하인이 말했다.

메마른 입술에서 안도의 한숨이 새나오고 뺨에는 핏기가 다시 돌아왔다.

"바로 들어오시라고 하게, 프랜시스." 도리언은 자신이 다시 본디의 모습으로 돌아온 것을 느꼈다. 겁에 질린 기분도 사라졌다.

프랜시스는 고개를 숙여 인사하고 방에서 나갔다. 잠시 뒤 앨런 캠벨이 들어왔다. 무척 엄격한 얼굴이 약간 파리해 보였다. 석탄처럼 검은 머리카락과 검은 눈썹 때문에 파리한 하얀 얼굴이 더욱 하얗게 보였다.

"앨런! 어서 오게. 와줘서 고마워."

"그레이, 자네 집에는 두 번 다시 올 생각이 없었어. 근데 자네가 생사에 관련된 문제라고 해서." 그의 목소리는 딱딱하고 냉랭했다. 천천히 말을 신중하게 골라서 얘기하고 있었다. 살피듯이 도리언을 응시하는 그의 눈길에는 경멸의 빛이 담겨 있었다. 아스트라한*7 코트 주머니에 손을 집어넣은 채 그냥 선 채로 있는 그는, 자신을 반갑게 맞이하는 도리언의 몸짓은 거들떠보지도 않았다.

"그래, 생사와 관련된 문제야, 앨런. 게다가 한 사람만의 문제가 아니네. 자, 앉게."

캠벨이 테이블 옆 의자에 앉자, 도리언은 그의 정면에 앉았다. 두 사람의 눈이 마주쳤다. 도리언의 눈에는 한없는 연민의 빛이 떠올라 있었다. 그는 자기가 하고자 하는 일이 얼마나 끔찍한 일인지 알고 있었다.

숨 막힐 듯한 침묵의 순간이 지나자, 도리언은 몸을 앞으로 내밀고 아주 조용한 목소리로, 그러나 한 마디 한 마디 할 때마다 자기가 불러낸 친구의 얼굴에 나타나는 반응을 살피면서 말했다. "앨런, 이 집 꼭대기에 문을 잠근 방이 하나 있는데, 나 말고는 아무도 접근하지 못하는 그 방 안 테이블 앞에 시체가 하나 앉아 있어. 죽은 지 열 시간 정도 지났네. 아, 움직이지 말게, 그리고 그런 눈으로 나를 보지도 말고. 그 남자의 신원과 그가 죽은 경위는 자네하고 아무 상관없어. 근데 자네가 해줘야 할 일이 있는데—"

"입 닥쳐, 그레이. 더 이상 알고 싶지 않아. 자네가 한 말이 사실이든 아니든 난 관심도 없어. 자네 인생에 연루되는 거 이제는 정중히 거절하겠어. 그런 끔찍한 비밀은 자네 혼자 간직하라고. 난 아무 관심도 없으니까."

"앨런, 자네가 관심을 가져줘야 해. 이번 일에는 관심을 가져 줘야 한다고. 정말 미안해, 앨런. 하지만 어쩔 수가 없어. 나를 구해 줄 수 있는 사람

---

*7 러시아 아스트라한 지방에 나는 새끼양의 곱슬곱슬한 검은 모피.

은 유일하게 자네뿐이야. 그래서 자네를 이 일에 끌어들이지 않을 수 없었어. 선택의 여지가 없었거든. 앨런, 자넨 과학자야. 화학 같은 것에 대해 잘 알잖아. 실험도 하고 있고. 자네한테 부탁할 일은 저 위에 있는 것을 없애 달라는 거야. 아무 흔석도 남지 않도록 서것을 시워 달라는 거지. 그 사람이 이 집에 들어오는 걸 본 사람은 아무도 없어. 사실 그 사람은 지금 파리에 있는 걸로 되어 있어. 그리고 몇 달 동안 아무도 그를 찾지 않을 거야. 누가 그 사람을 찾을 때쯤 여기에 어떤 흔적이나 자취가 있어서는 안 돼. 앨런, 자네가 저 사람과 저 사람의 소지품 전부를, 내가 공중에 뿌릴 수 있도록 한 줌의 재로 만들어 주시게나."

"자네 미쳤구먼, 도리언."

"아! 나를 도리언이라고 불러 주길 기다렸어."

"다시 말하지만 자넨 미쳤어. 내가 자넬 도와줄 거라고 생각한 것도 미친 짓이고, 이 엄청난 고백을 한 것도 미친 짓이야. 그게 어떤 일이든 난 관여하지 않을 거야. 내가 자네 때문에 내 명성을 위태롭게 할 거라고 생각하나? 자네가 하려는 악마나 하는 일이 나하고 무슨 상관이 있어서?"

"자살이었어, 앨런."

"듣던 중 다행이로군. 하지만 자살하도록 몰고 간 사람은 누구지? 자네 아닌가?"

"역시 내 부탁 거절하는 건가?"

"물론 거절하네. 나하고는 전혀 관계 없는 일이야. 자네가 어떤 굴욕을 당하든 난 상관 안 해. 자네는 그렇게 당해야 돼. 자네가 망신을 당하는, 공개적으로 망신당하는 꼴을 봐도 난 아무렇지도 않을 거야. 감히 어떻게 세상에 많고 많은 사람 중에 하필이면 나한테 그런 끔찍한 일에 끼어들라고 할 수 있지? 자네는 인간의 성질에 대해 좀 더 잘 알 거라고 생각했었는데. 자네 친구인 헨리 워튼 경이 자네에게 심리학에 대해선 가르쳐주지 않은 모양이군. 뭔지 모르지만 다른 건 많이 가르쳐준 것 같던데. 그 무엇도 자네를 구하기 위해 나를 한 발자국이라도 움직이게 하지는 못해! 내가 잘못 온 것 같군. 자네에겐 친구들이 많잖아. 다른 친구한테 가봐, 나 말고."

"앨런, 이건 살인이야. 내가 그 죽였어. 그 사람이 나에게 어떤 고통을 주었는지 자넨 모를 거야. 내 인생이 어떤 것이든, 그것을 꾸려가는 데도 파괴하는 데도 그 사람이 해리보다 더 많이 관련되어 있지. 본인은 그럴 의도는 아니었을지 모르겠지만 아무튼 결과는 그래."
"살인이라고! 맙소사, 도리언, 결국 거기까지 간 건가? 나는 자네를 밀고는 하지 않겠어. 내가 상관할 일이 아니니까. 게다가 내가 이러쿵저러쿵 않아도 자넨 반드시 체포될 거야. 범행을 저지를 때 멍청한 실수를 하지 않는 사람은 아무도 없으니까. 어쨌든 난 상관하지 않겠어."
"자네가 도와줘야 해. 잠깐만, 잠깐만 내 얘기 좀 들어봐. 듣기만 하라고, 앨런. 내가 자네한테 부탁하는 건 그냥 과학 실험 좀 해달라는 것뿐이야. 자네는 병원이나 시체안치소에 가서 끔찍한 일을 하지만, 그런 일을 아무렇지도 않게 생각하잖아. 섬뜩한 해부실이나 고약한 냄새가 나는 실험실에서 피를 흘려보내기 위한 붉은 홈이 파여 있는 납 테이블 위에 시체가 누워 있어도, 자넨 이상적인 실험 대상으로만 생각할걸. 머리카락 하나 곤두서지 않을 거야. 자신이 뭔가 나쁜 짓을 하고 있다고는 믿지 않을 걸. 오히려 인류에게 도움이 되는 일을 하고 있다거나 세상의 지식에 보탬이 되는 일을 하고 있다, 지적 호기심을 충족시켜 주고 있다거나 그런 식으로 생각할 거야. 내가 자네한테 원하는 건 자네가 지금까지 자주 해왔던 일에 불과해. 사실 자네는 시체를 한줌 재로 만들어 버리는 일이 자네가 늘 익숙하게 해오던 일보다 훨씬 덜 끔찍할 거야. 게다가, 잊지 말게, 이건 나에게 불리한 유일한 증거라는 사실 말이야. 이 증거가 발견되면 난 끝장이야. 자네가 도와주지 않으면 분명히 발견되고 말 거야."
"난 자넬 도와주고 싶은 마음이 털끝만큼도 없어. 자넨 그 사실을 잊고 있군. 자네가 말한 모든 일에 난 관심이 없네. 나와는 아무 상관없는 일이니까."
"앨런, 부탁이네. 내가 어떤 상황인지 잘 생각해 봐. 자네가 여기 오기 직전에 난 공포에 질려 기절할 뻔했어. 자네도 언젠가는 공포가 어떤 것인지 알게 될 때가 있을 거야. 아니야! 그건 생각할 필요 없어. 그냥 순수한 과학적인 관점에서 생각해 줘. 자넨 실험 대상인 시체들의 인적사항에 대해서는 묻지 않잖아. 이번에도 묻지 마. 자네한테는 이미 너무 많은 말을 했어. 그렇지만 이렇게 비네, 이번 일만 해줘. 한때는 우리 친구였잖아, 앨런."
"옛날 얘기는 꺼내지도 마, 도리언. 과거지사는 다 죽어버린 거야."

"그 죽음은 때로는 살아 움직인다네. 위층에 있는 그 시체도 결코 사라지지 않을 거야. 그 사람은 테이블을 향해 머리를 처박고 두 팔을 축 늘어뜨린 채 앉아 있어. 앨런! 앨런! 자네가 도와주지 않으면 난 파멸이야. 교수형에 처하겠지. 앨런, 이해가 안 돼? 난 내가 저지른 일 때문에 교수형에 처하게 된단 말일세."

"이 일은 끌어 봤자 좋을 게 없어. 난 이 일에 절대로 손끝 하나 내지 않을 거야. 나한테 이런 부탁을 하다니, 제정신이 아니군."

"거절하는 건가?"

"단호히."

"다시 한 번 간청하네, 앨런."

"소용없어."

도리언의 눈에 아까와 똑같은 연민의 빛이 떠올랐다. 그리고 손을 뻗어 종이를 한 장 집더니 거기에 뭔가 쓰기 시작한다. 그는 자신이 쓴 글을 두 번 읽어 보고는 조심스럽게 접어 테이블 위로 내밀었다. 그리고는 자리에서 일어나 창가로 갔다.

캠벨은 놀란 눈으로 도리언을 지켜보다가 종이를 집어 펼쳤다. 종이를 읽어 내려가는 그의 얼굴이 마치 죽은 사람처럼 새파래지는가 싶더니 의자 뒤로 쓰러지듯 몸을 기댔다. 소름이 끼치는 구토가 치밀어올랐다. 심장이 몸속 어딘가의 구멍에서 죽을 것처럼 고동치고 있는 것이 느껴졌다.

2, 3분 동안 무서운 침묵이 흐른 뒤 다시 돌아선 도리언이 앨런의 뒤로 다가가 그의 어깨에 손을 얹었다.

"미안해, 앨런." 그가 나지막하게 말했다. "자네가 이 외에는 도리가 없도록 만든 거야. 편지는 이미 써 두었어. 이거야. 주소가 보이지? 자네가 도와주지 않으면 난 이 편지를 부칠 수밖에 없어. 자네가 날 도와주지 않으면 난 이걸 보낼 수밖에 없단 말이야. 그럼 그 결과가 어떻게 될지 잘 알 거야. 하지만 자넨 날 도와줄 거야. 이젠 거절한다는 건 불가능한 일이지. 난 자네를 지키려고 노력했어. 그건 인정하겠지. 자넨 내게 완고하고, 거칠고, 적대시 했어. 나에게 감히 아까의 자네처럼 행동한 사람은 아무도 없었는데—적어도 살아 있는 동안에는 말이야. 난 모든 걸 견뎌냈어. 이젠 내가 조건을 결정할 차례야."

캠벨은 두 손으로 얼굴을 감싸 쥐었다. 온몸에 소름이 끼쳤다.
"그래, 이번엔 내가 조건을 결정할 차례야, 앨런. 그 조건이 뭔지는 자네도 알겠지. 그건 매우 간단한 거야. 자, 가자고. 스스로 열낼 일은 아니야. 끝내야 할 일이거든, 직시해. 그리 처리해줘."
캠벨은 신음소리를 내면서 온몸을 떨고 있었다. 벽난로 선반 위에서 째깍거리는 시계소리가 '시간'을 고뇌의 원자로 분해하고 있는 것 같았다. 그리고 그 하나하나가 견딜 수 없을 만큼 두려웠다. 강철 고리가 자신의 이마를 서서히 조여 오는 것 같은 느낌이었다. 마치 지금 자신을 위협하고 있는 치욕이 이미 자신에게 덮쳐버린 것처럼. 어깨에 놓인 도리언의 손이 납처럼 무거웠다. 견딜 수 없을 만큼 무거웠다. 금방이라도 내려앉을 것처럼.
"부탁해, 앨런, 당장 결정을 내려."
"난 못 해." 앨런은 마치 그 말이 모든 상황을 바꿔 놓기라도 한 것처럼 반사적으로 말했다.
"해야 해. 자네에겐 선택의 여지가 없어. 괜히 시간 끌지 마."
앨런은 잠시 망설였다. "그 방에 불이 있나?"
"그럼, 석면이 든 가스난로가 있어."
"집에 좀 갔다 와야겠어. 실험실에서 도구를 가져와야 해."
"안 돼, 앨런. 이 집에서 나가는 건 안 돼. 노트지에 원하는 걸 적어 줘. 내 하인이 마차를 타고 가서 가져올 테니."
캠벨은 몇 줄을 끼적이더니 압지를 눌러 잉크를 말린 뒤 봉투에 자기 조수의 이름을 썼다. 도리언이 그가 쓴 쪽지를 집어 들고 신중하게 읽었다. 그런 다음 벨을 눌러 프랜시스를 불러 쪽지를 건네주고는, 가능한 한 빨리 물건들을 갖고 돌아오도록 지시를 내렸다.
홀 문이 닫히는 소리에 캠벨은 안달이 나서 깜짝 놀랐다. 그는 의자에서 일어나 벽난로 앞으로 갔다. 학질에 걸린 사람처럼 온몸을 바들바들 떨었다. 거의 20분이 지나는 동안 두 사람은 아무 말이 없었다. 파리 한 마리가 큰 소리로 윙윙대면서 방 안을 돌아다니고, 시계소리가 마치 망치를 두드리는 소리처럼 방 안에 울리고 있었다.
시간은 1시, 캠벨이 돌아서서 도리언을 쳐다보니 그의 눈에 눈물이 가득 고여 있었다. 그 순수하고 세련된 슬픈 얼굴에는 그를 격분케 하는 듯한 무언가가 들어 있었다. "파렴치한 이야, 절대적으로 파렴치한이라구!" 캠벨이 중얼거렸다.

"쉿, 조용히 해, 앨런. 자넨 내 인생을 구해 준 거야." 도리언이 말했다.

"자네 인생? 맙소사! 도대체 어떤 인생이기에! 자넨 타락하고 또 타락해서 결국은 범죄에까지 손을 대고 말았어. 내가 하려는 일은 자네의 강요 때문이지 내가 생각하고 있는 자네 인생 때문은 아니야."

"아, 앨런." 도리언이 한숨을 내쉬면서 말했다. "내가 자네한테 갖고 있는 연민의 정 천분의 1정도만이라도 내게 베풀어 줄 수는 없겠나." 이렇게 말하고 그는 돌아서서 정원을 바라보았다. 캠벨은 아무 대답도 하지 않았다.

약 10분 뒤에 노크 소리가 나더니 프랜시스가 들어왔다. 커다란 마호가니 약품 상자를 안고, 강철과 백금으로 만든 철사다발, 그리고 기묘한 모양의 강철 집게 두 개를 들고 있었다.

"이쪽에다 놓을까요?" 프랜시스가 캠벨에게 물었다.

"그러게." 도리언이 대답했다. "그리고 프랜시스, 미안하지만 심부름해줄 게 하나 더 있네. 셀비에 난초를 공급해 주는 리치먼드 사람, 그 사람 이름이 뭐지?"

"하든이라는 사람입니다."

"맞아, 하든이었지. 당장 리치먼드에 가서 하든을 직접 만나 난초를 내가 주문한 것보다 두 배 더 보내 달라고 하게. 가능하면 흰 난초는 빼라고 해. 사실 하얀 난초는 원치 않아. 오늘은 날씨도 화창하군, 프랜시스. 게다가 리치먼드는 무척 아름다운 곳이야. 안 그러면 이렇게 일부러 자넬 보내진 않을 거야."

"괜찮습니다. 몇 시까지 돌아오면 될까요?"

도리언은 캠벨을 쳐다보았다. "실험이 얼마나 걸리겠나, 앨런?" 그가 차분하고 담담한 목소리로 말했다. 방 안에 제3자가 있는 것이 그에게 남다른 용기를 준 모양이었다.

캠벨은 미간을 찌푸리면서 입술을 깨물었다. "한 다섯 시간정도 걸릴 거야."

"프랜시스, 그럼 자넨 7시 반 정도에 돌아오면 충분할 것 같네. 아, 잠깐만. 내 외출복 좀 챙겨 놓고, 저녁 시간은 자네가 알아서 보내게. 집에서 저녁 먹을 건 아니니까 자넬 부를 일도 없을 거야."

"감사합니다, 마님." 프랜시스는 방을 나섰다.

"자, 앨런, 1초도 허비해선 안 돼. 이 상자는 얼마나 무거운지! 내가 들고 가지. 자네는 다른 물건을 챙겨 오라고." 그는 명령하듯이 빠르게 말했다. 캠벨은 뭔가 압도당하는 기분이었다. 두 사람은 함께 방을 나섰다.

맨 위층 층계참에 다다르자 도리언은 열쇠를 꺼내 자물쇠에 꽂고 돌렸다. 순간 갑자기 그가 멈칫했다. 두 눈에 곤혹스러운 표정이 떠올랐다. 그는 몸을 떨면서 나지막한 목소리로 말했다. "앨런, 난 못 들어갈 것 같아."

"내겐 아무것도 아니야. 자네더러 같이 들어가자고 하지도 않을 테니." 캠벨은 냉랭한 목소리로 말했다.

도리언은 문을 반쯤 열었다. 바로 그때 햇빛 속에서 이쪽을 곁눈으로 보고 있는 자신의 초상화가 보였다. 초상화 정면 마룻바닥 위에는 찢겨진 커튼이 떨어져 있었다. 전날 밤, 그는 평생 처음으로 그 숙명적인 캔버스를 가리는 것을 잊었던 사실이 떠올랐다. 그는 얼른 달려가 초상화를 가려야겠다고 생각했다. 그는 쏜살같이 뛰어가려다가 몸서리를 치면서 뒷걸음질쳤다.

마치 캔버스 위에 피가 스며 나와 있었던 것처럼 그 그림속의 한 손 위에서 젖어 반짝거리는, 빛나고 있는 저 붉은 액체는 무엇이란 말인가? 어떻게 저런 무시무시한 광경이! —그 순간에 그는 테이블 위에 축 늘어져 뻗어 있는 말없는 시체보다 훨씬 더 무섭게 생각되었다. 군데군데 얼룩이 배어 있는 카펫에 떨어진 기괴하게 일그러진 그림자로 보아, 시체는 간밤에 두고 온 모습 그대로 그곳에 있는 것 같았다.

도리언은 숨을 깊이 내쉬며 문을 좀 더 열고는 눈을 반쯤 감고 얼굴을 돌린 채 재빨리 방에 들어갔다. 죽어 있는 사람에게는 결코 눈길을 주지 않겠다고 결심한 듯이. 그러고는 허리를 구부려 금색과 자주색의 천을 집어 올려 재빠르게 초상화 위에 걸쳤다.

돌아보는 것이 두려운지라 거기서 그는 동작을 멈췄다. 눈앞에 있는 정교한 무늬에다 시선을 고정했다. 캠벨이 죽어도 하기 싫었던 그 작업에 필요한 무거운 상자와 철제 물건, 그 밖의 도구들을 챙겨 안으로 들어오는 소리가 들렸다. 도리언은 혹시 캠벨이 베질 홀워드를 전에 만난 적이 있는지, 그렇다면 서로에 대해 어떻게 생각했었는지 궁금했다.

"이제 그만 나가봐." 뒤에서 단호한 목소리가 들려왔다.

도리언은 돌아서서 서둘러 밖으로 나왔다. 죽은 사람을 다시 의자에 세워 앉히고, 캠벨이 그 노랗게 번들거리는 얼굴을 들여다보고 있을 것이 분명했다. 계단을 내려가는 도리언의 귀에 안에서 방문을 잠그는 소리가 들려왔다.

캠벨이 서재로 돌아온 것은 7시가 넘어서였다. 얼굴은 창백했지만 지극히 침착한 표정이었다. "자네 원대로 해치웠네." 그가 말했다. "자, 그럼 잘 있게. 우리 다시는 보지 말기로 하세."

"자네는 날 파멸에서 구해 주었어, 앨런. 잊지 않겠네." 도리언 그레이는 간단히 말했다.

캠벨이 나가자마자 그는 위층에 가 보았다. 방 안에 들어서자 초산 냄새가 코를 찔렀다. 그러나 테이블 앞에 앉아 있던 물체는 흔적도 없이 사라지고 없었다.

제15장

그날 저녁 8시 30분, 우아하게 차려입고 버튼홀에 커다란 파르마 제비꽃을 꽂은 도리언 그레이는, 허리 굽혀 인사하는 하인의 안내를 받아 나버러 부인의 응접실에 들어섰다. 극도로 신경을 쓴 탓인지 이마에 맥박이 뛰면서 몹시 흥분해 있다는 것을 스스로도 느끼고 있었다. 그러나 여주인의 손 위로 허리를 굽히는 그의 몸짓은 여전히 침착하고 우아했다. 사람은 누구라도 연기를 해야만 할 때일수록 더욱 자연스럽게 행동할 수 있는 건지도 모른다. 그날 밤 도리언 그레이의 모습을 본 사람 가운데, 그가 이제 막 우리 시대의 가장 끔찍한 비극을 겪은 사람이라고 믿을 사람은 한 사람도 없을 것이다. 그렇게 잘생긴 손가락으로 어떻게 죄를 짓기 위해 칼을 잡을 수 있을 것이며, 그렇게 아름다운 미소 띤 입술로 어찌 하느님을 저주할 수 있겠는가. 그 자신도 어떻게 자기가 그토록 차분하게 행동할 수 있는지 이상하게 생각하지 않을 수 없었다. 그리고 한 순간, 이중생활이 가져다주는 짜릿한 쾌감을 강렬하게 느꼈다.

파티는 몇 명의 인원만이 모인 모임으로 나버러 부인이 약간 서둘러 준비한 조촐한 것이었다. 나버러 부인은 무척 빈틈없는 여자지만, 헨리 경의 말을 빌리면 '경이로울 정도로 추한 용모의 잔해' 같은 여자였다. 그녀는 매우 따분한 대사 부인의 역할을 잘 해낸 뒤, 남편을 자신이 디자인한 훌륭한 대리석 묘에 정중하게 안치하고, 딸들을 돈이 많은 늙은 남자들에게 시집보내고 난 지금은, 프랑스 소설과 프랑스 요리, 그리고 이해할 수 있는 정도까지 프랑스식 재치에 푹 빠져 있었다.

도리언은 그녀가 특별히 좋아하는 사람 가운데 하나였다. 도리언을 만나면 그녀는 항상 젊었을 때 도리언을 만나지 않은 것이 얼마나 다행인지 모른다며 이렇게 말하곤 했다. "그랬으면 난 아마 당신을 미친 듯이 사랑했을지 몰라요. 당신을 위해서라면 보닛이고 뭐고 다 풍차 위에 던져버렸을 거유.

그래도 그때는 당신 같은 남자를 생각 안 했으니 천만다행이지. 사실은 우리가 쓰고 다닌 보닛은 너무 촌스러웠고 풍차는 바람을 일으키느라 정신없이 바빴으니 언제 다른 남자하고 노닥거릴 수나 있었겠수? 그런데 그게 따지고 보면 다 나버러, 그 양반 잘못이야. 그 양반이 심한 근시였거든. 그러니 아무것도 보지 못하는 남편을 속이고 바람을 피워 봐야 무슨 재미가 있었을라고."

오늘 밤 그녀가 불러들인 손님들은 약간 따분한 사람들이었다. 나버러 부인이 너덜너덜한 부채로 입을 가리고 도리언에게 설명해 준 바로는, 시집간 딸 중 하나가 갑자기 올라와 같이 지내게 되었으며, 더 어이없는 일은 딸이 사위까지 데리고 올라왔다는 것이다. "쟤가 글쎄 저렇게 생각이 없다니까요." 그녀가 속삭이는 목소리로 말했다. "물론 나도 해마다 여름에 홈부르크에 갔다 올 때면 딸애 집에 가서 며칠 묵고 오곤 해요. 나이든 여자들은 가끔 신선한 공기를 좀 마셔야 하니까. 게다가 내가 쟤네들의 기분을 북돋워주니 얼마나 좋아. 쟤네들이 시골에서 어떻게 사는지 당신은 모를 거유. 그런 촌구석에 뭐가 있겠수? 영락없는 깡촌 생활이지. 해야 할 일이 많으니 아침엔 일찍 일어나고, 생각할 것이 없으니 저녁엔 일찍 자고, 뭐 그렇다우. 엘리자베스 여왕 시대부터 그런 시골에는 무슨 스캔들 같은 게 일어나질 않으니 저녁 먹고 나면 바로 침대에 들어가는 게 일이지. 당신은 쟤네들 옆에는 가지도 말고 내 옆에 앉아서 날 좀 재미있게 해주구려."

도리언은 품위 있는 인사를 중얼거리고는 방 안을 둘러보았다. 정말 재미없는 파티였다. 한 번도 본 적이 없는 사람이 둘, 나머지 손님이라고 하면 우선 어니스트 해로든이 있었다. 그 사람은 런던의 클럽에 가면 흔히 볼 수 있는 지극히 평범한 중년남자로, 적(敵)은 없지만 그렇다고 호감을 살 만한 유형은 아니었다. 그 다음엔 럭스턴 부인. 매부리코에, 과하다 싶을 정도로 옷치장이 요란한 마흔일곱 살의 여자로, 늘 자신의 평판을 위태롭게 하는 일에 휘말리려고 기를 쓰지만 너무도 평범한 여자라 아무도 그런 추문을 믿어 주지 않아서 몹시 낙담하고 있다. 다음은 얼린 부인. 기쁜 듯한 혀짤배기소리로 낄 데 안 낄 데 가리지 않고 나서지만 아무도 관심을 가져 주지 않는 붉은 벽돌색 머리의 여자. 그리고 나버러 부인의 딸 앨리스 채프먼 부인. 촌스럽고 우둔한 여자로 전형적인 영국 여자의 얼굴이라 한 번 보고 난 뒤에는 얼굴이 잘 기억나지 않는 사람이다. 그리고 그녀의 남편. 붉은 뺨에 하얀 구레나룻을 기른 그는, 그 계층의 남자들이 으레 그렇듯 시도 때도 없이 발휘하는 쾌활함으로 빈약한 사상을 메울 수 있다고 생각하는 부류다.

도리언은 괜히 참석했다고 후회하고 있는데, 나버러 부인이 자주색 천이 덮인 벽난로 선반 위에서 요란하게 곡선을 그리고 있는 커다란 금색 합금시계를 보고 소리쳤다. "헨리 워튼 경이 이렇게 늦다니, 정말 나쁜 사람이로군! 혹시나 하고 오늘 아침 사람을 보냈더니 실망시키지 않고 꼭 오겠다고 철석같이 약속을 해놓고는 어떻게 이럴 수가 있어."

해리가 온다고 생각하니 도리언은 약간 마음이 놓였다. 이윽고 문이 열리고 불성실한 사과의 말에 매력을 부여하는 느린 음악 같은 목소리를 듣게 되자 비로소 지루함이 사라지는 것 같았다.

그러나 저녁 식사 때 그는 아무것도 먹을 수가 없었다. 들어온 접시마다 그는 맛도 보지 않은 채 그냥 내보냈다. 나버러 부인은 그런 도리언을 보고 "아돌프가 당신을 위해 특별히 신경 써서 마련한 메뉴인데, 쯧쯧, 이건 불쌍한 아돌프에 대한 모욕이에요" 그러면서 계속 그에게 핀잔을 주었다. 헨리 경은 이따금 맞은편에 앉은 도리언을 쳐다보고는, 말도 없이 정신이 딴 데 가있는 것 같은 그를 이상하게 생각했다. 하인이 몇 번이나 와서 샴페인을 따라주고 갔다. 그는 계속 잔을 들이켰지만 갈증은 갈수록 심해질 뿐이었다.

냉육(冷肉)요리가 나오고 있을 때 마침내 헨리 경이 말문을 열었다. "도리언, 오늘 밤 무슨 일이 있는 건가? 영 기운이 없어 보이는데."

"사랑에 빠진 모양이군요." 나버러 부인이 말했다. "내가 질투할까 봐 말 못 하고 있는 거 아니우? 잘 봤어요. 난 틀림없이 질투할 거니까."

"나버러 부인." 도리언은 미소 지으면서 말했다. "전 벌써 일주일이나 사랑이라는 걸 못 해봤어요. 페롤 부인이 런던을 떠난 이후로 말입니다."

"남자들은 어떻게 그런 여자랑 사랑에 빠지는지 도무지 모르겠어!" 노부인이 탄식하듯 소리쳤다. "정말 이해를 못 하겠단 말이야."

"그건 단순히 그 여자가 당신의 소녀 시절을 기억하고 있기 때문 아닌가요, 나버러 부인?" 헨리 경이 말했다. "그녀는 우리와 당신이 입었던 짧은 원피스를 이어주는 유일한 연결고리잖아요."

"헨리 경, 그 여자는 내가 입었던 원피스를 기억도 못 해요. 하지만 난 30

년 전 빈에 있을 때 그 여자가 어떤 모습을 하고 있었는지 아주 생생히 기억한다오. 그때 그 여자는 어깨와 목을 어찌나 많이 드러냈는지."

"그 부인은 지금도 어깨와 목을 다 드러내고 다닌답니다." 헨리 경이 긴 손가락으로 올리브를 집으면서 말했다. "아주 세련된 드레스를 입고 있는 그녀는 호화롭게 장정한 싸구려 프랑스 소설 같지요. 그녀는 무척 멋있고 경이로 가득찬 분이죠. 특히 가족을 향한 애정은 정말 유별납니다. 세 번째 남편이 죽었을 때 어찌나 슬퍼했던지 부인의 머리칼이 아름다운 금발이 되었을 정도지요."

"해리, 어떻게 그런 말을!" 도리언이 소리쳤다.

"매우 낭만적인 설명인데 뭘 그러시나." 여주인이 웃으며 말했다. "그런데 헨리 경, 세 번째 남편이라니! 설마 페롤이 네 번째란 말이우?"

"그렇습니다, 나버러 부인."

"도무지 믿을 수가 없구먼."

"그러시면 그레이 씨에게 물어보시죠. 저 친구가 그 부인하고 가장 친한 친구사이니까요."

"사실인가요, 그레이 씨?"

"본인이 그렇게 말했답니다, 나버러 부인." 도리언이 말했다. "제가 부인한테 물었죠. 마르그리트 왕비처럼 남자들의 심장을 방부 처리해서 거들에 달고 다니느냐고요. 그랬더니 안 그런대요. 남자들은 심장도 없는 사람들이라면서요."

"남편이 네 명이라! 맹세코, '과도한 열정'이야."

"전 그 부인한테 '과도한 대담함'이라고 합니다." 도리언이 말했다.

"오! 무슨 일에나 아주 대담한 여자지. 페롤이란 사람은 어떤 사람이래요? 그 사람을 잘 몰라서."

"뛰어난 미인의 남편은 죄다 범죄자들이죠." 헨리 경은 포도주를 홀짝이면서 말했다.

나버러 부인은 부채로 그를 때렸다. "헨리 경, 세상이 당신더러 정말 악한이라고 말해도 난 하나도 놀라지 않을 것 같아."

"어떤 세상이 그런 말을 한답니까?" 헨리 경이 눈썹을 끌어올리면서 말했다. "다음 세상이나 그렇게 말할 수 있겠죠. 지금 세상은 저하고 아주 사이가 좋거든요."

"내가 아는 모든 사람이 다 당신은 아주 나쁜 사람이라고 하더군요." 나버러 부인은 고개를 흔들면서 말했다.

헨리 경이 잠시 진지한 표정을 짓는가 싶더니 이렇게 말했다. "요즘 사람들은 아주 뻔한 사실을 왜 등 뒤에서 험담하듯 말하고 돌아다니는지, 정말 어처구니가 없군요."

"이 양반, 정말 구제 불가능한 사람 아닙니까?" 도리언은 의자에서 몸을 내밀면서 말했다.

"구제하지 말고 그냥 놔뒀으면 싶네요." 여주인이 웃었다. "그런데 참 어이가 없는 일이지만, 어쨌든 당신들이 페롤 부인을 떠받든다면 나도 재혼을 해야겠네요. 그게 요즘 유행이라면."

"나버러 부인, 부인은 절대 재혼 못 하십니다." 헨리 경이 끼어들었다. "당신은 재혼을 하기에는 너무 행복해요. 여자가 재혼을 하는 이유는 첫 남편을 지독히 싫어했기 때문이거든요. 반면에 남자가 재혼을 하는 건 첫 마누라를 열렬히 사랑했기 때문이고요. 여자들은 운을 시험하고 남자들은 운을 내팽개쳐요."

"나버러는 완벽한 남편은 아니었다오." 부인이 말했다.

"완벽한 분이었다면 부인은 그분을 사랑하지 않았을 겁니다." 헨리 경이 말했다. "여자들은 남자의 결점을 사랑하거든요. 남자가 충분한 결점을 가지고 있으면 여자들은 모든 걸 용서하지요. 남자의 지성마저도 말입니다. 이런 말을 하면 앞으로 다시는 저를 저녁 식사에 초대해주지 않으실지 모르지만, 나버러 부인, 이건 전부 사실입니다."

"물론 맞는 말이지요, 헨리 경. 우리 여자들이 남자가 결점이 있다고 사랑하지 않는다면 당신들 모두 어떻게 됐을 것 같아요? 결혼은 꿈도 꾸지 못하고 전부 총각 귀신이 되었을 거유. 하지만 그렇다고 남자들이 변한 것도 아니야. 요즘은 유부남은 모두 총각처럼 살고 총각들은 모두 유부남 행세를 하고 다니니, 이거야 원."

"세기말이니까요." 헨리 경이 중얼거렸다.

"세상이 말세인 거지." 나버러 부인도 중얼거렸다.

"전 차라리 말세였으면 좋겠어요." 도리언이 한숨을 내쉬면서 말했다. "인생은 너무 큰 실망이에요."

"오, 저런." 나버러 부인이 장갑을 끼면서 목소리를 높였다. "설마 인생을 다 살았다는 얘기는 아니지요? 남자가 그런 말을 할 때는 인생이 자기를 다 소진시켜 버렸다는 뜻이에요. 헨리 경은 아주 고약한 양반이지만, 가끔은 나도 그랬으면 싶을 때가 있다오. 하지만 당신은 달라요. 태어나기를 착한 사람으로 태어났으니까. 그래서 멋있게 생긴 것 아니우? 좋은 배필을 찾아 줘야겠어요. 헨리 경, 그레이 씨가 결혼해야 한다고 생각하지 않나요?"

"저도 늘 결혼하라고 얘기하고 있습니다. 나버러 부인." 헨리 경이 고개를 숙이며 대답했다.

"그래요, 그럼 우리가 나서서 잘 어울리는 짝을 찾아 줘야지요. 오늘 밤에 《영국 귀족 연감》을 꼼꼼히 뒤져보고 자격이 되는 젊은 아가씨들을 하나하나 골라 명단을 적어두겠어요."

"나이도 적으실 건가요, 나버러 부인?"

"당연히 나이도 적어야지. 조금은 고치겠지만. 하지만 서두를 필요는 없어요. 난 〈모닝포스트〉지에서 잘 어울리는 결혼이라고 말할 만한 그런 결혼이 되기를 원하거든. 당신들 두 사람이 다 행복해야 좋은 거지."

헨리 경이 소리쳤다. "행복한 결혼에 대해 말하는 사람들만큼 바보 같은 사람이 또 있을까! 남자는 어떤 여자하고도 행복해질 수 있어요. 그 여자를 사랑하고 있는 한."

"아! 정말 못 말리는 냉소주의자로군요!" 노부인은 의자를 뒤로 밀어내고 럭스턴 부인에게 고개를 끄덕이면서 말했다. "조만간 다시 와서 함께 저녁 식사를 들어요. 당신은 정말로 상대방을 기운이 펄펄 나게 만드는 재주가 있구려. 앤드류 경이 처방해 주는 약보다 훨씬 낫다니까. 하지만 어떤 사람들하고 어울리고 싶은지는 미리 나한테 얘기해 주구려. 이왕이면 유쾌한 모임이 되어야 하니까."

"전 미래가 있는 남자와 과거가 있는 여자가 좋습니다. 하지만 그렇게 되면 여성 천하의 파티가 되어버릴까요?"

"그렇게 되지 않을까 싶구려." 나버러 부인은 웃으면서 말을 하고는 자리에서 일어섰다. "이거 미안해서 어쩌죠, 럭스턴 부인. 아직도 담배 피우고 계신 줄은 몰랐네요."

"괜찮아요, 나버러 부인. 그렇지 않아도 담배를 너무 많이 피워서 곧 줄일 생각이에요, 앞날을 위해서요."

"제발 그러지 마세요, 럭스턴 부인." 헨리 경이 말했다. "절제? 그것이야 말로 치명적인 겁니다. 적당한 건 적당히 때우는 식사처럼 형편없는 것이지만 지나친 건 잔치처럼 신나는 일이거든요."

럭스턴 부인은 헨리 경을 의아스럽다는 듯이 쳐다보았다. "언제 오후에 한 번 들르셔서 설명 좀 해주세요, 헨리 경. 아주 매력적인 이론이네요." 그녀는 그렇게 말하고 미끄러지듯이 방을 나섰다.

"자, 남자분들. 괜히 엉덩이 붙이고 앉아 무슨 정치 얘기니 누구 스캔들이니 하면서 시간 보내지는 말구려." 나버러 부인이 문가에서 소리쳤다. "당신들이 그러면 위층에선 어김없이 싸움이 벌어지니까."

남자들은 와 하고 웃음을 터뜨렸다. 곧이어 말석에 앉아 있던 채프먼 씨가 근엄하게 일어서더니 상석으로 자리를 옮겼고, 도리언도 자리를 바꿔 헨리 경 옆에 앉았다. 채프먼 씨가 커다란 목소리로 하원의 상황에 대해 이야기하기 시작했다. 그러면서 반론하는 사람에게는 소리 높여 웃으면서 공격했다. 그 웃음 사이사이에 영국인들에게는 그야말로 무서운 말인 '공론가(空論家)'가 몇 번이나 등장했다. 두운(頭韻)을 맞춘 단어를 반복 사용하여 자신의 연설을 장식하고, '사상'의 첨탑 꼭대기에는 영국 국기를 내걸었다. 그는 영국인들이 유산으로 물려받은 우둔함—그는 그것을 영국의 건전한 상식이라고 자랑스럽게 표현했다—이야말로 영국사회의 든든한 성채로 나타나고 있는 것이다.

헨리 경은 입술에 미소를 머금고 고개를 돌려 도리언을 보았다.
"이제 좀 나아졌나, 친구? 아까 식사할 때는 영 불편해 보이던데."
"괜찮아요, 해리. 그냥 좀 피곤해서 그랬어요."
"간밤엔 자네 정말 매력적이었어. 그 귀여운 공작부인이 자네한테 푹 빠진 모양이야. 나한테 그러던데, 셀비에 가봐야겠다고."
"20일에 오겠다고 했어요."
"먼머쓰도 온다고 했나?"
"네, 그래요. 해리."
"그 친군 거의 그녀에게 하는 만큼이나 나를 끔찍히 따분하게 만들어. 그 여잔 매우 똑똑한 여자야. 여자치고 머리가 너무 좋아. 그런데 연약함이라는 막연한 매력은 부족하단 말이야. 황금 조각상이 귀중한 것은 진흙으로 구운 발이 있기 때문이지. 그 여자의 발은 아주 예쁘긴 한데 진흙으로 만든 발은 아니야. 하얀빛이 나는 도자기로 만든 발이라고나 할까? 뜨거운 불을 수없이 견뎌낸 발이지. 불이 그 발을 파괴한 게 아니라 더 단단하게 만든 거라네. 그녀는 많은 경험을 지닌 여자야."

"그 여자는 결혼한 지 얼마나 됐습니까?" 도리언이 물었다.

"그 여자 말로는 '영원'이라고 하더군. 귀족 연감에 보면 10년이던데, 먼머쓰와 함께 한 10년이라면 영원과 같다고 할 수 있지. 또 누가 온다고 했나?"

"윌로비 부부, 러그비 경 내외, 이곳 여주인 나버러 부인, 제프리 클러스턴, 뭐 평소에 모이던 그 사람들입니다. 그로트리언 경도 오시라고는 했는데."

"내가 좋아하는 사람이지." 헨리 경이 말했다. "그를 싫어하는 사람들이 많지만 난 매력적이라고 생각해. 가끔 멋을 심하게 부리긴 하지만 그거야 늘 넘쳐흐르는 교양으로 충분히 상쇄하고 있지. 무척 현대적인 타입이야."

"그 사람은 올지 안 올지 잘 몰라요, 해리. 자기 아버지하고 몬테카를로에 가야 할지 모른다고 했거든요."

"아! 누구의 누구, 정말 귀찮은 존재들이지! 그 사람이 오도록 어떻게 한 번 해봐. 그런데 도리언, 자네 간밤엔 일찍 달아났어. 11시도 안돼서 갔잖아. 그래, 그 뒤에 뭘 했나? 바로 집에 간 건가?"

도리언은 헨리 경을 슬쩍 쳐다보더니 미간을 찌푸렸다. 그리고 잠시 사이를 둔 뒤 대답했다. "아니에요. 거의 3시가 되어서야 집에 들어갔어요."

"그럼 클럽에 갔었나?"

"예." 그는 대답하면서 입술을 깨물었다. "아니, 그게 아니고요, 실은 클럽엔 안 갔어요. 여기저기 좀 돌아다녔죠. 뭘 했는지 잘 기억이 나지는 않는데…… 정말 꼬치꼬치 캐묻는 걸 좋아하는군요, 해리! 남이 하는 일에 대해 늘 알고 싶어 하시기는. 전 제가 했던 일은 그냥 다 잊고 싶은데. 정확한 시간을 알고 싶으시다면 말씀드리죠. 2시 30분에 집에 들어갔어요. 바깥문 열쇠를 집에 두고 나온 바람에 하인을 깨워서 들어갔지요. 확실한 증거를 원하시면 하인에게 물어보세요."

헨리 경은 어깨를 으쓱했다. "도리언, 내가 무슨 대단한 관심이 있다고! 우리 2층 응접실로 가세. 셰리주는 이제 그만 마실랍니다, 채프먼 씨. 도리언, 분명히 무슨 일이 있었던 거지? 말해 보게, 오늘 밤 자네는 영 자네답지가 않아."

"신경 쓰지 마세요, 해리, 저 지금 신경이 예민해져서 언제 폭발할지 몰라요. 내일이나 모레 한 번 들를게요. 나버러 부인에게는 잘 말씀해 주시고요. 2층엔 가지 않겠어요. 그냥 돌아가겠습니다. 집에 가야 해요."

"알았네, 도리언. 내일 차 마실 시간에 봄세. 공작부인도 온다고 했으니."

"가능하면 갈게요." 그는 이렇게 말하며 방을 나섰다. 마차를 타고 집으로 돌아오는 동안, 억눌렀다고 생각했던 공포가 다시 찾아오는 것을 느꼈다. 헨리 경이 대수롭지 않게 던진 질문이 잠시 그를 흔들어 놓은 것이다. 그는 다시 마음을 수습하고 싶었다. 위험한 물건들은 다 처분해야 한다. 그는 움찔했다. 그것에 다시 손을 댄다는 것은 생각조차 하고 싶지 않았다.

그러나 하지 않으면 안 된다. 그렇게 마음을 먹은 그는 서재의 문을 잠그고 베질 홀워드의 코트와 가방을 넣어 두었던 비밀 옷장을 열었다. 벽난로에서는 불길이 크게 일고 있었다. 그는 장작을 더 넣었다. 옷과 가죽이 타는 냄새는 정말 끔찍했다. 모든 걸 다 태우는 데 45분이나 걸렸다. 마지막에는 구역질이 나서 정신을 잃을 것만 같았다. 그는 구리 향로에서 알제리산 방향제에 불을 붙인 다음 사향 냄새가 나는 차가운 식초로 손과 이마를 닦았다.

갑자기 그는 깜짝 놀랐다. 눈빛을 번득이면서 신경질적으로 아랫입술을 깨물었다. 두 개의 창문 사이에 커다란 피렌체 산 장식장이 있었다. 흑단으로 만들어 상아와 청금석으로 무늬를 아로새긴 것이다. 그 장식장에 사람을 매료시키면서도 두려움을 느끼게 하는 힘이 있기라도 하는 양 도리언은 그것을 가만히 응시했다. 마치 그 속에 자신이 열망하면서도 혐오하는 것이 들어 있는 것처럼 보였다. 그의 호흡이 빨라졌다. 걷잡을 수 없는 욕망이 그의 마음을 사로잡았다. 그는 담배에 불을 붙였다. 그러나 곧 팽개쳤다. 긴 속눈썹이 거의 뺨에 닿을 듯이 눈을 가늘게 떴다. 그는 계속해서 그 장식장을 지켜보고 있었다. 마침내 누워 있던 소파에서 일어난 그는 장식장 앞으로 다가가 열쇠로 문을 열고 그 안에 감춰진 스프링에 손을 댔다. 삼각형 서랍 하나가 서서히 앞으로 나왔다. 그의 손가락이 본능적으로 그 서랍으로 향하더니 그 안을 더듬어 뭔가를 만졌다. 그것은 금가루를 뿌리고 검은 옻칠을 한 조그만 중국제 상자로 정교하게 세공된 것이었다. 옆면에는 물결무늬가 있고 비단 끈 끝에 동그란 수정과 금속실로 짠 술이 달려 있다. 그는 그 상자를 열었다. 안에는 녹색의 풀 같은 것이 들어 있었다. 밀랍 같은 광택이 있고 기묘하게 강렬하고 자극적인 냄새를 풍겼다.

그는 기묘하게 경직된 미소를 띤 채 잠시 머뭇거렸다. 실내는 이상하게 더운데도 몸을 떨었다. 그는 자세를 바로 하고 시계를 보았다. 12시 20분 전이었다. 그는 상자를 다시 서랍에 넣고 장식장 문을 닫은 뒤 침실에 들어갔다.

시계가 어두운 밤공기 위로 천둥 울리는 소리를 내며 자정을 알리자, 도리언 그레이는 평범한 옷차림에 목도리를 두르고 살며시 집을 빠져나왔다. 본드 가에서 튼튼한 말이 끄는 2인승 마차를 발견한 그는 손을 흔들었다. 다가온 마부에게 그는 나지막한 목소리로 주소를 알려 주었다.

마부는 고개를 가로저으며 말했다. "저한테는 너무 먼 거리인걸요."

"1파운드 금화 한 닢을 주겠네." 도리언이 말했다. "빨리 도착하면 한 닢 더 주고."

"좋습죠, 나리. 한 시간이면 충분히 도착할 겁니다." 마차 삯을 받은 마부는 말머리를 돌리고 강 쪽으로 마차를 몰기 시작했다.

제16장

　차가운 비가 내리기 시작했다. 희미한 안개 속에 번진 가로등 불빛이 음산해 보였다. 마침 문을 닫을 시간이어서 술집 주변에 삼삼오오 모여 있는 남녀들의 모습이 어렴풋이 눈에 들어왔다. 어느 술집에서는 목청 터져라 웃고 떠드는 소리가 들리고, 또 어떤 술집에서는 술 취한 사람들이 싸움판을 벌이며 고함치는 소리가 들려왔다.
　모자를 푹 눌러쓴 도리언은 이륜마차 좌석에 몸을 낮추고 앉아 불안정한 눈으로 이 대도시 속의 추악한 치욕을 바라보고 있었다. 그렇게 지켜보면서 그는 이따금 헨리 경을 처음 만나던 날 그가 했던 말을 되풀이해 중얼거리고 있었다. '감각으로 영혼을 치유하고, 영혼으로 감각을 치유한다'는 말이었다. 그렇다, 그것이 모든 비결이다. 전에도 자주 그런 시도를 했지만 지금 다시 한 번 시도해보자. 여기에는 돈으로 망각을 살 수 있는 아편굴이 있다. 지나간 죄악에 대한 기억을 새로운 죄악의 광기로 지워버리는 것이다.
　노란 해골같은 달이 하늘에 낮게 걸려 있었다. 때때로 기이한 모양의 거대한 구름이 긴 팔을 뻗어 그 달을 가리기도 했다. 가스등이 점점 드물게 보이고 거리는 더욱 좁아지고 음산해졌다. 한번은 마부가 길을 잘못 들어서는 바람에 4백 여 미터를 되돌아 나와야 했다. 흙탕물을 튀기며 달리는 말 잔등에서 김이 모락모락 피어올랐다. 마차의 옆 창은 얇은 회색 천처럼 드리운 안개로 흐려져 있었다.
　'감각으로 영혼을 치유하고, 영혼으로 감각을 치유한다!' 이 말이 그의 귀에 얼마나 쟁쟁하게 울리고 있는가! 틀림없이 그의 영혼은 죽을 만큼 병들어 있다. 과연 그 죽은 영혼을 감각으로 치유할 수 있을까? 죄 없는 죽은 영혼은 피를 흘렸다. 그것을 무엇으로 보상한단 말인가? 아! 그것을 보상할 수 있는 건 아무것도 없다. 그러나 용서받지는 못할지언정 잊을 수는 있지 않겠는가. 그래서 그는 잊어버리기로 마음먹었다. 그 사건을 말살하여, 자기를 문 독사를 짓밟아 죽이듯 가차없이 없애버리는 것이다. 사실 베질이 무슨 권리로 그의 행동에 대해 그런 말을 할 수 있었단 말인가? 누가 그에게 다른 사람에 대한 판단을 내릴 권한을 주었단 말인가? 그의 말은 너무나 끔찍하고 무서워서 도저히 그냥 듣고 있을 수가 없었다.

마차가 덜컥덜컥 움직이며 속도를 늦추었다. 말이 무거운 걸음을 한 발짝 움직일 때마다 점점 더 느려지는 것 같았다. 그는 가리개를 들어 올려 마부에게 더 빨리 달리라고 재촉했다. 아편을 향한 욕망이 점점 커지면서 그의 몸을 갉아먹는 것 같았다. 목이 타고 섬세한 그의 손이 초조한 듯 이리저리 뒤틀렸다. 그는 자기 지팡이로 말을 미친 듯이 내리쳤다. 마부가 웃음을 터뜨리며 말에게 채찍질을 가했다. 그도 따라 웃었다. 마부는 입을 다물었다.

길은 가도가도 끝이 없었다. 거리는 허우적거리며 기어가는 거미가 만들어 놓은 검은 거미줄에 다를 바 없었다. 그 단조로움은 견딜 수가 없었다. 안개가 점점 짙어짐에 따라 그의 두려움도 더해 갔다.

곧이어 그들은 황량한 벽돌 공장 옆을 지나갔다. 그곳은 그나마 안개가 옅어서 그런지, 병 모양의 기묘한 난로에 부채꼴로 오렌지 빛 불길이 널름거리고 있는 것이 보였다. 지나가는 마차를 향해 개들이 짖고 암흑 저편에서 하늘을 떠도는 바다갈매기들의 울음소리가 들려왔다. 말이 도랑에 발이 빠졌다가 이내 옆으로 발을 빼더니 다시 달리기 시작했다.

얼마 뒤, 마차는 진흙 도로를 지나 다시 대충 포장해 놓은 도로로 들어섰다. 대부분의 창문은 불이 꺼져 있어 어두웠지만 간혹 등잔불을 밝힌 집의 블라인드를 통해 환상적인 그림자가 실루엣처럼 비치기도 했다. 그는 신기하다는 듯이 그 그림자들을 지켜보았다. 그림자들이 괴상하게 생긴 꼭두각시처럼 슬금슬금 움직이더니 마치 살아 있는 듯 움직였다. 그는 그 그림자들을 증오했다. 막연한 분노가 그의 가슴에 치밀어 올라왔다. 그들이 모퉁이를 돌려고 할 때 한 여자가 문을 열고 그들을 향해 소리를 질렀다. 그러자 몇몇 사내들이 약 백 미터 정도 마차를 뒤쫓아 달려왔다. 마부는 채찍을 휘둘러 그들을 뿌리쳤다.

열정은 사람의 생각을 쳇바퀴 돌듯 되풀이시킨다는 말이 있다. 꽉 다문 도리언 그레이의 입술은 분명히 몇 번이나 영혼과 감각에 대한 그 미묘한 말을 꺼림칙하게 곱씹던 끝에, 마침내 그 말이 자신의 기분을 완전하게 표현해주고 있다고 느꼈다. 그리고 지적인 승인을 통해 욕망을 합리화했으나, 그 합리화 과정이 없었더라도 역시 열정은 그의 기분을 지배하고 있었을 것이다. 그의 뇌세포 하나하나마다 어떤 생각이 슬금슬금 기어들어 왔다. 인간의 욕구 가운데 가장 무서운 삶에 대한 강렬한 열정이, 떨리는 신경섬유를 올올이 자극했다. 한때 그는 사물의 현실감을 생생하게 느끼게 하는 추악을 증오했지만, 지금은 바로 그것 때문에 그 추악을 원하고 있는 것이다. 추악이야말로 유일한 현실이었다. 거친 싸움과 혐오스러운 소굴들, 무질서한 삶의 적나라한 폭력, 도둑과 부랑자들의 비천함, 이런 모든 것들이 아름다운 예술작품이나 노래의 꿈결 같은 그림자보다 훨씬 강렬하고 생생했다. 그런 것들이 바로 망각을 위해 필요한 것들이었다. 그렇게 사흘만 지나면 그는 자유로워질 것이었다.

마부가 갑자기 어두운 골목 입구에서 마차를 세웠다. 야트막한 지붕과 삐죽삐죽 솟은 굴뚝 너머로 정박해 있는 배들의 검은 돛이 보였다. 활대에 하얀 안개의 고리가 돛의 망령처럼 걸려 있었다.

"이 근처가 아닌가요, 나리?" 마부가 가리개 너머로 갈라진 목소리로 물었다.

도리언은 흠칫 놀라 주위를 둘러보았다. "그런 것 같소." 그는 서둘러 마차에서 내렸다. 마부에게 약속했던 금화 한 닢을 더 건네고 난 뒤 그는 빠른 걸음으로 선창을 향했다. 곳곳에서 비치는 불빛에 거대한 몸집의 어느 상인의 험악한 얼굴이 비치기도 했다. 불빛은 흔들리는 물웅덩이에 부딪쳐 사방으로 흩어졌다. 석탄을 싣고 출항하는 증기선에서 붉은 불빛이 눈부시게 빛나고 있었다. 질척질척하니 미끄러운 도로는 비에 젖은 방수천 같았다.

그는 이따금 뒤따라오는 사람이 없나 뒤를 돌아다보며 왼쪽으로 걸음을 서둘렀다. 한 7, 8분 정도 걸었을까? 그는 황량해 보이는 두 공장 사이에 바싹 붙어 있는 조그맣고 누추한 집에 다다랐다. 위층의 창문 하나에 등불이 놓여 있었다. 그는 걸음을 멈추고 그만의 리듬으로 노크를 했다.

잠시 뒤, 복도를 걷는 발소리가 들리더니 쇠사슬을 푸는 소리가 들렸다. 그리고 조용히 문이 열리자, 그는 굳게 입을 다문 채 어둠 속에 납작 엎드려 있는 흉하게 일그러진 모습을 하고 있는 땅딸보 곁을 지나 안으로 들어섰다. 홀 끝에 너덜너덜한 초록색 커튼이 걸려 있었다. 그가 들어오면서 거리에서 몰고 온 한 줄기 바람에 커튼이 펄럭거렸다. 그는 커튼을 옆으로 젖히고 더 안쪽으로 들어갔다. 천장이 낮은 길쭉한 방이었다. 그 생김새가 예전에 삼류 무도회장으로 사용하던 방이 아닌가 싶었다. 쉬소리를 내며 불길을 내뿜는 가스등들이 맞보고 있는 파리가 쉬를 슨 거울 속에 일그러진 모습으로 벽 주위에 배열되어 있었다. 가스등 뒤에는 테가 있는 금속 반사판의 기름때 묻은 표면이, 떨리는 빛은 동그랗게 모아 반사하고 있었다. 바닥에는 황도색 톱밥이 깔려 있는데 여기저기 짓밟혀서 흙이 드러나 있고, 술을 엎질러 생긴 시커먼 고리 모양의 얼룩이 지저분한 느낌을 주었다. 조그만 목탄 난로 옆에서는 말레이 사람 몇 명이 웅크리고 앉아 뼈를 깎아 만든 골패 노름을 하면서 하얀 이를 드러내고 떠들었다. 한쪽 구석에는 뱃사람 하나가 자기 머리를 부둥켜안고 테이블 위에 널브러져 있고, 또 한쪽 벽면을 완전히 차지하고 있는, 싸구려 같아 보이는 요란한 색깔의 카운터 근처에서는 깡마른 두 여자가, 사뭇 불쾌한 표정으로 코트 소매를 쓸어내리고 있는 노인을 놀리고 있었다. 도리언이 그들 곁을 지나가자 한 여자가 말했다. "저 양반이 옷에 붉은 개미라도 붙어 있는 줄 착각하시나 봐요." 노인은 겁에 질린 표정으로 여자를 보면서 불쌍하게 훌쩍거리기 시작했다.

 방 한쪽 끝에 짧은 계단이 하나 있었다. 어두컴컴한 또 다른 방으로 이어지는 계단이었다. 도리언이 그 세 단 밖에 없는 계단을 삐걱거리면서 올라가자 강렬한 아편 냄새가 그를 맞이했다. 그가 깊은 한숨을 내쉬자 콧구멍이 기쁨으로 떨렸다. 방에 들어가니, 등불 위로 허리를 구부려 가늘고 긴 파이프에 불을 붙이고 있던 부드러운 노란 머리의 젊은이가 그를 올려다보고, 머뭇거리며 고개를 끄덕였다.

 "에드리언, 여기 와 있었죠?" 도리언이 중얼거렸다.

 "여기 말고 어딜 가겠어요?" 젊은이가 나른한 듯이 대답했다. "이제는 어느 놈도 제게 말을 걸어오지 않아요."

 "난 자네가 영국을 떠난 줄 알았는데."

 "달링턴이 이젠 아무것도 안 해줄 겁니다. 결국 형님이 비용을 대주었어요. 조지도 저하고는 말도 안 하고…… 어차피 상관없지만." 그는 한숨을 내쉬며 말을 이었다. "이것만 있으면 친구 따윈 필요 없으니까요. 친구를 너무 많이 사귄 게 탈이라면 탈이죠."

도리언은 멈칫 했다. 그리고는 너덜너덜해진 매트리스 위에 기이한 자세로 누워 있는 괴상망측한 것들을 두리번거렸다. 뒤틀린 사지, 헤 벌어진 입, 멍하니 풀린 채 허공을 헤매는 눈, 그 기괴한 모습들이 그의 마음을 사로잡았다. 그들이 지금 어떤 낯선 천국에서 고통을 겪고 있는지, 그리고 어떤 음침한 지옥이 그들에게 새로운 기쁨의 비밀을 가르쳐 주고 있는지 그는 알고 있었다. 오히려 그들이 자신보다 행복할지도 모른다. 그는 생각이라는 감옥에 갇혀 있었다. 무서운 질병처럼 기억이 그의 영혼을 갉아먹고 있었다. 때때로 그는 베질 홀워드가 자신을 바라보고 있는 것 같은 착각이 들곤 했다. 하지만 아무리 그렇더라도 그는 그곳에 머무를 수 없다는 걸 느끼고 있었다. 애드리언 싱글턴이라는 존재가 그를 괴롭히고 있었다. 그는 자기를 아는 사람이 한 사람도 없는 곳에 있고 싶었다. 자기 자신에게서 달아나고 싶었던 것이다.

"난 다른 곳으로 가겠네." 잠시 뒤 도리언이 말했다.

"부두로요?"

"그래."

"그 미친 암고양이가 분명히 거기에 있을 겁니다. 여기서는 그 여자를 받아 주지 않거든요."

도리언은 어깨를 으쓱해 보였다. "난 누구를 사랑한다는 여자는 질색이야. 누구를 증오한다는 여자가 훨씬 더 재밌지. 게다가 물건도 더 좋잖아."

"도토리 키 재기죠."

"어찌 됐든 그곳이 더 좋아, 난. 같이 가서 한잔 하자고. 뭘 좀 마시고 싶네."

"난 아무것도 마시고 싶지 않은데."

"그럼 그냥 따라와."

애드리언 싱글턴이 마지못해 자리에서 일어나 도리언을 따라 카운터로 갔다. 넝마 같은 터번을 쓰고 남루한 얼스터 외투를 입은 혼혈 인도인이 소름 끼치는 얼굴로 히죽 웃으면서, 그들 앞에 브랜디 한 병과 큰 잔 두 개를 내밀었다. 여자들이 슬금슬금 다가와서 지껄이기 시작했다. 도리언은 여자들한테서 등을 돌리더니, 낮은 목소리로 애드리언 싱글턴에게 뭐라고 얘기했다.

비틀린 미소가, 어쩜 말레이시아 태생 같은데, 한 여자의 얼굴이 몸부림치며 지나갔다. "오늘 밤엔 우리도 꽤 만만치 않을 걸요." 그녀가 빈정대는 투로 말했다.

"빌어먹을, 나한테 말 붙이지 마." 도리언은 발로 바닥을 쿵쿵 차면서 소리쳤다. "원하는 게 뭐야? 돈? 자, 여기 있어. 다시는 나한테 말 걸지 마."

여자의 무표정한 눈에서 잠시 뻘간 불꽃이 번쩍이는가 싶더니 금빙 사라지면서 다시 게슴츠레 흐릿해졌다. 그녀는 고개를 돌리더니 탐욕스러운 손길로 카운터 위에 놓인 동전들을 긁어모으기 시작했다. 그녀의 동료가 그런 그녀를 부러운 듯이 바라보았다.

"소용없어요." 애드리언 싱글턴이 한숨을 내쉬며 말했다.

"난 돌아가지 않을 겁니다. 그게 뭐 그리 문제예요? 난 여기 있으면 행복해요."

"뭐 필요한 것 있으면 편지해. 알았지?" 도리언이 잠시 뜸을 들인 뒤 말했다.

"형편 봐서요."

"그럼 잘 있게."

"잘 가세요." 젊은이는 그렇게 대답하고 바싹 말라 버린 입을 손수건으로 닦으면서 계단을 올라갔다.

도리언은 고통스러운 표정을 지으며 문으로 향했다. 커튼을 옆으로 젖히며 나아갈 때 아까 그의 돈을 긁어모으던 여자의 립스틱 입술에서 가증스러운 웃음소리가 터져 나왔다. "여기 악마에게 영혼을 판 남자가 나갑니다." 그녀가 쉰목소리로 딸꾹질을 해댔다.

"제기랄!" 그가 응수했다. "그 따위로 말하지 말란 말이야."

그러자 여자는 손가락을 딱 튀기면서 그를 향해 악을 쓰듯 소리를 내질렀다. "그럼 '멋진 왕자님'이라고 불러 드리길 바라죠?"

그 말을 듣고 테이블 위에 널브러져 졸고 있던 한 선원이 벌떡 일어나더니 주위를 미친 듯이 둘러보았다. 홀 문이 꽝 하고 닫히는 소리가 그의 귓전을 때렸다. 그는 누군가를 쫓듯이 밖으로 뛰어나갔다.

도리언 그레이는 부슬부슬 내리는 비를 맞으며 선창을 따라 걸음을 재촉했다. 애드리언 싱글턴을 만난 것이 묘하게 그의 마음을 흔들어 놓았다. 베

제16장 215

질 홀워드가 모욕적인 말을 그에게 퍼부었듯이 정말 그 에드리언의 파멸이 자기 탓은 아닌지 궁금했다. 그는 입술을 깨물었고, 얼마 동안 두 눈에 슬픈 표정이 고였다. 하지만 따지고 보면 그 젊은이의 파멸이 자기와 무슨 상관이 있단 말인가? 너무나 짧은 인생인데 다른 사람의 잘못까지 어깨에 짊어지고 갈 수는 없는 노릇이 아닌가. 각자는 자신의 삶을 사는 것이고, 그 삶에 대한 대가도 각자가 알아서 치러야 하는 게 아닌가. 다만 한 가지 안타까운 것이 있다면 단 한 번의 과오에 대해 너무 자주 대가를 치러야 한다는 점이다. 정말이지 몇 번이고 되풀이해서 그 대가를 지불해야 한다. 운명의 신은 인간과 거래할 때 한 순간도 장부를 덮지 않는다.

심리학자들의 말에 따르면, 죄, 또는 세상이 죄라고 부르는 것에 대한 욕망이 인간을 너무나도 강하게 지배하여, 신체의 모든 섬유, 그리고 뇌의 모든 세포가 무서운 충동으로 넘칠 때가 있다고 한다. 그럴 때 사람들은 자유의지를 상실하게 된다. 다만 자동인형처럼 끔찍한 결말을 향해 움직여 갈 뿐이다. 선택의 여지가 없이 양심은 죽거나, 아니면 살아 있어도 반역에 매력을 주거나 불복종을 매혹적으로 하기 위한 도구가 될 뿐이다. 신학자들이 지칠 줄 모르고 우리에게 상기시키듯이, 모든 죄는 불복종의 죄가 아니던가. 그 고상한 정신, 즉 악의 샛별이 하늘에서 떨어진 것은 반역자로서 떨어진 것이다.

오로지 악만 생각하는 냉담하고 더럽혀진 마음과, 반역에 굶주린 영혼을 안고, 도리언 그레이는 서둘러 걸음을 재촉했다. 그런데 그가 빠른 걸음으로 목적지인 악명 높은 곳으로 가는 지름길로 이용하는 아치 밑의 어두컴컴한 길에 접어든 순간, 별안간 누군가가 뒤에서 자신을 붙잡더니 미처 손써볼 겨를도 없이 그를 벽에 밀어붙이고, 우악스러운 손으로 목을 조르기 시작했다.

도리언은 미친 듯이 발버둥치며 젖 먹던 힘까지 다해, 목을 죄어 오는 손가락을 겨우 비틀어 떼어낼 수 있었다. 다음 순간, 권총이 찰칵하는 소리가 들리더니 반들반들 빛나는 총신이 똑바로 그의 머리를 겨누고 있었다. 눈앞에 키가 작고 다부진 체격의 시커먼 사내가 버티고 서 있었다.

"원하는 게 뭔가?" 도리언은 가쁜 숨을 몰아쉬었다.

"조용히 해. 움직이면 쏜다." 사내가 말했다. "움직이면 쏜다."

"당신 미쳤어? 대체 내가 뭘 어쨌다고 이러는 건가?"

"네 놈이 시빌 베인의 인생을 파멸시켰어." 사내의 대답이었다. "시빌 베인은 내 누나야. 누나는 자살했어. 나도 알고 있어. 누나가 죽은 건 네 놈 때문이야. 난 널 죽여 복수하기로 맹세했지. 몇 년 동안 네 놈을 찾아다녔거든. 아무 단서도 없고 증거고 뭐고 아무것도 없었지. 네 놈 얼굴을 아는 두 사람은 벌써 죽었더군. 난 누나가 네 놈을 부를 때 사용하던 애칭밖에 몰랐지. 그런데 그 애칭을 오늘 밤 우연히 들었지 뭐야. 하느님께 잘 빌어 둬라. 오늘 밤이 네 놈 제삿날이니까."

도리언 그레이는 공포 때문에 구역질이 날 지경이었다. "난 그런 여자 몰라." 그가 말을 더듬었다. "이름도 들어 본 적이 없단 말이다. 당신은 미쳤어."

"네 죄를 다 털어놓는 게 신상에 좋을 걸. 내 이름이 제임스 베인인 것처럼 확실하게 오늘 밤 넌 죽을 거니까." 무서운 순간이었다. 도리언은 무슨 말을 해야 할지 몰라 그저 당혹스러울 뿐이었다. "무릎을 꿇어!" 사내가 소리쳤다. "딱 1분만 기다려줄 테니 기도나 해. 더 이상은 안 돼. 난 오늘 밤 인도로 가는 배를 탈 예정이야. 떠나기 전에 이 일은 끝내야 해. 딱 1분이다."

도리언은 두 팔을 그 옆에 축 늘어뜨렸다. 공포로 당황한 그는 어떻게 해야 할지 몰랐다. 그 순간 갑자기 한 줄기 희망의 빛이 그의 머릿속을 스치고 지나갔다. "잠깐만." 그가 외쳤다. "당신 누나가 죽은 지 얼마나 됐지? 빨리 말해 봐!"

"18년 전이다." 사내가 말했다. "그건 왜 물어? 그게 뭐가 중요해서?"

"18년?" 도리언 그레이는 회심의 미소를 지었다. "18년이라고? 불빛 아래서 내 얼굴을 자세히 봐!"

제임스 베인은 잠시 주저했다. 무슨 뚱딴지같은 소린지 이해가 되지 않았던 것이다. 어쨌든 그는 도리언을 붙잡고 아치 밑 통로에서 나왔다.

바람이 불어 불빛이 흐릿하고 흔들리는 것 같았지만 그래도 그는 자신이 어떤 실수를 범했는지 똑똑히 볼 수 있었다. 그가 죽이려고 한 남자의 얼굴은 때 묻지 않은 순수함을 지닌, 장밋빛으로 해맑게 빛나는 소년의 얼굴이 아닌가. 스무 살 남짓한 청년으로밖에 보이지 않는 그 얼굴은 오래전 그가 누나와 헤어졌을 때 그녀의 나이 정도로밖에 보이지 않았다. 이 사람이 자기 누나를 죽음으로 내몬 자가 아닌 것은 확실했다.

그는 도리언을 붙잡고 있던 손을 놓으면서 뒤로 물러섰다. "오, 맙소사! 이럴 수가!" 그가 외쳤다. "내가 당신을 죽일 뻔했어!"

도리언 그레이는 길게 숨을 토해냈다. "당신은 무서운 죄를 저지를 뻔했어." 도리언은 엄격한 눈길로 제임스 베인을 바라보았다. "당신 손으로 직접 복수하지 말라는 경고로 받아들이시오."

"용서하십시오." 제임스 베인이 나지막하게 말했다. "내가 잘못 보았군요. 그 빌어먹을 아편굴에서 우연히 들은 말 때문에 착각했습니다."

"집에 돌아가시오. 그리고 그 총도 버리고. 잘못하면 큰 코 다칩니다." 도리언은 그렇게 말하고 나서 등을 돌려 길을 따라 천천히 걸어갔다.

제임스 베인은 공포에 사로잡혀 멍하니 길 위에 그대로 서있었다. 머리에서 발끝까지 온몸이 떨렸다. 그러나 얼마나 지났을까. 빗물이 뚝뚝 떨어지는 담벼락을 따라 나타난 검은 그림자 하나가 불빛 속으로 들어오더니 슬그머니 다가와 그의 팔에 손을 얹었다. 그는 깜짝 놀라 뒤돌아보았다. 아까 술집에서 술을 마시던 여자 가운데 한 사람이었다.

"왜 그 남자를 죽이지 않았죠?" 여자는 깡마른 얼굴을 그의 얼굴에 가까이 들이대며 분노한 목소리로 속삭였다.

"당신이 데일리 술집에서 달려 나갈 때부터 난 그 남자를 쫓아가는 건 줄 알았어. 바보! 그 사람을 죽였어야지. 돈이 아주 많은 사람이야. 아주 나쁜 놈이고."

"그놈은 내가 찾던 사람이 아니야." 그가 대답했다. "그리고 남의 돈은 필요없어. 난 한 남자의 목숨을 원할 뿐이야. 내가 목숨을 노리는 사람은 지금쯤 나이가 마흔쯤 됐을 걸. 아까 그 친구는 어린 풋내기라고. 오, 하느님, 제 손에 그 사람의 피를 묻히지 않게 해주셔서 감사합니다."

여자는 비웃는 듯한 웃음을 터뜨렸다. "어린 풋내기라니! 그 '멋진 왕자님'인가 뭔가 하는 놈이 나를 이 지경으로 만든 게 벌써 18년 전 일인데?"

"거짓말 마!" 제임스 베인이 소리쳤다.

여자는 하늘을 향해 손을 들어 올렸다. "하느님 앞에 맹세코 사실이야."

"하느님 앞에?"

"내 말이 거짓이면 벙어리가 될 때까지 나를 때려도 좋아. 그 자식은 여기

출입하는 놈들 가운데 가장 악질이야. 사람들 말이 그놈은 그 곱상한 얼굴의 대가로 악마에게 자기 자신을 팔아먹은 놈이라는 거야. 내가 그 자식을 만난 지 거의 18년이 지났지만 그로부터 하나도 변하지 않았어. 난 이렇게 완전히 바뀌고 말았는데." 그녀는 병적으로 추파를 보내면서 덧붙였다.

"맹세한단 말이지?"

"당연히지." 넓적한 그녀 입에서 무슨 대답이 나왔다. "그렇다고 나를 그 자식에게 팔아넘기지는 마." 그녀가 콧소리를 냈다. "그 놈이 무서워. 나 오늘 밤 어디서 잠 좀 자게 돈 있으면 좀 줘."

제임스는 욕을 하면서 그 여자의 손을 뿌리치고, 거리 모퉁이까지 달려 나갔다. 하지만 도리언 그레이의 모습은 없었다. 뒤돌아보니 그 여자도 사라지고 없었다.

제17장

　일주일 뒤, 도리언 그레이는 셀비 로열의 온실에 앉아 예순 살 된 쇠약한 인상을 풍기는 남편과 함께 다른 손님들 틈에 끼어 있는 아름다운 먼머쓰 공작부인과 대화를 나누고 있었다. 차 마시는 시간이었다. 테이블 위 레이스를 씌운 커다란 램프가 공작부인이 주관하는 차모임의 화려한 도기와 얇은 은 그릇들을 부드럽게 비춰 주었다. 잔 사이로 하얀 손을 우아하게 움직이던 공작부인은 도리언이 뭔가 귀에 대고 속삭이자 도톰하고 붉은 입술에 잔잔한 미소를 떠올렸다. 헨리 경은 비단을 씌운 등나무 의자에 등을 대고 편안히 앉아 두 사람을 바라보고 있었다. 복숭아색 소파에 앉은 나버러 부인은 공작이 최근에 자신의 수집품에 추가한 브라질산 풍뎅이에 대해 설명하는 것을 열심히 듣는 척하며 앉아 있었다. 스모킹 슈트를 단정하게 갖춰 입은 세 젊은이가 여성들에게 케이크 조각을 나눠주었다. 온실에서 열린 이 파티에 참석한 사람은 열두 명이었고, 다음 날 몇 사람이 더 올 예정이었다.
　"여기 두 분은 무슨 얘길 하고 계실까?" 헨리 경이 테이블로 다가와 자기 잔을 내려놓으면서 말했다. "혹시 도리언이 세상 만물의 이름을 새로 만들어주겠다는 내 계획을 말하지는 않았어, 글래디스? 아주 재밌는 아이디어지?"
　"하지만 난 내 이름이 개명되는 건 원치 않아요, 해리." 공작부인은 아름다운 눈으로 헨리 경을 올려다보면서 말했다. "지금의 이름도 좋은데 굳이 그럴 필요 있겠어? 그레이 씨도 분명 자기 이름에 만족할걸."
　"이런, 이런, 글래디스. 내가 뭐하러 두 사람 이름을 바꾸려고 하겠어. 두 이름 다 완벽한데. 난 주로 꽃에 대해 생각하고 있어. 어제 난을 하나 꺾었지. 버튼홀에 꽂으려고. 반점이 박혀 있는 아주 멋진 꽃이었어. 일곱 가지 대죄*[1]에 못지않게 인상적이더군. 잠시 아무 생각 없이 있다가 정원사에게 물었지. 꽃 이름이 뭐냐고. 그랬더니 '로빈소니아나'라나 뭐라나, 아무튼 그런 흉측한 이름을 지닌 품종 가운데 가장 잘 된 표본이라더군. 슬픈 사실이지만, 우리는 사물에 아름다운 이름을 붙이는 능력을 잃어버렸어. 이름이 전부인데. 나는 행위를 놓고는 이러쿵저러쿵 하지 않아. 유일하게 따지는 건 말에 대해서지. 내가 문학에서 야비한 사실주의를 싫어하는 이유가 바로 거기에 있어. 괭이를 괭이라고 부를 수 있는 사람은 그 괭이를 사용하라고 해. 그게 그 사람한테 어울리는 유일한 일이니까."

"그럼 우린 오라버니를 뭐라고 부르면 좋을까요, 해리?" 공작부인이 물었다.

"역설의 왕자죠, 뭐." 도리언이 말했다.

"그러면 딱 이 양반인 줄 알겠군요." 공작부인이 탄성을 질렀다.

"그건 곤란한데." 헨리 경이 웃으면서 의자에 몸을 파묻었다. "그러면 꼬리표에서 벗어날 수가 없잖아! 그런 이름은 사양하겠어."

"왕족은 칭호를 버릴 수가 없죠." 공작부인의 예쁜 입술에서 경고의 말이 떨어졌다.

"그렇다면 나에게 옥좌를 지키라는 건가?"

"그래요."

"난 내일의 진실을 말하는 사람이야."

"난 오늘의 실수가 더 좋은데요." 그녀가 대꾸했다.

"글래디스, 넌 내 무기를 빼앗아가고 말았어." 공작부인의 변덕스러운 기분을 살피면서 헨리경이 말했다.

"해리, 방패만요, 창은 빼앗지 않아요."

"난 아름다움에 창을 겨누진 않아." 그는 손을 내저으며 말했다.

"해리, 바로 그게 잘못이에요. 당신은 아름다움을 너무 과대평가하고 있어요."

"어떻게 그런 말을 할 수 있지? 내가 선한 것보다는 아름다운 것을 더 좋게 생각하는 것은 인정하지. 하지만 추한 것보다는 선한 것이 더 좋다는 것을 나만큼 알고 있는 사람은 없을 걸."

"그럼 추함이 일곱 가지 대죄의 하나란 말인가요?" 공작부인이 물었다.

---

*1 기독교에서 말하는 죽음에 이르는 죄. 흔히 칠죄종이라고 하며 교만, 인색, 음욕, 질투, 탐식, 분노, 나태를 말한다.

"아까는 난을 대죄에 비유하더니, 지금은 어떻게 된 거죠?"

"글래디스, 추함은 일곱 가지 큰 덕목 가운데 하나야. 누이는 선량한 보수주의자니까 그 덕목들을 과소평가해서는 안 되지. 맥주, 성경, 그리고 일곱 가지 큰 덕목이 우리 영국을 지금의 영국으로 만들었다고."

"그렇다면 당신은 당신 조국을 좋아하지 않는다는 말인가요?" 그녀가 물었다.

"내가 살고 있는 나라인데."

"그래서 더욱 비난할 수 있는 것이겠지요."

"유럽이 영국에 대해 뭐라고 평가했는지 일러주지 않겠어?" 그가 물었다.

"그 작자들이 우리에 대해 뭐라고 했는데요?"

"타르튀프*2가 영국으로 이민 와서 가게를 열었다더군."

"해리, 당신이 내린 평가가 아니고요?"

"누이가 한 말이라고 해줄게."

"그런 말을 어디다 써먹어요? 누구나 아는 뻔한 사실인 걸요."

"겁낼 필요 없어. 우리 영국 사람들이 그런 표현의 참뜻을 알아차리기나 하겠어?"

"실제적인 사람들이지요."

"실제적이라기보다 엉큼한 거지. 원부(原簿)를 날조할 때 어리석음에는 부(富)로, 악덕에는 위선으로 계산을 맞추려는 사람들이잖아."

"그래도 우리는 위대한 업적들을 이루었잖아요."

"글래디스, 그건 우리에게 강요된 업적이었어."

"그 무거운 짐을 흔쾌히 진 거죠."

"주식 거래에 한해서만 그렇지."

그녀는 고개를 가로저었다. "그래도 난 우리 민족을 믿어요."

"나서는 사람이 살아남는다는 것을 대표하는 나라지."

"우리에게는 발전이 있었잖아요."

"난 퇴폐 쪽이 더욱더 솔깃하거든."

"그럼 예술은 어때요?" 그녀가 물었다.

---

*2 프랑스 극작가 몰리에르가 쓴 5막 희극 〈타르튀프〉의 주인공. 성직자 타르튀프의 문란한 사생활을 통해 당시 프랑스 교회 성직자의 부패와 타락을 폭로했다.

"그건 질병이야."

"사랑은요?"

"환상이지."

"종교는요?"

"믿음을 위한 사교계의 대용품이지."

"당신은 회의론자군요."

"전혀! 회의주의는 신앙의 시작이야."

"그럼 당신은 도대체 뭐예요?"

"정의하는 건 한정하는 것."

"실마리를 좀 줘봐요."

"실은 끊어지게 마련이야. 미로에서 길을 잃고 말걸."

"당신은 황당해요. 다른 사람 얘기나 하자구요."

"우리를 초대한 주인이 재미있는 주제지. 몇 년 전에 이 친구가 '멋진 왕자님'이라는 새 이름을 얻었거든."

"아! 그 얘기는 떠올리기 싫어요." 도리언 그레이가 소리쳤다.

"오늘 저녁, 우리 호스트께서 좀 지겨우신 모양이군요." 공작부인은 얼굴을 붉히면서 말했다. "이분은 먼머쓰가 나를 요즘 나비 가운데 가장 멋진 표본으로 생각하고, 순전히 과학적인 원칙에 따라 선택해서 결혼했다고 생각하시나 봐."

"그렇다면 공작부인, 부군께서 부인을 핀으로 꽂아 두지 않기를 바라야겠군요." 도리언이 웃으면서 말했다.

"오, 그레이 씨, 그건 내 하녀의 입에서 이미 나온 말이에요. 나한테 짜증이 날 때마다 핀을 꽂거든요."

"뭣 때문에 하녀가 부인께 짜증을 내나요?"

"뭐 별건 아니고 아주 사소한 것들이죠, 그레이 씨. 왜 있잖아요, 내가 9시 10분 전에 들어와서 그 애더러 8시 30분까지는 옷을 갈아입어야 한다고 말한다든지 하는 것들이죠."

"상식을 벗어난 하녀로군요. 주의를 주세요."

"그럴 수는 없어요, 그레이 씨. 그 아이가 내 모자를 만들어 주거든요. 힐스턴 부인 집에서 열린 가든파티 때 내가 썼던 모자, 기억나요? 기억 못 하는군요. 그래도 기억나는 척이라도 해 주니 역시 좋은 분이셔. 아무튼 그 아이는 별 재료도 없이 모자를 잘 만들어요. 좋은 모자를 보면 다 무에서 만들어진 거더군요."

"좋은 평판이라는 것도 거의 다 마찬가지야, 글래디스." 헨리 경이 끼어들었다. "사람이 영향력을 행사하면 꼭 적이 생기게 마련이거든. 그래서 사람은 인기가 있으려면 그저 평범해야 하는 거지."

"여자들한테는 그렇지 않아요." 공작부인은 고개를 가로저으면서 말했다. "그리고 세상을 지배하는 건 우리 여자들이에요. 우리 여자들은 평범한 건 못 참거든요. 누가 얘기했듯이 우리 여자들은 귀로 사랑을 해요, 남자들이 눈으로 사랑을 하는 것처럼. 물론 남자들이 사랑이라는 걸 한다면 말이지만."

"내가 보기엔 남자들은 사랑 말고는 하는 일이 없는 것 같던데요." 도리언이 중얼거렸다.

"아! 그건 당신이 진정한 사랑을 한 적이 없다는 거예요, 그레이 씨." 공작부인이 애석하다는 듯이 말했다.

"글래디스!" 헨리 경이 큰소리로 말했다. "무슨 말을 그렇게 해! 로맨스는 반복되면서 이어지고, 반복은 욕망을 예술로 승화시킨다니까. 게다가 몇 명을 사랑해도 그 하나하나가 첫사랑인 것이야. 대상은 달라도 정열을 다한 진심은 바뀌지 않아. 오히려 더욱 뜨거워질 뿐이지. 우리는 인생에서 기껏해야 딱 한 번 위대한 경험을 할 수 있어. 그런데 인생의 비결은 그 딱 한 번의 경험을 가능한 한 자주 반복하는 데 있지."

"그 딱 한 번의 경험으로 상처를 받았을 때도 그런가요, 해리?" 잠시 뜸을 들이던 공작부인이 물었다.

"특히 상처 받은 경우는 더욱더 그렇지." 헨리 경이 대답했다.

공작부인은 도리언 그레이를 돌아보더니 흥미진진한 눈빛으로 그를 응시하면서 물었다. "그레이 씨, 당신은 해리의 말에 대해 어떻게 생각하시나요?"

도리언은 한 순간 망설였다. 그러나 곧 머리를 뒤로 젖히고 웃음을 터뜨렸다. "전 항상 해리의 말에 동의합니다."

"틀린 말을 할 때도요?"

"해리는 결코 틀린 말은 안 합니다, 공작부인."

"그럼 이 양반의 철학이 당신을 행복하게 만들어 주고 있다는 뜻인가요?"

"전 행복을 추구한 적이 전혀 없습니다. 누가 행복을 원할까요? 전 쾌락을 추구합니다."

"그래, 그 쾌락을 찾았나요, 그레이 씨?"

"네, 자주요, 너무나 자주요."

공작부인은 한숨을 내쉬었다. "난 평화를 추구해요. 이만 가서 얼른 옷을 갈아입지 않으면 오늘 저녁엔 평화고 뭐고 없을 것 같네요."

"제가 난을 몇 송이 갖다 드리겠습니다, 공작부인." 도리언은 자리에서 일어나면서 그렇게 말한 뒤 온실 안으로 걸어갔다.

"수치스럽게 그와 사랑 노름을 하고 있는 거야?" 헨리 경이 사촌 누이인 공작부인에게 말했다. "조심하는 게 좋을 게야. 도리언은 사람을 홀리는 데가 있으니까."

"그에게 매력이 있으니 싸움이 일어나는 거겠죠?"

"그리스인 대 그리스인, 두 영웅의 격돌인가?"

"난 트로이 편이에요. 트로이 사람들은 여자를 위해 싸웠잖아요."

"그리고 패배했지."

"그건 포로로 잡히는 것보다 더 나쁘죠." 그녀가 대답했다.

"아예 고삐를 늦추고 내달리는군."

"속도가 생명을 불어넣잖아요." 그녀가 받아쳤다.

"오늘 밤 일기에 써야겠어."

"뭘요?"

"불에 덴 아이가 불을 좋아한다고."

"난 아직 그을리지도 않았어요. 내 날개엔 거칠 것이 없다고요."

"그놈의 날개를 나는 데 사용하지 않고 온갖 다른 것에 사용하니."

"용기가 남자에게서 여자에게로 전이된 거죠. 우리에게는 새로운 경험이에요."

"라이벌이 한 사람 있어."

"누구죠?"

헨리 경이 웃었다. "나버러 부인." 그가 속삭였다. "도리언을 완전히 숭배하고 있지."

"오라버니는 나한테 불안만 채워 주고 있군요. 우리 같은 로맨티스트들은 고대양식의 매력에는 치명적이거든요."

"로맨티스트라고! 아니 넌 과학의 모든 방법을 꿰뚫고 있잖아."

"남자들이 우릴 그렇게 가르쳤어요."

"하지만 여자에 대해선 해명되지 않았어."

"여성을 정의해 봐요." 그녀가 도전했다.

"비밀이 없는 스핑크스지."

공작부인은 미소 지으면서 헨리를 보았다. "그레이 씨가 많이 늦는군요. 가서 도와주지요. 내가 무슨 색 옷을 입을 건지 알려 주지도 않았어."

"아! 도리언이 갖다 주는 꽃에 맞춰 옷을 골라야지, 그레이스."

"그건 너무 이른 항복이에요."

"낭만주의 예술은 클라이맥스와 더불어 시작하거든."

"난 물러설 기회를 간직하고 있어야 해요."

"파르티아식으로?"

"그래도 파르티아 인은 사막에서 안전지대를 찾아냈지요. 난 그럴 수가 없잖아요."

"여자들에게 항상 선택권이 있는 건 아니지." 헨리 경이 대답했다. 그러나 그가 채 말을 마치기도 전에 온실 안에서 숨이 막히는 듯한 신음 소리가 들리는가 싶더니 이어서 뭔가 육중한 것이 쓰러지면서 내는 둔탁한 소리가 들려왔다. 사람들이 깜짝 놀라 자리에서 벌떡 일어섰다. 공작부인은 겁에 질려 꼼짝도 못 하고 그 자리에 서 있었다. 헨리 경은 두 눈에 불안한 빛을 띤 채 너풀거리는 야자수 잎사귀를 헤치고 안으로 뛰어들어갔다. 도리언 그레이가 죽은 것처럼 정신을 잃고 타일 바닥에 엎어져 있었다.

사람들이 도리언을 곧바로 푸른색 응접실로 옮겨 소파에 눕혔다. 잠시 뒤, 의식을 되찾은 그는 멍한 표정으로 주위를 둘러보았다.

"어떻게 된 거죠? 아! 기억이 나요. 여긴 안전한 거죠, 해리?" 도리언은 온몸을 떨기 시작했다.

"도리언." 헨리 경이 대답했다. "자넨 단순히 정신을 놨던 거야. 그뿐이야. 요새 틀림없이 너무 과로한 모양이야. 저녁 식사엔 오지 않는 게 좋겠어. 내가 자네 대신 해 주겠네."

"아니, 갈 겁니다." 도리언은 일어서려 애쓰면서 대답했다. "가는 게 나아요. 저 혼자 있으면 안 돼요."

도리언은 자기 방으로 돌아가서 옷을 갈아입었다. 저녁 식탁에 앉아 있는 동안 그의 태도는 심히 무모할 만큼 유쾌했지만, 그러나 자기를 쳐다보고 있던 제임스 베인의 얼굴이 떠오를 때면, 하얀 손수건처럼 온실 장문에 달라붙어 이따금 온몸에 공포의 선율이 퍼져 오는 것을 느꼈다.

제18장

다음 날 그는 집 밖으로 나가지 않았다. 그리고 실은 대부분의 시간을 자기 방에 틀어박혀서 죽을 것 같은 격렬한 공포에 시달렸는데, 그렇지만 생명 그 자체에는 관심도 없었다. 쫓기고, 올가미에 걸리고, 추적당할 거라는 의식이 그의 마음을 지배하기 시작했었다. 벽걸이가 바람에 살짝 흔들리기만 해도 그는 깜짝깜짝 놀라곤 했다. 바람에 날려 납빛 창틀에 부딪히는 낙엽들이 그에게는 자신의 헛된 결심과 걷잡을 수 없는 회한처럼 보였다. 눈을 감으면 안개로 흐릿한 창유리를 통해 자신을 들여다보고 있던 선원의 얼굴이 보였고, 그러면 공포가 또다시 그 무서운 손으로 가슴을 내리누르는 것 같았다.

밤의 어둠 속에서 복수를 불러내어 그것을 끔찍한 응징이라는 무서운 형상으로 만들어 준 것은 오직 그의 환상에 지나지 않았을지 모를 일이다. 실제의 삶은 혼돈이지만 상상의 세계에는 무서우리만치 논리적인 데가 있다. 회한의 재갈을 풀어 죄악의 발꿈치를 물어뜯게 하는 것은 상상력 때문이다. 모든 범죄에서 일그러진 동류가 태어나는 것도 상상력이 하는 짓이다. 거친 현실세계에서는 악인이 벌을 받는 것도 아니고 선한 자들이 보상을 받는 것도 아니다. 강자에게는 성공이 주어지고, 약자에게는 실패가 강요된다. 그것이 전부이다. 낯선 사람이 집 주위를 배회하고 돌아다녔다면 하인이나 관리인의 눈에 띄지 않았을 리가 없고, 화단에서 이상한 발자국이 발견됐다면 정원사가 보고했을 것이다. 그렇다. 모든 게 그의 환상에 불과했다. 시빌 베인의 동생이 그를 죽이려고 돌아온 것은 아니었다. 그는 이미 배를 타고 멀리 떠나 있는 몸이었으며, 어느 추운 겨울 바다에서 침몰한 배에 승선했다가 익사한 몸이었다. 그렇다면 그는 제임스 베인의 위협에서 안전하게 벗어난 셈이었다. 그래, 그자는 그가 누구인지 알지 못했고, 또 알아낼 수도 없을 것이다. 젊음의 얼굴이 그를 구해 주지 않았던가.

그렇다고는 하지만 그것이 단순한 환상에 불과하다 해도, 양심이 그 끔찍한 망령들을 일으켜 세워 그의 눈에 보이도록 그 망령들에게 형태를 부여하고 바로 그의 눈앞에서 움직이게 했다고 생각하면 얼마나 섬뜩한 일인가! 밤낮으로 그가 저지른 범죄의 그림자가 조용한 구석에서 그를 응시하고 있다가 은밀한 장소에서 그를 조롱하고, 연회장에서는 그에게 다가와 그의 귀에 속삭이면서, 잠들어 있는 그를 얼음장처럼 차가운 손으로 깨운다면 그의 생활이 어떻게 되겠는가! 그런 생각이 그의 머릿속을 스멀스멀 파고들자 그는 두려움에 얼굴이 새파랗게 질리기 시작했다. 방 안의 공기도 갑자기 싸늘해지는 것 같았다. 오! 그 광기어린 황당한 순간에 그는 친구를 죽이고 만 것이다! 그 광경을 머릿속에 떠올리기만 해도 얼마나 소름끼치는 일인가! 그의 눈앞에 모든 것이 다시 한 번 나타났다. 그 끔찍했던 일 하나하나가 상세히 되살아나면서 그의 공포는 갈수록 더 커졌다. 시간이라는 깜깜한 동굴에서 죄의 형상이 주홍색으로 물든 무서운 모습으로 떠올랐다. 6시가 되어 헨리 경이 방 안에 들어섰을 때 도리언은 가슴이 메어진 사람처럼 울고 있었다.

도리언은 그로부터 사흘이 지난 뒤에야 간신히 외출할 수 있었다. 그날 솔향기가 배어 있는 청명한 겨울 아침 공기 속에, 그에게 다시 기쁨과 삶에 대한 열정을 찾아 준 그 무언가가 있었다. 그러나 그 변화가 일어난 것은 단순히 주위의 물리적인 조건 때문만은 아니었다. 그의 본성이 자신의 평정심에 완벽하게 상처를 주고 훼손시키려고 하는 극심한 고뇌에 반항한 것이다. 섬세하고 예민한 기질을 지닌 사람은 언제나 그렇다. 그 강한 정열은 상처를 입거나 그렇지 않으면 왜곡된다. 그런 정열은 그 소유자를 죽여버릴 때도 있고 스스로 사라질 때도 있다. 약한 슬픔과 약한 사랑은 계속 살아남는다. 사랑도 슬픔도 크면 클수록 자신의 무게 때문에 무너지고 만다. 한편, 그는 자신이 공포에 사로잡힌 희생물이라 믿고, 지금은 자신의 공포를 연민과 그에 못지않은 수치심을 가지고 되돌아볼 수 있게 되었다.

아침 식사를 마친 뒤 그는 한 시간가량 공작부인과 정원을 산책했다. 그런 다음 사냥에 참가하기 위해 마차를 타고 공원을 가로질러 갔다. 풀밭에는 소금을 뿌린 듯 파삭거리는 서리가 내려앉아 있었다. 하늘은 푸른 금속으로 만든 잔을 엎어 놓은 것 같고, 갈대가 무성하게 자라는 잔잔한 호수에는 살얼음이 얇은 막처럼 뒤덮여 있었다.
 소나무 숲 모퉁이에서 도리언은 공작부인의 오빠인 제프리 클러스턴 경의 모습을 발견했다. 제프리 경은 다 쓴 탄약통 두 개를 총에서 빼내고 있는 중이었다. 마차에서 뛰어내린 그는 하인에게 말을 집으로 데려가라고 이른 뒤, 시들어서 축 처진 양치식물과 거친 덤불을 헤치고 제프리에게 다가갔다.
 "재미 보셨나요, 제프리?" 그가 물었다.
 "그다지 좋지 않소이다, 도리언. 새들이 모조리 들판으로 나가버린 모양이오. 점심을 먹고 장소를 옮기면 좀 낫지 않을까 싶군요."
 도리언은 그의 곁을 따라 천천히 거닐었다. 통렬하게 향기로운 공기, 숲속에서 가물거리며 빛나는 적갈색 빛줄기들, 이따금 울려 퍼지는 새몰이꾼들의 거친 함성, 그리고 뒤이어 울리는 날카로운 총소리들이 그를 매료시켰으며, 상쾌한 자유의 감정으로 그를 가득 채워주었다. 그는 행복이고 기쁨이고 그저 관심이 없었다.
 갑자기 두 사람 앞쪽 20미터쯤 떨어진 곳에 솟아 있는 마른 덤불 속에서 산토끼 한 마리가 끝이 까만 귀를 쫑긋 세우고 긴 뒷다리로 펄쩍 뛰어오르면서 나타났다. 토끼는 오리나무 숲으로 깡충깡충 뛰어가고 있었다. 제프리 경이 바로 어깨에 총을 걸었다. 그러자 산토끼의 우아한 움직임에 묘하게 매료된 도리언은 순간적으로 소리를 질렀다. "쏘지 마세요, 제프리. 도망가게 놔둬요."
 "도리언, 무슨 말도 안 되는 소릴!" 제프리 경은 웃음을 터뜨리더니 토끼가 덤불 속으로 뛰어 들려는 순간 방아쇠를 당겼다. 곧이어 비명소리가 두 번 들려왔다. 하나는 산토끼의 고통스런 비명, 그리고 다른 하나는, 더욱 끔찍했는데, 인간의 단말마의 비명이었다.
 "이런, 맙소사! 몰이꾼을 쏜 모양이야!" 제프리 경이 소리를 질렀다. "아니 어떤 멍청한 놈이 총 앞에 나가 서 있었던 거야! 거기, 총 쏘지 마!" 그는 목청이 찢어져라 외쳤다. "사람이 다쳤어!"
 몰이꾼 대장이 막대기를 들고 달려왔다.
 "어디죠, 나리? 어디에 있습니까?" 그가 소리쳤다. 동시에 온 숲속에서 일제히 총소리가 멈췄다. "여기야." 제프리 경이 서둘러 덤불숲으로 향하며 화난 목소리로 대답했다. "세상에 어쩌자고 자네 부하들을 뒤에 붙들어 두지 않은 게야? 오늘 사냥 다 망쳤잖아."

도리언은 두 사람이 오리나무 숲에 들어가 흔들리고 있는 연약한 가지들을 헤치고 있는 광경을 지켜보았다. 잠시 뒤 그들은 한 남자의 시체를 끌고 숲에서 나와 햇빛 아래로 모습을 드러냈다. 도리언은 무서워서 눈을 돌렸다. 그가 가는 곳마다 불행한 일이 뒤따르는 것 같았다. 그 남자가 정말로 죽었는지 물어보는 제프리 경의 목소리가 들리더니, 이어서 죽었다고 대답하는 몰이꾼 대장의 목소리도 들려왔다. 숲이 별안간 사람들의 얼굴들로 활기를 띠는 것처럼 보였다. 쉴 새 없이 들리는 발소리와 나지막하게 웅성거리는 목소리들이 들려왔다. 가슴이 구릿빛으로 빛나는 커다란 꿩 한 마리가 머리 위 나뭇가지들을 헤치고 날아갔다.

잠시 뒤, 마음이 혼란스러운 상태에 있는 그에게는 끝없는 고통의 시간으로 느껴질 수밖에 없었던 그 몇 번의 순간들이 지나갔을 때, 그는 뒤에서 누가 자기 어깨에 손을 얹는 것을 느꼈다. 그는 깜짝 놀라 뒤돌아보았다.

"도리언." 헨리 경이 입을 열었다. "저 사람들한테 오늘 사냥은 여기서 마치자고 말하는 게 좋겠네. 더 계속하는 건 보기에 안 좋을 것 같아."

"영원히 사냥을 안 했으면 좋겠어요, 해리." 그가 씁쓸하게 대답했다. "사냥 자체가 끔찍하고 잔인해요. 그 남자는……?"

그는 끝까지 말할 수가 없었다.

"나도 그렇네." 헨리 경이 대답했다. "가슴에 정통으로 맞은 모양이야. 거의 즉사했을 거야. 자, 집으로 가자고."

그들은 큰 길이 있는 방향으로 아무 말 없이 나란히 걸었다. 거의 50미터쯤 그렇게 걸어 나왔을 때 도리언이 헨리 경을 바라보고 깊은 한숨을 내쉬면서 말했다. "불길한 징조예요, 해리. 아주 불길한 징조."

"뭐가 말인가?" 헨리 경이 물었다. "아! 아까 그 사고 말인가? 이봐, 어쩔 수 없는 일이야. 그자가 잘못이지. 왜 총 앞 쪽으로 나갔느냐 말이야? 게다가 우리하고는 아무 상관이 없어. 물론 제프리에게는 좀 난감한 일이겠지만. 몰이꾼에게 총질을 한 게 잘한 일은 아니니까. 사람들은 제프리를 함부로 총질을 해대는 사람으로 생각할 수 있거든. 물론 제프리는 그런 사람은 아니지. 정확하게 조준해서 쏘는 사람이야. 하지만 이런 얘기 해봐야 무슨 소용이 있겠나."

도리언은 고개를 저었다. "이건 불길한 징조예요, 해리. 어떤 무서운 일이 우리 누군가에게 일어날 것만 같은 느낌이 들어요. 어쩌면 저한테 말이에요." 그는 고통스러운 듯이 손으로 눈을 가리면서 덧붙였다.

헨리 경은 웃음을 터뜨렸다. "도리언, 이 세상에 유일하게 무서운 일이 있다면, 그건 바로 권태야. 용서할 수 없는 하나의 죄란 말일세. 그게 바로 권태거든. 하지만 사람들이 저녁을 먹으면서 이 사고를 놓고 이러쿵저러쿵 떠들지 않는 한, 우리가 권태로움으로 고통을 겪을 것 같지는 않네. 사람들한테 아까 그 사고에 대해 입 밖에 꺼내지 말라고 얘기해야겠군. 그리고 자네가 징조 얘기를 하니까 하는 말인데, 세상에 징조 같은 것은 없네. 운명의 여신은 우리에게 운명을 예고해 주는 사자(使者)를 보내지 않아. 그 여신은 그보다 훨씬 현명하고 훨씬 잔인하다네. 게다가 도대체 자네한테 무슨 일이 일어날 거란 말인가, 도리언? 자네는 인간이 바라는 건 거의 모두 가지고 있네. 자네와 처지를 바꾸라고 하면 세상에 기뻐하지 않을 자는 한 사람도 없을 걸."

"저도 누구라도 좋으니까 저하고 바꿔줬으면 좋겠어요, 해리. 그렇게 웃지 마세요. 진심으로 하는 얘기니까. 아까 죽은 불쌍한 농부가 저보다 훨씬 나아요. 전 죽음 그 자체에 대한 공포는 없어요. 제가 두려운 건 죽음이 다가오고 있다는 사실이지요. 흉악한 죽음의 날개가 제 주변을 무겁게 내리누르는 대기 속에서 퍼덕이고 있는 것 같다니까요. 아, 저게 뭐죠? 저 나무 뒤에서 움직이는 사람이 안 보여요? 절 보고 있어요. 절 기다리고 있는 걸까요?"

헨리 경은 도리언이 벌벌 떨면서 장갑 낀 손으로 가리키는 곳을 쳐다보았다. "맞아." 그는 웃으면서 말했다. "정원사가 자네를 기다리고 있구먼. 저 친구가 오늘 저녁 식탁을 어떤 꽃으로 장식할지 자네한테 물어보려는 것 같아. 그런데 자네, 왜 이렇게 신경질적으로 그러는 건가? 런던으로 돌아가면 내 주치의를 한번 만나 보세."

도리언은 다가오고 있는 정원사를 보고서야 안도의 한숨을 내쉬었다. 모자를 살짝 들어 인사를 한 정원사는 잠시 주저하는 태도로 헨리 경을 흘끗 쳐다보더니 편지 한 통을 꺼내 도리언에게 건넸다. "공작부인께서 답변을 기다린다고 하셨습니다." 그가 머뭇머뭇 말을 이었다.

도리언은 편지를 주머니 속에 넣으면서 차가운 목소리로 말했다. "마님께 곧 간다고 말씀드리게." 정원사는 돌아서서 집을 향해 빠른 걸음으로 걸어갔다.

"아무리 생각해도 여자들은 위험한 일을 좋아한단 말이야!" 헨리 경이 웃음을 터뜨렸다. "그건 여자들에게서 찾아 볼 수 있는 속성 중의 하나야. 내가 가장 감탄해 마지않는 것일세. 여자란 다른 사람들이 구경하고 있는 한, 이 세상 어느 남자한테도 꼬리를 치거든."

"해리, 당신은 정말 위험천만한 말을 좋아하는군요. 그런데 지금 드신 예는 잘못 짚으신 겁니다. 제가 공작부인을 많이 좋아하긴 하지만 사랑하는 건 아니거든요."

"그리고 공작부인은 자네를 열렬하게 사랑하지만 그렇게 좋아하지는 않으니 두 사람은 천생연분일세."

"해리, 그러다가 공연히 스캔들이 일어나면 어떡해요? 그리고 스캔들에는 아무 근거도 없잖아요."

"모든 스캔들의 근거는 비도덕적인 확신이라네." 헨리 경은 그렇게 말하면서 담배에 불을 붙였다.

"해리, 당신은 그 잘난 풍자를 위해서라면 누구든 희생시킬 사람이에요."

"세상 사람들은 자진해서 제단으로 향한다네." 헨리 경의 대답이었다.

"사랑할 수만 있다면 좋겠어요." 도리언 그레이는 깊은 비애가 담긴 목소리로 말했다. "그런데 이젠 열정을 잃어버리고 욕망도 다 잊은 것 같아요. 요즘 너무 제 자신에 대한 생각에만 빠져 있었지요. 저 자신의 개성이 스스로 무거운 짐이 되고 말았어요. 도망가고 싶어요. 멀리 달아나서 모든 걸 다 잊고 싶어요. 여기 내려오는 게 아닌데, 제가 어리석었어요. 하비에게 연락해서 요트를 대기시켜 놓으라고 해야겠어요. 요트를 타고 있으면 안전하니까요."

"무엇으로부터 안전하다는 거지, 도리언? 자네한테 무슨 문제가 있는 게 분명해. 그게 뭔지 말해 보게, 내가 도울 수 있다는 것 자네도 알잖아."

"말할 수 없어요, 해리." 도리언이 쓸쓸하게 대답했다. "실은 모든 게 저 자신의 환상에 불과해요. 아까 그 불행한 사고가 저를 혼란스럽게 만든 거지요. 그 비슷한 일이 저에게도 일어날 수 있다는 무서운 예감이 들었거든요."

"무슨 말도 안 되는 소린가!"

"오히려 저도 말도 안 되는 얘기였으면 좋겠어요. 하지만 그런 느낌이 드는 건 어쩔 수 없군요. 아! 공작부인이 오시네요. 재단사가 지은 가운을 입은 아르테미스*3 같은 모습이군요. 이렇게 돌아왔습니다, 공작부인."

"그레이 씨 얘기 다 들었어요." 그녀가 대답했다. "가여운 제프리가 굉장히 당황해하고 있어요. 그런데 당신이 제프리더러 토끼를 쏘지 말라고 했다면서요? 정말 신기한 일이에요!"

"예, 정말 신기한 일입니다. 왜 제가 그런 말을 했는지 잘 모르겠습니다. 아마 순간적인 느낌이었을 겁니다. 그 토끼가 생명이 있는 작은 동물 가운데 가장 예쁜 동물로 보였어요. 어쨌든 부인께서 사람이 죽은 사고에 대해 이야기를 들으셨다니 유감이군요. 워낙 섬뜩한 일이라."

"기분 언짢은 이야기지." 헨리 경이 끼어들었다. "아무런 심리학적 가치도 없는 사고야. 제프리가 고의로 그렇게 했다면 얼마나 흥미로웠을까! 난 진짜로 살인을 저지른 사람을 알고 싶거든."

"해리, 어쩜 그런 무서운 말을!" 공작부인이 목소리를 높였다. "안 그래요, 그레이 씨? 해리, 그레이 씨가 다시 아픈 모양이에요, 혼미해지는 것 같아요."

도리언은 애써 정신을 추스르고 엷은 미소를 지어 보였다. "괜찮습니다, 공작부인." 그가 나직한 목소리로 말을 이었다. "온 신경이 엉망이 된 것 같아요. 그뿐입니다. 오늘 아침에 너무 많이 걸어서 그런 걸지도 몰라요. 해리가 무슨 말을 하는지 듣지 못했는데, 나쁜 얘긴가요? 나중에 꼭 들려주세요. 실례지만 전 먼저 가서 좀 누워야겠어요. 먼저 가도 되겠죠?"

그들은 온실에서 테라스로 이어지는 커다란 계단에 다다랐다. 도리언이 안으로 들어서고 유리문이 닫히자 헨리 경은 돌아서서 나른한 눈빛으로 공작부인을 쳐다보았다. "저 친구를 많이 사랑하고 있는 것 같은데?" 그가 물었다.

그녀는 한참 동안 아무 대답 없이 주변 풍경을 바라보다가 이윽고 입을 열었다. "나도 내 마음을 알고 싶어요."

헨리 경은 고개를 가로저었다. "아는 게 병이지. 사람의 마음을 끄는 건

---

*3 그리스 신화에서 아폴론의 쌍둥이 자매로 달과 사냥의 여신.

불확실성이거든. 안개가 사물을 더 아름답게 보이게 만들잖아."

"안개 속에서 길을 잃을 수도 있지요."

"글래디스, 모든 길은 결국 똑같은 곳으로 통하는 법이야."

"그게 어딘데요?"

"환멸."

"그게 내 인생의 출발점이었죠." 그녀가 한숨을 내쉬었다.

"환멸이 작위의 관을 쓰고 나타난 거지."

"난 이제 딸기 잎사귀*4에는 신물이 나요."

"잘 어울리던데 뭘."

"사람들 앞에서나 그렇죠."

"그래도 없으면 그리워질 걸."

"꽃잎과는 절대로 헤어지지 않을 거예요."

"먼머쓰에게도 귀가 있어."

"늙어서 잘 듣지 못해요."

"그 양반은 질투 같은 건 하지 않나보지?"

"질투라도 했으면 얼마나 좋을까."

헨리 경이 뭘 찾는 듯이 주변을 두리번거렸다. "뭘 찾는데요?" 그녀가 물었다.

"네 펜싱 칼에서 떨어진 단추*5, 아까 떨어뜨리는 것 같던데."

그녀가 웃었다. "난 아직 마스크를 쓰고 있어요."

"그래서 눈이 더 아름답게 보이는구나." 헨리 경이 대답했다.

그녀가 다시 웃었다. 이가 붉은 과일 속의 하얀 씨앗처럼 보였다.

도리언 그레이는 2층 자기 방 소파에 누워 있었다. 온몸의 모든 신경섬유가 공포에 떨고 있었다. 인생의 어느 한순간이 그에게 견딜 수 없이 무서운 짐이 되어 있었다. 덤불 속에서 산짐승처럼 총에 맞아 죽은 불운한 몰이꾼의 끔찍한 죽음이 그에게는 자신의 죽음을 예고하는 것만 같았다. 그래서 헨리 경이 빈정거리며 농담하는 가운데 우연히 던진 말에 그는 거의 기절할 뻔하지 않았던가.

---

*4 공작부인이 쓰는 작은 관이나 머리 장식에 꽂는 잎사귀.
*5 연습용 펜싱 칼 끝에 다는 단추. 그 단추가 없이 상대방을 찌르면 다칠 수 있다.

5시가 되자 벨을 울려 하인을 부른 그는, 런던행 야간열차를 탈 수 있도록 짐을 챙기고 8시 반까지 문 앞에 브룸 마차*6를 대기시키라고 지시했다. 그는 셀비 로열에서 단 하루도 더 머물지 않기로 마음먹었다. 이곳은 불길한 곳이다. 벌건 대낮에도 죽음이 배회하는 곳이며 숲 속 풀밭 위로 피가 뿌려진 곳이다.

그런 다음 그는 헨리 경에게 편지를 썼다. 자기는 런던에 가서 의사를 만날 예정이니 자기가 없는 동안 대신 손님들을 잘 대접해 달라고 부탁하는 내용이었다. 편지를 다 쓰고 봉투에 넣으려고 하는데 노크 소리가 나더니, 하인이 들어와 몰이꾼 대장이 그를 만나고 싶어 한다고 말했다. 그는 미간을 찡그리며 입술을 깨물었다. "들여보내게." 그는 잠시 주저하다가 작은 소리로 말했다.

도리언은 몰이꾼 대장이 들어오자마자 서랍에서 수표책을 꺼내 앞에 펼쳤다.

"오늘 아침에 있었던 불행한 사고 때문에 온 것이겠지, 손튼?" 그는 펜을 집으며 물었다.

"그렇습니다." 몰이꾼 대장이 대답했다.

"그 불쌍한 친구, 결혼한 사람인가? 부양가족은 있나?"

도리언은 따분한 표정으로 물었다. "부양가족이 있다면 그 사람들이 곤경에 빠진 것을 모른 척하고 싶지 않네. 그러니 자네가 필요하다고 생각하는 만큼 돈을 주고 싶은데."

"저희는 그 남자의 신원을 모릅니다. 그 말씀을 드리려고 이렇게 실례를 무릅쓰고 찾아뵌 겁니다."

"신원을 모른다고?" 도리언은 귀찮은 듯이 물었다. "그게 무슨 소린가? 자네가 데리고 있던 사람이 아니란 말인가?"

"예, 한 번도 본 적이 없는 사람입니다. 뱃사람이 아닌가 싶습니다."

도리언 그레이는 손에 쥐고 있던 펜을 떨어뜨렸다. 그는 갑자기 심장이 멎는 것 같았다. "뱃사람?" 도리언이 소리쳤다. "뱃사람이라고 했나?"

"예, 아무래도 그렇게 보였습니다. 양팔에 문신이 새겨져 있는 것도 그렇

---

*6 마부석이 바깥에 있는 상자 모양의 사륜마차.

고 해서요."

"그 사람이 누군지 알 수 있는 물건은 없었나?" 도리언은 몸을 앞으로 내밀면서 놀란 눈으로 그를 바라보았다. "이름이 뭔지 알 만한 물건도 없고?"

"돈이 좀 있었는데 많은 액수는 아니었고요. 6연발 권총도 한 자루 있었지만 이름 같은 건 어디에도 없었습니다. 곱상하게 생긴 얼굴이지만 좀 거친 인상이기도 하고. 그래서 저희는 뱃사람이 아닌가, 그렇게 생각했습니다."

도리언은 자리에서 벌떡 일어났다. 두려운 희망이 마음속을 스치고 지나갔다. 그는 미친 듯이 그 희망을 꼭 붙들었다. "시체는 어디 있지?" 그가 소리쳤다. "어서 말해! 당장 봐야겠어."

"농장의 사용하지 않는 마구간에 두었습니다. 사람들이 그런 걸 집 안에 들이는 건 좋아하지 않아서요. 시체는 액운을 불러들인다면서요."

"농장이라고! 당장 그리 가서 기다리게. 나도 갈 테니. 누구 시켜서 내 말을 준비하라 이르고. 아니, 됐네. 내가 직접 마구간으로 가지. 그게 더 빠를 테니."

15분이 채 지나지 않아, 도리언 그레이는 큰길을 따라 전속력으로 말을 몰고 있었다. 늘어선 나무들이 망령의 행렬처럼 그의 곁을 스쳐가듯 빠르게 지나가고, 그가 달리는 길 위로는 온갖 그림자들이 어지러운 형상을 그리며 제 몸을 내던지는 듯했다. 한번은 그가 탄 암말이 어느 하얀 문기둥 앞에서 갑자기 길을 벗어나는 바람에 하마터면 그는 길바닥에 내동댕이쳐질 뻔했다. 그는 채찍으로 말의 목을 내리쳤다. 말은 해질녘 공기를 가르며 쏜살같이 내달렸다. 말발굽에 채여 돌멩이가 튀어 오르기도 했다.

마침내 농장에 도착했다. 마당에서는 두 남자가 서성거리고 있었다. 안장에서 뛰어내린 도리언은 그중 한 사람에게 고삐를 던져 주었다. 가장 멀리 떨어진 곳에 있는 마구간에서 불빛이 어른거렸다. 시체가 그곳에 있는 모양이었다. 그는 서둘러 마구간 문으로 다가가 빗장에 손을 댔다.

그는 한 순간 멈칫했다. 이 문을 연 순간, 그의 인생이 구원받을지 무너질지를 결정하게 된다고 생각한 것이다. 그는 문을 밀어 열고 안으로 들어섰다.

마구간 안쪽 구석에 쌓아둔 자루더미 위에 올이 성긴 셔츠에 파란색 바지를 입은 시체가 누워 있었다. 피로 얼룩덜룩한 손수건이 시체의 얼굴을 덮고 있고, 그 옆에는 흔해빠진 초 하나가 병에 꽂혀 지직거리며 불을 밝히고 있었다.

　도리언 그레이는 몸을 부들부들 떨었다. 도저히 자기 손으로는 손수건을 걷어낼 수 없어서 그는 농장 일꾼 하나를 소리쳐 불러들였다.

　"얼굴에 덮은 걸 치워주게, 보고 싶으니까." 그는 쓰러질까 두려워 문기둥을 확 붙잡으며 말했다. 농장 일꾼이 손수건을 치웠고, 도리언은 앞으로 다가갔다. 기쁨에 겨운 외마디 비명이 그의 입에서 터져나왔다. 덤불숲에서 총에 맞아 죽은 사내는 바로 제임스 베인이었던 것이다.

　그는 시체를 바라보면서 잠시 더 그 자리에 서 있었다. 그리고 말을 타고 집으로 돌아오는 길에 그의 두 눈에는 눈물이 가득 고였다. 이제야 자신이 안전하다는 사실을 확신하고 흘리는 안도의 눈물이었다.

제19장

"앞으로 착하게 살겠다고 나한테 말해 봐야 아무 소용이 없네." 헨리 경이 장미 향수가 가득 담긴 붉은 구리 사발에 하얀 손가락을 담그면서 말했다. "자넨 완벽해. 제발 부탁이니 거기서 변하지 말아주게."

도리언 그레이는 고개를 가로저었다. "아니에요, 해리. 그동안 살아오면서 나쁜 짓을 너무 많이 저질렀어요. 더 이상 그렇게 살고 싶지 않아요. 어제부터 선행을 하기 시작했어요."

"어젠 어디 있었나?"

"시골에 있었어요. 혼자서 조그만 여인숙에 묵었지요."

"이를 어쩌나." 헨리 경이 미소 지으면서 말했다. "시골에 있으면 누구든 착하게 되지. 시골엔 유혹거리가 없거든. 바로 그렇기 때문에 도시를 떠나 시골에 사는 사람들이 절대 문명화될 수 없는 거라고. 문명은 결코 쉽게 획득할 수 있는 게 아니거든. 사람이 문명에 도달할 수 있는 길은 딱 두 가지뿐이야. 하나는 교양을 쌓는 것이고, 또 하나는 타락하는 것이지. 그런데 시골 사람들은 어느 쪽으로도 기회가 없어. 그래서 그들은 정체될 수밖에 없는 거야."

"문명과 타락." 도리언이 그의 말을 되뇌었다. "둘 다 어느 정도는 알던 개념인데, 그 둘이 동시에 등장했다는 건 지금와서는 무서운 일인 것처럼 보여요. 저에게 새로운 이상(理想)이 생겼기 때문이죠, 해리. 이제 전 바뀔 겁니다. 아니, 벌써 바뀌었다는 생각이 들어요."

"자네는 아직 어떤 선행을 했는지 나한테 말하지 않았어. 아니면 그건 한 번이 아니라 여러 번이었나?" 헨리 경은 자기 접시 위에 잘 익은 딸기를 빨간 피라미드처럼 쌓아놓고, 그 위에 구멍이 뚫린 조개 모양 숟가락으로 하얀 설탕을 눈처럼 뿌렸다.

"당신한테는 말할 수 있어요, 해리. 그건 다른 사람들한테는 절대로 말할 수 있는 내용이 아니거든요. 제가 어떤 사람에게 상처를 주는 걸 그만뒀거든요. 공허한 소리로 들릴지 모르지만, 당신은 제가 무슨 뜻으로 하는 말인지 이해하실 겁니다. 굉장히 아름다운 여자였어요. 시빌 베인과 놀랄 만큼 닮았죠. 아마 처음엔 그래서 그녀에게 끌렸던 것 같아요. 시빌은 기억하시죠? 아득히 먼 옛날 일인 것만 같군요! 물론 헤티는 우리 신분의 여자는 아니에요. 그냥 시골 처녀죠. 하지만 그녀를 진심으로 사랑하고 있어요. 정말이에요. 아름다운 5월 내내 저는 일주일에 두세 번은 그녀를 만나러 시골로 내려갔지요. 어제는 조그만 과수원에서 그녀를 만났어요. 그녀의 머리 위로 사과꽃이 계속 떨어졌고 그녀는 마냥 함박웃음을 터뜨렸어요. 우리는 오늘 아침 동이 트면 같이 어디론가 도망갈 생각이었어요. 그러다 문득 나는 그녀를 처음 만났을 때의 한 떨기 꽃 같았던 그 모습 그대로 두기로 결심한 겁니다."

"도리언, 그 새로운 감정이 자네에게 진정으로 짜릿한 기쁨을 가져다 준 것 같군." 헨리 경이 도리언의 말을 가로막으며 말했다. "하지만 자네의 그 전원시의 종결은 내가 얘기해주겠네. 자네는 그녀에게 좋은 충고를 한답시고 그녀의 가슴에 자네를 대신해서 대못을 박은 걸세. 그게 바로 자네의 개심의 시작인 거지."

"해리, 정말 너무하시는군요! 그런 끔찍한 말은 그만 하세요. 헤티의 가슴에 대못을 박다니요, 천만의 말씀입니다. 물론 그녀는 울긴 했지만, 이제 그녀가 치욕을 당할 일은 없다고요. 그녀는 《겨울 이야기》의 페르디타[*1]처럼 박하와 금잔화가 핀 뜰에서 살아갈 수 있다고요."

"그리고 자기를 버린 플로리젤[*2]을 생각하면서 흐느껴 울겠지." 헨리 경은 의자에 등을 기대면서 웃었다. "도리언, 자네는 아직도 철부지 같은 기분에 젖어 있구먼. 그 아가씨가 앞으로 자기와 같은 신분의 남자에게 만족하며 살 것 같은가? 뭐 언젠가 거친 짐마차꾼이나 능글능글한 농부와 결혼은 하겠지. 허나 자네를 만나 사랑했다는 사실만으로도 그녀는 자기 남편을 멸시하게 될 테고, 그러다 결국엔 비참해질 거야. 도덕적인 관점에서 말하자면 난 자네의 그 위대한 단념을 결코 높게 평가할 수가 없네. 첫 시작치고는 보잘

[*1] 셰익스피어의 《겨울 이야기》에 나오는 여주인공.
[*2] 《겨울 이야기》에서, 양털깎기 대회에서 손님들에게 허브를 대접하는 페르디타를 보고 반한 보헤미아의 왕자.

것없어. 더군다나 지금 이 순간 헤티라는 그 여자가 별이 빛나는 물방앗간 연못에서 아름다운 수련에 둘러싸여 오필리어처럼 둥둥 떠다니고 있을지 누가 알겠어?"

"인내도 한계가 있어요, 해리! 당신은 모든 것을 조롱하다가 끝내는 가장 심각한 비극을 암시하지요. 공연히 말했어요. 당신이 무슨 말을 하든 상관없어요. 제기 한 행동이 옳다는 걸 알고 있으니까요. 가엾은 헤티! 오늘 아침 말을 타고 농가를 지나갈 때 재스민 향수를 뿌린 것처럼 창가에 어른거리는 그녀의 하얀 얼굴을 봤어요. 아, 이제 그 얘긴 그만하죠. 그리고 제가 몇 년 만에 처음으로 저 자신을 조금이나마 희생하면서 행했던 선한 행동이 사실은 일종의 죄악과 다름없다고 저를 설득하려고 하지 마세요. 전 좀더 나은 사람이 되고 싶어요. 좀더 나은 인간이 될 겁니다. 당신 얘기 좀 들려주세요. 요즘 런던은 어때요? 클럽에 안 간지 여러 날이 됐거든요."

"모두들 아직도 베질의 실종에 대해 얘기하고 있다네."

"이제는 모두 싫증이 났을 거라고 생각했는데." 도리언은 얼굴을 찌푸리면서 직접 포도주를 따랐다.

"이봐, 그 소문이 나돈 것은 이제 겨우 6주 동안일세. 영국 대중은 화제가 매 석 달마다 하나 이상이 되면 그 정신적 긴장을 이겨낼 수가 없어. 그런데 그들은 최근에는 무척 운이 좋았던 거야. 내 이혼 소동이 있었고, 앨런 캠벨이 자살했지. 그리고 지금은 한 화가의 수수께끼 같은 실종사건이 등장했으니 말이야. 런던 경찰은 아직도 베질이 11월 9일 자정에 회색 얼스터 외투를 입은 모습으로 야간열차를 타고 파리로 떠났다고 주장하고 있고, 프랑스 경찰은 베질이 아직 파리에 도착하지 않았다고 발표했거든. 어쩌면 보름도 지나지 않아서 샌프란시스코에서 베질을 보았다는 얘기가 나오게 될 지 누가 알겠나. 정말 묘한 일이야, 실종된 사람은 모조리 샌프란시스코에서 목격되니 말이야. 아마 그 도시가 그렇게 신나는 곳인가 보지? 신세계의 매력을 모두 지니고 있는 게 분명해."

"베질에게 무슨 일이 생겼을까요?" 도리언이 포도주잔을 불빛에 비춰보면서 물었다. 그는 자기가 이 문제에 대해 어쩜 그렇게 냉정하게 얘기할 수 있는지 스스로도 놀라지 않을 수 없었다.

"도무지 짐작을 할 수가 있어야지. 베질이 스스로 원해서 잠적한 것이라면 그건 내가 상관할 일이 아니고, 만약 죽은 거라면 그에 관해 더 이상 생각하고 싶지 않네. 나를 두렵게 만드는 유일한 것이 바로 죽음이거든. 난 죽음이 싫어."

"왜지요?" 도리언은 지친 목소리로 물었다.

헨리 경은 각성제가 든 상자의 뚜껑을 열고 안 뚜껑의 금빛 격자를 코 밑에 가까이 가져가면서 말했다. "오늘날, 우리는 죽음을 제외하고는 그 어떤 것도 살려낼 수가 있거든. 죽음과 속악(俗惡), 이 두 가지만은 19세기에도 그 어떤 말로도 설명되지 못했어. 도리언, 우리 음악실로 가서 커피나 마시세. 쇼팽을 연주해 주게. 내 아내와 눈이 맞아 도망간 사내가 쇼팽 연주는 기가 막히게 잘했지. 불쌍한 빅토리아! 그녀를 무척 좋아했는데. 아내가 없으니까 집 안이 어쩐지 쓸쓸해. 물론 결혼 생활은 단순한 습관, 그것도 나쁜 습관이지. 하지만 사람은 자신의 가장 나쁜 습관이라도 그걸 잃고 나면 후회하는 게 보통이라네. 어쩌면 나쁜 습관을 버리고 나면 더 애석해할걸. 그 나쁜 습관들이 인간 개성의 본질적인 일부이니까."

도리언은 아무 말도 하지 않고 자리에서 일어나 옆방으로 가서 피아노 앞에 앉았다. 그리고 흰색과 검은색의 상아 건반 위로 손가락을 움직였다. 커피가 들어오자 그는 연주를 멈추고 헨리 경을 보면서 말했다. "헨리, 베질이 살해되었을 거라는 생각은 안 해봤어요?"

헨리 경이 하품을 했다. "베질은 모든 사람이 좋아했어. 그리고 항상 워터베리 시계[*3]를 차고 다녔지. 그러니 누가 그를 죽이려고 하겠나? 게다가 그 친구는 적을 만들 만큼 똑똑한 친구도 아니었잖아. 물론 그림에는 뛰어난 재주가 있었지. 하지만 벨라스케스[*4]처럼 그림을 잘 그려도 따분한 사람은 따분한 거야. 베질은 정말 따분한 친구였어. 그에게 흥미를 느낀 적이 딱 한 번 있었는데, 그게 언젠가 하면 여러 해 전에 자네를 열렬히 숭배한다고 말했을 때야. 자네가 자기 예술의 지배적인 동기라고 말했었지."

"전 베질을 무척 좋아했습니다." 도리언은 슬픈 목소리로 말했다. "어쨌든

---

*3 미국 코네티컷에 있는 워터베리 회사에서 제조한 주머니용 시계로, 싸구려 시계라 누가 훔치지도 않을 물건이니 베질이 강도를 당하거나 살해되었을 가능성이 낮다는 의미로 한 말이다.

*4 스페인 출신의 화가.

사람들이 그가 살해된 것이라고 말하지는 않던가요?"

"몇몇 신문에서 그렇게 말하긴 하더군. 하지만 내가 보기엔 그럴 가능성은 전혀 없어. 파리에 무시무시한 곳이 있다는 건 잘 알지만 베질이 그런 곳에 드나들 사람은 아니거든. 호기심이 없는 친구잖아. 그게 그 친구의 가장 큰 결점이었지."

"해리, 만일 제가 베질을 죽였다면 당신은 어떻게 하시겠어요?" 도리언은 그렇게 말한 뒤 상대를 가만히 응시했다.

"난 자네가 자네한테 어울리지 않는 배역을 맡아 연기하고 있다고 할 걸세. 모든 비속함이 범죄인 것과 마찬가지로 모든 범죄는 비속한 거야. 도리언, 자네는 살인을 저지를 소질이 없어. 이런 말을 해서 자네의 자존심에 상처를 줬다면 미안하네. 하지만 사실은 사실인 게지. 범죄는 전적으로 하층계급에 속하는 일이야. 그들을 비난할 생각은 털끝만큼도 없어. 그냥 내 생각은 예술이 우리의 몫인 것처럼 범죄는 그들의 몫이라는 거지. 그게 다 보통 이상의 특별한 감각을 얻기 위한 방법일 뿐이야."

"특별한 감각을 얻는 방법이요? 그러면 한 번 살인을 저지른 사람은 똑같은 범죄를 몇 번이고 되풀이한다고 생각하시는 건가요? 그건 아니죠?"

"오! 무슨 일이든 자주 하다 보면 그게 즐거움이 된다니까." 헨리 경은 웃으면서 소리쳤다. "그게 바로 인생의 가장 큰 비결이지. 그래도 난 항상 살인은 잘못이라고 생각한다네. 저녁 식사가 끝난 뒤에 얘기할 수 없는 일이라면 하질 말아야지. 하지만 이제 불쌍한 베질 얘기는 그만두자고. 난 자네 말대로 그 친구가 실제로 정말 낭만적인 방식으로 인생을 마쳤으면 하고 바라지만 그럴 가능성은 없다고 보네. 승합 마차를 타고 가다가 센 강에 빠져 죽었는데, 그 마차 차장이 나쁜 소문이 퍼질까 봐 쉬쉬한 게 아닐까. 맞아, 바로 그런 것이 그 친구가 맞이할 최후야. 그 친구가 탁한 녹색 물 밑바닥에 등을 대고 누워 있는데 그 위로 육중한 바지선이 떠다니고 길게 뻗은 수초들이 그의 머리카락 속에 엉켜 있는 광경이 머릿속에 떠오르는군. 베질은 그 이상의 일은 하지 못했을 거라고 보네. 지난 10년 동안 그의 그림이 너무나 퇴보했어."

도리언은 한숨을 내쉬었다. 헨리 경은 천천히 방을 가로질러 가더니 진기한 자바종 앵무새의 머리를 쓰다듬기 시작했다. 깃털은 회색이고 가슴과 꼬리는 분홍색인 그 새는 대나무 횃대 위에 앉아 있었다. 가늘고 긴 그의 손가락이 머리를 매만지자, 앵무새는 유리처럼 투명하고 새까만 눈의 하얀 스카프처럼 주름진 눈꺼풀을 닫고 몸을 앞뒤로 흔들기 시작했다.

"그래." 헨리 경은 돌아서더니 주머니에서 손수건을 꺼내며 말을 계속했다, "그 친구의 그림이 정말 점점 형편없어졌어. 내가 보기엔 뭔가를 잃어버린 것 같거든. 어떤 이상을 상실해 버린 거야. 자네가 이제 그만 베질과의 친구 관계를 끊었을 때 그 친구도 위대한 예술가의 자질을 잃게 된 거지. 그런데 자네들은 무엇 때문에 서로 사이가 멀어진 건가? 그 친구가 자네를 지루하게 만든 모양이군. 그렇다면 그는 결코 자네를 용서하지 않았을 테지. 사람을 지겹게 만드는 사람들에게는 그런 데가 있어. 그런데 참, 그 친구가 그린 그 훌륭한 초상화는 어떻게 되었나? 그가 그림을 완성한 뒤로는 보지 못한 것 같은데. 아! 이제야 기억이 나는군. 자네가 몇 년 전에 그 초상화를 셀비로 내려보냈는데 도중에 잃어버린 건지 어떤 건지 도둑맞았다고 말했잖아. 다시는 못 찾은 건가? 안타깝군! 정말 걸작이었는데 말이야. 내가 그 그림을 사고 싶어 했던 게 기억나는군. 지금쯤 그 그림을 소장하고 있으면 얼마나 좋을까. 베질의 절정기 때 작품인데 말이야. 그 이후로 그의 작품은 뭐랄까, 제작 의도는 좋은데 기법은 썩 좋지 않은 기묘한 것들이었어. 영국을 대표하는 화가로 불리려면 그런 작품이 필요하긴 하지만. 그 그림을 찾는 광고는 내보지 않았나? 냈어야 했어."

"이젠 다 잊었습니다," 도리언이 말했다. "광고를 내기는 했던 걸로 생각이 되요. 하지만 사실은 그 그림을 결코 좋아하지는 않았어요. 모델을 했다는 사실이 지금은 후회가 됩니다. 그 그림에 대해 기억만 떠올려도 욕지기가 나거든요. 왜 그 이야기를 지금 꺼내시는 겁니까? 그 초상화만 보면 무슨 연극―〈햄릿〉이었던 것 같네요―에 나오는 기묘한 대사를 떠올리게 하곤 한답니다―어떤 것이었더라?

　　슬픔이 담긴 그림처럼
　　심장이 없는 얼굴
　　　　　　　(셰익스피어의 《햄릿》 4막 7장, 108~109행)

맞아요, 이런 대사였어요."

헨리 경은 웃음을 터뜨렸다. "인생을 예술적으로 다루는 사람에게는 심장이란 두뇌를 말하는 걸세." 그는 안락의자에 몸을 푹 파묻으면서 말했다.

도리언 그레이는 고개를 저었다. 그리고 피아노로 부드러운 화음을 연주했다. "슬픔이 담긴 그림처럼 심장이 없는 얼굴." 도리언이 다시 한 번 되뇌었다.

헨리 경은 의자에 등을 바싹 기대고 앉아 반쯤 감긴 눈으로 도리언을 바라보았다. 그리고 잠시 뒤 이렇게 말했다. "그런데 도리언, '사람이 만일 온 천하를 얻고도'—그 다음은 뭐였지? —'자기 자신의 영혼을 잃으면 무엇이 유익하리오?'"[*1]

불시에 연주가 헝클어지더니 도리언은 깜짝 놀란 듯이 친구를 바라보았다. "왜 그런 질문을 던지는 거죠, 해리?"

헨리 경은 되레 자기가 놀란 듯 눈썹을 치켜올리면서 대답했다. "난 자네가 대답을 할 수 있을 것 같아서 물어본 거네. 그뿐이야. 지난 일요일에 하이드파크를 지나 마블 아치 근처까지 갔을 때였네. 그곳 남루한 차림의 사람들이 옹기종기 모여 저속한 거리의 설교사가 하는 말에 귀를 기울이고 있더군. 그냥 지나치려는데 그 설교사가 사람들에게 소리를 빽빽 지르면서 그 질문을 던지는 거야. 어쩐지 극적이다 싶었지. 런던은 그런 종류의 희한한 일들이 많이 일어나는 곳이거든. 어느 비오는 일요일, 레인코트를 걸친 촌스러운 크리스천들이 병색이 완연한 하얀 얼굴로 빗물이 새는 우산 아래 옹기종기 모여 있었어. 그리고 날카롭고 히스테릭한 목소리로 신성한 성서 구절을 외치더군. 그것도 나름대로 멋있는 장면이었지, 상당히 암시적이거든. 난 그 예언자에게 예술에는 영혼이 있지만 인간에게는 그게 없다는 말을 해줄까 했어. 하지만 만약 말했다 해도 그 사람은 이해하지 못했을 걸."

"그만 하세요, 해리. 영혼은 무서운 현실이에요. 사고 팔 수도 있고 다른 것과 바꿀 수도 있는 것이죠. 또한 독에 중독될 수도 있고 완벽해질 수도 있지요. 우리는 각자 그런 영혼을 가지고 있어요. 전 잘 알고 있답니다."

"자네 진정으로 하는 말인가, 도리언?"

[*1] 〈마가복음〉 8장 36절과 〈마태복음〉 16장 26절.

"진정입니다."

"아! 그렇다면 그건 분명히 환상이야! 사람이 완전히 확신하고 있는 건 진실이 아니거든. 그게 바로 믿음의 숙명이고 낭만적 사랑이 주는 교훈일세. 자네 왜 그렇게 심각한 얼굴을 하고 있나! 그렇게 진지할 필요가 없어. 자네나 나나 우리 시대의 미신하고 무슨 관계가 있겠나? 아무 상관 없어. 우린 영혼에 대한 믿음을 포기했잖아. 음악이나 연주해 주게. 도리언, 야상곡 좀 연주해 봐. 그리고 연주하면서, 나지막한 소리로, 자네가 어떻게 그 젊음을 유지하고 있는지 말해주게나. 분명히 무슨 비결이 있을 것 같은데 말이야. 내가 자네보다 열 살밖에 많지 않은데 얼굴이 온통 이렇게 주름살투성이로 처지고 누르스름해지지 않았나. 그런데 도리언, 자네는 정말 아름답단 말일세. 오늘 밤엔 특히 매력적이야. 자네를 보면 우리가 처음 만났을 때가 생각나. 그때 자네는 약간 건방진 듯하면서도 부끄럼을 많이 타고, 비범하리만치 아름다웠지. 물론 자네도 세월이 지나면서 변하긴 했지만 외모는 그대로야. 비결이 뭔지 알려 주기 바라네. 젊음만 되찾는다면 난 세상에서 못할 게 하나도 없을 것 같네. 운동하고, 일찍 일어나고, 존경받는 것만 빼고 말이야. 청춘! 세상에 그보다 더 좋은 것이 어디 있겠나. 젊은이들이 무지하다고 떠벌리는 건 말도 안 되는 소리지. 요즘 내가 존경하는 마음으로 귀 기울여 듣는 건 나보다 훨씬 어린 사람들의 의견뿐이라네. 그들이 나보다 앞서가는 것 같은 느낌이야. 인생은 그들에게 가장 새로운 경이를 보여 주고 있어. 나이 든 사람들? 난 늘 그 사람들의 견해를 반박하지. 신념을 가지고 그렇게 한다네. 그들에게 어제 일어난 일에 대해 어떻게 생각하는지 물어보면, 대부분 1820년대에 통용했던 의견을 줄줄 늘어놓기 시작하지. 그러니까 사람들이 깃을 높이 세운 옷을 입고, 아무거나 다 믿고, 그러면서도 아는 것이 하나도 없었던 1820년 말이야. 자네가 연주하고 있는 그 곡 정말 아름다워! 쇼팽이 마요르카 섬에서 작곡한 것이지? 아마 별장 주변에선 흐느끼는 듯한 파도 소리가 들리고, 소금기 품은 물보라가 창틀에 부딪히고 있었겠지? 놀라울 정도로 낭만적인 곡이야. 우리에게 모방이 아닌 예술이 하나라도 남아 있다는 건 얼마나 큰 축복인가! 멈추지 말게. 오늘 밤 난 음악을 원해. 마치 자네는 젊은 아폴로 같고, 난 자네의 음악에 귀를 기울이고 있는 마르시아스[*5] 같으이. 도리언, 나에게도 나만의 슬픔이 있다네. 자네도 모르는 슬픔이지. 늙은이의 비극은 자신이 늙었다는 것이 아니라 자신이 아직도 젊다는 거라네. 이따금 나는 나 자신의 순수성에 놀랄 때가 있어. 아, 도리언, 자네가 얼마나 행복한 사람인지 아는가? 자네가 얼마나 아름다운 삶을 누리고 있는지 알고 있어? 자네는 세상의 모든 것을 깊이 들이켰어. 포도송이를 입안에서 과감하게 터뜨린 거야. 자네 앞에 그 어떤 것도 감추어진 건 없었어. 그리고 모든 것이 자네한테는 음악 소리와 같았지. 그 어떤 것도 자네에게 생채기를 낼 수 없었네. 자네는 여전히 변함이 없어."

"전 변했어요, 해리!"

"아냐, 자네는 변하지 않았어. 자네 여생이 어떻게 될지 궁금해. 제발 절제 같은 것으로 자네의 삶을 망가뜨리지는 말게. 지금 자네는 완벽한 존재야. 그런 자네를 불완전한 것으로 바꾸지 말란 말일세. 지금 자네에겐 아무런 흠이 없어. 그렇게 고개를 저을 필요는 없네. 그건 자네도 잘 알잖아. 그리고 도리언, 자기 자신을 속이지 말게. 인생은 자기 의지나 의도로 다스릴 수 있는 게 아니야. 인생은 신경과 섬유와 서서히 형성된 세포의 문제라네. 그 속에 상념(想念)이 몸을 숨기고 있고, 거기서 정열이 꿈을 꾸는 거지. 자네는 스스로 안전하고 강하다고 생각할지도 몰라. 하지만 우연히 방 안이나 아침 하늘의 색조를 보거나, 한때 사랑했던 향수의 향기에서 희미한 기억을 떠올리고, 잊고 있었던 시 한 구절, 또는 이제는 연주하지 않는 어떤 음악의 한 소절과 우연히 다시 마주치기도 하지—그래, 도리언, 바로 그런 것들이 우리네 삶을 움직이고 있는 거라네. 브라우닝[6]의 시에도 어딘가에 그런 내용의 글이 있지. 하지만 뭐 브라우닝을 들먹일 것도 없이 우리 자신의 감각으로도 그런 걸 충분히 상상할 수 있어. 어느 순간 하얀 라일락 향기가 내 곁을 스치고 지나가면, 난 내 생애에서 가장 기묘한 세월을 다시 살아야 할 때가 있다네. 도리언, 난 내가 자네였으면 하고 바랄 때가 있어. 세상 사람들은 우리 두 사람에게 몹시 반발했지만, 그럴 때도 세상은 늘 자네를 숭배했다네. 앞으로도 영원히 그럴 거야. 자네는 현대가 애타게 찾으면서도, 한편으로는 찾아내는 것을 두려워하는 유형의 인간이야. 난 자네가 아무것도 하지 않은 것이 얼마나 기쁜지 몰라. 조각을 하거나 그림을 그리지 않고, 자

---

*5 그리스 신화에서 아폴론과 음악 실력을 겨루다 패한 프리기아의 플루트 연주자.
*6 영국 빅토리아 시대의 시인 로버트 브라우닝.

네 자신 말고는 아무것도 만들어 내지 않은 건 참 잘한 일이었어! 인생이 자네의 예술이니까. 자네는 자네 자신을 음악으로 만들었어. 자네가 살아 온 나날은 자네의 소네트였네."

도리언이 피아노에서 일어나 손으로 머리를 쓸어 올렸다. "맞아요. 인생은 절묘했지요," 그가 중얼거렸다. "하지만 전 이제는 지금까지와 같은 삶을 살고 싶지 않아요, 해리. 그리고 이제 당신도 저한테 그런 터무니없는 말은 안 했으면 좋겠어요. 당신은 저의 모든 걸 알고 있는 건 아니에요. 만약 알게 된다면 분명 저한테서 등을 돌리실 겁니다. 웃으시는군요. 제발 웃지 마세요."

"도리언, 왜 피아노를 멈췄어? 다시 앉아 야상곡을 한 번 더 들려주게. 저 어두운 하늘에 걸려 있는 벌꿀색 같은 달을 봐. 저 달이 자네에게 매료되기를 기다리고 있네. 자네가 피아노를 치면 저 달이 더 가까이 다가오고 있어. 그래도 안 하겠나? 그럼 우리 클럽에나 가세. 아름다운 저녁이었으니 아름답게 끝내야지. 참, 화이트 클럽에 자네를 알고 싶어 안달이 나 있는 사람이 하나 있어. 본머스의 장남인 젊은 풀 경 말이야, 그 친구는 벌써부터 자네 넥타이와 똑같은 걸 매고 다니면서 나더러 자네를 좀 소개시켜 달라고 조르고 있다네. 매우 유쾌한 친구야. 자네를 연상케 하는 친구라니까."

"달갑지 않군요." 눈가에 일말의 슬픈 표정을 그리며 도리언이 말했다. "해리, 오늘은 좀 피곤해요. 클럽엔 가지 않겠어요. 벌써 11시가 다 되었어요, 일찍 자고 싶군요."

"그럼 그렇게 하게. 오늘 밤 연주는 단연 최고였어. 놀라운 무언가가 있는 연주였네. 지금까지 들은 것 중에서 표현력이 가장 좋았어."

"그건 제가 선하게 살려고 마음먹었기 때문일 거예요," 도리언이 미소를 지으면서 말했다. "이미 좀 변했거든요."

"나한테는 변하지 않았어, 도리언," 헨리 경이 말했다. "자네와 나는 언제나 친구가 될 게야."

"하지만 당신은 예전에 어떤 책으로 저를 망친 적이 있어요. 전 결코 그 일을 용서하지 않을 겁니다. 해리, 약속해 주세요, 다시는 그 책을 어느 누구한테도 빌려 주지 않겠다고요. 그건 유해한 책이에요."

"자네, 정말 설교를 하기 시작하는구먼. 이러다가 좀 있으면 개종자(改宗

者)나 부흥사처럼 돌아다니면서, 사람들한테 죄를 짓지 말라고 경고하는 거 아니야? 그동안 저질러 온 온갖 죄악에 싫증이 나서 말이야. 하긴 그러기엔 자네는 너무 매력적인 친구지만. 그리고 그래 봤자 소용없어. 지금의 자네와 나는 바로 지금 모습 그대로이고 앞으로도 변하지 않을 걸세. 그 책 때문에 망쳤다고 했는데, 세상에 그런 책은 없네. 예술에는 인간의 행동에 영향을 끼치는 힘이 없어. 오히려 행동하려는 욕망을 없애 주기는 하지. 예술이 뛰어난 건 그것이 아무것도 만들어내지 않는다는 데 있어. 세상이 부도덕하다고 말하는 책은 사실 세상의 더러움을 드러내 보여 주는 책이지. 그뿐이야. 하지만 문학을 논하는 건 그만두세. 내일 다시 와주겠나? 11시에 마차를 타고 외출할 생각이니 같이 가세나. 점심엔 브랭크섬 부인과 같이 식사하고 말이야. 그 부인 참 매력적인 여자야. 자기가 구입하려고 생각 중인 벽걸이가 있는데 자네하고 상의하고 싶은 모양이더군. 꼭 오게. 아니면 귀여운 공작부인하고 같이 점심을 할까? 요즘 통 자네를 못 봤다고 하더군. 글래디스에게 싫증이 난 건가? 그럴 만도 하지. 그녀가 똑똑한 척 내뱉는 말이 사람의 신경을 거슬리게 하니까. 어쨌든 11시까지 이리로 오게나.”

"꼭 그래야 하나요, 해리?"

"당연하지. 요즘 하이드파크가 정말 아름다워. 자네를 처음 만났던 그해 이후로 라일락이 이렇게 많이 핀 건 처음이야."

"좋습니다. 11시까지 오겠습니다." 도리언이 대답했다. "그럼 안녕히 계세요, 해리." 문으로 간 도리언은 뭔가 하고 싶은 말이 있는지 잠시 멈칫했다. 그러나 한숨을 내쉬고 그냥 밖으로 나갔다.

제20장

　아름다운 밤이었다. 밤공기가 너무 온화해서 도리언은 코트를 벗어 팔에 걸치고 목에 스카프도 두르지 않았다. 담배를 피우면서 집을 향해 천천히 걸어가고 있는데, 야회복을 입은 청년 둘이 그를 스치고 지나갔다. 그중 한 사람이 다른 사람에게 이렇게 속삭이는 소리가 들려왔다. "저자가 도리언 그레이야." 그는 예전에 누가 자기를 손가락으로 가리키거나 빤히 쳐다보면 무척이나 좋아했던 것을 떠올렸다. 그러나 지금은 자기 이름을 듣는 것이 지겨웠다. 최근에 그가 자주 찾아갔던 작은 시골 마을이 가져다준 매력의 하나는 그곳에는 자기를 아는 사람이 아무도 없다는 것이었다. 그에게 끌려 사랑에 빠지게 된 소녀에게 자기는 가난한 사람이라고 몇 번이나 말했고, 그러면 그녀는 그의 말을 그대로 믿었다. 또 한 번은 자기는 나쁜 사람이라고 말한 적이 있었는데, 그녀는 늙고 추한 사람이 나쁜 사람이지 어찌 그가 나쁜 사람이냐며 웃음을 터뜨렸다. 그녀가 지닌 미소! —마치 지빠귀의 노랫소리 같았다. 무명옷에 커다란 모자를 쓴 그녀가 얼마나 예쁘던지! 그녀는 아무것도 몰랐다. 그렇지만 그가 잃어버린 것 전부를 지니고 있었다.
　집에 도착하자 하인이 기다리고 있었다. 그는 하인에게 가서 자라고 이르고는 서재 소파에 몸을 던졌다. 그리고 헨리 경이 그에게 했던 말을 다시 생각하기 시작했다.
　사람은 변할 수 없다는 말이 정말일까? 그는 전에 헨리 경이 방문해서 자기를 백장미 같은 소년이라고 불렀던—그 소년시절의 때 묻지 않은 순수함을 간절히 동경하고 있음을 느꼈다. 그리고 분명히 자신이 스스로를 더럽혔고, 마음을 부패와 타락으로 가득 채웠고, 자신의 환상에 공포의 날개를 달아주었다는 것은 잘 알고 있었다. 그는 다른 사람들에게 나쁜 영향을 주었다. 그렇게 하는 것에서 그는 커다란 기쁨을 체험했었다! 살아오면서 마주친 사람들 가운데 가장 아름답고 앞날이 창창한 그들에게 그는 많은 치욕을 안겨 주었다. 과연 그것은 정녕 돌이킬 수 없는 것일까? 자기에게는 어떤 희망도 없다는 말인가?

아! 오만과 격정의 가공할 만한 순간에 그는 초상화가 그의 세월의 짐을 대신 지고 자신은 영원한 젊음의 순수한 광채를 유지하게 해달라고 기도하지 않았던가! 모든 실패는 바로 그것으로부터 기인된 것이다. 나날이 죄를 지을 때마다 신속하고 확실하게 벌을 받았어야 했다. 형벌에는 정화작용도 있다. 우리는 정의로운 하느님을 향해 "우리의 죄를 사해 주옵소서"가 아니라 "사악에 물든 우리를 쳐죽여 주옵소서" 하고 기도해야 했다.

테이블 위에는 몇 년 전에 헨리 경이 선물한, 기이한 조각이 새겨져 있는 거울이 놓여 있고, 그 거울 테두리에는 팔다리가 하얀 큐피드가 전과 다름없이 웃고 있었다. 그는 숙명적인 초상화에서 처음으로 변화를 감지했던 그 무서웠던 밤에 그랬던 것처럼 거울을 집어 들었다. 그리고 눈물에 흐려진 눈으로 반들반들한 거울 속을 들여다보았다. 한때 그를 끔찍이 사랑했던 사람이 열광적인 편지를 보내왔었는데, 그의 편지는 다음과 같은 우상숭배의 문구로 끝맺음을 했었다. "당신이 상아와 금으로 만들어진 탓에 세상이 온통 바뀌었습니다. 당신 입술의 아름다운 곡선이 역사를 새로 쓰고 있습니다." 이 구절이 그의 뇌리에 떠올랐고, 그는 그 말을 몇 번이고 되뇌어 보았다. 그는 자신의 아름다움을 저주하면서 거울을 바닥에 내던진 뒤 발로 짓밟아버렸다. 은빛 조각이 사방으로 흩어졌다. 그를 파멸시킨 것은 그의 아름다움이었다. 그가 간절히 기원했던 그 아름다움과 젊음이. 그 둘만 없었더라면 그의 인생에 오점이 남는 일은 없었을지도 모른다. 그의 아름다움은 그에게는 가면에 불과했고, 그의 젊음은 한낱 조롱거리일 뿐이었다. 기껏해봤자 도대체 젊음이라는 게 다 무어란 말인가? 설익은 비린내나는 시절, 천박한 마음과 헛된 생각으로 가득했던 시절이 아니던가? 젊음이라는 제복을 왜 입고 말았던 것일까? 젊음이 그를 망쳐버린 것이다.

지난 일은 생각하지 않는 게 좋다. 그 무엇도 과거를 바꿔놓을 수는 없는 것이다. 그가 생각해야 할 것은 그 자신이고 그의 미래였다. 제임스 베인은 남몰래 셀비 교회 무연고자 묘지에 묻혔다. 앨런 캠벨은 어느 날 밤 자신의 실험실에서 총으로 자살했다. 그러나 도리언의 강요에 의해 억지로 알게 된 비밀을 폭로하지는 않았다. 마찬가지로 베질 홀워드의 실종을 둘러싼 흥분도, 늘 그렇듯이, 곧 사라질 것이다. 아니, 이미 수그러들고 있었다. 그 일에 대해선 전혀 걱정할 것이 없었다. 아니, 실제로 그의 마음을 무겁게 짓누르고 있는 것은 베질 홀워드의 죽음이 아니었다. 그를 괴롭히고 있는 것은 살아 있는 시체가 되어버린 자신의 영혼이었다. 베질은 그의 삶을 망쳐 놓은 그림을 그렸다. 그것은 도저히 용서가 되지 않았다. 모든 것은 초상화가 한 일이다. 베질은 그에게 차마 들을 수 없는 말을 했지만, 그래도 그는 꾹 참고 견뎠다. 그를 살해하고 만 것은 한순간의 광기 때문이었다. 앨런 캠벨의 자살은 그 자신이 한 행위였다. 캠벨이 스스로 그것을 선택한 것이다. 그러니 도리언과는 아무 상관이 없었다.

새로운 인생! 그것이 그가 바라고 있는 것이었다. 기다리고 있었던 것이었다. 분명 그는 새로운 인생을 시작하고 있었다. 적어도 그는 단 한 명의 순결한 여자도 상처주지 않았다. 이제 다시는 순진무구한 여자를 단연코 유혹하지 않을 것이다. 선한 사람이 될 것이다.

헤티 머튼을 생각하다가 그는 문득 잠겨 둔 방 안에 있는 초상화가 또 변한 것은 아닌지 궁금해졌다. 이제는 예전처럼 그렇게 섬뜩한 모습은 아닐까? 그가 이제부터 순수한 삶을 살면 초상화의 얼굴에서 사악한 격정의 모든 자취를 사라지게 할 수 있을 것이다. 어쩌면 그 사악의 흔적들은 이미 사라졌을지도 모른다. 그렇다. 올라가서 확인해 보자.

그는 테이블에 놓여 있던 등잔을 들고 조용히 계단을 올라갔다. 문의 빗장을 풀 때 기묘하게 젊은 그의 얼굴에 기쁨의 미소가 스치더니, 입술에 잠시 그대로 머물렀다. 그래, 그는 선한 사람이 될 것이다. 그러면 여기에 숨겨둔 그 흉측한 것은 더 이상 두려운 존재가 안될 것이다. 그는 벌써 무거운 짐을 벗어버린 것 같은 느낌이었다.

그는 조용히 방안에 들어서서, 늘 하던 대로 문을 잠갔다. 그리고 초상화에 걸쳐둔 자주색 천을 끌어내렸다. 그의 입에서 고통과 분노의 외마디 비명이 터져 나왔다. 눈엔 교활한 빛이 서려 있고, 입술은 위선자의 주름살로 일그러져 있는 것 외에, 변한 것은 아무것도 없었다. 초상화는 여전히 역겨웠다—아니, 전보다 더욱 역겨웠다—손에 점점이 묻어 있는 핏방울은 전보다 더욱 선명한 것이, 마치 방금 떨어진 피 같았다. 이윽고 그는 온몸을 떨기 시작했다. 선행을 하려고 생각한 것은 단순한 허영에 지나지 않았단 말인가? 아니면 헨리 경이 비웃으며 암시했듯이 새로운 감각을 추구하기 위한 것일 뿐이었나? 본디 자기보다 더 나은 행동을 하는 역할을 해보고 싶다는 정열 때문이었나? 그것도 아니면 이 모든 것들 때문이었나? 그런 것이 아니라면 왜 저 붉은 얼룩이 전보다 더 커져 있단 말인가? 붉은 얼룩이 그 주름진 손에 무서운 질병처럼 번지고 있는 것 같았다. 마치 피가 떨어진 것처럼 그림 속의 발도 피로 물들어 있었다―피는 칼을 쥐고 있지 않았던 손에도 묻어 있었다. 자백? 이것은 자백을 하라는 암시인가? 스스로 포기해서 사형을 받으라는 뜻인가? 도리언은 웃음을 터뜨렸다. 터무니없는 생각을 하고 있다는 느낌이었다. 설혹 그가 자백을 한다 해도 누가 그 말을 믿어줄 것인가? 세상 어디에도 살해된 사람의 흔적이 없지 않은가. 그와 관련된 물건들은 다 처분하고 없었다. 이 집 일층에서 자신의 손으로 모두 다 태워 없애버렸다. 세상 사람들은 그저 그가 미쳤다고만 할 것이다. 그래도 그가 계속 아니라고 주장하면 사람들은 그를 어디엔가 가둬버릴 것이다……그러나 고백을 하고, 대중 앞에서 치욕을 겪고, 공공연히 속죄를 하는 것은 그가 해야 할 의무였다. 인간들에게 하늘뿐만 아니라 지상을 향해서도 자신의 죄를 고백하라고 한 신(神)이 있었다. 자신의 죄를 고백하지 않는 한, 그는 무엇으로도 구원받지 못할 것이다. 자신의 죄? 그는 어깨를 움츠렸다. 베질 홀워드의 죽음은 그에게는 전혀 아무것도 아닌 듯했다. 그는 헤티 머튼에 대해 생각하고 있는 중이었다. 왜냐하면 그가 들여다보고 있는 그의 영혼의 거울은 불공평한 거울이었기 때문이다. 허영인가, 호기심인가, 위선인가, 그녀를 단념한 그의 행위에 이런 것들 말고 또 무엇이 있었단 말인가? 아니, 또 다른 것들이 있었다. 적어도 그는 그렇게 생각했다. 하지만 누가 알겠는가?……아니, 더 이상 아무것도 없었다. 허영심 때문에 그는 헤티를 삼가했던 것이다. 위선으로 그는 선인의 가면을 쓴 것이었다. 호기심 때문에 그는 자신을 부정하려고 애썼던 것이다. 이제야 그는 그것을 깨달았다.

그러나 이 살인은―평생 그를 쫓아다닐 것인가? 과거의 무거운 짐을 언제까지나 지고 다녀야 한단 말인가? 진정 그는 고백할 것인가? 결코 아니지. 자기에게 불리한 유일한 증거 하나가 남아 있다. 그 초상화 자체―그것이 증거이다. 저것을 없애 버릴 것이로다. 왜 그는 이토록 오랫동안 계속 보관해 왔단 말인가? 한때는 그것이 변하고 늙어 가는 것을 지켜보는 일은 그에게 쾌감을 안겨 주었다. 그러나 이제는 그런 쾌감을 전혀 느끼지 못했다. 이 초상화 때문에 그는 밤잠을 이루지 못했다. 집을 떠나 있을 때는 혹시 누가 보지 않을까 하는 두려움으로 가득했었다. 저 그림은 그의 정열을 넘어 음울한 그림자를 가져왔었다. 저 그림에 대한 기억만으로도 많은 기쁨의 순간이 엉망이 되어버렸다. 초상화는 그에게 양심과 같은 것이었다. 그렇다, 그것은 그의 양심이었다. 그건 없애버려야 한다.

도리언은 주위를 둘러보았다. 베질 홀워드를 찔렀던 칼이 눈에 띄었다. 핏자국이 하나도 남지 않을 때까지 몇 번이고 깨끗이 씻어둔 것이었다. 칼은 훤히 반짝반짝 빛이 나고 있었다. 이제 그 칼이 화가를 죽였듯이 화가의 작품과 그것이 의미하는 모든 것을 죽이는 것이다. 그것은 과거도 죽여 없앨 것이다. 과거가 죽으면 그는 자유로워질 것이다. 그것은 무지막지한 영혼의 생명을 죽일 것이며, 그 무시무시한 경고란 없어지고, 그는 평화로울 것이다. 그는 칼을 꽉 움켜쥐고는 초상화를 찔렀다.

비명 소리가 들리더니, 뭔가가 부딪히는 소리가 들려왔다. 무시무시한 고통의 비명소리에 놀라서 잠이 깬 하인들이 그들의 방에서 소리없이 나왔다. 아래의 광장을 지나가던 두 신사가 걸음을 멈추고 대저택을 올려다보았다. 이윽고 다시 걷기 시작한 그들은 경찰관을 찾아서 데리고 돌아왔다. 경찰관이 몇 번이나 벨을 울렸지만 아무 응답이 없었다. 위층 창문 하나에 불이 켜져 있는 것을 제외하곤 온 집 안이 어둠에 잠겨 있었다. 잠시 뒤 경찰관은 문을 떠나 근처에 있는 주랑에 서서 그 집을 계속 지켜보았다.

"저 집이 누구 집이죠, 경관님?" 두 신사 중 나이가 더 들어 보이는 신사가 물었다.

"도리언 그레이 씨의 집입니다." 경찰관이 대답했다.

두 신사는 서로 얼굴을 마주보고는, 걸어가면서 비웃음을 금치 못했다. 그 중 한 사람은 헨리 애쉬턴 경의 숙부였다.

집 안 하인들 거처에서는 옷을 절반쯤 걸친 하인들이 서로 작은 소리로 수군거리고 있었다. 늙은 리프 부인은 손을 쥐어짜면서 울고 있었다. 프랜시스는 죽은 사람처럼 얼굴이 창백했다.

한 15분쯤 흘렀을까, 프랜시스는 마부와 하인 한 사람을 대동하고 조용히 위층으로 올라갔다. 노크를 했지만 아무 대답이 없었다. 큰 소리로 불러댔다. 사방은 고요했다. 결국 막무가내로 문을 억지로 열어 보려고 시도하다가, 이윽고 그들은 지붕으로 올라가서 발코니에 내려섰다. 창문은 의외로 쉽게 열렸다. 볼트가 너무 오래되어서 낡아 있었다.

　방 안에 들어간 세 사람은 벽에 눈부시게 아름다운 마지막에 본 주인의 모습과 똑같은, 놀라울 정도로 빛나는 젊음과 아름다움이 넘치는 초상화가 걸려 있는 것을 보았다. 그리고 바닥에는 야회복을 입고 심장에 칼이 꽂힌 채 죽어 누워 있는 한 시체가 있었다. 온통 주름살이 쭈글쭈글 늘어진, 여겨울 정도로 늙고 추악한 얼굴이었다. 그들은 그 사람이 손가락에 끼고 있던 반지를 살펴보기 전까지는 그가 누구인지 알아볼 수가 없었다.

Salome
살로메

등장인물
유대의 군주, 헤롯 안티파스
세례 요한
호위대장 젊은 시리아인
로마 청년 티젤리누스
카파도키아인
누비아인
병사1
병사2
헤로디아 왕비의 시종
유대인, 나사렛인, 그 외
노예
사형집행인 나아만
헤로디아 왕비
헤로디아 왕비의 딸 살로메 공주
살로메 공주의 여자 노예들

살로메

헤롯 왕 궁궐 연회장 위에 설치된 기대한 테라스. 병사들은 난간에 기대어 있다. 오른쪽에는 큰 계단이 있고 왼쪽 뒤편에는 초록색 청동 벽에 둘러싸인 오래된 우물이 있다. 달빛이 찬란하다.

젊은 시리아인 오늘 밤 살로메 공주님은 너무 아름다우신걸!

헤로디아 왕비의 시종 저 달을 봐. 너무 이상해. 무덤에서 부스스 일어선 여인 같구먼. 죽은 여자 같다니까. 마치 죽을 사람들을 찾고 있는 것 같기도 한데.

젊은 시리아인 참 이상한 모습이야. 노란 베일을 쓰고 은빛 발을 가진 어린 공주님 같은데. 산책을 위해 조그마한 흰 비둘기를 지니고 있는 공주님 같아. 춤을 추고 있는 것 같아.

헤로디아 왕비의 시종 죽은 여자 같아. 아주 천천히 움직이고 있잖아.

(연회장에서 시끌벅적한 소리)

병사1 엄청 소란스럽군! 대체 무슨 놈의 맹수가 으르렁거리고 있는 거야?

병사2 유대인들이야. 늘 저 모양이지. 자기네 종교에 관해 입씨름 하고 있는 거야.

병사1 아니, 왜 그렇게 종교 문제로 시끄럽게 떠든대?

병사2 난들 아나. 늘 저러고 앉아 있으니. 예컨대 말이야, 바리새인이 천사가 정말로 있다고 하면 사두개인은 또 천사 따윈 세상에 존재하지 않는다고 따지는 거야.

병사1 바보같이 겨우 그런 걸 가지고 따지다니.

젊은 시리아인 오늘 밤 살로메 공주님은 너무 아름다우신걸!

헤로디아 왕비의 시종 자네는 오늘밤 내내 공주님만 쳐다보고 그런 앙큼한 눈으로 사람을 쳐다본다는 것은 위험천만이야. 뭔가 무시무시한 일이 일어날지도 모른다고.

젊은 시리아인 공주님은 오늘 밤 정말로 아름다우서.

병사1 국왕 폐하께서는 표정이 어두우시네.

병사2 맞아, 폐하의 표정이 안 좋아.

병사1 폐하께서 무언가를 가만히 바라보고 계셔.

병사2 누군가를 보고 계셔라.

병사1 누굴 보고 계시는 거지?

병사2 말할 수 없어.

젊은 시리아인 공주님 안색이 왜 저리 창백하지? 저토록 창백하신 건 본 적이 없거든. 은거울 속에 비친 하얀 장미꽃 그림자 같아.

헤로디아 왕비의 시종 공주님 좀 그만 쳐다봐. 자네 너무 심하게 쳐다보고 있다니까.

병사1 왕비님께서 폐하의 술잔에 술을 채워 드리시는군.

카파도키아인 저분이 헤로디아 왕비님이시오? 진주 장식이 달린 검은 관을 쓰고 머리칼에는 파란 분을 바르고 계신 분이?

병사1 네, 저분이 국왕 폐하의 아내이신 헤로디아 왕비님이시죠.

병사2 폐하께서는 포도주를 무척 좋아하시지. 세 종류의 포도주를 가지고 계시죠. 하나는 사모트라케섬에서 가져온 것인데, 색깔이 마치 시저의 망토처럼 짙은 붉은색이죠.

카파도키아인 나는 아직 시저를 뵌 적이 없소.

병사2 또 하나는 키프로스섬에서 가져온 것인데 황금 같은 노란색이라오.

카파도키아인 나도 황금은 좋아하오.

병사2 그리고 세 번째 포도주는 시칠리아섬에서 만든 겁니다. 피처럼 새빨간 놈이지요.

누비아인 우리나라 신들은 피를 아주 좋아하지. 우린 그들에게 청년들과 처녀들을 제물로 바치지요. 청년 50명과 처녀 100명을요. 그런데 그게 충분치 않나 봐요. 신들께서 우리를 매우 거칠게 다루시거든요.

카파도키아인 우리나라에서는 남아 있는 신이라고는 없다오. 로마인들이 모조리 쫓아내 버렸거든. 듣기로는 신이 산속 깊은 곳에 숨었다고 하던데 나는 믿지 않소. 사흘 밤낮으로 온 산을 누비며 찾아다녔는데도 보이지 않

더군. 그래서 신들의 이름을 직접 불러 봤지만 나타나주질 않았소. 다들 죽은 모양이야.

병사1 유대인은 눈에 보이지 않는 신을 숭배한답니다.

카파도키아인 이해할 수 없는 얘기군.

병사1 실제로 눈에 보이지 않는 것들만 믿는단 말이요.

카파도키아인 정말이지 터무니없는 얘기 같은데.

세례 요한의 목소리 내 이후 나보다 더욱 위대한 힘을 지닌 분이 강림하시리라. 나로 말하면 그분의 신발끈을 묶어 드릴 자격조차 없는 인간이로다. 그분이 오시면 저 황무지들도 기뻐하며 장미처럼 꽃을 피우리라. 눈먼 자는 보게 되고 귀먹은 자는 듣게 되리라. 어미젖을 빠는 갓난아이가 용의 굴에 손을 얹고 사자의 갈기를 잡아 끌고 다닐 것이로다.

병사2 저놈 입 좀 닥치게 해. 늘 황당무계한 얘기만 늘어놓는다니까.

병사1 아냐, 아냐. 저분은 성자야. 게다가 아주 점잖은 분이라고. 매일 내가 먹을 것을 가져다주면 꼬박꼬박 고맙다는 인사를 하신단 말이야.

카파도키아인 저 사람은 누구요?

병사1 예언자입니다.

카파도키아인 이름은?

병사1 요한이라고 합니다.

카파도키아인 어디서 온 사람이오?

병사1 사막에서 왔는데 거기서는 메뚜기를 잡아먹고 꿀을 따 먹으면서 살았다고 합니다. 낙타털로 만든 옷을 걸치고 허리에는 가죽띠를 두르고 있었죠. 참으로 꼴사나운 모습이었습니다. 그런데도 항상 많은 사람들이 그의 뒤를 따랐죠. 또 제자도 있었습니다.

카파도키아인 그 사람이 대체 무슨 예언을 했소?

병사1 나도 몰라요. 하지만 가끔 무시무시한 말을 하는 것 같아요. 무슨 소릴 하는지 제대로 알아들을 수가 없지만.

카파도키아인 누구나 만나볼 수 있는 거요?

병사1 안 됩니다. 폐하께서 금하셨거든요.

젊은 시리아인 공주님이 부채로 얼굴을 가리셨어! 공주님의 새하얀 작은 손이 마치 둥지로 날아가는 비둘기처럼 하늘하늘 움직이시네. 그래, 꼭 흰 나비 같아. 정말로 흰 나비 같아.

헤로디아 왕비의 시종 그게 자네랑 무슨 상관이지? 왜 공주님을 쳐다보는 거야? 자꾸 쳐다보면 안 된다니까……. 뭔가 끔찍스런 일이 일어날지도 모른다고.

카파도키아인 (우물을 가리키며) 참 신기한 감옥이군.

병사2 옛날 우물이지요.

카파도키아인 옛날 우물이라! 저 속은 사람이 머물기엔 틀림없이 독으로 차 있을 게야.

병사2 천만에요! 국왕 폐하의 형님이자 헤로디아 왕비님의 첫 남편께서는 저 안에서 12년이나 버티셨는걸요. 그러고도 안 죽었다니까요. 그래서 결국 12년째에 교살되고 말았지요.

카파도키아인 교살됐다고? 아니 세상에, 누가 감히 그런 짓을?

병사2 (피부가 검고 몸집이 큰 사형집행인을 가리키며) 저기 저 사람이 했어요. 나아만이란 자입니다.

카파도키아인 두렵지 않았을까?

병사2 두렵기는요, 전혀요! 폐하께서 반지를 하사하셨는걸요.

카파도키아인 반지?

병사2 죽음의 반지 말입니다. 그러니 뭐 두려울 게 있었겠습니까.

카파도키아인 그래도 국왕을 교살한다는 건 끔찍한 일이잖소.

병사2 왜요? 왕들도 누구나 마찬가지로 목은 하나뿐인걸요.

카파도키아인 그래도 끔찍한 일이오.

젊은 시리아인 공주님이 일어나셨어! 식탁을 떠나고 계시네! 매우 괴로우신 표정이야. 아, 이쪽으로 오고 계셔. 그렇다니까. 우리 쪽으로 오고 계신다고. 얼굴이 정말로 창백한걸! 저토록 창백해지신 건 결코 본 적이 없어.

헤로디아 왕비의 시종 제발 좀 공주님을 쳐다보지 말라니까.

젊은 시리아인 마치 길 잃은 비둘기처럼 보이는군 ……바람결에 흔들거리는 수선화 같기도 해 ……은빛 수선화 말이야.

(살로메 공주 등장)

살로메 공주 저기서 더는 못 버티겠어. 앉아 있을 수가 없어. 폐하는 도대체 왜 그렇게 씰룩거리는 눈꺼풀 속 두더지 눈을 하고서 내내 나를 쳐다만 보는 걸까? 우리 어머니의 남편이 그런 식으로 나를 바라보다니, 진짜 이상한 일이잖아. 대체 이게 무슨 속셈인지 모르겠어. 아니, 사실인즉 너무나 잘 알고 있지.

젊은 시리아인 연회석에서 나오셨네요, 공주님.

살로메 공주 이곳 공기는 얼마나 상쾌한지! 이제야 숨을 쉴 수 있겠어! 저기서는 예루살렘에서 온 유대인들이 어리석은 의식 문제를 가지고 서로 신나게 물어뜯고, 야만인들은 술을 질질 흘리며 끝없이 부어라 마셔라 흥청대고 있는가 하면, 스미르나에서 온 그리스인은 눈이랑 볼에 화장을 덕지덕지 바르고 머리는 꼬불꼬불하게 지져서 무슨 장식기둥처럼 틀어 올리고 있어. 또 무뚝뚝하고 음험한 이집트인은 경옥(硬玉) 같은 손톱을 길게 기르고 팥죽색 웃옷을 걸치고 있고, 잔인하고 천박한 로마인은 온갖 상스러운 말들을 지껄여대고 있어. 정말이지 난 로마인이 너무 싫어! 난폭하고 상스러운 주제에 귀족티를 낸단 말이야.

젊은 시리아인 공주님, 좀 앉으시겠습니까?

헤로디아 왕비의 시종 왜 공주님한테 입을 놀려? 아아, 끔찍한 일이 일어날 거야. 왜 공주님을 그렇게 쳐다보는 건가?

살로메 공주 달님을 보니 얼마나 좋은지! 달님은 조그만 은화 같아, 조그마한 은화 말이야. 달님은 냉정하고 순결하시지. 틀림없이 숫처녀일 거야. 그래, 숫처녀야. 제 몸을 더럽힌 적이 절대로 없을 테지. 다른 여신들처럼 남자에게 몸을 맡긴 적이 절대로 없을 거야.

세례 요한의 목소리 보라! 주님께서 재림하셨도다. 인간의 아드님께서 목전에 와 계시도다. 켄타우로스 괴물들은 강물 속에 숨고 님프 요정들은 강물을 떠나 숲 속 낙엽 밑에 누워 숨도다.

살로메 공주 지금 고함지르고 있는 자는 누구인고?

병사2 예언자입니다, 공주님.

살로메 공주 아, 그 예언자! 국왕 폐하께서 두려워하신다던 그자란 말이지?

병사2 우린 아무것도 모릅니다, 공주님. 지금 고함을 지르고 있는 자는 예언자 요한이라고 합니다.

젊은 시리아인 공주님, 가마를 대령하라고 할까요? 밤에 보는 정원은 기가 막히게 아름답거든요.

살로메 공주 저자는 우리 어머니에 대해 악담을 한다지?

병사2 공주님, 저자가 무슨 말을 하는지 저희는 알아들을 수가 없습니다.

살로메 공주 아니, 맞아. 어머니에 대해서 악담을 한다더군.

(노예 등장)

노예 공주님, 폐하께서 연회석으로 돌아오시라는 분부이십니다.

살로메 공주 난 돌아가지 않을 거야.

젊은 시리아인 황공하옵니다만 공주님, 돌아가시지 않으면 불길한 일이 벌어질지도 모릅니다.

살로메 공주 그 예언자 말인데, 늙은이인가?

젊은 시리아인 공주님, 돌아가시는 편이 좋을 듯합니다. 괜찮으시다면 제가 모셔다 드리지요.

살로메 공주 그 예언자…… 늙은이인가?

병사1 아닙니다, 공주님. 아주 젊은 청년입니다.

병사2 꼭 그렇다고 단정할 순 없습니다. 그자가 바로 엘리아라고 말하는 사람들도 있으니까요.

살로메 공주 엘리아가 누구지?

병사2 먼 옛날 이 나라에 살았던 예언자입니다, 공주님.

노예 공주님, 폐하께 뭐라고 아뢰면 될까요?

세례 요한의 목소리 팔레스티나 땅이여, 그대를 벌하시던 분의 회초리가 부러졌다 해서 기뻐하지 말지어다. 뱀의 씨로부터 바실리스크 괴사(怪蛇)가 태어나고 그것에서 태어난 것이 날짐승들을 게걸스럽게 먹어치울 것이로다.

살로메 공주 정말 기이한 목소리인지고. 저자에게 말을 걸어 볼 테야.

병사1 공주님, 그건 아니 되옵니다. 국왕 폐하께서 누구든 저 남자와 이야기하지 말라는 엄명이십니다. 설령 고귀하신 장로님이라 해도 저자와는 이야기를 나누는 걸 금하고 계십니다.

살로메 공주 저자와 꼭 이야기해 보고 싶어.

병사1 불가능하옵니다, 공주님.

살로메 공주 저자와 이야기를 할 거야.

젊은 시리아인 연회석으로 돌아가시는 편이 좋지 않겠나이까?

살로메 공주 그 예언자를 데려오너라.

(노예 퇴장)

병사1 공주님, 감히 그럴 순 없사옵니다.

살로메 공주 (옛날 우물로 다가가서 안을 들여다본다) 저 아래는 어쩌면 그리도 캄캄하담! 저렇게 어두운 구멍 속에서는 정말로 무서울 텐데! 꼭 무덤 같아…… (병사들을 향해) 내 말이 들리지 않느냐? 예언자를 꺼내 오라니까. 그자를 한번 볼 거야.

병사1 공주님, 간청드리오니 그 명령만은 거두어 주십시오.

살로메 공주 그대들은 어찌 무엄하게도 나를 기다리게 하는가!

병사1 공주님, 저희들의 목숨을 공주님께 달려 있습니다. 하오나 그 요청만은 따를 수 없나이다. 공주님께서 이를 요청해야 할 사람은 저희가 아니옵니다.

살로메 공주 (젊은 시리아인을 바라보면서) 아!

헤로디아 왕비의 시종 아아! 대체 무슨 일이 벌어지려는 걸까? 틀림없이 아주 끔찍한 일이 벌어질 거야!

살로메 공주 (젊은 시리아인에게 다가가서) 그대는 나를 위해서 이 일을 해 주겠지, 그럴 거지, 나라보트? 나를 위해선 해줄 테지? 전부터 나는 그대에게 친절을 베풀었잖아. 그러니 나를 위해서 이 일을 해 줄 거야. 나는 저 불가사의한 예언자를 한번 보고 싶을 뿐이야. 세상 사람들이 저자에 대해 이러쿵저러쿵 떠들어 대는걸. 국왕 폐하께서 저 사람 이야기를 하시는 것도 여러 번 들었어. 폐하께선, 저 남자가 두려우신 모양이야. 나라보트, 그대도, 그대조차도 저자가 두려운 거야?

젊은 시리아인 소인은 저자를 조금도 두려워하지 않습니다, 공주님. 저는 두려움이라고는 모르는 사람입니다. 다만 국왕 폐하께서 누구도 저 우물 뚜껑을 열어서는 안 된다고 엄명을 내리셨습니다.

살로메 공주 나를 위해서 그 일을 해 줄테지, 나라보트. 그러면 내일 가마를 타고 신상(神像) 파는 가게 앞을 지나갈 때 그대에게 작은 꽃 한 송이를 떨어뜨려 줄게. 작은 은빛 꽃 한 송이를.

젊은 시리아인 공주님, 그럴 순 없습니다. 그럴 순 없고말고요.

살로메 공주 (미소를 지으며) 나를 위해서 그렇게 해 줄 거지, 나라보트. 그대는 분명히 나를 위해서 그렇게 해 주리라는 걸 알고 있잖아. 그러면 내일 가마를 타고 우상을 구입하는 가게 다리를 지나갈 때, 비단 베일 사이로 그대를 가만히 바라봐 줄게. 나라보트, 계속 바라보면서 그대에게 미소를 지어 줄게. 자, 봐, 나라보트, 나를 봐. 아아! 그대는 틀림없이 내 부탁을 들어줄 거야? ······난 알고 있지, 내 말을 들어주리라는 것을.

젊은 시리아인 (세 번째 병사에게 눈짓하면서) 예언자를 데려와라. 살로메 공주님께서 만나 보겠다고 간절히 바라신다.

살로메 공주 아아!

헤로디아 왕비의 시종 오! 저 달이 너무나 이상하게 보이구먼. 손수 제 몸을 수의(壽衣)로 감싸려는 죽은 여인의 손 같군.

젊은 시리아인 저 달, 참으로 이상한 모습을 하고 있어! 호박색 눈을 가진 어린 공주 같아. 비단 같은 구름 사이로 어린 공주처럼 미소를 짓고 있군.
(예언자가 오래된 우물에서 나온다. 살로메는 예언자를 보더니 시선을 고정한 채로 뒷걸음질한다)

세례 요한 증오의 잔에 술을 가득 채운 자 어디 있느뇨? 언젠가 만인 앞에서 은색 옷을 걸치고 죽어 갈 자 어디 있느뇨? 그자를 앞으로 나오라 명하라. 황야에서, 또 왕궁에서 고함치던 자의 목소리를 듣도록 하라.

살로메 공주 누구 얘기를 하는 거지?

젊은 시리아인 모르겠습니다, 공주님.

세례 요한 벽에 그려진 사내들의 모습을 보고, 색색으로 아름답게 채색된 칼데아인들의 모습을 보고서, 제 눈앞의 색욕에 사로잡혀 칼데아 왕국으로 사신을 보냈던 그 여자는 어디 있는가?

살로메 공주 저자가 우리 어머니 얘기를 하고 있군.

젊은 시리아인 아니, 아니옵니다. 공주님.

살로메 공주 아니, 맞아. 저자는 우리 어머니 얘기를 하고 있는 거야.

세례 요한 허리에는 장식용 띠를 두르고 머리에는 오색찬란한 관을 쓴 아시리아 장군들에게 몸을 맡긴 여자는 어디 있는가? 아름다운 아마포와 히아신스를 몸에 두른 채 황금 방패를 들고 은 투구를 쓴 건장한 이집트 젊은이에게 몸을 맡긴 여자는 어디 있는가? 가서 혐오스런 침상에서, 근친상간의 침상에서 일어나라. 가서 일러라. 주님께 향하는 길을 마련하는 사람의 말을 들을 수 있도록, 그리고 자신의 죄를 참회할 수 있도록 하라. 설령 참회하지 않고 혐오스런 삶에 매달려 꼼짝을 않더라도 가서 오라 일러라. 죄인을 날려버리는 주님의 부채가 그분 손에 들려 있으니.

살로메 공주 아, 저자는 정말 무섭구나. 무서운 자야!

젊은 시리아인 공주님, 간곡히 부탁드리오니, 제발 이곳에 머무르지 마옵소서.

살로메 공주 무엇보다 무서운 것은 저자의 눈이야. 두 눈이 티레의 융단을 횃불로 지져 낸 새카만 구멍 같은 눈. 이집트의 용이 사는 어두컴컴한 동굴 같은 눈. 공상을 불러일으키는 아름다운 달빛에 혼란스러워진 새까만 호수 같은 눈…… 그대는 저자가 다시 입을 열 것이라 생각하오?

젊은 시리아인 더 이상 이곳에 계시면 안 됩니다, 공주님. 간곡히 빕니다, 이곳에 계시면 아니 되옵니다.

살로메 공주 저자는 얼마나 여위었는지! 날씬한 상아 인형 같아. 은으로 만든 조각상 같기도 해. 정말이지 저자는 달님처럼 순결할 거야. 달빛처럼 보이고 은으로 만든 날카로운 창처럼 보여. 저 육체는 분명히 상아처럼 차갑겠지. 좀더 가까이 다가가서 보겠어. 그래야 해.

젊은 시리아인 공주님! 공주님!

세례 요한 나를 바라보고 있는 이 여인은 누구인가? 나를 바라보는 건 금하노라. 어찌하여 저 여인은 금색 칠한 눈꺼풀 밑 황금빛 눈동자로 나를 바라보고 있는가. 저 여인은 누구인가. 누군지 알고 싶지 않노라. 여기서 꺼지도록 하라. 내 이야기를 들을 사람은 저 여인이 아니니라.

살로메 공주 나는 헤로디아 왕비의 딸, 유대 왕국의 공주 살로메니라.

세례 요한 물러가라! 바빌론의 딸이여! 주님의 선택을 받은 사람에게 가까이 다가오지 말렸다. 그대의 어미는 부정(不貞)한 술로 이 지상을 가득 채워 놓았으니, 그 죄업의 소리가 주님의 귀에까지 닿았느니라.

살로메 공주 요한, 다시 말해 봐. 그대 목소리가 내 귀에는 음악처럼 들리는구나.

젊은 시리아인 공주님! 공주님! 공주님!

살로메 공주 다시 말해 봐. 다시 말해보라니까, 요한. 그리고 난 어찌해야 하는지 말해 줘.

세례 요한 소돔의 딸이여, 내게 가까이 오지 말지어다! 그저 베일로 얼굴을 가리고 머리에 재를 뿌리고 그리고는 사막으로 가서 인간의 아들을 찾아라.

살로메 공주 인간의 아들? 그게 누구지? 그 남자도 그대처럼 아름다운가, 요한이여?

세례 요한 썩 물러가라! 이 궁전에서 죽음의 천사가 날갯짓하는 소리가 들리는구나.

젊은 시리아인 공주님, 제발 부탁입니다. 그만 안으로 드소서.

세례 요한 주님의 천사여, 검을 들고 이곳에서 무엇을 하시나이까? 이 궁전에서 누구를 찾고 계시온지? 은색 옷을 걸치고 죽어 갈 자의 날은 아직 도래하지 않았나이다.

살로메 공주 요한!

세례 요한 누가 말하는가?

살로메 공주 난 그대의 몸뚱이에 반했어, 요한! 그대의 몸은 잡초를 베어 내지 않은 들판에 핀 백합처럼 하얗구나. 그대 몸뚱이는 유대의 산에 쌓였다가 깊은 계곡으로 쏟아져내린 눈처럼 하얗구나. 아라비아 여왕의 향료 정원에 핀 장미꽃도, 나뭇잎 위에 내리는 새벽빛의 발길도, 푸른 바다의 젖가슴에 머무는 달님의 젖가슴도……이 세상 그 무엇도 그대의 몸처럼 하얗지는 않을 거야. 그 몸을 만져보게 해 줘.

요한 꺼져라! 바빌론의 딸이여! 이 세상의 악은 여자가 만들어 낸 것. 나에게 말을 걸지 마라. 그대 말은 듣지 않겠노라. 내 귀는 오로지 주님의 목소리만을 듣노라.

살로메 공주 그대의 몸뚱이는 끔찍해. 꼭 나병 환자의 몸뚱이 같아. 뱀이 기어다니고 있는 회벽 같아. 전갈이 둥지를 틀어놓은 회벽 같거든. 온갖 징그러운 것들로 가득한 하얀 무덤 같아. 무서운, 그대의 몸뚱이는 끔찍스럽단 말이야. 나를 홀린 것은 그대의 머리카락이야. 그대의 머리카락은 포도송이 같구나. 에돔인의 나라에 있는 에돔의 포도나무에 탐스럽게 열린 새카만 포도송이 같아. 그 머리는 레바논의 삼나무 같구나. 사자와 산적이

낮에 몸을 숨길 나무그늘을 제공해 주는 거대한 레바논 삼나무 같아. 달이 얼굴을 숨기고 별들도 두려움에 떠는 기나긴 어두운 밤도 그대의 머리카락처럼 검지는 않지. 깊은 숲 속에 숨어 사는 침묵도 그토록 검지는 않아. 그대의 머리카락처럼 검은 것은 이 세상에 없을 거야……그 머리카락을 만져보게 해 줘.

요한 물러가라! 소돔의 딸이여! 내게 손을 대지 말렷다. 주님의 신전을 더럽히지 말렷다.

살로메 공주 그대 머리카락은 끔찍해. 진흙투성이고 먼지투성이잖아. 내 머리카락은 그대 목 주위에 똬리를 틀고 있는 뱀의 매듭 같아. 나는 그대 머리카락이 싫어……요한, 내가 갈망하는 것은 그대 입술이지. 그대 입술은 마치 상아탑에 둘러놓은 붉은 띠 같구나. 상아 칼로 두 동강을 낸 석류 같아, 티레의 정원에 핀 석류꽃은 장미꽃보다도 붉지만 그대 입술만큼 붉지는 않아. 왕이 납시었음을 알리어 적을 겁먹게 하는 붉은 나팔소리도 그대 입술만큼 붉지는 않지. 그대 입술은 포도주통에 담긴 포도를 밟고 있는 주조사의 발보다도 붉다. 신전에 살면서 승려들이 주는 먹이를 먹고 사는 비둘기의 발보다도 붉어. 숲 속에서 사자를 죽이고 금색 호랑이와 마주치고서 막 숲을 빠져나온 남자의 발보다도 붉지. 그대 입술은 마치 황혼이 내린 바다 속에서 어부가 발견한, 왕에게 바치려고 간직한 붉은 산호같구나! ……모아브 사람이 모아브 광산에서 파내어 군주에게 바치는 진사(辰砂)처럼 붉어. 진사로 칠을 하고 붉은 산호로 장식한 페르시아 왕의 활처럼 붉어……이 세상에 그대 입술만큼 붉은 것은 없을 거야……그 입술에 키스하게 해 줘.

세례 요한 절대로! 바빌론의 딸이여! 소돔의 딸이여! 절대로 안 되지.

살로메 공주 요한, 나는 그대의 입술에 키스를 하고 말 거야. 그 입술에 키스를 할 거란 말이야.

젊은 시리아인 공주님, 공주님. 몰약의 정원 같으시고 비둘기 중의 비둘기와도 같으신 우리 공주님께서 이런 자를 바라보시면 안 됩니다, 보시면 안 됩니다! 이자에게 그런 말씀일랑은 하지 마소서. 소인, 참을 수가 없나이다……공주님.

제발 그런 말씀은 그만두어 주소서.

살로메 공주 그대 입술에 키스를 할 거야, 요한.

젊은 시리아인 아아! (그는 자결하여 살로메 공주와 요한 사이에 쓰러진다)

헤로디아 왕비의 시종 젊은 시리아인이 자결했어! 젊은 호위대장이 자결했단 말이야! 내 친구가 자결을 했어! 내가 조그만 향수통과 은세공 귀고리를 선물했던 그 남자가 방금 자결하고 말았어! 뭔가 무서운 재앙이 닥칠지도 모른다고 그가 말하지 않았던가! 나도 그렇게 말했는데, 결국 이렇게 되고 말았구나. 그러고 보면 저 달이 죽을 사람을 찾는 것 같다고 생각했었는데, 설마 그 사람이 하필이면 내 친구일 줄이야. 아아! 왜 그 친구를 저 달로부터 숨겨 주지 못했던가? 그를 동굴 속에 숨겼더라면 달님도 찾아내지 못했을 것을.

병사1 공주님, 젊은 대장님이 자결하셨습니다.

살로메 공주 그대 입술에 키스하게 해줘, 요한.

세례 요한 헤로디아의 딸이여, 그대는 두렵지 않은가? 이 궁전에서 죽음의 천사가 날갯짓하는 소리가 들리노라 내가 그대에게 말해 주지 않았던가? 결국 오지 않았는가, 죽음의 천사가?

살로메 공주 그대 입술에 키스하게 해줘.

세례 요한 간음(姦淫)의 딸이여, 이 세상에서 그대를 구할 수 있는 사람은 오직 한 분뿐, 그분에 대해서는 이미 그대에게 일러 준 분이시니라. 가서 그분을 찾아뵈어라. 그분은 지금 제자들을 거느리고 갈릴리 바다에 떠 있는 조각배에서 제자들에게 설교를 하고 계시느니라. 그 바닷가에 가서 무릎을 꿇고 성스러운 그분의 이름을 불러라. 그분이 그대에게 오시거든(그분은 그 이름을 부르는 모든 자에게 찾아오시는 분이니라), 그분 발밑에 엎드려 죄를 사해 달라고 애원하여라.

살로메 공주 그대 입술에 키스하고 싶어.

세례 요한 저주받을지어다! 근친상간을 저지른 어미, 뱃속에서 태어난 딸년아, 저주받을지어다!

살로메 공주 그대 입술에 키스를 하고야 말 거야, 요한.

세례 요한 나는 그대를 보지도 않을 터. 저주받을지어다, 살로메. 저주받을지어다.

(요한은 우물 속으로 들어간다)

살로메 공주　요한, 나는 그대 입술에 키스하고 싶어. 그 입술에 꼭 키스를 할 테야.

병사1　이 시체를 다른 곳으로 옮겨야 해. 국왕 폐하께선 자신이 죽인 자들의 시체 외에 다른 시체는 보고 싶어하시지 않으니까.

헤로디아 왕비의 시종　그는 내 형제였지, 아니 형제보다도 더 가까운 사이였어. 언젠가 내가 향수로 가득 채운 조그만 통과 마노 반지를 선물하자, 그는 그 반지를 항상 손에 끼고 다녔지. 저녁이 되면 우리는 강가와 아몬드나무 숲을 함께 거닐곤 했어. 그는 자주 고향 이야기를 이것저것 들려주었거든, 그 목소리는 언제나 매우 나지막한 음성이었어. 마치 피리소리 같았고 피리 연주자의 목소리와도 같았지. 또 그는 강물에 비친 자기 얼굴을 바라보는 걸 즐겼어. 나는 늘 그걸 나무랐지만.

병사2　자네의 말이 옳아. 이 시체를 어디다 숨겨야겠어. 국왕 폐하 눈에 띄어서는 안 된다 말이야.

병사1　폐하께선 이곳엔 납시지 않아. 지금까지 여기에 오신 적이 없거든. 폐하는 저 예언자를 너무나 무서워하시거든.

(헤롯 왕, 헤로디아 왕비, 신하들 등장)

헤롯 왕　살로메 공주는 어디 있느뇨? 공주는 어디 있어? 내가 명령했거늘 어째서 연회석에 돌아오지 않는가? 오! 여기 있었군.

헤로디아 왕비　그 애 좀 그만 쳐다보세요! 폐하께선 늘 그 애한테서 한시도 눈을 떼지 않으시는군요!

헤롯 왕　오늘 밤은 달이 참 이상하군. 그렇지 않소? 마치 미친 여자 같아. 연인을 찾아 방방곡곡을 헤매고 다니는 실성한 여자 같잖소. 또한 저 달은 알몸이야. 완전히 벌거숭이군. 그 알몸을 구름이 덮어 주려고 하나 달이 거부하고 있구려. 드넓은 하늘에서 벌거벗은 모습을 보여주려는 게야. 술에 취한 여자처럼 구름 사이를 비틀거리고 있구먼……틀림없이 애인을 찾고 있게 확실해. 보오, 꼭 술 취한 여자처럼 비틀거리고 있지 않소? 미친 여자 같지 않소?

헤로디아 왕비　아니요. 달은 달일 뿐, 다른 무엇도 아니에요. 안으로 드시지요……이런 곳에 계실 이유가 없나이다.

헤롯 왕　난 여기에 있겠소! 마나쎄, 이곳에 융단을 깔고 횃불을 밝히도록 하라. 상아 탁자와 벽옥 탁자를 내오도록 하라. 이곳 공기는 참 상쾌한지고. 귀빈들과 술이나 더 마셔야겠어. 카이사르 왕이 보낸 사신들을 후하게 대접해야 하지 않겠나.

헤로디아 왕비 그 손님들 때문에 이곳에 머무르시는 건 아니시겠지요.

헤롯 왕 그렇소. 이곳 공기가 참 상쾌하구려. 자, 헤로디아, 갑시다. 손님들이 우릴 기다리고 있소. 어이쿠! 미끄러운데! 피를 밟았잖아! 이거 참 불길한 징조군. 어인 일로 이곳에 피가 있느뇨? ……이 시체는, 이곳에 시체가 웬말인고? 이집트 왕은 향연을 베풀 때 손님들에게 시체를 보여 준다던데, 설마 나를 이집트 왕인 줄 알고 있는 게냐? 이건 뉘 시체냐? 이런 건 보고 싶지 않노라.

병사1 폐하, 그는 저희 대장님이옵니다. 폐하. 사흘 전에 폐하께서 호위대장으로 임명하셨던 젊은 시리아 사람입니다.

헤롯 왕 짐은 그자를 죽이라고 명령한 적이 없는데.

병사2 폐하, 그는 자결했사옵니다, 폐하.

헤롯 왕 이유는 무엇이뇨? 짐이 호위대장으로 명했거늘.

병사2 모르옵니다. 폐하. 다만 그는 스스로 목숨을 끊었사옵니다.

헤롯 왕 거참 이상한 일이로군. 자살은 로마의 철학자들만이 하는 건 줄 알았는데. 여보게, 티겔리누스, 로마 철학자들이 자살하는 건 사실이 아닌가?

로마 청년 티겔리누스 실제로 자살하는 자도 더러 있습니다, 폐하. 그들은 스토아학파 사람들이지요. 스토아학파 사람들은 천한 족속입니다. 이상한 자들이지요. 제 생각엔 참으로 이상한 족속입니다.

헤롯 왕 짐도 그리 생각하네. 자살이라니, 정말 바보 같은 짓이지.

로마 청년 티겔리누스 로마에서도 그들을 비웃는 이들이 많이 있습니다. 로마 황제 폐하께서도 그들을 비웃는 풍자시를 지으셨을 정도입니다. 이 시가 국내에 어디서나 암송되고 있지요.

헤롯 왕 오! 그들을 비웃는 풍자시를 지으셨다고? 시저 왕은 참 대단하시군. 정말로 다재다능하셔……그나저나 젊은 시리아인이 자결하다니, 이상한 일이야. 안타깝게도 자결을 하다니. 정말 안타까워. 인물이 좋은 사내였는데. 참 잘생겼었지. 울적한 눈을 지녔었지. 그래, 그 울적한 눈빛으로

살로메 공주를 쳐다보고 있었던 게 기억나는군. 공주를 지나칠 정도로 쳐다본다는 생각이 들었는데.

헤로디아 왕비 그 애를 지나칠 정도로 쳐다보는 사람은 그 밖에도 또 있지요.

헤롯 왕 이 사람 아비는 국왕이었소. 내가 그를 왕국에서 퇴출시켰지. 헤로디아, 그대가 이자의 어미를 노예로 삼았지 않소? 본디 왕비였던 여인을 말이오. 그래서 그가 이곳으로 왔고, 다들 알다시피 그런 까닭에 짐은 그를 호위대장으로 임명했소. 그런데 안타깝게도 이렇게 죽어버렸군. 여봐라! 왜 시체를 여기에 버려두었느뇨? 보기 싫으니—당장 치우도록 하라!

(신하들이 시체를 들고 나간다)

여긴 추워요. 바람이 부는 거겠지. 바람이 불지 않소?

헤로디아 왕비 아뇨, 바람은 불지 않아요.

헤롯 왕 짐은 바람이 불고 있다고 말하고 있는 거요…… 허공에서 퍼덕이는 그 같은 소리가 들리는군, 거대한 날개 치는 소리가 말이야. 왕비도 들리지 않소?

헤로디아 왕비 아무 소리도 들리지 않아요.

헤롯 왕 더 이상은 안 들리는군. 하지만 들렸단 말이오. 아마 바람소리였겠지. 바람이 지나간 모양이야. 아니, 잠깐만, 또 들리는데. 안 들리오? 마치 날개가 퍼덕이는 것 같은 소리 말이요?

헤로디아 왕비 아무 소리도 안 들린다 하지 않았습니까. 몸이 안 좋으신 모양이군요. 안으로 드시지요.

헤롯 왕 짐은 아프지 않소. 아파 죽을 지경인 것은 당신 딸이구려. 저렇게 얼굴이 창백한 건 결코 본 적이 없소.

헤로디아 왕비 그 애를 보시지 마시라 말씀드렸는걸요.

헤롯 왕 포도주를 대령하라.

(술을 가져온다)

살로메, 이리 와서 짐과 함께 한잔하자꾸나. 맛 좋은 포도주가 여기 있노라. 시저 황제께서 몸소 내려주신 술이니라. 너의 사랑스런 붉은 입술을 이 술잔에 살짝 적셔 주렴, 그럼 나머지는 짐이 쭉 들이켤지니.

살로메 공주 폐하, 전 목마르지 않사와요, 폐하.

헤롯 왕 왕비, 당신의 딸이 나한테 뭐라고 대꾸하는지 들었소?

헤로디아 왕비 저 애가 옳아요. 그런데 왜 항상 저 애만 뚫어져라 응시하십니까?

헤롯 왕 잘 익은 과일을 가져오너라.

(과일을 가져온다)

살로메, 이리 와서 짐과 함께 과일이나 먹자꾸나. 과일에 난 너의 사랑스런 이빨자국을 보고 싶구나. 이 과일을 조금만 베어 먹어 보려무나, 그럼 나머지는 짐이 다 먹어 치우겠노라.

살로메 공주 전 배고프지 않사와요, 폐하.

헤롯 왕 (헤로디아 왕비에게) 당신의 딸을 어떻게 키웠는지 좀 보시오.

헤로디아 왕비 제 딸과 저는 왕족 출신입니다. 폐하로 말씀드리자면, 폐하의 아버님은 낙타 몰이꾼이셨죠! 덤으로 강도이자 좀도둑이셨죠!

헤롯 왕 거짓말이오!

헤로디아 왕비 그것이 사실이라는 건 폐하께서도 잘 아실 겁니다.

헤롯 왕 살로메, 이리 와서 내 옆에 앉으려무나. 네 어머니의 자리를 네게 주리라.

살로메 공주 전 피곤하지 않사와요, 폐하.

헤로디아 왕비 저 애가 무슨 생각을 하고 있는지 폐하께서도 이젠 아시겠지요?

헤롯 왕 대령하라―짐이 원했던 게 무엇이었느뇨? 잊어버렸군. 아! 그래! 생각났다.

세례 요한의 목소리 보라! 때가 왔도다! 주님께서 알려 주시니, 예언의 그날이 도래했도다. 보라! 내가 언젠가 오리라고 말했던 그날이 왔도다.

헤로디아 왕비 입 닥치게 하셔요. 저 목소리는 듣기도 싫습니다. 저자는 항상 저에게 욕설을 퍼붓는답니다.

헤롯 왕 저자는 그대에 대한 험담은 전혀 하지 않았소. 게다가 저자는 보기 드물게 뛰어난 예언자요.

헤로디아 왕비 전 예언자 따윈 믿지 않습니다. 사람의 앞날이 어찌 될지 무슨 수로 알겠습니까? 그걸 아는 사람은 아무도 없습니다. 더구나 저자는 항상 저를 험담하고 헐뜯고 있는걸요. 그런데 폐하께서는 저자를 두려워하시죠……폐하께서 저자를 두려워하신다는 것은 잘 알고 있답니다.

헤롯 왕 저자를 두려워하다니, 결코 그렇지 않소. 짐은 두려워할 자가 아무도 없어요.

헤로디아 왕비 아뢰지만, 폐하께서는 저자를 두려워하고 계십니다. 두렵지 않으시다면 왜 폐하께선 반년 전부터 저자를 넘겨 달라고 아우성치고 있는 유대인들의 청을 들어주지 않으시나이까?

유대인1 그렇습니다, 폐하. 저자를 저희들 손에 넘기시는 편이 좋으실 듯합니다.

헤롯 왕 그 얘기는 더 이상 하지 마시오. 짐은 이미 대답했지 않소? 그대들에게 저자를 넘겨주지 않을 거라고. 저 사람은 성자요. 하느님을 뵌 사람이란 말이오.

유대인1 아니, 그럴 수는 없사옵니다. 예언자 엘리아 님 이후로 하느님을 뵌 사람은 이 세상에 아무도 없습니다. 그분이 하느님을 직접 본 마지막 사람입니다. 요즘은 하느님께서 직접 나타나시는 일은 없사옵니다. 그분은 몸을 숨기고 계십니다. 그래서 이 땅에 큰 재앙이 일어나는 것입니다.

유대인2 솔직히 말씀드린다면 예언자 엘리아 님이 정말로 하느님을 뵈었는지 알고 있는 사람은 전혀 없습니다. 어쩌면 그는 하느님의 그림자만 봤을지도 모르옵니다.

유대인3 하느님은 몸을 숨기신 적이 없소. 그분은 언제 어디서나 모습을 드러내고 계십니다. 하느님은 선한 것에 임하시듯 악한 것에도 똑같이 임하시지요.

유대인4 그건 아니지. 그건 매우 위험한 교리요. 그리스 철학을 꽃피운 알렉산드리아학파에서 주장하는 교리지요. 그런데 그리스 사람들은 이교도란 말이지. 할례도 받지 않는 놈들이잖소?

유대인5 하느님께서 하시는 일을 인간이 어찌 판단하겠소. 하느님의 역사(役事)하심은 참으로 불가사의한 것이오. 우리 인간이 악하다고 하는 것이 선일 수도 있고, 또 선하다고 하는 것이 의외로 악일 수도 있소. 인간은 아무것도 판단할 수가 없는 거요. 하느님의 힘은 너무나 크고 위대하

오, 인간은 언제나 머리를 조아리고 복종해야 할 따름이오. 하느님의 손길이 닿으면 강자도 약자와 마찬가지로 갈가리 찢기고 말 것이오. 하느님 앞에서는 인간의 강함과 약함 따윈 아무것도 아니오.

유대인1 그렇지, 그대 말이 백번 옳소. 참으로 하느님은 무서운 분이오. 하느님은 강자도 약자도 가루로 만들어 버리시오. 마치 인간이 곡물을 맷돌로 갈아 부숴 버리듯이 말이오. 어쨌든 저 사내로 말하자면, 하느님을 직접 뵌 적이 없소. 예언자 엘리아 님 이후로 하느님을 뵌 사람은 한 명도 없단 말이오.

헤로디아 왕비 저 사람들 입 좀 다물게 하세요. 이젠 진저리가 나요.

헤롯 왕 아니, 나는 요한이 바로 그대들의 예언자인 엘리아 본인이라는 소문을 들은 적이 있소.

유대인1 절대로 그럴 리 없사옵니다. 예언자 엘리아 님은 300년 전에 살았던 분이옵니다.

헤롯 왕 저 사람이 바로 예언자 엘리아라고 하는 사람들이 더러 있소이다.

나사렛인1 저분은 분명히 예언자 엘리아 님이십니다.

유대인1 아니옵니다. 저자는 예언자 엘리아 님이 아닙니다.

세례 요한의 목소리 보라, 그날이 목전에 다가 왔노라, 주님의 그날이. 저 높은 산꼭대기에서 이 세상의 구세주 되실 그분께서 오시는 발소리가 들리는구나.

헤롯 왕 이 세상의 구세주라니? 무슨 소리인가?

로마 청년 티젤리누스 그건 시저 폐하께서 채택하신 칭호입니다.

헤롯 왕 하지만 시저 폐하께서는 유대로 찾아오시지 않을 텐데. 바로 어제 로마에서 편지가 왔는데 폐하께서 찾아오신다는 내용은 전혀 없었노라. 티젤리누스, 그대는 지난겨울 그곳에 있었지만 그런 얘기는 들은 바가 없지 않은가?

로마 청년 티젤리누스 그렇습니다, 폐하. 그런 얘기는 전혀 듣지 못했사옵니다. 다만 저는 칭호에 대해 말씀드렸을 뿐입니다. 그것은 시저 황제 폐하의 수많은 칭호 가운데 하나입니다.

헤롯 왕 어쨌든 시저 폐하께서 여기까지 오실 리는 없느니. 황제는 심한 통풍을 앓고 계시니까. 두 다리가 코끼리 다리처럼 퉁퉁 부었다고 하더군.

또 나라를 생각해서라도 여기엔 못 오시겠지. 로마를 떠나는 사람은 로마를 잃을 테니, 황제는 여기에 오실 리 없지. 하지만 시저 황제께서는 대왕이시니 마음만 먹으면 오실 수도 있겠지. 아니, 그래도 오시지는 않을 게야.

나사렛인1 폐하, 저 예언자가 말하고 있는 것은 시저 황제와는 관련이 없사옵니다.

헤롯 왕 어떻게? ―시저 황제와는 관련이 없다고?

나사렛인1 그렇습니다, 폐하.

헤롯 왕 그럼 누구와 관련되었단 말인가?

나사렛인1 마침내 모습을 드러내신 구세주에 대한 이야기입니다.

유대인1 구세주는 오시지 않았소.

나사렛인1 그분은 오셨소. 오셔서 사방에서 기적을 낳고 계시오.

헤로디아 왕비 호호호호호! 기적이라니? 난 그런 기적 같은 건 믿지 않아요. 기적이라면 잔뜩 봤거든. (시종에게) 부채를 다오.

나사렛인1 그분은 정말로 기적을 일으키십니다. 이를테면, 갈릴리 조그마한 마을에서 거행된 결혼식에서 그분은 물을 포도주로 바꿔놓으셨습니다. 그 자리에 있었던 자들이 저에게 이야기해 주었습니다. 게다가 가버나움 성문 앞에 앉아 있던 두 나병 환자를 그분이 살짝 건드리기만 했는데도 병이 싹 나았다고 합니다.

나사렛인2 아닐세. 가버나움에서 그분이 치료해 준 건 장님들이었네.

나사렛인1 아니, 나병 환자였어. 하긴 그분은 장님도 눈을 뜨게 해 주신 적이 있지만. 게다가 그분이 산 위에서 천사와 대화하는 장면이 목격되었다는군요.

사두개인 천사는 존재하지 않소이다.

바리새인 천사는 존재하오. 하지만 그 사람이 천사와 대화했다는 것은 도무지 믿을 수가 없구려.

나사렛인1 그분이 천사들과 대화하는 장면이 뭇 사람들에 의해 목격되었답니다.

사두개인 천사와 이야기를 나누었을 리가 없다니까.

헤로디아 왕비 정말 지긋지긋한 자들이야! 어리석은 자들이야! (시종에게)

이봐, 부채는? (시종이 왕비에게 부채를 건넨다) 얼빠진 얼굴을 하고 있군. 정신 차려. 그렇게 얼빠진 얼굴을 하는 자는 병든 사람뿐이니까. (부채로 시종을 때린다)

나사렛인2 그분은 또 야이로의 딸에게도 기적을 베풀었지요.
나사렛인1 그렇습니다. 정말입니다. 그건 어느 누구도 부정할 수는 없을 겁니다.
헤로디아 왕비 이자들은 미쳤어요. 달님을 너무 오래 쳐다봐서 그런가 봐요. 입 좀 닥치라 엄명을 내리셔요.
헤롯 왕 그가 야이로의 딸에게 어떤 기적을 베풀었는고?
나사렛인1 야이로의 딸이 죽었는데, 그분이 그녀를 되살려 놓으셨나이다.
헤롯 왕 어찌! 그가 죽은 사람을 되살렸다고?
나사렛인1 그렇습니다, 폐하. 그분은 죽은 자를 되살리십니다.
헤롯 왕 그런 짓을 하는 건 원치 않소이다. 그건 엄명으로 금지하노라. 죽은 자를 되살리는 일은 누구에게도 허락될 수 없노니. 그자를 찾아내어, 죽은 자를 되살리는 일은 짐이 금한다고 이를지어다. 그런데 그자는 지금 어디 있느뇨?
나사렛인2 그분은 사방 방방곡곡에 계십죠, 폐하. 그러나 찾아내기는 어렵사옵니다.
나사렛인1 지금은 사마리아에 계신다는 소문을 들었습니다.
유대인1 그자가 사마리아에 있다고? 그것만으로도 그가 구세주가 아니라는 사실은 훌륭하게 증명되는군. 사마리아인이 사는 곳에 구세주가 나타날 리 없으니까. 사마리아인은 저주받은 민족일세. 신전에 공물을 전혀 바치지 않거든.
나사렛인2 그분이 사마리아를 떠난 지 며칠 되었사옵니다. 지금은 예루살렘 근처에 계시리라 사료되옵니다.
나사렛인1 아니, 거기에는 아니 계시오. 내가 지금 막 예루살렘에서 왔는데, 지난 두 달 동안 그분의 소식은 접하지 못했어요.
헤롯 왕 아무래도 상관없소이다! 어쨌든 그자를 찾아내서, "헤롯 왕께서 이르되 죽은 자를 되살리는 짓은 용서치 않겠노라고" 반드시 전해야 할 것이니라! 물을 포도주로 바꾸고, 나병 환자나 장님을 치료하는 일……그런 짓일랑은 하고 싶으면 얼마든지 해도 좋으니라. 그런 일들은 굳이 금하지 않겠노라. 사실 나병을 고치는 행위는 좋은 일이라 여기노라. 그러나 죽은 자를 되살리는 일만큼은 그 누구도 해서는 안 될 짓이야. 죽은 자가 되살아난다니, 얼마나 끔찍한 일인고?

세례 요한의 목소리 아, 음탕한 계집! 창녀 같으니! 황금의 눈과 금색 칠을 한 눈꺼풀을 지닌 바빌론의 딸년이여! 주님이 이르시되, 수많은 군중들이 그녀에게 등을 돌려, 둘러싸고 돌을 주워 그녀에게 던지리라……

헤로디아 왕비 저 입 좀 다물게 하셔요!

세례 요한의 목소리 대장들은 칼을 뽑아 그녀를 찔러 죽이리라. 방패로 짓뭉겨 죽도록 할 것이로다.

헤로디아 왕비 아니 세상에, 저런 모욕적인 소릴하다니!

세례 요한의 목소리 이렇듯 온갖 사악함을 이 지상에서 몰아내리라. 그리하여 모든 여인들이 그녀의 혐오스러운 행위를 따라하지 않은 길을 가르쳐 주리라.

헤로디아 왕비 저놈이 저렇게나 저를 욕되게 하는 것을 듣나이까? 폐하의 왕비인 여인에게 욕하고 있는 자를 그냥 내버려 두시렵니까?

헤롯 왕 저 사람은 그대 이름을 언급하지는 않았소.

헤로디아 왕비 그게 무슨 상관이에요? 저자가 욕설을 퍼붓고 있는 상대가 바로 저라는 사실을 폐하께서도 잘 알고 계시지 않습니까? 저는 폐하의 아내이옵니다, 그렇지 않사옵니까?

헤롯 왕 사실인즉슨, 사랑스럽고 고매하신 헤로디아, 그대가 짐의 아내인 건 사실이오. 그러나 그전에는 내 형의 아내였지.

헤로디아 왕비 그 형에게서 저를 빼앗으신 분이 바로 폐하이시지 않습니까.

헤롯 왕 물론 짐은 형보다 강했지…… 그렇지만 그 얘긴 더 이상 하지 맙시다. 더는 말하고 싶지 않소. 그 일 때문에 예언자가 저런 끔찍한 소릴 내뱉는 게 아니오? 어쩌면 그 때문에 재앙이 닥칠지도 모를 일. 그런 얘기는 하지 맙시다. 고매한 헤로디아, 손님들에게 너무 신경을 못 써 드리는 가 보오. 모처럼 맞이한 손님들 앞에서 우리가 실례를 범했구려. 사랑하는 부인, 술잔 가득히 술이나 따라 주시오. 은잔과 유리잔에 포도주를 가득 채우시오. 시저 황제를 위해 건배를 하리라. 로마인들도 이 자리에

와 계시니. 시저 폐하를 위해 건배해야지요.

일동 시저! 시저!

헤롯 왕 당신 딸을 좀 보시오. 얼굴이 무섭도록 창백하지 않소?

헤로디아 왕비 살로메의 얼굴이 창백하거나 말거나 폐하께서 무슨 상관이지요?

헤롯 왕 그러나 저렇게 창백해진 것은 본 적이 없어.

헤로디아 왕비 살로메 좀 그만 쳐다보세요.

세례 요한의 목소리 그날이 오면 태양은 머리 두건처럼 깜깜해지고, 달은 피처럼 붉어질 것이며, 하늘의 별들은 설익은 무화과가 나무에서 떨어지듯이 지상으로 떨어질 것이로다. 이리하여 지상의 왕들이 두려움에 떨게 되리라.

헤로디아 왕비 흥! 흥! 저자가 나불거리는 그날을 보고 싶어. 달이 피처럼 붉어지고, 별들이 설익은 무화과처럼 지상으로 떨어지는 그날을 말예요. 저 예언자라는 자는 주정뱅이처럼 지껄이고 있어요…… 저 목소리는 더이상 참을 수가 없어요. 저 목소리는 혐오스러워요. 입 다물라고 언명을 내리셔요.

헤롯 왕 그렇게 하진 않겠소. 저자가 하는 말을 이해할 수는 없어도, 어쩌면 무슨 징조를 예언하고 있는 걸지도 모르잖소.

헤로디아 왕비 저는 징조 따위는 믿지 않아요. 마치 주정뱅이처럼 떠들고 있을 뿐이에요.

헤롯 왕 하느님의 포도주에 취했는지도 모르지.

헤로디아 왕비 하느님의 포도주라니, 대체 어떤 술인가요? 어느 포도밭에서 모아진 포도로 만든답니까? 또 어떤 술통에서 찾아낸 것이지요?

헤롯 왕 (이때부터 끊임없이 살로메 공주를 응시한다) 티젤리누스, 그대는 최근 로마에 머무를 때 황제 폐하께서 그대에게 그 문제에 대해 언급을 하셨……?

로마 청년 티젤리누스 문제이오니까, 폐하?

헤롯 왕 무슨 문제냐고? 아! 내가 자네에게 물어봤지, 그렇지? 그런데 뭘 물어봤는지 잊어버렸군.

헤로디아 왕비 또 내 딸애 얼굴을 쳐다보고 계시는군요. 그래서는 아니 되나이다. 벌써 몇 번이나 말씀드리지 않았습니까.
헤롯 왕 당신은 할 말이라곤 그 말밖에 없구려?
헤로디아 왕비 다시 한 번 말씀드리지요.
헤롯 왕 신전을 복원하는 문제로 백성들이 이러쿵저러쿵 말들이 많다더니, 뭐라도 이루어질 것인가? 신전 베일이 사라졌다고 했지, 그렇잖았는가?
헤로디아 왕비 그건 폐하께서 몸소 훔치셨거든요? 생각나는 대로 아무렇게나 말씀하시다니요. 저는 이런 곳에 더 이상 있고 싶지 않습니다. 안으로 드시지요.
헤롯 왕 짐을 위해 춤을 춰 다오, 살로메여.
헤로디아 왕비 그 애한테 춤추게 하지 않을 거예요.
살로메 공주 전 춤추고 싶지 않사옵니다, 폐하.
헤롯 왕 살로메, 헤로디아의 딸이여, 짐을 위해 춤을 추어다오.
헤로디아 왕비 그 애를 좀 내버려 두세요.
헤롯 왕 언명이노라, 춤을 추어라, 살로메여.
살로메 공주 저는 춤을 추지 않을 것이옵니다, 폐하.
헤로디아 왕비 (웃으면서) 보시지요, 폐하. 명령에 따를 줄 아셨습니까?
헤롯 왕 공주가 춤을 추든 말든 무슨 상관인가. 짐은 아무렇지도 않다. 짐은 오늘 밤 행복해. 더할 나위 없이 행복하구나. 이렇게까지 행복한 적은 처음이야.
병사1 국왕 폐하의 표정이 어두우신걸. 안 그런가?
병사2 그래, 표정이 어두우셔.
헤롯 왕 짐이 행복해선 안 될게 뭐뇨? 이 세계를 지배하는 군주이신 시저 황제께서, 만물을 주재하는 제왕이신 시저 황제께서 짐을 끔찍이 사랑하시거늘. 이번에도 아주 귀한 선물을 보내 주셨어. 게다가 짐의 오랜 적수인 카파도키아 국왕을 로마로 소환하신다는 약속까지 해 주셨지. 황제 폐하께서는 그를 로마에서 처단해 버리실 거야. 시저 황제께서는 뭐든지 뜻대로 하실 수 있는 분이니까. 정녕 시저 황제는 만승지군이시다. 그러니 짐이 행복한 것도 당연하지 않은가? 이 세상 그 무엇도 짐의 이 행복을 망치지는 못할 것이로다.
세례 요한의 목소리 그자는 이 왕좌에 앉아 있을 것이로다. 선명한 붉은

옷, 진홍색 옷을 걸치고, 신성모독의 죄로 가득 찬 황금잔을 손에 들고 있으리라. 그러면 주님의 천사가 그자를 쳐서 죽이고 말리. 마침내 그자는 구더기 밥이 되고 말리라.

헤로디아 왕비 저자가 폐하에 대해 이야기하고 있군요. 폐하께서 구더기 밥이 될 거라고 하네요.

헤롯 왕 그 사람이 하는 말은 내 얘기가 아니오. 그 사람은 짐에게 해되는 말은 절대로 하지 않소. 방금 그건 카파도키아 국왕에 대한 이야기요. 짐의 적인 카파도키아 국왕 말이오. 구더기 밥이 될 사람은 바로 그놈이지, 짐이 아니오. 저 예언자는 지금까지 짐에 대한 악담을 한 적이 없소. 형의 아내를 왕비로 맞이한 죄만을 제외하고 말이오. 그 사람 말이 아마도 옳을지 모르지. 사실인즉 그대는 석녀(石女)거든.

헤로디아 왕비 제가 애를 못 낳는다고요? 언제나 제 딸 얼굴만 바라보고 계시는 폐하께서, 그 애한테 춤을 춰서 흥을 돋우라고 하시는 폐하께서? 바보같은 말씀을 하시는군요. 저는 한 아이의 어미입니다. 그런데 폐하께서는 지금까지 애를 하나도 못 얻으셨죠. 그래요, 노예한테서도 말이에요. 애를 못 낳는 사람은 제가 아니라 폐하입니다.

헤롯 왕 닥치시오, 여자여! 입 다무시오! 짐이 당신을 석녀라 말하지 않았느뇨. 당신은 내 애를 낳아주지 못했잖소. 그래서 저 예언자는 우리 결혼이 진정한 결혼이 아니라고 하는 거요. 근친상간의 결혼이라고, 죄악을 불러들일 결혼이라고 말하고 있는 거요……그 사람의 말이 옳을까 두렵소. 아니, 확실히 그 말이 옳소. 이에 짐은 행복하리. 지금은 실인즉, 짐은 행복하단 말이오. 모든 것이 다 만족이오.

헤로디아 왕비 오늘 밤 기분이 좋으시다니 참으로 기쁜 일이군요. 평소에는 안 그러신데. 하지만 이미 밤이 깊었습니다. 안으로 드시지요. 내일 새벽에 사냥을 나가기로 하시지 않으셨나이까. 잊으시면 안 됩니다. 시저 폐하가 보내신 칙사들을 융숭하게 대접하셔야 하지 않겠습니까?

병사2 국왕 폐하의 표정이 몹시 우울해 보이시는군.

병사2 그러게. 우울해 보이시는군.

헤롯 왕 살로메, 공주여, 춤을 추어 주렴. 부탁이니 제발 춤을 춰 다오. 오늘 밤은 서글프구나. 짐은 서글픈 밤을 보내고 있어. 여기 왔을 때 피를

살로메 291

밟아 미끄러졌지. 그건 불길한 징조야. 더구나 짐은 허공에서 퍼드득 날개 치는 소리를 들었노라. 커다란 날개치는 소리 말이야. 그것이 무엇을 의미하는지는 모르겠지만. 어쨌든 오늘 밤은 기분이 서글프구나. 그러니 춤을 춰 다오. 살로메, 춤을 추어. 간청하오니. 네가 만일 춤을 추어준다면 원하는 것은 무엇이든지 다 주겠노라. 내 왕국의 절반이라도 기꺼이 떼어 주겠노라.

살로메 공주 (자리에서 일어나) 정말로 제가 원하는 것은 무엇이든지 다 주시겠나이까, 폐하?

헤로디아 왕비 춤추지 말지어다, 내 딸이여.

헤롯 왕 짐에게 요구한 것은 무엇이든 주겠노라. 내 왕국의 절반이라도.

살로메 공주 맹세하시겠나이까, 폐하?

헤롯 왕 맹세하지, 살로메.

헤로디아 왕비 춤추지 말렷다, 내 딸이여.

살로메 공주 무엇을 걸고 맹세하시겠습니까, 폐하.

헤롯 왕 짐의 목숨, 왕관, 그리고 짐의 신들을 걸고 맹세하노라. 네가 원하는 것은 뭐든지 주겠노라. 내 왕국의 절반이라도, 그대가 짐을 위해서 춤만 추어준다면. 오, 살로메, 살로메. 짐을 위해 춤을 춰 다오!

살로메 공주 맹세하셨습니다, 폐하.

헤롯 왕 그래 맹세했노라, 살로메야.

헤로디아 왕비 내 딸이여, 춤을 추지는 말 것이다.

헤롯 왕 왕국의 절반이라도 주겠노라. 살로메, 네가 기꺼이 내 왕국의 절반을 원한다면, 그 영토의 아름다운 여왕이 될 수 있을 것이니라. 너무나도 아름다운 여왕이 되지 않겠느냐? 아! 여긴 춥구나. 얼음같은 바람이로다. 그 소리가 들려…… 어인 일로 허공에서 날갯짓하는 소리가 들리는 걸까! 아아! 거대한 까만 새가 이 테라스를 위를 배회하고 있다는 상상을 할 수도 있겠지. 그런데 그 새가 왜 보이질 않는 걸까? 날개치는 소리는 끔찍해. 그 날개가 일으키는 바람이 엄청나구나. 아주 차가운 바람이야. 아니, 추운 게 아니라 더워. 숨이 막힐 지경이군. 내 손에 물을 좀 부어라. 차가운 눈을 대령하라. 짐이 먹겠노라. 내 망토를 풀어 다오. 어서! 빨리! 망토를 풀어라, 아, 아니, 그만둬. 나를 괴롭히는 것은 이 장미꽃 화관이야. 꽃잎이 꼭 불덩이 같군. (왕은 화관을 잡아떼어 식탁 위에 내동댕이친다) 아! 이제야 살 것 같군. 저 새빨간 꽃잎들 좀 봐라! 옷에 밴 핏자국 같구나. 그건 문제가 아니지. 눈에 띄는 모든 것에서 상징을 찾는다는 것은 현명한 일이 못 되지. 그건 우리 삶을 공포로 꽉 채워놓고 말 거야. 치리리 핏자국을 장미 꽃잎처럼 아름답다고 말하는 편이 낫겠지. 그럼, 훨씬 낫고말고. 아니, 그 얘긴 그만하자구나. 짐은 행복해. 아주 행복해. 짐에겐 행복할 권리가 있지 않은가? 그대의 딸이 짐을 위해서 춤을 추어줄 테니. 살로메, 춤을 추어 주겠지? 춤을 추겠다고 약속했으렷다.

헤로디아 왕비 춤을 추도록 하지는 않을 거예요.

살로메 공주 춤을 추겠사옵니다, 폐하.

헤롯 왕 그대의 딸이 하는 말 들었소? 짐을 위해서 춤을 춘다지 않소? 그래 살로메, 짐을 위해 멋지게 춤을 춰 보아라. 그리고 춤을 추고 나서 그대가 진정 원하는 것을 짐에게 요구하는 거 잊지 말렷다. 내 왕국의 절반이라도. 짐이 맹세했노니, 그렇지 않았던가?

살로메 공주 네, 맹세하셨습니다, 폐하.

헤롯 왕 짐은 이제까지 한번 뱉은 말을 어긴 적이 없느니라. 맹세를 깨뜨리는 그런 자가 아니니라. 거짓말은 아예 할 줄을 몰라. 짐은 짐이 뱉은 말에 대해서는 그 노예이니라. 내 말은 곧 왕의 말이니. 카파도키아 왕은 혀를 놀렸다 하면 거짓말만 하지. 그래서 그자는 진정한 왕이 아닌 게야. 겁쟁이지. 그는 짐에게 결코 갚지 못할 빚을 지고 있느니라. 그는 내가 보낸 사신을 모욕하는 인간이야. 남에게 상처 주는 말이나 내뱉지. 하지만 로마에 도착하면 시저 황제께서 십자가에 못 박아 처형하실 게야. 분명히 시저 황제께서 그를 십자가에 매다실 거야. 그러지 않아도 어차피 죽을 놈이지만. 구더기 밥이 될 거야. 예언자가 그렇게 예언하지 않았나. 그런데 살로메, 뭘 꾸물거리고 있느뇨?

살로메 공주 제 노예들이 향료와 일곱 베일을 가지고 와서 이 신발을 벗겨주기를 기다리고 있사옵니다.

(여자 노예들이 향료와 일곱 베일을 가져와서 살로메 공주의 신발을 벗긴다)

헤롯 왕 오, 맨발로 춤을 추는 게냐? 얼씨구! 절씨구! 너의 조그만 발은 마치 흰 비둘기 같구나. 나무 위에서 춤추는 조그만 하얀 꽃 같아……저런, 저런, 피 위에서 춤을 추려는 거냐. 그 바닥에는 피가 뿌려져 있어. 피 위에서 춤을 추면 안 돼. 불길한 징조야.

헤로디아 왕비 피 위에서 춤추는 게 전하께 뭐가 문제인가요. 폐하께서도 피 속 깊숙이 적시고 지나가셨으면서…….

헤롯 왕 내게 무슨 문제냐고? 아! 저 달 좀 봐! 붉게 물들었네. 피처럼 빨개졌어. 아아! 예언자의 말이 진실이었어. 달이 피처럼 붉어질 거라고 예언했잖소. 그가 그렇게 예언하지 않았소? 다들 들었을 거요. 그리고 지금 저 달이 이렇게 피처럼 붉어졌소. 모두들 저 달이 안 보이오?

헤로디아 왕비 네, 정말 그렇군요. 잘 보입니다. 그리고 별들이 덜 익은 무화과처럼 떨어지고 있지 않나요, 그렇죠? 해는 까만 옷처럼 어두워지고, 지상의 왕들은 두려워하고 있네요. 그것만은 적어도 알 수 있죠. 저 예언자도 그 말만은 올바로 말하고 있어요. 지상의 왕이 두려움에 떤다고…… 자, 그만 안으로 드시지요. 몸이 안 좋으셔요. 로마인들이 폐하를 보고 실성한 사람이라고 말할지도 몰라요. 부디 안으로 드시지요.

세례 요한의 목소리 에돔의 나라에서 오는 자 누구인가? 보즈라 시내에서 오는 자 누구인가? 빨갛게 물들인 옷을 입고 긴 옷자락을 아름답게 빛내면서 힘차고 당당한 걸음으로 걸어오고 있도다. 어인 일로 그 옷은 새빨간 빛으로 물들어 있는가?

헤로디아 왕비 안으로 드시지요. 저자의 목소리는 저를 실성케 해요. 저자가 저렇게 끊임없이 고함치고 있는 동안 제 딸을 춤추게 할 순 없습니다. 그리고 폐하께서 그렇게 공주를 뚫어져라 바라보고 계시는 동안 제 딸을 춤추게 할 순 없습니다. 네, 그래요. 저는 제 딸을 춤추게 놔두지 않을 겁니다.

헤롯 왕 일어나지 마시오, 내 아내여, 왕비여. 그래도 소용없소. 공주가 춤을 출 때까지 짐은 안으로 들어가지 않을 거요. 살로메, 짐을 위해 춤을 출지어다.

헤로디아 왕비 춤을 추지 말렷다, 내 딸이여.

살로메 공주 준비가 되었나이다, 폐하.

(살로메 공주가 일곱 베일의 춤을 춘다)

헤롯 왕 좋을시고! 보시오, 짐을 위해 춤을 추었소, 그대의 딸이. 살로메,

가까이 오렴. 가까이 오래도. 이 짐이 너의 대한 대가를 줄 수 있도록, 아아! 국왕의 흥을 위해 춤을 추어주는 이들에게 짐은 보상을 하사하지 않던가. 짐이 하사를 하겠노라. 진심으로 바라는 것이 있다면 무엇이든 너에게 줄 것이로다. 그래, 무엇을 원하느냐? 말해 보아라.

살로메 공주 (무릎을 꿇고) 지금 당장 신하들에게 명령하셔서, 은쟁반에……

헤롯 왕 (웃으면서) 은쟁반? 오 그래, 은쟁반에 말이지? 사랑스럽기도 하지. 은쟁반에 뭘 담아 주었으면 좋겠느냐, 어여쁘고 사랑스런 살로메여, 유대인 처녀들 중에서 보다 아름다운 아가씨. 신하에게 명령해서 은쟁반에다 뭘 담아 오라고 하면 되겠느냐? 말해 보아라, 뭐든지 다 주마. 짐의 보물은 너의 것일지니. 갖고 싶은 게 무엇이뇨, 살로메?

살로메 공주 (몸을 일으키며) 세례 요한의 머리옵니다.

헤로디아 왕비 아, 잘한 말이야, 내 딸이여!

헤롯 왕 아니지! 아니 될 말!

헤로디아 왕비 잘한 거야, 내 딸아.

헤롯 왕 안 되지, 안 돼, 살로메. 그건 네가 원하는 게 아니야. 네 어미의 말에 귀를 기울이지 말 것이로다. 네 어미는 너에게 항상 나쁜 것만 가르치니라. 네 어미는 괘념치 말 것이로다.

살로메 공주 난 어머니의 말에 괘념하고 있는 것이 아니옵니다. 은쟁반에 올려진 세례 요한의 머리를 원하는 것은 바로 저 자신이옵니다. 폐하, 폐하께선 맹세를 하셨나이다. 맹세하신 것을 잊지 마옵소서.

헤롯 왕 알고 있노라. 신들의 이름으로 맹세했지. 그건 나도 잘 알고 있어. 하지만 살로메여, 제발 부탁이니 다른 것을 달라고 할 순 없겠느냐? 내 왕국의 절반이라도 달라고 하렴, 그럼 기꺼이 줄 테니. 하지만 지금 달라고 한 것만은 제발 나에게 요청하지 마라.

살로메 공주 저는 요한의 머리를 요청하옵니다.

헤롯 왕 안 돼, 그건 안 돼. 그건 주지 않을 것이니라.

살로메 공주 맹세하셨나이다, 해롯.

헤로디아 왕비 그래요, 맹세하셨지요. 모두가 다 들었습니다. 모든 사람 앞에서 맹세하셨지요.

헤롯 왕 닥치시오, 여자여! 짐이 말하고 있는 건 당신이 아니오!

헤로디아 왕비 제 딸이 요한의 머리를 달라고 한 건 정말 잘한 일입니다. 그는 저에게 모욕적인 말을 퍼부었어요. 아주 심한 말들을 입에 올렸단 말입니다. 이것으로 제 딸이 어미를 얼마나 사랑하는지 다들 잘 아셨겠지요. 살로메야, 양보해서는 안되느니라. 폐하는 이미 맹세를 하셨어. 맹세했고 말고.

헤롯 왕 입 닥치지 못할까! 내게 입 뻥긋 마오!……짐이 이렇게 비오니, 고집부릴 일이 아니노라. 짐은 너에게 친절을 베풀어 왔질 않느냐? 짐은 언제나 너를 사랑해 주었다……좀 도를 넘는 사랑을 주었지. 그러니 그런 것을 나에게 요구하지는 말아 다오. 이런 걸 요구한다는 것은 끔찍한 일이오, 무서운 일이야. 짐은 분명 네가 농담을 하고 있으려니 생각하노라. 몸통에서 잘라 낸 사람의 머리라니, 보기에도 끔찍할 것 같지 않니? 순결한 처녀의 눈이 그런 것을 본다는 건 어울리지 않는 법. 그것에서 무슨 기쁨을 맛볼 수 있단 말인가? 그래 봤자 좋을 거 하나도 없다. 아니, 네가 원하는 것은 그게 아닐 게다. 짐의 말을 들을지어다. 짐은 에메랄드를 가지고 있느니라. 아주 큰 것인데, 그 에메랄드를 통해 보면 먼 곳에서 일어나는 일이 훤히 보인단다. 시저 폐하께서도 몸소 그런 에메랄드를 지니고 서커스를 보러 가신다더구나. 하지만 짐의 에메랄드는 그것보다 훨씬 큰 것이야. 짐이 그건 잘 알고 있어. 짐의 것이 이 세상에서 가장 큰 에메랄드거든. 그걸 택하렴. 그러지 않겠니? 원한다면 기꺼이 주겠노라.

살로메 공주 요한의 머리를 요구하옵니다.

헤롯 왕 짐의 말을 듣지 않고 있군, 듣지 않고 있어. 제발 좀 들어 다오, 살로메.

살로메 공주 요한의 머리를.

헤롯 왕 안 돼, 안 돼지. 그건 갖지 못할 터. 오늘 밤 짐이 너에게 눈을 한시도 떼지 않고 쳐다보았다고 해서 짐을 골탕을 먹이려고 그런 걸 요구한 게지. 그래, 실제로 오늘 밤에 짐은 너를 너무나 지나치게 쳐다봤어. 내내 너의 미모에 홀려 있었다. 너의 미모가 이 짐을 비통할 정도로 혼란에 빠트렸으며, 그래서 짐이 너를 도에 넘치도록 쳐다본 것이야. 하지만 이제 더 이상 너를 쳐다보지 않겠노라. 어느 것을 막론하고 지나치게 쳐다봐서는 안되는 법이지. 사물이든 사람이든, 뭔가를 너무 뚫어져라 보는 것은 안될 일이야. 그렇게 봐도 되는 것은 거울밖에 없어. 거울은 자기 얼굴을 비춰 줄 뿐이니까. 아! 아아! 포도주를 가져오너라! 갈증이 나는구나……살로메, 살로메, 우리 화해하자꾸나. 그대를 생각하기를……아아! 내가 무슨 말을 하려고 했지? 무엇이었던고? 살로메— 좀더 가까이 오렴. 내 말을 흘려듣지 말렴—살로메, 짐의 하얀 공작은 너도 알고 있지? 도금 양나무와 높다란 삼나무 사이 정원에서 거니는 아름다운 하얀 공작들 말이다. 부리에는 금칠을 하고 황금이 스며든 곡식을 먹고, 다리는 붉은색으로 물든 그 공작 말이야. 그 공작새가 큰 소리로 울면 비가 온단다. 꼬리를 활짝 펴면 하늘에 달이 뜨고. 그 새들은 두 마리씩 짝을 지어 삼나무와 거무스름한 도금양 숲 속을 거니는데, 한 마리마다 시중드는 노예가 한 명씩 딸려 있거든. 때로는 숲 위로 날아다니는가 하면 어느 사이에 풀밭이나 연못가에 웅크리고 앉아 있지. 그렇게 멋진 새는 이 세상에 아마 둘도 없을 게다. 그렇게 멋진 새를 가진 왕도 이 세상엔 없을 게다. 그만큼 아름다운 새는 시저 폐하도 못 가지셨어. 그 공작새 50마리를 너에게 주마. 그 새들은 네가 어딜 가도 졸졸 따라다닐 거야. 그것들한테 둘러싸인 너는 마치 거대한 하얀 구름 한가운데에 떠 있는 달처럼 보이겠지……그것들을 다 너에게 주겠노라. 짐도 겨우 100마리밖에 가지고 있지 않아. 이 세상에서 짐의 공작만큼 멋진 공작을 갖고 있는 왕은 한 사람도 없어. 그것을 모두 너에게 주겠노라. 오로지 그대는 짐을 맹세의 굴레에서 풀어 주고, 짐에게 요구했던 것을 더 이상 요구해서는 안되느니라.

(왕이 포도주 잔을 비운다)

살로메 공주　요한의 머리를 주시옵소서.

헤로디아 왕비　잘한지고, 내 딸이여! 폐하, 그 공작 얘기는 대체 뭔가요. 정말 어처구니가 없구려.

헤롯 왕　닥치시오! 당신은 늘 캉캉거리며 울부짖기만 하는군. 맹수처럼 울부짖는다고. 입 좀 다무시오. 당신 목소리를 듣기도 지겨우니 닥치고 있으시오. ……살로메, 네가 무슨 짓을 하고 있는지 잘 생각해 보려무나. 저 사내는 하느님이 보내신 사자일지도 몰라. 그는 성인이다. 신의 손길이 닿은 사람이야. 신은 그의 입에다 무시무시한 예언들을 담아 놓으셨단다. 그는 사막에서와 마찬가지로 이 왕궁에서도 하느님과 함께하고 있단다. …

…뭐, 그럴 수도 있다는 얘기다. 모르긴 몰라도 하느님이 저 사내와 함께 하시면서 그를 보호하실 수도 있어. 더구나 저 사내가 죽기라도 하면 짐에게 무슨 재앙이 닥칠지 모른단다. 그는 자기가 죽는 날에는 끔찍한 재앙이 누군가를 덮칠 것이라고 말했으니 말이다. 그 재앙이 짐에게 닥치지 않는다면 누구에게 닥치겠느냐? 너도 기억하겠지만, 이곳으로 나올 적에 짐은 피를 밟지 않았느냐? 또 허공에서 커다란 날개가 펄럭이는 소리를 듣지 않았느냐? 이게 다 불길한 징조니라. 그 밖에도 또 있지. 눈으로 보지는 못했지만 분명히 그 밖에도 또 있었어. 애야, 살로메야. 너는 짐에게 재앙이 닥치기를 바라느냐? 설마 그러길 바라지야 않겠지. 그렇다면 짐의 말을 들어 다오.

살로메 공주 요한의 머리를 주소서.

헤롯 왕 아아! 짐의 말을 듣지 않고 있군. 냉정을 찾아라! 짐도 냉정하지 않느냐. 아주 냉정하단다. 내 말을 잘 들으렴. 짐은 이곳에 수많은 보석을 숨겨 놓았단다―네 어미한테도 지금까지 본 적이 없는 보석이야. 보기에 엄청난 것들이지. 네 줄짜리 진주 목걸이가 있는데, 많은 달님을 은줄로 엮어 놓은 것 같단다. 황금 그물에 걸린 50개의 달님 같기도 하고, 어느 왕비의 상아빛 가슴에 달아준 물건이란다. 네가 그 목걸이를 건다면 왕비처럼 아름다울 게다. 짐은 두 가지 빛깔의 자수정도 가지고 있지. 그중 하나는 검은 포도주처럼 새카맣고 다른 하나는 물로 색깔을 낸 포도주처럼 붉단다. 또 토파즈도 있지. 호랑이 눈처럼 노란 토파즈도 있고, 산비둘기 눈처럼 연분홍빛 토파즈도 있고, 고양이 눈처럼 초록빛 토파즈도 있거든. 짐은 얼음같이 차가운 불길을 일으키면서 끊임없이 타오르는 묘안석도 갖고 있지. 사람의 마음을 슬프게 하고 어둠에 대한 두려움을 불러일으키는 묘안석하며, 게다가 죽은 여인의 눈동자 같은 줄마노도 있단다. 달 모양에 따라서 빛깔이 변하고, 햇빛을 받으면 파리해져 버리는 월장석도 있지. 또 사파이어도 있는데 달걀만큼이나 커다란 푸른 꽃 같은 사파이어란다. 그 보석 속에서는 바다가 물결치고 있지. 달님은 그 푸른 물결을 흐트러뜨리지 않고 다가온단다. 또한 짐은 감람석과 녹주석과 금록석과 루비도 가지고 있다. 붉은 오닉스와 지르콘과 옥수 같은 것도 가지고 있어. 이 모두를 다 너에게 주겠노라. 그뿐이랴. 거기에 더 보태겠노라. 방금 전에 인도 왕이

앵무새 깃털로 만든 부채 4개를 보내왔고 누미디아 왕이 타조 깃털 옷을 보내왔어. 짐은 특별한 수정도 하나 가지고 있지. 여자들은 그 수정을 들여다볼 수 없도록 법으로 정해져 있고, 젊은 청년들도 매를 맞고서야 비로소 볼 수가 있다. 또 나전(螺鈿) 상자 속에는 희귀한 터키석 3개가 보관되어 있단다. 그 보석을 이마에 장식하면 이 세상에 존재하지 않는 일들이 머릿속에 떠오르고, 그것을 손에 쥐고 다니면 임신이 가능한 여자를 그렇지 못한 여자로 바꾸어 놓을 수 있단다. 전부 다 값으로는 따질 수 없는 위대한 보물들이야. 게다가 그뿐이랴. 흑단나무 상자 속에는 호박(琥珀) 술잔 한 쌍이 들어 있는데, 마치 황금 사과처럼 생겼어. 혹시라도 원수가 그 술잔에 독을 타면 곧바로 은사과처럼 바뀐단다. 호박을 입힌 상자 속에는 유리 세공 샌들이 들어 있지. 세레르 지방에서 가져온 망토도 있다. 유프라데의 도시에서 가져온 경옥과 석류석을 박아 넣은 팔찌도 있고……이 이상 더 무얼 바라겠느뇨, 살로메여? 원하는 것이 있으면 말해 주렴, 기꺼이 주겠노라. 네가 원하는 것이라면 단 한 가지만 제외하고 뭐든지 다 주겠어. 짐이 가진 것이라면 뭐든 다 주겠노라, 단 한 사람의 목숨만은 제외하고. 대사제가 입는 망토와 신전 베일도 모두 줄 테야.

유대인들 오! 오!

살로메 공주 요한의 머리를 주시옵소서.

헤롯 왕 (의자에 털썩 주저앉는다) 공주가 원하는 것을 가져다주도록 할지어다! 참말로 그 어미에 그 딸이로구나!

(병사 1이 다가온다. 헤로디아 왕비가 국왕의 손에서 죽음의 반지를 빼내어 병사에게 건네주자 병사는 즉시 사형집행인에게 전해 준다. 사형집행인은 겁에 질린 표정을 짓는다) 누가 짐의 반지를 빼 갔는고? 오른손에 반지가 끼어져 있었지. 누가 짐의 포도주를 마셨느뇨? 이 잔에는 포도주가 가득 차 있었거늘, 어느 놈이 마셔버렸군! 아아! 누군가에게 끔찍한 재앙이 떨어질 게야.

(사형집행인이 낡은 우물로 내려간다)

아! 어인 일로 내가 그런 맹세를 했단 말인고? 이후부터는 국왕은 맹세 따위는 하지 못하게 하리라. 맹세를 지키지 못할진대 끔찍한 일이오, 맹세를 지켜도 또한 끔찍한 문제일지니.

헤로디아 왕비 내 딸아, 정말 잘했느니라.

헤롯 왕 틀림없이 재앙이 있을 것이로다.

살로메 공주 (옛 우물 위로 몸을 기대고 귀를 기울인다)
소리가 안 나네. 아무 소리도 안 들려. 저자는 왜 소리를 지르지 않는 걸까? 아아! 누가 나를 죽이려 든다면 나는 소리지르면서 발버둥을 칠 텐데. 가만있을 수 없을 텐데……목을 쳐라, 목을 쳐, 나아만, 목을 치라니까……아, 아무 소리도 안 들려. 너무나 조용해. 무섭도록 조용해. 어? 뭔가 바닥에 떨어졌어. 뭔가 털썩 떨어지는 소리가 났어. 사형집행인의 칼인가 봐. 두려워하고 있어, 저 노예란 놈이. 그래서 자기 칼을 떨어뜨린 거야. 저자를 죽이지 못하는 거야. 비겁한 놈이야, 저 노예란 놈이! 병사들을 보내야겠어.
(헤로디아 왕비의 시종을 보고 명한다)
이리 오너라. 너는 좀 전에 죽은 호위대장의 친구였지. 그렇지 않느냐? 그래. 아직 죽을 사람이 더 있어. 그러니 병사들한테 명하라. 저 아래에 내려가 내가 원하는 것을, 국왕 폐하께서 내게 주겠다고 약속하신 것을, 나의 것을 가져오도록.
(시종이 주춤주춤 뒤로 물러나자 공주는 병사들을 향해 명한다) 자, 그대 병사들이여, 이 우물로 내려가 저자의 머리를 가져 오너라.
(병사들도 주춤거리며 뒤로 물러선다)
폐하, 폐하, 병사들에게 요한의 머리를 가져오도록 엄명을 내려 주시옵소서.
(큼지막하고 시커먼 사형집행인의 팔이 요한의 머리가 놓인 은 쟁반을 받쳐들고 옛 우물에서 쑥 나온다. 살로메 공주는 그것을 움켜 잡는다. 헤롯 왕은 망토로 얼굴을 가린다. 왕비는 웃으면서 부채질을 한다. 나사렛인들은 무릎을 꿇고 기도하기 시작한다)
아! 요한, 그대는 내가 그대에게 키스하도록 허락해 주지 않았지. 하지만 난 이제 당신에게 키스를 할 거야. 잘 익은 과일을 깨물듯이 당신 입술을 내 이로 깨물어 줄 거야. 그래, 그대에게 키스해 줄 거야, 요한. 내가 그러겠다고 했잖아? 그렇지? 아! 이제 그 입술에 키스할 거야. ……그런데 요한, 어이해서 나를 쳐다보지 못하는가? 그렇게도 끔찍하고 그렇게도 분노와 모멸감으로 가득찬 두 눈이 이제는 완전히 감겨 버렸구나. 어인 일로 감겨버렸는고? 눈을 떠라! 요한, 눈꺼풀을 들어 올려 봐! 왜 나를 쳐다봐 주지 않는 거야? 내가 무서워서 내 얼굴을 쳐다보지 않으려는 거야, 요한? ……독을 내뿜는 새빨간 뱀 그대의 혀, 이제는 더 이상 움직이지 않는구나. 요한, 나에게 독설을 퍼붓던 빨간 독사가 더 이상 아무 말도 하지를 않네. 이상도 하지. 그렇지 않은가? 어째서 빨간 독사가 더이상 꿈틀거리지 않는 걸까? ……나를 거들떠보지도 않은 거지요, 요한? 그대는 나를 거부했어. 아주 심한 욕을 퍼부었지. 유대의 공주, 헤로디아 왕비의 딸, 이 살로메를 마치 창녀나 음탕한 여자처럼 취급했어! 이봐요 요한, 그런데 나는 아직 살아 있고 그대는 죽어 버렸지. 그래, 그대 머리는 내거야. 이젠 내 마음대로 할 수 있어. 개들이나 하늘을 나는 새들한테 던져 줄 수도 있지. 개들이 먹다 남기면 하늘을 나는 새들이 나머지를 와작와작 뜯어 먹겠지. ……아아, 요한, 그대는 내가 사랑한 단 하나뿐인 남자였어. 다른 남자들은 다 싫어. 그러나 그대만은 아름다웠지! 그대의 몸은 은받침 위에 세워진 상아 기둥 같았어. 은빛 비둘기 떼나 백합으로 가득한 정원 같고, 상아로 덮인 은탑 같았지. 이 세상에 그대 몸처럼 하얀 것은 없을지니. 이 세상에 그대 머리처럼 그처럼 새까만 것은 없어. 온 세상을 통틀어 그대 입술처럼 그처럼 붉은 것도 없지. 그 목소리는 요상한 향내음을 풍기는 향로였지. 그리고 그대를 바라보노라면 매우 신기한 음악이 들려왔어. 아! 어인 일로 그대는 나를 쳐다보지 않았느뇨, 요한? 그대는 두 손과 신성모독의 덮개로 그대의 얼굴을 숨겨 버렸어. 그대는 자기 눈을 속여 신을 보려고 하는 사람의 눈을 가려버렸지. 그래, 그대는 그대의 신은 보았지 요한, 그렇지만 나를, 나를 그대는 결코 보질 않았어. 나는 그대를 보고 사랑에 빠졌어. 아아! 내가 정말 그대를 얼마나 사랑했는지! 지금도 그대를 사랑하고 있어, 요한. 오직 그대만을 사랑해……그대의 아름다움에 목이 타. 그대 몸에 굶주려 있어. 술도 사과도 이 욕구를 잠재울 수가 없어. 난 이제 어떡해야 한다지, 홍수도 큰물도 이 열정을 씻어버리진 못할 거야. 난 공주였어. 그대는 나를 경멸했지. 나는 숫처녀야. 그대는 내 순결을 받아주지 않았지. 나는 순결했지. 그런데 그대가 이 혈관 속에 불을 지르고 말았어……아! 요한, 어이해서 그대는 나를 바라보지 않았느뇨? 나를 제대로 보았더라면 분명 사랑에 빠졌을 텐데. 그대는 틀림없이 나를 사랑하게 되었을 거야, 암 그리고 말이야, 사랑의 신비는 죽음의 신비보다 더 위대한 거야.

헤롯 왕 저 계집은 괴물이야, 그대 딸은 진짜 괴물이라고 짐이 말하고 있거늘. 사실인즉 저 애가 저지른 죄는 그야말로 엄청난 중죄니라. 분명하노라. 이건 분명 알지 못한 신에 대한 끔찍한 범죄야.

헤로디아 왕비 이 어미 기쁘도다. 내 딸 장한지고. 이제 기꺼이 여기 있을 겁니다.

헤롯 왕 (벌떡 일어나면서) 아, 내 형의 여편네 말하는 것 보지! 짐은 이곳에 머무르지 않을 것이야, 가자니까. 틀림없이 뭔가 무서운 일이 일어날 거니라. 므나쎄, 잇사갈, 오지아스, 횃불을 꺼라. 아무것도 보지 않을 것이니라, 아무것도 짐을 보지 못하게 하리라. 불을 다 꺼라! 달을 가려라! 별도 가려라! 헤로디아, 궁궐 안으로 들어가 몸을 숨깁시다. 짐은 두렵기 시작하오.

(노예들이 횃불을 끈다. 별들이 사라진다. 커다란 먹구름이 달을 완전히 가려 버린다. 무대는 캄캄해진다. 국왕이 계단을 오르기 시작한다.)

살로메 공주의 목소리 아! 드디어 그대 입술에 키스를 했어, 요한. 키스를 했단 말이야. 그대 입술에선 쓴맛이 나네. 피의 맛인가?······아니, 어쩌면 사랑의 맛일지도 몰라······사랑의 맛은 쓰다고 말하지 않던가······그렇지만 무슨 상관이람? 무슨 상관이야? 난 그대 입에 키스를 하고야 말았는걸.

(한 줄기 달빛이 살로메 공주를 밝게 비춘다.)

헤롯 왕 (뒤돌아서 살로메 공주를 노려본다) 저 계집을 처단하라.

(병사들이 달려들어 유대의 공주, 헤로디아 왕비의 딸 살로메를 방패로 짓이긴다.)

Le Chant du Cygne
백조의 노래
오스카 와일드 우화집

제1장 거짓의 진실

1. 스핑크스와 키마이라

늙은 스핑크스는 이제 눈도 보이지 않고 손발도 움직이지 못하는 채 끝없이 이어진 사막을 앞에 두고 꾸벅꾸벅 졸면서 불그레한 금빛 모래 속에 반쯤 묻혀 있었다. 그는 오므린 채로 있는 손톱을 다시 한 번 대지에 힘차게 꽂을 수 있다고 믿고 있었다.

아름답고 푸른 여름 밤하늘에 오팔색 달이 반짝이고 그 빛을 날개에 받은 키마이라[*1]가 스핑크스 주위에서 춤을 추기 시작한다. 사자나 말, 뱀으로 모습을 바꾸어 플루트 같은 아름다운 목소리로 마음에도 없는 말을 하여 스핑크스를 놀리는 것이다. 하지만 늙은 스핑크스의 귀에는 이미 아무것도 들리지 않았다.

스핑크스는 이른바 근대화와 쿡 여행사가 몰고 온 관광객들에게 시달려서 몹시 지쳐 있었다. 관광객들은 마치 개미처럼 이 왕가 짐승의 존귀한 지체(肢體) 주위로 떼지어 몰려들었다. 하지만 언젠가, 늙은 스핑크스는 젊고 매혹적인 키마이라의 목소리를 듣고서 벌떡 일어나 모래를 털어내고 빛나는 몸을 드러낼 것이다. 뱀과 같은 꼬리로 옆구리를 치면서 환상의 날개를 펼칠 것이다.

그날의 새벽빛이며 저녁놀은 얼마나 붉디붉을 것인가. 그날 온 인류는 뜻하지 않은 커다란 환희를 맛보게 되리라. 속된 '사실'은 경멸당하고, '진실'은 자신을 옥죄는 쇠사슬을 눈물로 적실 것이며 우리는, '꾸며 낸 이야기'를 경탄의 표정으로 받아들이리라.

모두의 눈은 흐려져 이 세상의 형태조차 바뀌게 되리라.

청록색 해저에서 철수(鐵獸)[*2]와 해수(海獸)[*3]가 떠올라 지리학자의 도판

[*1] (그리스신화) 사자의 머리, 산양 몸통, 용 또는 뱀의 꼬리를 지닌 괴물.
[*2] (성서 욥기 40장 15~24) 베헤못. 무쇠 늑골을 지닌 하마와 같은 괴수.

에서 빠져나온 듯, 배꼬리 높은 갤리선 주위를 헤엄치리라. 용들이 새빨갛게 불탄 사막을 내닫고 불길의 둥지에서 뛰쳐나온 불사조는 태양을 향해 똑바로 날아오르리라. 우리는 뱀의 왕인 괴사(怪蛇)*4를 잡고 두꺼비 머리에 숨겨진 행복을 가져온다는 귀중한 돌을 발견하리라. 취두마신(鷲頭馬身)*5은 마구간으로 와 금빛 메귀리를 깨물고, 푸른 새는 우리 머리 위를 날아 아름다운 비현실을 노래하리라. 절대로 일어날 수 없는 훌륭한 일, 이 세상에 존재하지 않고 또 결코 존재할 수도 없는 것에 대해서 이야기해 주리라.

2. 제자

나르시스가 죽었을 때 기쁨의 샘은 담수(淡水)의 잔에서 짜디짠 눈물의 잔으로 바뀌고, 산의 정령들은 울면서 숲을 넘어 찾아왔다. 노래로 샘을 위로할 생각이었던 것이다.

샘이 담수의 잔에서 짜디짠 눈물의 잔으로 바뀐 것을 알자, 산의 정령들은 곱게 땋은 녹색 머리채를 풀고 함께 한탄하면서 말했다.

"당신이 나르시스의 죽음을 몹시 슬퍼하는 것은 당연합니다. 그토록 아름다웠으니까."

"나르시스가 아름다웠다고요?" 샘은 말했다.

"그것은 당신이 가장 잘 알고 있잖아요?" 산의 정령은 대답했다. "나르시스는 우리들 앞을 성큼성큼 지나가서 강기슭에 엎드려 당신을 찾은 것이 아닌가요? 그는 당신을 보고 당신의 물 거울에 자신의 아름다운 모습을 비춰보고 있었습니다."

그러자 샘이 대답을 했다.

"내가 나르시스를 사랑한 것은 그가 강기슭에서 배를 깔고 누워서 나를 보았을 때, 그 눈동자에 비친 내 아름다운 모습을 볼 수가 있었기 때문이지요."

---

*3 (성서 욥기 41장 1~34, 시편 104) 레비아탄. 물에 사는 거대한 괴물. 악어, 고래, 또는 바다뱀으로 생각된다.
*4 (그리스·로마신화) 바실리스크. 숨결과 눈빛만으로도 생물을 죽일 수 있다고 전해지는 괴물 뱀. 새알을 뱀이 까서 탄생한다.
*5 히포그리프. 독수리의 머리와 날개, 말의 몸을 지닌 괴물.

3. 모세와 파라오

여호와*6가 말한 대로 모세*7는 그의 형 아론과 함께 파라오*8 앞에 나타났다. 신의 말을 전하기 위해서이다. 이 이스라엘의 위대한 마법사는 나무지팡이를 비춰 비늘을 가진 뱀으로 바꾸고, 힘 있는 손은 나병과도 같은 은색으로 바뀌고, 그 아래에서 이집트 전역에 걸쳐 많은 재난이 밀어닥쳤다. 가장 가슴 아픈 재난은 인간이건 동물이건, 그 맏아들이 모두 죽은 것이다.

숨을 막 거둔 맏아들을 팔에 안고 울면서 나타난 왕비는 모세의 모습을 보고 말한다.

"당신은 악어가 우글거리는 강에서 내가 구해 준 그 아이가 아니었나요. 송진과 타르를 바른 작은 부들 요람 속에 있었지요. 그 무렵 나의 부친은 오시리스*9의 보호 하에 이집트 전체를 다스리고 있었습니다. 신성한 율법에 따라 왕이 된 오빠와 나는 결혼을 했습니다. 지금 당신이 분노를 사면서 거스르고 있는 이 왕은 당신의 어릴 적 친구입니다. 말하자면 당신의 형과 같은 분이 아니었습니까."

모세는 한숨을 쉬고 말한다.

"우리 사이에는 영원한 신이 계십니다."

그러자 파라오가 묻는다.

"영원한 신이란 누구인가, 모세. 그분의 말에 따라서 이스라엘 백성을 떠나게 하라는 것인가. 그러나 모세, 나는 그대를 잘 알고 있고 그대가 떠나버렸을 때에는 슬퍼서 통곡했다. 그런데 이렇게 돌아와서 나와 내 여동생이자 아내인 사람을 슬픔에 잠기게 하다니."

왕비는 몹시 탄식했고 그러자 그녀를 위로하려는 모세를 뿌리치며 말했다.

"아직 어린 아이였던 당신을 악어가 우글거리는 강에서 구해 주었어요. 그런 당신의 힘이 이제 나에게서 어린 아들을 빼앗아갔네요. 당신을 구함으로써 나는 내 아들을 죽일 준비를 했던 거예요. 아들에게 생명을 부여하고

---

*6 구약성서에서 신을 나타내는 명칭.
*7 BC 1571~1451. 유대인을 이끌고 이집트에서 탈출한 인물. 시나이산에서 여호와로부터 십계를 받아 율법을 제정해 유대교의 기초를 다졌다.
*8 고대 이집트왕의 칭호. 성서에서는 특히 유대인을 왕이나, 출애굽 때의 왕을 나타낸다.
*9 고대 이집트 주요신 가운데 한 사람. 이시스의 남편으로 동생 세트에게 살해된다.

그 생명을 빼앗은 사람이 바로 나인 셈이군요. 나는 영원히 저주받은 거예요."

파라오는 아내와 함께 울면서 말했다.

"그대의 의지에 따라서 나타나기도 사라지기도 하는 그 나병을 나에게 옮겨 주오, 나를 고목나무에서 나온 뱀에게 물리게 해 주오."

그러자 모세는 대답했다.

"형과 같았던 임금님, 악어가 우글거리는 강에서 나를 구해 주신 왕비님, 당신들의 고통을 나는 알고 있습니다. 생명의 신비와 깊은 연관이 있는 모든 것은 반드시 고통을 당하는 법입니다. 그것은 생명의 신비가 고통이기 때문입니다. 그렇습니다, 그 고통은 모든 탄생에 숨겨져 있습니다. 왕자님이 사망했기 때문에 당신은 이스라엘의 힘을 이해했습니다. 당신의 아들이 사망했기 때문에 기다리던 한 아들이 태어날 것입니다. 오직 신만이 삶과 죽음의 저울에 놓이는 영혼의 무게를 알고 계십니다. 진리 중의 진리를 깨달으십시오. 그것은 천지창조의 고통입니다. 백성이건 별이건, 무언가가 탄생할 때에는 고통이 뒤따릅니다."

파라오는 마침내 단념하고 말했다.

"모세와 아론이여, 내 백성들의 땅에서 그만 떠나라. 그대 이스라엘의 아이들이여, 너희들의 황소와 암양을 데리고 떠나라."

모세와 아론은 말없이 떠났다. 통일 이집트 왕국의 옥좌 사이에서는 한 사내와 한 여인이 울고 있었다. 바로 그날 밤 많은 부모가 똑같이 눈물을 흘렸다.

4. 나봇의 포도밭

시돈에서 시집을 온 왕비 이세벨은 궁전의 대리석 테라스에서 내려다보이는 에즈렐 언덕의 아름다운 경치에 눈이 휘둥그레져 있었다. 아합왕은 말없이 그녀를 바라보고 있었다.

터키석을 휘감은 머리에서 두 갈래 머리카락이 창백한 얼굴 양옆으로 늘어져 있었다. 금빛 의상이 나긋나긋한 몸을 감싸고 비취 반지가 녹색 뱀처럼 길고 흰 손가락을 죄었다. 아름다운 왕비는 석양빛에 휩싸여 우상처럼 빛을 발하고 있었다.

왕비 이세벨이 한숨을 쉬자 아합왕이 물었다.

"아름다운 왕비여, 왜 한숨을 쉬시오. 땅 위, 하늘 아래 그대가 남몰래 원하는 것이라도 있다는 거요? 돈으로 살 수 있는 것, 사람이 만들 수 있는 모든 것을 가지고 있지 않소. 그러나 만일 마음속으로 원하는 것이 있다면 내 그대에게 틀림없이 주겠소. 나는 시리아의 왕이지만 그대의 노예이니까."

느릿느릿한 기운 없는 목소리로 왕비 이세벨이 말했다. 그녀는 견딜 수 없는 권태에 싫증이 나고, 이룰 수 없는 소망에 지쳐 몹시 우울했다.

"왕이시여, 확실히 나는 이 땅이 주는 것 모두를 지니고 있습니다. 금, 보석, 은으로 된 튜닉, 비색망토, 많은 무용수와 노예가 있는 대리석과 벽옥(碧玉)으로 된 궁전 등, 모든 것을 가지고 있지요. 종려나무 정원, 장미 화단, 오렌지나무 숲의 향기는 대낮부터 사람을 취하게 하고, 발맞추어 행진하는 낙타는 사막을 건너 나의 쾌락을 위해 향료와 보물을 날라다 줍니다. 내 미모 덕택으로 나는 온갖 권력을 얻었습니다. 사내는 모두 나의 노예이고 시리아의 왕인 아합, 당신조차 내 앞에서는 바닥에 엎드립니다. 하지만 궁전 문 근처에 있는, 푸른 잎이 무성하고 비둘기가 둥지를 틀고 있는 저 포도나무 만큼은 제 것이 아닙니다. 그래서 이렇게 한숨 짓고 있는 것입니다."

"이제 한숨짓지 마시오, 이세벨." 아합왕은 그녀에게 대답을 했다. "비둘기가 둥지를 튼 그 푸른 잎이 무성한 포도나무는 반드시 그대의 것이 될 것이오. 왜냐하면 그 포도나무는 내 군대의 기수이고 나의 가장 소중한 친구, 내 생명을 두 번씩이나 구해 준 나봇의 것이기 때문이오."

그는 에즈렐 사람 나봇[10]을 불러들였다. 나봇은 스무 살 난 위엄 있고 아름다운 청년이었다. 아합은 그에게 말했다.

"왕비 이세벨이 그대의 포도나무를 원하신다. 금화와 보석으로 그 값을 치러 주마. 그대는 그것을 가지고 고향에 돌아가면 된다. 만일 그 밖에 바라는 것이 있으면 부건 명예건 다 그대에게 주겠다. 내 사랑하는 왕비가 그대의 포도나무를 원하고 있느니라."

"왕이시여." 그 말에 나봇은 대답을 했다. "저 포도나무는 선조 때부터 전해져 온 것이고 제가 가진 재산은 이것뿐입니다. 지상의 보물을 다 준다고

---

*10 (성서 열왕기 21장) 에즈렐의 주민이고 소유한 포도밭을 아합왕에게 양보하지 않았기 때문에 왕비 이세벨의 음모로 죄를 뒤집어쓰고 살해되었다. 이 이야기를 바탕으로 '나봇의 포도밭'이란 '사람이 어떻게든 손에 넣으려고 하는 사물'을 나타낸다.

해도 이것을 내놓을 생각은 없습니다.”
그러자 왕비 이세벨은 여름밤의 산들바람처럼 부드러운 목소리로 말했다.
“왕이시여, 그 포도나무는 나봇의 것입니다. 빼앗으면 안 됩니다. 이 사람이 평온하게 살게 내버려 두십시오.”
그리고 나서 왕은 떠나고 나봇도 뒤를 따랐다.
그러나 그 뒤, 날이 밝자 왕비 이세벨은 나봇을 불러들였다.
“나봇, 내 곁으로 와 이 황금과 상아의 옥좌에 앉아요.”
“여왕님.” 나봇은 대답을 했다. “이 옥좌는 아합왕의 자리이고, 왕만이 당신 곁에 앉을 수 있습니다.”
“나는 왕비 이세벨이에요. 내가 그대에게 그곳에 앉으라고 명하고 있는 거예요.”
그래서 나봇은 왕비의 명령대로 황금과 상아의 옥좌에 앉았다. 왕비는 나봇에게 다시 이렇게 말했다.
“자수정 한가운데를 도려내 만든 이 잔을 다 비워요.”
“그것은 저의 왕, 아합님의 잔입니다.” 나봇은 대답을 했다. “왕만이 그 잔으로 마실 수 있습니다.”
“나는 왕비 이세벨이에요. 내가 그대에게 이 잔으로 마시도록 명령하고 있는 거예요.”
그래서 나봇은 자수정 한가운데를 도려내 만든 그 잔을 비웠다.
“나는 아름답죠?” 왕비는 말했다. “나는 어느 누구보다도 아름다워요. 그러니까 내 입술을 빼앗아줘요.”
“그러나 당신께서는 저의 왕, 아합님의 부인이십니다. 왕 이외에는 그 누구도 당신의 입술을 빼앗을 수 없습니다.”
“나는 왕비 이세벨이에요. 나에게 키스하세요.”
왕비는 나봇이 도망가지 못하도록 아름다운 그의 목에 팔을 감고 큰 소리로 왕을 불렀다. 아합은 달려와 두 사람이 입술을 겹치고 있는 것을 보자 질투로 눈이 뒤집혀 창으로 나봇을 찔렀다. 붉은 피가 대리석 바닥을 붉게 물들였다.
소중한 친구 나봇이 자기한테 찔려서 피투성이가 되어 죽어 가는 것을 보자 왕의 분노는 후회로 바뀌고 이루 말할 수 없는 고뇌가 마음을 짓눌렀다.

"나의 소중한 친구 나봇이여. 그대는 내 생명을 두 번이나 구해 줬는데 나는 내 손으로 그대를 죽이고 말았다. 내 손을 더럽힌 것이 젊은 그대 심장에서 나온 피란 말인가. 아아, 차라리 내 피였다면 좋았을 텐데. 그대 대신에 내가 바닥에 쓰러지고 싶구나."

한탄이 궁전을 가득 채우고 고뇌가 그 혼을 아프게 했다. 그러나 왕비는 야릇한 미소를 띠고 있었다. 여름밤의 산들바람처럼 부드럽고 달콤한 목소리로 그녀는 아합에게 말했다.

"왕이시여, 당신의 탄식은 헛되고 눈물은 불필요합니다. 당신은 나와 함께 기뻐해야 합니다. 이제 비둘기가 둥지를 튼 푸른 잎의 이 포도나무는 내 것이 되었으니까요."

5. 애국자

인간의 행동은 겉으로 보이는 것과는 전혀 다른 동기에 따라 이루어지는 경우가 대부분이다. 영웅이라고 할지라도 그 역시 인간에 지나지 않기에 이런 점에선 크게 다를 바가 없다.

아테네의 참주(僭主) 페이시스트라토스의 훌륭한 아들로서 그의 뒤를 이어 참주 자리에 오른 히피아스는 아름다운 아우 히파르코스를 이상할 정도로 귀여워했다. 이 아우가 아름다울 뿐만 아니라 충성심까지도 지니고 있음을 형은 알고 있었다.

그에 의해서 만사는 순조롭게 흘러가고 있었다. 그러던 어느 날 욕탕의 증기 속에서 아름다운 히파르코스는 자기만큼이나 아름다운 청년인 하르모디오스를 발견했다. 비천한 신분인 아리스토게이톤은 애정을 담아 손바닥으로 이 청년을 어루만지면서 그 신체의 아름다움을 칭찬하고 있었다.

그날부터 히파르코스는 하르모디오스 이외에는 그 누구도 안중에도 없었다. 그 때문에 금발 미녀 라에나는 질투로 거의 미칠 지경이었다. 이 정열적인 창녀는 하프의 현을 정묘하게 튕기는 기예를 전수받았을 때부터 남몰래 히파르코스를 사모하고 있었던 것이다.

한편 하르모디오스는 그리스적 아름다움이 한창 꽃피는 대단한 미남 청년이었다. 그의 누이동생도 그만큼 아름다웠기 때문에 나이가 찬 그녀를 바라보고 있으면 마치 거울에 비친 자기 모습을 보고 있는 것 같아서 뜨거운 애정을 느끼는 것이었다. 그래서 그는 하프를 타면서 노래를 그녀에게 바쳤다. 라에나는 그것을 들었다. 그리고 참주를 위로하기 위해 궁전에 불려 가서는 히피아스에게 동생의 연정에 대해서 보고하고, 아리스토게이톤에게도 하르모디오스의 감정을 알렸다.

히피아스는 히파르코스가 아름다운 하르모디오스를 뒤쫓는 것을 보고 분하게 여겨 그의 여동생을 상대로 욕정을 채우려고 나섰다. 아리스토게이톤은 도금양 나무가 있는 곳으로 달려가 슬픔을 큰소리로 외쳤다.

히피아스의 거만한 요구로 여동생을 빼앗긴 아름다운 하르모디오스는 이 참주를 원망하고 피로써 설욕하겠다고 다짐했다. 이를 위해 비천한 아리스토게이톤을 찾으러 나섰다. 그는 아름다운 노란색을 띤 야생 도금양 나무 가지를 베고 있었다. 마치 이 나무한테 분풀이를 하는 것 같았다. 아리스토게이톤은 청년을 보고 말했다.

"하르모디오스, 나의 소중한 사람, 왜 그처럼 창백한 표정을 짓고 있나요?"

하르모디오스가 대답을 했다.

"히피아스, 비열한 히피아스가 내 여동생을 상대로 자신의 욕정을 채웠다. 놈을 죽여 버릴 테다."

"히파르코스, 비열한 히파르코스는 자신의 욕정을 드러내지 않았나요? 히피아스는 그 원한 때문에 그랬을 뿐입니다. 히파르코스야말로 모든 일의 원인입니다."

"그렇다면 히파르코스를 죽이겠다. 우리에게는 놈을 죽일 명백한 이유가 있다. 이 가지 밑에 우리의 검을 숨기자. 힘을 합쳐 페이시스트라토스의 아들이 피를 흘리게 하자."

히파르코스가 여동생 때문에, 친구 때문에 질투에 눈이 먼 두 청년에게 살해되었을 때 온 시내 사람들이 크게 기뻐해 외쳤다.

"하르모디오스와 아리스토게이톤이 나라를 구했다."

히피아스의 부하들은 금발 창녀 라에나로부터 히파르코스 암살의 상세한 내용을 억지로 알아내려고 했지만 아무리 고문해도 그녀는 완강하게 입을 열지 않았다. 결국 화가 난 그들은 금빛 머리칼로 목을 졸라 그녀를 죽이고 말았다. 마지막 숨이 끊어지는 소리에 하프의 현이 신음하며 울었다고 한다.

한편 새로운 제례(祭禮)가 이 순교자를 기리며 행하여졌다. 서로 껴안은 두 친구의 상(像)과 창녀의 상징적인 상(像)이 어두운 색 청동으로 만들어졌다. 그녀의 입은 열려 있었는데, 거기엔 혀가 없었다. 그리고 아테네의 거룩한 음유시인은 라에나의 하프를 울려 숭고한 두 애국자의 명예에 대해서 노래했고, 그 찬가는 여러 세기가 지나서도 여전히 그리스의 학교에서 아이들에게 가르쳐 주고 있다.

※ 하르모디오스와 아리스토게이톤은 친구 사이였다. 그들은 서로 협력해서 아테네의 폭군 히파르코스를 살해하고 자신들도 살해되었다(BC 514). 그 뒤 '아테네의 애국자' '우국지사'로서 찬양되었는데, 아일리아노스가 지은 《그리스 기담집》에서는 다른 이유를 들고 있다. 히파르코스가 두 사람에게 살해된 것은 파나테나이아의 제례에서 그가 하르모디오스의 여동생(누나)에게 여신의 성기(聖器)를 운반할 자격이 없다고 했기 때문이라는 것이다.

6. 팔라스와 피리

어느 여름날 순백의 팔라스[*11]는 아티카[*12]의 젊고 아름다운 양치기가 연주하는 소름끼칠 듯 관능적인 피리소리를 들었다. 그녀는 놀라서 부르르 떨었다.

"아름답지 않은가요?" 양치기는 그녀에게 물었다. "이처럼 감미로운 음악인데 마음에 안 드십니까. 배워 볼 생각은 없으십니까?"

"배워 보고 싶구나." 음악에 매료된 여신은 대답했다. 그러고는 반짝반짝 빛나는 은방패를 내려놓고서 피리부는 방법을 배웠다. 그녀는 가냘픈 흰 손가락을 갈대 구멍에 대고 숨을 내쉬어 연주했다. 그러나 여신은 문득 바닥에 놓은 방패가 거울처럼 자기를 비추고 있는 것을 보았다. 그 반짝이는 금속은 볼을 터질듯이 부풀리고 인상을 잔뜩 찌푸리고 있는 그녀의 모습을 보여 준 것이다. 피리를 불기 위해 입술을 뾰족 내밀고 떠는 표정은 고르곤[*13]보다도

---

*11 (그리스신화) 아테네를 지키는 여신.
*12 그리스 남동부에 있는 고대 아티카 부근.
*13 (그리스신화) 머리카락은 뱀으로서, 그 얼굴을 본 자는 공포에 질려 돌이 된다고 알려진 추한 여자.

소름 끼치는 것이었다. 분한 마음에 처녀신은 갑자기 이 악기를 부숴 버리고 말았다.

"정말 이해할 수 없네요, 팔라스 님!" 놀란 양치기는 외쳤다. "왜 이 같은 일을 하셨습니까?"

여신은 그에게 대답을 했다.

"피리와 그 음악은 얼굴을 추하게 해야만 귀를 매료시키는 것이다. 젊은 양치기여. 이 세상의 온갖 쾌락에 대해서 한마디 하자면, 행복이란 아름다움 없이는 있을 수 없는 것이다."

7. 비색(緋色)의 노래

푸른 눈에 하얀 얼굴의 팔라스는 피리를 배우려고 했을 때 은방패에 자기의 추한 얼굴이 비치고 있는 것을 보았다. 놀란 그녀는 자기를 추하게 만든 그 피리를 내동댕이쳐 버렸다.

그런데 이것은 프리기아[*14]의 셀레네산에서 있었던 일이었다. 그곳에는 이 세상에서 가장 오래된 음악가 히아그니스[*15]가 살고 있어서 바쿠스[*16] 대지의 여신 키벨레[*17]와 목신(牧神) 판[*18]에게 경의를 표하면서 곡을 연주하고 있었다.

그날 히아그니스의 아들이자 우수한 제자인 젊고 아름다운 반인반산양신(半人半山羊神)인 마르시아스[*19]는 팔라스가 내던진 피리를 주웠다. 그는 볼이 부풀지 않도록 입술 모양을 안정시키기 위해 사용하는 가죽끈으로 그 회양목 피리를 자기 피리에 묶었다. 그리고 신들의 모친을 위해, 자기 부친이 바친 찬가를 쌍을 이룬 그 피리로 연주했다. 이제까지 들어본 적이 없을 정도로 맑은 그 음색은 신도 목신도 물의 정령까지도 매료시켰다.

이 음악의 호소력에 녹색 튜닉을 입고 초록빛 떡갈나무 잎사귀 관을 쓴 여

---

*14 고대 소아시아 중앙·북서부에 있었던 나라.
*15 마르시아스의 부친. 음악가.
*16 (로마신화) 술의 신. 그리스신화의 디오니소스.
*17 프리기아 및 소아시아의 여신으로 곡물의 결실을 표시한다. 신들의 모친.
*18 (그리스신화) 머리에 뿔이 있고 산양 다리를 지녔으며 피리를 부는 목신.
*19 (그리스신화) 아폴로와 피리불기 경쟁을 벌였다가 패한 벌로 산 채로 피부가 벗겨진 반인반수.

신이 하늘에서 프리기아 산정의 푸른 소나무와 회양목 사이로 검은 돌멩이를 떨어뜨렸다고 한다. 두 마리 사자가 끄는 금과 흑단(黑檀)의 전차가 그림자가 되어 나타났다. 이 아름다운 전차에 올라탄 키벨레는 옆으로 와 앉으라고 젊고 아름다운 사디로스[20]를 손짓해 불렀다. 그는 연주를 계속하면서 음악에 취해 잘 움직이는 귀로 즐거운 장단을 맞추었다.

마르시아스가 힘차게 연주하는 찬가의 음에 맞추어 두 마리 사자는 보이지 않는 날개로 날아 키벨레의 전차를 파르나소스의 빛나는 산정 니사로 이끌었다. 그곳에는 바쿠스가 감시하고 있는 특별한 포도나무가 있었다. 그것은 너무나도 빨리 성장하기 때문에 아침에 심으면 밤에는 열매를 듬뿍 수확할 수 있었다.

땅에 발을 딛고 서자 키벨레는 빛나는 손자 아폴로에게 마르시아스에 대해 이야기하고 그 피리 연주를 들어 보라고 했다.

하프를 가진 이 신은 대답 대신에 눈살을 찌푸리고 어깨를 으쓱했다. 그러자 젊고 아름다운 사티로스는 웃으면서 이렇게 말했다.

"신이시여, 나는 당신에게 도전하겠습니다. 내가 이 한 쌍의 피리를 연주하는 것만큼 당신은 이 하프를 멋지게 연주할 수 있겠습니까?"

"그러면 도전해 보아라, 이긴 쪽이 진 쪽을 마음대로 처벌한다는 조건으로 나는 그대의 무례한 도전을 받아들이겠다."

숲과 밭에 있었던 사람들이 여신의 전차 주위로 몰려와 심판원이 되고 하늘에서는 뮤즈가 나서서 귀를 기울였다. 아폴로가 이 대담한 경쟁상대에게 이기는 것은 쉬운 일이 아니고 위험도 뒤따랐다. 마르시아스는 포도나무에 열리자마자 순식간에 익은 포도의 혈액에서 영감을 받은 것처럼 연주를 했다.

결국 신은 분노로 눈을 번뜩이며 심판원들에게 자신의 재능을 인정하도록 협박했다. 그리고 끈질기게 맞서는 사티로스에 분개한 아폴로는 그의 연주를 중단시키고 튼튼한 끈으로 젊고 아름다운 그를 묶고는 무시무시한 명령을 내렸다.

"산양 껍질을 벗기듯이 이자의 피부를 벗겨 버려라. 산양의 긴 귀를 지니

---

[20] (그리스신화) 디오니소스의 종자로 반인반산양신. 여기서는 마르시아스를 말함.

고 있으니까."

피부가 검고 야만스러운 어떤 스키타이 노예만이 격노하고 있는 주인의 명령에 따랐다. 그래도 분이 풀리지 않은 아폴로는 하프의 현을 자르고 바쿠스가 사는 곳 근처에 있는 동굴에 한 쌍의 피리를 숨겼다.

"자, 아름다운 마르시아스여." 그는 자리에서 일어나 떠나면서 말했다.

"그대는 이제 나에게 대항할 음악이 없다."

"당신께서는 잘못 알고 계십니다." 마르시아스는 탄식을 섞어 말했다.

"나는 이제까지 가끔 노래를 불렀는데 앞으로는 끊임없이 노래를 부를 겁니다."

가장 높은 가지에 매달린 수형자의 생가죽은 저녁 바람에 마치 붉은 깃발처럼 나부끼고 있었다. 신은 몹시 불쾌하다는 듯이 웃고는 거친 발걸음으로 떠났다. 주위가 어두워졌다. 키벨레는 슬퍼했고 다른 이들도 눈물을 흘렸다.

밤이 되었다. 산 채로 피부가 벗겨진 마르시아스가 산에서 홀로 방치된 채 괴로워하고 있을 때 많은 물의 정령과 목신들이 찾아왔다. 한 쌍의 피리가 가져다주던 기쁨을 빼앗겨 슬픔에 젖은 그들은 많은 눈물을 붉게 물든 나무 밑동에 흘렸다. 그것이 강이 되어 은비늘처럼 햇빛에 반짝이면서 점점 수량이 늘고 탄식이 이어지는 가운데 평원으로 흘러들었다. 이 소리의 뒷받침을 받아 계속 입을 다물고 있었던 마르시아스가 사람들에게 자신의 고통을 전하려고 노래를 불렀다. 마치 전설에 나오는 죽기 직전의 백조처럼, 숭고하고, 비장하고, 너무 깊어서 사람의 마음속 깊은 곳까지 파고드는 듯했다. 그것은 고통의 노래였다.

8. 실레노스의 진실

어느 날, 실레노스*21는 그의 제자 바쿠스가 개최한 표범사냥에 참가하여 어느 위험하고 기괴한 숲속을 거닐고 있었다. 그런데 도중에 어느 나무 곁 우거진 덩굴에 주렁주렁 열린 피처럼 붉은 포도를 따먹는데 정신이 팔려 그만 길을 잃고 말았다. 우울한 마음으로 거룩한 사냥꾼의 발자취를 더듬고 있는데 갑자기 프리기아의 선원들이 그를 붙잡았다. 그들은 실레노스를 배에

---

*21 바쿠스(디오니소스)의 양부로 반인반수신.

태우고 바다를 건너 미다스왕[22]의 궁전까지 끌고 갔다.

왕은 곧 그의 앞에 나타났다.

"대머리에 사자 코를 가진 늙은이여. 그대는 신의 스승이라고 하니 이 세상과 인생의 위대한 진실을 알고 있을 것이다. 어디, 무엇이 인간의 진정한 행복인지 말해 보라."

팔을 높이 쳐들며 실레노스는 왕에게 대답을 했다.

"불행한 자여, 나에게 묻지 말라. 왜 그대는 나에게 인간의 행복이란 무엇인가를 묻는 것인가. 인간에게 최대의 행복이란 애초에 태어나지 않는 것이다. 그리고 만일 태어나면 빨리 죽는 것이다."

빈정거리는 대답에 화가 난 왕은 이 무례한 자를 죽여 버리라고 명했다. 그러나 실레노스를 찾기 위해 바다로 나온 바쿠스가 이 자리에 나타나서 말했다.

"왕이여, 만일 나를 봐서 이자를 용서해 준다면 그대가 말하는 소원을 들어주겠다."

"관대한 신이여!" 미다스왕은 외쳤다. "이자는 이제 자유입니다. 그 대신 손으로 만지면 뭐든지 다 황금으로 바꿀 수 있는 능력을 저에게 주십시오."

"좋다." 신은 이렇게 말하고 실레노스와 함께 사라졌다. 실레노스는 수염이 덥수룩한 입을 열어 덧붙였다.

"그대가 후회하지 않기를."

미다스왕은 이리저리 손을 움직였다. 그리고 눈앞에 황금 옷, 황금 궁전, 황금 나무, 황금 강이 반짝이고 있는 것을 보고 감탄했다. 그 자신이 황금상(像)과도 같았다.

그러나 식사시간이 되자 먹으려고 하는 빵이나 맛보려는 요리마다 모두 황금으로 변하고 말았다. 그래서 며칠 뒤 그는 이 세상에서 가장 부자가 되었는데도 황금 침대 위에서 굶주림으로 죽어 가고 있었다.

마침내 왕은 바쿠스에게 사자를 보내 말을 전하게 했다.

"신이시여, 당신께서 저에게 내리신 생명을 빼앗는 재능을 저에게서 거두어 가 주십시오."

---

[22] 프리기아의 왕.

바쿠스는 그의 소원을 듣고 실레노스와 함께 다시 찾아왔다. 미다스왕은 애원하는 목소리로 부탁을 했다.

"완전히 보통 인간이 되려면 어떻게 해야 합니까?"

바쿠스는 이렇게 말했다.

"파크톨로스 강에서 목욕을 하라. 그대의 몸에 붙은 불행, 부유한 불행을 깨끗이 씻어 버려라. 그 강물은 그대의 황금을 사금으로 만들어 흘려보낼 것이다."

번쩍번쩍 빛을 발하는 왕이 황새걸음으로 달려가는 것을 보고 실레노스는 웃으면서 그에게 외쳤다.

"그것 보아라, 위대한 미다스왕이여. 그대가 알려고 했던 진실 가운데 하나가 여기 있다. 그대는 많은 희생을 치르고 그것을 배웠다. 부(富)는 그 소유자에게 반드시 화를 가져다주는 것이다."

9. 독수리와 고통

델포이*23의 무녀 피티아*24는, 죽음을 피해 도시와 마을의 성벽에서 멀리 벗어나 홀로 조용히 살아가는 그리스의 가장 위대한 비극시인이 결국 집 더미에 깔려 죽으리라는 신탁을 전했다.

어느 날 독수리 한 마리가 아내와 자식들에게 먹일 거북이를 자신의 둥지로 운반하다가 그만 시인의 대머리 위에 떨어뜨리고 말았다. 시인의 머리엔 계란과 같은 혹이 생겨났다.

신탁은 그렇게 성취되었다. 아이스킬로스*25는 결국 집에 깔려 죽었으니, 그 집이란 바로 거북이 집이었다. 운명은 피할 수 없는 것. 이 비극을 목격한 양치기들이 그 시체 주위에 모여 슬피 울며 말했다.

"오늘, 우리는 위대한 시인을 잃었다."

한편 인간들이 모여 있는 것을 보고 겁이 난 독수리는 그대로 둥지로 돌아가 자신을 기다리고 있던 아내와 자식들에게 부리를 쩍 벌려가며 자초지종을 이야기했다.

---

*23 파르나소스산 기슭에 있는 고대 도시. 신탁으로 유명한 아폴로 신전이 있었다.
*24 델포이의 아폴로 무녀.
*25 BC 525~456. 그리스의 비극시인, 극작가. 여행 중에 시칠리아에서 사망.

"오늘, 우리는 우리의 성찬을 잃었다."

그리고 장례식 자리에서 한 시인이 그를 기리는 합창 추도시의 마지막 구절을 읊었다.

"독수리만이 천재의 파멸을 가져올 수 있었다."

10. 알키비아데스의 개꼬리

알키비아데스[*26]에 관한 일화로 꼬리를 잃은 개 이야기를 곧잘 듣게 된다. 그것은 알바니아산(産) 큰 개로 적어도 7천 드라크마의 값어치가 나갔다. 그래서 그 개 주위에는 언제나 많은 사람들로 북적였다.

사실 아름다운 알키비아데스가 개꼬리를 잘라 낸 것은 그 부분에 끔찍한 종기가 생겼기 때문인데, 이 청년은 값비싼 짐승의 신체 전부를 잃지 않기 위해 일부를 희생한 것이었다.

그러나 이를 본 아테네 시민들은 누구나 할 것 없이 깜짝 놀라는 것이었는데, 그는 이에 대해 머리회전이 빠른 독설가들에게 이렇게 말했다.

"모두들 꼬리 잃은 나의 개에 대해서만 이러쿵저러쿵 수군거리니, 나에 대한 그 이상의 욕설은 생겨나지 않을 것이다."

그리고 그것이 그가 명성을 얻게 된 시초가 되었다.

11. 소크라테스의 금 방패

펠로폰네소스 전쟁의 영웅이 활약한 시대, 알키비아데스는 젊고 아름다워서 이웃나라 포티다이아 들판에 미청년만 모인 군대 안에서도 빼어난 미모를 자랑했다. 아테네 사람들은 자기들의 군대에서 아폴로가 싸우고 있는 것을 보는 것 같은 기분이 들었다.

알키비아데스는 용기를 과시하려고 싸울 상대를 찾아 적 사이를 내달렸다. 그러나 이 무모한 자는 싸움에 열중하다가 부상을 당해 쓰러져 많은 사람에게 짓밟힐 지경이 되었다. 그때 소크라테스는 멀리서 이 전쟁을 지켜보

---

*26 BC 450?~404. 아테네의 정치가·장군. 페리클레스와 소크라테스에게서 교육을 받고 소크라테스가 전장에서 목숨을 구해 준 적도 있다. 미목이 수려하지만 무절제한 인물로, 도의를 무시한 그의 행위가 소크라테스의 재판을 불리하게 한 원인으로 알려져 있다. '젊은이를 타락시킨' 죄로 소크라테스는 사형에 처해졌다.

고 있다가 자기 제자가 위기에 처한 것을 보고 달려가서, 검을 휘두르며 이 영웅을 황금 방패로 지키고 피로 물든 학살의 들판에서 재빠르게 빼냈다.

원컨대, 신들은 이와 같이 언제나 미(美)를 지혜의 비호 하에 두시길.

12. 디오게네스의 풀

소크라테스의 가장 우수한 제자 가운데 한 사람인 아리스티포스[*27]가 코린토스[*28]로 추방되었다. 그는 그곳에서 나무통에서 나온 견유학파(犬儒學派) 철인 디오게네스[*29]가 샘물에 풀을 씻고 있는 장면을 우연히 보았다.

"그대는 누구인가?" 수염이 덥수룩한 인간이 그에게 물었다.

"나는 키레네[*30]의 아리스티포스입니다. 이 세상의 지혜는 쾌락을 추구하는 데 있다고 역설했기 때문에 왕들로부터 추방을 당했습니다."

그러자 디오게네스는 물속에서 흔들고 있었던 풀을 그에게 보여 주고 말했다.

"만일 그대가 이것으로 만족하는 법을 알고 있다면 왕들에게 복수를 할 수 있을 텐데."

"그러나 당신은 어떻습니까?" 아리스티포스가 말했다. "만일 내가 스스로 가능하다고 생각하는 복수 방법이 당신에게 가능하다면, 과연 이와 같은 풀로 만족하시겠습니까?"

13. 클레오파트라의 독

연회의 향락과 열기 속에서 박물학자 플리니우스[*31]는 온갖 짙은 향냄새에 머리가 빙빙 돌 지경이었다.

---

* 27 BC 435?~386?. 그리스의 철학자이며, 키레네학파의 창시자. 키레네학파란 소크라테스가 이야기한 '자유롭고 독립된 인격적 가치'의 내용이 '행복'에 있다고 생각해, '쾌락'을 도덕원리로서 신봉하고 실천한 학파.
* 28 그리스의 고대 도시. 쾌락·예술·상업으로 유명.
* 29 BC 412~323. 그리스의 금욕적 소극주의 학파인 키니코스학파의 철학자로 큰 나무통 속에 살면서 극히 검소한 생활을 하고 별난 행동을 많이 했다.
* 30 북 아프리카, 이집트의 서쪽 키레나이카 지방에 있었던 고대 그리스의 식민도시.
* 31 23~79. 로마의 정치가·박물학자를 말하는 것일지도 모른다. 단, 클레오파트라(BC 69~30)와 연대가 맞지 않는다. 참고로 클레오파트라는 장미 향을 무척 좋아해서 욕조에 장미 기름을 넣어 몸을 담그고, 방에도 두껍게 장미 꽃잎을 깐 것으로 전해지고 있다.

붉은 옷을 걸친 여왕 클레오파트라는 이를 배신의 교묘함을 나타내는 데 이용했다.

악티움 해전을 준비할 때, 안토니우스는 측근들로부터 주의하도록 충고를 받아 이집트여왕이 보내온 어떤 선물에도 빠짐없이 주의를 기울이고 있었다. 클레오파트라는 안토니우스가 불안해하는 꼴이 재미있어서 꽃잎에 치명적인 독을 바른 붉은 장미관을 그의 머리 위에 씌웠다. 그리고 곧바로 연회 자리의 열띤 분위기 속에서 기회를 틈타 그에게 말했다.

"사랑하는 사람이여, 이 장미 꽃잎을 따서 내 잔에 띄워 주세요. 지금 이 자리야말로 반역을 꾀하려는 자에게는 기회일 것입니다."

안토니우스는 꽃을 따, 루비색 와인이 반짝이는 황금 잔에 던져 넣었다. 그가 웃으면서 즉시 독이 든 잔을 입술로 가져가자 클레오파트라는 아름다운 손으로 그것을 제지했다.

"사랑하는 내님이여, 무모하게도 그것을 마시겠습니까. 취기가 당신의 고조되는 두려움을 달랬는지도 모르겠군요. 이 장미 밑에 뱀처럼 죽음이 숨어 있습니다. 당신의 감옥에서 잠자고 있는 죄인을 한 사람 데리고 와 맛을 보게 하십시오."

한 사내가 안토니우스의 명령에 따라 단숨에 황금 잔을 비웠다. 그러더니 갑자기 온몸이 경직되어 돌바닥에 쓰러졌다. 그러더니 경련을 일으키고 주먹을 불끈 쥐고 금세 숨을 거두었다.

클레오파트라는 붉은 망토를 던져 죽은 자를 덮어주고는 미소를 지으면서 말했다.

"안토니우스, 이상하게도 사람들이 당신에게 주의하라고 일러줬던 이 여자를 심판해 보세요. 내가 당신 없이 살아갈 수 있다면 여기에는 당신을 암살할 방법과 기회는 많이 있습니다."

안토니우스는 장미보다도 붉은 그녀의 입술에 정열적으로 키스했다.

"왜 이렇게 사랑해 주시는 거죠?" 여왕은 그에게 물었다.

안토니우스는 그녀에게 대답했다.

"사랑스런 그대여, 내가 당신을 사랑하고 있는 것은 그대가 나를 파멸시키기 때문이오."

황금과 상아로 된 침대 위에서 클레오파트라는 스핑크스처럼 누운 채 미소를 지었다. 그녀는 자기 잔에 입김을 불어 서너 개의 꽃잎이 잔물결 위에 떠 있는 것을 보고, 갤리선이 도망가는 모습을 상상하고 있었던 것이다.

14. 시인

그 시인은 시골에서 밭과 숲에 둘러싸여 지내고 있었다. 매일 아침 그는 큰 도시로 나갔다. 도시는 대단히 멀어 푸른 안개가 자욱하게 낀 고개를 몇 개나 넘은 곳에 있었다. 저녁이 되면 그는 다시 마을로 돌아왔다.

석양이 붉게 물드는 황혼녘이면 사내며 여자며 아이들이 이 시인 주위에 가득 모여 그가 낮에 숲에서, 호숫가에서, 산기슭에서 본 불가사의한 일들에 대해서 이야기하는 것을 들었다.

깊은 숲 속에서 작은 갈색 목신(牧神)들이 푸른 잎 사이로 이쪽을 엿보고 있는 모습을 그는 이야기했다. 긴 머리를 늘어뜨린 물의 정령들이 수정 호수에서 나타나 오직 그만을 위해 자라 껍질 하프를 타면서 노래해 준 일, 또 산꼭대기에서 거대한 켄타우로스[32]가 웃으면서 모래먼지를 일으키며 내닫던 모습에 대해서도 이야기했다.

요컨대 이런저런 불가사의한 일들을 상세하게 전한 것인데 그 놀라운 이야기는 사실 아름다운 꿈으로 충만한 그의 재능이 만들어 낸 것이었다.

그러나 어느 날, 시인은 큰 도시에서 돌아올 때 숲 속에서 정말로 조그만 갈색 목신들이 푸른 잎 사이에서 이쪽을 엿보고 있는 것을 보았다. 그리고 호수로 다가가자 긴 머리카락을 늘어뜨린 물의 정령들이 실제로 수정 호수에서 나타나 자라 껍질 하프를 타면서 그를 위해 노래를 불러 주었다. 게다가 산꼭대기에 도달하자 거대한 켄타우로스가 뒤돌아서 시인을 보더니 큰 소리로 웃고는 모래먼지를 일으키면서 떠났다.

그날 밤, 마을 남녀와 아이들이 이야기를 들으려고 찾아오자 시인은 이렇게 말했다.

"오늘 여러분에게 말할 것은 아무것도 없습니다. 나는 아무것도 보지 못했습니다."

그러나 이날 시인은 태어나서 처음으로 몽상했던 것을 실제 자기 눈으로

---

[32] (그리스신화) 상반신이 인간이고 하반신이 말인 괴물.

보았던 것이다. 하지만 시인에게는 꿈이야말로 진실이고 현실은 아무런 의미도 없는 것이었다.

15. 지혜 여신의 연인

아테네의 한 젊은 선원은 배꼬리가 높이 솟은 갤리선을 탈 때면 언제나 동료에게서 시혜의 처녀신에 대한 이야기를 들었다. 피부가 하얗고 호전적인 그 여신은 금으로 된 갑옷과 창으로 무장하고 그 도시를 지키는 영예로운 수호자였다.

언제나 육지에 오를 때마다 그는 그 여신의 흰 발 아래 흰 꽃을 바치러 갔다. 그리고 날이 갈수록 이 싸움의 여신 팔라스에 대한 연정은 점점 깊어져서 매일 밤 그녀의 꿈을 꾸는 것이었다.

젊은 선원은 생각했다. 나는 그녀의 아름다움을 이 눈으로 전부 보고 싶다. 다른 사람은 결코 볼 수 없는 상아(象牙) 같은 그녀의 육체에 접촉하고 싶다. 그녀를 껴안고 싶다. 그 입술에 키스하고 싶다.

어느 날 밤, 어둠 속에서 그는 살며시 신전에 잠입해 굵은 원기둥 뒤에 숨었다. 늙은 사제가 와서 횃불을 끄자 램프만이 제단 앞의 어둠을 계속 밝히고 있었다.

무거운 청동 문짝이 쿵 닫히고 젊은이는 캄캄한 어둠 속에 상(像) 앞에 홀로 남겨졌다.

갑자기 달빛이 높은 원기둥들 사이로 미끄러지듯이 들어와 은방패를 비추었다. 그곳에는 무섭게 일그러진 고르곤의 얼굴이 있었다.

젊은이는 몸서리를 치고 공포에 질린 나머지 뒷걸음질쳤다. 하지만 창백한 빛이 상을 감싸고 여신의 얼굴을 비춰 보였다. 사랑에 빠진 사내는 설레는 마음으로 손에 땀을 쥐면서 다가갔다.

여신은 직선 주름이 들어간 긴 옷을 걸친 채 반짝이고 있었다. 그는 짧은 비단 상의를 벗기고, 갑옷의 황금 잠금쇠를 풀고, 아테네 처녀들이 수를 놓은 아마포 옷을 찢었다.

그리하여 팔라스의 나신의 신비가 드러나자 그는 자신의 달아오른 몸을 차디찬 나신에 밀어붙이고 발돋움을 해 오랫동안 키스를 했다.

그렇게 젊은 선원은 밤새 꿀맛 같은 감미로운 말을 중얼거리고 아름다운 대리석 나신을 키스로 덮었다. 손으로 단단한 옆구리, 매끈한 가슴, 매끄러운 배를 더듬었다.

불그스름한 달은 불길한 달무리를 띠고 있었다. 이윽고 희뿌연 여명이 비난하듯이 하늘에 나타나자, 젊은 선원은 사람들 눈을 피해 강까지 달려갔다. 그리고 닻을 내리고 항구에 정박하고 있던 갤리선에 올랐다.

그러나 다음 날 밤, 달빛 비치는 흰 신전 지붕에서 푸른 눈의 큰 암컷 올빼미가 날아 내려오는가 싶더니 날카로운 외침과 함께 배 쪽으로 날아갔다.

달은 번개 구름 뒤로 가려졌다. 눈이 멀 것 같은 번갯불 속에서 젊은 선원은 사랑하는 여신이 파도 위에 나타나 자기를 향해 두 팔을 내밀고 있는 모습을 본 것 같았다. 그는 외쳤다.

"나는 여기에 있습니다!"

그러더니 그는 높은 배꼬리에서 바다로 뛰어들었다.

올빼미가 울면서 다시 불길한 비상(飛翔)을 시작했다. 이것이 무모하게도 지혜 여신의 아름다움의 신비를 상세하게 알려고 한 인간의 운명이다.

16. 통용되지 않는 동전

날품팔이로 겨우겨우 생활을 연명해가는 한 가련한 사내가 어느 날 길바닥에서 금화 한 닢을 발견했다. 거기에는 처음 보는 왕의 초상이 새겨져 있었다.

"이런 횡재가 있나!" 사내는 혼잣말을 했다. "잘 됐어, 오랫동안 좋은 음식을 먹어보지 못했는데."

주머니에 금화를 넣고서 사내는 의기양양하게 근처 식당에 들어가 좋아하는 음식을 주문하여 실컷 배불리 먹었다.

그러나 식사를 마친 뒤, 사내가 식탁 위에 쨍 소리 내면서 금화를 내려놓자 식당주인이 말했다.

"이 동전은 통용이 안 됩니다. 아무도 이 왕을 모르니까요."

사내는 한숨을 쉬었다.

"이것 말고는 가진 돈이 없습니다. 하지만 걱정하지 마십시오. 나는 이 근처에서 일하고 있습니다. 반드시 갚겠습니다."

가련한 사내는 식사값을 갚기 위해 전보다 두 배로 일해야 했다.

빚을 다 갚고 나자 그는 옷과 지팡이를 챙겨, 이 기묘한 동전이 통용되는 나라를 찾아 나섰다.

이곳저곳에서 일하면서 전 세계를 돌았는데도 금화에 그려진 초상의 왕이 다스리고 있는 나라는 어디에서도 찾을 수 없었다. 그 동전을 보이면 사람들은 이렇게 말하는 것이었다.

"당신의 금화는 가짜입니다. 이 왕은 어디에도 존재하지 않습니다."

그러나 사내는 그 말을 믿지 않았다.

"황금에 새겨진 인물이니 분명 어딘가를 다스리고 있을 것이다."

사내는 사람들의 비웃음을 뒤로 하고 여행을 계속했다. 사내는 길을 걸으며 노래를 불렀다. 그의 주머니에는 신비로운 금화가 들어 있고, 마음에는 희망이 있었기 때문이다. 더구나 이 재산을 빼앗길 위험은 전혀 없었으므로 적어도 이 점에서 그는 만족하고 있었다.

어느 날 밤, 사내는 여느 때보다도 더 지쳐 있었기 때문에 건너야 할 강을 앞두고 걸음을 멈추었다. 강가 나룻배에 뱃사공이 있기에 불러서 그 금화를 내밀었다.

놀랍게도 뱃사공은 그것을 받았다.

사내가 한 발을 배에 집어넣자마자 배는 갑자기 어두운 물속으로 가라앉기 시작했다. 마지막 불빛 아래서 모습이 완전히 사라지려는 순간, 뱃사공의 옆얼굴이 검은 바탕에 금실을 박은 것처럼 뚜렷하게 보였다. 그것은 사내가 방방곡곡을 돌며 찾아다닌 왕의 옆얼굴이었다. 사내는 더없이 행복한 미소를 띠고 영영 돌아올 수 없는 나라로 출발했다. 뱃삯을 치른 사내는 어두운 물밑으로 조용히 가라앉고 있었다.

17. 예술가

어느 날 밤, '순간의 환희'의 상(像)을 만들고 싶다는 소망이 그의 마음속에 불현듯 샘솟았다. 그는 조각상의 재료로 쓸 청동을 찾아 나섰다.

그러나 세상엔 더 이상 청동이 남아있지 않았다. 유일하게 쓸 수 있는 건 '영원히 이어지는 고통'의 청동상뿐이었다.

이 동상은 자신이 직접 만들어서, 그가 유일하게 사랑했던 사람의 무덤 위에 둔 것이었다. 그는 자신의 유일한 사랑의 무덤 위에 이 동상을 두고 영원한 사랑의 증표, 또는 영원히 이어지는 고통의 상징으로 삼고 있었다.

세상에 남은 청동은 이것뿐이었다.

그는 자신이 만든 상을 용광로의 불길에 바쳤다.

그리고 '영원히 이어지는 고통'의 상에서 '순간의 환희'의 상을 만들어 냈다.

제2장 한밤의 복음서

1. 2개의 보배

신은 너무나도 위대하기 때문에 옹기에 씌어 있는 것처럼 우리네 작은 세계에서 일어나는 일 따위는 모른다. 그래서 마음에 드는 젊고 아름다운 사탄에게 이 일을 조사하고 보고하도록 했다.

젊은 사탄은 하늘 아래 세상 여행을 마치고 돌아왔다. 신은 고풍스런 방에서 구름 침대 위에 누워 있었다. 신은 그 곱슬머리를 어루만지면서 물었다.

"사탄, 그대는 무엇을 보았는가?"

젊은 사탄은 웃으면서 대답을 했다.

"신이시여, 저는 2개의 보배를 보았습니다."

"2개의 보배?"

"네, 회전하는 2개의 보배입니다. 하나는 소리를 내는데 지구로 불리고 있습니다. 그리고 소리를 내지 않는 것은 달로 불리고 있습니다."

"귀여운 거짓말이구나. 그런 거짓말을 어찌 믿겠느냐."

"그럼 직접 가서 보시지요."

"어디 가 보자꾸나."

그래서 신은 이 땅에 내려오셨다.

2. 되살아난 사내

그 무렵 예수는 가족들의 부탁으로 라자로를 영원한 잠에서 깨어나게 했다.

예수만이 이 되살아난 사내 바로 곁에 있었다. 사내는 탄산소다와 몰약(沒藥)을 칠한 가는 붕대를 풀었다. 사자(死者)의 나라에서 돌아온 이 사내 쪽으로 예수는 몸을 굽히고 걱정스러운 듯이 낮은 목소리로 물었다.

"사자의 나라에서 돌아온 라자로야, 말해보아라. 무덤의 어둠 저편에는 무엇이 있느냐?"

"스승이여, 아무것도 없습니다."

그러자 예수는 더욱 몸을 구부리고 그들을 둘러싸고 있는 사람들 쪽을 가리키면서 라자로의 귀에 속삭였다.

"알고 있다. 그러나 저들에게 그것을 말해서는 안 된다."

3. 선을 행하는 자

그날 밤, 그는 혼자였다. 멀리 둥근 도시의 성벽이 보였다. 그는 그곳을 향해 걸어갔다.

가까이 가자 도시로부터 루트(현악기의 일종) 소리, 즐거운 듯이 발을 구르는 소리, 향락에 빠진 웃음소리가 들려왔다.

그가 큰 문을 두들기자 문지기들이 그 문을 열었다.

집은 대리석으로 되어 있는데 정면에 꽃다발로 장식된 아름다운 대리석 기둥이 줄지어 서 있고 삼나무 등불이 안쪽에도 바깥쪽에도 켜져 있었다. 그는 집 안으로 들어갔다.

옥수(玉髓 : 석영의 일종)의 방과 벽옥(碧玉)의 방을 지나자 가늘고 긴 연회장이 나타났다. 그곳에 한 젊은이가 청자색(靑紫色)으로 물들인 침대에 누워 있는 것이 보였다. 젊은이는 붉은 장미꽃 관을 머리에 쓰고 그 입술은 포도주로 붉게 물들어 있었다.

그는 젊은이의 등 뒤로 돌아가서 어깨에 손을 얹고 말했다.

"왜 이런 생활을 보내고 있나?"

젊은이는 뒤돌아서 그를 보자 말했다.

"저는 일찍이 나병 환자였습니다. 당신이 그 병을 고쳐 주셨지요. 제가 달리 어떤 삶을 살 수 있겠습니까?"

그는 집을 뒤로하고 다시 거리로 나갔다.

이윽고 그는 얼굴과 옷을 화려하게 치장한 여인을 보았다. 발에는 진주를 달고 있었다. 그녀 뒤에서는 두 가지 색 망토를 걸친 청년이 느린 걸음으로 마치 먹이를 뒤쫓듯이 걷고 있었다. 여인은 마치 우상과도 같은 모습이고 청년의 눈은 욕망으로 반짝이고 있었다.

그는 서둘러 그들 뒤를 쫓아가 청년의 손을 잡고 말했다.

"왜 저 여인을 그런 식으로 보는가?"

청년은 뒤돌아서 그를 보자 말했다.

"나는 일찍이 맹인이었습니다. 당신이 내 눈을 보이게 해 주었습니다. 달리 무엇을 보면 좋겠습니까?"

그는 여인에게 달려가 화려하게 꾸민 옷을 잡고 말했다.

"죄로 인도되는 길 말고 다른 길을 걸을 수는 없습니까?"

여인은 뒤돌아서 그를 보자 말했다.

"하지만 당신은 나의 죄를 용서해 주셨습니다. 게다가 이 길은 즐거운걸요."

그는 그 도시를 빠져나갔다.

그가 도시 밖으로 나오자 길가에서 젊은 사내가 울고 있는 것이 보였다. 그는 이 사내 곁에 다가가 긴 곱슬머리를 어루만지면서 말했다.

"왜 울고 있는가?"

젊은 사내는 고개를 들어 그를 보자 말했다.

"나는 일찍이 죽었습니다. 그런데 당신이 나를 되살아나게 했습니다. 우는 것 외에 달리 무엇을 할 수 있겠습니까?"*

4. 동정녀 마리아

그날 또 한 사람의 마리아에게 향료를 바르게 한 예수가 모친을 만났다. 모친은 수심에 가득 찬 눈으로 그를 보았다.

예수는 그녀에게 물었다.

"왜 당신의 눈은 그토록 수심에 싸여 있습니까?"

그 말에 동정녀 마리아는 대답했다.

"내 눈이 슬프게 보이는 것은 그대가 나를 사랑해 주지 않기 때문입니다. 전에 내 곁을 떠나 신전으로 달려가 박사들과 사제들과 토론을 했을 때 그대는 내 마음에 슬픔의 언어를 심어 주었습니다. '여인이여, 그대와 나 사이에 공통된 것은 무엇인가'라고. 그리고 이제는 어부들과 함께 길을 걷는 것에 만족하지 않고 걸음을 멈추어 죄 있는 여자들과 대화를 하는군요."

그러나 예수는 그녀를 부드럽게 껴안고 말했다.

※ 병자를 고치고, 맹인에게 빛을 주고, 매춘부를 용서하고, 죽은 자를 살아나게 한 것은 성서에 기록된 예수 그리스도의 기적이다.

"여인이여, 그대와 나 사이에 공통된 것이 무엇이겠습니까. 의사는 환자에게만 관심이 있고, 나는 영혼의 의사입니다. 나는 죗값을 치르기 위해 이 땅에 왔으니, 만일 모든 여성이 그대처럼 순결하다면 내가 여기까지 온 의미가 없지 않겠습니까?"

5. 요한과 유다

그 무렵 갈릴리의 도시 베데스다에서 요한이 살고 있었다. 그는 야고보의 형제이고 둘은 모두 제베대오의 아들이었다. 제베대오는 배를 여러 척 소유하고 어부들을 부렸다.

어느 날 그와 아들들이 색을 칠한 배에 어부들과 함께 타고 노래를 부르며 그물을 고치고 있는데 예수가 찾아와 그들에게 말했다.

"모든 것을 남겨 두고 나를 따르라. 앞으로 그대들은 인간을 낚는 어부가 될 것이다."

부친과 어부 일을 버려두고 요한과 야고보는 예수의 뒤를 따랐다.

한편 유다는 제자들 가운데서 가장 사랑을 받고 있었다. 그러나 요한이 사도로 참가한 뒤로는 그 온화함 때문에 그가 사랑을 독차지하게 되었다.

유다는 질투로 고뇌했다. 그는 예수를 사랑하고 믿었기 때문에 복수로서 예언을 실현시켜 그 신성(神性)을 보여 주려고 생각했다.

결국 유다의 배신은 예수에 대한 믿음과 사랑 때문이었다. 사람은 언제나 자신이 사랑하는 대상을 죽이고 만다.

6. 예수와 여인들

유대의 대제사장 가야바에게서 빌라도로, 다시 빌라도에게서 가야바에게로 끌려 다니는 동안, 예수는 유대의 여인들이 자기를 향해 외치는 소리를 듣고 놀랐다.

"신의 아들, 유대의 왕을 자처하는 자여, 어부들과 처녀들과 함께 있을 때만 즐거워하는 자여. 그대가 만일 진정으로 신의 아들이라면 오라를 풀고 도망가 보면 어떤가?"

예수는 여인들이 사내들보다 한층 더 격렬하게 자기를 비난하고 있는 것을 깨닫고 마음속으로 몹시 고뇌했다. 그래서 한 여인에게 물었다.

"여인이여, 왜 그대와 그대의 자매들은 나를 이토록 잔혹하게 대하는가? 나는 그대들에게 선한 일밖에 하지 않았는데."

그 말에 여인은 상을 찌푸리고 말했다.

"뭘 모르시는군요, 나사렛 사람이여. 만일 당신을 구세주로 인정한다면 강림할 구세주를 잉태한다는 멋진 꿈을 우리들 모두가 잃게 된단 말이에요."

그 말에 예수는 말없이 더욱 무겁게 고개를 떨구었다.

7. 키레네 사람 시몬

'그들이 예수를 끌고 가다가, 마침 시골에서 올라오던 키레네 사람 시몬에게 십자가를 지게 하고 예수 뒤를 따르게 했다.'(누가복음 23장 26절)

노인은 고개를 숙이고 등받이 없는 의자에 참을성 있게 앉아 있었다. 아내의 무의미한 비난의 목소리가 귀에 쨍쨍 울리고 있었다.

"어리석은 영감탱이 같으니라고, 왜 괜히 길에서 어슬렁거리면서 시간을 낭비했나요? 당신의 부친도, 그 부친도, 그전의 선조들도 신전지기였어요. 만일 부르러 왔을 때 바로 갔더라면 당신도 신전지기로 지명되었을 텐데. 그렇지만 당신보다도 서둘러 달려간 사내가 선택이 되고 말았어요. 이 바보 같은 양반아, 대체 왜 늦었어요? 아, 정말이지! 반란자이자 죄인인 젊은 목수의 십자가를 대신 져 줄 필요 따위는 없었다고요."

"그래, 맞소." 노인은 인정을 했다. "나는 도중에 십자가에 못 박히게 될 청년과 맞닥뜨렸소. 그때 백인대장이 그 십자가를 나르라고 나에게 요구했지. 그걸 언덕 위까지 나르자 늦어지고 말았소. 정말로 이게 다 그 청년이 입에 올린 말 때문이오. 고통으로 기세가 꺾여도 그는 자기 자신을 측은하게 생각하고 있지는 않았소. 그러나 그 불가사의한 말이 나에게 다른 모든 것을 잊게 만들었소."

"그래요, 정말로 당신은 다른 모든 것을 잊고 말았어요. 전에는 조금이나마 지니고 있었던 양식까지도. 그래서 늦게 오는 바람에 신전지기로 지명되지 못한 거예요. 신전지기였던 부친이나 할아버지, 그리고 선조들을 생각해 봐요. 스스로가 부끄럽지 않나요? 신전에는 그분들 이름이 금으로 기록되어 몇 세기 동안이나 사람들 기억 속에 남을 텐데. 그런데 당신은 얼빠진 늙은

이같이 헛소리만 하는군요. 당신네 가계(家系)에서 오직 한 사람, 바로 당신만이 죽으면 바로 잊히고 말 거예요. 당신이 죽고 나면 그 누가 당신의 이름을 기억하겠어요? 키레네 사람 시몬이란 이름을."

8. 30데나리온

배신이 있은 뒤, 유다는 목을 매기 위해 나섰다. 그와 마주친 몇몇 제자는 그가 몹시 어두운 표정을 짓고 있자 그 이유를 물었다.

"저 제사장들은 아주 몹쓸 놈들이다. 스승을 넘기면 은화 10닢을 주겠다고 했다."

"그래서 어떻게 했나, 유다."

"당연히 나는 거부했다. 그러나 저 제사장들은 아주 몹쓸 놈들이다. 은화 20닢을 나에게 제의했다."

"그래서 어떻게 했나, 유다."

"당연히 거절했다. 그러나 정말 저 제사장들은 무서운 놈들이다. 30데나리온까지 나에게 제의했다."

"그래서 어떻게 했나, 유다."

"물론 받았다."

"그래, 그래서 목을 매려고 하는군. 네놈이 저지른 죄는 죽음만으론 다 못 갚아."

"목을 매려는 것은 그것 때문이 아니야." 유다는 몹시 분노하면서 말했다. "그것은 놈들이 준 30데나리온 때문이다. 그 은화 30닢은 가짜 돈이었다."

9. 스승

어둠이 주위를 감싸고 있을 즈음 아리마태아 요셉[*1]은 횃불을 들고 언덕에서 골짜기로 내려왔다. 집으로 돌아가는 길이었다. 가던 길에 그는 탄식의 골짜기의 단단한 자갈투성이 땅에 무릎을 꿇고 울고 있는 벌거벗은 젊은이를 발견했다. 머리는 노랗고 몸은 하얘서 마치 흰 꽃과도 같았는데 그 피부는 가시에 찔려 상처투성이이고 머리카락은 재로 범벅이 되어 있었다. 재산

[*1] 예수를 신봉하는 부유한 유대인. 예수의 유해를 거두어 자비로 장례를 치렀다. 참고로 요셉의 무덤은 예수의 무덤 뒤쪽에 있다.

가인 요셉은 그에게 알몸으로 울고 있는 이유를 물었다.

"자네가 그리 슬퍼하는 것도 당연하다네. 그분은 정말로 정의로운 사람이었지."

그러자 젊은이가 대답했다.

"나는 그분을 위해서가 아니고 나 자신을 위해 울고 있는 것입니다. 나도 물을 포도주로 바꾸고, 나병 환자를 고치고, 눈이 먼 자에게 앞이 보이도록 했습니다. 물 위를 걷고, 무덤에 눕는 자에게서 악마를 물리쳤습니다. 먹을 것이 없는 사막에서 굶주리고 있는 사람들을 먹이고, 죽은 사람을 좁은 집에서 일어나게 했습니다. 내 명령에 의해 군중 앞에서 열매 없는 무화과나무가 말라죽었습니다. 그분이 한 일은 나도 모두 다 했습니다. 그런데도 그들은 나를 십자가에 못 박지 않았습니다."

10. 성흔(聖痕)의 기적

예수가 십자가에 못 박혔을 때 유복한 아리마태아 요셉은 감시인을 매수하고 그 가운데 한 사람에게, 창 끝에 두른 해면에 간즙(肝汁) 대신 피가 섞이면 죄인을 죽은 것처럼 보이게 하는 이상한 성분을 묻히게 했다.

죄인이 십자가에서 내려온 뒤에는 거룩한 여인들이 사체에 향유를 바른다는 구실로 마침내 긴 잠에서 깨어난 사형수를 무덤에서 도망가게 해 주었다. 예수는 그녀들의 도움을 받아 배은망덕한 예루살렘에서 멀리 벗어나 이름 모를 도시로 가 그곳에서 다시 목수 일을 시작했다. 여물통과 십자가를 만드는 일에서는 누구에게도 뒤지지 않았다.

어느 날 사도 바울이 첫 번째 전도여행 도중에 이 도시에도 설교를 하러 왔다. 그러나 동업자조합 가운데서 오직 한 사람, 이 수상한 목수만이 설교를 들으러 가지 않았다. 그는 사도가 말하려는 것을 이미 알고 있었기 때문이다.

설교를 듣고 돌아온 사람들이 그를 찾아와 예루살렘의 형제들이 세상에 오신 구세주를 십자가에 못 박았다고 이야기했다.

이 말을 듣고 예수는 고개를 숙이더니 손을 긴 옷소매에 넣었다. 그날부터 그는 어째서인지 맨손을 사람들에게 보이지 않았다.

예수는 그 뒤 몇 년이나 이렇게 일을 해서 먹고살면서 내내 침묵을 지키고 있었다. 이 세상에서 오직 예수 혼자만이 새로운 종교의 거짓을 알고 있었다.
그러나 예수가 마지막 숨을 거두었을 때, 동료인 원시 그리스도교도들은 그를 매장하다가 그의 손발과 옆구리에 난 상처를 발견해 성인(聖人)의 흔적을 대하듯이 그 앞에 무릎을 꿇고 중얼거렸다.
"이것은 기적이다, 위대한 기적이다."

11. 의심의 힘

도마―그리스어 '디두모', 즉 '쌍둥이'라는 뜻이다―는 예수의 손목에 난 못 자국을 직접 보고, 그 붉은 구멍과 옆구리의 벌어진 상처에 손가락을 집어넣어 보고는 사도 가운데서 가장 독실한 자가 되었다. 그는 낮이나 밤이나 신이 하시는 말씀의 실현을 전하기 위해 이곳저곳을 돌아다녔다.
시몬 베드로는 도마가 대단히 열심이기는 한데 상당히 지쳐 있는 것을 보고 말했다.
"형제여, 신의 이름으로 자신을 소중하게 여기십시오. 왜 우리보다도 훨씬 체력을 소모합니까?"
쌍둥이 도마는 다음과 같이 대답을 했다.
"당신들 베드로, 나다나엘, 제베대오와 다른 사도들은 단순히 예수를 신의 아들로 믿고 있습니다. 그런데 나는 배로 일하고 고뇌하지 않으면 안 됩니다. 왜냐하면 나는 여전히 그분이 신의 아들이라는 확신이 부족하기 때문입니다."
그 뒤, 도마는 인도제도의 오지로 가서 죽었다. 그를 그곳까지 가게 한 것은 맹신의 힘이 아니라 의심의 힘이었다.

12. 처녀 살로메

그 무렵 세례 요한은 요르단 강가에 모인 군중 앞에서 헤롯왕을 비난했다.
"조카인 헤로디아는 그의 형제 빌립의 아내이므로 이 여자를 아내로 맞은 것은 죄악이다."
그리고 이 은자(隱者)는 사람들 앞에 사기꾼이 나타나 자기 이름을 참칭하자 그 위광을 즐겼다. 진짜 요한은 산속에 숨어서 자기 식대로 설교를 이어갔다. 가짜가 돋보일수록 자기는 지켜지고 왕은 그 입을 금화로 막을 것으로 생각한 것이다. 결국 왕의 명령에 따라 부하가 진짜 요한인 줄 알고 붙잡아서 사슬에 묶어 옥에 가둔 것은 그런 가짜 요한이었다.

한편 살로메는 헤로디아와 빌립 사이에 난 딸이다. 이 어린 왕녀의 유모는 세례 요한과 같은 고향 출신이었다. 그녀는 때때로 그의 설교를 들으러 가곤 했다. 그녀는 젊은 여주인에게 헤롯의 부하가 범한 실수를 알렸다.

헤롯의 생일날이 되어 연회가 베풀어졌다. 어린 살로메는 아직 천진난만한 아이였지만 연회 참석자들 앞에서 흰 모슬린을 걸치고 즐거운 듯이 황홀하게 춤을 추었다. 그렇게 천진난만함으로 헤롯을 매료시킨 살로메는 원하는 것을 주겠다는 약속을 받아 냈다. 모친의 권유와 사기꾼을 벌주고 싶다는 유모의 권유에 따라 살로메는 왕에게 말했다.

"요한이란 자의 목을 쟁반에 담아 주십시오."

명령이 집행되었다. 금발에 흰 피부를 지닌 살로메는 상아와 같은 얼굴을 돌리면서 피투성이가 된 죄인의 목을 받았다. 한편 모친은 의기양양해 웃음을 터뜨리며 외쳤다.

"자, 봐요, 나에게 심한 말을 퍼붓던 입은 이제 영원히 닫혔어요."

그러나 그날 밤 헤로디아가 잠을 이루지 못해 궁전 테라스에 나와 있노라니, 캄캄한 도랑에서 자기를 향해 외치는 소리가 들려오지 않겠는가. 그 소리는 도무지 그칠 것 같지 않았다.

그 저주스러운 목소리는 너무나도 독살스러웠다. 놀란 헤로디아는 한숨 자면서 포도주의 취기를 몰아내고 있는 왕에게 이 일을 전하러 갔다.

"우리를 비난하고 있는 저 소리 들어 보세요. 요한의 목소리예요. 그가 되살아난 거라고요. 당신에게도 나에게도 재앙이 닥칠 거예요."

어린 왕녀 살로메는 뻔뻔스럽게도 자기 부친의 지위를 빼앗은 자에게 요한이 이렇게 말하는 것을 듣고 만족스러운 듯이 크게 숨을 내쉬었다.*

※ 복음서에 살로메의 이름은 명시되어 있지 않고, 세례 요한 처형에 대한 이야기는 예를 들면 마태복음에서는 다음과 같이 기술되어 있다. '헤롯의 생일을 축하하여 헤로디아의 딸이 그 연회 석상에서 춤을 추어 헤롯을 기쁘게 하자 그는 그녀가 원하는 것은 무엇이든 주겠다고 맹세를 했다. 그러자 그녀는 모친의 부추김에 "세례 요한의 목을 쟁반에 올려 이곳에 가져다 주었으면 합니다"라고 말했다. 왕은 곤혹스러웠지만 이미 맹세를 했고 그 자리에 있는 사람들 앞이라, 그것을 주도록 명령하고 사람을 보내 옥중에서 요한의 목을 베게 했다. 그 목은 쟁반에 올려져 소녀에게 전해지고 소녀는 그것을 모친에게로 가지고 갔다.'

13. 살로메의 최후

왕녀 살로메에 대해서 이야기하는 자들 가운데 그녀가 성녀라는 것을 아는 이는 드물다. 이에 대해서는 비잔틴의 위대한 총대주교 니케포루스[*2]에게 물어보는 것이 좋다.

헤롯은 아내의 딸이 참수된 자의 입술에 키스하는 것을 보고 분노했다. 이에 왕은 경비병에게 검고 무거운 방패를 겹쳐 쌓아 그녀를 눌러 죽이라 명했다. 하지만 헤로디아의 애원 탓에 죽이라는 명령을 거두고 나라 밖으로 추방하라 명했다. 살로메는 곧바로 사막으로 가 몇 년 동안 저주받은 사람처럼 홀로 짐승의 털을 걸치고 꿀이나 풀뿌리, 메뚜기를 먹으면서 지냈다. 마치 예언자의 생활과도 같았다.

그곳을 지나쳐가던 예수를 보고 그녀는 그가 죽은 이가 말하던 그분임을 깨달았다. 그녀는 예수를 믿었으나 자기는 그분 곁에 있을 자격이 없다고 생각해 신의 말씀을 전하기 위해 더욱 머나먼 곳으로 곧장 나아갔다. 몇 번이나 강과 바다를 건너고 불의 사막을 지나자 눈 덮인 평원이 펼쳐졌다.

어느 날, 얼어붙은 호수를 건너고 있었는데 갑자기 발밑에서 얼음이 깨져 그녀는 물에 빠지고 말았다. 얼음덩어리가 순식간에 목에 꽂혀 예수나 요한의 이름을 부를 겨를도 없었다.

그 뒤 강을 따라서 온 자는 은빛 얼음 평원 위에 붉은 꽃처럼 잘린 목이 반짝이고 있는 것을 발견했다. 그 위에는 금빛 고리 모양의 빛이 빛나고 있었다.

14. 두 번의 참수(斬首)

그녀는 왕녀 살로메의 사랑스런 조카였다. 살로메처럼 그녀도 아름다웠고, 또 이 유대의 왕녀처럼 당치도 않은 사랑을 하고 있었다. 그녀의 연인은 로마에서 온 철학자로서 플라톤의 꿀과 젖으로 자라난 자였다.

그리스도의 사도가 새로운 종교를 역설하고 있을 때 그 고통의 예배와 대조적으로 이 젊은 연인은 자신이 지닌 서정성에 따라 독실한 미(美)의 예배를 드렸다. 그녀는 그것을 알고 있었다.

[*2] 8~9세기, 콘스탄티노플의 총대주교. 성화상 파괴자 및 그들을 지지하는 황제와 대립해 교회의 전통과 독립을 지켰다. 저서로 《간약역사(簡約歷史)》 등이 있다.

그래서 그녀는 그를 기쁘게 하려고 흑인노예 한 사람에게 명해 사도의 목을 베게 하여 피가 흐르는 그 머리를 황금 쟁반에 받쳐 젊은 철학자에게로 보냈다.

젊은 사내는 몸서리를 치면서 이 공물을 보더니 아름다운 왕녀에게 웃으면서 말했다.

"이보다는 그대의 예쁜 머리가 얼마나 더 내 마음에 드는지 모르겠구려, 나의 사랑스런 연인이어."

이 미녀는 입술을 깨물고 얼굴이 새파래져서 물러갔다.

그날 밤, 흑인노예가 지엄한 여주인의 명령을 실행해 황금 방패에 가엾은 왕녀의 작은 머리를 얹어서 날라 왔다.

젊은 철학자는 시선을 돌리고 중얼거렸다.

"왜 이토록 많은 피를 흘리게 되었을까."

그러고는 뜰로 나가 플라톤을 다시 읽었다.

15. 안드로클레스와 사자 이야기의 진실

《아티카 야화》란 책에서 아울루스 겔리우스[*3]는 안드로클레스[*4]와 사자 이야기를 잘못 해석했다. 노예인 안드로클레스는 그 무렵 가장 우수한 치과의사로서 황제의 아프리카원정에 참가했다. 어느 날 그는 사막 변두리에서 고통으로 울부짖고 있는 사자와 마주쳤다. 그 사자는 북에서 온 인간, 즉 똑같이 이곳을 식민지화할 목적으로 이미 원정을 하고 있었던 영국인을 잡아먹으려다 이빨을 다치고 만 것이다. 안드로클레스는 동정하는 마음으로 사자를 위해 황금 틀니를 만들어 주고 혼자 중얼거렸다.

"이것은 역겨운 일이다. 사자가 인간을 잡아먹은 뒤에 금으로 된 틀니를 원한댔자 줄 수는 없는 노릇이다."

아무튼 그는 완벽한 황금 틀니를 사자에게 주었다.

수년이 흘러 그리스도교도가 된 안드로클레스는 마침 최초의 그리스도교

[*3] 아울루스 겔리우스(123?~165?). 로마의 문법학자이자 비평가. 30세 무렵에 아테네에 유학해 《아티카 야화》를 쓰기 시작한다.

[*4] 로마 전설에 등장하는 노예. 도망치려다 실패해 경기장에서 사자의 먹이가 될 뻔했는데 그 사자는 전에 그가 자기 발에 박힌 가시를 빼 주었던 것을 기억하고 있어 그를 물지 않았다.

박해시기에 붙잡혀 한 무리의 신자들과 함께 로마의 원형 경기장에서 구경꾼들이 지켜보는 가운데 짐승들에게 넘겨졌다. 금빛이 번쩍이는 우리에서 나온 한 마리 사자가 그에게로 다가와 턱을 크게 벌렸다.

안드로클레스가 황금 틀니를 보고 알았다는 듯이 "아아" 하고 말하자 사자도 안드로클레스를 알아보았다. 사자는 그의 발밑에 누워 발을 핥으면서 생각했다.

'생명의 은인인 안드로클레스에게 어떻게 감사의 마음을 표시하면 좋을까?'

그래서 이 치과의사를 위해 가장 효과적인 선전을 하기로 마음먹었다. 사자는 군중 앞에서 앞발을 세우고 아름다운 치아에 용기를 담아 이 틀니의 우수함을 보여 주기 위해 순식간에 그를 잡아먹어 버리고 말았다.

16. 고뇌하는 성모마리아

이오니아해의 은빛 해변에 일찍이 고뇌하는 성모마리아에게 바쳐진 작은 성당이 있었다. 그 나라 어부들은 그곳을 경배하고 물고기가 많이 잡히기를 기원하면서 금 열매나 은 조개를 바쳤다. 그 성모상이 몹시 오래되었고 종종 기적을 일으켰기 때문이다.

세례 요한 축일[*5] 전날 밤이었다. 석양이 성모상의 얼굴을 비추자 그녀는 눈을 뜨고 팔을 뻗어 무거운 망토의 단추를 풀었다. 그 망토에는 마리아의 심장을 뚫은 7가지 고뇌를 나타내는 7개의 검이 어부의 부인들에 의해서 수놓아져 있었다. 이어서 그녀는 이마를 가린 푸른 베일을 벗고 순백의 나체를 드러낸 채 일어나 성당에서 내려왔다.

이오니아해의 은빛 해변을 지나자 바다의 정령들이 물결 사이에서 멋진 모습을 드러내고 정열적인 트리톤[*6]이 잘 연마된 소라고둥을 불면서, 일찍이 거품에서 태어났던 그녀를 맞이했다. 숲과 밭에서 숲의 정령들과 발굽이 둘로 갈라진 목신들이 찾아왔다. 동굴이 있는 언덕에서 초조해진 켄타우로스가 대단한 선물을 준비한 채 춤을 추고 있었고, 불꽃 같은 진홍빛 날개를 지닌 그녀의 아름다운 아들 에로스는 서둘러 날갯짓을 하면서 달려와 비너스

─────────────

[*5] 6월 24일.

[*6] 포세이돈의 아들. 소라고둥을 불어 파도를 지배하는 반인반어(半人半魚)의 신.

를 껴안았다. 모두 이 미녀가 돌아온 것을 기뻐했다. 가련한 이 땅은 그녀를 애타게 기다리고 있었던 것이다.

밤새 모두가 크게 즐거워했다. 바다의 처녀들은 노래하고 켄타우로스는 춤을 추었다. 이윽고 날이 밝자 수탉이 세 번 울었다.

그러자 여신은 완전히 창백해져 숭배자들로부터 벗어나 해변의 작은 성당으로 향했다.

목신들도 바다의 정령들도 그녀에게 돌아오라 애원했지만 헛수고였다. 여신은 그들의 소망에는 전혀 귀를 기울이지 않고 아름다운 대리석 육체를 고뇌의 망토로 감쌌다.

켄타우로스는 눈물을 흘리고 트리톤도 울었다. 그러나 그녀는 그 눈물에는 아랑곳하지 않고 흰 이마에 상(喪)을 나타내는 큰 베일을 썼다.

이번에는 에로스가 가지 말라고 간청을 하자 그녀는 몸을 구부려 그에게 말했다.

"이렇게 내려왔지만 저 옥좌에 다시 올라가지 않으면 안 됩니다. 나에겐 또 한 아들이 있고 그 아들은 많은 고통을 겪었으니까요."

17. 지혜의 스승

어릴 적부터 그는 신에 대한 완벽한 지식을 지닌 인간으로 살아왔다. 아직 어린 나이였음에도 그가 태어난 자유도시의 많은 성자, 성녀들이 그의 대답에서 깊은 지혜를 발견하고 몹시 놀랐다.

어느 날, 그는 외투를 걸치고 남자용 반지를 끼고는 부모님을 꼭 껴안은 다음 신의 말씀을 전하기 위해 세상에 나섰다. 그 무렵 세상 사람들은 신의 존재에 대해서 거의 모르고 있거나, 아니면 인간에게 무관심한 거짓 신을 떠받들고 있었기 때문이다.

그는 태양 반대쪽으로 방향을 잡아 걸어갔다. 등에는 가죽부대와 흙을 구워서 만든 물통을 지고 있었다.

그는 신에 대해서 완벽한 지식을 갖고 있다는 기쁨으로 충만해 가도를 따라 쉼 없이 걸어가면서 신에 대한 찬가를 불렀다. 그럭저럭 많은 도시가 모여 있는 낯선 땅에 당도했다.

그곳에는 11개의 도시가 있었다. 어느 것은 골짜기에, 어느 것은 큰 강가에, 또 어느 것은 언덕 비탈에 자리를 잡고 있었다.

　어느 도시에서나 그는 자기를 사랑하고 따르는 제자를 한 사람씩 발견했다. 또 어느 도시에서나 군중이 뒤따라 신의 지식은 온 나라에 퍼지고 많은 우두머리들이 개종을 해, 우상을 모시고 있었던 신전 사제들은 수입이 반으로 줄어들고 말았다. 정오에 북을 두들겨도 거의 아무도 공작이나 고기 같은 제물을 신전에 가지고 오지 않게 되었다. 청년이 이 나라에 오기 전에는 그런 관습이 있었던 것이다.

　그러나 많은 사람들이 그를 따르고 제자가 늘면 늘수록 그의 슬픔은 점점 더 커졌다.

　어느 날 밤, 11번째 도시인 아르메니아의 도시에서 나오는데 제자들과 군중이 뒤를 따랐다. 그가 산으로 올라가 한 바위에 앉자 제자들이 그 주위를 에워싸고 군중이 골짜기에 무릎을 꿇었다.

　그는 머리를 감싸고 슬퍼하면서 속으로 말했다.

　"왜 나는 슬픔과 불안으로 가득 차 있는가. 왜 나의 제자가 저마다 밝은 햇빛 아래서 전진하는 적(敵)이 되었는가."

　그러자 혼은 그에게 대답했다.

　"신은 자신의 완벽한 지식으로 그대를 충만하게 했다. 그대는 그것을 타인에게 건넸다. 값비싼 진주를 그대는 박살을 냈다. 그대는 천의무봉한 옷을 둘로 찢었다. 지식을 건네다니, 내 것을 훔치는 짓이나 마찬가지다. 그대는 도적에게 부를 준 거나 다름없다. 신은 그대보다 현명하지 않은가. 신이 그대에게 맡긴 비밀을 남에게 넘겨주다니 도대체 그대는 무슨 짓을 하고 있는가. 나는 일찍이 풍요로웠는데 그대 때문에 지금은 가난하다. 일찍이 나는 신을 보았는데 지금 그대는 신을 내 눈앞에서 숨기고 말았다."

　그는 비통하게 울었다. 혼이 말한 것이 진실임을 알고 있었기 때문이다. 그는 타인에게 신에 대한 완벽한 지식을 알려주었고 그러면서 신의 옷소매에 매달리고 있었다. 신을 믿게 된 사람들의 수에 비례해서 신앙의 지식을 남에게 맡겨 버리고 만 것이다.

　그는 스스로 다짐을 했다.

　"이제 신에 대해서 말하지 않겠다. 지식을 건네는 것은 자기 것을 훔치는 짓이나 마찬가지다."

수 시간 뒤, 제자들이 그에게 다가와 말했다.

"스승이시여, 저희에게 신에 대해서 말씀해 주십시오. 당신께서는 신에 대한 완벽한 지식을 가지셨고 당신만큼 잘 알고 있는 사람은 없습니다."

그러자 그는 제자들에게 말했다.

"나는 하늘과 땅에 있는 모든 것에 대해서 말하겠다. 그러나 신에 대해서는 더 이상 말하지 않겠다. 지금도, 그 어느 때라도 신에 대해서는 그대들에게 말하지 않겠다."

제자들은 화가 나서 말했다.

"당신께서는 이야기를 들려주기 위해 우리를 사막으로 인도한 것이 아닙니까. 당신께서는 우리와 당신을 따라온 군중을 굶주린 상태로 쫓아 버릴 생각이십니까?"

그는 제자들에게 말했다.

"더 이상 신에 대해서 그대들에게는 말하지 않겠다."

그 말에 군중은 그에게 불만을 털어놓았다.

"당신께서는 우리를 사막으로 데려와 놓고선 그 어느 것 하나도 주시지 않을 생각입니까. 부디 신에 대해서 말씀해 주십시오. 그러면 만족합니다."

그러나 그는 아무 대답도 하지 않았다. 신에 대해서 이야기하는 것이 보물을 건네주는 행위임을 알고 있었기 때문이다.

제자들은 슬픔에 잠겨 떠나고 군중도 저마다 사는 곳으로 돌아갔다. 많은 사람은 도중에서 죽었다.

홀로 남게 되자 그는 일어나 달을 향해 고개를 돌렸다. 그는 7개월간 여행하면서 타인에게 말을 걸지 않고 대답도 하지 않았다. 7개월째 되었을 때 큰 강이 있는 모래벌판에 당도했다. 켄타우로스가 일찍이 살고 있었던 동굴을 발견하고 그곳에서 살기로 했다. 갈대로 돗자리를 만들어 거기에서 잤다. 그는 은자가 된 것이다. 이 은자는 언제나 신을 찬양했다. 신을 알고 그 위대함에 대한 지식을 갖게 해 주신 것을 감사하고 있었던 것이다.

어느 날 밤, 은자는 동굴 앞에 앉아 있었다. 악인인 듯 보이나 용모가 아름다운 한 청년이 지나가는 것이 보였다. 허술한 옷차림에 빈손이었다. 그는 매일 밤 빈손으로 지나갔다가 매일 아침이면 진주와 비단옷을 두 손 가득히 가지고 돌아왔다. 대상(隊商)의 재물을 강탈하는 도적이었던 것이다.

은자는 그를 보고 불쌍하게 생각했으나 한마디 말도 걸지 않았다. 신앙에 대해서 말하는 자는 그것을 잃는다는 것을 알고 있었기 때문이다.

어느 날 아침 진주와 비단을 두 손에 가득 들고 돌아오던 젊은이는 걸음을 멈추고 이마를 찌푸리더니 모래 위에서 발을 구르면서 은자에게 말했다.

"왜 언제나 내가 지나가면 그런 식으로 바라보는 거요? 당신 눈에 보이는 것은 대체 무엇이오? 나를 이제까지 그런 식으로 본 자는 없었소. 그것은 나에게 상처를 주고 괴롭히는 것이오."

"내 눈에 보이는 것은 연민이다. 내 눈에 그대가 그렇게 보이는 것이다."

청년은 무시하고 소리 내어 웃으면서 불쾌하다는 듯이 은자를 향해 외쳤다.

"나는 두 손 가득 비단과 진주를 가지고 있소. 그런데 당신은 잠을 자기 위한 돗자리밖에 없지 않소. 그런데 나를 보고 어떤 연민을 느낄 수 있다는 거요? 도대체 무슨 이유로?"

"내가 그대에게 연민을 느끼는 것은 그대에겐 신에 대한 지식이 없기 때문이다."

"신에 대한 지식, 그것은 값비싼 거요?"

젊은이가 물었다. 그는 동굴 입구에 가까이 다가가 있었다.

"그것은 이 세상의 모든 비단, 모든 진주보다도 값비싼 것이다."

은자는 대답했다.

"당신은 그것을 가지고 있소?"

젊은 도적은 이렇게 말하면서 좀 더 가까이 다가갔다.

"아아, 한때는." 은자는 대답했다. "한때는 신에 대한 완벽한 지식을 갖고 있었다. 다만 지금은 충분하지 못하다. 어리석게도 나는 그 지식을 타인에게 모두 나누어 주고 말았다. 하지만 지금 내가 지니고 있는 것은 약간이기는 하나 그래도 비단이나 진주보다는 존귀하다."

이 말을 듣자 도적은 들고 있던 비단과 진주를 버리고 둥글게 휜 예리한 검을 뽑아 들더니 은자에게 말했다.

"당장 그대가 지니고 있는 지식을 내놓아라, 안 그러면 정말로 그대의 목을 칠 테다. 내 보배보다도 더 귀한 보배를 지니고 있는 자를 살려 둘 순 없으니까."

은자는 팔을 벌리고 말했다.

"그 지식을 갖지 않고 이 세상에서 살기보다는 차라리 신의 성궤(聖櫃)로 들어가 신을 찬양하는 것이 나로선 훨씬 좋다. 내 목을 쳐라. 그대가 원한다면. 그러나 너에게 신의 지식은 건네지 않겠다."

그러자 젊은 도적은 무릎을 꿇고 간청했다. 그러나 은자는 신에 대해 이야기함으로써 자신의 보물을 내주고 싶지 않았다. 젊은 도적은 다시 일어나 은자에게 말했다.

"마음대로 하시오. 나는 일곱 대죄(大罪)*7의 도시로 갈 거요. 여기에서 3일 정도밖에 걸리지 않소. 그곳에서는 비단으로 쾌락을 얻을 수 있고 진주로 향락을 살 수 있소."

그러자 은자는 소리를 지르며 그를 뒤쫓아갔다. 3일 동안 그는 젊은 도적을 쫓아가며 일곱 대죄의 도시에 닿기 전에 발길을 돌리라 간청했다. 때때로 젊은 도적은 은자를 돌아보고 말했다.

"비단이나 진주보다도 값비싼 신의 지식을 나에게 건네줄 마음이 생겼소? 만일 그렇다면 저 도시에는 들어가지 않겠소."

그때마다 은자는 이렇게 대답했다.

"내가 가지고 있는 것은 모두 그대에게 주겠다. 그것만 제외하고는. 그것을 건네는 것은 나로선 할 수 없는 일이다."

3일째 저녁 그들이 일곱 대죄의 도시로 들어가는 붉은 대문 가까이에 당도하자 도시에서 큰 웃음소리가 시끄럽게 들려왔다.

젊은 도적은 이에 호응하듯이 웃으며 문을 두들기려고 앞으로 나아갔다. 그가 그렇게 하자 은자는 달려가 그의 옷소매를 잡고 말했다.

"내 손을 잡고 그 팔을 내 목에 두르고 귀를 내 입가에 가까이 대라. 그대에게 내가 가진 신의 지식을 주겠다."

그 말에 젊은 도적은 걸음을 멈추었다.

은자는 신의 지식을 건네고는 땅에 엎드려 울었다. 그러자 큰 어둠이 도시와 젊은 도적을 뒤덮어 보이지 않게 되었다. 은자가 울면서 그곳에 쓰러져 있는데 가까이에서 누군가의 기척이 들렸다. 그는 청동 다리와 양모보다도

---

*7 지옥에 떨어지는 죄악. 거만, 탐욕, 욕정, 분노, 대식, 질투, 태만. 와일드는 이 용어(The seven deadly sins)가 마음에 들었는지 난의 요염한 아름다움을 설명하는 데도 '일곱 대죄처럼'이란 표현을 썼다.

가는 섬세한 머리카락을 지니고 있었다. 그는 은자를 일으켜 세우고는 말했다.

"이제까지 그대는 신에 대한 완벽한 지식을 갖고 있었다. 앞으로는 신의 완전한 사랑을 갖게 될 것이다. 왜 우는가."

이렇게 말하고 그는 은자에게 입맞춤을 했다.

18. 성 앙투안의 진정한 유혹

악마가 어느 날 리비아사막을 가로지르다가 불길이 타오르는 듯한 곳에 다다랐다. 그곳에서는 많은 소악마들이 은자인 성 앙투안[8]를 괴롭히고 있었는데 이 성자는 아주 간단하게 그들의 위험한 제의를 물리치는 것이었다.

악마는 잠시 그 자리에 머물러 작은 악마들이 하는 짓을 바라보고 그 낙담하는 모습을 즐겼다. 이윽고 소악마들은 완전히 실망하고, 또 이런 실망스런 결과에 놀라서 좀 떨어진 곳에서 서로 의논하기 시작했다. 그 모습을 보고 악마는 위압적인 태도로 그들에게 한 수 가르쳐 주기 위해 나섰다.

"그대들의 방법은 지나치게 단순하고 지나치게 조잡하다." 그는 말했다.

"기본적으로 심리적 통찰력이 부족하다. 자, 봐라. 이렇게 하는 거다."

그는 은자의 옷을 걸치고 성인에게 다가가 손을 가슴 위에 교차시키면서 몸을 구부려 성인의 귀에 속삭였다.

"형제여, 기뻐하시오. 당신께 좋은 소식이 있소. 당신이 그곳에 두고 온 동생 분 말인데, 당신과 마찬가지로 수도승인 그분이 알렉산드리아의 총대주교에 임명되었소."

그때까지 평온했던 은자의 얼굴은 그 순간 흐려졌다. 사악한 질투로 얼굴이 일그러지고 주름도 생겼다.

"봐라." 악마는 웃으면서 어안이 벙벙해진 소악마들에게 말했다. "가장 덕이 높은 사람을 유혹할 때는 이렇게 하는 것이다."

19. 보석을 단 여인

그 무렵, 알렉산드리아 근처의 사막에 결코 여인의 얼굴을 보고 싶다고 생

---

[8] 251?~356?. 이집트의 은자이며 그리스도교 수도원 제도의 창시자. 특히 19세기 후반에는 플로베르의 소설 《성 앙투안의 유혹》에 의해서 이 주제가 주목을 받았다.

각한 적이 없는 젊고 아름다운 고행자가 살고 있었다. 그가 사는 동굴 옆을 지나가는 유목민들은 그를 미치광이로 생각했고, 그런 이유로 이 고행자를 존경했다.

어느 날 더없이 유복하고 아름다운 알렉산드리아의 창녀가 결코 여인의 얼굴을 보고 싶다고 생각한 적이 없는 젊고 아름다운 고행자의 이야기를 들었다. 그녀는 남자를 유혹하는 자기 실력을 확신하고 있었기 때문에 그를 유혹하기로 결심했다.

밀리나라고 하는 이 창녀는 가지고 있는 모든 보석을 몸에 달고 가마에 올라 고독한 자가 있는 동굴로 갔다. 유목민들은 그녀가 지나가는 것을 보고 여신이거나 공주님일 거라고 생각했다.

보석으로 온통 치장을 한 여인은 기도하고 있는 사내를 불러 말을 걸었다. 쾌락이란, 부란, 여인의 색향이란 무엇인가를 그에게 말했는데 결국 헛수고였다. 젊고 아름다운 고행자는 눈을 내리깐 채, 여인에게 신의 사랑의 비밀을 해명했다. 오랫동안 그는 신에 대해서 그녀에게 이야기하고 이렇게 말했다.

"지니고 있는 것을 모두 가난한 사람들에게 주고 나를 따르세요."

그리고 그는 기도하기 위해 물러갔다. 그러나 물러갈 때 무모하게도 밀리나의 얼굴을 보고 말았다.

그 뒤 그녀는 신의 사랑밖에 생각하지 않았고, 한편 동굴의 어둠 속에서 그는 무릎을 꿇고 기도하고 있는 여인의 사랑밖에 생각하지 않았다. 그는 욕망에 사로잡혀 그녀에게 가까이 다가가 그녀를 차지하려고 했지만 거부당하고 말았다. 그녀는 이미 마음도 혼도 그리스도교도가 되고 말았던 것이다. 실망한 젊고 아름다운 고행자는 전에 밀리나가 했던 말을 음미하기 위해 알렉산드리아로 갔다.

여자는 몸에 달고 있었던 보석을 떼어 가난한 유목민들에게 나누어 주고 동굴에 살면서 자기에게 신의 사랑의 비밀을 해명해 준 자를 위해 기도했다.

20. 지옥

지옥에는 연인들, 미녀, 현자, 시인이나 점성술사 등 화려한 면면의 사람들이 다 모여 있었다. 점쟁이란 혼의 고통을 면하길 원하는 죄 있는 사람들이 끊임없이 오가는 곳에는 반드시 있게 마련이다. 이 화려한 사람들로부터 조금 떨어진 곳에 환한 웃음을 띠고 있는 여인이 있었다.

"저 부인은 도대체 누구십니까?" 신참이 물었다. 황홀한 표정에 감동을 받았긴 했지만 그것을 어떻게 해석해야 좋을지 몰랐던 것이다. "나긋한 상아 같은 팔다리에, 팔에서 손목까지 다 덮이도록 긴 머리카락을 늘어뜨린 채 손을 무릎 위에 포개 놓고 있는, 저 부인은 누구입니까?"

이 지옥에서 끊임없이 위를 올려다보고 있는 것은 그녀뿐이었다. 그녀는 어떤 비밀을 생전에 남긴 것일까.

그가 이렇게 묻자마자, 한 사내가 시든 월계수 관을 손에 들고 다음과 같이 서둘러 대답했다.

"일찍이 지상에 있었을 때 그녀는 위대한 예술가였다. 그 목소리는 맑은 하늘에 반짝이는 유성과도 같았다. 죽음이 찾아왔을 때, 신께서 그 목소리가 너무 아름다워 잃기에는 아깝다고 생각해서 그 소리를 천구(天球)의 영원한 음악에 덧붙여 넣으셨다. 그녀에게 한마디도 말을 걸어서는 안 된다. 자기가 하늘 한가운데 있는 줄 알고 있으니까."

시든 관을 들고 있는 사내가 입을 다물자 다른 사내가 말했다.

"그것이 그 여자의 진정한 사연은 아니오. 지상에서 어느 시인이 그녀를 자기 노래의 유일한 소재로 삼았소. 그 때문에 유명해진 이름은 영원히 사람들 입에 오르내리게 됐지요. 그래서 그녀는 지상의 모든 언어에 귀를 기울이면서 자기를 상찬하는 소리를 들으려 하고 있는 거요. 이것이 진정한 사연이지."

"그래서 그녀는 시인을 사랑하고 있었습니까?" 신참이 물었다.

"매일 만나고는 있었지만 그녀는 시인에 대해서는 전혀 몰랐소."

"그리고 시인은 그녀를 알고 있었고요?"

"그 사람 말이오?" 이 사내는 웃었다. "그놈이 지금 우리에게 그녀의 목소리에 대한 거짓을 말한 거요. 그놈은 둘 다 살아 있었을 때에 그녀에 대해서 꾸며 낸 온갖 이야기를 지옥에서 되풀이하고 있소."

신참은 반론을 제기했다.

"시인의 이야기가 상상해서 꾸며 낸 것이라도 문제 될 건 없습니다. 그것이 지옥의 가련한 영혼에게 행복을 가져다준다면."

21. 영혼을 판 사내의 이야기

한 나그네가 거리를 걷다가 헤아릴 수 없을 정도로 슬픈 표정을 짓고 있는 사내와 마주쳤다. 나그네는 인간 마음의 비밀에 흥미가 있었기 때문에 그 사내를 불러 세워서 물어봤다.

"도대체 당신의 눈에 나타나 있는 그 고뇌는 무엇입니까. 너무나도 명백해 숨길 수도 없고, 너무나도 깊어서 그 원인을 알아낼 수도 없군요."

"이처럼 나를 괴롭히는 것은 내가 아닙니다." 사내는 대답했다. "그것은 나의 혼인데 도저히 몰아낼 수가 없습니다. 나의 혼은 죽음보다도 더 나를 괴롭힙니다. 이놈은 나를 증오하고 나도 이놈을 증오하고 있습니다."

나그네가 제안을 했다. "만일 나에게 혼을 팔면 쫓아낼 수 있을 겁니다."

"하지만 어떻게 혼을 팝니까?" 상대가 물었다.

"적절한 값으로 나에게 혼을 넘기는 것을 승낙하기만 하면 됩니다. 그러면 혼은 내 명령으로 나를 따라옵니다. 그러나 혼에는 제각기 정당한 값이 매겨져 있어 그 대가를 치러야만 계약이 성립될 수 있습니다."

"내 혼처럼 형편없는 것을 당신에게 얼마에 팔 수가 있을까요?"

나그네가 대답했다.

"혼을 파는 자는 주인을 배신하는 것과 같습니다. 그 혼의 값은 은 30냥밖에 안 됩니다. 그러나 그것이 다음에 다른 자의 손에 넘어가면 가치가 떨어집니다. 누구도 이웃의 혼에는 낮은 값밖에 매기지 않으니까요."

고뇌하는 자는 30데나리온을 받고 나그네에게 혼을 팔았다. 나그네는 그것을 가지고 떠났다.

이윽고 사내는 이제 혼이 없기 때문에 아무리 작은 죄라도 범할 수 없음을 알았다. 죄가 고개를 돌리고 그에게 손모아 애원하듯이 말했다.

"혼이 없는데 어떻게 당신에게로 갈 수 있겠습니까. 혼이 없는데 나에게 무슨 이익이 주어지겠습니까."

혼이 없는 사내는 더한층 슬퍼졌다. 그 손은 더러운 것을 만져도 언제나 깨끗했고, 그 마음은 악을 간절히 바라도 언제나 순결했고, 뜨거운 불길로 향해도 입술은 언제나 차디찼다. 혼을 다시 찾고 싶다는 커다란 소망이 그를 괴롭혔다. 그래서 그는 혼을 산 나그네를 찾아 나섰다. 다시 죄를 그 몸으로 맛보기 위해 혼을 되살 생각이었다.

오랫동안 찾아다닌 끝에 그는 나그네를 발견했다. 나그네는 그 부탁을 듣자 크게 웃었다.

"그대의 혼은 바로 내 수중에서 떠났소. 그대에게 지불한 것보다도 훨씬 싼 값에 유대인에게 팔아 버렸소."

"아아!" 혼이 없는 사내는 외쳤다. "나에게 팔러 왔더라면 더 많이 주었을 텐데."

그러나 나그네는 이렇게 대답했다.

"그럴 수는 없소. 혼은 정당한 값으로만 매매되어야 하오. 그대의 혼은 내가 지니고 있었을 때 값이 뚝 떨어지고 말았소. 그래서 처분하려고 그대에게 지불한 것보다도 상당히 싼 값으로 그것을 남에게 넘겨 버렸소."

사내는 다시 걸으며 혼을 찾아내기 위해 지상을 방랑했다.

어느 날 그는 완전히 지쳐서 큰 도시의 시장에 앉아 있었다. 그곳으로 온 한 여인이 그를 유심히 바라보고 말했다.

"왜 당신은 그처럼 슬퍼 보이나요."

사내는 대답했다.

"내가 슬픈 것은 혼을 잃어버려 그것을 찾고 있기 때문입니다."

"지난밤에 나는 혼을 하나 샀어요. 너무나도 많은 손을 거쳐 왔기 때문에 아주 적은 대가만 지불하고 넘겨받았어요. 실은 노래 한 구절로 지불했죠. 왜냐하면 혼은 정당한 값으로 거래되지 않으면 안 되니까요. 어떻게 하면 그것을 팔 수 있을까. 노래 한 구절보다 값어치가 없는 게 뭘까. 그것을 판 사내와 포도주를 마시면서 노래를 불렀으니까 정말 형편없는 한 구절이었단 말이죠."

"그것은 내 혼이다!" 사내는 외쳤다. "나에게 파세요. 가진 것을 다 드릴 테니까."

"아아." 여인은 탄식하면서 그에게 대답했다. "그 구절보다 값어치가 없는 어떤 대가를 당신에게 요구하면 좋을지 모르겠군요."

혼이 없는 사내가 여인의 가슴에 귀를 대자 혼이 부르는 소리가 들렸다. 그 혼은 전에 들어가 있었던 몸으로 되돌려 달라고 부탁하고 있었다.

"틀림없이 내 영혼이다!" 사내는 떠들어 댔다. "틀림없습니다. 만일 그것을 나에게 팔아 주신다면 당신의 말 한마디보다도 가치가 없는 내 몸을 드리겠습니다."

여인은 신체와 교환해서 혼을 그에게 건넸다. 그러나 그것을 받자마자 사내는 두려움에 떨면서 외쳤다.

"이찌 된 일인가. 이 역겨운 것은 무엇인가. 그대가 넘겨준 것은 나의 혼이 아니오."

그러자 여인은 웃으면서 사내에게 말했다.

"자유를 빼앗겨 팔리기 전에는 그대의 혼은 자유로운 신체 속에 있어 역시 자유로웠어요. 노예시장에서 그대에게로 돌아왔기 때문에 자기 혼도 못 알아보는 건가요. 하지만 그대의 혼은 그대보다도 정이 깊어요. 혼은 그대를 알아보고 그대에게로 돌아가려고 하지 않았나요. 그대는 신체를 더없이 천한 예속상태에 두고 말았지만."

이렇게 해서 사내는 신체를 대가로 일찍이 은 30데나리온에 팔았던 혼을 다시 되샀다.

22. 성(聖) 나르시스

미(美)란 신이 인간에게 준 것 가운데서 가장 무서운 것이 아닐까.

아름다운 나르시스는 전해지는 소문대로 죽은 것도, 제 모습이 비치는 물가에서 사랑과 욕망에 사로잡혀 서서히 초췌해진 것도 아니었다.

그 지나칠 정도의 아름다움을 보고는 마음의 혼란에 시달리는 사람들을 배려해 나르시스는 스스로 그 아름다움을 희생하고 사막으로 갔다.

그러나 그 영상이 눈앞에서 없어져도 나르시스는 자기의 그림자가 무엇보다도 아름다운 것을 알았다. 그는 자기의 눈을 도려냈다.

그러나 눈이 멀어도 어둠 속에서 손으로 자신의 상반신과 팔다리를 더듬으면 그 육체의 완벽성을 느낄 수 있었다.

그래서 그는 손을 잘라 냈다.

그러나 소리내어 신을 찬양하자 그 목소리가 대단히 아름다운 것을 알았다.

그래서 고막을 찢었다.

그러나 동굴의 어둠 속에서 겨드랑이 아래서 풍기는 향이 그를 현혹시켰다.

그래서 코를 동굴의 거친 암벽에 문대어 짜부라지게 했다.

그러나 입으로는 자기에게 주는 키스의 꿀맛을 아직 맛볼 수 있었다.

그래서 과감하게 혀를 깨물어 잘랐다.

그 뒤 손을 잃고, 귀도 들리지 않고, 눈도 보이지 않고, 말도 못하는 채 하늘의 새에게 길러져 그는 독실하게 홀로 유일한 아름다운 생각을 안고 살다가 죽었다.

그렇기 때문에 성자의 명부에 성 나르시스의 이름이 보이는 것이다.

23. 필모어의 성(聖) 로베르

서책에는 전혀 실려 있지 않은 성자가 있는데, 그 이름은 필모어의 성 로베르라고 한다.

그는 매일 밤 날이 밝기도 전에 침상을 떠나 무릎을 꿇고 신에게 기도했다. 신께서 크나큰 후의를 베풀어서 태양에게 그만 일어나 지상을 비추도록 명하시길 기도한 것이다.

그리고 언제나 해가 떠오르면 성 로베르는 다시 무릎을 꿇고 이런 기적을 일으켜 주신 신에게 감사를 드렸다.

그런데 어느 날 밤, 성 로베르는 낮에 평소보다도 많은 선행을 해서 녹초가 되어 곤하게 잠들었다. 그가 잠에서 깨어났을 때에는 태양이 이미 떠올라 온 세상이 환해져 있었다.

한동안 성 로베르는 심각한 표정으로 걱정을 하는 듯했는데 갑자기 또 무릎을 꿇었다.

그리고 천한 종의 태만에도 불구하고 태양을 떠오르게 해 지상을 비추게 해 주셔서 고맙다고 신에게 감사를 드렸다.

24. 헛된 부활

어느 날, 골고다 언덕 산허리에서 고대 미라 발굴 작업을 하고 있던 한 아랍인 막일꾼의 곡괭이가 묘석에 부딪쳤다. 동료의 도움으로 이 무거운 묘석을 들어내자 좁은 구덩이 무덤 속에 완전한 보관 상태의, 삼베로 싸인 사체가 나타났다.

이 발굴작업자는 발견된 사체를 박물관으로 날랐다. 그곳에서 안경을 쓴 학자들은 조심조심 붕대를 풀고 미라가 된 사체를 보다가 깜짝 놀라고 말았다. 손목과 발과 옆구리에 상처가 나 있었고 그 주위에 말라붙어 갈라진 거무스름한 피가 묻어 있는 것을 확실히 알 수 있었다. 그자는 틀림없이 본디오 빌라도의 명령으로 십자가에 못 박힌 사내였다.

이와 같이 몇 대에 걸쳐서 사람들은 속고 있었다. 성녀들이나 최초의 제자들도 그랬다. 아리마태아 요셉이 소유하고 있었던 무덤 부시를 확증하고, 이곳이야말로 신자들의 무릎 아래 돌바닥이 닳아 없어질 성지(聖地)라고 굳게 믿었던 사람들도 똑같이 속고 있었다.

잡지는 이 사건을 크게 실었고 교황은 바티칸에서 내쫓겼다. 그곳에는 과학의 진실에 바친 신전 같은 것이 세워지고, 사람들의 호기심을 만족시키기 위해 이 사체는 유리에 넣어져 전시되었다. 이리하여 수세기에 걸친 거짓은 사라졌다. 부활의 교리에 바탕을 둔 그리스도교 신앙은 이 사실로 인해 덧없이 사라지고 말았다.

그러나 부활제가 있던 일요일, 그것은 종소리도 없는 슬픈 일요일에 한 사건이 일어났다. 오후가 가까워 올 무렵부터 비치기 시작한 태양의 희미한 최초의 빛을 받는 순간, 생기 없는 사체가 생명을 되찾아 투명한 유리관을 깨고 찾아온 사람들과 엎드린 사람들 앞에서 영광스러운 비상(飛翔)을 하며 바티칸의 둥근 천장을 넘어 사라져 간 것이었다.

새로운 종교가 태어나 성장해갔다. 이전과는 다른 사도와 순교자가 생겨났다. 이곳저곳에서 그리스도가 순례자 앞에 나타나 스스로를 정당화하고 새로운 기초 위에 미(美)의 예배를 확립했다.

그가 설교하는 바에 따르면, 만일 모두가 그 교리에 따른다면 부자도 가난한 자도, 계급투쟁도 전쟁도 없어지고 다양한 인종이 하나로 결합되는 가운데 인간들은 영생의 기적을 누리며 서로 사랑할 것이라고 했다. 그는 단언했다.

"내가 온 것은 무덤 속에 누운 사람들, 핍박 받는 사람들, 공장에서 일하는 아이들, 도적들, 거리의 방랑자들, 죄수, 추방된 자, 즉 압제자의 폭력에 눌려서 말 못하고 그 목소리가 신에게만 들리는 자들이 겪는 고통을 없애기 위함이다."

그는 모두에게 말했다.

"너 자신이 되어라. 그대의 성취는 그대 안에 있다."

그러나 그는 너무 늦게, 이 지루하게 계속되는 세상에 왔다.

빛의 아들의 입에서 나온 이 지상(至上)의 계시에 대해 학자들은 합리적이고 과학적인 논평을 내놓았다. 예수는 영원히 인간 앞에 나타나기를 단념하고, 신앙도 즐거움도 없는 현대의 무감각한 상태에 빠져들었다.

25. 심판장

심판장은 물을 끼얹은 듯 조용했다. 그 사내는 알몸으로 신 앞에 나섰다.

신은 그 사내의 인생기록부를 펼쳤다.

신은 사내에게 말했다.

"그대의 인생은 형편없었다. 그대는 구원을 청하는 자에게 잔혹했고, 의지할 곳 없는 자에게 매정했다. 가난한 자가 동정을 구해도 돕지 않았다.

고통을 당하는 자들의 호소에도 그대는 귀를 막았다. 자기 유산을 지키기 위해 이웃의 포도밭에 여우를 들여보냈다. 아이들에게서 빵을 빼앗아 개들에게 먹였다. 늪지에서 평화롭게 살면서 나를 찬양하던 나병환자들을 그대는 거리로 내몰았다. 그대는 결국 내 땅 위, 그대를 낳은 그 땅 위에서 죄도 없는 자의 피를 흘리게 했다."

그러자 사내는 대답했다.

"네, 그와 같은 짓을 했습니다."

신은 이 사내의 두 번째 인생기록부를 펼쳤다. 신이 말했다.

"그대의 인생은 형편없었다. 그대는 내가 계시한 미(美)를 추구하지 않고 내가 숨긴 선의 곁을 지나쳐 버렸다. 그대 방의 벽에는 미인도가 걸려 있고 추잡한 침상에서 그대는 피리소리를 들으며 일어났다. 그대는 내가 참고 견딘 일곱 대죄를 위한 일곱 제단을 만들고, 먹어서는 안 될 것을 먹고, 치욕의 세 가지 표시를 비단에 수놓게 했다. 그대의 우상들은 금도 은도 아니고 썩어서 없어질 육체로 되어 있다. 그대는 그런 우상의 머리에 향수를 뿌리고, 손에 석류열매를 들게 했다. 그 발을 사프란으로 물들이고 그 앞에 직물을 깔았다. 안티몬으로 그 눈꺼풀을 칠하고 몰약을 몸에 문질렀다. 그녀들 앞에 그대는 엎드렸고, 그 우상들의 옥좌는 햇빛이 드는 곳에 모셔졌다. 그대는 햇빛 아래 그대의 치욕을, 달빛 아래 그대의 광기를 드러냈다."

그러자 사내는 대답했다.

"네, 그와 같은 짓을 했습니다."

신은 세 번째 기록부를 펼쳤다.

"그대의 인생은 형편없었다. 악을 위해 선을, 죄를 위해 호의를 요구했다. 그대는 그대를 키운 손을 할퀴고, 그대가 빤 젖을 욕되게 했다. 물을 얻으려고 온 자를 목마른 채 내쫓고, 그대를 자기 천막에 숨겨 주었던 무법자를 날이 밝기 전에 배신했다. 그대의 적은 그대를 관대하게 봐주었는데 그대는 그 자를 함정에 빠뜨리고, 그대 곁에서 함께 걷고 있던 친구를 은과 맞바꾸어 팔았다. 또 그대는 그대에게 사랑을 가져온 자에게 언제나 방탕으로 되갚았다."

그러자 사내는 대답했다.

"네, 그와 같은 짓을 했습니다."

신은 이 사내의 인생기록부를 닫고 말했다.

"확실히 나는 그대를 지옥으로 보낼 것이다. 그렇다. 내가 그대를 보낼 수 있는 곳은 지옥밖에 없다."

그러자 사내는 외쳤다.

"아닙니다, 그럴 순 없습니다!"

신은 사내에게 말했다.

"왜 지옥에 보낼 수 없는가. 이유가 무엇인가?"

"그야 지금까지 계속 그곳에서 살아왔으니까요." 사내는 대답했다.

심판장은 조용해졌다.

조금 지나서 신이 다시 입을 열었다. 신은 사내에게 말했다.

"그러면 왜 그대를 천국으로 보낼 수 없는 것인가? 도대체 왜?"

그러자 사내가 대답했다.

"그것은, 그곳이 어떤 곳인지 전혀 상상을 할 수 없기 때문입니다."

심판장은 조용해졌다.

제3장 꿈의 거처

1. 사자(死者)의 샌들

고대 박물학자 플리니우스*1는 베수비오화산 속으로 들어가 크게 입을 벌린 화구의 비밀을 탐색했다. 그 이야기를 읽은 어떤 자가 분수도 모르고 소망을 품었다. 그는 자기에 대한 이야기도 이렇게 전해지길 바라는 절실한 마음에서 고대의 플리니우스보다도 더 멋지게 해내기로 결심했다.

어느 날 그는 혼자서 이 세상에서 가장 높은 산에 올랐다.

온갖 위험을 넘기고 엄청난 노력을 들여 마침내 티없이 맑은 대기에 둘러싸인 처녀봉에 도달한 그는, 웅대하고 멋진 경관을 한동안 바라보고는 곧 나락으로 뛰어내렸다. 본보기인 플리니우스가 했던 것처럼 그도 불멸의 명성을 얻기 위해 뛰어내리기 전에 샌들을 벗어 두었다.

그러나 불운하게도 이 샌들은 아무에게도 발견되지 않았다.

2. 요정과 기사

흰 갑옷을 입은 기사는 용사 가운데서도 특히 용감했다. 그는 이 세상에서 가장 위대한 것 두 가지를 지니고 있었다. 젊음과 미모가 그것이었다.

모든 여성은 그의 젊음과 미모 때문에 그를 동경하고 사내들은 모두 그를 부러워했다.

그러나 흰 갑옷의 기사는 사람들의 찬사나 질투 어린 비난에도 개의치 않고 단지 순수하고 순결하고 영광스러운 정복을 계속해 나갔다. 마음에도 머리에도 단 한 가지 소망밖에 없었다. 그것은 불사(不死)에 이르는 것이었다.

어느 한 요정은 자신의 불사의 운명에 몹시 싫증이 나 있었다. 요정은 희망의 빛으로 반짝이는 눈을 가졌고 봄의 푸른 빛깔의 옷을 입고 있었다. 그

---

*1 '클레오파트라의 독'의 주를 참조. 79년 8월 베수비오화산 대폭발 때, 주민 구조 및 현지 조사를 하러 갔다가 유독가스 때문에 질식사했다. 저작 가운데 《박물지》만이 현존한다.

녀는 괴로워하지도 못하고 남을 괴롭히지도 못해 짜증이 나 있었다.

문득 요정은 흰 갑옷의 기사가 다가오는 것을 보았다. 이 사내가 매우 젊고 아름다운 것을 보고 그녀가 말했다.

"기사여, 당신 입술로 내게 키스를 해준다면 부를 나누어 주겠어요."

기사는 그녀에게 대답을 했다.

"아무도 내 입술로 하는 키스는 받지 못했소. 나는 부보다도 훨씬 가치가 있는 것을 찾고 있소."

"기사여, 당신 입술로 내게 키스를 해준다면 보답으로 사랑을 드리겠어요."

"나는 사랑보다도 불멸한 것을 찾고 있소."

"기사여, 당신 입술로 내게 키스를 해준다면 당신 마음이 원하는 것을 무엇이든 드리겠어요. 맹세해요."

"내 마음이 원하는 것, 그것은 불사요."

희망의 눈빛을 띤 요정은 녹색 옷 밑에서 몸서리쳤다.

"불사는 나 자신의 영원성을 포기하지 않으면 줄 수 없어요……"

"그대는 내 마음이 원하는 것이라면 무엇이든 주겠다고 말하지 않았소."

"기사여, 당신의 입술로 내게 키스해 줘요. 이 최고의 교환에 동의할 테니까."

이 교환이 이루어지자 기사는 울었다. 신이 되었기 때문이다. 그리고 요정은 웃었다. 여자가 되었기 때문이다.

3. 헛된 덕

기사 베르트람은 젊음과 미모와 부를 지니고 있었다.

하지만 그는 사랑과 쾌락을 피해 고행하는 수도승으로서 살았다. 더할 나위 없이 엄격하게 덕을 쌓아왔지만 행복하지는 않았다.

그는 답을 얻기 위해 사람의 영혼 깊숙한 곳까지 꿰뚫어 보는 능력이 있는 성자를 만나러 조용한 호숫가로 갔다.

그의 물음에 성자는 대답했다.

"아들아, 만일 행복하지 않다면 그것은 숙적(宿敵)이 있기 때문이다. 그것을 발견해 물리칠 수 있다면 행복을 맛보게 될 것이다."

그래서 기사 베르트람은 이 불가사의한 적을 발견해 물리치려고 찾아 나섰다. 지상의 구석구석을 빠짐없이 뒤지고 다니면서 그렇게 인생을 보낸 것이다.

오랫동안 돌아다닌 끝에 피로와 중압으로 허리가 굽어지고 불행에 지친 상태로 돌아와 성자를 만났다. 그는 여전히 조용한 호반의 암자에 머물러 있었고 나이도 들지 않은 것 같았다.

"아버지시여." 그는 말했다. "여기저기 찾아봤는데 숙적을 발견할 수 없었습니다."

그 말에 성자는 잔잔한 수면을 가리켰다. 그곳에는 야위고 창백해져 죽어가는 기사 자신의 모습이 비치고 있었다. 성자는 그에게 말했다.

"그대의 숙적을 알고 싶은가. 아들아, 저것을 보아라."

4. 욕망과 후회

이 세상에 진정한 비극은 오직 두 가지뿐이다. 원하는 것이 손에 들어오지 않는 것과 들어오고 마는 것이다. 뒤쪽이 훨씬 무섭다. 이것이야말로 진실로 무서운 비극이다.

옛날에 한 왕비가 있었다. 왕비는 창 아래로 젊고 아름다운 왕의 개 조련사가 지나는 것을 본 날부터 오로지 그에 대한 욕망으로 살고, 또 그 욕망 때문에 죽을 것만 같았다. 방종한 왕은 왕비에게 키스를 요구하기보다는 여우사냥을 즐겼다. 그래서 매일 아침 그녀는 탑 한구석에 몸을 숨기고 왕의 아름다운 개 조련사가 지나가는 것을 넋을 잃고 바라보았다. 그녀는 마음껏 이 사내의 씩씩한 걸음걸이의 우아함, 고개 숙인 이마에 드리운 갈색 곱슬머리의 곡선, 푸른 눈꺼풀의 무거움, 입술의 붉은빛을 뚫어지게 바라보았다. 그러다가 창백해지더니 무릎을 꿇고 몸을 떠는 것이었다.

그러던 어느 날 개 조련사가 왕비의 시선을 눈치챘다. 그날 밤 주위가 캄캄해지자 그는 자석에 이끌리듯이 그곳으로 찾아왔다. 왕비는 아직 그곳에 있었다. 눈은 어둠 속에서 반짝이고 있었다. 그가 미친 듯이 그녀의 입술에 키스를 퍼붓자 왕비는 이제 한 여자에 지나지 않았다. 그녀는 그에게 몸을 맡겼다.

왕비에게는 잊을 수 없는 한순간이었다. 매일 밤 그녀는 어둠을 뚫고 찾아와 같은 장소에서 왕의 아름다운 개 조련사를 기다렸다.

그러나 다른 여성과 그런 밀회를 하여 육체적인 배신을 했는지, 마음이 그녀에게서 떠나 버렸는지, 혹시라도 남한테 들킬까봐 더럭 겁이 났는지, 그 하인은 그날 이후로 두 번 다시 오지 않았다.

알고 보니 개 조련사는 어느 날 밤, 왕을 위해 외국에서 들여온 개를 조련시키다가 그만 개에게 물려 죽은 것이었다.

왕이 웃으면서 이 사건을 알리자 왕비는 충격을 받아 죽고 말았다.

5. 거짓을 말하는 초상(肖像)

이 세상에서 가장 유복한 왕이 있었다. 그는 더할 나위 없이 유복하기 때문에 자기가 가장 아름다운 줄 알고 있었다. 황금은 아첨하는 자를 낳고 예술은 하찮은 초상이라도 메달에 새겨질 만한 초상으로 만들어 버리기 때문이다.

어느 날 왕은 평소와는 달리 수행원 없이 혼자 산책을 하다가 거지를 만났다. 게으른 수위가 깜빡하고 성 주변에서 쫓아내지 않았던 것이다.

거지는 이 통행인에게 말했다.

"나리, 가난하고 배고픈 저한테 먹을 것 좀 주시겠습니까?"

왕은 주머니를 뒤져 보았는데 자기 초상이 새겨진 금화밖에 없었다.

"내 초상밖에 없구나. 이거라도 주마."

이 묵직한 금화를 받자 거지는 놀라서 눈이 휘둥그레졌는데 찬찬히 본 다음 단언하듯 말했다.

"나리, 아까 제가 가난하다고 말했는데 그건 진실을 말한 것입니다. 그런데 도대체 왜 저에게 이것이 당신의 초상이라고 믿게 하려는 겁니까. 이렇게 좋은 선물을 주셔서 감사하긴 하지만, 제가 교황을 닮지 않은 것처럼 이것도 나리를 닮았다고는 말할 수 없겠는데요."

비로소 왕은 자기가 젊지도 아름답지도 않다는 것을 알았다.

그때 신하들이 달려와서 이 뻔뻔한 거지를 쫓아 버리려고 했다.

그러자 거지는 이 사람이 진짜 왕임을 알고 야윈 몸을 부들부들 떨면서 땅에 엎드려 외쳤다.

"부디 자비를, 자비를 베푸소서. 위대한 왕이시여. 당신을 알아보지 못한 죄로 제 목을 치지는 말아 주십시오. 오랫동안 고생해서 눈이 어두워진 탓에 알아 뵙지 못한 것입니다. 이 초상은 명백합니다. 잘 보면 틀림없이 당신임을 알 수 있습니다."

"그만하라." 왕은 말했다. 그에게 다른 자들처럼 거짓을 말하게 하고 싶지 않았던 것이다.

"내 금화를 가져라. 나는 그대의 말을 기억해 두겠다. 용감한 자여, 그대는 전 세계의 황금으로도 살 수 없는 것을 나에게 주었다. 그대는 내게 진실을 준 것이다."

6. 3개의 은으로 된 창

옛날에 풍요로운 아랍의 사금(砂金) 지대에 '아무것도 두려워하지 않는 자'라고 불리는 전사가 있었다.

어느 날 저녁, 지상의 사물들이 햇빛을 받아 그림자를 길게 드리우는 시간에 말을 타고 있노라니, 암벽 위에 3개의 창끝이 가만히 정지한 상태로 번쩍이고 있는 것이 보였다. 세 사내가 그곳에 숨어있는 것이었다.

'아무것도 두려워하지 않는 자'는 그들과 싸우기 위해 결연히 기다리기로 했다. 이윽고 창은 밝은 초승달 밑에서 반짝였다.

바른 자세로 말 등에 걸터앉은 채 전사는 잠자코 기다렸다. 그는 자문했다. "창을 가진 저 세 사람은 누구일까. 왜 움직이지 않는 것일까."

한 시간이 지났다. 다시 한 시간, 이어서 또 한 시간이 지났다. 그는 별들로 가득한 하늘을 올려다보았다.

아직 자정은 지나지 않았다. '아무것도 두려워하지 않는 자'는 갑자기 투구 밑에 차가운 이슬이 흐르는 것을 느꼈다. 서서히 공포가 마음속에 스며들었다.

"아침이 올 때까지 제대로 버틸 수 있을까?" 그는 자문했다. "무엇이 나를 두렵게 하는 것일까. 아무것도 나를 두렵게 하지 못했는데."

그러자 자기의 그림자가 이렇게 대답하는 듯했다.

"'아무것도 두려워하지 않는 자'를 두렵게 하는 것은 냉혹한 기다림이다. 이제 기다리지 말고 전진하자. 나도 따라 가겠다."

전사는 즉시 3개의 창이 밤새 서 있는 암벽 위로 쳐들어갔다.

여명이 즐거운 듯이 산꼭대기를 덮쳤다가 그 광경을 보고 동요했다. '아무 것도 두려워하지 않는 자'가 피투성이가 되어 말 옆에 쓰러져 있는 것이었다. 암벽에는 소유자가 없는 3개의 창이 비스듬히 세워진 채 버려져 있었다.

7. 장미를 지닌 여인

그녀는 우아하고 상냥하며 아름다웠다. 매일 아침저녁으로 그녀는 발코니에 모습을 드러냈다.

젊은 학생시인은 그 모습을 본 뒤로 그녀를 자기의 '명상 속의 여인'으로 삼았다. 그는 주위의 정원을 돌아다니면서 장미를 한 아름 모았다. 가시에 찔려 손이 피투성이가 되어도 아랑곳하지 않았다. 매일 아침저녁으로 그는 그녀를 기다렸다. 그녀가 나타나자 장미를 던졌다. 그녀는 고맙다는 몸짓과 미소로 시인을 기쁘게 했다.

이렇게 며칠 동안 아침저녁으로 그는 그녀에게 장미를 바쳤다. 그리고 하루의 나머지 시간은 그녀가 자신이 준 장미꽃으로 방의 삼나무 바닥에 깔 감미로운 꽃잎 깔개를 만들고 있을까, 아니면 은은하게 향기가 도는 쿠션을 만들고 있지나 않을까, 그것도 아니면 유약하고 게으른 시바리스[*2] 사람처럼 침상에 그 향기로운 꽃잎을 한 잎 한 잎 뿌리고 있는 건 아닐까 하는 몽상에 빠져 지냈다.

그는 꿈속에서 봄의 여왕인 요정이 장미 소파에 누워 있는 모습을 보았다. 그것은 정원의 여신이었다.

그러던 어느 날, 놀랍게도 그녀는 손에 커다란 구리 국자를 들고 흰 앞치마를 두른 채 나타났다.

"언제나 장미를 주셔서 정말 고마워요. 덕분에 그걸로 잼을 만들었어요."

8. 피렌체의 밤

300년쯤 전에 피렌체에서 한 유복한 직물상이 풍요로운 삶을 살고 있었다. 그는 꽤 나이가 들었지만 부인은 상당히 젊었다.

상인은 더없이 아름다운 직물을 보여 주기 위해 궁전에서 궁전으로 온 시

---

*2 이탈리아 남부에 있었던 고대 그리스 식민도시. 환락의 도시로 이름 높았다.

내를 뛰어다니고 있는 사이에 젊은 아내는 몽상을 하고 있었다. 그 몽상은 더한층 그녀의 매력을 돋보이게 해 주었다.

어느 날 귀한 집 아들이 창 너머로 이 부인을 발견하자마자 사랑에 빠졌다. 젊은이는 부인을 뒤따라가다가 점포 입구 근처에서 그녀에게 접근했다. 늙은 남편에 비해 이 귀공자가 훨씬 아름다웠기 때문에 그녀는 금세 그를 사랑하게 되었다. 그는 이곳저곳에서 그녀와 만났고 매일 밤 그녀에게 세레나데와 꽃을 바쳤다.

어느 날 밤, 그녀는 남편이 집을 비웠을 때 몰래 그를 맞이하기로 했다. 하지만 그가 발코니 난간을 뛰어넘었을 때, 상인이 그 방문을 열었다. 누군가 질투심 많은 이웃이 밀고라도 한 걸까. 그러나 그의 얼굴에는 그런 기색이 전혀 드러나지 않았다. 낯모르는 사내가 나타났으므로 상인은 아내에게 물었다.

"거기 그 친구는 먼 나라에서 찾아온 그대의 친척인가?"

아내는 아니라고 말했다. 젊은이는 자기 이름을 대지 않을 수 없었다. 그가 이름 있는 집안 출신임을 알자 상인은 아주 열심히 그를 접대하기 시작했다. 남편은 가지고 돌아온 직물을 꺼내 손님에게 보이도록 아내에게 강요했다. 젊은이는 이런 만남마저 장사에 이용하려드는 그의 탐욕스러운 모습에 눈살을 찌푸렸다. 그러나 보여 준 옷에 대해서는 충분한 돈을 주기로 약속했다. 상인은 한술 더 떠서 아내에게 실을 자으라고 명령했다. 아내는 차라리 남편이 죽어버렸으면 하고 바랐다.

상인은 젊은이가 가져온 류트를 보고는 자기를 위해 연주해달라고 부탁했다. 하지만 상대가 거절하자 함께 식탁에 앉게 했다. 젊은이가 실수로 포도주를 테이블보에 엎지르자, 상인은 토스카나 속담을 인용했다.

"포도주를 엎지른 자는 피를 흘린다."

젊은이는 그 말을 별 생각 없이 받아들였다. 그리고 농담을 던지면서 돌아갈 준비를 했다.

상인은 잘 타지 않는 수지(樹脂) 횃불을 들고 아내에게 손님을 현관까지 바래다주게 했다. 그러다 문득 상인이 젊은이의 옆구리에 매달린 검을 물끄러미 바라보았다.

"괜찮다면 내 검과 비교해 보겠소?"

상대가 승낙했다. 결투가 벌어졌다. 그들의 그림자는 검 두 자루가 연주하는 음악에 맞추어서 춤을 추었다. 상인이 상대의 무기를 빼앗았다. 고양이가 쥐를 다루듯이 그는 희생자를 조롱했다. 가구가 뒤집어지고, 그들은 단도를 사용해 다시 승부를 겨뤘다. 아내는 횃불을 끄고 애인에게 말했다.

"그자를 죽여요!"

상인은 적을 쓰러뜨리고 숨통을 끊었다. 그때 갑자기 햇빛이 비치고 남편은 아내 쪽으로 돌아섰다. 완전히 사람이 변한 것 같았다. 깜짝 놀란 그녀는 그에게 마음을 빼앗겨 품에 안아 달라고 말했다.

"이렇게 강하다고 왜 말하지 않았죠?"

그러자 그는 처음 깨달은 것처럼 기쁜 마음에 외쳤다.

"이렇게 아름답다고 왜 말해 주지 않았소?"

사람은 뭔가를 잃게 되어서야 비로소 그 가치를 안다. 종종 맹목적인 죽음이 사랑을 확실하게 보여 주는 것이다.

9. 빚

페루자에서 사는 한 사람이 무거운 발걸음으로 터벅터벅 걷고 있었다. 우울한 모습이었다. 《피렌체 역사》의 저자, 르 포지라고 불리는 포지오 브라치올리니가 그에게 다가가 물었다.

"어찌 된 일입니까?"

사내는 말없이 한숨을 쉬었다.

"어찌 된 일입니까?"

"아무 일도 아닙니다."

세 번째로 르 포지가 물었다.

"어찌 된 일입니까?"

"빚을 졌습니다." 사내는 슬픈 듯이 대답했다.

"빚이 그렇게도 당신을 괴롭히는 것입니까?"

"아닙니다." 사내는 대답을 했다.

"내가 빚을 갚을 수 없다는 사실 때문에 괴로워하고 있는 겁니다."

"쓸데없는 걱정이군요." 르 포지가 조언했다.

"빚에 신경쓰지 말고 마음을 편하게 가지세요. 그런 걱정은 채권자더러

하라고 하면 됩니다."

10. 클레브의 아름다운 앤

전해지는 바에 따르면 클레브의 앤 왕비가 궁전에 나타났을 때 어찌나 추하던지 헨리 8세[*3]가 진저리를 쳤을 정도라고 한다.

그녀가 그렇게 추녀였다고는 믿어지지 않는다. 홀바인의 그림 속 그녀는 매우 기품이 있다. 루브르미술관에 가면 누구나 그 작품을 볼 수 있을 것이다.

그녀에 대한 진실은 다음과 같다.

존 3세가 영국으로 가는 그녀의 수행원으로 파견한 신하들 중에는 젊고 잘생긴 젊은이가 한 사람 있었다. 선상에서 그를 본 뒤부터 그녀는 그에게 푹 빠져버리고 말았다. 두 사람은 곧 사랑하는 사이가 되었다.

어찌하면 좋을까, 젊은이는 한숨을 쉬었다. 그들의 관계가 들통나면 목숨을 부지하기 어려웠다.

"그녀를 얻었는데 이렇게 다시 그녀를 잃어야 한다니."

그러나 사랑에 빠진 사람은 그 사랑을 지키기 위해서 어떻게든 방법을 생각해내는 법이다. 왕녀는 아름다운 얼굴을 못생기게 꾸미고 전혀 맞지 않는 옷을 입었다.

왕은 이와 같은 그녀를 보고 얼굴을 찌푸리며 그녀가 지독하게 못생겼다고 생각했다. 그래서 결혼식을 올리고 나서도 하룻밤밖에 그녀 곁에 있지 않고 카드놀이에만 열중하다가 결국 그녀를 버렸다.

몇 년 뒤 왕은 말을 타고 시골길을 산책하다가 과수원 나무 아래서 한 여인이 부르는 노랫소리를 들었다. 왕은 그 아름다운 목소리의 여인이 누군지 보려고 발돋움을 했다. 대단히 아름다운 젊은 여인이 보였다. 흐드러지게 핀 하얀 사과꽃 밑에서 이 젊은 여인은 연인의 품에 안겨 노래를 부르고 있었다. 그 자리를 떠나면서 왕은 한숨을 쉬었다.

"저렇게 아름다운 여인을 품에 안을 수 있다니 행복한 사내다."

그러나 그녀가 바로 클레브의 앤이라는 사실은 전혀 알아차리지 못했다.

[*3] 1491~1547. 황태자를 얻지 못해 왕비와 이혼하기로 결심했는데 로마교황이 이에 반대하자 종교적 독립을 도모했다. 1534년에 수장령을 발표해 영국국교회를 설립. 왕비는 계속 바뀌어 총 6명이었다.

11. 아비뇽의 추기경

교황청이 아비뇽*4에 있었을 때의 일이다. 지혜와 말재주가 탁월한 어느 추기경이 성 베드로 옥좌의 계승자가 될 것으로 생각되고 있었다. 그때 교황은 병으로 죽어 가고 있었다. 이 추기경은 열의(熱意)도 권력도 충분히 갖추었는데 속으로 은밀히 아름다운 어느 피후견인 아가씨에게 연정을 품고 있었다.

한편 그녀는 어느 기사에게 반해 있었다. 그는 얼마 전부터 추기경이 출세시켜 주려고 궁전에 드나들게 하고 있었던 자였다. 그녀가 자기 마음을 이 고위 성직자에게 고백하자 그는 당황하며 그 젊은이에게는 아무 말도 하지 않겠다고 그녀로 하여금 맹세하게 했다.

피후견인이 떠나자 추기경은 격한 슬픔과 분노에 휩싸였다. 그것은 그 젊은이가 그의 아들이었기 때문이다.

그는 한숨을 쉬었다.

"20년 전 내가 저지른 죄, 평생에 남긴 유일한 죄가 이제 내게서 가장 사랑하는 존재를 빼앗아가려고 하는구나."

사육제 날이 왔다. 추기경으로부터 경고를 받았던 처녀는 궁전의 푸른 정원에서 연인과 만나기 위해 이 축제를 이용했다. 어둠 속에서 두 사람이 이야기를 하고 있는데 횃불과 죽음의 무서운 가면으로 시선을 끄는 행렬이 나타났다. 그것을 보자 젊은 처녀는 공포에 떨었다.

"우리의 슬픈 앞날을 예고하는 전조예요."

젊은이는 웃었다.

"새롭게 태어난 우리 사랑이 죽음과 무슨 연관이 있을까?"

그리고 두 팔로 젊은 처녀를 꼭 껴안았다.

추기경이 이 모습을 보았다. 그는 사랑하는 여인을 아들에게 빼앗기지 않겠다고 결심하고는 아들과 단둘이서 만나 거짓말을 했다.

"아들아, 20년 전에 권력 있는 어느 왕자님이 영광스럽게도 우정의 이름으로 나에게 두 어린아이를 맡겼다. 네가 그 가운데 하나란다."

"그러면 저에게 아우가 있다는 말씀이십니까?" 젊은이가 외쳤다.

---

*4 1309~1377년까지 교황청이 있었던 프랑스 남동부 론강 연안의 도시.

"아니다." 추기경은 말한다. "여동생이다."

"여동생이라고요." 젊은이가 말했다. "언제나 여동생이 있었으면 했습니다. 동생은 어디 있습니까. 가르쳐 주십시오."

"너는 이미 동생을 만났다." 추기경은 말했다. "방금 이곳에서 너와 이야기를 나눴던 젊은 아가씨 말이다."

젊은이는 두려움과 괴로움으로 큰 충격을 받았다.

"이룰 수 없는 사랑은 마음속에서 지워 버려라. 젊은 여자의 마음에서 사랑을 지워 버려라."

젊은이는 그 충고에 따라서 아가씨에게 이별을 알리기 위해 갔다.

"나는 잘못을 범했습니다. 나는 당신을 사랑하고 있는 줄 알았습니다. 하지만 당신과 결혼할 정도로 사랑하고 있지는 않습니다."

젊은 아가씨가 애원했지만 헛수고였다. 젊은이는 완강하게 거부하고 그녀를 절망 속에 남겨둔 채 떠났다.

하지만 고결한 추기경은 곧 자신이 한 거짓말을 후회했다. 그는 피후견인을 사랑하고 있었기 때문에 그녀가 괴로워하는 것을 보고 슬펐다. 또 이와 같은 죄 때문에 자기가 교황이 되는 것을 신께서 허락하지 않으실 것이라고 생각했다. 이때 교황은 이미 사망해 교황선거회의가 소집되고 있었던 것이다.

그가 교황으로 선출되었다는 통보가 왔다. 이 새로운 교황은 대단히 감격해 이제 자기의 양심이 평안해지길 원했다. 그래서 다시 젊은이를 불러 말했다.

"어제 내가 너에게 말한 비밀은 너와 너의 연인을 시험해 보려고 꾸며낸 것이었단다. 너희들은 같은 핏줄이 아니야. 그녀를 찾아서 너희 둘을 맺어 주마. 나는 오늘 밤 로마로 떠나겠다."

그러나 이미 때가 늦었다. 그녀는 절망 끝에 의식을 잃고 임종을 맞이하고 말았다. 젊은이는 괴로움과 분노로 반쯤 미쳤는지 갑자기 일어나 단도를 휘두르며 그에게 한 걸음 다가갔다.

"당신을 죽여 버릴 겁니다."

교황은 차분한 목소리로 말했다.

"교황은 변명을 할 수 없는 자리란다. 하지만 적어도 이것만은 알아다오. 나 역시 불행 앞에서 거짓을 말하는 한 연약한 인간에 지나지 않다는 것을 말이다. 너는 교황을 죽일 수 없다. 그것은 무서운 죄니까."

"그런 죄 따위는 두렵지 않습니다. 내가 사랑하는 사람이 죽었으니 이제 나는 당신의 신을 믿지 않습니다. 나 자신의 복수 이외에는 아무것도 중요치 않습니다. 지금 나는 당신을 죽일 겁니다."

그는 한 걸음 더 다가섰다. 교황의 얼굴이 창백해졌다.

"멈추어라. 나는 네 아버지다. 너의 죄는 더없이 무시무시한 죄가 될 것이다. 아들이 아버지를 죽이다니 어찌 그런 일이 있을 수 있겠느냐."

"당신의 비열한 호소에는 대답할 말이 없습니다. 당신은 거짓말을 잘합니다. 자신의 목숨을 구하기 위해 또 거짓말을 하고 있지 않다고 누가 말할 수 있겠습니까. 당신을 믿을 수 없습니다. 지금 당신을 죽일 겁니다."

그는 한 걸음 더 앞으로 나아갔다. 그러자 추기경은 그녀가 죽어 잠든 곳으로 가 핏기 없는 그녀의 얼굴에서 덮개천을 벗겼다.

"나도 그녀를 사랑하고 있었다. 그러나 앞으로는 지상(地上)의 것을 포기하기로 했다. 이제 나는 천상의 것에 속하는 것이다."

이 말은 제정신을 잃은 자를 진정시키기에 충분했다. 그는 서둘러 문가로 가 문을 활짝 열고 경비원을 불렀다.

"교황 성하께서 오늘 밤 로마로 가신다."

그는 횃불과 검 사이로 교황이 주위 사람을 축복하면서 나아가는 것을 지켜본 다음 단도로 제 몸을 찌르고 연인의 주검 위로 몸을 던졌다.

12. 첫 목욕

그 사내는 프랑스혁명 당시, 9월 학살의 선동자 가운데 한 사람이었다. 그는 자칭 인민의 벗이었고, 프리기아 풍으로 수놓은 혁명당의 붉은 시폰 모자를 썼다. 그도 역시 로베스피에르만큼이나 감상적이고 온화했다. 의사였던 그는 사람들에게 사혈(瀉血)요법을 즐겨 권했다. 그는 열심히 이렇게 되풀이했다.

"27만 명의 목을 베어 우리 인류는 행복을 얻게 된다."

그는 자주 살육을 도우며 기운이 솟는 기쁨을 맛보았다.

어느 날 밤, 그는 온몸에 핏자국을 묻힌 채 귀가했다. 씻었는데도 핏자국이 지워지지 않았다. 그것은 피부에 지워지지 않는 표시로 남았다.

1793년이 되었다. 그는 자기 나름대로 7월 14일을 경축하려고 처음으로 비누목욕을 해 보기로 정했다. 그 비누는 코르돌리에 거리에 사는 훌륭한 상인이 시민의식의 표시로 그에게 선물한 것이었다.

그러나 그날, 비극작가 피에르 코르네유의 자손인 노르망디 출신의 여성은 '인민의 벗'이 권하는 지상에 행복을 가져오는 방법을 신뢰하지 않았고 그래서 목욕 중인 이 사내의 집으로 들어갔다. 그녀는 유명한 선조의 시구를 되풀이 읊으면서 부엌칼로 그의 심장을 찔렀다. 그리하여 이 의사는 남의 피를 씻어 내자마자 자신의 피를 뒤집어쓰고 말았다. 거기서 집안일을 하고 있었던 어느 용감한 뜨개질하는 여자가 그 고장에 이렇게 소문을 퍼뜨렸다.

"마라 씨는 정말로 운이 나쁘다. 처음으로 목욕을 하러 욕조에 들어갔었는데."※

13. 황제의 초상

어느 날 나폴레옹은 은밀히 조르주 양을 맞이했다.

서너 번 일을 치른 다음, 하인들이 쓰는 계단으로 통하는 문의 손잡이를 잡았다. 황제는 작은 지갑에서 금화를 꺼내 상대가 손에 낀 미튼[*5]의 움푹 팬 부분에다 그것을 찔러 넣었다.

"자, 내 초상을 지니고 있어요." 그는 말했다.

조르주 양은 손을 꼭 쥐고는 그 금화를 머프에 넣었다.

그리고 집으로 돌아가 그것을 난로 대리석 위에 쨍그랑 소리 나게 내려놓았을 때, 그녀는 몹시 실망했다. 하얀 카라라[*6] 대리석 판을 떠받치고 있는 금도금 청동 스핑크스 2마리가 비웃고 있는 것 같았다. 금화는 가짜였다.

14. 얄궂은 우연

널리 존경 받는 저명한 한 학자가 물체가 저절로 움직이게 하는 원리를 발견했다. 그것은 대단한 발견이었다. 이를 발표하기 위해 성대한 집회를 열고

※ 장 폴 마라(1743~1793) 프랑스혁명기 산악당 지도자. 런던에서 의학을 배웠다. 혁명 당시 〈인민의 벗〉이란 신문을 간행하고 국민의회의 부르주아와 입법의회의 지롱드파를 공격하는 등, 공포정치에 참여한다. 그 때문에 극작가 코르네유의 자손 마리안 샤를로트 코르데 다르몽(1768~1793)의 칼에 찔려 욕조에서 살해되었다.

*5 엄지만 갈라져 있는 장갑.
*6 이탈리아 북서부에 있는 도시. 대리석 산지.

나라 안의 학사원회원, 의원들과 왕까지 초대했다.

그가 해보이려는 실험에서 공은 예상대로라면 다른 동력 없이 스스로 움직여 굴러야 했다.

집회 일 아침, 학자는 몹시 낭황했다. 역시 잘못 생각했던 것일까. 그의 명성과, 그토록 오랜 세월을 바쳐 이루어 낸 성과가 이렇게 사라지고 마는 것일까.

학자가 생각에 잠겨 있는데 한 아이가 지나갔다. 학자는 그 아이를 불러 말했다. "너 유리구슬이랑 사탕, 봉봉 같은 거 좋아하지? 혹시 갖고 싶거든 3시 조금 전에 시내 공원으로 가거라. 그곳에 큰 공이 하나 있는데, 구멍이 뚫려 있으니 그 안에 들어가 있으렴. 위에 난 구멍으로 들어가면 돼. 그리고 내가 다른 사람들과 같이 올 때까지 움직이지 말고 가만히 있어. 그러면 내가 조그맣게 "굴러라, 굴러라" 하고 너에게 말할 거다. 그때 너는 움직여 공을 굴리면 돼. 알겠니?"

"네, 선생님."

정각에 왕을 비롯해서 학사원회원들, 의원들이 실험장에 모였다. 공이 굴렀다.

모두가 손뼉을 쳤다. 기적이라고 외쳤다.

그러나 학자는 울었다. 흐느껴 울면서 고백을 했다.

"용서해 주십시오. 하지만 과학자로서의 내 양심은 학자의 허영심보다 강합니다. 나는 여러분들을 기만했습니다. 실은 내가 새로운 운동 원리를 정말로 발견했는지 모르겠습니다. 공은 굴렀지요. 하지만 그 안에 아이가 들어가 있었습니다."

모두가 이구동성으로 그 학자를 저주하고 욕설을 퍼부었다.

"그대는 사기꾼이다. 이 나라의 과학을 모욕했다." 왕은 화가 나서 외쳤다. "죽을 때까지 감옥에서 지내게 해 주마."

그리고 명령을 내렸다.

"위병들은 이 자를 끌고 가라."

학자는 몹시 슬퍼하면서 감옥으로 끌려갔다. 그 행렬은 사람들의 비웃음을 받으며 이어졌다.

그때 아이가 친구들과 돌차기를 하다 말고 학자 쪽으로 달려와 말했다.

"선생님, 저예요. 아시겠어요? 아침에 만났잖아요. 저기, 죄송해요, 선생님. 글쎄, 애들이 돌차기 놀이를 하자고 하더라고요. 그래서 공원에도 못 가고 공 속에도 못 들어갔어요. 용서해 주세요. 돌차기 놀이가 얼마나 재미있는지 선생님도 아신다면……. 그래도 유리구슬이랑 사탕은 사실 갖고 싶은데."

학자는 무어라 말할 수 없는 미소를 띠었다. 아이의 볼을 가볍게 두드리고 장난감과 봉봉을 사도록 금화를 주었다. 그리고 말없이 대단히 행복한 표정으로 옥을 향해 걸어갔다.

15. 놀라운 곡식알

어느 날 아랍인들이 무너져 가는 피라미드의 방 깊숙한 곳에 숨겨져 있는 젊은 처녀의 쭈글쭈글해진 사체를 발견했다. 북쪽 큰 나라에서 온 학자들은 그들에게서 이 미라를 사 가지고 돌아갔다.

채색된 두꺼운 종이 가면을 들어 올리고 사체에 감긴 아마포 붕대를 풀자 놀랍게도 조그만 곡식알이 미라의 단단히 쥔 손안에 들어있는 것을 안경 쓴 노교수가 발견했다. 그것을 영국 땅에 뿌리자 싹이 트고 자라나 기적적으로 별모양의 꽃이 피었다. 그 덕분에 봄은 두 배나 향기로워졌다. 그 멋진 꽃은 햇빛보다도 달빛을 받아 빛을 발했다. 벌들이 꽃의 순수한 성배(聖杯)에서 꿀을 모았다. 향기로운 식물 주위를 산비둘기가 날고 그 꽃은 불멸인 것처럼 생각되었다.

그러던 어느 날 밤, 한 처녀가 향기에 이끌려 이 불가사의한 꽃 위로 허리를 굽혔다. 그러자 아름다운 젊은이가 나타나 이 처녀 위에 몸을 굽혀 오랫동안 입술에 키스를 했다. 키스를 거듭할 때마다 흰 꽃잎이 말라 땅에 떨어졌다. 그가 포옹을 풀자 처녀는 비틀거렸다. 달빛보다도 창백해진 그녀는 황홀감에 젖은 눈에서 문득 빛을 잃더니, 시든 꽃잎 위에 쓰러져 숨을 거두었다.

이날 밤, 미라의 갈색 뼈를 유리에 넣어 전시하고 있는 박물관에서 이 유해는 재가 되고 말았다. 이제 남은 것은 아름다운 청년뿐이었다. 그는 새벽 산들바람이 달콤한 향기를 밭에 흩뿌리는 동안 울고 있었다.

그리고 청년은 우는 데 지쳐 시를 썼다.

16. 영국인과 아일랜드인

그 사내는 아일랜드 출신 어머니와 영국 출신 아버지의 피를 물려받았다. 그리하여 마음속에서나 혈관 속에서나 두 피가 언제나 서로 싸우고 있었다. 그 때문에 그는 미치고 말아 더블린의 정신병원에 갇혔다.

"나에게 동정을 베풀어 주세요." 그는 끊임없이 외쳤다. "불쌍히 여겨 주세요. 내 안에는 두 인간이 있습니다. 몸의 오른쪽에는 영국인이 있고 왼쪽에는 아일랜드인이 있습니다. 낮이나 밤이나 그들은 서로 싸우고 있습니다. 어디에서도 평안을 찾을 수 없습니다."

해마다 성 패트릭 축일이면 이 내전이 극에 달하여 그에게 구속복(拘束服)을 입힐 수밖에 없었다.

그런데 그날, 사내를 감독하던 두 보초들은 모두 아일랜드인이었기 때문에 성 패트릭을 기리기 위해 밖으로 나가 버렸다. 그리하여 정신착란자를 어둠 속에 홀로 내버려 두는 사태가 발생했다.

밤에 술에 취해 약간 비틀거리면서 두 보초가 독방으로 돌아오자, 그 미치광이는 자신의 피로 범벅이 되어 쓰러져 있었다.

아일랜드인이 영국인을 쓰러뜨리고 영구히 승리한 것이다.

17. 미친 카멜레온

한 작고 용감한 카멜레온이 선조들과 마찬가지로 무엇이건 자신이 올라타고 있는 사물의 색을 신체에 반영시키면서 소박하게 살고 있었다.

그러나 어느 날, 젊은 스코틀랜드인이 그 카멜레온을 발견해 더 잘 관찰하기 위해서 알록달록한 격자무늬 위에 두었다. 그것은 전통에 따라, 스코틀랜드 씨족의 토양에서 자라는 식물의 잎이나 뿌리 같은 자연의 온갖 빛깔로 물들인 것이었다.

용감하고 작은 카멜레온은 이 새로운 길을 걸으면서 미치고 말았다. 갑자기 노랑에서 파랑, 파랑에서 녹색, 녹색에서 빨강, 빨강에서 노랑으로 정신없이 몸의 색깔을 변화시켜야 했던 것이다. 급기야 카멜레온은 미치고 말아 벌렁 뒤집어져 죽음을 맞이하면서 자신에게 말했다.

"인생은 나에게 다양한 색을 보여 주었다."

그러나 죽음은 카멜레온을 원하지 않았다. 왜냐하면 젊은 스코틀랜드인은 이 동물이 자발적으로 움직이지 않고 다리를 교차시킨 채 단식 투쟁만 벌이고 있는 것을 지켜보다가 지쳐서, 그것을 다시 땅 위에 내려놓은 것이다. 그러자 용감한 카멜레온은 조용히 보통걸음으로 걷기 시작했다.

18. 밀렵자

밀렵자는 장래가 유망한 직업이다. 오랜 옛날 영국 남작들은 대부분 상당히 유명한 밀렵자가 아니었을까. 그것은 저 유명한 아일랜드인, 짐 코넬의 의견이다. 하지만 그는 밀렵 기술, 밀렵에 따른 주의사항, 또는 재정적인 문제 등에 대한 책을 쓰려고 하지는 않았다.

어느 날 아침 짐 코넬은 숲에 가까운 매복장소에서 그 숲의 주인을 만났다. 밀렵 도구를 미처 숨길 시간이 없었다. 주인은 그 꼴을 보고도 은혜라도 베풀듯이 다가왔다.

"짐, 잘 있었나."

"안녕하십니까, 나리. 소유지를 둘러보러 오셨습니까."

"아니야, 짐. 그저 의사의 충고에 따라서 점심 식사 시간에 맞추어 식욕이나 좀 돋울까 하고 운동하러 온 걸세. 그런데 짐, 자네는?" 그 신사는 상대가 숨기려는 것을 비웃기라도 하듯이 말했다.

"아아, 저는, 나리." 쾌활한 짐 코넬은 대답했다. "지금 제 식욕에 맞춰 점심거리를 찾고 있는 중입니다."

19. 굴과 진주

불쌍한 조는 비참하게 가난한 생활을 하고 있었다. 월말에 그는 주머니에 1페니도 없으면서 한 친구에게 말했다.

"톰, 런던에서 제일가는 고급 레스토랑에서 내가 한턱낼게. 굴요리를 먹자. 굴을 듬뿍 넣은 맛있는 요리를 먹자고."

"값은 어떻게 치를 건데?"

"실컷 굴을 먹는 거야. 그러면 결국 진주가 발견될 테지. 그 진주로 값을 치르면 돼."

그들은 그렇게 했다가 무전취식 죄로 체포되어 감옥에 들어갔다.

감방 안에서 조는 말없이 가만히 있었다. 옆에 있는 지푸라기 위에서 친구

톰이 말했다.

"너의 진주는 우릴 돼지 취급한 거야."

하지만 조는 신념을 굽히지 않고 대답했다.

"아니, 우리가 잘못한 거야. 굴을 충분히 먹지 않았던 거야. 진주는 지금도 우릴 기다리고 있어."

20. 망각의 섬

어느 날 선원들은 지도에도 없는 섬에 상륙했다. 그곳에는 차림새가 수수한 노인이 있어 미소를 지으면서 그들을 맞이했다. 안색이 좋고 눈이 맑은 노인이었다.

이 사내가 몸에 지니고 있는 것은 순례자처럼 어깨 위까지 늘어뜨리고 있는 긴 머리와 기품 있는 앞치마처럼 무릎까지 길게 자란 수염뿐이었다.

선원들은 노인을 둘러싸고 그가 이곳에 오게 된 사연을 물었다.

"내가 말할 수 있는 건," 그는 미소를 잃지 않고 말했다. "잊기 위해 이곳에 왔다는 것뿐이오."

선원들은 이상하다는 듯이 다가앉았다.

"무엇을 잊어버리려고 하십니까?"

사내는 미소를 잃지 않고 대답했다.

"잊었소."

21. 허수아비

한 불쌍한 사내가 추운 겨울에 누더기 차림으로 기나긴 여행길을 가고 있었다.

어느 날, 눈앞에 펼쳐진 밭 저쪽 끝에서 누군가가 두 팔을 크게 벌린 채 길을 가로막고 있는 것이 보였다. 처음에는 속으로 무섭다고 생각했는데 가까이 가 보자 새를 쫓으려고 세워 놓은 허수아비임을 알게 되었다. 그는 나무와 짚으로 된 인형의 옷을 살펴보았다. 그것은 야회용 낡은 연미복이었고 머리에는 실크해트가 씌워져 있었다.

"나보다 좋은 옷차림이잖아." 그는 말했다. "이건 불공평해."

그래서 그는 닳아서 해진 옷을 빼앗아 기쁘게 몸에 걸쳤다.

그러나 갑자기 양심의 가책을 느껴 허수아비에게 자기의 초라한 누더기를 입혔다. 누더기일망정 낡은 연미복보다는 따뜻한 옷이었다.

비로소 그는 편안한 마음으로 길을 다시 떠났다. 훌륭한 옷차림으로, 추위에 떨면서.

22. 천직(天職)의 불가사의

그녀는 아직 14, 5살 난 어린 소녀였지만 대단히 아름다웠기 때문에 런던에서 유명한 어느 화가를 위해 모델 일을 하게 되었다. 이 화가는 그녀에게 우아한 옷을 입히면서 즐거워 했고, 마치 살아 있는 수수께끼를 대하듯이 했다.

하지만 화가는 그 수수께끼의 답을 얻지 못했는데 오히려 소녀는 몇 번인가 포즈를 취한 뒤, 마치 펼쳐 놓은 책을 읽듯이 화가의 마음을 읽어 냈다. 그녀는 화가의 성격의 약점을 파악하고 그것을 이용하기로 했다. 그는 신사로서 겉으로는 공손하면서도 은근히 무례하게 굴면서 단순히 형식적인 예의를 갖춰 그녀를 대했다. 이런 그의 태도에 모욕을 느낀 이 어린 처녀는 복수를 하기로 했다. 그녀가 일러바쳤기 때문에 모친은 곧바로 화가에게 따지러 갔다.

"선생은 내 아이에게 무슨 짓을 할 생각인가요?"

"글쎄요, 그림을 몇 장 그렸는데……"

"내 말을 못 알아듣는군요. 다시 한 번 말하겠어요. 당신은 내 아이에게 무슨 짓을 할 생각인가요?"

"실제로 나는 당신께서 무슨 말씀을 하시는 건지 모르겠습니다." 화가가 말했다.

"하지만 당신은 저 애를 홀리고 있잖아요. 애가 사랑에 푹 빠져 버렸다고요." 모친은 말을 계속했다. "그러니 당신이 우리 아이에게 마음이 있는 척 하지 않았다고는 생각할 수 없습니다."

"그건 모든 예술가가 자기에게 공헌하는 모델에 대해서 가져야 할 마음입니다."

화가가 여전히 자신의 잘못을 부인하는 태도로 일관하자 모친은 흐느껴 울기 시작했다.

화가는 여성이 우는 것을 본 적이 없었기에 어쩔 줄 몰라 하며 물었다.
"내가 어떻게 하면 좋겠습니까?"
"당신은 우리 딸의 평판을 떨어뜨렸습니다. 내 딸과 결혼해 주세요."
예술가는 더할 나위 없는 신사였으므로 여자의 식구들을 부양했다. 하지만 그는 또한 이상가였기 때문에(사교계의 누군가는 이같이 말했다) 또는 바보였기 때문에 이러한 배우자를 부끄럽게 생각해 만찬회나 집안 모임이 있을 때 남성만 초청하고 아내를 따돌렸다. 이러한 모욕을 당한 부인은 당연히 새로운 복수를 계획했다.
어느 날 밤, 그는 만찬에 명사들을 맞이해 오른쪽에 주교, 왼쪽에 대신을 모시고 식사를 했다. 그런데 식사 마지막에 아내가 춤을 추면서 방으로 들어왔다. 마치 일찍이 포즈를 취한 그림에서 빠져나온 것 같았다. 살색 속옷을 입은 그녀는 날개처럼 팔랑이는 가볍고 얇은 베일 밑에서 버들가지 바구니에 담아 온 장미꽃을 참석자들을 향해 던졌다.
화가는 깜짝 놀랐는데 초대 손님들은 모두 멍하니 넋을 잃었고, 특히 주교와 대신은 이처럼 아름답고 이처럼 환상적인 것은 본 적이 없다고 단언했다. 남편은 기분이 상했지만 아내는 계속 춤을 추면서 바구니에 장미 대신 모두의 마음을 담아 가지고 떠났다.
이 사건은 이혼의 원인이 되었다. 그러나 사교계에서는 이 위대한 여성예술가를 더없이 높이 평가했다. 이 젊은 여자가 주교와 대신의 마음을 사로잡았기 때문이다. 그들은 그녀의 연극적 재능에 감동하여 그녀에게 무대에 설 것을 적극 권유했다.
시간이 흘러 지난날의 남편은 그 여배우를 만나기 위해 무대 뒤로 찾아가 물었다.
"어떻게, 그리고 왜, 이런 일을 택한 거요?"
"그것은 당신 탓이에요." 그녀는 더없이 아름다운 미소를 띠고 말했다. "당신의 눈 속에서 나는 나의 천직을 발견한 거예요. 당신의 눈은 나에게 이 세상에서 될 수 있는 온갖 여성의 모습을 보여 주었어요. 그런데 내가 어떻게 그것을 단념하고 한 여성으로 계속 살아갈 수가 있겠어요?"

23. 예술과 사랑

위대한 여배우가 있었다. 그녀는 믿어지지 않을 정도로 큰 성공을 거두었고 그녀를 찬미하는 무리는 셀 수 없을 만큼 많았다.

이런 영광과 숭배에 도취해 오랫동안 그녀는 다른 것에 눈을 돌리지 않았다. 그러던 어느 날, 한 사내를 만나 진심으로 그를 사랑하게 되었다. 그 뒤로는 배우로서의 성공도, 대중의 갈채도 다 무의미할 뿐이었다. 이제 그녀는 그의 사랑만을 위해 살았다. 그런데 그녀가 떠받들고 있는 사내는 매우 기묘한 고뇌에 시달렸다. 그녀는 더 이상 관객한테는 전혀 신경을 쓰지 않고 있는데도 그는 질투를 한 것이다.

그래서 그녀에게 영구히 일을 중단하고 연극을 포기해 달라고 부탁했다. 그녀는 기꺼이 동의했다.

"사랑은 영광보다도, 예술보다도, 생명 그 자체보다도 중요해요."

그러나 세월이 흐르면서 사내의 애정은 조금씩 식어갔고, 이 사랑을 위해 모든 것을 버린 그녀는 그 사실을 알게 되었다.

그녀는 마치 어깨 위로 차가운 밤안개가 내리는 것처럼 몸서리를 쳤다. 절망의 잿빛 장막이 그녀를 휩싸 안았다.

그러나 그녀는 이에 뒷걸음질 치지 않고 용감하고 결연하게 현실에 맞서 나갔다. 그녀는 이런 날이 언젠가는 올 수밖에 없었던 숙명적인 것이었고, 오직 용기만이 자신의 존재를 지탱해 줄 수 있음을 알았다. 이 잔혹한 전망은 그녀의 마음을 갈기갈기 찢어 놓았다.

일찍이 그녀는 사랑을 위해 일을 희생했는데 이젠 그 사랑이 떠나고 있음을 알았다. 만일 꺼져 가고 있는 희미한 빛을 되살리지 못한다면 실패한 인생 속에서 남는 건 고통뿐일 것이다.

이 여성은 위대한 여배우였으나 그 예술은 그녀에게 구원이 되지 못하고 영감도 될 수 없음을 이해했다. 그것은 오히려 속박이었다. 언어, 작가의 사상, 감독의 지시가 그녀에게는 결여되어 있었다. 이제 자기를 위해서만 생각하고 행동하지 않으면 안 되건만 그녀는 어린애처럼 무력했다.

시간이 흐를수록 행동하고 싶다는 소망은 절박해졌다. 절망이 그녀의 마음을 무겁게 짓누르던 어느 날, 한 사내가 그녀를 만나러 왔다. 그녀가 빛나는 성공을 구가하던 극장에서 일찍이 연출지도를 맡았던 사내이다. 그는 미완의 희곡에 등장하는 인물 가운데 대성공할 것이 틀림없는 역할을 해 보도록 그녀에게 권유하기 위해 온 것이었다.

그러나 이처럼 고통이 그녀를 괴롭히고 있을 때 어떻게 그녀가 배우로서 표면적인 감정을 가장할 수 있을까. 그녀는 거절했다. 사내는 고집했다. 어쩔 수 없이 그녀는 대본을 읽어보기로 승낙했다. 이렇게 해서 읽게 된 비극은 바로 그녀의 인생 그 자체였다.

며칠 뒤에 많은 관객 앞에서 그녀는 그 역할을 해냈다. 뜨거운 불길이 천재와 어우러졌다. 그 밤만큼 그녀가 온 영혼을 바쳐서 연기한 적은 없었다. 관객의 박수소리가 우레와 같이 터져나왔다.

모든 것이 끝나고 그녀는 자택으로 향했다. 엄청난 피로와 슬픔에 짓눌리고 또 군중의 갈채에 휩쓸려서 완전히 기진맥진해 있었다. 마음이 텅 빈 듯했다.

가슴 가득히 꽃다발을 안고 집으로 돌아오자 식탁에 냅킨이 두 개 준비되어 있었다. 자신의 운명에서 결정적인 순간이 온 것이라고 직감했다. 그녀는 자신이 사랑한 사내를 밤중에 불러냈던 것이다.

한밤중이 되었을 때 그녀가 사랑한 사내가 갑자기 나타나 초조하게 물었다.
"내가 너무 늦었나?"

그녀는 고개를 들어 벽시계를 보고 말했다.
"알맞게 오셨어요. 지나치게 늦긴 했지만 말이에요."*

24. 사랑과 죽음

윈더미어 경의 부인이 개최한 멋진 야회에서 있었던 일이다. 야회는 마치 초상화 전시회 같았는데 초대 손님은 모두 세련되고 사치스런 옷차림이었다.

그 야회에 온 위대한 화가는 단춧구멍에 자기를 위해 발명한 꽃을 달고 있었다. 그것은 대죄의 하나처럼 아름다운 꽃이었다. 화려하게 장식된 무용실

※ 틀림없이 세기말의 뛰어난 여배우 엘렌 테리(1848~1928)를 모델로 한 이야기로 생각된다. 그녀는 배우의 딸로 태어나 16세에 아버지와 딸만큼이나 나이에 차이가 나는 조지 프레드릭 워츠와 결혼했다. 그의 대표작 《꽃 고르기》는 그녀를 모델로 하고 있다. 그러나 이 결혼은 1년 만에 파국을 맞이한다. 얼마 뒤 그녀는 본격적으로 배우의 길을 걷고 셰익스피어극 전문 배우인 어빙과 공연을 해 명성을 얻었다.

에서 그는 신비롭기는 하지만 쌀쌀맞은 한 여성을 주목했다. 마치 번 존스의 그림과 같은 그녀는 비단결처럼 부드러운 음악에 맞추어서 사치스런 비단 옷자락을 끄는 비법을 터득하고 있었다.

붉은 가면을 쓴 낯모르는 여인은 양귀비꽃이 그려진 부채를 흔들고 있었다. 무용실을 치장한 모든 진짜 꽃보다도 이 양귀비의 위험한 향을 그녀는 음미하고 있는 것 같았다.

화가는 이 신비로운 여성에게 말을 걸려고 했지만 실패했다. 한밤중을 알리는 종이 울리고 나자 그녀를 눈으로 쫓았는데 그 모습은 이미 사라지고 없었다.

미친 듯이 그녀의 뒤를 쫓아 안개를 뚫고 템스강을 따라서 달려오고 말았다. 거짓 양귀비 향이 밤의 침묵에 자취를 남기고 있는 것 같았다. 걸음을 재촉하자 이윽고 서너 걸음 앞에 그를 사로잡은 여자가 보였다. 마치 달빛을 몸에 걸치고 있는 것처럼 날렵해 보였다.

그녀는 뒤돌아보았다. 붉은 가면 밑에서 미소가 꽃피고 있는 것 같았다.

어둠이 더욱 짙어졌다. 여인의 모습은 이제 보이지 않게 되었다. 그러나 은은히 풍겨오는 향이 그를 이끌어 결국은 다시 그 모습을 찾을 수 있었다. 그림자는 멈추었다. 그는 팔을 뻗어 다가갔다. 그 팔에 장갑을 낀 팔이 바로 매달렸다. 그는 등골이 오싹했지만 푸른 유령의 안내를 받고 있는 몽유병자처럼 걸었다.

두 사람이 화가의 아틀리에에 닿자 사내는 겨우 정신을 차렸다. 그는 현관문을 열고 자신이 데리고 온 과묵한 여인을 맞이하면서 인사를 했다.

낯모르는 여인은 응접실을 밝히고 있는 등불 앞을 지나치면서, 도미노 가장 의상의 두건을 덮고 있는 검은 레이스 밑에서 불가사의한 미소를 띠며 상아색 치아를 드러냈다.

그녀는 어두운 계단을 올라갔다. 화가는 불안과 욕망으로 뜨겁게 달아올라 그 뒤를 따랐다.

마침내 그는 그녀를 껴안고 그 가면을 벗으라고 부탁했다. 하지만 여자는 고개를 가로젓고는 아틀리에에 놓인 검은 오르간 앞에 앉더니 깊은 생각에 잠긴 듯이 슬픈 곡을 연주했다. 꽃병 속 장미를 마르게 하고 깨지기 쉬운 크리스털 꽃병을 떨게 하는 것 같은 숭고하고 음울한 연주였다.

그녀가 일어나 사내에게 다가오자 그는 그녀의 붉은 가면을 벗겼다. 죽음의 얼굴은 이를 드러내고 웃었다.

이튿날 아침, 화가가 바닥 위에 쓰러져 딱딱하게 굳어 있는 것이 발견되었다. 검은 옷을 입고 흰 턱받이를 대고, 눈은 공포에 실려 크게 뜬 채로 있었다. 기묘한 향이 아틀리에에 꽉 차있고 커튼은 이상하게 흔들리고 있었다.

하인은 의사를 부르고 의무를 다하기 위해 다음과 같이 설명을 했다.

"주인님은 심장이 좀 안 좋았습니다."

25. 박애주의자

박애주의자를 자칭하는 이들 대부분은 자기밖에 사랑하지 않는 자들에 불과한데, 이와 달리 그 사내는 진정한 박애주의자였다. 그는 몸도 마음도 완벽한 의협의 기사였던 것이다.

자기의 인생에서 무려 20년이 넘는 세월을 바쳐서 그는 모든 불공평한 법률조항 가운데서도 특히 불공평하게 생각되는 조항의 개정을 위해 활동했다.

그리고 그러한 뜨거운 노력의 결실로 마침내 그 폐지에 성공했다.

그는 크게 기뻐했는데 이튿날 상상하기 어려운 절망에 휩싸였다. 그는 눈앞에 하나의 목표를 두고 있었는데 일상생활에서 그것이 사라진 다음부터는 텅 빈 지평선 앞에서 눈물을 흘렸다. 일상이 그에게는 어두운 밤처럼 느껴졌다. 이제 그에게는 목표도 없고 기쁨도 없었다. 먹는 빵도 맛이 없고 마시는 술도 맛이 없었다. 자기의 정열을 무엇에 바쳐야 좋을지 몰랐고 죽을 정도로 따분했다. 그리하여 이 위대한 박애주의자는 더없이 인간을 싫어하게 되고 결국에는 복수를 위해 가장 불공평한 법률조항에 찬성표를 던짐으로써 평안을 발견한 것이다.

26. 가로채인 핀

훌륭한 젊은이가 있었다. 양친은 엄격한 질서와 절약의 습관을 그의 마음속에 심어 주었다. 그는 유대인 은행가에게 찾아가서 고용을 부탁했으나 말없이 난폭하게 내쫓겼다.

젊은이는 안뜰을 가로질러 나갈 때 포석(鋪石) 사이에 무언가 반짝이는 것을 발견했다. 그것은 핀이었다. 곧 그는 단 1개의 핀으로 큰 재산가가 되었다는 은행가 라피트*7에 관한 도학자의 이야기를 떠올리고는 거침없이 그것을 주 웠다.

유대인 은행가는 창으로 그것을 보고 당장 불러세웠다.

"내 집 안뜰에서 무엇을 주웠나?" 그는 물었다.

"이 핀입니다."

그러자 유대인 은행가는 짙은 눈썹을 찌푸렸다.

"도적놈아, 나에게 돌려주고 썩 꺼져라."

손가락으로 문쪽을 가리키며 그가 말했다.

27. 살인자의 손

미국의 대부호가 철도사고를 당해 한쪽 손을 잘라 내지 않을 수 없게 되었다. 엄청난 재산을 가졌음에도 이렇게 불구가 되자 망연해진 이 미국 대부호는 외과의사에게 물었다.

"다른 손을 나에게 이식하는 것은 불가능합니까?"

"우리 의술에 불가능한 것은 아무것도 없습니다. 단지 당신에게 한쪽 손을 파는 데 동의하는 인내심 강한 사람을 발견하는 것이 큰일이겠지요."

대부호는 어느 사형수를 감금하고 있는 교도소로 갔다. 그 사내는 사랑하는 처녀를 얻으려고 친구를 살해해 그녀를 아내로 삼은 남자였다. 대부호는 기묘한 제의로 이 사형수를 깜짝 놀라게 했다. 처음에 죄수는 거부했다.

그래서 대부호는 금액을 두 배로 했다. 죄수는 또 거부했다.

"이제까지 살아온 것처럼 몸뚱이에 손을 두 개 다 붙인 채 죽고 싶다."

그러나 이번에는 그가 사람을 죽이면서까지 얻은 아내가 남편을 만나러 왔다. 마침내 대부호가 금액을 3배로 부르자 유일한 유산상속인인 아내는 남편에게 제안을 받아들이라고 설득했다.

마침내 사내가 이를 받아들여 수술이 곧 이루어졌다. 대부호는 눈을 떴다.

---

*7 자크 라피트(1967~1844). 스페인에 가까운 대서양 연안 도시 바욘에서 목수의 아들로 태어나 견습 서생을 지낸 뒤, 파리로 나갔다. 어느 은행에 일자리를 찾으러 갔는데 거절당하고 돌아오는 길에 안뜰에 핀 하나가 떨어져 있는 것을 발견하고 주워서 옷 안쪽에 끼웠다. 창에서 이를 보고 있었던 경영자가 그를 고용하기로 했다. 근면함과 능력을 인정받아 1809년에 프랑스은행 이사, 14년에는 47세 나이로 총재가 되었다. 1830년 7월 혁명으로 수립된 왕정하에서는 초대 수상을 지냈다.

신경과 동맥이 확실하게 연결되었음에도 그 손은 제멋대로 움직였다. 그 손이 나이프를 쥐었다.

그날 아침, 사형이 집행된 살인자의 복수의 손에 이끌려 이 대부호는 증오스러운 미망인을 죽이고 말았다. 그녀는 이미 다른 사내와 붙어먹어서 이렇게 일확천금을 가져다준 남편의 죽음을 축하하고 있었던 것이다.

죽은 사내의 손은 새로운 주인에게 불리한 결과를 가져왔다. 이렇게 해시 정의가 이루어졌다.

28. 구경꾼과 조련사

네로의 황금시대에 살던 어느 영국인은 좀처럼 없는 감동에 이끌려 가장 위험한 훈련으로 평판이 자자한 어느 유명한 조련사 뒤를 따라 전 세계를 돌아다녔다.

조련사는 어디엘 가도 가장 앞줄에 와서 구경하는 이 지칠 줄 모르는 구경꾼에 대해 호기심이 발동해 결국 물어보았다.

"괜히 캐묻는 것 같아서 죄송하지만, 댁은 왜 매일 우리 맨 앞에 와서 구경을 하시는 겁니까?"

영국인은 냉정하게 대답했다.

"당신이 조련하는 짐승이 언젠가 당신을 잡아먹을 순간을 보고 싶기 때문입니다. 당신들의 희극 끝에 올 마지막 비극을 보고 싶은 겁니다."

그리고 어느 날 큰 사자 한 마리가 우리를 부수고 밖으로 빠져나왔다. 사자는 영국인이 먹고 있던 로스트비프를 보자 조련사의 노력에도 불구하고 이 구경꾼을 잡아먹고 말았다.

이 영국인은 이렇게 그가 꿈꾸고 있었던 이상한 최후를 맞이한 것이다.

29. 잔혹한 자비

그는 젊은 시인이었다.

그는 돈의 값어치를 전혀 몰랐다. 그 때문에 런던에서 사치스런 생활을 하며 부친으로부터 물려받은 유산을 물 쓰듯이 썼다. 재산이 바닥이 나자 빚을 얻었다.

그에게는 많은 친구가 있었기에 그들은 이 청년을 구하기로 했다. 그 중에서도 특히 그와 친하고 행동력이 있는 한 친구가 와서 말했다.

"우리는 돈을 거두어 자네의 부채를 갚기로 했네. 아니, 실은 그게 다가 아니야. 만일 자네가 오스트레일리아에서 인생을 다시 시작해 운을 시험해 보겠다면 100파운드를 주겠네."

젊은이는 그 돈을 받았다.

2개월 뒤, 그 자비심이 많은 친구는 피커딜리 거리에서 이 젊은 방탕아와 우연히 마주쳤다. 그는 분개했다.

"아니, 자네는 오스트레일리아로 가기 위해 100파운드를 받아 놓고선 어떻게 아직 이곳에 있단 말인가. 나를 속였군."

그러나 젊은이는 다음과 같은 질문으로 되받았다.

"하지만 자네도 좀 생각해 봐. 만일 100파운드가 있으면 자네는 오스트레일리아로 가 죽을 생각을 하겠나?"

30. 유리 눈

어느 큰 부자가 사냥을 하다가 한쪽 눈을 잃었다. 그래서 특별한 유리 눈을 만들게 했다. 그것은 아주 훌륭한 눈으로, 그의 재산에 참으로 걸맞은 것이었다.

그 눈의 더없이 맑은 수정체와 최상의 법랑(琺瑯)은 걸작이라고 할 만했다. 눈동자의 투명한 푸르름 속에서 얇은 금조각이 반짝이고, 그 홍채(虹彩)는 싱싱하면서 깊이가 있고 변화가 풍부한 데다 비로드처럼 매끄러웠다.

그는 거울에 비춰 보고 대단히 만족하여 자기 자신에게 오히려 반하고 말았다. 그 훌륭함을 증명하기 위해 친구에게 봐 달라고 할 생각이었다.

친구가 만나러 오자 그는 물었다.

"내 유리 눈 어때?"

친구는 아무렇게나 대답했다.

"정말 최고의 작품이군."

"아니, 놀랍지 않나? 이것은 생명 그 자체가 아닌가. 나로서는 그저 놀라울 뿐이야. 진짜와 가짜가 거의 구별이 안 돼. 잘 봐, 더 잘 보고서 어느 쪽이 인공 눈인지 맞혀 봐."

"이쪽이군." 헷갈리지 않고 친구가 즉시 대답했다.

"어떻게 알았나?"

"정말 훌륭한 눈일세."

"자네 말에는 성의가 없군. 그것은 자네가 미리 알고 있었기 때문이야. 뭐, 하여튼 실험해 보자. 거리로 나가 맨 처음 만난 사람의 의견을 들어 보자고."

두 친구는 밖으로 나왔다. 부자는 집 앞에서 벽에 기대어 있는 가난한 사내들 가운데 한 사람을 보았다. 그들은 언제나 그곳에 있는데 구걸을 하지는 않았다.

"여보게." 그는 말을 걸었다. "1크로네가 필요치 않은가?"

"1크로네요?" 가난한 사내는 말했다.

"그야 필요하죠, 나리. 이틀간 아무것도 먹지 못했습니다. 정말로 필요합니다."

한쪽 눈을 크게 뜬 부자는 그의 손바닥에 은화를 올려놓으면서 임시 심판인 앞에 똑바로 섰다.

"잘 봐 주게. 천천히 살펴 주게. 나는 애꾸눈인데, 어느 쪽 눈이 유리로 된 것인지 어디 말해 보게."

가난한 사내는 친구와 마찬가지로 거침없이 말했다.

"이쪽입니다."

부자는 뒷걸음질을 쳤다.

"이거 참 놀랍군. 어떻게 구별했는지 가르쳐 줄 수 있겠나?"

"간단합니다. 나리." 가난한 사내는 대답했.

"두 눈 가운데 하나에 약간 연민(憐憫)의 빛이 보였거든요."

31. 만원 마차

그 승합마차는 보통 사람들로 가득 차 있어 상스러운 화제나 웃음소리로 와자지껄했다. 그곳에 상복을 입은 여성이 유령처럼 나타났다. 베일 아래 얼굴이 밀랍같이 창백한 그녀는 꼭두각시인형처럼 와서는 단 하나 비어 있던 자리에 앉았다. 그녀는 경직된 것처럼 움직이지 않았는데 눈에서는 계속 눈물을 흘렸다. 감정이 몹시 북받쳐서 구깃구깃한 손수건으로 눈물을 닦아도 소용없었다.

승객은 모두 입을 다물고 고통을 온몸으로 표현하고 있는 이 부인을 보았다. 그녀 옆에는 얼굴이 발갛고 신경이 예민한 덩치 큰 속물이 앉아 있었다.

그는 모자를 벗으면서 차분한 목소리와 촉촉하게 젖은 눈으로 물었다.
"부인, 그렇게 동요하고 계시는 걸 보니 크나큰 불행을 당하셨나 보군요."
"아아, 말하지 마십시오, 나는 미망인인데 고독을 달래 주는 어린 아들이 있어 몹시 사랑하고 있었습니다. 착하고 예쁜 아이지요. 그런데 어느 날 밤, 독거미에 물려 세상을 떠나고 말았어요. 당신은 내 심정이 어떨지 잘 모르시겠지만."
"압니다. 부인, 잘 압니다." 덩치 큰 속물이 말했다. 그는 자식을 둔 아버지였기 때문에 이와 같이 일반적인 연민의 대변자가 되었다.
"이것은 내가 겪게 된 고통의 일부분에 지나지 않습니다. 다른 아들 하나는 군대에 들어가서 죽었습니다. 말을 솔질하다가 호되게 차여서 죽었어요. 아시겠어요?"
"알겠습니다." 약간 목소리를 낮추고 머리를 가볍게 흔들면서 속물이 동의했다.
그 자리에 함께 있던 사람들은 모두 코를 훌쩍이고 운전기사도 자기 자리에서 눈물을 감추기 위해 코를 풀었다.
"아아, 저의 고난은 그치지 않았습니다. 셋째 아들은 결혼을 했지요. 당신처럼 안색이 좋고 덩치가 큰 아들이었습니다. 그런데 아내와 함께 성홍열(猩紅熱)에 걸려 평소에 불그레하던 얼굴이 완전히 자색이 되어서요, 네, 자색이 되어서 죽었습니다."
덩치 큰 신사는 붉은 볼을 떨리는 손으로 만져 보았다. 자기 얼굴도 그렇게 자색으로 변할지도 모른다고 생각하자 갑자기 식은땀이 흘러 그는 눈뿐만이 아니라 이마도 닦았다.
하지만 청중의 흥미는 줄어들기 시작했다. 이 부인을 덮친 불행한 운명은 정말로 도를 넘고 있었다.
"믿어지지 않나요?" 깊은 슬픔에 잠긴 모친은 말했다. 어느새 눈물은 멈추었고, 그녀는 그 고통을 다시 열심히 이야기하기 시작했다.
"넷째 아들은 더욱 참혹하게 죽었습니다."
그러나 그녀는 순간 침묵했다. 주위 사람들이 자기들끼리 멋대로 이야기를 시작하고 있었기 때문이다.
여인은 집요하게 목소리를 높였다.

"그 아이는 나일강변에서 악어에게 잡아먹히고 말았어요."

이 말을 들은 운전기사는 웃음을 터뜨리고 승객도 같이 웃었다.

"세상에, 악어라니."

"그 악어는 틀림없이 눈물을 흘렸을 겁니다." 잔혹하고 짓궂은 사람이 참지 못하고 이렇게 비아냥거렸다.

여자는 벌떡 일어나 베일을 내리고 화가 나 투덜거리면서 밖으로 나갔다.

"무정한 사람들 같으니라고."

비극이라도, 아니, 그렇기 때문에 더욱 지나침은 미치지 못함과 같다는 것이 증명된 것이다.

32. 절제의 찬사

그 무렵 고상한 영국은 무절제 반대 운동을 펼치면서 알코올의 마술에 맞서 전력으로 싸우기 시작했다. 술은 정도 이상으로 마시면 취기의 온갖 징후를 가져오는 것이다.

추진 세력은 왕실 내에서 조직되었고, 그 선동자는 향상심이나 도덕심을 자극하여 과음에 대한 경각심을 불러일으키기에 적합한 우수한 소설을 현상 공모하기로 했다.

그 상금이 대단히 매력적이었으므로 재정적 어려움을 겪고 있던 어느 젊은 학생이 거기에 응모하기로 했다. 그는 집필을 하려고 책상 앞에 앉아 궁리해 보았다. 그러나 한겨울인데도 난로에 불기가 없어 좋은 생각이 떠오르지 않고 손은 얼어붙을 것만 같았다. 그래서 거리로 나가 위스키 한 병을 사 가지고 돌아와 일에 착수했다. 첫 잔을 마시자 소재가 떠올랐다.

한 병을 비우자 소설이 완성되었다. 그리고 그것이 일등으로 입상했다.

33. 기지(機智)의 가치

친구여, 기지는 가장 위대한 덕이고 이 세상에서 가장 도움이 되는 것 가운데 하나이다.

만원을 이룬 미국의 콘서트 회장에서 연주하는 한 오케스트라의 젊은 플루트 연주자는 매우 남다른 기지를 갖고 있었다. 그래서 어떤 곡을 연주할 때 종종 동료가 연습부족 때문에 범한 잘못을 미(美)로 변용시켜 버릴 정도였다. 그날 밤 극지의 얼음을 모방한 장식품에 갑자기 불이 붙었다. 어느 신사가 숨을 들이쉬고 말했다.

"타는 냄새가 나는데."

그 말을 들은 몸집이 큰 부인이 자기 코로 검증해 보고 단언했다.

"정말로 타는 냄새가 나네."

불길과 연기가 실내에 점점 퍼지기 시작했기 때문에 청중은 광란상태가 되어 문 쪽으로 쇄도했다. 모두가 공포에 질려 있었다.

그런데 젊은 플루트 연주자는 전에 없이 놀랄 만한 냉정함을 보이면서 갑자기 자리에서 일어났다. 그는 마법의 지팡이처럼 악기를 휘두르고는 뛰어난 기지를 발휘해 큰 소리로 외쳤다.

"여러분, 아무 일도 아닙니다. 전혀 아무것도 아닙니다. 단순한 기계 고장입니다. 안심해 주십시오. 진정하세요. 위험은 없습니다. 조용히 자리로 돌아가 주십시오."

이와 같은 확신에 현혹되어 넋이 나간 청중들은 조용히 제자리로 돌아갔다. 젊은 플루트 연주자는 자신의 장기 가운데 가장 아름다운 독주곡을 연주했다. 그러는 사이에 서로 밀고 밀리는 자, 발을 밟는 자가 없어져 관객들은 한 사람도 남김없이 산 채로 불타 죽고 말았다.

단, 연주를 하기 위해 일어선 젊은 플루트 연주자만은 결국 밖으로 나와 불에 타 검게 그은 사체 위에서 연주를 계속했다.

이와 같이 모든 상황에서 확고한 기지의 유용성이란 명백한 것이다.

34. 수학의 손익(損益)

가난하지만 수학에 매우 뛰어난 젊은이가 있었다. 그는 궁핍한 생활 와중에도 일하지 않는 시간을 이용하여 극장용 의자 견본을 발명했다. 아주 교묘하게 접을 수 있으므로 쓰기 편하면서도 자리는 적게 차지하는 그런 의자였다.

큰 부자인 친구 한 사람이 이 교묘한 발명품에 이끌려 서너 명의 부호를 초대해 레스토랑에서 식사를 했다. 커피를 마실 때 이 젊은이가 의자 견본을 사람들에게 보여 주어 출자자를 구할 수 있도록 해 준 것이다.

젊은이는 시원스런 변설로 이 의자를 600석 규모의 일반 극장에서 사용할 경우의 경제성을 적확하게 제시해 완벽하게 청중을 설득했다. 그래서 1시간쯤 지나자 완전히 납득한 부자들은 이 발명가에게 일을 맡기기로 정했다.

그런데 불행하게도 재능 있는 젊은이는 거기서 멈추지 않았다.

명석한 보고에 곁들여 더욱 이야기를 확장해 나갔다.

"계산해 보십시오, 여러분." 그는 말했다.

"만일 이 의자 형태가 런던 시내의 모든 극장에서 채택된다면, 그 결과 연간 절약할 수 있는 금액은 얼마나 될까요?"

그리고 그는 그 액수를 계산하기 시작했다.

"더구나 이게 다가 아닙니다. 전 유럽의 극장, 아니 전 세계의 극장에 채택됐을 경우를 생각해 보십시오."

언급이 된 숫자는 너무나도 천문학적이었기 때문에 이미 부자들은 듣고 있지 않았다.

"여러분, 놀라셨지요? 하지만 이게 또 전 세계의 음악회장, 신전, 교회에서 채택될 수 있음을 생각해 주십시오."

재능 있는 젊은이는 또 곱셈을 시작했다.

그러나 거론되는 숫자가 늘어나면 늘어날수록 청중의 숫자는 조용히 줄어들고 있었다. 1시간이 지나자 재능 있는 젊은이는 이제 상대의 옷 단추를 쥐고서 예비 출자자 한 사람을 억지로 붙잡고 있을 뿐이었다. 그리고 의기양양하게 그에게 이윤으로 얻을 엄청난 액수를 알렸다.

그 결과 가난이 사라지고 모든 예산이 확실하게 균형을 이루고, 세계적인 신앙 포교가 이루어지리라는 것이었다. 재능 있는 젊은이는 숨을 돌리자마자 외쳤다.

"아, 나리, 더구나 이게 다가 아닙니다."

이 마지막까지 남은 사람은 기겁하면서 단추 실을 끊어 버리고 줄행랑을 쳤다. 재능 있는 젊은이는 혼자만 남은 것을 깨달았다. 그때 레스토랑 종업원이 아연해진 이 사람에게 계산서를 가지고 왔다. 그는 수학의 해악을 저주했다.

35. 실패한 언어

내가 아는 사람 중에는 내면에 나르시시스트와 파우스트 박사와 돈 후안의 혼이 들끓고 있는 사내가 있었다. 그래서 그는 자신의 마음과 정신을 정복해야겠다고 생각했다.

온갖 것을 다 읽고, 온갖 것을 몽상하고, 모든 체험을 다해 본 끝에 그는 깨달았다. 이 불우한 시대에는 무슨 일에서나, 심지어 죄를 짓는 경우에도 독창적인 것은 있을 수 없다는 것을.

이제 그는 진귀한 꽃이나 값비싼 돌을 감상하듯이 언어를 사용한 놀이밖에 즐기지 못했다. 짙은 담배연기 속에서 더 이상의 의미가 담겨 있지 않은 유별난 형용사를 발견하는 데서 즐거움을 느꼈다.

그는 살롱이나 카페의 스타이자 명백한 승리자가 되었다. 그는 꽃을 고안하고, 언어를 발명하고, 살아 있는 골동품이나 입을 것 같은 옷을 유행시켰다. 그는 에메랄드가 비늘 모양으로 박힌 거북이와 평평한 이마에 루비가 박혀 있고 금박 입힌 장신구로 장식된 살무사를 가지고 있었다. 그가 사람들 앞에서 말을 꺼내면 주위 사람들은 입을 다물었다.

그러나 끊이지 않는 이 언어의 교묘함은 비극적인 결말로 그를 이끌었다.

어느 날 밤, 자존심과 독한 술에 취해 그는 경구 한 마디를 말했다. 그는 그 말이 세련되고 강렬하기를 바랐지만 노력이 부족했는지 약하고 무겁게 느껴졌다. 이와 같이 끊임없이 담배에서 나오는 것처럼 생각되는 무지갯빛 거품 가운데 처음으로 이 거품은 만들어지자마자 코앞에서 갑자기 팡 터졌다. 그럼에도 불구하고 이 언어는 성공하지 못했다.

그는 완전히 평범한 사람이 되었기 때문에 많은 동조자들이 생겼다. 사람들은 처음부터 끝까지 그의 말을 되풀이했고, 그 결과 그를 불멸의 존재로 불리는 학사원의 40명 안에 넣었다. 그리고 고문과도 같은 입회의식이 이루어졌다. 수를 놓은 녹색 나사로 된 멍에를 쓰고 옆구리에는 우스꽝스러운 칼을 차고 연설하라는 통고를 받은 것이다. 그때 학사원의 둥근 천장 밑에서 미리 준비되어 있던 언어에 의해서 목이 죄어지는 것을 느끼고 그는 뇌졸중으로 죽었다. 그는 휘슬러 씨의 제자를 위한 가장 아름다운 그림의 소재가 되었다. 흑과 백을 배경으로 펼쳐지는 녹색과 적색의 교향곡.

36. 앞이 똑똑히 보이는 맹인

재능 있는 젊은 조각가가 있었다. 다른 예술가와 마찬가지로 조각가에게서도 재능이란 보기 드문 것이었다. 그것은 모든 면에서 재료에 들러붙지 않으면 안 되기 때문이다. 그는 한 여인을 열렬히 사랑했다. 그녀는 그보다 상당히 연상이고 얼굴도 몸도 몹시 추했다. 그래도 그는 그 가련한 모습을 몹시 사랑했으므로 비길 데 없는 미녀의 상(像) 몇 개를 경이적으로 만들어 냈다.

그런데 이 못된 악녀는 그를 사랑하지 않고 속였다. 그녀는 역시 재능이 있는 어느 맹인 음악가에게 빠져 있었다. 대부분의 음악가는 음악 이외의 활동에도 재능이 있게 마련이다. 맹인 음악가에게는 모두 재능이 있다. 그녀는 너무나 직접적이고 뻔뻔스럽게 그에게 접근함으로써 우선 사랑하는 사람에게 알려지도록 신경을 썼다.

맹인 음악가는 기적적으로 이 부실한 여자의 육체적 열성(劣性)을 간파하고 피했다. 그는 혐오를 느껴 그녀를 차 버렸다. 한편 조각가는 음악가가 격렬한 혐오를 표현하고 있는 현장을 보았다. 맹인은 그에게 똑똑히 보라고 가르쳤다. 그의 눈은 즉시 열려 결국 그녀의 진정한 모습을 보았다. 그리고 이제는 사랑하지 않게 되었다. 그는 그녀를 내쫓았다. 이 여자는 비로소 그를 사랑하게 되었다. 그녀는 자기를 사랑해 준 사내가 누구였는지를 이해했지만 때는 이미 늦어 버렸다.

이처럼 우리는 늘 타인의 사랑을 뒤늦게 깨닫는 법이다.

37. 사내와 비밀

돈이 많은 사내가 있었다. 그에게는 부유한 생활이 몹시 따분하게만 느껴졌다.

그런데 어느 날 수상쩍은 풍모의 사내가 찾아와 당당하게 말했다.

"주인장, 난 당신의 비밀을 알고 있소. 만일 천 루블을 주지 않으면 그 비밀을 세간에 퍼뜨리겠소. 그러면 당신은 끝장이오."

부자는 선뜻 요구한 만큼 돈을 주었다.

그 뒤로도 이 양심 없는 사내는 때때로 돈이 필요하면 찾아오는 게 습관이 되었다.

그러나 아무리 재산이 많아도 부자는 죽음이 다가오는 것을 막을 수는 없었다. 최후의 순간에 부자는 공갈협박을 일삼는 사내를 불러 빈정거림에 불안이 섞인 어조로 말했다.

"이제 나는 죽어 가고 있네. 그러니 친구여, 가르쳐 주게. 나의 비밀이란 무엇인가?"

38. 불행을 가져오는 진주

소렌토의 어느 시골에 젊고 아름다운 어부가 살았다. 그는 밤이나 낮이나 바다에서 멋진 진주를 채취하는 꿈을 꿨다.

어느 날 한 이방인이 꿈에서 본 듯한 진주를 박은 반지를 끼고 어부 옆을 지나쳤다.

젊은 어부는 사냥감을 노리는 여우처럼 살금살금 이방인의 뒤를 밟아 바닷가까지 갔다.

이 이방인은 슬픈 듯이 자기가 낀 금반지의 진주를 보면서 언제나 혼자서 산책을 하고 있었다. 그는 이 진주가 자기에게 불행을 가져오는 게 틀림없다고 단정하고 있었다. 그래서 폴리크라테스*8를 모방해 운명을 피하기 위해서 반지를 바다에 던져 버렸다.

그러나 젊은 어부는 이 같은 행동에 놀라 바다로 뛰어들었다. 이윽고 그는 벌거벗은 몸에서 물을 뚝뚝 흘리며 나타나 웃으면서 이방인에게 반짝이는 반지를 건넸다. 사내는 운명이 보낸 이 젊은 사자를 보고 놀라 떨면서 말했다.

"당신은 대단히 아름답군요. 마치 바다에서 나온 비너스 같습니다. 당신의 입술에 키스하게 해 준다면 기꺼이 이 반지를 드리겠소."

젊은 어부는 곧 이 거래를 승낙하고 요구된 키스를 해 준 다음, 기쁜 마음으로 물가로 가 진주가 박힌 반지를 햇빛에 비추어 반짝이게 했다. 그러고는 기뻐하며 반짝이는 바다로 물고기처럼 뛰어들었다.

이방인은 아직 입술에 남아 있는 키스의 짠맛을 느끼면서 젊고 아름다운 어부의 검은 곱슬머리가 멀어져가는 것을 보았다.

그러나 그날 저녁 바닷가를 여느 때와 다름없이 산책하고 있는데 붉게 타는 듯한 황혼 속에 젊고 아름다운 어부의 몸이 힘없이 늘어진 채 파도에 실려 떠올랐다. 그의 손가락에는 반지가 끼워져 있지 않았다.

바다가 인간들에게서 빼앗긴 멋진 진주를 되찾아간 것이다.

---

*8 ?~BC 522? 그리스 사모스섬을 지배한 참주. 에게해를 제패했다.

오스카 와일드에게 배우는
즐거운 인생론

제1장 자기 자신

1 배려란 자신의 일만 생각하는 것

나는 언제나 내 자신에 대해서만 생각하고
타인도 그러하기를 바라고 있다.
그것이 배려라는 것.

I am always thinking about myself, and I expect every body else to do the same. That is what is called sympathy. (*The remarkable Rocket*)

"조금은 타인의 마음도 헤아리자. 배려하는 마음을 갖자"고 누가 말하거든 그 사람을 잘 관찰해 보라. 당신의 행동이 그 사람에게 불이익을 주기 때문에 그가 당신에게 죄책감을 갖게 하려고 그러는 건 아닐까?
아마 그것은 당신이 마음에 들지 않는다는 말일 것이다. "내 마음을 헤아려 내 희망대로 움직여 주기를 바란다"는 뜻이다.
스스로 자기의 일을 생각하면서 살아가는 사람은 타인에게 "배려가 부족하다"는 말을 하지 않으며 그런 감정을 느끼지도 않는다. 진정한 배려란 자기의 일만 생각할 때 비로소 성립된다.

2 손님이 오면 자기가 윗자리에 앉는다

가장 편안한 의자는 어느 것인가?
손님을 접대할 때 내가 앉는 의자이다.

Which is the most comfortable chair?

It is the chair I use myself, when I have visitors. (*An Ideal Husband*)

"손님에게 가장 좋은 것을 주자. 자기가 아닌 남부터 챙기자"는 마음가짐은 매우 훌륭하다.

그러나 그로 인해서 당신이 궁지에 몰리거나 불쾌감을 느끼게 된다면 아무런 의미도 없다.

만일 당신이 누군가를 접대할 때 평소보다 고급스런 식기를 사용하거나 체면치레를 하려는 경향이 있다면 그런 습관은 고쳐야 한다. 자기가 손님을 배려하고 있다고 믿는 사람일수록 강압적인 면이 있어서 손님에게 불쾌감을 줄 때가 있기 때문이다.

3 오직 자기를 놀라게 하는 것에만 삶의 의미가 있다

나는 언제나 나 자신을 깜짝 놀라게 한다.
인생을 살아갈 만하게 만드는 것은
오직 그것뿐이니까.

I am always astonishing myself. It is the only thing that makes life worth living. (*A Woman of No Importance*)

자기가 즐겁지 않으면 도대체 인생에 무슨 의미가 있을까. 타인은 당신에게 아무런 흥미도 없다. 또 아무리 타인이 당신과 함께 있으면서 즐겁다고 말해 주어도 당신 자신이 즐겁지 않으면 단지 스트레스만 쌓일 뿐이다.

당신이 인기가 있어 어떤 모임에서 연설을 해 달라거나 재밌는 이야기를 해 달라는 청을 받았다고 치자. 당신이 즐길 수 없다면 그런 것은 아무런 의미도 없다. 무의식중에 '나를 인정해 달라' '내 얘기를 들어 달라'고 생각해 버리기 때문이다. 당신이 미소를 짓고 있다 해도 진심으로 웃고 있진 않다는 것을 알게 될 것이고, 뭔가 억지로 이야기하고 있다는 느낌이 전해져서 청중도 왠지 마음이 무거워질 것이다.

그런 일이 서너 번 이어지면 그 다음부터는 아무도 당신 곁에 다가오지 않게 된다. 진심으로 즐길 수 없을 것 같은 일은 바로 사양하고 스스로 즐길 수 있는 흥미로운 일에 집중하는 편이 자기에게나 타인에게나 바람직한 일일 것이다.

4 자기가 쓴 일기는 최고의 읽을거리

외출할 때는 내가 쓴 일기를 꼭 가지고 간다.
열차 안에서 읽을 수 있는
선정적인 읽을거리가 언제나 필요하니까.

I never travel without my diary. One should always have something sensational to read in the train.(*The Importance of Being Earnest*)

타인이 쓴 글을 의무감으로 읽기 보다는 자기가 쓴 일기를 읽는 편이 훨씬 낫다. 타인이 쓴 글은 당신을 털끝만치도 생각하고 있지 않기 때문이다.
　자기가 쓴 일기에서 배우는 것은 헤아릴 수 없을 정도다. 몇 번 읽어도 재미있고 매번 새로운 발견과 기쁨이 넘칠 것이다. 때로는 슬픔이 밀려올지도 모르지만, 그건 애초에 자기가 비극의 주인공이나 여주인공이 되고 싶어서 그렇게 슬프거나 불쾌한 일을 써서 남겼기 때문이다. 할리우드 영화보다도 훨씬 감정이입을 잘 할 수 있고 틀림없이 재미있을 것이다.
　애당초 과거의 자기에 대해서 기록하고 뒷날 중요시한다는 것 자체가 '타인의 눈'을 의식한 행위이므로, 거기에 쓰인 내용은 '자기에게 유리한 자기 위주의 진실'일 것이다.
　이렇게 자기가 주인공인 이야기를 타인이 써 주지는 않는다.

5 자기를 알려고 하는 것은 얄팍한 인간이 하는 짓

천박한 인간만이 자기를 알고 있다.

Only the shallow know themselves.(*Phrases and Philosophies for the Use of the Young*)

"너 자신을 알라."

그런 말을 하는 사람은 얄팍한 인간으로 생각해도 틀림없을 것이다. 자신을 사랑할 수는 있어도 알 수는 없기 때문이다.

깊이 있는 인간은 자신을 사랑하고 소중하게 여길 뿐, 결코 알려고 하지는 않는다. 실은 자신에 대해서 알려고 하는 생각 자체가 극히 오만한 것이다.

인간은 자기 힘으로 태어난 것도 아니고 그 힘에는 뚜렷한 한계가 있다. 자연의 힘이나 인간이 어찌할 수 없는 것 앞에서 인간은 참으로 무기력하다. 그런 것도 생각하지 않고 자기를 알려고 하면 종잇장처럼 얄팍한 인간이 되고 말아 결국에는 찢어져 버릴 테고, 사람들은 당신 곁에서 떠날 것이 틀림없다.

지식을 추구하는 것은 좋지만 자기 자신을 그 대상으로 삼는 것은 그만두는 편이 현명할 것이다.

6 경험은 과오의 집대성

경험이란 누구나가 과오에 붙이는 이름.

Experience is the name every one gives to their mistake. (*Lady Windermere's Fan*)

'경험이 풍부하다'는 말은 대단히 편리하다. 요컨대 과오를 많이 저질렀다는 얘기다. 뭐든지 말하기 나름이다. 자기 잘못은 모두 경험이란 말로 얼버무리면 된다.

이런저런 경험을 했노라 떠벌리고 다니는 것은 "나는 많은 과오를 저질렀습니다"라고 공언하고 있는 셈이므로 그런 말은 하지 않는 편이 좋다.

남이 자기 잘못을 자랑하는 소리를 듣고 싶어하는 사람은 아무도 없기 때문이다.

7 성실한 인간은 치명적

조금 성실하다는 것은 위험한 일이고,
매우 성실하다는 것은 치명적이다.

A little sincerity is a dangerous thing, and a great deal of it is absolutely fatal. (*The Critic as Artist*)

성실하다는 것은 정말로 위험하다. 성실하다는 말은 곧 고지식하다는 말과도 같다.
　즐겁고 행복해 보이는 사람들 중에는 불성실한 사람이 꽤 있다. 어떤 사내는 성실한 척하는 재주가 매우 뛰어나서 결혼한 지 20년이 지났는데 지금까지 아내를 진심으로 사랑하고 있다고 한다. 그러나 '아내만'을 사랑하고 있다는 말은 한마디도 하지 않는다.
　"살면서 참으로 훌륭한 분들만 만나서 정말로 하늘에 감사하고 있습니다"라고 말하는 사람이 있다면, 그것은 싫은 인간이나 방해되는 인간은 짓밟거나 버리고 온 것이라고 해석하는 편이 낫다.

8 자기모순투성이인 것은 현명하다는 증거

현명한 인간은 스스로 모순적이다.

The wise contradict themselves. (*Phrases and Philosophies for the Use of the Young*)

"당신 말은 모순적이다"는 비난을 들었을 때는 자기는 현명하다고 생각하면 된다. 인간이므로 모순된 것이 당연하다. 스스로 모순되어 있지 않을까 의문이 든다면, 그만큼 현명해졌다고 생각하면 된다.
　인간과 사회는 애당초 모순투성이이다. 상황이나 상대에 따라서 말과 행동이 바뀌는 것이 당연하고, 나이나 경험에 따라서 사고방식이 바뀌는 것도 당연하다.
자기모순이 없어 보이는 사람이 있거든 되도록 멀리하는 편이 좋다.

9 후회는 시대에 뒤처진 짓

후회하는 것은 완전히 시대에 뒤처진 짓.

Repentance is quite out of date. (*Lady Windermere's Fan*)

후회해봐도 바뀌는 것은 아무것도 없다. 그때 이러저러하게 할걸 그랬다고 생각할 틈이 있으면 앞으로 어떻게 할 것인가에 대해 생각하는 편이 훨씬 바람직하다.
"그런 일을 하고도 후회하지 않느냐"는 소리를 들어도 웃어넘기면 된다. 그때그때 최선을 다해 살고 있는 사람은 결코 그와 같은 질문은 하지 않는다.

10 바보가 될 수 있는 사람은 행복하다

못생긴 사람과 어리석은 사람이 이 세상에서 가장 행복하다.

The ugly and the stupid have the best of it in this world. (*The Picture of Dorian Gray*)

바보가 되고 싶지 않다, 바보처럼 보이고 싶지 않다고 생각하는 사람이 많은데 실은 바보가 이 세상에서 제일 행복하다.
친구가 당신을 단순한 정보수집 도구로 여기고 있다는 사실을 깨닫지 않아도 되고, "양복 색깔이 참 멋지다"는 말을 들었을 때 "정말로 취미가 나쁘구나"라는 의미로 받아들일 필요도 없어진다. 또 어느 누구도 당신에게 뭔가를 기대하지 않을 테니 심리적 압박감을 느끼지 않아도 될 것이다.
남에게 주목받지 않는다는 것은 자유롭게 사는 비결이기 때문이다.

11 유혹에는 져라

무엇에도 지지 않는다, 유혹만 제외하고.

I can resist everything except temptation. (*Lady Windermere's Fan*)

친구가 멋진 가방을 들고 다녀서 부러운가? 동료도 타고 다니는 신형 독일차가 눈에 밟히는가? 그렇다면 당장 지갑을 탈탈 털어서 사 버리자. 술을 한 잔 더 마시고 싶은가? 그럼 와인 한 병을 비워라. 몸이 나른해서 일하고 싶지 않은가? 게으름을 피우면 되지 않겠나. 멋진 이성이 눈앞에 있는가? 그럼 유혹해라.
 당신이 유혹으로 느끼고 있는 것은 실은 건전한 욕망일 때가 많다. 과감하게 해본들 자신은 물론이고 다른 누구도 피해를 보지 않을 것이다.

12 과거, 그것이 당신이다

그의 과거야말로 그 사람 그 자체다.
사람을 판단하는 잣대는 그것밖에 없다.

One's past is what one is. It is the only way by which people should be judged. (*An Ideal Husband*)

과거는 아무래도 상관없다는 말은 새빨간 거짓말이다.
 "지금이 중요하다, 또 미래가 중요하다." 이렇게 말하는 사람일수록 과거에 얽매여 있다. 과거에 자신이 없기 때문에 "왜 자꾸 내 과거만 들춰내냐"고 말하는 것이다.
 과거가 바로 당신이다. 당신은 과거로 판단된다. 그러므로 "나는 바뀔 수 있다, 앞으로 어떻게 될지 봐 달라"는 무책임한 말은 하지 말자. 당신이 바뀌어 가는 과정이 가까운 장래에 다른 사람들 눈에 '과거'로서 비칠 때까지는.

제2장 인간관계

1 상냥함은 의심하라

아무래도 좋은 사람에게는
언제나 상냥하게 대할 수 있다.

One can always be kind to people about whom one cares nothing. (*The Picture of Dorian Gray*)

"좋잖아?"라는 말을 들으면 실은 "아무래도 좋다"는 의미라고 생각하는 편이 낫다. 남의 일은 어차피 잘 모르니까 누가 상담을 요청했을 때는 그 사람이 듣기 좋아할 것 같은 말을 종종 하게 되는 것이다.
　적당히 상냥하게 대할 수 있는 것도 실은 아무래도 좋기 때문이고, 자기와는 상관없다고 생각하고 있기 때문이다. 가슴에 손을 얹고 생각해 보자. 왜 남에게 적당히 상냥하게 대할 수 있는지를.

2 적의 선택이야말로 중요하다

적을 선택할 때는 아무리 주의를 기울여도 모자란다.

A man cannot be too careful in the choice of his enemies. (*The Picture of Dorian Gray*)

저도 모르게 자기편, 동료는 누구인가 하는 문제에만 신경쓰고 있지 않은가. 사람을 골라 사귀라느니 중요한 사람이 누구인지 잘 파악하라느니 말하

는 사람은 수두룩하다. 그러나 정말로 중요한 문제는 누구를 적으로 삼느냐
는 것이다.

당신의 동료와 반대되는 사람이 꼭 당신의 적이라고 할 수는 없다. 당신이 살아 있다는 사실만으로도 화가 치밀어서 낭떠러지 아래로 확 밀어 버리고 싶은 충동을 느끼는 사람이 이 세상에 있다. 당신이 세상에서 사라지기를 남몰래 바라고 있는 사람도 있을 것이다.

그러므로 정말로 밀려 떨어지거나 억울한 꼴을 당하거나 하기 전에, 누구를 적으로 삼을지 확실히 파악하고 공언하는 것이 중요하다.

3 낙관주의의 밑바닥에는 공포가 존재한다

타인을 좋은 사람이라고 생각하려는 것은
두렵기 때문이다.
낙관주의의 근간은 완전한 공포이니까.

The reason we all like to think so well of others is that we are all afraid for ourselves. The basis of optimism is sheer terror. (*The Picture of Dorian Gray*)

왜 당신은 그렇게 낙관적일 수 있는지 생각해 본 적이 있는가. 물론 친구가 당신을 함정에 빠뜨리려고 몰래 무슨 일을 꾸미고 있다는 식으로 의심한다면 아무하고도 사귈 수 없을 테지만.

아무튼 낙관적으로 생각하지 않으면 살아갈 수 없을 정도로 세상은 너무나 무서운 곳이다. "밝게 낙관적으로 생각하자"고 말하는 사람일수록 실은 매일 악몽에 시달리고 있다. 그리고 더욱 무서운 일은, 그런 사람이 오히려 자기야말로 무슨 일을 저지를지 모른다는 가장 강한 공포심을 마음속 깊이 지니고 있다는 것이다.

4 조언은 도움이 되지 않는다

훌륭한 조언을 남에게 해준다.

그 밖에는 쓸데가 없다.
조언은 자기 자신에게는 아무런 도움도 되지 않는다.

I always pass on good advice. It is the only thing to do with it. It is never of any use to oneself.(*An Ideal Husband*)

훌륭한 조언을 들으면 감사만 표시하고 남에게 그대로 말해 줘라. 자기 자신에게는 아무런 도움도 되지 않으니까.
애초에 그 사람이 정말로 당신을 위해서 조언했을까. 그럴 리가 없다. 만일 당신이 그 조언에 따라 실패했다고 치자. 당연히 그 사람은 책임 따위는 지지 않는다.
당신이 귀를 기울여야 할 조언은 '당신 인생의 무거운 짐을 함께 질 각오가 되어 있는 사람'의 조언뿐이라고 생각하는 것이 좋다.

5 선인이건 악인이건 전혀 상관없다

사람을 선악으로 구분하는 것은 어리석은 일이다.
사람은 재미있거나 재미없거나 둘 중의 하나니까.

It is absurd to divide people into good and bad.
People are either charming or tedious.(*Lady Windermere's Fan*)

태어날 때부터 선한 사람이거나 악한 사람은 없다. 당신이 누군가를 보고 저 사람은 좋은 사람이니 나쁜 사람이니 생각했을 때, 그것은 어디까지나 당신 생각일 뿐 타인에게는 아무런 의미가 없다. 당신만을 사랑해 주는 멋진 남성이나 여성도 부하가 보기에는 나쁜 상사일지도 모르고 고객이 보기에는 속이 검은 사람일지도 모른다. 실제로 좋은지 나쁜지는 알 수 없는 것이다.
단 하나 판단할 수 있는 것은 재미가 있느냐 없느냐이다. 따라서 누군가를 가리켜 '저 사람은 정말 나쁘다'고 단정하면서 화낼 수는 없다.

6 가치도 모르고 값에만 관심이 있는 사람

요즘 사람들은 온갖 것의 값을 알고 있지만
정작 그 가치는 전혀 모른다.

Nowadays people know the price of everything, and the value of nothing. (*The Picture of Dorian Gray*)

당신 주변에 내용은 제대로 듣지도 않고 곧바로 "그거 얼마죠?" "얼마쯤 들어요?" 하고 꼬치꼬치 묻는 사람이 있을 것이다. 그는 값에만 관심이 있는 사람이다. 금전적 손익과 가치를 혼동하고 있는 사람일 것이다.

이를테면 비싸니까 좋은 물건일 거라면서 선물을 고르거나 쇼핑을 하는 일은 없는가. 함께 있어도 즐겁지 않은 사람이 단순히 비싼 풀코스 요리를 대접해 줬다고 해서 기뻐하거나, 단지 공짜라는 이유로 관심도 없는 파티에 출석하거나 하지는 않는가.

만일 당신이 사랑하는 친구나 연인이나 가족과 함께 지내는 시간, 또는 자기가 정말로 좋아하는 일을 하는 시간까지 희생하면서 '이득'이 되는 일에 참가하고 있다면, 사물의 가치를 전혀 모른다는 소리를 들어도 어쩔 수 없을 것이다.

7 남의 고통에 공감한다는 이에게는 요주의

누구든 친구의 고통에 공감하는 것은 할 수 있지만
성공에 공감하려면 매우 뛰어난 자질이 필요하다.

Anybody can sympathise with the sufferings of a friend, but it requires a very fine nature to sympathise with a friend's success. (*The Soul of Man under Socialism*)

예로부터 남의 불행은 깨소금 맛이라고 했다. 인간은 때때로 자신을 남보다 우위에 두고 안도감을 느끼려고 한다.

처음부터 그렇게 생각하고 있으면 당신이 성공했을 때, 당신 가족에게 경사스러운 일이 있을 때 친구가 축복해 주지 않더라도 속상할 일은 없을 것이다. 당신이 성공했을 때 친구가 진심으로 기뻐해 주는가? 그로써 상대가 허물없이 사귈 수 있는 친구인지의 여부가 결정된다.

반대로 당신이 괴롭고 힘들 때에만 손을 내밀어 주는 친구에게는 주의해라. 물론 그것은 고마운 일이고 실제로 도움이 될 수도 있다. 그러나 내심 그는 당신을 깔보고 있을지도 모른다. 마찬가지로 당신도 무의식적으로 '나보다 불쌍한 사람' '은근히 우월감을 느낄 수 있는 상대'와 함께 있는 일은 없을까. 그렇다고 자책할 필요는 없다. 다만 당신은 스스로 생각하는 만큼 인격자도 아니고 타인에게 호감을 주는 인간도 아니며, 더구나 인간성이 훌륭한 것도 아니라는 사실을 깨달으면 된다.

8 성인에게는 과거가, 죄인에게는 미래가 있다

성인과 죄인의 유일한 차이는
모든 성인에게는 과거가 있고
모든 죄인에게는 미래가 있다는 것.

The only difference between the saint and the sinner is that every saint has a past, and every sinner has a future. (*A Woman of No Importance*)

누가 성인군자 같거든 그 사람의 과거를 의심해 보라. 자선 활동 얘기를 자주 하거나 입버릇처럼 "이 세상과 모든 사람들을 위해 일하겠다"고 말하는 사람이 있지 않은가? 지금 그는 훌륭한 사람으로 보일지도 모르지만 실은 과거의 죄를 씻고 있을 뿐이다.

틀림없이 그는 약자를 이용하면서 이기적으로 살아왔을 것이다. 그대로 죽는 것이 두려워져서 성인인 척하고 있을 뿐이다. 자기가 기부한 것을 기록해 달라고 하는 인간은 바로 그런 인간일 것이다. 나이가 들어 겁이 많아졌기 때문에 이제까지 지은 죄를 그냥 눈감아 달라고 세간에 아부하는 것이다.

정말로 덕이 있는 사람은 아무도 모르게 은밀히 기부한다.

그러면 죄인에게는 무엇이 있는가. 그에게는 미래가 있다. 죄는 이제 충분히 범했으니 앞으로는 달라질 일만 남았다. 그렇게 생각하면 죄인이나 성인이나 별 차이가 없다.

9 현자는 남의 말을 듣지 않는다, 바보는 입을 열지 않는다

현자는 결코 남의 말을 듣지 않는다.
바보는 절대로 말을 하지 않는다.

The clever people never listen, and the stupid people never talk. (*A Woman of No Importance*)

현자란 대체로 남의 말을 듣는 척하고 있을 뿐이다. 당신 이야기를 귀 기울여 듣고 있다고 생각하면 큰 착각이다. 그는 매우 능숙하게 듣는 척하고 있는 것이다.

남이 하는 이야기는 대개 당신을 병들게 한다는 것을 알고 있는가. 남의 이야기를 잘 들으라고 말들을 하는데, 그런 말을 하는 사람의 이야기가 정말로 들을 만한 것인지 생각해 보기 바란다.

남의 이야기를 안 듣는다고 주의를 받으면 자신은 현명한 것이라고 생각하자. 한편 어리석은 사람은 입을 열지 않는다. 어쩌면 침묵은 금이라서 그러는지도 모른다. 그러나 실제로는 단지 아무 의견이 없기 때문에, 생각이 없기 때문에 입을 열지 않는 경우가 많다. 무거운 분위기를 자아내면서 실은 졸고 있을 수도 있다.

물론 현명함과 행복은 별개임을 잊어서는 안 된다.

10 식사를 소홀히 하다니 어리석기 짝이 없다

나는 식사에 대해서 진지하게 생각하지 않는 사람을 싫어한다.
그들은 얄팍한 인간일 경우가 많다.

I hate people who are not serious about meals. It is so shallow of them. (*The Importance of Being Earnest*)

"You are what you eat."
이런 말이 있듯이 식사는 매우 중요하다. 평소에 가장 진지하게 생각해야 할 문제는 당신의 일도, 가족도, 세계평화도, 정치도, 자금운용도 아니다. 오늘 무엇을 먹느냐가 제일 중요하다.
인간은 먹지 않으면 살 수 없기 때문이다.
삶의 가장 중요한 일에 대해 진지하게 생각하지도 않으면서 다른 문제를 생각할 수는 없는 것이다.

11 서로를 칭찬하는 예술가는 엉터리 예술가

엉터리 예술가는
언제나 서로 칭찬한다.

Bad artists always admire each other's work. (*The Critic as Artist*)

서로 대단하다면서 칭찬하는 사람들을 살펴보자. 그들은 대개 일을 잘 못하는 사람들이다. 자기 일에 대해 비판받기 싫어서 상대를 우선 칭찬하는 것이다.
정말로 자신이 있는 사람은 무책임한 비판도 하지 않을뿐더러 무턱대고 찬양하지도 않는다. 서로 인정하는 것과 서로 칭찬하는 것은 전혀 다르다.

12 진정으로 매력적인 사람들은 두 종류뿐

진정으로 매력적인 사람들은 두 종류밖에 없다.
모든 것을 알고 있는 사람들과
전혀 무지한 사람들.

There are only two kinds of people who are really fascinating—people who know absolutely everything, and people who know absolutely nothing. (*The Picture of Dorian Gray*)

어중간한 지식을 내세우는 사람은 의심스럽다. 그런 사람과 교류하면 기운만 빠지니 그만두는 편이 낫다. 오히려 자기는 아무것도 모른다고 말하는 사람이 실은 대단히 현명하다. 적어도 삶의 지혜는 다 갖추고 있다. 가장 현명한 사람은 무엇이건 다 알고 있으면서도 모르는 척할 수 있는 사람일 것이다.

본디 사람이 무엇이건 다 알 수는 없으므로 아예 무지한 쪽이 차라리 낫다. "나는 아무것도 몰라." 이렇게 말하는 사람과 친구가 돼라. 그런 사람은 진정한 의미에서 뭐든지 다 알고 있을 가능성이 높기 때문에 교제를 해도 즐거울 것이다.

13 심각한 사람을 피하라

런던에는 안개가 지나치게 많고
―또한 심각한 사람도 많다.

London is too full of fogs and ― and serious people. (*Lady Windermere's Fan*)

심각한 사람은 대체로 어둡다. 같이 있으면 이쪽까지 마음이 무겁고 답답해진다. 무슨 말만 하면 바로 "하지만 그것은……" 하면서 도덕 교과서에나 나올 법한 말로 분위기를 깬다.

그런 사람과 누가 친구가 되겠다고 할까. 그는 당신의 창조력을 빼앗고 발목을 잡을 뿐이다.

14 친구는 얼굴로 고르자

나는 친구는 외모로 고르고, 지인은 성격으로 고른다.

I choose my friends for their good looks, my acquaintances for their good characters. (*The Picture of Dorian Gray*)

성격 좋은 사람, 믿을 만한 사람을 친구로 삼으려고 하는 것이 문제다. 얼굴로 고르면 괜히 배신감을 느낄 필요도 없고, 무슨 일이 있어도 '외모로 골랐으니까 어쩔 수 없다'고 생각할 수 있다. 그냥 얼굴이 잘났으면 그만이라고 생각하고 인간관계에는 적당히 신경쓰는 편이 좋다.

제3장 남과 여

1 사랑하지만 않으면 행복하게 지낼 수 있다

사랑하지만 않는다면
사내는 어떤 여인과 있어도 행복하다.

A man can be happy with any woman, as long as he does not love her. (*The Picture of Dorian Gray*)

사랑하기 때문에 행복해질 수 있다, 행복을 위해 사랑은 필요하다, 그런 말들을 많이 하는데 정말로 그럴까. 사랑하기 때문에 기대도 높아지고, 마음이 아프고, 감정이 뒤흔들리게 되는 것이다. 상대를 사랑하지 않으면 무슨 일이 있어도 마음에 걸리지 않고 빈말을 마치 진심인 것처럼 말할 수도 있다.

바람을 피운 여자를 이해하는 너그러운 사내인 체하기도 쉽다. 질투나 불안에서 해방되고, 매일 평안한 마음으로 자유롭고 행복하게 지낼 수 있는 것이다. 여자가 잔소리를 해도, 당신을 아무리 비난해도 책임을 느끼는 일은 없다. 그녀가 줄줄이 늘어놓는 이야기를 적당히 흘려듣고, 그녀가 기뻐할 만한 순간에 "그래 맞아, 당신 말이 옳아" 하고 맞장구쳐서 무사히 그 상황을 넘길 수 있다.

단, 당신이 그것을 행복이라고 진심으로 생각한다면 그렇다는 것이다.

2 여자에게는 사랑하는 척, 사내에게는 지겨워하는 척

여자에게는 사랑하는 척 말을 걸면 된다.

그리고 사내에게는 지겨워하는 척하면 된다.

Talk to every woman as if you loved her,
and to every man as if he bored you.(*A Woman of No Importance*)

여자는 무조건 사랑받고 싶어한다. 그러므로 호감을 사기 위해서는 사랑하고 있는 척 말을 걸면 된다. 그녀가 하는 말을 진지하게 듣고 있는 것처럼 눈을 똑바로 바라보고 힘들었던 이야기에는 "정말 힘들었겠군요, 이제 괜찮습니다" 등등 위로의 말을 하면 그녀는 당신에게 호의를 품을 것이다.

반대로 사내에게는 시큰둥한 얼굴로 대하는 것이 좋다. 상대를 정말 재미없는 사람이라고 생각하는 것처럼. 특히 스스로 재미있는 사람이라고 자부하는 사내가 농담을 할 때는 흥미 없는 표정으로 응대하자. 그는 당신을 웃기려고 열을 올리게 될 것이다. 이제 그의 농담이 정말로 재미있다면 마음껏 웃어 주면 된다.

3 실제 나이를 말하는 여자는 비밀을 지키지 못한다

실제 나이를 가르쳐주는 여성은 믿으면 안 된다.
나이를 말해 버리는 여성은
무엇이건 말해 버리기 때문이다.

One should never trust a woman who tells one her real age. A woman who would tell one that, would tell one anything.(*A Woman of No Importance*)

묻지도 않았는데 자진해서 자신의 실제 나이를 말해 버리는 여성에게는 비밀로 하고픈 일은 말하지 않는 것이 좋다. 그녀에게 비밀을 말할 때에는 오직 널리 퍼뜨리고 싶은 비밀이나 꾸며 낸 이야기만 말하자.

반면에 사내건 여자건 나이를 고집스럽게 숨기는 인간은 비밀은 지킬 수 있을지 모르지만 개인적으로 깊이 사귈 만한 사람은 아닐 가능성이 높다.

공연히 애태우면서 몇 살로 보이냐고 능청을 떠는 여성하고는 사귀지 않는 것이 좋다.

4 세련되지 않은 사내일수록 일에 대한 이야기를 하려고 한다

자기 사업에 대해 이야기하는 것은
대단히 세련되지 못한 행동이다.
오직 주식중매인 같은 사람들만이 그런 짓을 한다.

It is very vulgar to talk about one's business.
Only people like stockbrokers do that.(*The Importance of Being Earnest*)

여자에게 사업 이야기를 했다가 상대가 듣기 싫다면서 가 버린 적은 없는지. 친구가 실소를 지은 적은 없는지. 당신은 열심히 일한 자신을 남이 인정해 주길 바라는지도 모르고, 당신에게는 그게 즐거운 일일지도 모르지만 상대는 전혀 흥미가 없을 수도 있다.
생일파티에서 자신의 명함을 돌리는 아이가 있다면 어떨까. 이보다 우스꽝스러운 일은 없다. 세련되지 못한 사내로 치부되길 원하지 않는다면 때와 장소를 가리는 것이 좋다. 잘난 척하려다가 단순한 어릿광대가 되어 버릴지도 모른다는 점을 잊지 말자.

5 여자는 바라보는 것, 사내는 이해하는 것

여자는 그림. 사내는 문제.

Women are pictures. Men are problems.(*A Woman of No Importance*)

여자는 그냥 바라보고 감상하면 된다. 보여 주기 위해 존재한다고 해도 지나친 말은 아니다. 여자에게는 자기가 그림이 될 수 있을지 없을지의 여부가 가장 중요하다. 누가 꼬치꼬치 따지거나 문제점을 지적하면 여자는 귀찮아할 뿐이다. 그저 날 똑바로 바라봐요, 그것만이 여성의 소망이기 때문이다.

사내들은 알 수 없는 복잡한 구조로 되어 있으므로 어중간하게 분석해 봤자 여자는 성가셔할 따름이다. 부디 "왜 그렇죠?" 같은 질문은 하지 않는 편이 신상에 좋을 것이다.

반대로 사내는 자기를 이해해 달라, 분석해 달라는 생물이다. 자기는 이해하기 어려운 인간이요, 복잡한 인간이라고 믿고 싶어한다. 따라서 사내를 대할 때는 "당신은 쌀쌀해 보이지만 실은 쓸쓸한 사람이군요" 하면서 이해하고 분석해 주면 된다.

6 눈물은 미인이 아닌 사람을 위한 것

우는 것은 미인이 아닌 여인에게는 피난처이지만
미녀에게는 타락이다.

Crying is the refuge of plain women but the ruin of pretty ones. (*Lady Windermere's Fan*)

눈물짓는 미인이 아름답다는 것은 큰 착각이다. 우는 당신 자신도, 그리고 당신을 울린 사내도 둘 다 나쁜 사람일 뿐이다. 미인에게 눈물은 전혀 어울리지 않기 때문이다. 특권과 무기를 남용하고 있는 여자의 어디가 아름답다는 말인가. 눈물을 무기로 사용하는 순간, 당신은 추악한 여자가 된다는 것을 잊지 말도록. 그러나 미인이 아닌 사람이 우는 것은 보기에도 괜찮고 때로는 그 덕택에 새로운 사랑이 싹트기도 한다. 그러니 얼마든지 눈물을 무기로 써도 된다.

객관적으로 아름다운지의 여부는 문제가 아니다. 자기가 미인이라고 생각한다면 쉽게 눈물에 의존해서는 안 된다는 얘기다. 여자는 웃기 위해 태어났으니까.

7 멋진 여자에게는 과거가 있다

과거가 있는 여성 같다.

예쁜 여성은 대개 그렇지만.

She looks like a woman with a past. Most pretty women do. (*An Ideal Husband*)

순진무구한 여자가 좋다고 말하는 사내의 파트너를 한번 살펴보라. 대개 빈말이라도 멋진 여자라고는 말할 수 없는 여성일 것이다. 멋진 여자는 사내가 내버려 두지 않는다. 과거가 있는 것이 당연하다. 여자의 과거가 아무래도 신경 쓰이는 쩨쩨한 사내는 멋진 여자와 사귀기를 깨끗이 단념하고 속 편하게 보잘것없는 여자를 택하면 된다.
반면에 여자의 과거를 문제시하지 않는 사내는 친구이건, 연인이나 남편이건 여자에게는 매우 소중한 남성이다. 사람을 있는 그대로 사랑할 수 있는 관대하고 어른스러운 남성으로 생각해도 틀림없을 것이다.

8 사내는 성장하지 않는다

사내는 점점 늙지만 결코 나아지지는 않는다.

Men become old, but they never become good. (*Lady Windermere's Fan*)

사내는 단지 세월 따라 나이를 먹을 뿐, 결코 더 나은 사람으로 성장하지는 않는다. 언젠가 바뀌지 않을까, 조금만 더 있으면 성장하지 않을까, 그렇게 기대하는 것은 자유지만 어차피 헛수고이다. 애초에 지금보다 나아지길 바라면서 상대에게 기대를 거는 것은 당신 자유지만, 이는 상대의 현재 모습을 부정하는 셈이다.
상대가 점점 나아지는 듯이 보인다면 그것은 상대가 당신과 잘 지내는 요령을 터득한 것일 뿐, 본질적으로 바뀐 것은 결코 아니다.
이 점을 잘 알고서 관계를 즐길 수 있다면 행복할 것이다.

9 순수한 여성은 기억상실

여성에게 기억력 따윈 없는 편이 낫다.
여성에게 있어서의 기억은 볼품없는 꼴을 낳는다.

No woman should have a memory.
Memory in a woman is the beginning of dowdiness. (*A Woman of No Importance*)

여자는 기억 따위는 없는 편이 낫다. 기억이 있으면 과거로 거슬러 올라가 그때는 그랬다는 둥, 이랬다는 둥, 불행을 자랑하게 되기 때문이다. 또는 자신의 과거를 애써 포장하고 현재의 불행을 탄식해 분위기를 깨뜨려 버린다.

본디 순수한 여성은 과거를 모두 흘려보내고 아, 그랬었나, 잊어버렸어, 하면서 자신에게 불리한 일은 없었던 일로 해 버릴 줄 안다. 특히 아는 것을 모르는 척할 수 있다. 잊을 수 있는 여성은 소중하게 여기는 것이 좋으리라.

10 여자는 사내가 위대한 일을 하려고 하면 방해한다

어느 순수한 프랑스 사내 말에 따르면, 여자란
사내에게 걸작을 낳을 만한 영감을 주지만
막상 작업을 시작하려고 하면 반드시 방해한다.

Women, as some witty Frenchman once put it, inspire us with the desire to do masterpieces, and always prevent us from carrying them out. (*The Picture of Dorian Gray*)

사랑하는 여성이 있으면 사내는 무엇이건 할 수 있다는 기분이 들 것이다. 이 여자를 행복하게 해 주기 위해서라도 가장 훌륭한 일을 해내야겠다고 생각할 것이다. 그러나 여자는 사내가 자기를 공주님처럼 떠받들어 주길 원한다. 그래서 사내가 막상 위대한 일을 하려고 하면 나를 보라고 하면서 방해

한다. "일과 나 중에서 뭐가 더 중요해요?"

그런 골치 아픈 문제는 딱 질색이라고 느끼는 사람은 처음부터 여자와 얽히지 않는 편이 낫다. 상대인 여성은 말할 것도 없고 자신까지도 불행해질 뿐이다. 그 결과 당신은 위대한 사업을 성취하지 못할 뿐만 아니라 소중한 여성을 잃게 되기 때문이다.

11 여자에게 유머는 필요치 않다

여자의 유머 센스만큼
연애를 망치는 것은 없다.

Nothing spoils a romance so much as a sense of humour in the woman. (*A Woman of No Importance*)

본디 유머란 사내에게나 어울리는 것이라고 생각하면 된다. 농담이 통하지 않는 여자하고 사귀는 편이 연애가 더 오래 지속된다. 혹시 그대가 유머를 이해하는 여성이라면 좋아하는 사내 앞에서는 모르는 척하는 것이 좋다.

12 이상적인 사내는 아이를 다루듯이 여자를 대한다

이상적인 사내란
마치 여신에게 이야기하듯이 우리에게 말을 걸고
아이처럼 다루어 주는 사람.

The Ideal Man should talk to us as if we were goddesses, and treat us as if we were children. (*A Woman of No Importance*)

인기가 있는 사내, 남녀관계가 행복한 사내, 여자 동료로부터 존경을 받고 있는 사내를 잘 관찰해 보라. 그가 여성에게 말을 걸 때에는 결코 경의를 잃지 않고 마치 여신에게 말을 걸듯이 언제나 경어를 쓴다는 것을 깨닫게 될 것이다.

그리고 여성을 대할 때에는 아무것도 못하는 어린애 돌보듯이 이것저것 돌봐 준다. 별일 없어도 괜찮아요? 춥지 않아요? 하면서 코트를 입혀 주고, 음식을 나눠 담는 일쯤은 당연한 일처럼 해준다. 만일 당신 앞에서 어린애처럼 행동하는 여성이 있다면 당신은 그녀에게 이상적인 좋은 사내라는 뜻이다.

13 연애는 이성으로 시작되고 위자료로 끝난다

연애는 감상으로 시작되어서는 안 된다.
이성(理性)으로 시작되어 위자료로 끝나야 한다.

Romance should never begin with sentiment.
It should begin with science and end with a settlement. (*An Ideal Husband*)

연애란 기본적으로 감정이 아닌 이성으로 시작되는 것이다.

사내나 여자나 누구를 좋아한다고 말하면서 "좋아해도 괜찮은 사람인가"를 먼저 탐색한다. 한눈에 반했다고 말하면서 속으로는 냉철하게 계산하고 있는 것이다. 그런 다음 사랑에 빠졌다느니 하면서 최고의 연애라고 유난을 떤다.

그렇기 때문에 마지막에도 이성적으로 위자료 형태로 끝나는 경우가 많다.

제4장 인생

1 남에게서 배운 것은 가치가 없다

알 가치가 있는 것 중에서 남에게 배울 수 있는 것은 없다.

Nothing that is worth knowing can be taught. (*The Critic as Artist*)

모르는 것을 남에게 배우고자 가르침을 청하는 마음가짐은 물론 바람직하고 겸허한 마음이다. 그러나 남에게 배운 것은 실은 아무런 가치도 없다. 스스로 체험한 것, 배운 것, 느낀 것 이외에 그 무엇이 가치가 있겠는가.
　스승은 단지 그가 배운 지식을 제시할 뿐, 상대를 가르치지는 않는다. 만일 당신 주위에 무언가를 가르치려 드는 사람이 있다면 바로 그 자리를 떠나는 것이 좋다. 뛰어난 스승은 어디까지나 하나의 사고방식, 방법을 보여 줄 뿐이지 그것을 남에게 가르치는 어리석은 짓은 절대로 하지 않는다.

2 성장하자는 것은 웃기는 소리

혼은 늙어서 태어나 점점 젊어진다.
이것이 인생의 희극이다.

The soul is born old but grows young. That is the comedy of life. (*A Woman of No Importance*)

성장이니 진보니 쉽게들 말하는데 애초에 그런 것은 불가능하다. 우스꽝스럽게도 무언가를 알면 알수록, 경험을 쌓으면 쌓을수록, 인간은 퇴화할 뿐이기 때문이다. 그리고 죽음을 향해 늙어 갈 뿐이기 때문이다.

"좀 어른스러워질 수는 없냐"고 잔소리하는 사람이 있으면 쏜살같이 도망쳐라. 틀림없이 그 사람은 당신을 부러워하고 있을 뿐이다. 그는 자신이 이렇게 뒤틀리면서 살아올 수밖에 없었다는 슬픈 사실을 정당화하고 싶은 것이다. "아직 어리구나." 이것이야말로 최고의 칭찬이다.

3 원하는 것을 손에 넣는 것은 비극

이 세상에는 두 가지 비극밖에 없다.
원하는 것을 손에 넣지 못하는 것과
원하는 것을 손에 넣는 것.

In this world there are only two tragedies. One is not getting what one wants, and the other is getting it. (*Lady Windermere's Fan*)

저것을 갖고 싶다, 이것을 갖고 싶다고 생각하는 동안에는 마음이 평온할 길이 없다. 원하는 것을 손에 넣으려고 애쓰는 동안에는 괴로울 것이다. 그러나 그것을 손에 넣는 것이 정말로 행복한 일일까.

손에 넣어도, 손에 넣지 않아도 어차피 비극적인 인생임에는 변함이 없다. 애당초 무언가를 손에 넣고 싶다고 간절히 바라는 시점에서 당신의 불행은 시작되는 것이다.

욕망하는 감정 그 자체가, 또 궁극적으로는 삶 그 자체가 어차피 비극임을 알고 처음부터 달관하고 있으면 특별히 고뇌할 일도 없을 것이다.

4 인간은 모두 밑바닥에 있다

우리는 모두 밑바닥에 있는데
그중에 별을 바라보고 있는 자도 있다.

We are all in the gutter, but some of us are looking at the stars. (*Lady*

Windermere's Fan)

사람은 누구나 별 차이가 없다. 태어날 때부터 시시각각 죽음으로 다가가고 있다는 점에서는 다 똑같다. 200세까지 살 수 있는 인간은 하나도 없다. 우주 차원에서 본다면 당신과 이웃 사이에 무슨 차이가 있을까. 누가 산소 없이도 살 수 있겠는가. 지구인이라는 것은 다 같지 않은가.

당신이 누군가에게 하찮은 우월감이나 열등감을 느꼈다면 상기해보는 것이 좋으리라. 그 사람이나 나나 오십보백보라는 것을.

만일 당신 주위에 남을 무시하는 인간이 있다 해도 당신은 아무런 열등감도 느낄 필요가 없다. 다만 딱하다고 미소를 지으면서 그 사람과의 교제를 끊으면 된다.

5 기만당하는 기쁨

삶의 비결은 한껏 기만당하는 기쁨을 맛보는 것

The secret of life is to appreciate the pleasure of being terribly, terribly deceived. (*A Woman of No Importance*)

속고 싶지 않다, 뭐든지 잘하고 싶다, 이런 시시한 문제로 골치를 썩이고 있으면 당신은 불행해질 것이다.

인간은 어딘가에서 반드시 속아 넘어간다. 속는 것이 싫다면 사회생활을 단념하는 수밖에 방법이 없다. 신뢰하고 있는 당신의 배우자나 가족, 오랜 친구가 하는 이야기도 그들이 정말로 의도한 것과 당신이 받아들인 내용은 크게 차이 나는 경우도 많을 것이다. 그렇다면 깊이 생각할 것 없이 말 그대로 받아들여 "그래, 그 말이 맞아" 하면서 곧이곧대로 믿는 것이 즐겁지 않을까.

얄팍한 계산이나, 주위 사람을 앞지르려는 시시한 발상을 하기 때문에 속는 것이다. 그런 생각은 버리고서 남에게 한껏 속아 주고, 불편한 일은 모두 눈감아 준다면 행복한 인생을 보낼 수 있을 것이다.

6 인생은 불공평한 것이 최고

인생은 결코 공평하지 않다.
그것이 우리한테는 좋은 일 아닌가.

Life is never fair. And perhaps it is a good thing for most of us that it is not. (*An Ideal Husband*)

뭔가 불공평하다는 기분이 들거든 한번 생각해 보기 바란다. 당신이 정말로 공평함을 바라고 있는지를. 아니면 당신에게 좋지 않은 일이 생겼을 때만 그렇게 생각하고 있는 것은 아닐까.

당신이 태어나면서부터 부자거나, 아름답거나, 또는 발이 빠르거나 하다는 이유로 남몰래 우월감에 젖어 있지 않은가?

당신은 결코 공평하길 바란다고 생각하지는 않을 것이다.

7 노인과 중년의 말에는 귀를 기울이지 않는다

노인은 모든 것을 믿고, 중년은 모든 것을 의심하고
젊은이는 모든 것을 알고 있다.

The old believe everything : the middle—aged suspect everything : the young know everything. (*Phrases and Philosophies for the Use of the Young*)

저놈은 머리에 피도 안 말라서 아무것도 모른다. 그런 말을 들은 적이 없는가? 그런 말을 하는 사람은 대개 중년이 아닐까. 중년은 어중간하기 때문에 무엇이건 의심해 버린다. 반대로 노인은 무엇이건 체념해서 이제는 뭐든지 믿어 버린다.

젊은이는 쓸데없는 지식 없이 장래를 똑바로 바라보고 있기 때문에 실은 모든 것을 알고 있다. 당신은 젊은이의 말에 귀를 기울여야 한다.

8 취향이 훌륭하면 어떤 인생이건 용서가 된다

당신은 정말로 취향이 훌륭하군요.
그래서 그렇게 엉망진창으로 살아도
용서해 주는 거예요.

You have wonderfully good taste, Ernest. It's the excuse I've always given for your leading such a bad life. (*The Importance of Being Earnest*)

취향만 훌륭하면 무엇이건 용서가 된다. 취향이 훌륭하다는 말을 듣는 사람이 되기란 사실 무엇보다도 어렵다. 취향이 훌륭하다는 것은 사치가 몸에 배어 있다는 뜻이다. 끊임없이 자기계발을 하고 쓸데없어 보이는 지출을 하고 시간낭비처럼 보이는 시간을 보내지 않으면 결코 취향이 훌륭한 사람이 될 수 없기 때문이다.

만일 당신이 "그것은 해 봤자 소용없는 일"이라느니 "그게 무슨 의미가 있냐"느니 하는 사람이라면 취향이 훌륭한 사람과는 거리가 먼 셈이다. 목적이 있다는 것 자체가 순수하지 않은 것이다.

9 누구의 입에도 오르내리지 않게 되면 끝장

남의 입에 오르내리는 것보다 나쁜 일은 단 하나,
그것은 남의 입에 오르내리지 않게 되는 것.

There is only one thing in the world worse than being talked about, and that is not being talked about. (*The Picture of Dorian Gray*)

남들이 자기에 대해 이러쿵저러쿵하는 말은 듣고 싶지 않다고 생각할지도 모른다. 하지만 그것은 애초에 불가능한 이야기다. 당신이 자진해서 소문날 행동을 한 결과가 소문이 되기 때문이다.

정말로 소문나는 것이 싫다면 무인도는 아니라도 최소한 산속에 들어가서 남몰래 혼자 지내거나, 아무와도 연락하지 않고 한곳에 틀어박혀 생활하면 된다. 그렇게 되면 끝장이라고 생각하고 있기 때문에 당신은 사람들과 관계를 맺고, 자기 이야기를 남에게 하고, 파티에도 나가는 것이다.

그러니 당신에 대해 어떤 소문이 돌건 불평해 봤자 소용없다. 그것은 당신 스스로 바라고 있는 것이니까. 그리고 나쁜 소문만 당신에게 가져다주는 사람하고는 헤어지면 되는 것이 아닌가.

10 어리석은 일은 고상한 동기에서 비롯된다

사람이 정말로 어리석은 일을 할 때에는
언제나 대단히 고상한 동기에서 출발한다.

Whenever a man does a thoroughly stupid thing, it is always from the noblest motives. (*The Picture of Dorian Gray*)

저 사람은 바보가 아닐까, 상식에 어긋나는 행동을 하고 있지 않은가. 이렇게 보이는 사람이 실은 고상한 마음에서 행동하고 있을 때가 많다. 세계평화를 위한다거나 약자를 구한다는 식의 대의명분, 이른바 노블리스 오블리제(봉사정신)의 마음에서 출발한 경우가 의외로 많은 것이다.

그러므로 당신이 정열을 불태우면서 무슨 행동을 하려고 할 때 두려워할 필요는 없다. 주위 사람들은 당신의 깊은 뜻을 깨닫지 못하고 있을 뿐이기 때문이다. 물론 단순한 자아도취(自我陶醉)라면 이야기는 달라지겠지만.

11 정열이란 아무 일도 하지 않아도 되는 사람들의 특권

뜨거운 정열은 할 일이 전혀 없는 사람들의 특권

A grande passion is the privilege of people who have nothing to do. (*The Picture of Dorian Gray*)

정열적으로 살고 싶다, 내 인생은 허무하다, 문득 이런 생각이 들지도 모른다. 때로는 내가 도대체 무엇을 하고 있는지 불안해질지도 모른다. 하지만 그럴 필요가 전혀 없다.

당신 주위에 있는 정열적인 사람들은 자진해서 멋대로 뜨겁게 살고 있는 데 지나지 않는다. 그렇게 하지 않으면 미칠 것만 같거나, 달리 할 일이 없을 뿐이다.

평온하고 무난하게 살아가는 것. 이것이야말로 천재도 아니고, 아무 일도 하지 않아도 되는 특권층 사람도 아닌 평범한 우리들이 살아가는 방식이라고 생각하면 마음도 한결 편하지 않을까.

12 야심은 패자의 발상

야심이란 패자의 마지막 도피처이다.

Ambition is the last refuge of the failure. (*Phrases and Philosophies for the Use of the Young*)

"야심을 가져라, 야심가가 되어라." 이런 말을 하는 사람은 콤플렉스 덩어리가 아닌지 스스로 의심해 보면 좋을 것이다.

만족스런 인생을 살아온 사람은 야심과는 거리가 멀다. 실패가 이어지고 인생이 순탄치 않다고 생각하면 누구라도 희망을 가지고 싶을 것이다. 그럴 때 야심이란 말로 도피하면 안전하다. 어쩔 수 없을 때에는 야심이란 말을 방패로 삼으면 되니까. 그러면 주위 사람들도 이해하고 당신을 따뜻하게 지켜봐 줄 것이다.

"저 사람은 야심가란 말이지." 이렇게 말하는 사람이 있거든 상대를 칭찬하는 건지 비꼬는 건지 잘 판단하자.

13 출신이 좋은 것은 커다란 결점

출신이 좋다는 것은 요즘 세상에선 커다란 결점이 된다.

많은 가능성에서 배제되고 마니까.

To have been well brought up is a great drawback nowadays.
It shuts one out from so much. (*A Woman of No Importance*)

"출신이 좋군요." 이런 말을 들으면 결코 기뻐할 수만은 없다. 그것은 칭찬이 아니라 무시하는 말, 또는 세상물정 모르는 멍청이라고 빈정거리는 말 가운데 어느 한쪽으로 생각하는 것이 좋다.

당신이 누군가를 보고 출신이 좋다고 생각해서 콤플렉스를 느끼고 있다면 그럴 필요는 없다. 이른바 '출신이 좋은 사람'은 대개 많은 일들을 잘 모르고 있다. 대체로 보통 사람과는 다른 감각을 지니고 있는데, 이것이 매력이긴 하지만 그 때문에 할 수 있는 일은 극히 한정되어 있다.

14 나이가 들면 돈이 전부다

요즘 젊은이는 돈이 전부일 거라고 상상한다.
그리고 나이가 들면 그것이 사실임을 알게 된다.

Young people, nowadays, imagine that money is everything,
and when they grow older they know it. (*The Picture of Dorian Gray*)

젊은이는 "돈이 전부"라고 딱 잘라 말하는데, 사실 그런 생각은 조금도 하지 않고 있다. 매일 좋아하는 여자나 남자와 함께 있으면 즐겁고, 장래에 대해서 친구들과 이야기를 나눌 수 있으면 그것으로 충분하다. 사실 돈이 전부라고 말하고 다니는 동안은 대단히 행복한 것이다.

중년이 되면 이제 생각이 바뀐다. "돈도 중요한데 돈이 전부는 아니다." 그것은 웬만한 일은 돈으로 해결할 수 있다는 것을 체험해 알고 있기 때문이다. 그리고 자기는 어쩌면 충분한 돈을 손에 넣지 못할지도 모른다고 불안을 느끼고 있기 때문이다.

결국 나이가 들면 이렇게 말하게 된다. "돈이 전부가 아니다." 그것은 돈이 전부다, 생명도 돈으로 살 수 있다는 것을 뼈저리게 알고 있기 때문에 하는 말이다.

15 대단한 경험이란 한 번만 해도 횡재한 것

우리는 기껏해야 평생에 한 번 굉장한 경험을 한다.
인생의 비결은 그 경험을 가능한 몇 번이고 재현하는 데 있다.

We can have in life but one great experience at best, and the secret of life is to reproduce that experience as often as possible. (*The Picture of Dorian Gray*)

강렬한 체험을 하고 싶다, 세기의 연애를 하고 싶다, 누구나 부러워할 만큼 멋진 여행을 하고 싶다, 등등……. 이런 꿈을 꾸어도 어쩔 수 없다. 인생 최고의 경험은 기껏해야 한 번 하면 횡재한 것이다.
왜 연애소설을 읽는가. 자기 인생에는 소설에서 일어나는 것과 같은 극적인 사건 따위는 없다는 것을 알고 있기 때문이다. 애초에 지금 죽지 않고 살아 있는 것도 충분히 기적적인 일이다. 그렇게 생각하면 친구가 꽃가마를 타건 출세를 하건, 그렇게 대단해 보이는 사건에 마음이 산란해질 필요는 전혀 없는 셈이다.

제5장 도덕

1 시간엄수는 금물

시간엄수는 시간낭비.

Punctuality is the thief of time. (*The Picture of Dorian Gray*)

시간엄수란 상대의 시간도, 자기의 시간까지도 빼앗게 되는 것이다. 당신이 20분 늦으면 상대에게는 그만큼 사적인 자기 시간이 생긴다. 당신 자신은 또 어떤가. 시간엄수에 얽매인 나머지 자기 시간을 희생하고 있지는 않은가. 애초에 정말로 시간약속을 철저히 지켜야 하는 일인지도 다시 생각해 보면 좋을 것이다. 그것은 당신이 가지 않아도 아무 문제 없는 모임이거나, 결코 정해진 시간에 시작되는 일이 없는 파티일지도 모른다.

시간을 엄수해 혼자서 오도카니 기다리다 보면 귀중한 시간뿐만 아니라 마음까지 낭비하게 된다. 그래서 결국은 남과 즐겁게 어울릴 수 없게 되어 타인까지 불쾌하게 만들고 만다.

2 욕설은 단순한 트집이다

사교계를 욕하지 말자.
그 곳에 끼지 못하는 사람이 하는 짓이다.

Never speak disrespectfully of Society.
Only people who can't get into it do that. (*The Importance of Being Earnest*)

욕설은 말하는 사람 자신의 열등감이나 불안감이 표출된 것이다. 비단 사교계뿐만이 아니라 특정 집단, 직업, 상황, 성별에 속하는 사람을 욕하는 일은 없을까. 이를테면 "이래서 여자는……" "하여간 온실 속 화초들이란……" 등등, 그렇게 생각하거나 말한다면 아마도 당신은 그 사람들에 대해서 콤플렉스나 열등감을 느끼고 있는 것이리라.

또 무언가를 무시하는 듯한 언동도 마찬가지다. 그런 말을 하지 않을 수 없을 정도로 당신은 무언가에 대해서 주눅이 들어 있을 것이다. 욕설은 자신의 품위를 떨어뜨릴 뿐이므로 하지 말자. 그것은 단지 자신의 콤플렉스를 드러내는 짓일 뿐이고, 아무도 그런 이야기는 듣고 싶어하지 않을 테니까.

당신 자신이나 당신이 속한 집단이 비난받을 때에는 반론하지 말고 웃어넘기는 편이 좋다. 그리고 그 사람들과는 적당히 사귀는 것이 좋을 것이다. 마음에 상처를 입기 전에.

3 상대를 기다리게 하는 것은 훌륭한 행위다

상대가 기다리고 있는 것을 알면서도
가지 않는다는 것은 언제나 멋진 일이다.

It is always nice to be expected, and not to arrive. (*An Ideal Husband*)

상대가 기다리고 있는 것을 알면서도 굳이 가지 않는다는 것은 바람직한 행동이다. 그래서 두 사람 사이가 틀어진다면 애초에 그 정도밖에 안 되는 인연이었던 것이다.

당신을 정말로 만나고 싶은 사람이나, 당신을 정말 필요로 하는 사람이라면 한두 번 바람맞는다고 해서 당신을 싫어하게 되지는 않을 것이다.

단, 연애나 중요한 인간관계에서 이런 시시한 수법을 썼다가는 모든 것을 잃게 되므로 조심하자.

4 인격자는 미식가(美食家)뿐

맛없는 식사나 형편없는 와인으로 남을 대접하는 인간은
사생활에서 나무랄 데가 없다고 해도
그 허물이 덮이지 않는다.
맛없는 요리로 손님을 대접했을 때에는
어떤 미덕으로도 보상되지 않는다.

It is a very poor consolation to be told that the man who has given one a bad dinner, or poor wine, is irreproachable in his private life. Even the cardinal virtues cannot atone for half—cold entrées. (*The Picture of Dorian Gray*)

맛없는 식사나 와인을 남에게 권하는 사람들 중에 인격자가 있을 리 없다. 유명인이건 지위가 높은 인물이건, 또 아무리 훌륭한 이야기를 하는 사람이건 간에 그 사람이 권하는 와인이 맛이 없으면 그날 밤은 완전히 망치게 된다. 참가자 모두가 인생의 귀중한 시간을 낭비했다고 해도 지나친 말은 아니다. 여기서 고급인지의 여부는 상관이 없는 것이다.
맛있는 음식을 싫어한다는 것은 자기 인생의 소중한 시간과 즐거움을 하수구에 버리면서 살고 있다는 증거가 아니겠는가.
누가 인격자인지 아닌지 궁금할 때는 그가 맛있는 음식을 즐기면서 살고 있는지 살펴보면 된다.

5 도덕을 내세우는 것은 상대를 싫어하기 때문이다

도덕적인 태도는
개인적으로 좋아하지 않는 사람에게 취하는 태도.

Morality is simply the attitude we adopt towards people whom we personally dislike. (*An Ideal Husband*)

"당신은 그런 일을 해서는 안 된다"는 마음으로 누군가를 비판하려고 할 때 그것은 당신이 그 사람을 싫어하기 때문일 것이다. 만일 누군가가 당신에게 "…해야 한다"는 말을 하거나 옳고 그름을 판단하려 든다면 그는 거의 틀림없이 당신을 싫어하고 있을 것이다.

"어떻게 고작 3개월 만에 일을 그만두니." "어떻게 이혼을 하니." "어떻게 친구의 애인을 좋아할 수 있니." 이런 식으로 도덕을 내세우는 사람은 단지 당신이 마음에 들지 않는 것일 뿐이므로 너무 깊게 관여하지 않는 것이 현명하다. 그보다는 "당신이 싫어서 뭘 해도 불쾌하다"고 대놓고 말하는 사람과 인연을 맺고, 당신도 그렇게 대놓고 말해 주는 편이 훨씬 유쾌한 관계를 유지할 수 있을 것이다.

6 남이 주워 갈 바에야 버리지 않는 편이 낫다

남이 주워 갈지도 모른다는 걱정만 없으면
기꺼이 버릴 수 있는 것이 수두룩하다.

There are many things that we would throw away if we were not afraid that others might pick them up. (*The Picture of Dorian Gray*)

왜 닳아서 헤진 옷을 버리지 못하는가. 왜 자기 취향에 맞지 않는 가구를 언제까지나 그냥 놔두는가. 왜 쓰지도 않는 식기를 소중하게 간직하는가. 그것은 자기 말고 다른 누군가의 손에 넘어가는 것이 싫다는 기분이 마음속 어딘가에 있는 것이다.

불필요한 인간관계에 매달리는 것도 이와 똑같다. 단순히 남에게 빼앗기기가 싫은 것이다. 쓰지도 않는데 버리지 못하는 것은 결코 물건을 소중히 여기거나 견실한 것이 아니라, 실은 집착이 강하고 단순히 인색한 것일 때가 많다는 사실을 기억하자.

7 권선징악은 모두 꾸며 낸 이야기

선인이 행복해지고 악인이 불행해지면서 끝난다.
꾸며 낸 이야기란 바로 그런 것이다.

The good ended happily, and the bad unhappily.
That is what Fiction means. (*The Importance of Being Earnest*)

현실에서 선량한 사람이 행복해지고 나쁜 사람이 불행해지면서 끝나는 실례를 본 적이 있는가. 뉴스나 소문으로 들은 적이 있어도 어차피 그것은 다 미화되고 치장된 '꾸며 낸 이야기'에 지나지 않는다.

죄를 범하지 않아도 교묘하게 사람의 마음을 조종해서 남을 함정에 빠뜨리는 인간은 세상에 많이 있다. 차마 그러지 못하는 사람들은 모두 자기가 선량하다고 생각한다. 또 자기가 손해를 보고 있다고는 생각하지 않는다. 소심하고 볼품없는 자기를 인정하고 싶지 않기 때문에 권선징악 이야기를 좋아하는 것이다.

당신이 아무리 선량하고 대인관계도 좋고, 타인의 부탁을 모두 들어준다고 해도 결코 보답받지 못하는 것이 세상의 이치다.

8 도덕은 위선자와 미인이 아닌 사람을 위한 것이다

도덕을 운운하는 사내는 대개 위선자이고
도덕을 운운하는 여자는 예외 없이 미인이 아니다.

A man who moralises is usually a hypocrite, and a woman who moralises is invariably plain. (*Lady Windermere's Fan.*)

무턱대고 도덕을 내세워 남에게 이래라저래라 지시하는 사람을 잘 관찰해 보라. 틀림없이 그 사람은 단순히 욕구불만에 빠져 있는 것이리라. 실제로는 자기가 어떻게 살아가야 할지 모르기 때문에 스스로 '도덕이라고 굳게 믿고 있는 것'에 따라 살아가려고 애쓰는 것이다.

그는 틀림없이 "당신은 훌륭해요, 대단해요" 같은 칭찬을 바라고 있다. 남들이 올바른 자기를 인정해 주길 바라고 있다. 그러면서 자기는 손해를 보고 있다고 생각한다. 하지만 그런 사람은 거의 틀림없이 위선자이다. 막상 자기에게 이로운 일이 생기면 이제까지 내세웠던 도덕쯤은 간단히 내팽개치고 만다.

미인이 아닌 사람도 그렇다. 자기가 미인보다 손해를 본다고 생각하기 때문에 도덕을 내세워, 득을 보고 있는 것 같은 인간을 비판한다. 젊고 아름다운 여성이 인기를 누리면 괜히 짜증을 내거나, '여우 같은 계집애, 일도 못하는 주제에 끼나 부리고 있네' 하면서 비난하는 것이다. 하지만 그런 여성은 막상 자기가 인기를 얻으면 극단적으로 무책임해지거나 아주 방약무인해진다.

9 꿈꾸는 사람은 용서받지 못한다

사회는 종종 죄인을 용서한다.
그러나 결코 꿈꾸는 사람은 용서하지 않는다.

Society often forgives the criminal ; it never forgives the dreamer. (*The Critic as Artist*)

범죄자는 때로는 용서를 받는다. 그러나 꿈꾸는 사람은 결코 용서받지 못한다. 당신이 꿈을 이야기하면 "그건 불가능하다"고 딱 잘라 말하는 사람은 없는지. 나잇살이나 먹어서 그렇게 꿈만 꾸지 말라고, 뭐든지 다 안다는 표정으로 말하는 사람이 당신 주위에도 있을 것이다. 그들은 모두 자신감이 없거나 나약해서 일찌감치 꿈을 접어 버린 사람들이다.

그들은 당신이 정말로 꿈을 실현해 버릴까 봐 불안해져서, 괜한 시기심에 당신 발목을 잡고 있을 뿐이다.

10 자선은 인간다움을 잃어버린 사람이 하는 짓

자선을 베푸는 사람은 인간성을 모두 잃어버린 사람이다.
그것이 눈에 띄는 특징.

Philanthropic people lose all sense of humanity.
It is their distinguishing characteristic. (*The Picture of Dorian Gray*)

자선을 사랑하는 사람이란 때로는 극히 오만하고 뻔뻔하다는 것을 알고 있는가. 어지간히 얼굴이 두껍지 않으면 "세상을 위해, 인류를 위해"처럼 낯 뜨거운 소리나 행동은 할 수 없을 것이다.

그보다는 단지 좋은 사람으로 기억되길 바라는 마음에서 죗값을 치르기 위해 자선사업에 참여하고 있는 사람이 훨씬 더 인간답고 믿을 만할 것이다.

만일 아주 그럴듯해 보이는 자선사업에 참여해 달라는 부탁을 받거든 정중히 사양하면서 이렇게 말해라. "미안합니다. 전 아직 인간다움을 잃고 싶지 않습니다." 그러면 당신의 인간성이 위협당할 일도 없다.

11 진실은 더럽혀져 있다

진실은 거의 순수하지 않고
결코 단순하지 않다.

The truth is rarely pure and never simple. (*The Importance of Being Earnest*)

진실을 알고 싶은가? 그것은 진흙처럼 질척하다. 결코 순수하지는 않다.

이를테면 당신이 실제 원치 않았는데 태어난 아이였다고 한다면. 지금 당신이 사는 집이 복잡한 사연이 있는 것이라면. 당신의 충실한 부하가 당신의 불행을 진심으로 바라고 있다면.

이처럼 진실은 더럽혀져 있다. 바로 그렇기에 당사자가 아닌 사람이 보기에는 그것이 참으로 재미나겠지만.

오스카 와일드 생애와 문학

오스카 와일드 생애와 문학

19세기 끝무렵 '예술을 위한 예술'을 주창하여, 영국 유미주의 운동을 대표했던 오스카 와일드(Oscar Wilde)는 1854년 10월 16일 영국 지배하의 아일랜드 더블린에서 태어났다. 아버지 윌리엄 와일드 경은 눈과 귀에 관한 일류 외과의이자, 고고학과 민속학, 풍자소설가 조너선 스위프트에 대한 책을 서술한 석학이었으며, 어머니는 혁신적인 시인이자 켈트족 신화와 민간전승에 조예가 깊은 권위자였다. 두 사람은 1851년에 결혼하여, 이듬해에 장남 윌리엄 로버트 킹스베리 와일드를 낳았다. 2년 뒤 둘째로 오스카 와일드가 태어났는데 딸을 원했던 어머니는 여아용 옷을 입혀 키웠다고 한다. 이것이 뒷날 와일드의 성정체성에 영향을 주었다는 설도 있다. 이어서 누이동생 아이솔라가 태어나 형과 사이가 좋지 않았던 와일드의 사랑을 받았지만, 불행하게도 어려서 병사하여 소년 와일드의 마음에 깊은 슬픔을 남겼다.

1864년, 와일드는 아일랜드 북부 퍼매너의 에니스킬렌에 있는 포토라 로열스쿨에 입학했다. 책을 많이 읽었던 그는 그리스어, 고전어 과목에서 우등상을 타는 등 우수한 성적을 보였고, 1871년 장학금을 받고 더블린의 트리니티 칼리지에 입학하여, 1874년에는 역시 장학생 자격으로 옥스퍼드 대학교 모들린 칼리지에서 수학했다.

와일드는 일찍부터 재능을 인정받아 옥스퍼드 재학 중이던 1878년, 이탈리아의 마을 '라벤나'를 노래한 시로 뉴디게이트상이라는 신인상을 수상하여 시인으로 이름을 날렸다. 같은 해, 문학사 학위 본시험을 수석으로 통과, 옥스퍼드 대학을 졸업했다.

그는 인생에서 예술의 핵심적 중요성을 지적한 존 러스킨, 월터 페이터의 가르침에 깊은 영향을 받았으며, 특히 유미적 열정으로 인생을 살아야 한다고 강조한 페이터의 주장에 큰 감명을 받았다. 그 세대의 많은 젊은이들처럼 그도 "단단한 보석 같은 불꽃을 발하며 늘 타오르라"고 충고한 페이터의 말

옥스퍼드 대학교 모들린 칼리지

을 따르기로 결심했다.

유미주의가 런던 문단에 크게 유행하던 1880년대 초 와일드는 사회적, 예술적 동아리에서 기지와 화려함으로 점차 주목을 받았다. 그러나 유미주의는 여전히 일반인들에게는 혐오와 몰이해의 대상이었다. 잡지 〈펀치〉는 예술에 대한 남성답지 못한 집념을 지닌 유미주의자에 대한 반감을 표출하며, 와일드를 풍자의 대상으로 삼았다. 또한 희극 오페라 〈인내 *Patience*〉에서는 부분적으로 와일드를 모델로 하여 '육욕에 빠진 시인' 번손이라는 인물을 만들어 내기도 했다.

와일드는 《시집 *Poems*》(1881)을 자비로 출판하는 등 유미주의파로서의 관점을 확고히 하는 데 힘을 쏟았다. 그러나 아직 작가로서의 입지를 굳히지 못했던 와일드는 1882년, 더 많은 인기와 갈채를 얻기 위해 미국과 캐나다로 강연여행을 떠난다. 뉴욕에 도착했을 때 세관에서 "나는 내 천부적인 재능

밖에는 신고할 것이 없소"라고 큰 소리를 쳤다고 한다. 나른한 포즈와 벨벳 재킷, 짧은 바지, 검은 비단 양말로 멋을 낸 와일드에 대해 노골적으로 반감을 표하는 신문기사가 나기도 했다. 《도리언 그레이 초상 The Picture of Dorian Gray》(1891)을 비롯한 와일드의 여러 작품에 미국과 미국인에 대한 언급이 자주 등장하는 것은 이때 얻은 경험과 인상 덕분일 것이다.

1년 여의 강연여행을 마치고 돌아온 와일드는 1884년 아일랜드의 유명한 변호사의 딸 콘스턴스 로이드와 결혼했다. 이듬해 장남 시릴이, 그 다음 해에는 차남 비비안이 태어났다.

오스카 와일드(1854~1900)

그동안 와일드는 〈팔 말 가제트〉지 평론가로 활동하다 〈여성세계〉 편집장이 되었다. 아이들의 탄생을 계기로 1888년에는 유명한 동화집 《행복한 왕자 The Happy Prince Other Tales》를 발표했다. 이 작품은 19세기 말 물질주의가 만연한 영국 사회에 사랑의 고귀함을 강조하는 이상주의를 아름다운 문체로 그려낸 것으로, 비평가 월터 페이터로부터 동화 중의 걸작이라는 격찬을 들었다.

와일드는 생애의 마지막 10년 동안 모든 주요작품을 완성, 출판했다. 유일한 장편소설 《도리언 그레이 초상》은 1890년 〈리핀코츠 매거진〉에 연재되었고, 서문과 그 밖의 몇 장을 추가하여 1891년 증보판을 출간했다. 그는 이 소설에서 고딕 소설의 초자연적 요소와, 프랑스 데카당파 소설의 특성을 결합시켰다. 엄격한 도덕률의 지배를 받던 당시 영국 사회에서 이 작품은 지극히 부도덕한 작품이라는 오명과 비난을 받았다. 와일드는 이러한 비판에 대한 반론으로, 예술의 자율성을 강조한 《도리언 그레이 초상》 증보판 서문을 작성하는 한편, 지금까지 발표한 평론들을 모은 《의향

Intentions》(1891)을 출판, 프랑스 시인 테오필 고티에, 샤를 보들레르, 미국 화가 제임스 맥네일 휘슬러 등의 사상을 차용해 예술에 대한 그의 유미주의적 태도를 다시 드러냈다. 그리고 같은 해 단편과 동화 등으로 구성된 《아서 새빌 경의 범죄》《석류의 집》등을 출판하는 등 탁월한 창의력을 유감없이 펼쳐 보였다.

그러나 와일드가 가장 큰 성공을 거둔 장르는 풍속희극이었다. 그는 치밀한 구성을 특징으로 하는 프랑스식 연극 형식을 고수하면서 여기에 역설적이고 신랄한 기지를 결합함으로써 새로운 유형의 영국적인 연극을 창조하고자 했다. 〈윈더미어 경 부인의 부채 *Lady Windermere's Fan*〉(1892)는 이러한 실험이 성공을 거둔 첫 작품이다.

같은 해 완성한 〈살로메 *Salomé*〉는 프랑스어로 쓰였고, 프랑스 연극 양식을 그대로 빌려온 작품으로 섬뜩한 공포감을 주는 변태적인 정열을 묘사했다. 영국 당국은 성서 인물이 등장한다는 이유로 이 작품의 상연을 금지했다. 이 작품은 1893년 출판되었고, 이듬해 오브리 비어즐리의 유명한 삽화와 함께 영어판이 발간되었다. 두 번째 풍속희극 〈하찮은 여인 *A Woman of No Importance*〉(1893), 이어서 1895년 와일드의 마지막 두 작품 〈이상적인 남편 *An Ideal Husband*〉과 〈진지함의 중요성 *The Importance of Being Earnest*〉이 잇달아 상연되었다.

그가 살았던 후기 빅토리아 시대, 즉 자못 엄격해 보이는 도덕주의, 위선적인 진지함과 엄숙함이 대중의 삶을 억누르던 시대에 와일드는 내면의 개인주의적인 충동으로 이루어진 자연스러운 본성을 찾고자 했다. 이런 그의 기질은 그의 정체성뿐만 아니라 외양으로도, 그리고 작품으로도 드러났다. 그의 작품 중 대다수가 은밀한 죄나 무분별한 열정, 그리고 그 결과로 야기되는 파국 등을 주요 줄거리로 삼고 있다. '인생이 예술을 모방한다'는 그의 아포리즘을 떠올려본다면, 와일드는 쾌락추구의 무모한 열정에 사로잡혀 있었다고 할 수 있다.

1891년 와일드는 앨프레드 더글러스 경과 만나 동성애 관계로 발전한다. 둘의 이런 친밀한 관계는 더글러스의 아버지인 퀸즈베리 후작을 몹시 노하게 했고, 결국 그에 의해 남색자라는 죄목으로 고소당하기에 이른다. 연극 〈진지함의 중요성〉이 대성공을 거둔 해인 1895년, 와일드는 재판 끝에 2년

간의 중노동형을 선고받는다. 복역기간의 대부분을 리딩 감옥에서 보낸 와일드는 옥중에서 더글러스에 대한 긴 편지를 썼고, 이는 뒷날 《옥중기 De Profundis》(1905)로 출간되었다.

1897년, 경제적 파산상태로 석방된 와일드는 작가로서 재기할 생각으로 즉시 파리로 떠났다. 감옥 생활에 대해 다룬 《리딩 감옥의 노래》(1898)는 당시 감옥 생활의 비인간적인 실상을 고발하고 있다. 와일드는 조지 버나드 쇼가 말한 것처럼 '그의 억누를 수 없는 쾌활함' 덕

《도리언 그레이 초상》 삽화
도리언 그레이가 초상화 앞에 앉아 있다. '초상화 주인공은 영원한 젊음을 즐기는데, 초상화 속의 나는 늙어 간다.'

분에 계속되는 경제적 어려움에도 꿋꿋이 버텨 나갈 수 있었다. 그는 막스 비어봄이나 뒷날 그의 유언 집행을 맡은 로버트 로스 같은 충실한 친구들의 방문을 받았고, 더글러스와도 다시 화해하였다. 그러나 1900년 11월 30일, 오스카 와일드는 가족과 재회도 하지 못한 채 질병과 가난 속에서 마흔여섯 살의 나이로 갑작스럽게 죽는다. 사인은 귀 전염병으로 인한 급성 늑막염이었다. 성공의 절정에서 나락으로 곤두박질친 천재의 너무나도 짧고 가혹한 생애였다.

《도리언 그레이 초상》에 대하여

오스카 와일드가 남긴 유일한 장편소설인 《도리언 그레이 초상》은 그가 평생 추구했던 유미주의 예술의 절정을 보여 주는 작품이다. 1890년 〈리핀

도리언 그레이 초상(1943)
이반 올브라이트 작. 시카고미술관 소장.

코츠 먼슬리 매거진〉 7월호에 처음 발표했을 때 비평가들은 내용의 음란성과 퇴폐성을 들어 혹평했다. 비난의 공세가 커짐에 따라 와일드는 결국 그 내용을 누그러뜨리고, 예술의 독립성·자율성을 드러내 밝힌 머리말을 덧붙여 1891년 한 권의 소설로 출간했다. 예술의 목적은 무목적성에 있다는 것이 그의 주장이었다.

《도리언 그레이 초상》은 영원한 젊음의 대가로 자신의 영혼을 파는 인간이라는 서유럽 문학의 익숙한 주제를 뛰어난 상상력과 문체로 흥미롭게 구현한 소설이다. 초상화를 통해 자신의 인생과 영혼을 실험하는 청년을 묘사하는 이 책은 때로는 진지하게 때로는 냉소적이고 풍자적인 어투로 삶과 예술, 욕망과 도덕성의 실체를 파헤친다. 이처럼 인간 본성에 대한 진지한 탐구를 보여 주는 《도리언 그레이 초상》은 영국 문학 특유의 낭만적 요소와 불가사의한 주술, 악마와의 거래, 도플갱어 같은 요소를 지닌 탁월한 고딕 소설이기도 하다. 주제의 무거움과 소설적 흡인력을 두루 갖춘 셈이다.

《도리언 그레이 초상》은 작가의 실제 삶과도 연관이 있다. 주인공 도리언의 모델은 실존했던 인물로, 한때 와일드와 친교가 깊었던 미청년 존 그레이로 알려져 있다. 존 그레이가 와일드에게 보낸 편지에 '도리언'이라는 서명이 남아 있으며, 와일드도 그를 '도리언'이라고 불렀다고 한다. 또한 와일드는 "도리언 그레이는 내가 되고 싶었던 존재이고, 헨리 워튼 경은 사람들이 생각하는 나 자신의 모습이며, 바질 홀워드는 실제 나의 모습이다"라고 말한 바 있다.

《살로메》에 대하여

프랑스어로 쓴 단막극 《살로메》는 1893년 파리에서 출판되고, 영어판은 와일드의 동성애 상대였던 더글러스 경이 1894년 번역 출판했다. 영국에서의 상연이 금지되었기 때문에 1896년 파리에서 초연되었다.

《살로메》 삽화 (2004)
유노 아키라 작.

《살로메》는 마태복음 14장 6~11절에 실린 유대 헤롯 왕의 세례 요한 참수사건을 바탕으로 쓰였다. 성경에 따르면 헤롯 왕은 정치적으로 실각한 형 빌립보의 아내 헤로디아와 결혼한다. 예언자 요한은 그들의 근친상간적 결혼을 심히 비난했다. 빌립보와 헤로디아 사이에 난 딸인 살로메는 헤롯의 생일잔치에서 춤을 추어 잔치의 흥을 돋우었다. 헤롯은 그에 답례로 그녀에게 원하는 것을 모두 들어주겠다는 약속을 하고, 이에 살로메는 어머니 헤로디아가 시키는 대로 요한의 머리를 요구했다.

와일드는 이 짤막한 성경 이야기를 19세기 말의 퇴폐적 감성이 살아있는 악마적이고 매혹적인 단막극으로 재창조했다. 《살로메》에서 살로메가 요한의 목을 요구한 것은 본디 이야기에서와는 달리 자신의 키스를 거부한 요한에 대한 복수심과 그의 육체에 대한 욕망 때문이었다. 또한 헤롯 왕은 의붓딸 살로메에 대한 욕정과 자신의 죄로 인한 불안으로 고통스러워한다. 살로메를 사랑하여 자결하는 젊은 시리아인과 그 젊은이를 사랑하는 또 다른 남성은 작품에 극단적인 정열과 동성애적 색채를 더해 준다.

와일드가 활동했던 빅토리아 시대는 엄격한 성윤리와 도덕성이 강조되던 시대였다. 그래서 이 극이 처음 발표되었을 때 극 속에 담긴 퇴폐적 분위기가 많은 이들에게 충격을 주었다. 시대의 반항아였던 오스카 와일드는 이런 억압적 시대사상에 대한 반발로 극 속에 반항적 에로티시즘을 담아냈던 것이다. 하지만 와일드는 성에 대한 노골적인 대사 대신, 집착과 탐닉을 효과적으로 드러내는 암시적이고 반복적인 대사와 상징을 통해 등장인물들의 비정상적인 성 심리를 매혹적으로 형상화해 냈다. 그럼으로써 동성애, 죽음 충동, 파멸적 사랑의 욕망으로 꿈틀거리는 기괴한 이야기를 한 편의 아름답고 강렬한 시로 완성시킨 것이다. 이 작품 이후로 살로메는 '아름다우나 무자비한 파괴적 힘을 지닌 여성'으로서 세기말 유행했던 팜므 파탈(famme fatale)의 대표적인 이미지로 자리매김했다.

살로메 영어판에 실린 비어즐리의 삽화 또한 유명하다. 오브리 비어즐리(Aubrey Beardsley, 1872~1897)는 19세기 말 퇴폐주의 예술을 대표하는 화가로서 특유의 대담한 구성과 우아한 선으로 아르누보 양식 탄생에 큰 역할을 했다. 스물다섯 살의 젊은 나이에 폐결핵으로 요절할 때까지 5년 남짓의 짧은 기간 동안 작품 활동을 했지만 그의 예술에는 그 시대의 지적, 예술적 이념과 특징이 고스란히 드러나 있었다. 주로 〈스튜디오 *The studio*〉〈옐로우 북 *The Yellow Book*〉〈사보이 *The Savoy*〉 같은 급진적이고 유미주의적 성향이 짙은 잡지에 작품을 발표하며 독창적인 예술세계를 개척한 비어즐리는 당대의 여러 화가, 디자이너, 공예가들에게 큰 영향을 미쳤다.

비어즐리는 일러스트레이션 분야에서도 뛰어난 작품을 많이 남겼는데 오스카 와일드의 《살로메》를 비롯하여, 토마스 맬러리 경의 《아서왕의 죽음》, 알렉산더 포프의 《머리칼 강탈》, 아리스토파네스의 《리시스트라타》 등의 삽화가 대표적이다. 텍스트 내용에 얽매이기보다는 화가 자신의 상상력과 주관적 해석을 강조하는 그의 스타일은 다양하고 율동적인 선과 면을 사용하여 새롭고 세련된 조형 양식을 창조했다. 그러나 이러한 그의 삽화들은 빅토리아 시대의 보수적인 대중들에게서 거센 비난을 받았다. 기법이나 양식상의 새로움도 어느 정도 영향을 끼쳤지만, 그보다는 주제의 퇴폐성이 그 원인이었다.

비어즐리의 《살로메》 삽화 역시 악마적이고 퇴폐적인 성적 요소를 다루어 큰 반향을 일으켰다. 일본 목판화의 영향이 느껴지는 검은 평면과 흰 여백의 활용, 대담한 인물배치와 화면구성, 길게 늘여진 신체의 왜곡과 아라베스크 장식 등에서 풍기는 우아한 분위기 등, 비어즐리 특유의 개성이 그대로 담겨 있는 《살로메》 삽화는 살로메를 다룬 기존 회화 작품들과는 다르게 살로메의 여성적 아름다움보다는 사

《살로메》 삽화(2004)
유노 아키라 작.

악성과 관능성에 초점을 맞추고 있다. 또한 광대, 난쟁이, 괴물, 어린아이 등을 살로메의 시종으로 등장시켜 괴기스럽고 일탈적인 성적 주제를 더욱 부각시키고 있다. 비어즐리는 등장인물의 심리나 특징을 표현하기 위해 공작 깃털, 장미, 광대, 가면 등의 모티프를 즐겨 활용하는데, 이런 모티프들은 와일드의 작품 내용과는 무관한 것들로 비어즐리의 독자적인 작품해석과 상상력을 드러내는 것들이다. 이처럼 비어즐리는 《살로메》 삽화를 통해 자신만의 개성적인 예술세계를 창조함으로써 단순히 텍스트 내용을 도해하는 역할에 머물렀던 삽화의 위상을 독자적인 예술영역으로 한 단계 끌어올리는데 크게 이바지했다고 볼 수 있다.

《백조의 노래》에 대하여

오스카 와일드가 살롱에서 재치를 발휘하여 친구들과 지인들에게 즐겨 우화를 들려줬다는 사실은 잘 알려져 있다. 그 가운데에는 뒷날 와일드가 직접

글로 옮겨 단편소설이나 산문시로 완성시킨 것도 있었다. 《아서 새빌 경의 범죄》와 《제자》 등은 그 좋은 예이다. 반대로 아쉽게도 사교계의 일시적인 여흥으로 그치고 잊힌 작품도 많이 있다. 불꽃처럼 순간 반짝였다가 사라지고 만 것도 적지 않을 것이다. 하지만 많은 이들이 와일드에게서 듣고 인상에 남은 우화를 저마다 어떤 계기로든 기록해 재현하려 시도했다.

프랑스의 와일드 관련 자료 수집가인 기요 드 세는 여기저기 흩어져 있는 이러한 '언급된 이야기'들을 모아서 편집해 1942년에 프랑스어판 《백조의 노래》를 간행했다. 3부로 구성된 이 우화집은 제1부에서는 고대 그리스·로마 세계와 그 신화까지도 포함한 이교적 세계, 더 나아가 구약성서의 세계가 펼쳐진다. 제2부는 소제목이 보여 주는 것처럼 신약성서와 예수 그리스도에 관한 이야기를 모아 놓은 것이다. 제3부는 제1부와 제2부 어느 쪽에도 포함되지 않은 작품군이다. 기성의 이야기를 이용한 패러디라고도 할 수 있는 제1부나 제2부와 달리, 제3부는 보다 자유로운 착상을 바탕으로 기지를 발휘해 에드거 앨런 포를 연상시키는 소극(笑劇)이나 중세 이야기, 환상적이거나 풍자적인 우화를 제공하고 있다.

물론 여기에 수록된 우화들은 소재 상 '와일드에게 들은 이야기'라는 간접성의 약점을 떨쳐 버릴 수 없다. 솔직히 말해 진위가 불분명하다. 이것은 언어뿐만 아니라 은유적 표현과 줄거리·이야기 그 자체에 대해서도 품을 수 있는 의혹일 것이다. 이제까지 와일드 연구자나 번역가가 이러한 우화에 거의 신경 쓰지 않았던 것은 이 책을 입수하기가 어려웠기 때문만은 아니고 원전이 불확실했기 때문인지도 모른다. 그런 의미에서 이 번역은 모험적인 시도이다.

와일드가 집필한 것이 아니라는 문제점은 있을망정 《백조의 노래》를 통해서 우리는 그가 실제로 남긴 저작물보다 훨씬 더 많은 착상이 있었음을 새삼 확인할 수 있다. 더욱이 영어권에서는 이루어지지 않았던 우화 편집 작업이, 와일드의 체재나 교제범위로 보아도 여러모로 한계가 있어 작업하기가 어려웠을 것 같은 프랑스에서 이루어졌다는 사실에 놀라지 않을 수 없다.

Oscar Wilde : 그의 심미(審美) 사상의 본질[*1]

I

"His books astonished, charmed. His plays were to be the talk of London. He was rich ; he was tall ; he was handsome, later with good fortune and humour. Some compared him to an Asiatic Bacuss ; others to some Roman Emperor ; others to Apollo himself—and the fact is that he was radiant."[*2]에서 잘 묘사되고 있는 바와 같이 당대의 멋쟁이, 기지와 해학의 명수인 유미주의자(唯美主義者) 오스카 와일드는 청년시절부터 당시 중산주의(重産主義)의 잔인하고 퇴폐적인 공리(功利) 사상에서 비롯된 도덕관의 모순과, 그로 인해 각박하고 메마른 사회상, 특히 상류사회의 정신적 타락에 과감히 반기를 들고 일어섰다.

Dante Gabriel Rossetti, William Morris, John Ruskin 및 Walter Pater 등 라파엘전파(前派)에게서 물려받아 Algernon Swinburne이 자기네들의 신앙이라고까지 선포했던 유미주의를 오스카 와일드는 먼저 자기의 실생활에서 구현하고 있으며 이러한 체험을 자기 작품을 통해 체계화 시켜 놓고 있음은 "I have put all my genius into my life ; I have put only my talent into my works."[*3]라는 구절에서 여실히 입증되고 있다. 이런 점에서 와일드를 이해하려는 첫 단계로서 그의 행동을 앞세운 유미주의 운동을 생각해 보는 것은 필연적이라 하겠다.

유미주의 학파들은 아직 아름다움〔美〕 자체를 외면하고, 심지어는 그것을 비난하던—아름다움의 개념을 정확히 이해하려 들지 않던—대중을 향해 주저없이

[*1] 이 글은 역자가 1979년 〈한국영어영문학회〉 72호에 발표함.
[*2] Andre Gide : *Oscar Wilde* (New York : Philosophical Library, 1949). p. 1.
[*3] *Ibid.*, p. 8.

"Tear away those heavy, gaudy curtains that imprison you, the ridiculous wallpapers between whose successive layers proper, the nimble flea and insects more sinister, smash the large plateglass mirrors with expensive-frames of sham gold. Admit into your houses our draperies of sober and delicately harmonising hues, that are agreeable to behold and agreeable to touch ; paint your walls in soft tints to show up the pictures and the bevelled mirrors with black frames slightly relieved with gold !"*4

라고 외침으로써 실생활에서 본격적으로 유미주의 운동에 앞장섰다. 그들은 밖으로는 남성들의 볼품없는 복장과 평범한 머리 모양에 대한 새롭고 독특한 관심을 촉구했으며, 안으로는 지나치게 보수적인 그들의 사고방식에 대한 새로운 양식이 필요함을 강조했다. 이와 때를 같이해서 그들은 빅토리아풍 건축양식에까지도 크게 불만을 품고 평범한 중세기 건축양식을 찬양하고 나서기에 이르렀다.

그들은 또한 일상생활에서 쓰는 말과 글에서까지도 열성적이고 과장된 수식을 잊지 않았으며, 언제나 감동적이며 아름다운 수식에 전념했다. 이런 사실은 그들이 'supreme, consummate, utter, quite too preciously sublime'과 같은 최상급 언어를 즐겨 사용하고 있는 점에서도 입증되고 있다.

이렇게 해서, 18세기에 이르러 그동안 고개를 숙였던 유미주의가 빛을 보기 시작할 무렵, 영국은 한 전형적이면서도 새로운 유미주의자를 맞이하게 되었는 바, 옥스퍼드를 갓 마친 젊은 오스카 와일드라는 인물이 바로 그 사람이다. 그는 "…that he, like Falstaff, was not only witty himself but the cause of wit in others."*5에서 볼 수 있는 바와 같이, 그의 말 한 마디 한 마디가 기지에 넘치고 또한 생활 어디서나 아름다움의 흔적을 보여 주고 있다.

이와 같은 와일드의 유미적 태도는 옥스퍼드에서 이미 연습삼아 미리 실험을 해본 셈이 된다. 특히나

---

*4 G.J. Renier : *Oscar Widle* (New York : D. Appleton-Century Co., 1932) p. 2.
*5 Hesketh Pearson : *Oscar Wilde, His Life and Wit* (New York : Grosset's Universal Library, 1946) p. 169.

"The real Oscar Wilde was to be seen in his room or Magdalen, which was on the kitchen staircase, the best position in college—looking over the river Cherwell, the lovely walks and bridge… Old engravings, mostly of naked woman, adorned the walls in the first year or two of Oscar's tenancy : the furniture was pleasant but nothing out of the common ; and two large vases of blue china… were prominently displayed on the mantelpiece."[*6]

에서 입증되고 있는 바와 같이 그는 유미적 태도를 실내장식을 통해 실생활에 적용하고 있으며, 일상생활 속에서 이러한 환경에 잘 어울리는 아름답고 기지에 찬 대화를 함으로써 허공에 떠 있던 유미사상을 자기 것으로 구현하고 있다.

한편 와일드의 행동을 앞세운 유미주의 사상이 보다 뚜렷이 구현되고 있는 것은 그가 날마다 입던 옷이다. 그는 지나치게 인습적이고 형식적인 의상에서 상실해 버린 아름다움을 찾기 위해서는 보다 특이한 마름질과 장식이 필요함을 강조하면서 언제나 특이하고 신기한 'aesthetic costume'을 입었다.[*7] 이러한 의상에 곁들여서 그는 언제나 백합이나 장미, 해바라기와 같이 아름다움을 상징하는 꽃들을 단춧구멍에 꽂아 멋을 한껏 부렸다. 이러한 와일드의 태도는 그의 작품 속에 등장하는 인물들의 의상에서 보다 뚜렷이 나타나고 있다. *Lady Windermere's Fan*의 Lady Windermere, Mrs. Erlynne, Lord Darlington 이라든지 *A Woman of No Importance*의 Lord Illingworth, 특히 *The Picture of Dorian Gray*의 Lord Henry와 같은 인물들은 'very beautifully dressed'한데 일치점을 이루고 있다. 이와 같은 사실은 *A Woman of No Importance*에서 Lord Illingworth의 입을 통해 실증되고 있으며, 와일드의 멋에 대한 생각이 강조되고 있다.

"People nowadays are so absolutely superficial that they don't understand the

---

*6 *Ibid.*, p. 29.

*7 His own clothes… were fashionable, and… he wore a black coat, only the lower button of which was fastened, light coloured trousers, a brightly flowered waistcoat, and a white silk cravat : also that he carried pale lavender gloves." (*Ibid.*, p. 43)

philosophy of the superficial. By the way, Gerald, you should learn how to tie your tie better. Sentiment is all very well for the buttonhole. But the essential thing for a necktie is style. A well-tied tie is the first serious step in life."*8

와일드의 이러한 유미주의 운동은 한 관점에서 볼 때 대단히 성공적이었다. 그의 태도는 어디서나 뭇사람들 시선을 집중시켜 관심을 모았으며, 그의 심미적인 화술은 상대방 마음을 사로잡아 호리는 힘이 있었다. 그러나 그는 결과적으로 이러한 태도에서 비롯된 몇 가지 난관에 부딪히게 되었다. 첫째로 그의 지나치게 사치한 'aesthetic costume'은 그를 퇴폐적인 인상에서 벗어나지 못하게 했으며, 둘째로 그의 맹렬하고 날카로운 기지는 일종의 'paradox'나 'glitter'라는 평을 면치 못하게 했다. 그러나 그의 재치 있는 말재주에는 명철한 힘이 있었으며, 절절이 흘러 나오는 아름다움에 대한 그의 감정은 누구나 인정치 않을 수 없었다.

"… He devided an exquisite pleasure even from the sounds of syllables, and in conversation would dwell on such words as 'vermillion, narcissus, amber, crimson', pronouncing them as if tasting them."*9

그의 유미주의적 태도가 잘 반영되고 있는 또 다른 측면은 그가 집필한 모든 저서가 한결같이 'Dutch handmade papers'에 예쁘게 인쇄되고, 황금 장식을 한 새하얀 volume으로 제본되어 출간되었다는 사실이다. 저서에까지 이러한 겉멋에 치중했음은 그가 1881년에 내놓은 첫 시집 *Patience*에서 알 수 있다. 이와 같은 현상은 *The Picture of Dorian Gray*에서

"He procured from Paris no less than nine large-paper copies of the first edition, and had them bound in different colours, so that they might suit his various moods and the changing fancies… "*10

---

*8 Oscar Wilde : *The Works of Oscar Wilde* (London : Spring Books, 1965) p. 65.
*9 *Ibid.*, p. 92.

라는 대화를 통해 잘 나타나고 있다.

*Patience*가 Gilbert와 Sullivan에 의해 각색되어 1881년 4월 23일 London의 Opéra Comique에서 성공리에 상연되었다. 이러한 성공은 와일드 인생에서 새로운 이정표가 되었으니, 본격적으로 유미주의 운동을 할 수 있는 기회를 열어준 셈이다. 이로써 그는 'Professor of aesthetics' 자격으로 미국을 여행할 수 있는 기회를 얻었으며, 그의 미국여행은 유미주의 운동을 본격적으로 시작하기에 앞서 실험의 장(場)이 되었다는 점에서 커다란 의미가 있다.*11

미국에 머무르는 동안 와일드는 많은 곳에서 초청을 받아 강연을 했으며, 그중에서도 문화의 중심지 Boston에서의 강연을 통해 John Ruskin을 한껏 찬양함으로써 아름다움에 대한 새로운 이미지, 곧 노동의 존엄성을 통한 아름다움을 추구하는 참다운 방향을 제시하고 있다. 이리하여 와일드는 그의 외적인 생활에서부터 내적인 활동에 이르기까지 유미주의의 전령으로서의 의무를 다하고 있다.

"Wilde is the precious aesthete wearing pale lavender gloves and hair a little too long and a trifle too decorative, with cigarette held in upturned hand a little too exquisitely ; dressed in jewels and velvets he gazes through a stained glass monocle at gathering of sunflowers, lilies and blue china."*12

Ⅱ

와일드는 "The artist is the creator of beautiful things."라든지, "To reveal art and to conceal the artist is art's aim."라고 역설함으로써 작가로서의 태도를 분명히 하고 있으며, "Art never expresses anything but itself. It has an independent life, just as thought has, and develops purely on its own line…", 또는 "All bad art comes from returning to life and nature and elaborating them

---

*10 *Ibtd.*, p. 448.

*11 *Patience* proved a milestone in Oscar's career. It sent him to America, where he found money and a cure for aestheticism." (G. J. Renier : op. cit., p. 13)

*12 ed. by Vincent F. Hopper and Gerald B. Lahey : *Lady Windermere's Fan*(N.Y. : Barrons Educational Series Great Neck, 1960) p. 10.

into ideal."*13이라든지 "Life and Nature may sometimes be used as part of Art's rough material, but before they are of any real service to Art they must be translated into artistic conventions."*14라고 정의하고 있다.

와일드가 추구한 유미주의는 첫째로 예술(藝術)과 인생을 분리하는데 목적이 있다. 그는 완전한 예술작품을 통해 내용과 형태가 조직적인 조화를 이루게 됨과 동시에 예술은 예술 그 자체로서 독립한다고 믿고 있다. 이리하여 그는 예술이 감정을 전달하는데 주제를 통해서만 가능하다는 일반적 정의와는 달리 예술이란 사실상 "gains more from a new medium or a fresh material than she does from any enthusiasm for art, or from any lofty passion or from any great awakening of the human consciousness."*15라고 믿고 있다.

와일드는 예술가(藝術家)란 자기가 처해 있는 시대적 배경을 이해코자 갈망하면서 그 굴레로부터 벗어날 때 보편성을 얻을 수 있다고 보고 있다. 뿐만 아니라, 그는

"Life to be intelligible should be approached from many sides, and valuable though the permanent ego may be in philosophy, the permanent ego in fiction soon becomes a bore."*16

라고 믿었기 때문에 단순한 견해에서 쓰여진 소설은 예술로서 아무런 가치가 없다고 주장하고 있다. 이리하여 모든 걸작은 근대적이며 보편성에 달할 때 존재한다고 보고 있다. 이러한 사실은 예술의 완전성이 예술 그 자체 내에서 이루어져야 하는 한편, 그것을 어느 비슷한 외적 표준이나 인생은 진실하다는 기준에 의해 판단해서는 안된다는 사실을 입증해 주고 있다. 예술에는 그 자체의 존재와 무관한 다른 원칙이 있을 수 없다.

이와 같은 사실을 보다 구체화하기 위해서는 예술이란 실존인물을 있는 그대로 묘사하는 것이 아니고 오히려 그를 더욱 진실된 원형(原型)으로 구

---

*13 The Works of Oscar Wilde : op. cit. p. 376.
*14 Ibid., Intentions, pp. 41—2.
*15 Ibid., p. 36.
*16 Ibid., p. 41.

사하는 데 목적이 있다고 역설하고 있다. 이러한 관점으로 볼 때 사실에 가깝도록 꾸민다든지 또는 사실인 것처럼 묘사하는 것이 예술의 궁극 목표가 아니라는 것을 쉽사리 간파할 수 있다. 와일드는 다음과 같이 정의하고 있다 :

"Life holds the mirror up to Art, and either produces some type imagined by painter or scculptor, or realizes in fact what has been dreamed in fiction."[17]

인생이 단순히 표현을 위한 욕망이라면 예술은 그 표현이 다양한 형태로 나타난 것이다. 와일드의 주장에 의하면 예술은 인간의 한계선을 능가하고 있다. 예술은 인간을 무한히 다양한 양상으로 묘사해 주며, 어떤 변화나 성장의 가능성과는 거리가 먼 극치의 순간에다 귀결시키고 있기 때문이다.

인생은 형태면에서 뿐만 아니라 내용면에서도 무수한 결함이 내재해 있음을 스스로 보여 주고 있다. 인생이 가져다 준 희극들은 망칙한 공포에서 오는 결과이며, 그 인생이 직면하고 있는 비극들은 지나친 해학들이 겉으로 드러난 것이다. 와일드는 여기서 인생이 보다 복잡해지고 보다 산만해질 때 인간은 기꺼운 기분을 고취시키고자, 또는 예술을 통해서만 성취할 수 있는 안식을 얻고자 보다 적극적으로 보다 밀접하게 예술에 집착한다고 말하고 있다. 예술은 "imitation"과 "ecstasy"[18]에 적당한 시기를 우리 스스로 선택할 수 있도록 자유를 부여해 주고 있다. 만일 인생이 그 영혼을 반영할 수 있기 전에 변화되어야 한다면 예술은 그 변화를 작품을 통해서 반영하며 실체를 드러내는 역할을 한다.

이런 점으로 볼 때 예술과 인생의 관계가 너무나 밀접하고 예술 그 자체가 실제 인생의 규범 속에 얽매여 예술이 인생을 모방함으로써 예술을 위한 예술작품이 결여되었던 당시 예술세계를 와일드가 "…the dull, unimaginative, hypocritical, stale… "[19]이라고 혹평하고 있는 것도 이해가 간다.

이렇듯 와일드는 예술과 인생의 완전한 분리를 도저히 상상할 수도 없었

---

[17] *Ibid.*, pp. 33-4.
[18] *Ibid.*, p. 67.
[19] ed. by Vincent Hopper and Gerald Lahey : op. cit., p. 10.

던 당시 예술관(觀)을 뒤엎고 작품 속에서 그 '분리'를 과감히 구현하고 있다. 그는 실제 인생과 예술은 전혀 무관하며, 다만 예술 그 자체가 인생 속에서 호흡하면서 사실은 그 권외에서 존재함을 보여 주고 있다.

대부분의 예술은 인생을 접하기 시작할 때부터 오류를 범하게 된다는 사실을 강조하고 있는 와일드는 인생은 때로 예술이 필요로 하는 자료의 일부로써 이용되고 있기는 하지만, 그 인생이 예술을 위해 진실되게 봉사를 하기 전에 그들은 예술의 인습으로 전환되어야 한다고 보고 있다. 이리하여 와일드는 예술이야말로 인생에 어떤 아름다운 형식을 제공해 주는데 인생은 그 형식을 통해서 스스로를 드러낼 힘을 얻을 수가 있다고 주장하고 있다. 자의식이 강한 인생의 목적이야말로 표현의 동기(動機)가 된다고 생각한 와일드는 "Life imitates Art… "[20]라는 이론을 제시한다. 이러한 예술과 인생의 관계를 그의 작품 *The Picture of Dorian Gray*를 통해 철저히 규명해 보고자 한다.

III

*The Picture of Dorian Gray*의 주인공은 물론 Dorian Gray라는 아름다운 청년이지만 실질적인 주인공은 Dorian이라는 인간이 아니라 화가 Basil이 절묘하게 그려 놓은 Dorian의 화상(畵像)으로 나타나고 있음은 특기할 일이다. 이와 같은 사실은 Dorian이나 그 화가를 열광케 하는 것이 어떤 인생에 대해서보다는 아름다운 화상 곧 예술에 대해서임을 말해 주고 있다. *The Picture of Dorian Gray*는 궁극으로 Dorian의 양심을 상징하고 있는 그의 화상이 중심 역할을 하고 있다. 이것은 와일드가 주요인물의 내적인 동기를 객관적으로 보여주는 어떤 이미지 곧 Dorian의 행적에 따라 수시로 변하므로써 그의 양심을 대변하고 있는 화상을 통해서 형식적 요소들을 성공적으로 결합하고 있다.

와일드는 예술이란 'impersonal'한 관점에서만 뛰어날 수 있다고 주장했다. 이런 점으로 볼 때 자기 소설의 주인공을 Dorian의 화상에 두고 있음은 그의 이론에 부합되는 것이다.

---

[19] *The Works of Oscar Wilde* : op. cit., p. 838.

주인공부터 Dorian이라는 한 개체의 인생과 화상이라는 예술을 완전히 분리해서 끌고 나가는 이 소설은 예술가라는 인생과 예술의 관계로 발전하고 있다.

와일드는 앞서 설명한 바와 같이, "To reveal art and to conceal the artist is art's aim."이라고 했다. 예술이 객관성을 갖출 때 비로소 예술의 참다운 기능을 발휘할 수 있음을 말한다. 예술은 인생이라는 실존에 구애됨이 없이 보편적인 상태에서 추구될 때 순수 예술의 경지에 이를 수 있다는 것이다.

Basil은 "skillfully mirrored in his art"[21] 한 Dorian의 화상을 Grosvenor에 출품하라는 권유를 한마디로 거절한다. Basil이 그 화상에 온갖 정성을 기울였던 것은 물론이려니와 Dorian이 자신의 화상을 보았을 때 "… the sense of his own beauty came on him like a revelation"[22]라고 감탄할 정도로 절묘한 걸작을 Basil 스스로 출품을 거부해 버리는 굳은 결의는 Basil이 주장하고 있는 "I have put too much of myself into it."[23]라는 까닭에 기인하고 있다. 그러나 이상의 간단한 말 속에는 와일드가 예술가와 예술작품의 완전분리를 적극 시도하고 있음을 입증해 주고 있다. 예술은 드러내고 예술가는 숨기는 것이 예술의 목적이다.

와일드는 Basil의 입을 통해서

"… that there are only two eras of any importance in the world's history. The first is the appearance of a new medium for art, and the second is the appearance of a new personality for art also."[24]

라고 언급하고 있듯이, Dorian의 출현은 Basil에게 "…a new medium for art"[25]이며, Dorian의 뛰어난 미모는 Basil에게는 예술을 위한 새로운 intellect로 나타난 것이다. 또한 Dorian의 personality는 Basil에게 예술에 대한 새로운

---

[20] *Ibid.*, p. 377.
[22] *Ibid.*, p. 378.
[23] *loc. cit.*
[24] *Ibid.*, p. 382.
[25] *loc. cit.*

태도와 스타일에 대한 새로운 양식을 가져다 주었다. 그러나 문제는 "I can now recreate life in a way that was hidden from me before."*26라고 스스로 인정하고 있는 바와 같이 그 화상은 화가 자신의 인생에 치중해 버린—화상이 화가의 인생을 모방해 버린 예술이라는 것이다. 이런 화상을 Basil이 예술작품으로 세상에 내놓지 않겠다고 한 것은 결과적으로 "Life imitates Art far more than Art imitates Life."*27라는 와일드의 주장에 부합되는 것이다.

이상과 같은 예술과 인생의 분리현상은 Dorian과 여배우인 Sibyl의 사랑 과정에서 보다 뚜렷이 실증되고 있다. Dorian의 사랑은 Sibyl이라는 인간에 대한 것이 아니라 오직 무대에 선 그녀의 연기, 아니 그녀가 보여 주는 예술에 대한 숭고한 사랑이다. 첫째로 무대에서 각본을 낭독하는 그녀의 매혹적인 음성에 대한 것이며, 둘째로 그녀의 다양한 연기에서 풍기는 아름다움에 대한 것이다. Lord Henry가 "… what are your actual relations with Sibyl Vane?"라고 묻는 말에 Dorian은 서슴치 않고 "Harry! Sibyl Vane is sacred!"*28라고 대답할 정도로 'reality of love'를 초월한 순수한 사랑을 강조한다. 더욱이 Dorian에게 Sibyl은 Shakespeare극의 여주인공으로서 만족한 것이지 그녀의 인생으로서는 아닌 것이다.

그러나 Sibyl은 Dorian에게 바쳤던 사랑이 예술에서의 감정과 인생에서의 감정을 혼동한 나머지 그를 알게 된 뒤부터는 연기가 갑자기 졸렬해지기 시작한다. 그러한 변화는 결국 Dorian의 사랑을 잃게 되고 자신의 죽음을 초래한다. 다시 말해서 그녀는 인간과 여배우로서 자신이 지켜야 할 도리를 잃고 관중들을 의식하게 된다는 사실로 말미암아—Dorian을 위해 그녀의 인생에 이상적인 aura를 가져다 주었던 상상적이고 시적인 분리를 부정하고 있기 때문에—인생과 예술을 통일하는데 실패했으며 아울러 사랑 자체도 실패했다. 다시 말해서 'reality of love'를 인식하게 된 Sibyl에게 Juliet역이 자연스러울 수는 없는 것이며, 예술이라는 보편성을 초월할 수 없었던 데에 그 실패의 원인이 있다. 인생과 예술을 혼동한 것이다. 이는 Sibyl 자신의 입을 통해 잘 입증이 되고 있다.

---

*26 *joc. cit.*
*27 *Ibid.*, p. 838.
*28 *Ibid.*, p. 405.

"… before I knew you, acting was the one reality of my life. It was only in the theatre that I lived. I thought that it was all true. I was Rosalind one night and Portia the other. The joy of Beatrice was my joy, and the sorrow of Cordelia was mine also… You came—oh, my beautiful love!—and you freed my soul from prison. You taught me what reality really is. Tonight… I saw through the hallowness the sham, the silliness of the empty pageant in which I had always played…. I became conscious that the Romeo was hideous and old, and painted, that the moonlight in the orchard was false, that the scenery was vulgar, and that the words I had to speak were unreal… Even if I could do it, it would be profanation for me to play at being in love you have made me see that."*29

그러나 이와는 대조적으로 Dorian이 "To night she is Imogen… and to morrow night she will be Juliet"라고 자랑하자 이에 Lord Henry가 "When is she Sibyl Vane?"이라고 되물었을 때 Dorian이 "Never"*30라고 딱 잘라 대답하는데, 이를 통해서 Dorian의 사랑의 대상이 Sibyl의 인생이 아닌 그녀에게서 승화된 연기 곧 예술이라는 점을 쉽사리 알 수 있다.

와일드는 이 사랑의 과정을 통해 분명 예술가에게 존재하는 인간과 창작하는 정신을 구별하고 있을 뿐만 아니라 "The proper school to learn art is not Life but Art."*31라는 사상을 구현하고 있으며, 예술은 언제나 인생보다 윗자리에 서서 그를 지배하며 이끌어가고 있음을 입증해 주고 있다. 인생이 예술을 모방하는 것이다.

Dorian은 Lord Henry에게서 책*32 한 권을 받아서 읽는다. 낭만적인 기질과 과학적인 기질이 묘하게 뒤섞인 놀라운 한 파리 청년을 주인공으로 내세운 이 책은 Dorian의 생애를 예시해 주는 한 전형이 되고 있다. 그 책은 Dorian이 자신의 생을 다 살기도 전에 그 생을 예시해 주고 있기 때문이다. Dorian은

---

*29 *Ibid.*, p. 425.
*30 *Ibid.*, p. 402.
*31 *Intentions* : op. cit., p. 180.
*32 Huysmans 作 A-rebours를 말함.

Sibyl의 자살 뒤로 자기 범죄의 행각에 따라 추악하게 변해가는 자신의 화상에 번민하면서—와일드가 Huysmans의 영향에서 벗어날 수 없었던만큼—여러 해 동안 그 책의 유혹에서 벗어날 수가 없었다. 그 결과 Dorian은 Basil을 살해, 감쪽같이 처치해 버리는가 하면 온갖 타락 속으로 빠져들게 된다. 이는 Dorian의 인생 또한 예술작품이 이끄는 데로 모방을 하고 있다는 증거인 것이다.

"In the beginning Dorian accepts from Lord Henry a poisonous book which tells of men who tried to realize in their brief lifetimes all the passions found in the history of human experience. This fantastic record soon becomes a reality as Dorian imitates what it describes."[33]

뿐만 아니라 인생이 예술을 모방한다는 와일드의 굳은 신념은 Dorian의 인생이 그의 화상 곧 예술에 의해 오롯이 좌우되고 있다는 사실에서도 뚜렷이 입증되고 있다. 물론 Lord Henry의 'New Hedonism'이 Dorian에게 미친 영향이 크지만, Dorian의 인생을 바꾼 마지막 매체는 자신의 화상이다. Dorian이 자기 화상을 통해서 비로소 자신의 아름다움을 발견하는 것과 마찬가지로, Sibyl에게 일종의 범죄를 저지른 뒤로 갑자기 변모하기 시작한 자기 화상의 추악한 모습을 보고 자신의 잔인한 행동을 번민하기 시작한다. 동시에

"… and the portrait that Basil Hallward had painted of him would be a guide to him through life, would be to him what holiness is to some, and conscious to others, and the fear of God to us all. There were opiates for remorse, drugs that could rule the moral sense to sleep. But here was a visible symbol of the degradation of sin. Here was an ever present sign of the ruin men brought upon their souls."[34]

---

[33] Epifanio San Juan, Jr. : *The Art of Oscar Wilde* (Princeton, New Jersey, Princeton University Press, 1967) p. 60.

[34] *Works of Oscar Wilde* : op. cit., p. 430.

에서 뚜렷이 나타나고 있듯이 Dorian은 자신의 화상 곧 예술이 이끌어 주는 생의 굴레로부터 벗어날 수 없으며, 그 결과 그의 인생은 예술의 암시적 세계를 모방하고 있는 것이다.

이상으로 와일드는 예술과 인생의 관계에 대해 몇 가지 이론으로 집약하고 있다. 그것을 추려 내어 정리해 본다면, 첫째는 예술가와 예술작품의 관계이고, 둘째는 예술과 실제 인생의 완전분리이며, 세째는 결국 인생은 예술을 모방한다는 사실이다. 그러면 이러한 정의 밑에서 와일드가 시도하고자 하는 인생의 궁극 목적이 무엇이며, 어떠한 형태로 예술에 반영되어 있는가 하는 문제에 대한 분석은 와일드의 유미주의에 대한 해결이 될 것이다.

와일드는 *The Picture of Dorian Gray*에서 " … constantly poses the disparity between soul and body"로 표현되고 있는 Lord Henry를 자신의 원형으로 등장시키고 있다. 청춘 예찬론자이며 절대적인 아름다움을 주장하는 Henry의 인생관은 인생을 예술에 귀착시키고 있는 와일드에게는 직접적인 자신의 예술관으로 대변되고 있는 것이다. 여기서 중요한 사실은 이러한 Lord Henry와 Dorian은 따로 떼내어서는 생각할 수 없는, 떼려야 뗄 수 없는 관계를 이루고 있다는 사실이다. Lord Henry가 이성적인 자아(自我)를 대표한다면 Dorian은 실험적 자아를 대표하고 있다. Dorian은 행동하고, Henry는 추상(抽象)하고 있다. 뿐만 아니라 Henry에게서는 와일드의 인격을, Dorian에게서는 그의 감수성을 찾아볼 수 있다. 이러한 양자의 밀접한 유대 속에서 Henry는 속세의 천박한 조직 속에 매장된 진실한 Dorian을 일깨워 주고 있다. 그것은 어디까지나 충동적이며 유혹적인 의식의 흐름 속에서 나타나는 아주 현실적인 문제에 초점을 두고 있다. 그 결과 그는 Dorian이 행동적인 쾌락에 완전히 매혹되도록 이끌고 있다.

"Although Lord Henry never does what he says, yet without him the novel could not exist. For he promotes the action at crucial points : (1) he reveals to Dorian the horror of growing old, thus including the youth to utter his fatal wish ; (2) he buttresses Dorian's egoism when Dorian hears of Sibyl's, death ; (3) he convinces Dorian that all repentance is vain."[*35]

그러면 이러한 양자 관계는 어떠한 과정을 통해 이루어지고 있는 것일까? Lord Henry는 "father to the Narcissus in Dorian that is caught within multiple contradictions ; he affects radically the destiny of the novel's protagonist."*36라고 할 정도로 이 소설에서 중요한 역할을 하고 있을 뿐 아니라 와일드의 예술세계를 꿰뚫고 있는 매체(媒體) 역할도 하고 있다.

Lord Henry가 세속에 물들지 않은 Dorian을 알게 된 것은 Basil의 화랑에서였다. 그는 Dorian을 처음 보는 순간부터 그의 아름다움에 완전히 매혹되며, 그 아름다움을 자기 의지대로 마음껏 움직이고 지배하는데 커다란 흥미를 느끼기 시작한다. Dorian의 인생이 만들어 놓은 아름다움에 도취해 버리는 Lord Henry를 통해 와일드는 아름다움에 대한 자신의 열광을 나타내고 있다. 뿐만 아니라 관능과 영혼을 동등한 위치에서 다룸으로써 쾌락주의 사상을 Dorian에게 일깨워 주기 위해 끊임없이 충동하고 있는 Lord Henry의 입을 빌려 와일드는 절대적인 아름다움에 대한 자신의 생각을 명백히 규정하고 있다.

"Now, wherever you go, you charm the world… you have a wonderfully beautiful face… And beauty is a form of Genius… It has its devine right of sovereignty. I make princes of those who have it… Ah ! when you have lost it you won't smile… People says sometimes that Beauty is only superficial… A new Hedonism—that is what our century wants…"*37

이러한 아름다움의 탐구를 삶의 절대 비결로 생각하고 있는 Lord Henry는 와일드 자신의 분신임에 틀림없다. 다시 말해서 예술을 모방하고 있는 인생이 아름다움의 탐구에 그 근원을 두고 있다고 한다면, 그 인생을 지배하고 있는 예술이야말로 더더욱 아름다움이 본질이어야 한다. 그러기 위해 와일드는 먼저 관능의 참다운 본질을 정확히 이해함으로써 쾌락적 관조의 필요성과 정당성을 보여 주고 있다. 당시는 관능의 참다운 본질이 전혀 이해되지

---

*35 San Juan, Jr. : op. cit., p. 63.
*36 Ibid., p. 64.
*37 Works of Oscar Wilde : op. cit., p. 389.

않고 있었기 때문에 그는 아름다움에 대한 세련된 본능이 지배적인 특질이 되어야 할 하나의 새로운 영성(靈性)의 요소로 관능을 만드는 대신에, 단순히 그것을 쇠퇴케 해서 굴종시키려 하거나 아니면 고통을 주어 그것을 말살하려 들기 때문에 관능은 여전히 야만적이고 동물적인 상태에서 벗어나지 못하고 있음을 상기시켜 주고 있다. 이러한 현실에서 와일드는 Puritanism으로부터 삶을 재생시켜 줄 수 있는 하나의 새로운 Hedonism에 몰두하게 된 것이다. 이리하여 그는 관능을 말살하는 금욕주의에 대해서는 관능을 무디게 하는 속악한 방탕에서와 마찬가지로 조금도 추구할 가치가 없는 것이며, 오직 아름다움의 세계만이 존재할 따름이라고 강조하고 있다.

Ⅳ

이상 와일드를 연구함에 먼저 그의 생활 속에서의 행동을 앞세운 유미주의 운동을 검토해 보았으며, 다음으로 그것의 정의와 전개를 *The Picture of Dorian Gray*를 중심으로 분석해 보았다.

결국 와일드에게 인생과 예술은 완전히 분리된 두 개의 양상으로 존재하는 것이며, 상호 종속의 원칙 밑에서 인생은 예술을 위해 기여하고 있다는 사실을 입증해 주고 있다.

> "Whereas life is narrowed by circumstances and its sordid security, art renders us a freedom to choose our adequate time for imitation and ecstasy. If first life, before it could reflect its soul, should be transmuted, it must be reformed before it could obtain the human importance. But art provides life a certain beautiful form through which it may realize its energy to express itself."*38

이러한 인생과 예술의 분리에서 절대적인 아름다움이 강조되고 있으며, 이러한 아름다움을 토대로 'Art for art's sake'의 참뜻이 정의된다. 이의 실증을 위해 와일드는 *The Picture of Dorian Gray*를 통해 Dorian과 Basil이 그려 준 화상과 예술의 관계를 절묘하게 이끌어 가고 있다.

＊38 See *Miscellanies*, p. 42.

Narcissus에 비유를 하고 있는 아름다운 청년 Dorian이 젊음과 아름다움을 무기로 무수한 죄악과 향락에 빠지면서도 "If it were I who was to be always young, and the picture that was to grow old! … "*39라고 갈구하는 것은 와일드의 인생과 예술 사이에 대두되고 있는 상관성의 문제이다. Dorian의 희망 그대로 시일이 지남에 따라 화상은 추악하게 변모하고 늙어간다. 바로 Dorian의 양심이다. 그러나 와일드에게 예술이 인생을 모방한다는 정의는 있을 수 없으며, 하물며 예술에서 양심을 찾는 것은 그의 이론과는 맞지않는 것이고 보면 Dorian의 행각 곧 인생의 발자취에 따라 변모해 가는 화상 곧 예술이 어떠한 상관성으로 절대적 예술로 귀착하는가 하는 문제는 대단히 중요하다 하겠다.

　Dorian은 결국 Basil의 살해와 다른 무수한 죄악들이 세상에 폭로되는 것이 두려워, 또는 앞으로 무수한 죄악을 범하기 위해 유일한 증거물로 되어있는 화상을 제거하고자 칼을 들어 그 화상을 찌른다. 그러나 결국 그 칼은 Dorian 자신의 가슴에 꽂히게 되고 Dorian은 죽게 된다. 동시에 여지껏 Dorian의 인생에 따라 늙고 추악하게 변해 버린 그 화상은 본디 아름다운 자태로 돌아오고, 18년 전이나 다름없이 젊고 아름답던 Dorian의 모습은 늙고 추악했던 화상의 상태로 돌아가는 것이다.

　이와 같은 사실은 인생과 예술의 대결에서 예술이 승리함으로써 언제나 예술은 인생보다 앞서가면서 인도해 나간다는 와일드의 예술절대론(藝術絶對論)을 뒷받침해 주고 있다. 이야말로 아름다움만을 추구하는 예술을 위한 예술이다. 와일드는 "Art never expresses anything but itself. This is the principle of my new aesthetics… "*40라고 강조하고 있다.

---

*39 *Works of Oscar Wilde*: op. cit., p. 391.
*40 *Ibid.*, p. 839.

Reference Books

André Gide : *Oscar Wilde* (Philosophical Library, N. Y., 1949)

Epifanio San Juan Jr. : *The Art of Oscar Wilde* (Princeton Univ. Press. 1967)

ed. by Hardin Craig : *A History of English Literature* (Oxford Univ. Press. N. Y., 1950)

Frances Winwar : *Oscar Wilde and the Yellow Nineties* (Bluc Ribbon Books, New York. 1941)

George Santayana : *The Sense of Beauty* (Collier Books, N. Y., 1961)

G. J. Renier : *Oscar Wilde* (D. Appleton Century Company, N.Y., 1933)

Works of Oscar Wilde : op. cit., p. 391.

Hesketh Pearson : *Oscar Wilde, His Life and Wit* (Grosset's Universal Library, N.Y., 1933)

James Laver : *Oscar Wilde* (Longmans, Green&Co., London, 1956)

St. John Ervine : *Oscar Wilde* (George Allen&Urwin Ltd., London, 1951)

William Gaunt : *The Aesthetic Adventure* (Penguin Books, 1957)

오스카 와일드 연보

1854년　　　　10월 16일, 더블린에서 태어남.
1857년(3세)　　여동생 아이솔라 태어남.
1864년(10세)　 아일랜드 북부의 포토라 로열스쿨 입학.
1867년(13세)　 여동생 죽음.
1870년(16세)　 카펜터상 수상
1871년(17세)　 포토라 금상수상. 장학금으로 트리니티 칼리지 입학, 존 마하피에게 사사.
1874년(20세)　 그리스학 연구자를 위한 버클리 금상 수상. 장학금을 얻어 옥스퍼드 대학교 모들린 칼리지 입학, 월터 페이터, 존 러스킨에게 사사.
1875년(21세)　 마하피 교수와 이탈리아를 여행하고 〈산 미니아토〉 작시.
1876년(22세)　 아버지 죽음. 문학사 공식 제1시험에서 수석.
1877년(23세)　 마하피 교수와 그리스와 이탈리아의 라벤나 등지 여행.
1878년(24세)　 시 〈라벤나〉로 뉴디게이트상 수상. 문학사 학위 본시험에 수석으로 합격하여 문학사 학위 취득.
1880년(26세)　 《베라, 또는 허무주의자들》을 자비 출판.
1881년(27세)　 《시집》 자비 출판. 미국 강연여행 의뢰를 수락하고 12월 출항.
1882년(28세)　 1년 동안 미국, 캐나다 강연여행.
1883년(29세)　 《파두아 공작부인》 탈고. 뉴욕의 유니언스퀘어 극장에서 〈베라, 또는 허무주의자들〉 초연.
1884년(30세)　 콘스턴스 로이드와 결혼. 파리로 신혼여행.
1885년(31세)　 《셰익스피어와 무대의상》(나중에 《가면의 진실》로 바뀜)을 〈나인틴스 센추리〉지에 발표. 장남 시릴 태어남.

1886년 (32세)	차남 비비안 태어남.
1887년	《캔터빌의 유령》《알로이 부인》(나중에 《비밀 없는 스핑크스》로 바뀜)《아서 새빌 경의 범죄》《모범적인 백만장자》를 여러 지상에 발표. 〈우먼스 월드〉지 편집장 취임.
1888년 (34세)	동화집 《행복한 왕자》 외 4편 간행.
1889년 (35세)	〈우먼스 월드〉지 편집장 사임. 《펜, 연필, 독약》《거짓말의 쇠퇴》《W.H. 씨 초상》을 각 지상에 발표.
1890년 (36세)	《도리언 그레이 초상》을 〈리핀코츠 매거진〉에, 《비평의 진정한 기능과 가치》(나중에 《예술가로서의 비평가》로 바뀜)를 〈나인틴스 센추리〉지에 발표.
1891년 (37세)	《사회주의 아래의 인간의 영혼》을 〈포트나이틀리 리뷰〉에 발표. 《도리언 그레이 초상》 증보판 단행본 간행.
1892년 (38세)	세인트제임스 극장에서 〈윈더미어 경 부인의 부채〉 초연. 〈살로메〉 상연이 당국에 의해 금지됨.
1893년 (39세)	헤이마켓 극장에서 〈하찮은 여인〉 초연. 《살로메》(불어)《윈더미어 경 부인의 부채》 간행.
1894년 (40세)	《스핑크스》《하찮은 여인》《살로메》(영역 : 앨프레드 더글러스, 삽화 : 오브리 비어즐리) 간행.
1895년 (41세)	헤이마켓 극장에서 〈이상적인 남편〉, 세인트제임스 극장에서 〈진지함의 중요성〉 초연. 동성애 혐의로 체포, 투옥.
1896년 (42세)	어머니 죽음. 파리의 테아트르 드 루브르에서 〈살로메〉 초연.
1897년 (43세)	《옥중기》 탈고. 출옥한 뒤 프랑스로 감.
1898년 (44세)	《리딩 감옥의 노래》 간행. 아내 로이드 죽음.
1899년 (45세)	형 죽음. 《진지함의 중요성》《이상적인 남편》 간행.
1900년 (46세)	11월 30일, 파리에서 죽음.
1905년	《옥중기》 간행.
1908년	《오스카 와일드 저작집》 초판 간행.
1995년	웨스트민스터 사원의 시인 코너에 와일드의 이름이 새겨짐.

옮긴이 한명남(韓明男)
중앙대학교 영문학과 및 대학원 영문학석사. 미국 피츠버그대학교 교환교수. 중앙대학교 외국어대학장 역임. 지은책「셰익스피어와 햄릿」논문「오스카 와일드의 유미주의」「아서밀러의 사회극 연구」「유진 오닐의 고해와 화해」옮긴책 셔우드 앤더슨「와인즈버그, 오하이오」찰스 디킨스「위대한 유산」등이 있다.

183

Oscar Wilde

THE PICTURE OF DORIAN GRAY/SALOME
도리언 그레이 초상/살로메

오스카 와일드/한명남 옮김
1판 1쇄 발행/2012. 6. 15
1판 2쇄 발행/2016. 10. 1
발행인 고정일
발행처 동서문화사
창업 1956. 12. 12. 등록 16-3799
서울 중구 다산로 12길 6 (신당동, 4층)
☎ 546-0331~6 (FAX) 545-0331
www.dongsuhbook.com

*

이 책의 출판권은 동서문화사가 소유합니다.
의장권 제호권 편집권은 저작권 법에 의해 보호를 받는 출판물이므로 무단전재와 무단복제를 금합니다.
사업자등록번호 211-87-75330
ISBN 978-89-497-0777-8 04080
ISBN 978-89-497-0382-4 (세트)